T0108309

Jahrbuch
für Biblische Theologie
(JBTh)

Herausgegeben von
Martin Ebner, Irmtraut Fischer, Jörg Frey, Ottmar Fuchs, Berndt
Hamm, Bernd Janowski, Ralf Koerrenz, Christoph Markschies,
Dorothea Sattler, Werner H. Schmidt, Günter Stemberger,
Samuel Vollenweider, Marie-Theres Wacker, Michael Welker,
Rudolf Weth, Michael Wolter und Erich Zenger

In Verbindung mit
Paul D. Hanson, Norbert Lohfink, Patrick D. Miller und
Magne Sæbø

Band 16 (2001)
Klage

Neukirchener Verlag

© 2001 Neukirchener Verlag
Verlagsgesellschaft des Erziehungsvereins mbH, Neukirchen-Vluyn
Alle Rechte vorbehalten
Umschlaggestaltung: Hartmut Namislow
Gesamtherstellung: Breklumer Druckerei Manfred Siegel KG
Printed in Germany
ISBN 3–7887–1863–3
ISSN 0935–9338

Die Deutsche Bibliothek – CIP-Einheitsaufnahme

Klage / hrsg. von Martin Ebner ... In Verbindung mit Paul D. Hanson ... –
Neukirchen-Vluyn: Neukirchener Verl., 2001
   (Jahrbuch für biblische Theologie; Bd. 16)
   ISBN 3–7887–1863–3

Vorwort

Dass bei den öffentlichen Trauer- und Gedächtnisgottesdiensten angesichts der entsetzlichen Terroranschläge in New York und Washington so gar nicht die Gottesklage zu hören war, ist vielen wohl nicht aufgefallen, muss aber uns auffallen, die wir diesen Klageband auf den Weg brachten. Weit davon entfernt, im angesprochenen Kontext mit kritischer Manier aufzutreten, beschäftigt uns dieser Tatbestand doch. Ist es denn kein Bedürfnis aufgrund einer solchen Katastrophe, vor Gott zu klagen, ihn zur Rechenschaft zu ziehen? Befinden wir uns mit unserer Klagetheologie auf einem künstlichen Abstellgleis einer dominanten Glaubenspraxis, die ›gut‹ ohne die Gottesklage auskommt? Auffällig ist im gleichen Zusammenhang, dass es zwar Gesprächsstimmen gab, Gott die Rache anheim zu geben und nicht selbst zu beanspruchen; aber in den Gottesdiensten begegneten solche Töne kaum. Nicht nur die Aggression gegen Gott, sondern auch die Aggression gegen die Täter, der tiefe Wunsch, sie mögen bis zum Äußersten gerichtet werden, werden aus dem Gottesbezug ausgeklammert.

Wo bleiben sie dann, die durch und durch verständliche Wut und der Ruf nach Rache? Fein säuberlich wird all das aus den Gottesdiensten herausgehalten, kommt darin nicht zum Ausdruck, wird nicht im Gottesbezug selbst ausgelebt. Gott scheint zu gut, zu verantwortungsfrei, zu lieb zu sein, als dass er in dieses Geschehen hineingezogen werden könnte. Allerdings geht die immer wieder angesprochene Liebe Gottes nicht so weit, dass sie den Raum eröffnet hätte, die Täter ebenfalls ins Gebet zu nehmen. Wer nicht ›gegen‹ sie beten kann, kann sicher auch nicht ›für‹ sie beten. Das wäre dann doch, ohne das Fluchgebet gegen sie und ohne durch diesen Ausdruck der Wut und des Hasses gegen die Täter hindurchgegangen zu sein, zu viel verlangt in dieser Situation.

Eigenartig unbeansprucht bleibt Gott bezüglich der abgrundtiefen aktuellen Gefühle, mit Ausnahme der vitalen Hoffnung des Glaubens, dass die Opfer selbst in Gott gerettet sind. Aber darüber hinaus blieb Gott eigentümlich adressaten- und ausdruckslos. Wie ist das Ganze zu entziffern?

Wenn die Richtung unserer Überlegungen auch nur annähernd etwas Richtiges an sich haben sollte, steht mit der Klage nicht nur die vitale Gottesbeziehung auf dem Spiel – insofern keine Erfahrung, auch nicht die schlimmste und gerade diese nicht, aus seiner

(Mit-)Verantwortung herausgehalten wird –, sondern auch die Humanisierung der Menschen, die an einen Gott glauben: dass die Beziehung zu ihm sie von der Beanspruchung eigener Vergeltungsgewalt befreit, zumindest von einer Gewalt, die in Gefahr steht, selbst wieder hunderte und – je länger, je mehr – tausendfach unschuldige Opfer zu produzieren.

Aus diesem Blickwinkel scheint es uns immer notwendiger, uns weiterhin für die spirituelle Idee aus der biblischen und jüdisch-christlichen Gottesbeziehung einzusetzen, mit und gegen Gott zu klagen, gegen die Feinde und Täter zu fluchen, sie Gottes Vergeltung zu überantworten, was zugleich den allzu schnellen Subjektwechsel verhindert, sich selbst in die explodierende Spirale der Gewalt zu begeben. Wenn die Klagespiritualität nicht in das Gebetsbewusstsein der Christen und Christinnen gelangt, ist sie im Ernstfall auch nicht »verfügbar«.

Der diesjährige Band des Jahrbuchs greift diese Grundperspektive auf und macht sie für die Reformulierung der Klage und ihrer gegenwärtigen Kontexte fruchtbar. Am Anfang stehen Beiträge zu klassischen Klagetexten wie den Konfessionen Jeremias, Psalm 13, Römer 7 und der Markuspassion (W.H. Schmidt, B. Janowski, P. Stuhlmacher, M. Ebner) sowie zur Gottesklage im rabbinischen Judentum (B. Ego) und – im Anschluß an E. Wiesel – zur Möglichkeit des Gebets nach der Shoah (D. Boschki). Sie werden fortgeführt durch Beiträge zum Fehlen der Klage in der Alten Kirche (E. Dassmann) und zu ihrer »Kriminalisierung« in der Neuzeit (A. Holzem).

In der Literatur des 18. bis 20. Jahrhunderts kommt der Klage eine Schlüsselfunktion für das Verständnis der Gegenwart zu. Aber was meint hier eigentlich »Klage« und wie steht es mit den Übergängen zur Elegie? (J. Anderegg, K.-J. Kuschel, K. Lorenz-Lindemann). Ebenso grundsätzlich sind die systematisch-theologischen und praktisch-theologischen Kontexte, also die Theologie der Klage (O. Bayer), das Spannungsfeld von Klage und Christologie (J. Reikerstorfer), die Rolle der Klage in der Volksfrömmigkeit (F. Weber), das Verhältnis von Ohnmacht und Klage (H. Steinkamp) sowie die Klage über den Tod hinaus (O. Fuchs). Zwei Rezensionen (K. Ehlers, G. Etzelmüller) beschließen den Band.

Wir danken herzlich den Autorinnen und Autoren sowie Herrn Dr. Volker Hampel vom Verlag für das, wie immer, äußerst sorgfältige und engagierte Lektorat.

Für die Herausgeberinnen und Herausgeber
Ottmar Fuchs / Bernd Janowski

Inhalt

I

Altes und Neues Testament

Werner H. Schmidt

Jeremias Konfessionen

I

Bereits das Leben des Propheten *Elia* weist nach biblischer Überlieferung eine *Spannweite* auf, in der sich Jeremias Geschick andeutet.
Sie wird *einerseits* eröffnet durch die Äußerung einer *Gewißheit*, die
auf die Beauftragung im *Ich*-Stil verweist:»So wahr Jahwe lebt, vor
dem (d.h.: in dessen Dienst) *ich* stehe.«[1] Prophetische Indienstnah-
me und persönliches »Ich«[2] sind eng verbunden. Der Zusammenhang ist kaum zufällig: Dieses »Ich« bricht an dem Auftrag auf –
in Verantwortung vor Gott wie im Gegenüber zur Gesellschaft.
Andererseits führt die Aufgabe als Folge des mit ihr verbundenen
Geschicks zur Vereinzelung und Vereinsamung[3], zur Anfechtung,
ja zur *Verzweiflung* bis hin zum Todeswunsch: »Nimm meine Seele / mein Leben hin!«[4]

---

1   1Kön 17,1; vgl. 18,15; 2Kön 3,14; 5,16; auch Jer 15,19. Nach *W. Thiel*,
Könige (BK IX/2,1), Neukirchen-Vluyn 2000, 22f.38ff gehört der Satz zum
Urgestein der Elia-Überlieferung. Hier begegnen bereits zwei auch für Jeremias
Konfessionen grundlegende Elemente: (a) die Ichrede in der Reflexion auf (b) die
Stellung des Propheten vor Gott. Steht dieses Wort zufällig zu Beginn der Sammlung wie Jeremias Berufungserzählung?
2   Handelt es sich um die früheste erhaltene »Ich«-Aussage, die in ihrer Redeform ernsthaft Anspruch hat, auf den Sprecher selbst, eine bestimmte einzelne
Person, zurückzugehen? In erzählerischer Ausgestaltung finden sich öfter Ichre-
den; sie formulieren Erfahrungen des Menschen, etwa in die eigene Begrenztheit,
wie Jakobs und Josephs Frage: »Bin ich denn an Gottes Statt?« (Gen 30,2; 50,
19) oder Moses Einwand: »Wer bin ich, daß ich ... gehen könnte?« (Ex 3,3.11)
Vgl. auch Gen 4,9 u.a.
3   1Kön 18,22; 19,10.14. Zumindest in 1Kön 19 liegt nach allgemeiner Auffassung die Tradition in ausgestalteter Form vor. Schon Elia erlebt nach biblischer
Überlieferung die ablehnende Reaktion der Zeitgenossen: »Verderber Israels«
(1Kön 18,17), »mein Feind« (21,20).
4   Nach der Überlieferung wünschen sich Mose (Num 11,11ff) und Elia (1Kön
19,4) angesichts der Schwere oder Erfolglosigkeit ihrer Aufgabe den Tod, ähnlich – ebenfalls auf Grund der bei der Ausführung des Auftrags gemachten Erfah-

In solchen Motiven wirkt Elia wie ein Vorläufer Jeremias. Bei ihm erscheint beides, der Ausdruck der Gewißheit wie die Klage, verschärft, vertieft, zumindest breiter ausgeführt. Die prophetischen »Ich«-Aussagen sind in verschiedenen Redeformen, der Berufungserzählung, den Visionen oder den Beauftragungen zu Symbolhandlungen wie auch in den Konfessionen, in denen sich die Anfechtung ausspricht, literarisch ausgestaltet.

II

Jeremias eigene Aussagen stehen auch innerhalb der sog. Schriftprophetie insofern nicht völlig isoliert da, als sich gelegentlich bei den im 8. Jahrhundert wirkenden Vorgängern Selbstäußerungen, auch klagender Art, finden.

Schon bei *Amos* begegnen in den als Ichbericht bewahrten Visionen Grundelemente des Klage- oder Bittlieds (Am 7,2.5): »Herr, vergib doch, denn ...!«[5]

»Wehe mir!«, reagiert *Jesaja* (6,5) auf die ihm widerfahrene Schau angesichts des thronenden Herrn. Das Wort wirkt, im Rückblick geurteilt, wie eine Vorandeutung von Jeremias in den Konfessionen breit entfalteter Klage – dann aber als Folge des prophetischen Auftrags, seiner Verkündigung. Ein solches »Wehe« über sich selbst gestaltet Jeremia (15,10) – unter Verkehrung des eigentlich Selbstverständlichen im Anruf an die Mutter, die ihm das Leben gab – aus: »Wehe mir, Mutter ...!«[6]

Jesaja kann zurückblicken: »als die Hand (mich) packte« (8,11) und in einer Selbstaussage, die an Vertrauensbekundungen im Psalter erinnert, bekennen (8,17):

»Ich will harren/hoffen auf Jahwe,
der sein Antlitz vor dem Haus Jakobs verbirgt.«

Bei diesem – die sog. »Denk- oder Urschrift« (6,1 – 8,18) abschließenden – Bekenntnis handelt es sich um eine Art Selbstreflexion, ein persönliches Wort des Propheten Jesaja, das man »*prophetische*

---

rungen – Jona (4,3.8) oder im Anschluß an Jeremia (15,10; 20,14ff) wegen seines Geschicks Hiob (3,1ff). Vgl. Mt 26,38: »daß ich sterben möchte«.

5   Zudem wird Amos (7,8; 8,2) mit Eigennamen, d.h. als Person, angeredet – wie dann Jeremia (1,11). Entsprechend wird Jeremia als Person berufen, von vornherein bezogen auf ein »für« andere und »gegenüber« anderen – so jedenfalls die Berufungserzählung Jer 1,5.8.

6   *'oj* »Wehe« Jes 6,5; Jer 15,10; auch 4,13.31; 6,4; 10,19; 13,27; vgl. *hoj* »Wehe« Jes 5,8ff; Mi 2,1; Jer 22,13.18 u.a.; sachlich die Fluchworte 20,14ff.

Konfession«[7] nennen, insofern als Vorform der Konfessionen Jeremias ansehen kann. Bezeugt Jesaja[8] dem Volk die Verborgenheit Gottes, so muß Jeremia sie selbst erfahren. Er verkündet den fernen Gott nicht nur dem Volk oder seinen prophetischen Gegnern[9], sondern leidet mit seinen Anfechtungen selbst unter der Ferne Gottes. Doch richtet sich der Prophet, wie Jesaja mit der – fast paradoxen – Wendung anzudeuten scheint, auf den »sich verbergenden« Gott aus[10]; ähnlich sagt Jeremia Heil im Gericht zu und hofft so auf den in der Ferne nahen Gott[11].

In einer schlimmen Situation, in der Jerusalem »wie eine Hütte im Weinberg übrigblieb« (1,8), will sich Jesaja wegen der Größe des Unglücks nicht trösten lassen (22,4): »Ich muß bitter weinen.« Angesichts eines schweren Schlages, der über die Hauptstadt des Nordreichs hinaus Juda und Jerusalem treffen wird, reagiert *Micha* ähnlich:

»Klagen muß ich und heulen, barfuß und nackt gehen.«[12]

Solche persönlichen Regungen, Zeugnisse über ihre Stellung im Volk, ihre Zweifel oder ihre Gewißheit, sind in der Überlieferung der Schriftpropheten eher selten – allerdings aus ihrer Situation wohlverständlich.

Anders als bei der Erkundung des Schicksals durch Los oder andere Mittel ist der Prophet, der Auskunft gibt, selbst verantwortlich, wird für seine Botschaft jedenfalls zur Verantwortung gezogen. Beispielhaft kommt dies in der Erzählung des Amosbuchs (7,11) zum Ausdruck, in der die sog. Botenformel »So spricht Jahwe«, mit der sich der Prophet für seine Verkündigung auf die Autorität und den Namen Gottes beruft, abgewandelt wird zu der Gestalt: »So spricht Amos«. So hat der Prophet die Folgen seines Redens oder Handelns zu tragen und ist als Person

7 So *O. Kaiser*, Das Buch des Propheten Jesaja. Kap. 1–12 (ATD 17), Göttingen [1-4]1960, 92.94 (anders [5]1981, 185); *H. Wildberger*, Jesaja. Kap. 1–12 (BK X/1), Neukirchen-Vluyn 1972, 343. Vgl. *L. Perlitt*, Die Verborgenheit Gottes (1971): in: *ders.*, Allein mit dem Wort, Göttingen 1995, 11–25; *S. Wagner*, ThWAT V (1986), 967–977; *H.-J. Hermisson*, Der verborgene Gott im Buch Jesaja, in: *ders.*, Studien zu Prophetie und Weisheit (FAT 23), Tübingen 1998, 105–116.
8 Jes 8,14.17; 29,9f.13f u.a.
9 Vgl. sachlich Jer 1,14; 6,30; 7,29; 16,5 u.a. bzw. 23,9ff.
10 Vgl. die Heilsansage im Rahmen der Unheilsankündigung Jes 1,(21–)26; auch 11,1; 28,15f u.a.
11 Nähe und Ferne Gottes gehören nach dem Disputationswort 23,23 zusammen; auf Hoffnung im Gericht zielen Jer 24,5; 29,5–7; 32,15 u.a.
12 Mi 1,8; vgl. 7,1: »Wehe mir!« Im Gegensatz zu den Propheten, die »mein Volk verführen« (3,5), formuliert Micha zudem eine Ichrede (3,8), die wie eine Reflexion über seine Tätigkeit klingt, also erneut im Zusammenhang eigener Befähigung zur Verkündigung steht: »Ich bin erfüllt mit Kraft, Recht und Stärke.«

betroffen[13]. Sodann besitzen – anders als etwa die Priester – zumindest die Schriftpropheten in der Gesellschaft keine feste Stellung oder haben gar ein von vornherein anerkanntes Amt inne, in das sie in einem öffentlichen Akt eingeführt würden[14]. Außerdem machen sie die schwere Erfahrung, daß sie von der Überlieferung ihres Volkes abweichen oder ihr gar widersprechen müssen, erst recht nicht mit der Mehrheitsmeinung übereinstimmen. Sie beurteilen ihre Situation, etwa die innen- und außenpolitische Lage, vielfach anders als ihre Zeitgenossen und sind darum in hohem Maße vereinzelt, mit ihren Einsichten auf sich gestellt.

Gibt es nicht Anlaß genug, Erfahrungen, wie sie die sog. Schriftpropheten wegen ihrer Botschaft machen müssen, im Gegenüber zu Gott und dem »Wir«, in der Lebensgemeinschaft ihrer Zeit, als »Ich« zu äußern? Dabei kommt die bei den Propheten des 8. Jh.s hier und da spürbare Einbeziehung der eigenen Person in die Botschaft mit der gelegentlich aufbrechenden Klage – ein Jahrhundert später – bei Jeremia tiefer und eingehender zu Wort: »Mein Herz ist krank.«[15] In den Konfessionen spricht er die äußere und innere Bedrängnis aus, in die er auf Grund seines Auftrags gerät, ringt in Klage und Anklage mit Gott[16].

III

Die Überlieferung von Jeremia und seinem Schicksal weiß von Verfolgungen, die er ertragen muß; auf sie spielen auch die Kon-

13   Die Propheten sind mit ihrem »Ich«, ihrer Person, oder auch ihrer Familie in die Botschaft (Jes 6 – 8; Hos 1 u.a.) einbezogen und müssen die Folgen ihrer Verkündigung auf sich nehmen (Am 7,10ff; Hos 9,7f; bes. Jer 20; 26ff).
14   Vgl. etwa Am 7,10ff; Jer 26 u.a. Die Situation mag bei den sog. Kultpropheten anders sein (vgl. 29,26 oder die vielleicht von ihnen gesprochenen Gottesworte in Ichrede wie Ps 2,7; auch 1Kön 1,32ff u.a.). Nach Mi 3,5.11 (vgl. Jes 29, 10) scheinen die Propheten neben den »Häuptern« und Priestern zu den Angesehenen in der Gesellschaft zu zählen. Vgl. *W.H. Schmidt*, Prophetie als Selbst-Kritik des Glaubens, in: Prophetie und Charisma (JBTh 14), Neukirchen-Vluyn 1999, 3–18.
15   Jer 8,18–23; vgl. 4,19–21; 13,17; 14,17f; 23,9; dazu o. Anm. 6. Das Phänomen bzw. die Redeform der Klage begegnet in Jeremias Verkündigung bzw. im Jeremiabuch vielfältig – als Klage Gottes, des Volkes wie des Propheten. Ich-Berichte, die wohl auf Jeremia selbst zurückgehen, finden sich einerseits in der Wiedergabe dessen, was ihm widerfährt: Berufung wie Visionen, andererseits in dem, was er der Öffentlichkeit weitergibt: in Symbolhandlungen. Sie sagen nichts anderes als seine Worte, aber auf andere, anschaulich-eindrückliche Weise.
16   Insofern betont *N. Ittmann*, Die Konfessionen Jeremias (WMANT 54), Neukirchen-Vluyn 1981, 34 mit Recht, »daß die Konfessionen in Form und Thematik keine Analogien im weiten Bereich der Prophetenliteratur besitzen ... Als entscheidendes, trennendes Merkmal muß die fehlende Konfrontation der verhandelten Problematik mit Jahwe genannt werden.« In ihr liegt die Zuspitzung der prophetischen Tradition bei Jeremia.

fessionen an[17]. Unabhängig von der literarischen Anordnung im Buch[18] gilt sachlich: Äußeren Anfeindungen entsprechen innere Anfechtungen; Situation wie persönliche »Gestimmtheit« kommen in diesen Worten zum Ausdruck.

»Ihrer Form und ihrem Inhalt nach sind sie freilich voneinander sehr verschieden. Das ihnen Gemeinsame besteht darin, daß sie sich nicht als Gottesrede an die Menschen wenden, sondern ein Niederschlag sind des Gespräches des Herzens mit sich selbst und mit Gott« – urteilte G. v. Rad[19]. So sind die Konfessionen geprägt durch (1.) das Verhältnis Ich – Du, die Anrede an Gott, auch seine Antwort (15,19ff), (2.) die Form und Ausdrucksweise der Klage, (3.) über das Verhältnis zwischen Gott und Sprecher hinaus ein soziales Element: die Reaktion auf erfahrene Nachstellungen mit der Ausgrenzung.

Diese Struktur entspricht den Klageliedern des Psalters, in denen drei Größen als Subjekte des Handelns erscheinen: ich/wir – du – die Feinde. Darüber hinaus finden sich mancherlei Gemeinsamkeiten in Redeformen oder Gattungselementen (wie Anrede, Klage als Situationsschilderung, Bitte, Vertrauensäußerung, auch Unschuldsbeteuerung) und Motiven – wie dem Schaf, das zur Schlachtbank geführt wird, über die vertrauensvolle Bitte an Gott, den Rechtsstreit zu führen oder die charakteristische Frage »Warum«[20] bis hin zur Feststellung der Einsamkeit des Beters: »Ich bin meinen Brüdern fremd geworden.«[21]

Auffällig und erklärungsbedürftig ist, daß die Konfessionen, die eher Zwiegespräch mit Gott oder auch Selbst-Reflexion als Anrede an die Hörer sind, überhaupt in die Sammlung aufgenommen und im Buch überliefert sind.

Verraten diese Worte neben der durch die Beauftragung gegebenen Gewißheit nicht eine tiefe Unsicherheit oder gar Gespalten-

---

17 Zumal Kap. 20; 26; 36ff bzw. 15,11.15; schon 11,18ff u.a.
18 Warum sind die thematisch zusammengehörigen Konfessionstexte im Buch so verteilt? Gehören sie schon früh in diesen Kontext, mit dem sie inhaltlich zusammenhängen können (vgl. 15,17 mit 16,1ff), oder teilte sie die (jerdtr) Redaktion auf, um mehrfach eine kleine Komposition – Gerichtswort des Propheten, Verfolgung, Klage – zu bilden? Vgl. *A. Graupner*, Auftrag und Geschick des Propheten Jeremia (BThSt 15), Neukirchen-Vluyn 1991, 32ff.
19 *G. v. Rad*, Theologie des Alten Testaments II, München ⁴1965, 209. »Diese Dichtungen zeigen eine Intimität des geistigen Umgangs mit Gott, eine Mündigkeit des Sichaussprechens und eine Freiheit im Eingestehen eigenen Versagens oder widerfahrenen göttlichen Tadels, die wohl als eine Manifestation edelsten Menschentums zu gelten haben« (212).
20 Vgl. Ps 44,23; 43,1 mit Jer 11,19f; Ps 22,2 mit Jer 20,18 u.a.
21 Ps 69,9; vgl. 27,10 bzw. Jer 15,17; 20,8.10; den Hinweis auf Anschläge (Ps 21,12) u.a.

heit? Bei Jeremia »treten der Prophet und der Mensch stark auseinander, der Mensch in ihm wehrt sich gegen den Propheten«[22].
Beide Seiten gehören jedoch zusammen. Das Menschlich-Persön-
liche tritt nicht neben das Prophetische, sondern bricht an ihm auf:
Der Auftrag zur Unheilsbotschaft bringt Vereinzelung, Leid[23]. Als
Folge gehört die persönliche Betroffenheit so eng zu Jeremias
Botschaft hinzu, daß sie nicht ohne diese Auswirkung in den Konfessionen bewahrt wird. So erhalten sie über den subjektiven Ausdruck hinaus zugleich *Verkündigungs*charakter. Demnach sind sie
keineswegs nur auf die Persönlichkeitsstruktur Jeremias hin, sondern zumindest auch, wenn nicht vor allem, auf den Zusammenhang mit der prophetischen Botschaft zu befragen.
Allerdings sind die im Jeremiabuch bewahrten Konfessionen nicht
in der vorliegenden Form insgesamt – wie man mißverständlich zu
sagen pflegt – »echt«, d.h. gehen nicht in vollem Umfang auf Jeremia in seiner Lebenssituation zurück; vielmehr sind sie literarisch
nicht einheitlich, aus einem *Grundbestand* allmählich gewachsen
und enthalten erhebliche Zusätze[24]. Umgekehrt bestätigen die
Nachträge: Es liegt eine ältere Überlieferung vor, die kommentiert
wird.
Die in den Konfessionen aufgenommene Gattung des individuellen Klagelieds wird einen kultischen »Sitz im Leben« haben, obwohl sie auch außerhalb des Kults gebraucht wird[25]; dies gilt gewiß
von ihrer Verwendung durch den Propheten.
Möglicherweise »kehren« die Konfessionen jedoch in den Kult
»zurück«. Stammen die Zusätze teilweise aus dem *Gottesdienst*?
Dafür spricht der Aufruf zum Lobpreis »Singet Jahwe!«[26] – Aus

22   Ähnlich wie von *P. Volz*, Der Prophet Jeremia (KAT X), Leipzig [2]1928,
XXIV wird öfter geurteilt; etwa: »Bei Jeremia treten Mensch und prophetischer
Auftrag auseinander« (*v. Rad*, Theologie II [o. Anm. 19], 213).
23   Vgl. *U. Mauser*, Gottesbild und Menschwerdung (BHTh 43), Tübingen
1971, 82; *Ittmann*, Konfessionen (o. Anm. 16), 199.
24   Deren Umfang (innerhalb von 11,18 – 12,6; 15,10–18.19–21; 17,14–18;
18,18–23; 20,7–13.14–18) wird unterschiedlich bestimmt. Ohnehin ist bei poetischen Texten, soweit die Nachträge nicht prosaisch sind, die Unterscheidung
»ursprünglich – nachträglich« schwieriger vorzunehmen. Zudem greifen die Konfessionen einerseits Psalmenmotive auf, nehmen etwa – wenn auch mit Abwandlungen – Rachewünsche auf, wie sie in den Psalmen begegnen, und sind andererseits wohl durch Psalmenaussagen (wie den Aufruf zum Lob 20,13) ergänzt, so
daß sich die Abgrenzung kaum immer eindeutig nachvollziehen läßt.
25   Vgl. Ps 42f, zumal 42,7; Jes 38 u.a.
26   Jer 20,13 (auch 17,12f?). 20,13 als Abschluß (wie Jes 12; Mi 7) ist vermutlich ein Zusatz. Fordert er (abschließend) die Gemeinde, der das Jeremiabuch –
wohl im Gottesdienst – verlesen wird, zum Dank auf, daß Jeremia aus der Not errettet wurde, und bekräftigt damit das Vertrauen?

dem Gottesdienst, genauer dem Bußgottesdienst, scheinen im Jeremiabuch auch andere Texte[27] zu stammen; in ihnen kann die klagende Anklage gegenüber Gott von der Gemeinde aufgenommen und mit anderen Bildern wiederholt werden:

>»Hoffnung Israels, sein Helfer zur Zeit der Bedrängnis,
> warum bist du wie ein Fremder im Land
> und wie ein Wanderer, der (nur) über Nacht einkehrt?
> Warum bist du wie ein Mann, der bestürzt ist,
> wie ein Held, der nicht helfen kann?« (14,8f)

Im Rückblick auf die von Jeremia angekündigte Katastrophe heißt es in eher jüngerer Ausdrucksweise:

>»Hast du Juda gänzlich verworfen,
> oder verabscheut deine Seele Zion?
> Warum hast du uns so geschlagen,
> daß es keine Heilung für uns gibt?« (14,19)

Im Kontext des fortlaufend gelesenen Buches ist es umgekehrt: Die Erfahrung der Ferne Gottes (»wie ein Wanderer«, der nicht am Ort bleibt, »nicht helfen kann«) für das Volk muß Jeremia selbst machen. So wirkt die Klage 14,7ff wie eine Vorform von 15,10ff; die Konfession verschärft.

Die Nachträge zu Jeremias Worten können hier und da auch eine theologische Korrektur der klagenden Anklage andeuten. Allerdings werden die harten Aussagen nicht abgeschwächt; vielmehr suchen die Zusätze die prophetisch-individuellen Äußerungen in das gottesdienstliche Leben der *Gemeinde* einzufügen[28]. Insofern sind die Ergänzungen in anderer Situation und in einem anderen, tiefen Sinne »echt«.

IV

Der forschungsgeschichtlich grundlegenden Arbeit von W. Baumgartner, Die Klagegedichte des Jeremia (1917) ist eine doppelte Einsicht zu verdanken, die Ähnlichkeiten zu den Psalmen und Unterschiede beobachtet wie erklärt: Die Konfessionen sind einerseits von der Gattung der Klagelieder des einzelnen in Sprache und Motiven abhängig. Innerhalb der Gemeinsamkeiten von Form

---

27 Wie Jer 3,21ff; 14f.
28 D.h.: wohl nicht unmittelbar auf das »Wir« der Gemeinde (Jes 1,9; 2,5; Mi 4,5; vgl. Jer 3,22b.24f; 14,7.19ff u.a.) zu beziehen, aber in es zu integrieren.

und Ausdrucksweise spricht sich andererseits ein eigener, besonderer prophetischer Inhalt aus[29].

Wegen der auffälligen Übereinstimmung mit den Klageliedern des Psalters hat man die »Echtheit« der Konfessionen auch bestritten und angenommen, daß Psalmensprache später Jeremia beigelegt wurde: »Die Konfessionen sind Interpretationen von Jeremias Verkündigung und Person: sie deuten Jeremias Geschick im Sinne jenes immer schon exemplarischen Ich der Klagelieder.« Indem sie »Jeremia das exemplarische Ich der Klagepsalmen in den Mund legen, deuten sie Jeremias prophetische Existenz als die Existenz des exemplarisch leidenden und betenden Gerechten.«[30] Solchen Zweifeln stehen aber gewichtige, teils schon erwähnte Beobachtungen entgegen. Die prophetischen Vorgänger kennen (a) *Vorformen* der Konfessionen, und Jeremias Botschaft kann (b) auch sonst in Form einer *Klage* auftreten. Vor allem gibt es (c) einzelne Motive und Aussagen, die in den Klageliedern des Psalters so nicht belegt sind und sich darum von ihnen nicht herleiten lassen. In den Konfessionen findet gegenüber der üblichen Sprache deutlich eine *Zuspitzung* statt; sie sind härter, radikaler als die Psalmen.

Diese Abweichungen von den Klageliedern oder Auffälligkeiten[31] werden (d) durch die Eigenart prophetischer Botschaft überhaupt oder gar Jeremias Auftreten insbesondere verständlich. In dieser Situation kommt das in der Gattung der individuellen Klagelieder vorgegebene »Ich« schärfer zum Ausdruck. Dabei weisen die Konfessionen Berührungen bzw. Übereinstimmungen mit der Botschaft[32] wie dem – in den Ichberichten (Jer 16) oder auch der sog. Baruch-Biographie geschilderten – Geschick Jeremias auf[33].

29   »Im großen ganzen sind diese Lieder nach Bau und Wortschatz Psalmen. Erst bei näherem Zusehen stößt man auf die prophetischen Züge. Doch wenn diese formell erst in zweiter Linie kommen, so kommt ihnen dafür wegen ihres Inhalts um so größere Bedeutung zu. Sie sind ausschlaggebend für das Verständnis der Lieder« (*W. Baumgartner*, Die Klagegedichte des Jeremia [BZAW 32], Berlin 1917, 71).

30   *A.H.J. Gunneweg*, Konfession oder Interpretation im Jeremiabuch, in: *ders.*, Sola Scriptura, Göttingen 1983, 61–82, bes. 65.78. Ähnliche historische Zweifel äußern nach *G. Hölscher*, Die Profeten, Leipzig 1914, 396ff auch *E. Gerstenberger*, Jeremiah's Complaints, JBL 82 (1963), 393–408; *P. Welten*, Leiden und Leidenserfahrung im Buch Jeremia, ZThK 74 (1977), 123–150; *K.-F. Pohlmann*, Die Ferne Gottes – Studien zum Jeremiabuch (BZAW 179), Berlin 1989 u.a. Insbesondere die – eigens hervorzuhebenden – exegetischen Beobachtungen von *D.H. Bak*, Klagender Gott – klagende Menschen (BZAW 193), Berlin / New York 1990 legen m.E. mehrfach eine andere Schlußfolgerung nahe, als er sie zieht.

31   Etwa Jer 15,10.16–18; 17,16; 20,8f.

32   Manche Motive oder Wendungen finden sich auch in jeremianischer Verkündigung und Überlieferung, etwa: »wie Feuer«: (20,9; vgl. 5,14; 23,29), »Um-

Außerdem bilden die Konfessionen (e) untereinander sprachlich wie motivlich einen *Zusammenhang*[34]. Schließlich scheinen sie (f) eine – zeitlich nahe – Rezeptions- bzw. *Wirkungsgeschichte* zu haben: Schon Ezechiel[35], zumal die *Gottesknechtlieder* setzen wohl Jeremias Berufungsgeschichte[36] und Konfessionen voraus[37]. So gehen sie im *Kern* höchstwahrscheinlich auf Jeremia selbst wie in seine Situation[38] zurück und spiegeln seine Gefährdung und seine Anfechtung wider. Zeigt sich in der vorliegenden Abfolge der Konfessionen ein Weg? Er führt gewiß nicht zu einer Lösung, ins Helle, eher in tieferes Dunkel. Vom anfänglichen Vertrauensverhältnis (11,18ff) über eine klagende Frage (12,1ff) geht eine Bewegung zu dem Vorwurf: Gott als »Trugbach« (15,18)[39]. Erscheint die dem Propheten zuteil gewordene Antwort (15,19ff)[40] insofern als nicht endgültig, als die Konfessionen keineswegs weniger eindringlich weitergehen, erst recht nicht auf eine Äußerung der Zuversicht zulaufen? Die

kehr« (15,19; vgl. 3,12f; 31,18f; aufgenommen in 3,14.22; 4,1) oder »Wort Jahwes« (mit *hajah*: 20,8 [15,16]; vgl. 1,4.9.11f u.a.; auch 18,18).

33 »Die Konfessionen zeigen, daß Erlebnisse, die aus dem Zentrum des Prophetseins kommen, in der gleichen Erlebnissprache wie die Psalmen ausgedrückt werden und sich auch der gleichen Kategorien und Bilder bedienen. Dort, wo die Motive das Erlebnis der besonderen prophetischen Einsamkeit nicht mehr zu fassen vermögen ..., sucht die Darstellung selbst die ihr eigene, die Psalmsprache sprengende Ausdrucksweise« (*H. Seidel*, Das Erlebnis der Einsamkeit [ThA 29], Berlin 1969, 90).

34 Es findet sich »ein dicht geknüpftes Netzwerk von aufeinander bezogenen Bildern, Stichwörtern und Formulierungen, die es ausschließen, daß die Texte unabhängig voneinander entstanden sind« (*H.-J. Hermisson*, Jahwes und Jeremias Rechtsstreit, in: *ders.*, Studien zu Prophetie und Weisheit [FAT 23], Tübingen 1998, 5–36, bes. 11). Die Texte sind »zwingend miteinander verbunden ... und nicht eine bloße Zusammenstellung einschlägigen Psalmenmaterials« (15).

35 Ez 2,8ff gestaltet Jer 15,16 aus.

36 Die Berufungsgeschichte Jer 1,4–9 ist in die Verkündigung eingebunden: Die in Jeremias Mund gelegten Worte (1,9) werden »zu Feuer« (5,14). Der Prophet wird als »Prüfer« – wiederum – »eingesetzt« (1,5; 6,27). Jeremias »Ach« (1,5) wird in den Klagen ausgeführt, die Jeremia zuteil gewordene Antwort Gottes (1,7f) in 15,19ff. Ähnlich wird das in der Vision erfahrene »Unheil von Norden« (1,13) zur Ankündigung des Unheils (4,5ff).

37 Vgl. etwa Jer 1,5 mit Jes 49,1.6 und Jer 11,19 mit Jes 53,7; auch die Fürbitte Jer 15,11 (18,20); Jes 53,12 u.a.

38 Die Katastrophe 587/6 v.Chr., die in jüngeren Schichten des Buches bedacht wird, und das Exil, das Jeremias Gerichtsansage bestätigt und ihn als »wahren« Propheten erweist, spielen in den Konfessionen keine Rolle.

39 Intensiviert sich das Rache-Motiv (Jer 11,20; 15,15; 17,18)?

40 Gelegentlich direkt (wie Ps 2,7f), zumeist aber nur ansatzweise sind in den Psalmen – verschiedengestaltige – Gottesworte bezeugt (Ps 12,6; 60,8ff; 85,9ff; 107,19f; 119,25.81; auch Klgl 3,57; 1Sam 1,17; Gen 21,17ff; Jes 50,4; Hi 38ff; vgl. als Selbst-Antwort: Ps 42,6.12; 130,5).

düsteren Schlußworte mit dem Fluch über den Geburtstag (20,14–18) weisen zwar keine dialogische Struktur mehr auf, lassen sich wegen der Wiederaufnahme des zuvor (15,10) angeklungenen Motivs von den Konfessionen aber nicht abtrennen[41]. Diese Fluchworte erhalten keine Antwort, zeigen keinen Ausweg, enden für den Berufenen vielmehr im Abgrund, im Dunkel[42] – wie das vorliegende Buch im Blick auf Jeremias Geschick[43] überhaupt. Hält sich der Verstehensversuch statt an den literarischen Aufbau der Konfessionen oder auch des Buches mit dessen Ausgang mehr an den Gehalt oder den Inhalt der Verkündigung, so sagt Jeremias Botschaft Heil nicht ohne, aber mit und im Gericht aus.

V

Die Konfessionen sind von einer tiefen Spannung durchzogen: Jeremia leidet, obwohl er sich selbst nichts vorzuwerfen[44] hat. Er trägt, wie er in der Gebetsanrede formuliert, Verfolgung »um deinetwillen«[45]; so ist Gott in Jeremias Geschick mitgetroffen[46]. Hat der Prophet bei der Berufung nicht die Zusage »Ich bin mit dir«[47] erhalten, so daß er sich seinerseits an Gott mit dem Anliegen wenden kann, für ihn einzuschreiten?

Das feindliche Gegenüber ist für Jeremia so bedrängend, daß er innerhalb des klagend-anklagenden Gebets (15,15–18) eine Bitte

4 1   Im Kontext stehen die Schlußworte 20,14–18 im krassen Gegensatz zu dem – hinzugefügten – Danklied 20,13. Wurden sie vielleicht erst sekundär – wegen ihrer vergleichbaren Thematik – mit den Konfessionen verbunden? Diese die literarische Komposition betreffende Frage ist sachlich kaum erheblich.
4 2   »So steht der Leser vor dem beklemmenden Eindruck, daß das Dunkel wächst und sich von Mal zu Mal tiefer in den Propheten hineinfrißt. Es ist wohl kein Zufall, daß die letzten beiden Texte dieser Art zugleich auch den äußersten Grad der Verzweiflung bezeichnen, in die sich Jeremia hinausgestoßen sah« (*v. Rad*, Theologie II [o. Anm. 19], 211).
4 3   Vgl. Jer 43f zum erzwungenen Aufenthalt in Ägypten.
4 4   Vgl. Jer 15,10. Nimmt der Aufsatz insgesamt Überlegungen auf aus *W.H. Schmidt*, Gotteserfahrung und ›Ich‹bewußtsein im Alten Testament, in: FS H. Graf Reventlow, Frankfurt a.M. 1994, 199–218 = *ders.*, Vielfalt und Einheit alttestamentlichen Glaubens II, Neukirchen-Vluyn 1995, 92–111, so schließt sich der folgende Abschnitt an Erwägungen an aus *ders.*, Im Umfeld des Liebesgebots. Ethische Auswirkungen der Unterscheidung Tun Gottes und Tun des Menschen, in: Recht und Ethos im Alten Testament – Gestalt und Wirkung. FS H. Seebass, Neukirchen-Vluyn 1999, 145–154, bes. 146–149.
4 5   Vgl. zu Anm. 50.
4 6   Geht die weitergehende Deutung, daß Gott mit-leidet, nicht über die ausdrücklich bezeugte Aussage hinaus?
4 7   Jer 1,8; vgl. die innerhalb der Konfessionen bewahrte Antwort 15,20f (mit 1,18f).

äußert, die in der Situation verständlich, gegenüber der geübten Fürbitte mit dem Einsatz für die Feinde[48] aber widersprüchlich und zugleich fremdartig, schwer nachvollziehbar erscheint. Sind in der Situation der Verfolgung Fürbitte und Gebet um Vergeltung zugleich möglich? Wie eine Antwort auf einen Wunsch der Gegner[49]: »Vielleicht läßt er sich betören, daß wir ihm beikommen und unsere Rache an ihm nehmen!« wirkt das Gebet:

»Jahwe, gedenke mein und nimm dich meiner an,
räche dich für mich an meinen Verfolgern,
raffe mich nicht weg in deiner ›Langmut‹,
beachte, daß ich um deinetwillen Schmach trage!«[50]

Die Bitte um Gottes »Gedenken«, d.h. um eine Zuwendung, die zugleich die Lage wendet[51], geht über in die Bitte um Vergeltung der erfahrenen Schmach und wird so konkretisiert. Jeremia steht das »Hingerafft-Werden« als Möglichkeit vor Augen; selbst sie wird als Gottes Tat verstanden. Die »Rache« ist nicht Selbstzweck; sie bewirkt oder hat zur Folge, das ihm drohende Geschehen zu verhindern.

Die Situation erscheint so zugespitzt, daß Hilfe keinen langen Zeitaufschub mehr duldet, vielmehr bald nötig wird. Wie ein Einwand wirkt der Hinweis auf Gottes Geduld: »Daß Jahwe langmütig und reich an Güte und Treue ist, ist seine besondere göttliche Eigenschaft und als solche Grundlage des Vertrauens seines Volkes. Der Prophet stellt dagegen die bittere Frage, ob er nicht gerade an ihr zugrundegehen muß.«[52] Bringt, was das Volk bewahrt, dem Propheten den Untergang? Jeremia könnte auf eine geläufige Gottesprädikation oder ein Bekenntnis zurückgreifen, das ohne ausdrücklichen Bezug zur Geschichte von Gott aussagt:

48   Jer 18,20; vgl. 17,16; bei (üblicher) Textänderung auch unmittelbar vorher 15,11.
49   Jer 20,10; vgl. 11,19.21; auch etwa Klgl 3,59ff.
50   Jer 15,15; vgl. schon zuvor 11,20; 12,3; auch 17,18; 18,21f; 20,11f. »Du bleibst im Recht, Jahwe, wenn ich mit dir streite« (12,1).
51   »Seine Lage empfindet der Prophet umso schwerer, als der Fluch, den seine Hörer über ihn sprechen, und die Verfolgungen, denen er ausgesetzt ist, nur eine Seite seiner prophetischen Tätigkeit betreffen: sein Auftreten als Unheilsprophet, während die andere Seite seines Wirkens, seine fürbittende Tätigkeit, von ihnen gar nicht wahrgenommen wird.« »Gedenken« meint »das tätige Eingehen Gottes auf den Menschen, die personale Zuwendung, welche die Situation des Menschen, dem sie gilt, ändert, da nun Gott seine Lage überprüft und ihm Abhilfe schafft« (*W. Schottroff*, »Gedenken« im Alten Orient und im Alten Testament [WMANT 15], Neukirchen-Vluyn ²1967, 189f).
52   *H.J. Stoebe*, Seelsorge und Mitleiden bei Jeremia, WuD 4 (1955), 116–134, bes. 124.

»Barmherzig und gnädig ist Jahwe,
langmütig und reich an Huld.«[53]

Handelt es sich um eine Anspielung auf dieses Bekenntnis, oder ist
es in seiner ausgeführten Form nicht eher jünger? Im Rahmen der
Heilszusage an das Nordreich bezeugt Jeremia (3,12) die Einsicht:
Gott ist »gnädig« und insofern die Kernaussage; so könnte er in
beiden Fällen eine Vorform des ausgestalteten, später entfalteten
Bekenntnisses bieten.

Entgegen seiner Botschaft kann Jeremia in anderer Situation einer
heilvollen Zukunftsansage, nicht als Prophet, eher als Mensch, anscheinend mit dem Wunsch zustimmen: »Wahrlich, so möge Jahwe
tun!«[54] Gleichsam als – auf Grund seiner Verkündigung von den
Nachstellungen betroffen – »Amtsperson« oder Bote bittet er in
den Konfessionen um die Verwirklichung der ihm aufgetragenen
Zukunftsansage. »Rache nehmen« und »nicht wegraffen« erscheinen als die beiden Seiten eines Geschehens bzw. eines Handelns
Gottes.

Für das Verständnis des Gebets um »Rache«[55] bleibt zum einen zu
bedenken: Es hält fest, daß sich Gott in *diesem* Leben als wahrer
Gott erweisen, über die Bekundung seines Willens hinaus zu seinem Wort stehen soll. Da Jeremia von einer »Rechtssache«[56] sprechen kann, steht hinter seiner Bitte der tiefe Ernst, daß Gott Sünde
nicht ungestraft läßt, Wahrheit und Recht aufzeigt, seine Beistands-
zusage[57] nicht aufgibt.

53   Ps 103,8; vgl. 86,15; 145,8 u.ö.; in Gottes Ichrede als Selbstprädikation
Ex 34,6f; auch, ebenfalls im Prophetenmund, für das Verhältnis Gottes zu anderen
Völkern: Jon 4,2. Vielleicht ist die Formel jünger und nimmt auch jeremianische
Einsichten (Jer 3,12; 15,15) auf. Vgl. *H.D. Preuß*, Barmherzigkeit I, TRE V
(1980), 215–224, bes. 223f, Anm. 1 (Lit.); *H. Graf Reventlow*, Gnade I, TRE
XIII (1984), 459–464, bes. 460ff; *H. Spieckermann*, »Barmherzig und gnädig ist
der Herr ...«, ZAW 102 (1990), 1–18.
54   Jer 28,6 in der Rede von Gott in 3. Person vor dem Übergang in die – für den
Propheten charakteristische – Ichrede, die als Gotteswort wieder die Zukunftsansage ausspricht (28,14.16; vgl. 27,11 u.a.). Ein ähnlicher Unterschied findet
sich 1Kön 22: Micha ben Jimla stimmt (V 15 wie V 6) in der Rede von Gott in 3.
Person, gleichsam als Mensch, dem königlichen Vorhaben zu, bevor er sein Pro-
phetenwort vorträgt (V 17; vgl. V 19ff).
55   Vgl. *W. Dietrich*, Rache, EvTh 36 (1976), 450–472, bes. 461; *E. Zenger*,
Ein Gott der Rache? Feindpsalmen verstehen (Biblische Bücher 1), Freiburg u.a.
1994; *A. Meinhold*, Der Umgang mit dem Feind nach Spr 25,21f als Maßstab für
das Menschsein, in: Alttestamentlicher Glaube und Biblische Theologie. FS H.D.
Preuß, Stuttgart 1992, 244–252; *W. Dietrich / C. Link*, Die dunklen Seiten Gottes I–II, Neukirchen-Vluyn 1995/2000.
56   Jer 12,1; vgl. 11,20; 20,12; auch 15,20 und 2,9.29.
57   Vgl. Jer 1,8.18f; 15,20f.

Zum anderen soll nicht der Berufene selbst für das, was ihm angetan wurde[58], sondern der Beauftragende, Gott, die Bestrafung übernehmen. Das Gebet um »Rache« behält – eben als Gebet – Gott die Vergeltung vor, »stellt« ihm die Tat »anheim«[59], entzieht sie dem Menschen.

Auf Grund dieses Vorbehalts, dieses Einspruchs gegen sich selbst: »Nicht ich, sondern du!«, kann es zumal in der Situation der Bedrängnis eine hilfreiche Einsicht sein – aber wohl nur eine vorläufige, nicht letzte, endgültige. Jeremia selbst ruft zur Fürbitte für die Bedrücker (29,7) auf.

Besteht darum nicht ein gewisser Widerspruch zur übrigen Verkündigung Jeremias? Die Rachegebete sprechen anscheinend eine »Sprache, welche die Solidarität im Unheil übertönt und den Gegensatz von Gerechten und Ungerechten aufreißt.«[60] Wieweit unterscheidet Jeremia so zwischen seinen Verfolgern und den übrigen Zeitgenossen, während seine Botschaft sonst alle treffen kann? Auffälligerweise korrespondieren die Bestrafung einzelner Verfolger oder Gruppen und die Unheilsansage über die Gesamtheit[61]. Insofern bedeutet »Rache« für Jeremia, zumal er dem Vorwurf ausgesetzt ist, seine Worte erfüllten sich nicht[62], anscheinend kein Einzelgeschehen, eher Verwirklichung der von ihm angekündigten Zukunft; diese »Vergeltung« stellt also kaum ein eigenes, besonderes, vielmehr das angesagte allgemeine Gericht dar, das die Gegner angesichts fortdauernder Ablehnung[63] erfaßt[64].

Eben da, wo Jeremia mit seinem Brief[65] jenseits des Gerichts oder noch in der Situation des Gerichts den Exilierten Hoffnung zu-

---

58 Gegenüber Simson: Ri 16,28.

59 »Dir habe ich meine Sache anheimgestellt« (Jer 11,20; vgl. Röm 2,6; 2Kor 5,10; 1Kor 3,13; 4,5; Mt 16,27 u.a.).

60 *Gunneweg*, Konfession (o. Anm. 30), 61–82, bes. 79.

61 Vgl. etwa Jer 6,11; 9,20f; 11,21f; 15,7–9 mit 18,21f.

62 Jer 17,15; vgl. Jes 5,19; Ez 12,22ff u.a.

63 Vgl. nur Jer 6,16f.27ff; 8,4ff u.a.

64 Ähnlich wie Am 7,16f das Einzelschicksal am Gesamtgeschick expliziert. Das »Stichwort ›Rache‹, das in den Konfessionen gleich viermal auftaucht, erscheint im Jeremiabuch in einer festen Wendung mehrfach für das Einschreiten Jahwes gegen das eigene, frevelhafte Volk (5,9.29; 9,8).« Es zeigt sich, »daß dieser Rachewunsch nichts anderes zum Inhalt hat als die Unheilsbotschaft des Propheten«. Zudem ist in 18,21f die Bitte mit dem für das Drohwort üblichen »Darum« eröffnet, in der Scheltrede ist nur »scheinbar eine private Ursache genannt«. »Ist aber die Unheilsbotschaft mit diesem Wunsch [Jeremias] inhaltlich identisch, dann geht es offenbar in der Bitte nicht um die persönliche Rache, sondern um die Verwirklichung der Botschaft, die dem Propheten aufgetragen war« (*Hermisson*, Rechtsstreit [o. Anm. 34], 18f). Ist die Situation insofern anders als in der Auseinandersetzung mit Chananja (Jer 28)?

65 Jer 29,5–7 in Übereinstimmung mit der Vision 24,5.

spricht, läßt er seine Mahnungen zum »Wohlergehen« eben in der
Fürbitte für die Bedrücker enden.

VI

Statt mit einem Anruf Gottes setzt die zweite Konfession, obwohl
sie im Aufbau einem Klagelied des Einzelnen ähnelt, mit einem
der Totenklage entsprechenden »Wehe« und einer Anrede an die
Mutter ein:

»Weh mir, Mutter, daß du mich geboren,
einen Mann des Streites und ... des Haders!« (15,10)

Im Anruf an die Person, die das Leben gab, wird die eigene Geburt[66]
und damit das Leben insgesamt beklagt oder gar verwünscht, obwohl doch die Nachkommenschaft, wie das Alte Testament vielfältig bezeugt, hoch geschätzt ist. So liegt in diesem Ausdruck
schmerzhafter Verzweiflung die Verkehrung des Üblichen, »Natürlichen«, eigentlich Selbstverständlichen oder gar mit dem Dank
an den Schöpfer Angebrachten vor. Übernimmt Jeremia mit der
Charakteristik »Mann des Streites«, der Menschen entzweit, gegne-
rische Anfeindungen für sich selbst?
Wie bei Elia scheint der Todeswunsch ein Scheitern des Propheten
auszudrücken. Allerdings sind »Streit« und »Hader« wohl nicht die
Botschaft selbst, sondern eher die Auswirkungen von Jeremias har-
ter Unheilsverkündigung. Sie entstehen, wo er auftritt; Feindschaft
ist die Folge.
Das Thema des Weherufs nimmt der Abschluß der Reihe der Konfessionen in anderer Form wieder auf. Literarisch ihnen zugeordnet und sachlich mit ihnen verbunden, sind die Schlußverse (20,
14–18) wiederum durch das persönliche Ich geprägt, wirken insofern aber wie eine eigene Einheit, als sie sich nicht in der Du-Anrede des Gebets – mit einer Bitte – an Gott wenden[67]. Darin ähneln
sie jenem »Wehe« (15,10). Sie setzen mit einem doppelten Fluch
neu ein, der nicht den Feinden gilt:

»Verflucht der Tag, an dem ich geboren,
der Tag, an dem meine Mutter mich gebar, sei ohne Segen!
Verflucht der Mann, der meinem Vater verkündete:

---

66 Wird sachlich an die Berufung vom Mutterleib an (1,5) angeknüpft? Ist das
»Wehe!« mit Anrede an die Mutter (15,10) nicht eher schärfer als der Fluch (20,
14), bei dem das »Du« fehlt?
67 Vgl. o. Anm. 38.

›Ein Kind, ein Knabe ist dir geboren‹,
ihn damit hoch erfreute!« (20,14f)

Dem Verbot des Elternfluchs bzw. dem Gebot der Elternehrung[68]
entsprechend werden nicht die Eltern vom Fluch getroffen. Die
Verwünschung des eigenen Geburtstages[69] kommt einer Selbst-
verwünschung oder gar Selbstverfluchung nahe; aber auch sie
wird nicht direkt ausgesprochen. Vielmehr weicht Jeremia – bild-
lich – in doppelter Hinsicht aus, zunächst auf den Tag, dann den
Boten[70].
Der Wunsch Jeremias, schon der Mutterleib möge zum Grab geworden sein (20,17), endet in der Frage, die mit »Warum« erneut
die Sprache des Klagelieds aufnimmt und dabei nach heute gängi-
gem Selbstverständnis die Frage nach dem »Sinn« des eigenen Lebens stellt:

»Warum mußte ich den Mutterleib verlassen,
nur um Mühsal und Kummer zu erleben
und meine Tage in Schmach zu enden?« (20,18)

Hat die Berufung – mit der Bestimmung vor der Geburt für die
besondere Aufgabe (1,5) – für Jeremia doch nicht die Frage nach
dem »Sinn« des Lebens beantwortet[71]? Jetzt erscheint das Leben
als leidvolle Qual. Jeremia sucht, »den aufreibenden Zwiespalt zwischen Leben und Auftrag zu überwinden«[72]. Der Zwiespalt bleibt
– ausgesprochen in der offenen Frage.

---

68   Ex 21,17; Lev 20,9 u.a. bzw. Ex 20,12; Dtn 5,16.
69   Zum Geburtstag gehört eigentlich der Segen, der Glückwunsch; vgl. Ps 127,
3–5; Rut 4,15.
70   Im Alten Testament ist auch sonst zu beobachten, daß der Fluch nicht auf
den eigentlich Betroffenen ergeht, sondern abgelenkt wird; so Gen 3,17 auf den
Acker statt den Menschen; anders 4,11. Der Fluch ist ursprünglich auch keine
prophetische Redeform.
71   Mit den Worten *B. Duhm*s zu Jer 1,5 (Das Buch Jeremia [KHC XI], Tübin-
gen/Leipzig 1901, 5): »Jeremia ist, bevor er existierte, ein Gedanke Gottes gewesen, ... ist von ihm zu einer großen Aufgabe besonders geschaffen ... Hat Jer
ein solches Bewußtsein mit sich herumgetragen, so hat er einen ganz anderen Boden unter den Füßen gehabt, als alle anderen Menschen. Ihm war, wenigstens für
seine eigene Person, das Rätsel des Daseins gelöst. Aber dafür war ihm auch die
naive Lebenslust der gewöhnlich Sterblichen versagt.« Jeremia ist durch die providentia specialissima die Aufgabe seines Daseins eröffnet.
72   *W. Schottroff*, Der altisraelitische Fluchspruch (WMANT 30), Neukirchen-
Vluyn 1969, 78. Diese Klage ist »Konsequenz aus dem Unvermögen, den Auftrag
Jahwes und seine Folgen noch länger zu ertragen« (*F. Ahuis*, Der klagende Ge-
richtsprophet [CTM A/12], Stuttgart 1982, 111).

VII

Gelegentlich enthalten die Konfessionen – Erinnerungen ähnliche – Rückverweise auf Offenbarungswiderfahrnisse, so in der Reflexion (15,16):

»Fanden sich Worte von dir, so verschlang ich sie.
Dein ›Wort‹ ward mir zur Wonne und Herzensfreude;
denn dein Name war über mir ausgerufen, Jahwe Zebaot!«

Die Aufnahme des Wortes deutet, wie Ezechiels Auslegung bestätigt und veranschaulicht[73], den Offenbarungsempfang an: Jeremia, über dem Gottes »Name ausgerufen« wurde, ist damit Gott übereignet[74]. Gehört Jeremia nicht mehr sich selbst, ist er seiner selbst nicht mächtig? So formuliert er selbst später in einem Wort, das wie ein Rückblick auf die Beauftragung zur Verkündigung wirkt:

»Du hast mich betört, Jahwe, ...
du bist mir zu stark geworden ...
Ja, so oft ich rede, muß ich schreien ...« (20,7f)

Wie schon die Berufungsgeschichte[75] andeutet, tritt Jeremia nicht aus eigenem Entschluß auf, sondern erlebt die Beauftragung als Überredung, bezwingende Gewalt[76], richtet seine Botschaft auch gegen eigenen Widerstand aus.
Zunächst oder auch zugleich nimmt Jeremia das Gotteswort gerne an. Obwohl es ihm »zur Freude« (15,16) wurde, richten sich jedoch die Wirkungen – wohl wegen der Unheilsdrohungen – gegen ihn:

»Jahwes Wort wurde mir zum Schimpf und Hohn
den ganzen Tag.«[77]

---

73   Jeremias bildhafte Rede (Wort wie Nahrung) wird bei Ezechiel zum visionären Erlebnis. Er hört den Auftrag »Tue deinen Mund auf und iß!«, sieht eine ausgestreckte Hand mit einer Buchrolle, die mit Klagen, Ach und Wehe – d.h. den Unheilsankündigungen oder eher deren Wirkungen – beschrieben ist; als er aß, »wurde sie in meinem Munde süß wie Honig« (Ez 2,8 – 3,3). Die Zeugnisse von Süße des Gotteswortes im Psalter (Ps 19,11; 119,103; vgl. auch Spr 16,24; 24, 13f) sind eher jünger.
74   Vgl. 2Sam 5,9; 12,28 u.a. Die Wendung sagt Gottes Hoheitsrecht aus.
75   Jer 1,5–7; vgl. 26,15f.
76   Vgl. (nach der Erzählung 1Kön 19,19ff) schon Am 3,8; Jes 8,11; Jer 15,17: »von deiner Hand gebeugt«; auch 1Kor 9,16.
77   Jer 20,8; vgl. 15,15: »Erkenne, daß ich um deinetwillen Schmach trage!«

Dabei meinen »Schimpf und Hohn« ähnlich »Hader« und »Streit«
(15,10) kaum unmittelbar die Botschaft selbst, sondern eher die
Reaktion auf sein Auftreten.
Auch wenn er sich genötigt weiß, wird Jeremia als verantwortlich
angesehen, hat die Folgen zu tragen. Der Auftrag bringt Vereinzelung, das Vertrautsein mit Gott führt zur Vereinsamung. Die Freude
am Gotteswort, die Gemeinschaft mit Gott, kann für den Propheten
die freundschaftliche Gemeinschaft mit Menschen, fröhliche Un-
beschwertheit ausschließen, wie die folgende Klage (15,17f) ausführt:

»Nie saß ich heiter im Kreis der Fröhlichen,
unter dem Druck deiner Hand bleibe ich einsam;
denn mit Zorn hast du mich erfüllt.
Warum werde ich meinen Schmerz nimmer los
und ist meine Wunde bösartig? Sie will nicht heilen.«

Als Prophet lebt Jeremia nicht mehr vorbehaltlos-unbeeinträchtigt
in seinem Volk; wie er in seiner Symbolhandlung darstellt und so
bestätigt[78], können menschliche Beziehungen gestört sein oder gar
gemieden werden.
Jeremia ist von tiefen, sein Prophet- und Menschsein treffenden
Anfechtungen bewegt. Er ist nicht nur der gehorsame, sondern
auch der mit Gott hadernde Prophet, der sich von Gott getäuscht
fühlt. In Umkehrung seines eindrücklichen Bildwortes erscheint
ihm Gott nicht mehr als ein lebendiger, lebenerhaltender Quell[79],
vielmehr als ein im Sommer versiegender, ausgetrockneter Bach
(15,18):

»Du erweisest dich mir wie ein (als) Trugbach,
als unzuverlässiges Gewässer!«

Zieht diese Aussage nicht eine der grundlegenden Glaubensaussa-
gen von Gott als Retter in der Not in Zweifel? Erfährt Jeremia, der
mit Gott hadert und sich von ihm getäuscht fühlt[80], nicht mehr, wie
die Berufungsgeschichte (1,8) verheißt, die Gegenwart und den

---

78   Der Ausschluß aus der sozialen Gemeinschaft (15,[10.]17) wird durch die
Folge der Symbolhandlungen Jer 16 (V 2–4.5–7.8–9 mit Anhang V 10–13)
bekräftigt, die tief in Jeremias Leben eingreifen – mit dem dreifachen Auftrag,
keine Familie zu gründen, an Trauerbezeugungen nicht teilzunehmen, festliche
Geselligkeit zu meiden.
79   Jer 2,13; aufgenommen 17,13; vgl. auch Dtn 7,9; 32,4 u.a.
80   Sei es mehr wegen des Ausbleibens der angesagten Zukunft (17,15) oder der
in der Gegenwart erlittenen Feindschaft und Einsamkeit; beide Anlässe hängen
zusammen.

Beistand Gottes in der Not? Jedenfalls bildet diese Klage oder
Anklage gewiß eine der härtesten, radikalsten, trotzdem uneingeschränkt überlieferten Aussagen des Alten Testaments[81].

VIII

Jeremias Konfessionen sprechen Erlebtes und Erlittenes aus, sind
Äußerungen über Handeln und Widerfahrenes, über Eigenes und
Fremdes. Was so allgemein als Struktur oder Gehalt erscheint, wird
in einigen Aussagen ausdrücklich; in ihnen verschränken sich
Subjekt und Objekt, Aktiv und Passiv.
Dem Weheruf über die eigene Person (15,10a) schließt sich – wie
eine Art Einwand, der sich gegen dieses »Wehe« erhebt, ihm ins
Wort fällt – eine Unschuldsbeteuerung nach zwei Richtungen, gegenüber den Menschen (V 10b) wie gegenüber Gott (V 11)[82], an.
Geldsachen, oft Anlaß zum Streit, bilden wohl nur eine beispiel-
hafte Konkretion für das Verhalten gegenüber dem Nächsten. Jeremia hat sich selbst, weder mit Geldverleih noch -entleih, etwas
zuschulden kommen lassen, ist weder Gläubiger noch Schuldner:

»Weder habe ich noch haben sie mir geliehen.« (15,10)

Da der Anlaß nicht durch seine Person gegeben ist, kann nicht sie
den Grund der Anfeindung bieten[83].
In einer solchen zwischenmenschliches Verhalten betreffenden
Aussage können Subjekt und Objekt wechseln – erst recht in Bezug zu Gott. Prophetisches Wirken erscheint als Ergriffen-Sein
und Ergreifen. Schon die Berufungserzählung (1,4–9) verbindet
passiv-rezeptive und aktive Struktur, berichtet von der Spannung
zwischen Gewählt-Werden, Eingesetzt-Sein und Reden-Sollen,

---

81 »Welche Tiefe des Zweifels und der Anfechtung läßt das Alte Testament zu,
wenn es ein solches Wort – wie die Klagen der Psalmbeter oder die Anklagen Hiobs – weitergibt, Späteren nachsprechbar und nachvollziehbar macht! Kommen
darin nicht auch Offenheit und Freiheit des Alten Testaments zum Ausdruck, den
gewohnten Rahmen sprengenden Erfahrungen und Aussagen Raum zu geben? ...
So läßt das Alte Testament höchst unterschiedliche Gotteserfahrungen gelten, die
miteinander in Spannung, wenn nicht zueinander im Gegensatz stehen ...« (*W.H.
Schmidt*, Gott und Böses, in: *ders.*, Vielfalt und Einheit II [o. Anm. 44], 280,
Anm. 45).
82 Nach den möglichen Geld-Schulden wird die mögliche Schuld vor Gott bedacht.
83 Hier klingt ein Motiv an, das das Hiobbuch ausführt: Was die Person trifft,
hat sie – in dem Ausmaß – nicht selbst verschuldet; trotzdem trägt sie die Verantwortung.

Hinnehmen oder Hinnehmen-Müssen und Handeln, Geschehen-Lassen und Tätig-Sein. Entsprechend wird die Reihe der Konfessionen eröffnet (11,18):

»Jahwe ließ mich wissen,
und so wußte ich.«

Jeremia bittet:

»Heile mich, Jahwe, daß ich heil werde,
hilf mir, so ist mir geholfen!« (17,14)

Heißt es vom Volk in Gottes Antwort (15,20) mit der Gegenüberstellung »sie – ich«:

»Sie werden dich bekämpfen,
aber sie werden dich nicht überwältigen;
denn ich bin bei dir,
dir zu helfen und dich zu retten – ist der Spruch Jahwes«,

so kann Jeremia von Gott anders urteilen; die schon zitierte Stelle (20,7) wird fortgesetzt:

»Du hast mich betört, Jahwe,
und ich ließ mich betören,
du bist mir zu stark geworden
und hast obsiegt (mich überwältigt).«

Die Sprache spiegelt den Widerfahrnischarakter wider. Wechseln in der ersten Vershälfte »Du« und »Ich« ab, so wird in der zweiten das »Du« beherrschend. Zwar erwartet man nach Gottes Tat eine Folgehandlung des »Ich«, jedoch bezieht sich auch das letzte Verb auf Jahwe: Er übernimmt die ganze Tat[84]!
Entsprechend kann der Prophet einen Zusammenhang zwischen menschlichem Tun »umkehren« und Wirken Gottes »umkehren lassen« aussprechen. Als Gottes Wort gibt Jeremia weiter:

»Ich habe wohl gehört, wie Ephraim klagt:
Du hast mich gezüchtigt, und ich erfuhr Zucht –
wie ein lernunfähiges Kalb.
Laß mich umkehren, daß ich umkehre!« (31,18)[85]

---

84 Vgl. die Abwandlung der sog. Bundesformel (»ich will euer Gott – ihr sollt mein Volk sein«) allein in Gottes Wirken: »Ich will euch als Volk annehmen ...« (Ex 6,7 P).
85 Vgl. 31,4: »Ich will dich wieder bauen, daß du gebaut wirst, Jungfrau Israel«; zur Umkehr angesichts des Heils auch 3,12f.

Ähnlich setzt die Jeremia auf seine anklagende Klage zuteil werdende Antwort ein; vielleicht nimmt sie jenes Wort (31,18) – abgewandelt – auf:

»Wenn du zurückkehrst (dich bekehrst),
lasse ich dich zurückkehren (dich bekehren).« (15,19)[86]

Das Werk, das er selbst vollbringt, und das sich an ihm vollzieht,
bilden keine Gegensätze. Vielmehr kann das eigene Handeln als
gewährt oder ermöglicht verstanden werden. So sind Aktiv und
Passiv, Freiheit und Gebundenheit, ineinander verschlungen.

IX

Die Psalmen enthalten Lieder, Gebete, Worte, die aufgeschrieben
wurden, damit sie in ähnlichen Situationen nachgesprochen werden können, die im Auf und Ab des Lebens so auch für schwere
Erfahrungen hilfreiche Sprache bereithalten. Der Mensch kann
mit den Psalmen das ihm Bittere in Worte fassen, Erlittenes hörbar
machen, die Nöte des Daseins einschließlich seiner Ungewißheit,
Enttäuschung, Angst und Zweifel aus- und ansprechen, *vor* Gott
bringen. Die Klage *über* das Schicksal und die Erfahrung der Verlorenheit läßt sich in die Klage *zu* Gott hineinnehmen, so daß sie
nicht aus dem Glauben herausfällt.
Wieweit gilt dies – trotz prophetisch verschärfter Situation – auch
für die Konfessionen? Auch sie werden bewahrt und weitergereicht,
wie wohl das Echo aus dem Gottesdienst verrät.
Jeremia steht (trotz oder nach Berufung) nicht nur – dem Volk
gegenüber – auf seiten Gottes, ringt vielmehr – wegen der harten
Folgen, die er zu tragen hat – mit Gott. Den Konflikt, der durch
seine Aufgabe hervorgerufen ist, oder gar die Verzweiflung trägt
Jeremia auch mit Gott aus. Werden hier nicht tiefe Zweifel an Gott
vor und mit Gott durchgestanden?
Diese – schlimme, kaum überbietbare – Klage (»Trugbach«) wird
Gott selbst vorgetragen und so das »Du« der Anrede durchgehal-
ten – wie in den Klagepsalmen oder im Hiobbuch. In ihm spiegeln
sich auch Erfahrungen Jeremias wider. Seine besonderen, durch

---

86   Der Zusatz Jer 3,22ff scheint in 4,1 die das Nordreich Ephraim (31,18; dazu
15,19) betreffende Zusage mit der Anrede an »Israel« (für das Gottesvolk) zu verallgemeinern (vgl. auch Sach 3,7). Zugleich wird die in jenen beiden Texten von
Jeremia ausgesprochene Spannung zwischen menschlichem Tun und Wirken
Gottes: »umkehren« durch Gottes »umkehren lassen« nur abgeschwächt aufgenommen.

seinen prophetischen Auftrag veranlaßten Aussagen werden unter Bewahrung der Konzentration auf das Individuum, das Geschick einer Einzelperson, unter Aufnahme von Jeremias Konfessionen im Hiobbuch menschlich verallgemeinert[87]. Entsprechend gewinnt das Hiobbuch – mit der »Erklärung« von Hiobs Geschick in den ihm nicht zugänglichen Himmelsszenen – seine Spannung gerade durch den Unterschied zwischen »Erklärung« bzw. Sinngebung einerseits und Gottesfurcht andererseits. Die Gottesferne ist in das »Du« eingebracht; so bleibt in der Erfahrung der Abwesenheit oder gar des Mißtrauens die Ausschließlichkeit der Zuwendung – das Anliegen des Ersten Gebots – bewahrt und in der bleibenden Anrede auch Vertrauen verborgen enthalten. Wie die Konfessionen selbst kann auch der Auslegungsversuch mit einer Frage schließen: Ist bereits die Äußerung mehr als das Gewahr-Werden der eigenen Situation, ist das Aussprechen von Zweifel oder gar von Verzweiflung ein Zeichen von Abstand[88], ist das Benennen eine Hilfe? Ist das Dunkle nicht völlig, nicht nur dunkel, weil dieses »Du« bleibt – damit letztlich nicht doch eine Geborgenheit im Unheil gegeben[89]?

---

87 Zur Aufnahme der Motive vgl. etwa Jer 15,10; 20,14ff mit Hi 3; dazu *G. Fuchs*, Die Klage des Propheten, BZ 41 (1997), 212–228; 42 (1998), 19–38.
88 Äußert er sich auch in der – in den Konfessionen vorliegenden – literarischen, poetisch-metrischen, insofern kunstvollen Gestaltung?
89 Leiht die Sprache in der Verlassenheit auch Vertrauen? Vgl. Ps 22,2f mit Mk 15,34.

Bernd Janowski

Das verborgene Angesicht Gottes

Psalm 13 als Muster eines Klagelieds des einzelnen

O.H. Steck zum Gedenken

Seit H. Gunkel gilt Ps 13[1] als »Muster eines ›Klageliedes des einzelnen‹, in dem die einzelnen Bestandteile der Gattung besonders
deutlich auseinandertreten«[2]. Sein Thema, die Verborgenheit Gottes, hat immer wieder das theologische Fragen stimuliert und dabei die Aufmerksamkeit auf den Umstand gelenkt, daß »die Aus-
sageaspekte der Klage V. 2–3 ... in der anschließenden Bitte genau und in derselben Abfolge wiederaufgenommen (werden)«[3].
In Kombination mit der Beobachtung, daß der Feindaspekt der
Notlage nicht Gegenstand einer eigenen Bitte ist, ergab sich für
O.H. Steck daraus die Frage, wie der Psalm das Ende der Feindschaft und den Beginn einer heilvollen Gottesbeziehung thematisiert.

Diese Frage steht auch im folgenden im Mittelpunkt. Da sie sich
nur im Zusammenhang mit der weiteren Frage nach dem sog.
»Stimmungsumschwung« beantworten läßt, ist diesem Problem ein
eigener Abschnitt gewidmet (II). Wir beginnen mit einer Analyse
der Komposition und Thematik von Ps 13 (I).

---

1   Die folgenden Überlegungen, auf die der Jubilar noch brieflich reagiert hat,
waren O.H. Steck zum 65. Geburtstag am 26.12.2000 gewidmet. Aus dem Ge-
burtstagsgeschenk ist nun ein Abschiedsgruß für einen Kollegen geworden, dem
ich persönlich viel verdanke: nicht nur seine Mitwirkung an meiner Berufung
nach Zürich im Jahr 1987 und meinen Eintritt in den Herausgeberkreis der
WMANT im Jahr 1991, sondern vor allem eine fast zwanzigjährige Freundschaft
und Gesprächsgemeinschaft. R.i.p.
2   *H. Gunkel*, Die Psalmen (HK II/2), Göttingen 1929/⁶1986, 46. Zu Recht wendet *O.H. Steck*, Beobachtungen zur Beziehung von Klage und Bitte in Psalm 13,
BN 13 (1980) 57–62, hier 57 gegen Gunkels Urteil ein, daß »das einfache, regu-
läre Textmuster (sc. von Ps 13) ... – geschichtlich gesehen – keineswegs das Urbild sein muß, aus dem sich die komplexen Ausprägungen der Gattung allererst
entwickelt hätten. Idealtypisch gesehen ist Gunkels Urteil jedoch im wesentlichen berechtigt ...« Eine Predigt über Ps 13 aus dem Jahr 1994 hat O.H. Steck
in seinem letzten Buch: Der Lebensspur Gottes nachgehen. Predigten, Stuttgart/
Berlin/Köln 2001, 64–70 publiziert.
3   *Steck*, Beobachtungen, 58.

I. Komposition und Thematik von Psalm 13

1. Text und Komposition

1	Für den Chormeister. Ein Psalm Davids.
2a	Wie lange, JHWH, vergißt du mich auf Dauer?
b	Wie lange verbirgst du dein Gesicht vor mir?
3a	Wie lange soll ich Sorgen tragen in meiner Seele,
	Kummer in meinem Herzen Tag für Tag?
b	Wie lange erhebt sich mein Feind über mich?
4a	Blick doch her, erhöre mich, JHWH, mein Gott!
b	Laß meine Augen leuchten, damit ich nicht zum Tod entschlafe,
5a	damit mein Feind nicht behauptet: ›Ich habe ihn überwältigt!‹,
b	meine Gegner nicht jubeln, daß ich wanke!
6aα.β	Doch ich – auf deine Güte habe ich vertraut,
	mein Herz juble über deine Rettung:
aγ.b	›Singen will ich JHWH, daß er an mir gehandelt hat!‹

Bemerkungen zum Text

2 Das Frageadverb עַד־אָנָה »bis wann < wie lange (noch)« fragt nach dem Zeitpunkt und steht damit in semantischer Spannung zu נֶצַח »Dauer«, das hier als Adverb (»auf Dauer, ganz und gar«) fungiert, vgl. Ps 74,10; 79,5 und 89,47 (jeweils לָנֶצַח), vgl. _H. Irsigler_, Psalm-Rede als Handlungs-, Wirk- und Aussageprozeß. Sprechaktanalyse und Psalmeninterpretation am Beispiel von Psalm 13, in: Neue Wege der Psalmenforschung (FS W. Beyerlin [HBS 1]), hg. von _K. Seybold / E. Zenger_, Freiburg/Basel/Wien 1994, 63–104, hier 77. – **3** עֵצוֹת, pl. von עֵצָה »Plan, Überlegung« kann beibehalten werden (vgl. LXX, Vulg); eine Änderung in עַצֶּבֶת »Schmerz, Plage, Kummer« oder עַצָּבוֹת (pl., vgl. _K. Seybold_, Die Psalmen [HAT I/15], Tübingen 1996, 64) ist unnötig, weil die »Pläne, Überlegungen« auf die Notlage des Beters bezogen sind, es also »sorgenvolle Gedanken, Sorgen« sind, die ihn täglich quälen, vgl. Prov 27,9; Sir 30,21 (»Nicht sollst du dich der Trauer hingeben, // und nicht soll dein Nachdenken [עֵצָה] dich zu Fall bringen«), ferner _H.-J. Kraus_, Psalmen, 1. Teilband: Psalmen 1–59 (BK XV/1), Neukirchen-Vluyn ⁶1989, 239; _F.-L. Hossfeld / E. Zenger_, Die Psalmen. Psalm 1–50 (NEB 29), Würzburg 1993, 97 (E. Zenger) u.a. – יוֹמָם »bei Tag, tagsüber«, nicht im Gegenüber zur Nacht (»nachts«, vgl. die Ergänzung durch LXX^AL, Syh), sondern steigernd (»sogar bei Tag«, d.h. nachts sowieso, vgl. _Hossfeld / Zenger_, aaO 97. 98) oder eher im Sinn von »täglich, Tag für Tag«; die Ergänzung καὶ νυκτός »und nachts« (LXX^AL, Syh, vgl. Ps 1,2; 22,3; 32,4 u.ö.) ist unnötig. Nach _Hossfeld/Zenger_, aaO 96 sprechen mehrere Beobachtungen dafür, V. 3aβ für eine spätere Einfügung zu halten, die »durch die exilische Armenredaktion erfolgt sein (dürfte), die die Komposition [Ps] 11–14 zusammenstellte«. – **4** אִישַׁן הַמָּוֶת ist Breviloquenz für שֵׁנָה הַמָּוֶת אִישַׁן »ich schlafe den Schlaf des Todes > ich falle in Todesschlaf«, s. GK²⁸ § 117 r Anm. 1 und Jer 51,39. – **5** Nach _Steck_, aaO 61f ist V. 5b nicht mehr abhängig von der Konjunktion פֶּן »damit nicht« in V. 5a, sondern Vordersatz zu V. 6a: »Meine Widersacher jubeln, daß ich wanke, doch ich, ich vertraue auf deine Huld«, s. dagegen aber die Argumente bei _Irsigler_, aaO 73 Anm. 30. – **6** V. 6aγ.b ist als Zitat des in V. 6aα.β angekündigten Jubelrufs oder präziser als Lobvollzug zu verstehen, vgl. *Hossfeld/Zenger*, aaO 97 und besonders *Irsigler*, aaO 71f; 73 mit Anm. 31; 81, s. auch unten S. 50–53.

Ps 13 ist nach H. Gunkel »das Muster eines ›Klageliedes des Einzelnen‹, in dem die einzelnen Bestandteile der Gattung besonders deutlich auseinandertreten«[4]. Er besteht aus drei Teilen: der durch das Frageadverb »wie lange?« eingeleiteten *Klage* mit Invocation (V. 2f), der *Bitte* mit den gattungstypischen Imperativen (V. 4f) und dem *Vertrauensbekenntnis* mit dem Zitat eines Lobversprechens (V. 6)[5]:

2 – 3   Klage

2a	Gottklage	Wie lange ...	5
b	Gottklage	Wie lange ...	5
3aα	Ichklage	Wie lange ...,	5
aβ	Ichklage	Wie lange ...	5
b	Feindklage	Wie lange ...	5

4 – 5   Bitte

4a	Gott	Blick doch her ...	4
b	Beter	Laß meine Augen leuchten ...,	4
5a	Feind	damit mein Feind nicht ...,	4
b	Feind	meine Gegner nicht ...	4

6   Vertrauen und Lob

6aα.β	Vertrauensbekenntnis	Doch ich ...	3 + 3
aγ.b	Zitat: Lobversprechen	›Singen will ich ...‹	2 + 2

Die einzelnen Gattungselemente sind klar erkennbar und in der Anlage des Psalms aufeinander bezogen. Die *Klage* (V. 2f) ist stilistisch durch vier »wie lange«-Fragen gestaltet, wobei die Not des Beters unter drei Aspekten gesehen wird:

– im Blick auf *JHWH* als Entzug seiner Gegenwart (»vergessen« // »Gesicht verbergen«), gestaltet in Form zweier paralleler עַד־אָנָה-Sätze (V. 2);
– im Blick auf den *Beter* als Tragen von »Sorgen« in der Seele // von »Kummer« im Herzen (V. 3a);
– im Blick auf den *Feind* als Überwältigung und Vernichtung des Beters (V. 3b).

---

4   *Gunkel*, Psalmen (s. Anm. 2), 46.
5   Zur metrischen Struktur (»gestufte Pyramidenstruktur«) des Textes s. *K. Seybold*, Die Psalmen. Eine Einführung (UB 382), Stuttgart/Berlin/Köln ²1991, 61, vgl. *ders.*, Die Psalmen (HAT I/15), Tübingen 1996, 64 und *H. Irsigler*, Psalm-Rede als Handlungs-, Wirk- und Aussageprozeß. Sprechaktanalyse und Psalmeninterpretation am Beispiel von Psalm 13, in: Neue Wege der Psalmenforschung (FS W. Beyerlin [HBS 1]), hg. von *K. Seybold* und *E. Zenger*, Freiburg/Basel/Wien 1994, 63–104, hier 73f.

Die *Bitte* (V. 4f) wird demgegenüber durch drei gattungstypische
Adhortative bzw. Imperative (V. 4a // bα) eingeleitet, wobei in V.
4a ein Adhortativ und ein Imperativ asyndetisch stehen (»sehen« //
»hören« + Subj. JHWH) und von dem zweiten Adhortativsatz V.
4bα (»laß meine Augen leuchten«) zwei »damit nicht« (פֶּן)-Sätze
abhängig sind. Auch V. 5b dürfte als ein dritter פֶּן-Satz von V. 4ba
abhängig sein[6]. Mit seinem Motivwort »jubeln« (גִּיל) stellt er einen
scharfen Kontrast zu dem Vertrauensbekenntnis V. 6aα.β dar (zwei
parallele Dreier: »Doch ich – auf deine Güte habe ich vertraut, //
mein Herz juble [גִּיל] über deine Rettung«). Im Parallelismus »ich«
// »mein Herz« begegnet das Phänomen der Stereometrie.
Auffallend ist nun, daß die drei Aspekte der Klage im Bitteil in
derselben Reihenfolge wiederkehren:

– im Blick auf *Gott* (V. 4a), der um Zuwendung (»sehen«) und Erhörung (»erhören«) gebeten wird. Entsprechend V. 2 stehen auch hier zwei Verben im (asyndeti-
schen) Parallelismus, wobei die auf JHWH bezogenen Aussagen einen Chiasmus
bilden:

2   *Gesicht verbergen*   –   *vergessen*

                              ✕

4a   *antworten*   –   *anblicken*

– im Blick auf den *Beter* (V. 4b), der die Antithese von Leben und Tod mit Hilfe
der Lichtmetaphorik (»leuchten lassen«) formuliert;
– im Blick auf den *Feind* (V. 5), der das neutrale Verb רוּם »sich erheben« aus der
Feindklage V. 3b durch die beiden Verben יָכֹל »überwältigen« (Feindaktion) und
מוֹט »wanken« (Beteraktion) konkretisiert.

Zwischen der Klage und der Bitte fällt allerdings eine stilistische
Differenz auf, die auf ein Sachproblem hinweist: Während dem
Feind in der Klage eine eigener »wie lange«-Satz gewidmet ist (V.
3b), ist der Feind im Bitteil nicht Gegenstand einer eigenen Bitte,
d.h. es wird nicht um seine Vernichtung gebeten[7]. Diese stilistische
Differenz ruft die Frage danach wach, wie oder wodurch die Überwindung des Feindes bzw. das Ende der Feindschaft herbeigeführt
wird.

2. Thematik

Es ist für die Struktur der Individualklagen bezeichnend, daß sie
von den Subjekten JHWH, Beter und Feind geprägt sind, die als

---

6 S. dazu die obigen »Bemerkungen zum Text« z.St.
7 S. dazu bereits *Steck*, Psalm 13 (s. Anm. 2), 59.61, vgl. auch *Irsigler*, aaO 75
mit Anm. 33.

Kommunikationsgrößen zueinander in Beziehung gesetzt werden. Dazu kommt in bestimmten Psalmen (Ps 4; 11–12; 14; 52 u.a.) noch die Gruppe der »Armen«[8]. Fast jede Psalmaussage drückt eine der sechs möglichen Relationen JHWH – Beter, Beter – JHWH, Beter – Feind, Feind – Beter, Feind – JHWH und JHWH – Feind[9] aus, wobei bestimmte Relationen dominieren:

• Die häufigste Entsprechungsbeziehung ist die Beter-JHWH- bzw. die JHWH-Beter-Relation. Das Beziehungsgefüge ist hier zweistellig, z.B.:

Meine Stimme – zu JHWH rufe ich,
so antwortet er mir von seinem heiligen Berg. (Ps 3,5)

Schaffe mir Recht, JHWH, gemäß meiner Gerechtigkeit
und meiner Integrität, die auf mir ist! (Ps 7,9)

JHWH, mein Gott,
ich flehte zu dir, und du hast mich geheilt. (Ps 30,3)

• Die zweite Entsprechungsbeziehung, die auch in Ps 13 vorliegt, ist die Beter-JHWH- bzw. JHWH-Beter- in Verbindung mit der JHWH-Feind-Relation. Das Beziehungsgefüge ist jetzt dreistellig[10], z.B.:

Gehört hat JHWH mein Flehen,
JHWH wird mein Gebet annehmen.
Schamrot und zutiefst verschreckt seien alle meine Feinde,
sie sollen sich umdrehen, schamrot im Nu. (Ps 6,10f)[11]

Ein Ende finde die Bosheit der Frevler,
doch den Gerechten richte auf! (Ps 7,10a)

Siehe, ‹JHWH› ist mein Helfer,
der Herr ist es, der mein Leben hält.
Es wende sich das Unheil zurück auf meine Gegner,
vernichte sie, ‹JHWH›, in deiner Treue! (Ps 54,6f)

8   S. dazu *F.-L. Hossfeld / E. Zenger*, Psalmen 51–100 (HThKAT), Freiburg/Basel/Wien 2000, 62f (F.-L. Hossfeld).
9   Vgl. *K.Th. Kleinknecht*, Der leidende Gerechtfertigte. Die alttestamentlichjüdische Tradition vom ›leidenden Gerechten‹ und ihre Rezeption bei Paulus (WUNT II/13), Tübingen [2]1988, 24ff; zur quantitativen Verteilung der einzelnen Relationen s. *ders.*, aaO 25 Anm. 11.
10   Man kann dies paradigmatisch an den ersten fünf Psalmen (Ps 3–7) der Komposition Ps 3–14 studieren, wie *F.-L. Hossfeld / E. Zenger*, »Selig, wer auf die Armen achtet« (Ps 41,2). Beobachtungen zur Gottesvolk-Theologie des ersten Davidpsalters, JBTh 7 (1992) 21–50, hier 34ff gezeigt haben.
11   Zur Übersetzung vgl. *N. Lohfink*, Was wird anders bei kanonischer Schriftauslegung? Beobachtungen am Beispiel von Ps 6, JBTh 3 (1988) 29–53, hier 31.

• Ein vierstelliges Beziehungsgefüge bestehend aus dem Beter, JHWH, dem Feind / den Feinden und dem »Armen« bzw. einer Gruppe von »Armen« spiegelt sich in Ps 4; 11–12; 14 und 52 wider.

Während die zweistellige Beter-JHWH- bzw. die JHWH-Beter-Relation in ihrer Direktheit unmittelbar einleuchtet, ist die drei- und die vierstellige Relation JHWH – Beter – Feind bzw. JHWH – Beter – Feind – Armer schwieriger zu bestimmen. Denn die Frage ist, wie die negative Zuwendung JHWHs zum Feind mit seiner positiven Zuwendung zum Beter zusammenhängt. Diese Frage klingt einfach, ist es aber nicht. Denn sie rührt an das zentrale Problem der Klagelieder des einzelnen, wann und wodurch nämlich die Not des Beters ein Ende findet: durch die Vernichtung des Feindes oder durch JHWH, der sich dem Beter wieder zuwendet und damit das Treiben des Feindes beendet. Ps 13 kann uns helfen, dieses Problem deutlicher zu konturieren.

a)   Der verborgene Gott

Sowohl in der Klage als auch in der Bitte steht der Aspekt JHWH am Anfang und ist deshalb besonders hervorgehoben. Die beiden »wie lange«-Fragen implizieren ein Doppeltes: den Vorwurf an Gott und die Hoffnung auf die Wende der Not[12]. Im Unterschied zu Ps 22,2 (»Mein Gott, mein Gott, *wozu* hast du mich verlassen?«) wird aber nicht nach dem Zweck, sondern nach der Dauer der Gottesferne gefragt. Es wird auch kein Grund für das Eintreten der Notlage genannt – etwa eine Sünde des Beters oder der Zorn JHWHs[13] –, sondern es wird nur gesagt, *daß* die Not andauert und was sie in ihrem Kern ist, nämlich Vergessensein von JHWH, »an dem der Mensch dann zugrundezugehen droht«[14].
Das dunkle und rätselhafte Handeln Gottes, das in Ps 13,2 durch die parallelen Wendungen »vergessen« (שָׁכַח) // »Gesicht verbergen« (הִסְתִּיר פָּנִים)[15] ausgedrückt wird, führt ins Zentrum der Klage. Diese Redeweise ist aber nicht auf die Individualpsalmen beschränkt,

---

12   Vgl. *F.-L. Hossfeld / E. Zenger*, Die Psalmen I: Psalm 1–50 (NEB.AT 29), Würzburg 1993, 99 (E. Zenger).
13   Vgl. zur Sache auch *W. Groß*, Das verborgene Gesicht Gottes – eine alttestamentliche Grunderfahrung und die heutige religiöse Krise, in: *ders.*, Studien zur Priesterschrift und zu alttestamentlichen Gottesbildern (SBAB 30), Stuttgart 1999, 185–197, hier 187.
14   *Ders.*, aaO 189.
15   Zu dieser Parallele s. die Hinweise bei *Irsigler*, Psalm 13 (s. Anm. 5), 77 Anm. 37.

sondern begegnet auch in den »warum«- und »wie lange«-Fragen[16] der Threni (Klgl 5,20–22 u.ö.), der exilischen Klagelieder des Volkes (Ps 44,24–27; 74,1f u.ö.) und bei Deuterojesaja (Jes 40,27–31 u.ö.). Das Problem ist überall die Abwendung und Verborgenheit Gottes[17], z.B.:

20   Warum willst du uns auf ewig vergessen,
     uns verlassen auf alle Zeit?
21   Wende uns, JHWH, zu dir zurück, so wollen wir umkehren!
     Erneuere unsere Tage wie von alters her!
22   Doch fürwahr, du hast uns ganz und gar verworfen
     und zürnst uns zu sehr. (Klgl 5,20–22)[18]

1   Warum, ‹JHWH›, hast du (uns) auf ewig verstoßen,
     raucht dein Zorn gegen das Kleinvieh deiner Weide?
2   Gedenke deiner Gemeinde, die du ureinst erworben,
     die du als Stamm deines Erbbesitzes erlöst hast,
     des Berges Zion, auf dem du Wohnung genommen hast. (Ps 74,1f)[19]

24   Wach auf, warum schläfst du, Herr,
     wach auf, verstoße nicht auf ewig!
25   Warum verbirgst du dein Gesicht,
     vergißt du unser Elend und unsere Bedrückung?
26   Denn zum Staub zerfließt unser Leben,
     klebt an der Erde unser Leib.
27   Erhebe dich, uns zur Hilfe, und erlöse uns um deiner Gnade willen.
     (Ps 44,24–27)

Wie in Klgl 5,20; Ps 44,25 und 74,1 meint auch in Ps 13,2 das »Vergessen« (שָׁכַח) nicht einen geistigen Akt, sondern ein – eminent unheilvolles – Handeln Gottes. Das ergibt sich deutlich aus der in Ps 44,25 und Ps 13,2 parallelen Wendung הִסְתִּיר פָּנִים »das

---

16   S. dazu *D. Michel*, »Warum« und »wozu«? Eine bisher übersehene Eigentümlichkeit des Hebräischen und ihre Konsequenz für das alttestamentliche Geschichtsverständnis (1988), in: *ders.*, Studien zur Überlieferungsgeschichte alttestamentlicher Texte (TB 93), Gütersloh 1997, 13–34, hier 21ff.
17   S. dazu *L. Perlitt*, Anklage und Freispruch Gottes. Theologische Motive in der Zeit des Exils (1972), in: *ders.*, Deuteronomium-Studien (FAT 8), Tübingen 1994, 20–31, hier 21ff, vgl. *F. Lindström*, Suffering and Sin. Interpretations of Illness in the Individual Complaint Psalms (CB.OT 37), Lund 1994, 65ff; *Groß*, aaO 185ff; *M. Emmendörfer*, Der ferne Gott. Eine Untersuchung der alttestamentlichen Volksklagelieder vor dem Hintergrund der mesopotamischen Literatur (FAT 21), Tübingen 1998 und *H.-J. Hermisson*, Der verborgene Gott im Buch Jesaja (frz. 1994), in: *ders.*, Studien zu Prophetie und Weisheit (FAT 23), hg. von *J. Barthel* u.a., Tübingen 1998, 105–116, hier 105ff.
18   S. dazu *Emmendörffer*, aaO 64ff, bes. 74ff und *F. Hartenstein*, Die Unzugänglichkeit Gottes im Heiligtum. Jesaja 6 und der Wohnort JHWHs in der Jerusalemer Kulttradition (WMANT 75), Neukirchen-Vluyn 1997, 244ff.
19   S. dazu *Emmendörffer*, aaO 77ff, bes. 83ff und *Hartenstein*, aaO 229ff.

Gesicht verbergen« (mit Subjekt JHWH)[20]. Denn während die Zuwendung des göttlichen Gesichts Leben, Gedeihen und Gesundheit
schenkt (Ps 31,17; 67,2; 80,4.8.20; 119,135, vgl. Num 6,24–26[21]),
ruft dessen Abwendung Schrecken und Bestürzung, ja den Tod
hervor.
Besonders drastisch wird dieser Leben-Tod-Gegensatz in dem
Danklied Ps 30 formuliert:

7   Und ich, ich dachte (einst) in meiner ruhigen Zufriedenheit:
     ‹Nicht werde ich wanken (מוט), niemals!›
8   JHWH, durch deine Huld ‹war ich auf feste Berge gestellt›;
     (da) verbargst du dein Gesicht – ich war schreckerstarrt (בהל nif).

Das Motiv des »Todesschreckens« begegnet auch in dem Schöp-
fungspsalm Ps 104. In dessen resümierendem Schlußabschnitt (V.
27–30) wird JHWH als Spender des Lebens gepriesen, d.h. die Erfahrung formuliert, daß die Versorgung mit Nahrung (»Speise«)
und die Ermöglichung von Leben (»Atemluft«) Gaben des Schöp-
fergottes sind:

27   Sie alle (sc. Tiere und Menschen) warten auf dich,
     daß du ihre Speise gibst zur rechten Zeit:
28   gibst du ihnen, so lesen sie auf,
     öffnest du deine Hand, so sättigen sie sich an Gutem;
29   verbirgst du (סתר hif.) dein Gesicht, so erschrecken sie (בהל nif.),
     nimmst du ihren Atemluft weg, so verscheiden sie und kehren zurück
     zu ihrem Staub;
30   sendest du deinen Atemluft aus, so werden sie geschaffen,
     und du erneuerst die Oberfläche des Erdbodens.

Das Thema ‹Lebensversorgung durch Gott› klingt bereits in V.
13–15 (Gras für das Vieh und Pflanzen für die Arbeit des Menschen) und in V. 21 (Junglöwen »fordern, erbitten« ihre Nahrung
von Gott) an[22]. In V. 27–30 ist die Angewiesenheit von Mensch
und Tier darüber hinaus in das Bild einer kreatürlichen Sehnsucht
nach dem lebenspendenden Gott gefaßt, der seine Geschöpfe mit
allem Lebensnotwendigen (Nahrung und Atemluft) versorgt. Der
Aspekt »Atemluft« (רוּחַ) – Gen 2,7 spricht in einem ähnlich grundsätzlichen Zusammenhang von »Lebensodem« (נְשָׁמָה) – ist dabei
mit dem göttlichen Gesicht verbunden, dessen Abwendung den

20   S. dazu *S. Wagner*, Art. סָתַר usw., ThWAT 5 (1986) 967–977, hier 972f und
besonders *Groß*, Gesicht Gottes (s. Anm. 13), 186ff.
21   S. dazu im folgenden.
22   S. dazu *R.G. Kratz*, Die Gnade des täglichen Brots. Späte Psalmen auf dem
Weg zum Vaterunser, ZThK 89 (1992) 1–40, hier 2ff.

Tod (V. 29)[23] und dessen Zuwendung für alle Geschöpfe Leben (V. 30) bringt[24].

Ein Einzelzug kann die Grundsätzlichkeit der angesprochenen Zusammenhänge noch unterstreichen. Es ist das Motiv des »Todesschreckens« bzw. der »Schreckensstarre«, das in Ps 30,8 und 10,29 mit dem Verb בהל nif. ausgedrückt und ursächlich auf die Abwendung des göttlichen Gesichts oder den Zorn Gottes (vgl. 90,7) zurückgeführt wird[25]. Daß die Abwendung des göttlichen Gesichts den Einbruch des Chaos (im folgenden Text »Totenstille«, vgl. Z. 74f) sowie die Auflösung aller sozialen Bindungen (im folgenden Text »Schutzdach«, vgl. Z. 78) zur Folge hat, ist auch ein Topos der mesopotamischen Gebetsliteratur. Als Beispiel sei ein Passus aus der jungbabylonischen Gebetsbeschwörung an Ištar King, STC II, Taf. LXXXI[26] zitiert, dessen Klage (Z. 56–78) vom Motiv des abgewendeten Gesichts Gottes geprägt ist:

56 Wie lange noch, meine Herrin, sehen meine Widersacher mich finster an
57 und planen mit Lügen und Unwahrheiten Böses gegen mich?
58 Meine Verfolger (und) meine Neider frohlocken über mir!
59 Bis wann noch, meine Herrin, kann (sogar) der Blöde
   (und) der Krüppel (achtlos) an mir vorübergehen?
60 Überaus langes Harren hat mich geformt, dadurch geriet ich
   ins Hintertreffen;
61 die Schwachen wurden stark, ich aber wurde schwach.
62 Ich woge wie eine Flutwelle, die der böse Wind auftürmt;
63 mein Herz flattert und fliegt hin und her wie ein Vogel des Himmels.
64 Ich klage wie eine Taube nachts und am Tage;
65 ich glühe (?) und weine bitterlich,
66 in Weh und Ach ist mein Gemüt gar schmerzerfüllt.
67 Was habe ich (denn) getan, o mein Gott und meine Göttin?
68 Gleich als ob ich meinen Gott und meine Göttin nicht fürchtete,
   bin ich behandelt!
69 Über mich gebracht sind Krankheit, Kopfkrankheit, Verderben
   und Vernichtung;
70 über mich gebracht sind Schrecknisse, Abwendung des Antlitzes
   und rasender Zorn,
71 Aufgebrachtheit, Grimm (und) zornige Abwendung seitens der Götter
   und der Menschen.
72 Erlebt habe ich nun, meine Herrin, dunkle Tage, verfinsterte Monate,
   Jahre des Kummers,
73 erlebt habe ich, meine Herrin, Strafgericht, Verwirrung und Rebellion,
74 es halten mich fest Tod und Bedrängnis,
75 starr liegt da mein heiliger Raum, totenstill mein Heiligtum,
76 über (mein) Haus, (mein) Tor und meine Fluren ist Totenstille
   (*šaqummatu*) ausgegossen.

23 Zu V. 29a vgl. außer Ps 13,2 noch Ps 10,1; 30,8; 44,25; 69,18; 88,15; 143,7 u.ö.; zu V. 29b–30 vgl. Ps 146,4; Hi 10,12; 12,10 und 34,14f.
24 Zum Zusammenhang von ›Lebensodem‹ und ›Lebendigkeit‹ s. *H.W. Wolff,* Anthropologie des Alten Testaments, München ⁵1990, 96ff.
25 S. dazu *B. Otzen,* Art. בהל usw., ThWAT 1 (1973) 520–523, hier 522f.
26 Übersetzung *A. Falkenstein / W. von Soden,* Sumerische und akkadische Hymnen und Gebete, Zürich/Stuttgart 1953, 328ff.

77   Mein Gott – anderswohin hat sich abgewandt sein Gesicht,
78   aufgelöst ist meine Sippe, mein Schutzdach ist auseinandergerissen[27].

Die hymnische Invocatio (Z. 1–41) schließt demgegenüber mit einem Preis der
Ištar, der dem Blick der Göttin lebensrettende Kraft zuspricht:

40   Wo du hinblickst, wird der Tote lebendig, steht der Kranke auf,
41   kommt, der nicht in Ordnung ist, zurecht, wenn er dein Antlitz sieht[28].

Dieselbe Qualität der Errettung vom Tod bzw. der Lebenserneue-
rung wird nach Ps 13 dem Gesicht JHWHs zugeschrieben: Wenn
JHWH den leidenden Beter »vergißt« und sein Gesicht vor ihm »verbirgt«, dann ist die wichtigste aller Beziehungen, nämlich diejenige
zwischen Schöpfer und Geschöpf, zerbrochen. Der Beter, gleichsam ein *Mikrokosmos des göttlichen Schöpfungshandelns*, kommt
von der Erfahrung der Zuwendung Gottes – wie sie Ps 104,27–30
im Horizont des Schöpfungsglaubens formuliert – her und hält an
ihr gegen die Faktizität seines Leidens fest, indem er in der Klage
von V. 2 implizit an JHWH als seinen *Schöpfer* und in der Bitte
von V. 4a explizit als seinen *persönlichen Gott* appelliert. Insofern
ist mit der Gottklage bereits etwas mitgesetzt, was über die gegenwärtige Notsituation des Beters hinausweist: der Glaube an JHWH
als den Gott des Lebens und den Retter seiner Geschöpfe (vgl. Ps
36,10). Alles kommt jetzt darauf an, daß es auch hinausführt.

b)   Der klagende Beter

V. 3a und entsprechend V. 4b gehen näher auf den Beter ein, dort
in der Ichklage, hier in der Bitte an JHWH, die Not durch ein kon-
kretes Eingreifen zu wenden. Auffallend ist dabei, daß diese Not
nicht näher bestimmt wird. Sie wird nach V. 3a aber im Lebens-
zentrum des Beters lokalisiert (»in meiner Vitalität/Lebendigkeit
[נֶפֶשׁ]« // »in meinem Herz [לְבָב]«) und droht nach V. 4b zum Tod
zu führen. Manche Ausleger denken dabei an eine (Augen-)Krank-
heit oder an eine metaphorische ›Blindheit des Herzens‹[29]. Das
gibt die Formulierung »Laß meine Augen leuchten, damit ich

27   Zur Übersetzung vgl. *dies.*, aaO 331f (W. von Soden), vgl. zu Z. 70ff auch *L.
Perlitt*, Die Verborgenheit Gottes, in: *ders.*, Allein mit dem Wort. Theologische
Studien, Göttingen 1995, 11–25, hier 11ff und *B. Janowski*, Rettungsgewißheit
und Epiphanie des Heils. Das Motiv der Hilfe Gottes »am Morgen« im Alten
Orient und im Alten Testament (WMANT 59), Neukirchen-Vluyn 1989, 58 mit
Anm. 207, zum Vergleich dieses Textes mit Ps 13 s. auch *Irsigler*, Psalm 13 (s.
Anm. 5), 90 Anm. 55.
28   Übersetzung *Falkenstein / von Soden*, aaO 330.
29   S. dazu auch die Hinweise bei *Irsigler*, aaO 85 mit Anm. 47.

nicht zum Tod entschlafe!« aber nicht her. Da die Näherbestimmungen »in meiner Lebendigkeit« // »in meinem Herzen« (V. 3a) den ganzen Menschen meinen – und zwar in vital-emotionaler wie in noetisch-voluntativer Hinsicht[30] –, hat C. Westermann nach einem anderen Verständnis gesucht: »Wenn Gott wieder hersieht und wieder herhört, dann kann alles gut werden. Das ist hier ausgedrückt: ›Laß meine Augen hell werden!‹, d.h. laß mich wieder froh werden!«[31].

Daß Sorgen und Kummer die Augen »trübe« machen und durch ihre Last todbringend sein können, ist geradezu ein Topos der Notschilderungen (Ps 6,8; 31,11; 38,11; 116,3, vgl. Klgl 5,17 u.ö.)[32]. Die Formulierung von V. 4b weist aber präziser auf die Äquivalenz von »Licht« und »Leben« bzw. von »Finsternis« und »Tod« hin. Da der biblische Lebensbegriff nicht das bloße Existieren meint, sondern das »lebendige«, d.h. das heilvolle, erfüllte Leben, wird der Lichtbegriff entsprechend umfassend gebraucht, z.B. in Ps 18,29:

Ja, du machst hell (אור hif.) meine Leuchte (נֵר), JHWH,
mein Gott läßt meine Finsternis (חֹשֶׁךְ) erstrahlen (נגה hif.).

Oder in Ps 80,4:

Gott, stell uns wieder her (שׁוב hif.),
und laß dein Gesicht leuchten (אור hif.), daß wir gerettet werden (ישׁע nif.).

Um »lebendig« zu sein, muß der Mensch das Licht der Sonne bzw. des Lebens (vgl. Ps 56,14) *sehen* können. Er muß aber auch für die Augen der anderen, besonders aber für die Augen Gottes *sichtbar* sein[33]. Beide Weisen des Sehens, das Sehen-Können und das Gesehen-Werden, werden in Ps 13 genannt. Während die Bitte »Laß meine Augen leuchten, damit ich nicht zum Tod entschlafe« (V. 4b) um die Wiederherstellung der Lebenskraft bittet (vgl. Ps 19,9; Spr 29,13; Esr 9,4)[34], macht die strukturelle Entsprechung zu V. 4a (»Blick doch her ...«) und zu V. 2b (»Wie lange verbirgst du

---

30 S. dazu *Wolff*, Anthropologie (s. Anm. 24), 25ff.68ff, bes. 25f.47f.68f. 89f.

31 *C. Westermann*, Ausgewählte Psalmen, Göttingen 1984, 58.

32 Vgl. auch *Irsigler*, aaO 85 mit Anm. 49, der zusätzlich auf Gen 42,38; 44,31 u.a. hinweist.

33 Zum Licht (Gottes) als Symbol des Lebens s. *Chr. Barth*, Die Errettung vom Tode. Leben und Tod in den Klage- und Dankliedern des Alten Testaments, hg. von *B. Janowski*, Stuttgart/Berlin/Köln ³1997, 28f; zu Ps 56,14 und 80,4 s. *Hossfeld/Zenger*, Psalmen 51–100 (s. Anm. 8), 116.461 (jeweils E. Zenger).

34 Vgl. *Barth*, aaO 29 und *H.-J. Kraus*, Psalmen. 1. Teilband: Psalmen 1–59 (BK XV/1), Neukirchen-Vluyn ⁶1989, 243.

dein Gesicht vor mir?'«) klar, daß dies nur durch die Zuwendung des göttlichen Gesichts zum Beter gelingt –»indem JHWHs und des Beters Augen sich treffen!«[35] Der Welt-Bezogenheit des Schöpfers, der sein Licht seiner Schöpfung gibt, entspricht die Licht-Bezogenheit des Menschen, der vom Licht Gottes lebt. Der Text, der diese für die alttestamentliche Anthropologie grundlegende Beziehung in Worte faßt, ist der aaronitische Segen Num 6,24–26:

24 JHWH segne dich
und behüte dich,
25 er lasse sein Gesicht leuchten zu dir
und sei dir gnädig,
26 JHWH erhebe sein Gesicht zu dir
und gebe dir Heil/Frieden!

Vergleicht man Num 6,24–26 mit Ps 13,2b.4b[36], so ergeben sich folgende Entsprechungen:

Num 6	Ps 13
25 JHWH *lasse* sein Gesicht *leuchten* (אור hif.) zu dir ...	2b Wie lange *verbirgst* (סתר hif.) du dein Gesicht vor mir?
26 JHWH *erhebe* (נשׂא) sein Gesicht zu dir ...	4b *Mach* meine Augen *hell* (אור hif.) ...

Num 6,25f sind also Kontrastformulierungen zu Ps 13,2b und Parallelformulierungen zu Ps 13,4b. Das »erleuchtete« Gesicht des Beters ist ein Widerschein der Gegenwart Gottes, der dem Beter sein Gesicht zuwendet und es gnädig und heilvoll über ihm bzw. zu ihm hin »leuchten« läßt[37]. »Für den Leidenden wäre der Tod die Besiegelung einer unaufhebbaren Scheidung von Jahwe. Er wäre ein Triumph des Feindes, dessen ganzes Streben dahingeht, den Leidenden mit definitiven Urteilen zu überwältigen«[38].

---

35 *Hossfeld/Zenger*, Psalmen I (s. Anm. 12) 98 (E. Zenger), vgl. *H. Simian-Yofre*, Art. פָּנִים, ThWAT 6 (1989) 629–659, hier 641: »Der Glanz des Antlitzes JHWHs ist das alles umschließende Zeichen, daß Gott sich dem Menschen zuwendet. Das ›erleuchtete‹ Antlitz des Menschen ... ist ein Widerschein dieser gnädigen Gegenwart Gottes beim Menschen (vgl. Ex 34,29f)«.
36 Zum Vergleich des aaronitischen Segens mit den Psalmen s. *K. Seybold*, Der aaronitische Segen. Studien zu Numeri 6,22–27, Neukirchen-Vluyn 1977, 56ff.
37 Zum »Leuchten lassen« des göttlichen Gesichts s. *J. Reindl*, Das Angesicht Gottes im Sprachgebrauch des Alten Testaments (EThSt 25), Leipzig 1970, 143ff; *M.I. Gruber*, Aspects of Nonverbal Communication in the Ancient Near East (StP 12/1–2), Rome 1980, 557ff; *Simian-Yofre*, Art. פָּנִים, 640f und besonders *F. Hartenstein*, Das »Angesicht Gottes«. Studien zu seinem höfischen und kultischen Bedeutungshintergrund in den Psalmen und in Ex 32–34, Habil.-Schrift Marburg 2000 (erscheint in FAT).
38 *Kraus*, Psalmen I (s. Anm. 34), 243.

c) Der triumphierende Feind

»Gott hat vergessen, er hat sein Gesicht verborgen, er hat es in Ewigkeit nicht gesehen« – so höhnt der Frevler nach Ps 10,11 im Blick auf seine gewissenlos vollbrachten Taten. Die drohende Gefahr einer Vernichtung durch seinen Feind beschwört auch der Beter von Ps 13 und stellt sie JHWH eindringlich vor Augen: »... damit mein Feind nicht behauptet: ›Ich habe ihn überwältigt!‹« (V. 5a). Von der Präsenz des Feindes spricht sowohl die Klage V. 3b als auch die Bitte V. 5 unseres Psalms. Zwischen beiden Gattungselementen fiel dabei eine stilistische Differenz auf: Es fehlt eine Bitte um die Vernichtung des Feindes. Statt dessen wird das Treiben des Feindes bzw. der Feinde in der negierten Finalsatzreihe von V. 5 (zweiter »damit nicht«-Satz) an die Imperative bzw. Adhortative von V. 4 zurückgebunden. Das bedeutet, daß das Treiben des Feindes aufhört, wenn JHWH sein Gesicht dem Beter wieder zuwendet und dessen Augen »hell« macht. Welche Rolle spielt also dieser Feind?

In den Klageliedern des einzelnen wird die Relation: Notlage des Beters – Sünde des Beters – Feindbedrängnis charakteristisch unterschieden[39]:

– Die *erste Gruppe* umfaßt Psalmen, in denen die Notlage des Beters durch eine lebensbedrohliche Krankheit ausgelöst wird. Die Krankheit wird – nach der Logik des Tun-Ergehen-Zusammenhangs – als ein von JHWH verhängtes Ergehen für eine »Sünde« gefaßt und ruft ungerechtfertigterweise Feinde auf den Plan, obwohl der Beter *ihnen gegenüber unschuldig* ist. Entsprechend fehlen hier Bitten um die Vernichtung der Feinde, da ihr Treiben durch JHWHs Heilung / Rettung des Beters offenbar den Grund verliert und von selbst aufhört. Beispiele sind die Klagelieder Ps 38; 88 und die Danklieder Ps 30; 32 und 41.

– Die *zweite Gruppe* bestimmt das besagte Verhältnis anders: Die Notlage des Beters ist nicht Auswirkung seiner Sünde, weil der Beter vielmehr als *vor JHWH unschuldig und gerecht* dargestellt wird. Die Notlage wird vielmehr von den Feinden herbeigeführt. Entsprechend finden sich hier auch Bitten um die Vernichtung der Feinde, die in den Texten der Gruppe I fehlen. Beispiele sind die Klagelieder Ps 3; 5; 7; 17; 35; 42/43; 54–57 u.a.

Welche Position nimmt dabei Ps 13 ein? Ich hatte bereits darauf hingewiesen, daß kein Grund für das Eintreten der Not genannt wird; dementsprechend fehlt auch ein Schuldbekenntnis des Beters. Es wird nur gesagt, daß die Not andauert und daß sie im rätselhaften Vergessensein des Beters durch Gott besteht. Auch ist

39 S. dazu auch *O.H. Steck*, Friedensvorstellungen im alten Jerusalem. Psalmen – Jesaja – Deuterojesaja (ThSt 112), Zürich 1972, 38 Anm. 92.

nicht, wie in den Texten von Gruppe II, der Feind der Verursacher
der Notlage – dieser ist vielmehr eine *bittere Begleiterscheinung*
angesichts dieser Notlage: Der Feind macht das Todesgeschick des
Beters definitiv, indem er ihn in »performativer« Rede[40] für überwältigt erklärt (V. 5a). Diese Aussicht, vom Feind überwältigt zu
sein, dürfte auch der ›Sitz im Leben‹ des Psalms und das Motiv für
den Appell des Beters an JHWH gewesen sein.

Wie grundsätzlich Ps 13 vom Feind spricht, ergibt sich aus zwei
Details, die für das Verständnis der Individualpsalmen von grund-
sätzlicher Bedeutung sind. Das *eine Detail* verbindet sich mit dem
Terminus מוט »wanken, schwanken« (V. 5b). מוט ist kein Allerwelts-
wort, sondern es hat »im Rahmen des universalen Wirkens Jahwes
einen prägnanten Bezug zum Chaotischen«[41]. In Texten aus dem
Umfeld der Jerusalemer Tempeltheologie und der Weisheit wird
die *Erfahrung des Chaotischen* in Form von Feindbedrängnis,
Krankheit oder Rechtsnot mit dem Verb מוט (Ps 46,3.6f; 82,5;
96,10; 104,5) und die *Gegenerfahrung der Gotteshilfe* mit der Negation dieses Verbs (Ps 10,6; 15,5; 30,7; 112,6; Spr 10,30) oder
mit dem Verb סָעַד »(unter)stützen« ausgedrückt, z.B. in Ps 46,5–7:

5   Ein Strom – seine Kanäle erfreuen die Gottesstadt,
     die heiligste der Wohnungen des Höchsten.
6   Gott ist in ihrer Mitte, so daß sie nicht wankt (מוט),
     Gott hilft ihr beim Anbrechen des Morgens.
7   Völker tosten, Königreiche wankten/versanken –
     er hat seine (Donner-)Stimme erhoben, so daß die Erde schwankt[42].

Oder in dem Wallfahrtslied Ps 125,1:

40   In der klassischen Formulierung von J.L. Austin ist »das Äußern des Satzes …, jedenfalls teilweise, das Vollziehen einer Handlung, die man ihrerseits
gewöhnlich nicht als ›etwas sagen‹ kennzeichnen würde«, s. dazu A. *Wagner*,
Sprechakte und Sprechaktanalyse im Alten Testament. Untersuchungen im biblischen Hebräisch an der Nahtstelle zwischen Handlungsebene und Grammatik
(BZAW 253), Berlin / New York 1997, 7ff. Der Sprechakt von Ps 13,5a gehört
sprechakttheoretisch und nach der Terminologie von J.R. Searle zur Klasse der
»Assertive«. Typische Exemplare dieser Gattung sind Feststellungen, Behaup-
tungen, Vorhersagen, Explikationen, Klassifikationen, Diagnosen und Beschrei-
bungen, s. dazu *Irsigler*, Psalm 13 (s. Anm. 5), 64ff.91ff und *Wagner*, aaO 20ff.
41   *Steck*, aaO 37 Anm. 85, s. zur Sache auch *J. Jeremias*, Die Erde »wankt«, in:
»Ihr Völker alle, klatscht in die Hände!« (FS E. Gerstenberger), hg. von *R. Kessler* u.a., Münster 1997, 166–180.
42   Zu diesem Text und seinen kosmologischen Implikationen s. *B. Janowski*,
Die heilige Wohnung des Höchsten. Kosmologische Implikationen der Jerusalemer Tempeltheologie, in: *O. Keel / E. Zenger* (Hg.), Gottesstadt und Gottesgar-
ten. Zu Geschichte und Theologie des Jerusalemer Tempels (QD 191), Freiburg/
Basel/Wien 2001.

Die auf JHWH vertrauen, sind wie der Berg Zion:
er wankt (מוט) in Ewigkeit nicht.

In der Nähe JHWHs, so versichert Ps 125,1, ist der Beter »wie der Berg Zion«, der nicht wankt[43]. Da diese schützende Gegenwart Gottes für den Beter von Ps 13 nicht gegeben ist und der Feind das Todesgeschick des Beters durch sein Agieren definitiv zu machen sucht, meint das »Wanken« (V. 5b) die *Manifestation des Chaotischen im Leben des Beters*[44] und entspricht damit dem in V. 2 beklagten Lebensentzug durch JHWH.

Die Vertrauensaussage von Ps 125,1 beruht ebenso wie die Feindbitte von Ps 13,5 auf der »explizite(n) Verbindung von Universal- und Individualbereich«[45], von *Makrokosmos* (mythisch-götterweltliche Ebene) und *Mikrokosmos* (historisch-soziale Ebene). Das ist ein Grundzug nicht nur der alttestamentlichen Klage- und Danklieder des einzelnen[46]. Man könnte diesen Grundzug auch als *mutuelle Modellierung von mythischer und historischer Ebene* bezeichnen. ›Mutuelle Modellierung‹ bedeutet: Vorgänge im historisch-sozialen Bereich (Welt des Menschen) werden so gesehen und dargestellt, als ob sie sich im mythisch-götterweltlichen Bereich (Welt der Götter) vollziehen und umgekehrt. Was in der Jerusalemer Theologie der Gottesberg Zion ist, das ist in der Anthropologie die Vitalität (נֶפֶשׁ) bzw. das Herz (לְבָב/לֵב) als das Zentralorgan des Menschen. Wo dieses, wie in Ps 13,3a, voll von Sorgen und Kummer ist, da »wankt« der erschütterte Beter wie nach Ps 46 die von den Feinden attackierte Gottesstadt. Der Beter ist also gleichsam ein Abbild der Gottesstadt oder – *pars pro toto* – ein ›Israel in nuce‹.

Das *zweite Detail* in der Feindschilderung von Ps 13 betrifft den Numeruswechsel »mein Feind« (V. 3b.5a) – »meine Gegner« (V. 5b), der auch sonst festzustellen ist (vgl. Ps 5; 7; 11; 14; 17 u.ö.)[47]. Ps 140 etwa spricht in V. 5aα.9.12 vom Feind im Singular und in V. 2–4.5aβ.b.6.10f im (kollektiven) Plural, und zwar wie in Ps 13, 5a//b in unmittelbarem Wechsel:

---

43 S. dazu *W. Beyerlin*, Weisheitliche Vergewisserung mit Bezug auf den Zionskult. Studien zum 125. Psalm (OBO 68), Freiburg (Schweiz) / Göttingen 1985, 51f.

44 Vgl. *Steck*, Psalm 13 (s. Anm. 2), 62.

45 *Steck*, Friedensvorstellungen (s. Anm. 39), 37 Anm. 85.

46 S. dazu *Janowski*, Rettungsgewißheit (s. Anm. 27), 16f; *ders.*, Dem Löwen gleich, gierig nach Raub. Zum Feindbild in den Psalmen (1995), in: *ders.*, Die rettende Gerechtigkeit. Beiträge zur Theologie des Alten Testaments, Bd. 2, Neukirchen-Vluyn 1999, 49–77, hier 63f.

47 Zur Sache s. auch *Hossfeld/Zenger*, Psalmen I (s. Anm. 12), 72 und *Janowski*, Feindbild, 55f.

9   Gib, JHWH, nicht Raum dem Begehren des Frevlers,   **Sg**.
    laß nicht gelingen seinen Plan!
10 ‹Nicht mögen ihr Haupt meine Verächter rings um mich!›, **Pl**.
    was sie Böses reden, treffe sie selbst!
11 Er ‹regne› Kohlen über sie, stürze sie ins Feuer,   **Pl**.
    in Gruben, daß sie sich nicht mehr erheben!
12 Der Maulheld bestehe nicht im Lande,   **Sg**.
    der gewalttätige Mann – das Unheil jage ihn ‹ ›! (Ps 140,9–12)[48]

Der Numeruswechsel wird oft so erklärt, daß unter den vielen Feinden des Beters *einer* besonders hervorrage. Aber die Tätigkeit des
angenommenen Rädelsführers (Sg.) hebt sich in nichts von dem
seiner Verbündeten (Pl.) ab. Deshalb ist die Annahme wahrschein-
licher, daß der Singular zur Bezeichnung der *Gattung* (»der Feind«)
dient, während der Plural die *Feindmacht* (»das Feindliche«) in
Gestalt ihrer Repräsentanten in den Vordergrund rückt[49]. Das
Subjekt, der individuelle Träger dieser feindlichen Mächtigkeit,
bleibt merkwürdig unbestimmt. Durch den Singular wird also das
Bezeichnete als *Einheit*, durch den Plural dagegen als *Vielheit* dargestellt[50]. Der Wechsel von Singular (Gattung) und Plural (Individuen) bedeutet demnach, daß der Beter in seinem persönlichen
Feind den Exponenten des Feindlichen bzw. des Bösen, also die
Feindmacht, sieht und erlebt. Der konkrete Feind trägt damit immer auch überindividuelle Züge.
Wir stoßen hier auf ein Phänomen, das die Individualpsalmen insgesamt auszeichnet, nämlich ihre *generalisierende* bzw. *typisie-
rende* Sprache. Der einzelne kommt in ihnen weder als unver-
wechselbares Subjekt noch mit seiner individuellen Biographie in
den Blick. Die Klage- und Danklieder des einzelnen sind überhaupt keine biographischen Zeugnisse[51]. Sie haben vielmehr –
und das macht ihre Nachsprechbarkeit bis heute aus – das Bestre-
ben, ins Allgemeine und Typische vorzustoßen, ohne die Ebene
der Konkretion zu verlassen, indem sie das individuelle Leiden
zum paradigmatischen Leiden, zum »Urleiden der Gottverlassen-

---

48 Übersetzung *H.-J. Kraus*, Psalmen. 2. Teilband: Psalmen 60–150 (BK XV/
2), Neukirchen-Vluyn [6]1989, 1103.
49 Vgl. *O. Keel*, Feinde und Gottesleugner. Studien zum Image der Widersacher
in den Individualpsalmen (SBM 7), Stuttgart 1969, 68f.
50 S. dazu auch *C. Brockelmann*, Hebräische Syntax, Neukirchen-Vluyn 1956,
§ 17,111b und *D. Michel*, Grundlegung einer hebräischen Syntax, Bd. 1, Neukirchen-Vluyn 1977, 84ff.
51 Zu diesem zentralen Aspekt s. *Steck*, Friedensvorstellungen (s. Anm. 39),
36 Anm. 84; *M. Krieg*, Todesbilder im Alten Testament oder: »Wie die Alten den
Tod gebildet« (AThANT 73), Zürich 1988, 351ff und *U. Bail*, Gegen das Schweigen klagen. Eine intertextuelle Studie zu den Klagepsalmen Ps 6 und Ps 55 und der
Erzählung von der Vergewaltigung Tamars, Gütersloh 1998, 56ff.

heit«[52] steigern und das Auftreten des persönlichen Feindes als *Manifestation des Chaotischen im Leben des Beters* darstellen. Das »Ausmaß, nicht aber die individuelle Art des Leidens«[53] und der Feindbedrängnis steht im Vordergrund der Feindschilderung und wird mit aller Deutlichkeit herausgestellt. Mit dem Vertrauensbekenntnis von V. 6aα.β – »Doch ich – auf deine Güte habe ich vertraut ...!« – tritt der Beter von Ps 13 plötzlich[54] aus der Klage und der auf sie bezogenen Bitte heraus. Diese Wendung wird sprachlich durch das sog. *waw-adversativum* eingeleitet[55], das den Übergang von der Klage und Bitte zum Vertrauen (mit abschließendem Lobversprechen) bzw. den Kontrast zwischen ihnen markiert:

---

52 *G. von Rad*, Theologie des Alten Testaments, Bd. 1, Gütersloh [10]1992, 413, vgl. *ders.*, »Gerechtigkeit« und »Leben« in der Kultsprache der Psalmen (1950), in: *ders.*, Gesammelte Studien zum Alten Testament (TB 8), München [3]1965, 225–247, hier 236: »... es ist anzunehmen, daß die Aussagen (sc. der Klagepsalmen) das subjektiv Erlebte, Erlittene erheblich transzendieren in Richtung auf das Urbildlich-Exemplarische hin«, s. zur Sache auch *H. Irsigler*, Psalm 22: Endgestalt, Bedeutung und Funktion, in: *J. Schreiner* (Hg.), Beiträge zur Psalmenforschung. Ps 2 und 22 (fzb 60), Würzburg 1988, 193–239, hier 210 Anm. 23; *Chr. Markschies*, »Ich aber vertraue auf dich, Herr!«. Vertrauensäußerungen als Grundmotiv in den Klageliedern des Einzelnen, ZAW 103 (1991) 386–398, hier 387 und *B. Janowski*, Die »Kleine Biblia«. Die Bedeutung der Psalmen für eine Theologie des Alten Testaments (1998), in: *ders.*, Die rettende Gerechtigkeit (s. Anm. 46), 125–164, hier 153f (dort weitere Lit.).
53 Vgl. *Steck*, Friedensvorstellungen (s. Anm. 39), 36 Anm. 84: »Daß Jahwe Not über den Beter zugelassen hat, daß der Beter sich an Jahwe wendet und Jahwes Hilfe für sich erbittet, das macht hier die Individualität des Beters aus, nicht aber unverwechselbare Eigenheiten oder Umstände der Lebensgeschichte als solche. Der ›Einzelne‹ ist somit vielmehr der Einzelfall der Differenz menschlichen Geschicks und Ergehens zum universalen, lebensförderlichen Wirken Jahwes, wie es die Jerusalemer Konzeption erfaßt. Aus diesem Rahmen, der als Einzelnen sonst nur den König kennt, umgeben vom Volk Jahwes, tritt der ›Einzelne‹ der Klage- und Dankpsalmen nur temporär und partiell hervor, solange er den Einzelfall der Differenz und einen dringenden Grund rettenden göttlichen Eingreifens darstellt«, s. dazu bereits *H. Gunkel / J. Begrich,* Einleitung in die Psalmen. Die Gattung der religiösen Lyrik Israels, Göttingen 1933/[4]1984, 184f.
54 Zu dieser ›Plötzlichkeit‹ s. im folgenden.
55 Die mit וַאֲנִי (»doch ich«) eingeleitete Entgegensetzung geschieht aber nicht eigentlich durch das *Waw*, das zunächst ja nur eine Kopula, also ein verbindendes syntaktisches Element mit der Bedeutung »und« ist, sondern durch die Wortfolge im Satz. Das sog. *waw-adversativum* steht zusammen mit seinem Subjekt (Ich/Gott) immer am Satzanfang: »Die Entgegensetzung ist also tiefer im Gefüge des Satzes verankert als bloß durch eine Konjunktion« (*C. Westermann*, Lob und Klage in den Psalmen, Göttingen 1977, 53). Zur Diskussion über die Berechtigung der Bezeichnung *waw-adversativum* s. zuletzt *R.C. Steiner*, Does the Biblical Hebrew Conjunction -ו have many Meanings, one Meaning, or no Meaning at all?, JBL 119 (2000) 249–267, hier 257ff.

5a   damit mein Feind nicht behauptet: ›Ich habe ihn überwältigt!‹,
b   meine Gegner nicht jubeln, daß ich wanke!

6aα.β   Doch ich (וַאֲנִי) – auf deine Güte habe ich vertraut[56],
           mein Herz juble über deine Rettung:
aγ.b   ›Singen will ich JHWH, daß er an mir gehandelt hat‹.

Mit dem Verb »vertrauen« (בָּטַח), das ebenso wie hier (V. 5b) auch
in Ps 125,1 als Antithese zu dem Verb »wanken« (מוט) fungiert[57],
ist die Klimax des Psalms erreicht. Denn das Vertrauensmotiv ist
das *Grundmotiv in den Klageliedern des einzelnen*, und diese sind
mit Chr. Markschies als »zielgerichtetes Vertrauensparadigma«[58]
zu verstehen. Mit dem Zitat des Lobversprechens V. 6aγ.b, in dem
»die eingetretene Hilfe, das Handeln Jahwes, als Wirkungsziel der
Bitte«[59] formuliert wird, reintegriert sich der Beter *antizipierend* in
die Kult- und Sozialgemeinschaft.
Aber nicht nur das: Wenn er wieder »fähig geworden ist, ohne jede
Angst vom ›Herzen‹ her (6b) Jahwe zu lobsingen«[60], ist das Ziel
seines Gebets, das Vergessen Gottes und damit den Triumph des
Feindes, der aus diesem Vergessen resultiert, zu überwinden, *vorwegnehmend*[61] erreicht.
Wie aber ist es möglich, daß dieser Schritt zum Vertrauen so plötzlich erfolgt, trotz der andauernden Mächtigkeit des Leidens und
der Gegenwart der Feinde? Oder erfolgt dieser Schritt gar nicht so
plötzlich? In der alttestamentlichen Wissenschaft ist auf diese Frage eine Antwort gegeben worden, die unter dem Begriff »Stimmungsumschwung« bekannt ist.

---

56   Oder: »... setze ich (hiermit) mein Vertrauen«, denn das Zustandsverb בטח in
der 1. Pers. Sing. Suffixkonjugation »läßt ... auch den syntaktischen Koinzi-
denzfall zu, d.h. auch eine semantische Interpretation als direkter und explizit
performativer Sprechakt. Er setzt *BTH* in fientischer Aktionsart voraus: ›Hiermit
setze ich mein Vertrauen auf Jahwes Güte‹. Es handelt sich um einen deklarativen
Sprechakt, in dem der Sprecher die Proposition als tatsächlich herbeigeführt
erklärt. (...) Der Sprecher setzt sein Vertrauen auf Jahwe neu gültig« (*Irsigler*,
Psalm 13 [s. Anm. 5], 79f).
57   S. dazu oben S. 38f.
58   Vertrauensäußerungen (s. Anm. 52), 386ff, s. dazu auch im folgenden.
59   *Irsigler*, aaO 74. Lexikalisch impliziert das גמל V. 6b zwar keine Qualifikation des Gotteshandelns; aufgrund des Kontextes (V. 6a: חסדך // ישועתך) kann
jedoch nur ein rettendes Eingreifen JHWHs gemeint sein, vgl. *ders.*, aaO 81
Anm. 45.
60   *Irsigler*, aaO 82.
61   Mit dieser »Vorwegnahme« verbindet sich auch in Ps 22,22 der Sachverhalt
des in der Erhörungsgewißheit ausgedrückten »antizipierten Faktums«, s. dazu im
folgenden.

II. Der »Stimmungsumschwung«

Viele Klagelieder des einzelnen enthalten in der Regel am Schluß einen Dank- oder Lobteil, der der bereits erfolgten Erhörung durch Gott Ausdruck zu geben scheint. Das Problem ist allerdings, daß ein Beter nicht zugleich klagend bitten *und* jubelnd danken kann. Wie man sich am Beispiel von Ps 13,6 leicht klarmachen kann, ist das mit dem Ausdruck »Stimmungsumschwung« bezeichnete Problem allerdings nicht auf der Einzelsatzebene zu lösen, sondern dürfte mit dem Aussagegefälle des Gesamttextes zusammenhängen.

Die These des sog. »Stimmungsumschwungs«[62] beruht auf der Annahme, daß das Klagelied des einzelnen plötzlich von der Klage in den Dank oder ins Lob übergeht bzw. ›umschwingt‹[63]. Von diesem Moment an ist für den Beter alles anders. Das dank- oder lobliedartige Element ist dabei die Antwort oder Reaktion auf einen Vorgang, der – so die gängige Erklärung – offenbar *von außen*, d.h. textextern einwirkt. Diese Außeneinwirkung wird seit J. Begrich mit der These eines »priesterlichen Heilsorakels«[64] in Zusammenhang gebracht, das dem Beter zwischen der Klage und dem Dank von einem Kultaktanten erteilt worden sei.

J. Begrich stellte die These auf, daß der »Stimmungsumschwung« im Klagelied des einzelnen in einem »priesterlichen Heilsorakel« gründe, »das dem Beter im Namen seines Gottes die Erhörung seiner Bitte zusagte und das seine Stelle nach der Klage und Bitte und vor der Gewißheit der Erhörung und dem Gelübde hatte«[65]. Ein Echo auf ein solches Heilsorakel findet sich nach Begrich in Klgl 3,57:

> Du warst nahe am Tag, da ich zu dir rief,
> und hast gesagt: ›Fürchte dich nicht!‹[66]

---

62 S. dazu den Überblick bei *J. Becker*, Wege der Psalmenexegese (SBS 78), Stuttgart 1975, 59ff; *O. Kaiser*, Einleitung in das Alte Testament. Eine Einführung in ihre Ergebnisse und Probleme, Gütersloh ⁵1984, 337ff; *H.-J. Boecker*, Psalmen, in: *ders.* u.a., Altes Testament, Neukirchen-Vluyn ⁵1996, 179–199, hier 195f und *D. Erbele-Küster*, Lesen als Akt des Betens. Eine Rezeptionsästhetik der Psalmen (WMANT 87), Neukirchen-Vluyn 2001, 161ff.
63 Zur Problematik dieses Ausdrucks, der einen abrupten Wechsel in der Stimmung des Beters suggeriert, s. auch *Bail*, Schweigen (s. Anm. 51), 53f.
64 *J. Begrich*, Das priesterliche Heilsorakel, in: *ders.*, Gesammelte Studien zum Alten Testament (TB 21), hg. von *W. Zimmerli*, München 1964, 217–231, hier 217ff. S. dazu den forschungsgeschichtlichen Überblick bei *O. Fuchs*, Die Klage als Gebet. Eine theologische Besinnung am Beispiel des Psalms 22, München 1982, 314ff.
65 *Begrich*, aaO 217.
66 Zu diesem Text und der an ihn geknüpften These Begrichs (aaO 219) s. *R. Kessler*, Der antwortende Gott, WuD 21 (1991) 43–57, hier 50ff.

Von dieser Stelle aus, so Begrich weiter, sei die Gattung des »Heilsorakels« samt der gattungstypischen Beschwichtigungsformel »Fürchte dich nicht!« von Deuterojesaja übernommen worden (Jes 41,8–13 u.a.), was durch die Einführung Israels als einer Einzelperson ermöglicht wurde.

Zu den sieben, ursprünglich als »Heilsorakel« bestimmten Texten Deuterojesajas (Jes 41,8–13.14–16; 43,1–3a; [44,2–5;] 48,17–19; 49,7.14f; 51,7f; 54,4–8) hatte Begrich noch weitere hinzugenommen (insgesamt 24), dabei aber die Gattungsmerkmale nur noch vage bestimmt. Im Blick auf das Problem des »Stimmungsumschwungs« stellte er fest, daß die Sprache Deuterojesajas streckenweise förmlich durchtränkt sei von der Sprache der Psalmen, und zwar besonders dort, wo die Form des »Heilsorakels« erkennbar sei. In den Klageliedern des einzelnen deute die plötzliche Wende von der Klage zur Erhörungsgewißheit darauf hin, daß dem Beter von einem Dritten (Priester oder Kultprophet) im Namen Gottes die Erhörung zugesagt werde. Begrich nannte diese Zusage »priesterliches Heilsorakel« und sah in ihm das Vorbild des »prophetischen Heilsorakels« bei Deuterojesaja. Es stehe, wie etwa Ps 22 zeige, zwischen der Klage und dem Lob und ermögliche den Überschritt von der Anfechtung zur Gewißheit:

> **Klage**: »Mein Gott, wozu hast du mich verlassen?« (V. 2)
>
>   *Heilsorakel*: »Fürchte dich nicht, denn ich bin mit dir!«
>   (vgl. Jes 41,10)
>
> **Lob**: »... du hast mir geantwortet« (V. 22)

Diese These hat in der alttestamentlichen Wissenschaft fast normative Geltung erlangt[67]. Wenn wir die Frage des Heilsorakels bei Deuterojesaja für den vorliegenden Zusammenhang einmal ausklammern[68] und uns auf die Klagelieder des einzelnen beschränken, so ist allerdings nüchtern festzustellen, daß das »priesterliche Heilsorakel« eine gänzlich hypothetische Gattung ist[69]. Der Umschwung von der Klage zum Lob findet sich natürlich in den Klageliedern des einzelnen (z.B. in Ps 3,8; 6,8f; 13,5f; 31,19f; 36,12f oder in Ps 57,7f), aber dafür, daß er durch einen Gottesspruch aus Priestermund herbeigeführt wurde, ist bereits Begrich den Nach-

---

67 S. dazu den Überblick bei *Boecker*, Psalmen (s. Anm. 62), 195f.
68 S. dazu die Kritik bei *M. Weippert*, Aspekte israelitischer Prophetie im Lichte verwandter Erscheinungen des Alten Orients, in: Ad bene et fideliter seminandum (FS K. Deller [AOAT 220]), hg. von *G. Mauer* und *U. Magen*, Neukirchen-Vluyn 1988, 287–319, hier 310ff; *ders.*, Assyrische Prophetien der Zeit Asarhaddons und Assurbanipals, in: *F.M. Fales* (ed.), Assyrian Royal Inscriptions: New Horizons in Literary, Ideological, and Historical Analysis (OrAntColl 17), Roma 1981, 71–115, hier 99ff u.a.
69 S. dazu die Kritik bei *R. Kilian*, Ps 22 und das priesterliche Heilsorakel, BZ 12 (1968) 172–185, hier 172ff; *Fuchs*, Klage als Gebet (s. Anm. 64), 314ff; *A. R. Müller*, Stimmungsumschwung im Klagepsalm. Zu O. Fuchs, Die Klage als Gebet, ALW 28 (1986) 416–426, hier 416ff; *Kessler*, aaO 50ff und *Chr. Schroeder*, Psalm 3 und das Traumorakel des von Feinden bedrängten Beters, Bib. 81 (2000) 243–251.

weis schuldig geblieben[70]. In den Klageliedern des einzelnen gibt es keinen Beleg für die Annahme, daß ein Gottesspruch aus dem Mund eines Priesters oder Kultpropheten ergangen ist. Auch die Psalmen, die – wie Ps 35,1–3 – Anspielungen auf Gottesworte enthalten, können Begrichs These nicht stützen:

1 Streite, JHWH, gegen die, die mit mir streiten,
  bekämpfe die, die mich bekämpfen!
2 Ergreife Schild und Setzschild,
  und mach dich auf, mir zu helfen!
3 Zücke Speer und Lanzenspitze gegen meine Verfolger.
  Sprich zu mir / meiner Seele: ›Deine Rettung bin ich!‹[71]

Selbst dort, wo – wie in Ps 12,6 oder in Ps 60,8–10 = 108,8–10 – im Zusammenhang eines Klagepsalms eine göttliche Heilszusage angeführt wird, fehlt der Umschwung von der Klage zum Lob[72]. Das Fazit dieser Überlegungen kann nur sein, daß der »Stimmungsumschwung«, den es ja tatsächlich gibt, anders erklärt werden muß. Am Beispiel von Ps 22,2–22 läßt sich zeigen, daß die Klagepsalmen, *indem* sie gesprochen werden, einen Vorschuß an Vertrauen zu Gott enthalten, daß sie ein »zielgerichtetes Vertrauensparadigma«[73] darstellen. Sie sind zwar in der Situation der Gottverlassenheit bzw. Gottesferne gesprochen, aber doch in der Hoffnung, daß Gott gerade *in* dieser Not nahe ist. Diese Spannung zwischen *erfahrener Gottverlassenheit* und *erhoffter Gottesnähe* ist für die Klagepsalmen insgesamt und für die Frage des »Stimmungsumschwungs« im besonderen konstitutiv. Der Ausdruck »Stimmungs-

---

70 Daß der Wille und die Absicht der Gottheit durch divinatorische Praktiken oder inspirierte Personen ermittelt wird, ist natürlich auch im Alten Testament belegt. Hinzuweisen ist vor allem auf das Losorakel (s. dazu *W. Dommershausen*, Art. גּוֹרָל, ThWAT 1 [1973] 991–998, hier 995f), das Baumorakel (2Sam 5,22–25), die Becherweissagung (Gen 44,5), die Opferschau (Ez 21,26) und andere Divinationspraktiken, s. dazu *H. Ringgren*, Art. Gottesspruch, Orakel, BHH 1 (1962) 598–600, hier 598ff u.a. Auch das Gelübde der Hanna in 1Sam 1,9–11 und die Reaktion des Priesters Eli, der ihr die Erhörung ihrer Bitte zuspricht (1Sam 1,17), läßt sich in den Zusammenhang einer kultischen Erkundung des Gotteswillens einordnen (s. dazu *F. Stolz*, Das erste und zweite Buch Samuel [ZBK.AT 9], Zürich 1981, 27), s. zum Ganzen auch *Kessler*, aaO 7ff u.a.
71 S. dazu *Kilian*, aaO 180; *Kessler*, aaO 50ff; *K. Koenen*, Gottesworte in den Psalmen. Eine formgeschichtliche Untersuchung (BThSt 30), Neukirchen-Vluyn 1996, 5f u.a. Die Art der Übermittlung des Gotteswortes V. 3b wird von *Hossfeld/Zenger*, Psalmen I (s. Anm. 12), 220 (F.-L. Hossfeld) offengelassen; für *Kraus*, Psalmen I (s. Anm. 34), 428 dagegen liegt hier ein »Musterbeispiel eines ›priesterlichen Heilsorakels‹« vor.
72 Vgl. *Weippert*, Aspekte (s. Anm. 68), 312 Anm. 53, zu Ps 12,6 s. *Koenen*, aaO 5f.11f.26, zu Ps 60,8ff (= 108,8ff) s. *Kilian*, aaO 180f.
73 *Markschies*, Vertrauensäußerungen (s. Anm. 52), 386ff.

umschwung« suggeriert aber, daß die Wende von der Klage zum
Gotteslob *plötzlich* kommt und *von außen* stimuliert wird, der
»Stimmungsumschwung« also ein *punktuelles* und dazu noch ein
institutionalisiertes Geschehen ist. Der Hinweis auf die Spannung
»zwischen dem erfahrenen (Verlassenheit) und dem geglaubten
(Nähe) Gott«[74] nimmt demgegenüber an, daß hinter der Wende
von der Klage zum Lob eine Prozeß, genauer: ein *Gebetsprozeß*
steht, der von Anfang an, d.h. mit Beginn des Betens, in Gang
kommt und den ganzen Text durchzieht.

Im Blick auf Ps 22,2–22 kann man diesen Prozeß in drei Sprechakte[75] gliedern, die der Beter im Textverlauf nacheinander vollzieht: *Sprechakt 1: V. 2–12* (Klagen: V. 2f.7–9, → Vertrauen: V.
4–6.10–12, → Bitte: V. 12), *Sprechakt 2: V. 13–22* (Klagen: V.
13–19, → Bitten: V. 20–22) und *Sprechakt 3: V. 23–32* (Loben).
Das Klagelied Ps 22,2–22 lautet in Übersetzung folgendermaßen:

Sprechakt 1: V. 2–12

Klage I + Invocatio

2   Mein Gott, mein Gott, warum hast du mich verlassen,   *Gottklage*
der du fern von meinem Flehen, den Worten
meines Schreiens?

3   Mein Gott, ich rufe des Tags, und du antwortest mir nicht,
des Nachts, und ich finde keine Stille.

Vertrauensäußerung

4   Du aber thronst als Heiliger,
Lobpreis Israels!

5   Auf dich vertrauten unsere Väter,
vertrauten, und du errettetest sie.

6   Zu dir riefen sie und waren frei,
auf dich vertrauten sie und wurden nicht zuschanden.

Klage II

7   Ich aber bin nur noch ein Wurm, kein Mensch mehr,   *Feindklage*
Spott der Leute, verachtet von den Meinen.

8   Alle, die mich sehen, schmähen mich,
pfeifen und schütteln ihr Haupt:

9   ›Er hat es auf JHWH gewälzt, der soll ihn befreien,
der mag ihn erretten, denn er hat ja Gefallen an ihm‹.

Vertrauensäußerung

10   Ja, du hast mich aus dem Mutterschoß hervorgezogen,
mich geborgen an der Brust meiner Mutter,

---

74   *Fuchs*, Klage als Gebet (s. Anm. 64), 98.
75   Vgl. *Irsigler*, Psalm 22 (s. Anm. 52), 213f.

11 auf dich bin ich geworfen von Mutterleib an,
   von meiner Mutter Schoß an bist du mein Gott.
12 Sei nicht fern von mir,   (Bitte)
   denn die Not ist nahe, ja, es gibt keinen Retter.

Sprechakt 2: V. 13–22

Klage III

13 Mich umgeben viele Stiere,   13f   *Feindklage*
   die ‹Starken Basans› umringen mich.
14 Es reißen gegen mich ihr Maul auf
   die Löwen, reißend und brüllend.
15 Wie Wasser bin ich ausgegossen,   15f   *Ichklage*
   alle meine Gebeine lösen sich,
   mein Herz ist wie Wachs geworden,
   zerflossen in meinem Inneren.
16 Trocken wie eine Scherbe ist mein Gaumen,
   meine Zunge klebt an meinem Kiefer.
   In das Feuer des Todesstaubes setzt du mich.
17 Ja, mich umgeben Hunde,   17a   *Feindklage*
   die Rotte der Bösen umkreist mich.
   Zu kurz sind meine Hände und Füße,   17f* *Ichklage*
18 alle meine Gebeine kann ich zählen.
   Sie aber sehen und blicken auf mich,   18f* *Feindklage*
19 teilen sich meine Kleider,
   werfen das Los um mein Gewand.

Bitte + Invocatio

20 Aber du, JHWH, sei nicht fern,
   meine Stärke, eile mir zu Hilfe!
21 Errette vom Dolch meine Seele,
   aus der Gewalt der Hunde ‹meine Einzige›!
22 Rette mich vor dem Maul der Löwen,
   vor den Hörnern der Wildstiere – du hast mir geantwortet![76]

Sprechakt 3: V. 23–32

Dank

23 Ich will deinen Namen meinen Brüdern verkünden,
   inmitten der Gemeinde will ich dich preisen ...

Wie wir sahen, dominiert in den beiden ersten Klagegängen (V. 2–6 + V. 7–12) der *Sprechakt der Klage* (Sprechakt 1), wobei Ele-

---

76 Die Übersetzung richtet sich, abgesehen von kleineren Abweichungen, nach *H. Gese*, Psalm 22 und das Neue Testament. Der älteste Bericht vom Tode Jesu und die Entstehung des Herrenmahles (1968), in: *ders.*, Vom Sinai zum Zion, 180–201, hier 180ff, s. auch *Irsigler*, Psalm 22 (s. Anm. 52), 229ff. Die größte Abweichung ergibt sich bei V. 22b, s. dazu im folgenden.

mente der Klage und des Vertrauens einander abwechseln. Das bringt es mit sich, daß die Klage etwas Unabgeschlossenes, Wartendes, Offenes auf Gott hin hat. Der dritte Klagegang (V. 13–22) kulminiert in der Bitte (V. 20–22), deren Dringlichkeit durch die Notschilderung – Feindklage/Ichklage (V. 13–19) – unterstrichen wird. Die Klage wird dabei nicht einfach durch die Bitte abgelöst, vielmehr wachsen die Momente des Vertrauens weiter und münden in den *Sprechakt der Bitte* (Sprechakt 2) ein[77]. Die Kommunikation zwischen Beter und Gott hat sich demgegenüber in V. 23–32 (Danklied des einzelnen) gewandelt, in dem als die intensivste Form des Vertrauens zu Gott der *Sprechakt des Lobens* (Sprechakt 3) herrscht. Hier ist kein sprachliches und vorstellungsmäßiges Element aus der Welt der Gottverlassenheit des Beters mehr zu finden.

Der Übergang vom Klage- zum Dankliedteil geschieht nun in V. 22, und zwar, wenn man das masoretische עֲנִיתָנִי »du hast mir geantwortet« als ursprünglich beläßt[78], mitten im Satz:

22   Rette mich vor dem Maul der Löwen,
        vor den Hörnern der Wildstiere – *du hast mir geantwortet!*

Damit wäre auch eine Entsprechung zu der einleitenden Klage mit Invocatio V. 2f hergestellt, derzufolge der Beter Tag und Nacht zu JHWH ruft, ohne eine Antwort zu erhalten:

3   Ich rufe des Tags, und *du antwortest nicht* (וְלֹא תַעֲנֶה),
        des Nachts, und ich finde keine Stille[79].

Die Brisanz von V. 22 liegt dann darin, daß hier nicht nur wie in anderen Klageliedern des einzelnen der Umschwung *nach der Klage* kommt, sondern daß diese beiden Teile miteinander verbun-

---

77   Vgl. *Kilian*, aaO 183f.
78   Vgl. *Fuchs*, aaO 178ff, bes. 186; *ders.*, Klage. Eine vergessene Gebetsform, in: *H. Becker* u.a. (Hg.), Im Angesicht des Todes. Ein interdisziplinäres Kompendium, Bd. 2, St. Ottilien 1987, 939–1024, hier 976 Anm. 97; *Müller*, Stimmungsumschwung (s. Anm. 69), 422f; *Kraus*, Psalmen I (s. Anm. 34), 323.329f (allerdings unter Rückgriff auf die These Begrichs); *Hossfeld/Zenger*, Psalmen I (s. Anm. 12), 145.150 (F.-L. Hossfeld); *Seybold*, Psalmen (1996) (s. Anm. 5), 95.99 u.a., anders z.B. *Gese*, aaO 181 mit Anm. 1: »meine Elende« (= mein armes Leben), d.h. »wegen *jeḥîdatî* V. 21 sehr wahrscheinlich *caṇjjatî* zu lesen, vgl. LXX, Syr (Wellhausen u.a.)«, vgl. *Irsigler*, aaO 195f.
79   Aufgrund der Inklusion mit V. 3a, die die drei Klagegänge V. 2–22 und deren Vertrauensmotivik V. 4ff.10ff (!) rahmt, erscheint V. 22bβ m.E. nicht »als viel zu schlaglichtartige kontextuell frei schwebende Füllung« (*Irsigler*, aaO 199); zum Vertrauen als Basismotiv der Klagepsalmen s. auch im folgenden.

den sind, indem das עֱנִיתַנִי zwar *formal* noch zum Klage- und Bitteil gehört, aber *inhaltlich* die Grenze zum wiedergewonnenen Vertrauen schon überschritten ist[80]. Dieser Überschritt geschieht nicht durch ein »priesterliches Heilsorakel« – das ja auch in Ps 22 nicht nachzuweisen ist –, also nicht durch ein *textexternes* Element, sondern er geschieht *textintern*, indem er vom Sprecher im Prozeß des Betens vollzogen wird. Der sog. »Stimmungsumschwung« kommt dann dadurch zustande, daß die Gewißheit der Erhörung durch Gott mit der Konstatierung dieser Gewißheit mittels der Worte »du hast mir geantwortet« (V. 22b) zusammenfällt und insofern der neue Sachverhalt – die Wende von der Klage zum Lob – durch das Aussprechen dieses Sachverhalts *vorwegnehmend realisiert* wird. Man kann dieses grammatische Phänomen, durch das ein *proleptischer Sinnhorizont* entsteht, als »antizipiertes Faktum« bezeichnen. Das heißt: In dem Augenblick, da die Gewißheit der Rettung durch Gott[81] neu erlangt wird, bleibt es für den Sachverhalt belanglos, ob sie unter dem Aspekt einer zum Abschluß gekommenen Handlung im *Perfekt* (»du hast mir geantwortet«) formuliert wird oder ob im *Präsens* die aktuell sich ereignende Antwort Gottes (»Jetzt weiß ich, daß du mir geantwortet hast«) im Vordergrund steht. Die hebräische Afformativkonjugation (AK oder Perfekt) läßt beide Interpretationsmöglichkeiten zu[82]. Bezogen auf Ps 22,2–22 besteht die Klimax dann darin, daß die beiden Sprechakte V. 2–12 und V. 13–22 derart mit Elementen des Vertrauens (V. 4–6 + V. 10–12) angereichert und durch die Bitten (V. 20–22) gesteigert sind, daß V. 22b die *Qualität eines antizipierten Faktums* annimmt:

»Die Rettung wird zu einer aus der Zukunft in die Gegenwart hereingeholten, bereits be- und abgeschlossenen Handlung Gottes. ›Das Wort Jahwes ist bereits ergangen, nun müssen als Folge davon die Feinde vergehen‹. Die Antwort Jahwes ist also schon ausgesprochen, alles andere ist eine nur noch zu erlebende Folge

---

80 Zum Folgenden s. *Fuchs*, Klage als Gebet (s. Anm. 64), 178ff und *Müller*, Stimmungsumschwung (s. Anm. 69), 423ff.
81 Die »Antwort« von V. 22bβ besteht demnach nicht in einer Wortäußerung, sondern in der rettenden Tat JHWHs, die vom Beter als »Erhörung« seiner Klagen und Bitten erlebt wird, vgl. *Kessler*, Gott (s. Anm. 66), 53ff und *Hossfeld/Zenger*, aaO 150: Zur plötzlichen Erhörungsgewißheit gelangt der Beter wahrscheinlich »durch Gewinn an eigener Zuversicht. Mit dem ›du hast geantwortet‹ ist das die Klage auslösende Nicht-Antworten Gottes aufgehoben«.
82 S. dazu *W. Groß*, Otto Rössler und die Diskussion um das althebräische Verbalsystem, BN 18 (1982) 28–82, hier 62ff, vgl. GK[28] § 106 g/n und bereits *Kilian*, Ps 22 (s. Anm. 69), 182f sowie *Vanoni*, Psalm 22. Literarkritik, in: *J. Schreiner* (Hg.), Beiträge zur Psalmenforschung. Ps 2 und 22 (fzb 60), Würzburg 1988, 153–192, hier 176f u.a.

dieses Beschlusses. Aus der Perspektive des Beters liegt damit ein Perfectum confidentiae oder propheticum vor, aus der Perspektive des handelnden Gottes ein Perfekt des sicheren Futurs. Der *beschlossenen Sicherheit* der zukünftigen Rettung entspricht die *vertrauensvolle Gewißheit* der erhofften Erhörung.«[83]

Dieses Verständnis läßt sich durch die These von Chr. Markschies stützen, daß das Vertrauensmotiv das Basismotiv des Klagelieds des einzelnen ist und dieses zu einem »zielgerichteten Vertrauensparadigma« macht[84]. Es tritt nicht nur am Ende, sondern in allen Teilen des Klagelieds auf: im Eingangsteil mit der Invocatio, nach der Klage, nach der Bitte und im Schlußteil[85]. Das Vertrauensmotiv ist »nichts anderes als die allem Beten in den KE zugrundliegende Forderung an YHWH, das Leben des Beters, der sein Vertrauen in Gottes Hand legt, in seinen Schutz zu nehmen. Die Bitte wird als Vertrauensäußerung formuliert, weil der Beter *schon vor allem konkreten Beten* zuversichtlich hoffen kann, daß YHWH tatsächlich zu seinen Gunsten eintreten wird. Denn in eben dieser Zuversicht besteht ja sein Glaube, der ihn zu YHWH beten läßt«[86].

III. Schlußbemerkungen

Die Beobachtung, daß die Klage durch das Vertrauensmotiv gerahmt ist und der gesamte Gebetsprozeß auf das abschließende Bekenntnis der Zuversicht und die Gewißheit der Erhörung zuläuft, bewährt sich auch am Beispiel von Ps 13. So zeigt schon die Invocatio »JHWH« (V. 2a) in der eröffnenden Klage V. 2f, daß der Beter – kontrafaktisch – auf JHWH vertraut und allein von ihm seine Rettung erhofft. Sie wird in der Bitte V. 4f durch den appositionell erweiteren Vokativ »JHWH, mein Gott« (V. 4a) gesteigert, der »zum Namen des Nationalgottes den Ausdruck des persönlichen Gottes (hinzu)fügt«[87]. Und schließlich verweist diese Apposition »mein Gott« (V. 4a) auf den Sprechakt der Vertrauensäußerung von V. 6aα.β voraus, der gegenüber der Klage V. 4 den Redegang noch einmal nachhaltig intensiviert. Diese Vertrauensäußerung ist

»... eine Warnung vor Souveränitätverlust für Jahwe als Herrn über Leben und Tod, wenn der Feind, verstanden als Todfeind, behaupten könnte: ›Ich habe ihn überwältigt‹, wenn die Bedränger des Beters jubeln könnten, weil er zu Fall ge-

83 *Fuchs*, aaO 184, vgl. auch *Kilian*, Ps 22 (s. Anm. 69), 182f.
84 *Markschies*, Vertrauensäußerungen (s. Anm. 52), 386ff.
85 S. dazu die Zusammenstellung bei *ders.*, aaO 392ff.
86 *Ders.*, aaO 386f (Hervorhebung von mir).
87 *Irsigler*, Psalm 13 (s. Anm. 5), 78.

bracht wird. Positiv zielt diese Warnung perlokutiv auf einen motivierenden Appell an Jahwes Ehre«[88].

Und zwar zielt diese Warnung konkret auf den Appell an JHWHs Ehre, es nicht bei dem Triumph des Feindes und damit dem Todesgeschick des Beters bewenden zu lassen. In Ps 13 kommt somit eine *aufsteigende Linie* zur Geltung, die in der positiven Konnotation des JHWH-Namens von V. 2 ansetzt, sich in der Invocatio »JHWH, mein Gott« von V. 4 verdichtet und schließlich in der Vertrauensäußerung von V. 6 vollendet:

2   Wie lange, **JHWH**, vergißt du mich auf Dauer?
     Wie lange verbirgst du dein Gesicht vor mir? ...
4   Blick doch her, erhöre mich, **JHWH, mein Gott!**
     Laß meine Augen leuchten, damit ich nicht zum Tod entschlafe, ...
6   Doch ich – auf **deine Güte** habe ich vertraut,
     mein Herz juble über **deine Rettung**: ...

Die mit בָּטַח »vertrauen« in der Afformativkonjugation (»Perfekt«) formulierte Vertrauensäußerung von V. 6aα – »auf deine Güte habe ich vertraut > ... setze ich hiermit mein Vertrauen« – bringt dabei zum Ausdruck, daß es dasselbe Grundvertrauen ist, das das Gebet von Anfang an getragen hat, ohne daß dies vom Beter gemäß seiner Gottverlassenheit erlebt werden konnte. Erst durch den deklarativen Sprechakt des Lobzitats von V. 6aγ.b ist es »neu als Tatsache«[89] gesetzt.
Die volle Wirklichkeit der Erhörung und damit der Errettung erweist sich nach Ps 13 wie nach Ps 22,2–22 erst in der zukünftigen Biographie des Beters. Jetzt, am Übergang von der Klage und Bitte zum Lob (Ps 13,5 → 6, vgl. Ps 22,22 → 23), befindet er sich in einem ›Zwischenzustand‹, der die Qualität eines »antizipierten Faktums« hat, in dessen Wirkungsbereich er aktuell eingetreten *ist*[90].
Wie groß dabei die Dimension des *Petitiven* (Bitte) und diejenige des *Faktitiven* (Erhörungsgewißheit) ist, läßt sich nicht genau ausmachen. Auch wenn die AK-Form von Ps 22,22b (»du hast mir geantwortet«) für den größeren Anteil der Erhörungsgewißheit spricht[91], ist das Bittelement noch nicht ganz erloschen, sondern wandert im Fortgang des Betens gleichsam mit – bis der Beter in seinem Vertrauen auf Gott wieder festen Boden unter den Füßen hat.

88   *Ders.*, ebd.
89   *Irsigler*, aaO 86.
90   Vgl. *Fuchs*, aaO 184 Anm. 25.
91   Das gilt auch für Ps 13,6aγ.b: »Singen will ich JHWH, daß er an mir gehandelt hat« (כִּי גָמַל עָלָי), s. dazu oben S. 41f.

Auch aus pastoraltheologischen Gründen sollte man diese ›Leerstelle‹[92] zwischen Klage und Lob nicht vorschnell durch die Hy-
pothese eines »priesterlichen Heilsorakels« ausfüllen. Denn das hieße, eine kultisch-institutionelle Eindeutigkeit einzutragen, die auch
dem Prozeßcharakter der Klagelieder des einzelnen nicht gerecht
wird. Der einzelne Klagepsalm ist die zeitlich geraffte Darstellung
eines *Prozesses*, d.h. eines Durchgangs durch die Stadien: Not –
Bitte – Gewißheit, der im jeweiligen Leben des Beters Zeit braucht.
Er kann Tage und Nächte, Wochen und Monate dauern und darf
nicht von außen her formelhaft verkürzt werden. Eine obligatori-
sche Kultinstitution wie das »priesterliche Heilsorakel« aus altisra-
elitischer Zeit würde da eine empfindliche Schwelle bedeuten –
ganz abgesehen davon, daß es keinen Beleg für sie gibt. Die Klagelieder haben vielmehr eine bestimmte Weise des Existierens im
Blick, die gleichsam zur *conditio humana* gehört: Es ist die *Situation zwischen Klage und Lob*, die nur im Vertrauen auf Gott zu
bestehen ist, aber auf keinen Fall überspielt werden darf[93]. Dazu
sind die Hindernisse, die den Klagenden auf seinem Weg begleiten, viel zu gravierend.

Ps 13 ist nach allem zu Recht als »Muster eines ›Klageliedes des
einzelnen‹« (H. Gunkel)[94] bezeichnet worden. Und zwar nicht nur,
weil er die Verborgenheit Gottes und die damit einhergehende Not
des Beters schonungslos ausspricht, sondern weil er auch einen
Weg zu ihrer Überwindung weist. Dieser Weg ist der Psalmtext
selbst mit den Stationen Klage mit Invocatio (V. 2f), Bitte (V. 4f),
Vertrauensbekenntnis und Lobversprechen (V. 6). In ihnen ist alles versammelt, was die Not des Bedrängten in Worte faßt und da-

---

92   Der aus der Literaturwissenschaft stammende Ausdruck ›Leerstelle‹ dürfte
hier insofern passend sein, als die Unbestimmtheits- oder »Leerstellen« nicht
eine Bestimmtheitslücke im Text, sondern eine »Kombinationsnotwendigkeit«
anzeigen, durch die der Leser ins Spiel kommt, s. dazu *P. Müller*, »Verstehst du
auch, was du liest?« Lesen und Verstehen im Neuen Testament, Darmstadt 1994,
130; *S. Schreiber*, »Verstehst du denn, was du liest?« Beobachtungen zur Begegnung von Philippus und dem äthiopischen Eunuchen (Apg 8,26–40), SNTU 21
(1996) 42–72, hier 70f mit Anm. 106 und im Blick auf das Problem des Stimmungsumschwungs jetzt *Erbele-Küster*, Lesen (s. Anm. 62), 161ff.
93   Vgl. *Müller*, Stimmungsumschwung (s. Anm. 69), 426. *Irsigler*, Psalm 13
(s. Anm. 5), 88ff spricht in diesem Zusammenhang und im Blick auf Ps 13 zu
Recht von einem »›Erfahrungsweg‹ des Sprechers als Wirkpotential des Psalms«:
»Ps 13 setzt insgesamt, auch mit seinem antizipierten Lobzitat am Ende, die Situation der noch nicht erhörten Bitte voraus. In dieser Situation kann der Psalm
keine tatsächlich schon vollzogene partnerseitige Wirkung erkennen lassen. Antizipierend allerdings drückt 6d ›denn er hat an mir gehandelt‹ als Feststellung
oder Bericht genau eine solche Wirkung direkt aus« (87).
94   S. dazu oben Anm. 2.

mit allererst bearbeitbar macht. Die Klagepsalmen leiten den Beter nicht nur an, seinen Ängsten durch Worte und Bilder Ausdruck zu geben, sondern auch, sie im Gebet vor Gott zu bringen. Sie können deshalb als *Konfliktgespräche mit Gott*[95] bezeichnet werden. »Mit der Bewußtmachung der Feindbedrohung«, so hat N. Lohfink diese Qualität der Klagepsalmen charakterisiert, »verbanden sie die Anrufung Gottes. Der Kranke, der über seine Feinde klagt und damit seine Angst offen ausbreitet, gibt sich zugleich vertrauend in die Hand seines Gottes, den er über aller Macht jedes möglichen Feindes weiß«[96]. Der Weg, den der Beter zwischen dem ersten und dem letzten Vers von Ps 13 zurücklegt, führt ihn zur Feststellung dieser Gewißheit, deren Wirkung er in der Form eines »antizipierten Faktums«[97] bereits in der Situation der Gottverlassenheit erfährt.

95 S. dazu mein demnächst erscheinendes Buch: Konfliktgespräche mit Gott. Eine Anthropologie der Psalmen, Neukirchen-Vluyn 2002.
96 *N. Lohfink*, Projektionen. Über die Feinde des Kranken im alten Orient und in den Psalmen, in: *ders.*, Unsere großen Wörter. Das Alte Testament zu Themen dieser Jahre, Freiburg/Basel/Wien 1977, 145–155, hier 155.
97 S. dazu oben S. 49f.

Peter Stuhlmacher

Klage und Dank

Exegetische und liturgische Überlegungen zu Römer 7

Martin Hengel zum 75. Geburtstag am 14. Dezember 2001

Röm 7 ist ein zentraler und anspruchsvoller Text des Römerbriefs. Die Auslegung von Röm 7,1–8,11(17) hat Konsequenzen für die Bewertung der paulinischen Lehre von der Rechtfertigung des Gottlosen (vgl. Röm 4,5; 5,6) und ihrer Auswirkung auf das Leben getaufter Christen. Auch wirkungsgeschichtlich sind die Aussagen des Paulus von Gewicht; sie haben das Verständnis der christlichen Anthropologie entscheidend mitbestimmt. Um so erstaunlicher ist, daß Röm 7 in den aktuellen kirchlichen Lese- und Perikopenordnungen keine nennenswerte Rolle (mehr) spielt. Nach der (auf 6 Jahre angelegten) Perikopenordnung der Evangelischen Kirche in Deutschland ist Röm 7,14–25a nur im jeweils vierten Jahr am 22. Sonntag nach Trinitatis als Predigttext vorgesehen; da es aber nicht in jedem Kalenderjahr 22 (und mehr) Sonntage nach dem Dreieinigkeitsfest gibt, bedeutet diese Plazierung, daß über den Text nur noch sehr selten gepredigt wird. Im Dreijahreszyklus der liturgischen Lesungen der Römisch-katholischen Kirche tauchen Röm 7 oder Verse daraus gar nicht mehr auf.[1] Die Katholische und die Evangelische Kirche gestalten ihre öffentliche Lehre gegenwärtig also unter weitgehendem Verzicht auf den Text, an dem die Kirchenväter (mit Einschluß der Reformatoren) gelernt haben, die Stellung des Menschen vor Gott und die Heilsbedeutung des Opfertodes Jesu für diese Stellung zu beurteilen. Natürlich kann man diese grundlegenden Einsichten auch mit Hilfe anderer Bibeltexte gewinnen und vermitteln. Trotzdem macht die liturgische Ausblendung von Röm 7 nachdenklich.

Für evangelische Christen hat sie noch besondere (verborgene) Folgen. Die Institution der öffentlichen und privaten Beichte ist in den evangelischen Kirchen (fast) zum Erliegen gekommen. Damit ist auch das Bewußtsein der Gemeindeglieder für die eigenen Ver-

---

1 Dieser Umstand ist auffällig, weil im jeweils ersten Lesejahr ein umfassender Durchgang durch den Römerbrief vorgesehen ist. Röm 7 wird dabei einfach übersprungen.

fehlungen und Unzulänglichkeiten vor Gott und den Menschen verkümmert. Erfahrene Seelsorger machen seit Jahrzehnten darauf aufmerksam, daß die Auseinandersetzungen zwischen christlichen Gruppen immer unerbittlicher werden und immer öfter in Zerwürfnissen statt in Versöhnung und Verständigung enden. Sie führen dies auf den Verlust kritischer Selbsterkenntnis bei den streitenden Parteien zurück: Statt wenigstens einen Teil der Schuld bei sich selbst zu suchen, werden einfach ›die anderen‹ zu Alleinschuldnern gestempelt und damit ein gegenseitiges Entgegenkommen verhindert. Röm 7 war für die Christenheit einer der wichtigsten Bibeltexte zur Schulung kritischer Selbsterkenntnis und zur Erkenntnis der dämonischen Macht der Sünde. Luther hat in Röm 7,25b die Begründung für seine (nach wie vor kontroverstheologisch umstrittene) Lehre vom gleichzeitigen Sünder- und Gerechtsein jedes Christen (simul iustus et peccator) gefunden.[2] Auch wenn wir heute diese Lehre exegetisch nicht mehr mit Röm 7,25b, sondern richtiger mit 1Joh 1,8–2,2 (und anderen Belegen) begründen, tut es nicht gut, daß die Evangelische Kirche ihren Gliedern die Konfrontation mit Röm 7 und damit auch die Schulung in der Einsicht erspart, daß sie vor Gott (und den Mitmenschen) unrettbar schuldig waren und in der Gefahr stehen, es immer neu zu werden.[3] Frei können sie nur kraft der Vergebung der Sünden leben, die sie in Christus erfahren (haben) und weitergeben.

Unter diesen Umständen ist es sinnvoll, wieder einmal an den anspruchsvollen Text zu erinnern und seine liturgische Eignung für die Tauferinnerung sowie die angemessene Vorbereitung auf das Herrenmahl herauszustellen.

2   In der Vorrede zum Römerbrief von 1522 schreibt *Luther* zu Röm 7 unter anderem, Paulus zeige hier, »wie Geist und Fleisch miteinander streiten in einem Menschen, und setzt sich selbst zum Exempel, daß wir lernen, das Werk, die Sünde in uns selbst zu töten, recht erkennen. Er nennet aber beide, den Geist und das Fleisch, ein Gesetz, darum daß, gleichwie des göttlichen Gesetzes Art ist, daß es treibet und fordert, so treibet und fordert und wütet auch das Fleisch wider den Geist und will seine Lust haben. Wiederum treibt und fordert der Geist wider das Fleisch und will seine Lust haben. Dieser Zank währet in uns, so lange wir leben, in einem mehr, im andern weniger, darnach der Geist oder das Fleisch stärker wird. Und ist doch der ganze Mensch selbst alles beides, Geist und Fleisch, der mit sich selbst streitet, bis er ganz geistlich werde.« (Luthers Vorreden zur Bibel, hg. von Heinrich Bornkamm [Furche-Bücherei 238], Hamburg 1967, 156). Dieselbe Sicht findet sich in den Schmalkaldischen Artikeln und ist damit Bestandteil des lutherischen Bekenntnisses; vgl. BSLK 447,20ff.
3   Man muß dies leider so generell formulieren, weil in der auf älteren Vorbildern fußenden Versauswahl aus Ps 51 im Evangelischen Gesangbuch Nr. 727 der Vers 7 ausgelassen worden ist. Gerade dieser Vers hat frühere Generationen zur Besinnung auf die Erbsünde angeleitet. Er lautet in der Lutherübersetzung: »Siehe, ich bin als Sünder geboren, und meine Mutter hat mich in Sünden empfangen.«

1   Zu Exegese und Hintergrund von Röm 7

Otto Kuss hat schon vor vierzig Jahren darauf hingewiesen, daß Röm 7,7–25 zu jenen offen formulierten neutestamentlichen Texten gehört, »für die aufs Ganze gesehen eine allgemein anerkannte, schlechthin gültige Erklärung nicht zu erwarten ist«, und fährt fort: »der Streit um die Auffassung wird, jedenfalls soweit die Möglichkeiten der Exegese und Historie in Frage kommen, kein Ende haben.«[4] So richtig diese Feststellung ist, so wenig braucht man an der Auslegung von Röm 7,1–8,11(17) zu resignieren. Denn es gibt einige historisch-exegetische Einsichten zu diesem Text, über die gewisse Einigkeit besteht. Auf sie ist in gebotener Kürze hinzuweisen.

1.1   Die *Gliederung* des Textes ist leicht zu erkennen: Er beginnt in 7,1–6 mit der an Röm 6 anschließenden Feststellung, daß die Taufe auf Jesu Tod und der mit ihr verbundene Herrschaftswechsel zwischen Sünde und Gerechtigkeit bedeutet, daß die Getauften dem (mosaischen) Gesetz abgestorben und Eigentum des von den Toten auferstandenen Christus geworden sind (7,4). Ihr einstiges, in sündhaften Leidenschaften geführtes Leben und ihr neuer, in der Kraft des Geistes zu führender Wandel im Gehorsam Christi sind klar zu unterscheiden (7,5–6). Der Kontrast von einstiger und jetziger Existenz wird in 7,7–8,11(17) detailliert erläutert. In 7,7–25 zeigt der Apostel die todbringenden Zwänge auf, unter denen Juden und Heiden seit Adam standen und weiterhin stehen, und in 8,1–11(17) erklärt er seinen Adressaten, wie ihre in und mit der Taufe gewonnene neue Lebenswirklichkeit aussieht. Paulus formuliert 7,7–25 im Ich-Stil und wendet sich auch in 8,2 noch einmal dem klagenden Ich von 7,24 zu, ehe er von 8,3 an wieder zum brieflich gewohnten Wir-Stil übergeht. Stilistisch und kompositorisch gleich auffallend, werden die Darlegungen über die einstige und jetzige Existenz der Adressaten so verbunden, daß auf die (7,7–23 zusammenfassende) verzweifelte Klage des Ich (7,24) in 7,25a unvermittelt eine Danksagung an Gott folgt, die (erst) in 8,2–11(17) näher erläutert wird: Gott gebührt Dank, weil er das Ich durch die Sendung seines eigenen Sohnes ans Kreuz aus der Schuldknechtschaft unter der Sünde erlöst und kraft der Gabe des Geistes in die Erfüllung seines (im Gesetz offenbarten) heiligen Willens gestellt hat. Der wohlbegründeten Klage folgt also der ebenso klar begründete Dank für die bereits erfolgte Erlösung jedes getauften Menschen.

---

4   *Otto Kuss*, Der Römerbrief. Zweite Lieferung: Röm 6,11–8,19, Regensburg 1959, 481.

Die klare Abfolge von Klage und Dank macht nur deshalb immer neue exegetische Schwierigkeiten, weil sie von zwei Lehrsätzen unterbrochen wird, die durch »also« (ἄρα) als didaktische Schlußfolgerungen kenntlich gemacht sind: Nach 7,25b gilt (erstens), daß das Ich vor und ohne Christus unter dem Zwang lebt, gleichzeitig dem Gesetz Gottes und dem Gesetz der Sünde dienen zu müssen. Nach 8,1 gilt aber (zweitens) auch, daß es für das leidende Ich in Christus keine todbringende Verurteilung mehr gibt; zur Erläuterung folgt 8,2–4. Die Zwischenstellung der beiden Lehrsätze befremdet. Statt sie aber (gegen die gesamte Textüberlieferung) als Glossen abzutun oder den ganzen Text umzustellen, kann und sollte man 7,25b und 8,1 dem Umstand gutschreiben, daß Paulus die Christen von Rom so gut und klar wie möglich *belehren* will. Seine beiden Lehrsätze sollen die Leser dazu anhalten, das vom Apostel bisher Gesagte und seine weiteren Ausführungen bedächtig aufzunehmen. Paulus verfährt in anderen Briefen ähnlich.[5]

1.2   Auch der *Gedankengang* des Textes läßt sich gut nachvollziehen. Paulus führt die Erörterungen über den in der Taufe erfolgten Herrschaftswechsel aus Kap. 6 fort und gliedert seine Ausführungen mit Hilfe der auch anderwärts im Taufzusammenhang begegnenden Gegenüberstellung von Einst und Jetzt (vgl. z.B. Gal 3,23–28; 1Kor 6,10–11). Dabei verfolgt der Apostel eine dreifache Absicht: Er wehrt – erstens – vehement den Vorwurf ab, daß (er selbst und) die kraft ihrer Taufe der Sünde und dem todbringenden Urteil des Gesetzes abgestorbenen Christen Antinomisten seien. Deshalb trägt er in 7,7–24 »eine Apologie des Gesetzes«[6] vor, in der er sorgsam zwischen Gesetz und Sünde unterscheidet. Die Apologie gipfelt in der Aussage, daß Gottes Gesetz heilig, gerecht und gut, ja sogar geistlich ist (7,13–14); sie bereitet außerdem die Feststellung vor, daß die Christen kraft der Sendung Jesu und der Gabe des Geistes Täter des heiligen Gotteswillens sind (8,2.4). – Die Apologie ist – zweitens – im generellen (nicht autobiographischen[7]) Ich-Stil gehalten (s. unten) und lädt die Adressaten ein, sich mit der Darstellung des Apostels zu identifizieren. Paulus beginnt mit der im Aorist formulierten Klage eines urtümlichen Ich; er schildert ein Anfangsgeschehen, das bleibende Folgen für jeden Menschen hat: Das Ich lebte einst ohne Gesetz, ihm

---

5   *Otto Michel*, Der Brief an die Römer (KEK 4), Göttingen [5]1978, 238 verweist auf die Sequenz von »Siegeswort, Lehraussage, Danksagung« in 1Kor 15,55–57. *Dieter Zeller*, Der Brief an die Römer (RNT), Regensburg 1985, 145 erklärt 7,25b und 8,1 als »Zusammenfassungen«, mit denen der Apostel nach einer Diktierpause neu einsetzt. Vgl. zur »Zwischenbilanz« von 7,25b–8,1 auch meinen Kommentar: *Peter Stuhlmacher*, Der Brief an die Römer (NTD 6), Göttingen [2]1998, 104f.
6   *Werner Georg Kümmel*, Römer 7 und das Bild des Menschen im Neuen Testament (TB 53), München 1974, 11 u.ö.
7   Daß der Apostel nicht autobiographisch, sondern generell formuliert, zeigt schon der Vergleich von Röm 7,7–25 mit Röm 1,1–17; 9,1–5; 11,13–14 und 15,14–33.

wurde dann aber Gottes Weisung zuteil. Von der Sünde verführt, verfiel es der Gesetzesübertretung und geriet so aus dem Leben in die todbringende Gottesferne (7,7–12). In 7,13 stellt der Apostel die Sünde als das eigentlich todbringende Verhängnis an den Pranger. In 7,14 erinnert er an die (christliche) Lehre, daß das Gesetz geistlich sei (s. unten), und vertieft die Apologie des Gesetzes zu einer im Präsens formulierten, anthropologisch tiefgreifenden Ich-Klage. Sie hat die unrettbare Verfallenheit des Menschen an die Herrschaft der Sünde und ihr Gesetz zum Inhalt. Die Verfallenheit mündet in den Klageruf:»Ich elender Mensch! Wer wird mich erlösen aus diesem Todesleib?« (7,24) – Der Klage wird in 7,25a – drittens – unvermittelt die Danksagung gegenübergestellt: »Dank aber sei Gott durch unseren Herrn, Jesus Christus!« Nach 8, 2–4 hat dieser Dank seinen Grund darin, daß Gott der Verurteilung des Ich (im Endgericht) bereits gewehrt, ihm die Erlösung eröffnet und Freiheit sowie Kraft geschenkt hat, seinen heiligen Willen zu erfüllen. Die erlösende Gottestat besteht in der Sendung seines eingeborenen Sohnes als Sühnopfer.[8] Mit dieser Opferdarbringung ist der Sünde (ein für allemal) das Urteil gesprochen (8,3) und das Gesetz aus dem Klammergriff der Sünde befreit worden; seiner geistlichen Erfüllung durch die Glaubenden steht darum nichts mehr im Wege (8,4). Von 8,5 an macht der Apostel seinen Lesern deutlich, daß sich auch nach ihrer Befreiung von der Sünde das Trachten des Fleisches und des Geistes alternativ gegenüberstehen, für die (seit ihrer Taufe) mit dem Geist beschenkten Christen aber nur noch der Wandel in der Kraft dieses Geistes in Frage kommen kann. Der Geist ist für den Apostel nach 8,9–11 der Geist (des dreieinigen) Gottes. In ihm ist auch Christus präsent und bestimmt das Leben der Christen. Er schenkt ihnen Anteil an der Gerechtigkeit (Christi), neues Leben und macht sie ihrer künftigen (leiblichen) Auferstehung von den Toten gewiß.

1.3 Der *Hintergrund* unseres Textes ist nach wie vor umstritten, aber in zwei Punkten herrscht auch hier mittlerweile ein gewisser Konsens: Immer mehr Exegeten verweisen zur Erklärung auf Gen

---

8 In Röm 8,3 ist υἱὸν πέμψας ... περὶ ἁμαρτίας *nicht* zu übersetzen: (Gott) sandte seinen Sohn »der Sünde wegen«, wie das jetzt wieder *Klaus Haacker* tut (Der Brief des Paulus an die Römer [ThHK 6], Leipzig 1999, 149), sondern: Gott sandte seinen Sohn zur Sühnung bzw. als Sündopfer. *Otfried Hofius* schreibt in seinem Artikel: Sühne im Neuen Testament, TRE 32 (342–347), 345,8f mit historisch bestem Recht:»Nach Röm 8,3 bedeutet die Inkarnation des präexistenten Sohnes Gottes seine Sendung ›zur Sühnung der Sünde‹ bzw. (wenn man περὶ ἁμαρτίας von Lev 5,6f.1; Num 8,8; Ps 39,7 LXX her als Terminus technicus deutet) ›als Sühnopfer‹.«

2–3 und auf die Gattung der (individuellen) Klage- und Danklieder des Psalters.

1.3.1   Der Altphilologe Hildebrecht Hommel hat 1962 eindrucksvoll herausgestellt, daß Röm 7,7–24 an tragische Zeugnisse über den Zwiespalt zwischen Gut und Böse aus der klassisch-griechischen Literatur und aus hellenistisch-römischer Zeit erinnert.[9] Seither werden in den Kommentaren die von Hommel aufgewiesenen Parallelen aus Euripides (5. Jh. v.Chr.), Plautus (3. Jh. v.Chr.), Diodor (3. Jh. v.Chr.), Ovid (1. Jh. n.Chr.) usw. immer neu zitiert, und Belege aus den Schriften Senecas (1. Jh. n.Chr.) werden noch hinzugefügt. Auch bleibt Hommels Feststellung in Geltung, »daß sowohl bei ihm [= Paulus; P.St.] wie auch schon in der vorausgehenden Antike aus der tiefen Einsicht in die menschliche Zerrissenheit eine zwingende Aporie erwachsen ist, die auch für uns noch brennend ist, und die, wo sie einmal erkannt ist, den Menschen zu allen Zeiten fordert und fordern wird, er sei ein Grieche oder ein Christ.«[10] Gleichwohl fordern seine Darlegungen zur kritischen Ergänzung heraus. Es ist nämlich sehr die Frage, ob man in dem Autor des Römerbriefs wirklich »einen griechischen Autor mit denkbar ungriechischem Anliegen« sehen darf, der »im Besitz hoher sprachlicher und geistiger Bildung ist, und der schon durch das von ihm gewählte und beherrschte Idiom [= die griechische Sprache; P.St.] in einer Tradition steht, die keineswegs ausschließlich, aber doch weithin aus hellenistischer Quelle gespeist ist.«[11] Paulus stellt sich im Römerbrief seinen Adressaten anders vor. Er ist ein zum Apostel der Heiden berufener *Jude*, der mit seinem apostolischen Dienst an der Errettung Israels (durch Christus) mitwirken darf und will (Röm 1,1.5; 11,1.13–14; 15,16). Wie Lukas überliefert, wurde Paulus in Tarsus geboren und besaß sogar das römische Bürgerrecht (Apg 22,25.29). Aber er ist in Jerusalem aufgewachsen, »zu Füßen Gamaliels« ausgebildet und Pharisäer geworden (Apg 22,3; Phil 3,5). Nach Röm 7,1 richtet sich der Apostel mit seinen folgenden Ausführungen vor allem an »Kenner des Gesetzes«, d.h. an bekehrte Juden, Proselyten, aber auch jüdisch gebildete (unbeschnittene) Gottesfürchtige (die religionsrechtlich Heiden geblieben waren). Ihnen hat vermutlich die scharfe Gesetzeskritik des Apostels (vgl.

---

9   Vgl. *Hildebrecht Hommels* 1962 erschienene Abhandlung: Das 7. Kapitel des Römerbriefs im Licht antiker Überlieferung; sie ist zuerst in ThViat 3, 1961/62 (1962), 90–116 erschienen und in erweiterter Form abgedruckt worden in *ders.*, Sebasmata, Bd. II (WUNT 32), Tübingen 1984, 141–173.
10   Ebd., 167.
11   Ebd., 141.

nur Gal 3,17; 4,8–11; Phil 3,4b–11) genausoviel Sorgen bereitet wie jenen Judenchristen, die Paulus als Verächter der Tora und Prediger der ›billigen Gnade‹ (Dietrich Bonhoeffer) verleumdet haben (vgl. Röm 3,8 mit 3,31 und 6,1.15). Nachdem der Apostel in Röm 5,20 von der Mehrung der Sünde durch das Gesetz gesprochen und in 7,4 geschrieben hatte, daß die Christen mit der Taufe nicht nur der Sünde, sondern auch der Tora abgestorben seien, schuldete er gerade den Gesetzeskundigen unter seinen Adressaten weitere Auskunft über Wesen und Funktion der Tora. Sonst wäre er auch ihnen als jüdischer Apostat erschienen. Bei der Auskunft lehnt er sich verständlicherweise vor allem an *jüdische* Traditionen an.

1.3.2   Im Hintergrund von 7,7–12 stehen (wie zuvor in 3,24; 5,12 und anschließend in 8,20) *Gen 2–3*. Denn nur im Gedanken an Gen 2,16 läßt sich sagen, daß das Adam-Ich einst ohne Gesetz lebte und erst später (im Garten Eden) mit dem Gebot Gottes konfrontiert wurde. Das Adam erteilte eine Gebot ist von jüdischen Auslegern mit der Tora ingesamt gleichgesetzt worden. Deshalb kann es z.b. in 4Esr 7,11 heißen, Adam habe die Gebote Gottes (Plural!) übertreten und so das Gericht über die Schöpfung gebracht. Auch Paulus vollzieht diese Gleichsetzung. Er identifiziert das zu Adam »kommende« Gebot mit der Summe der Tora, dem Dekalog, und zitiert deshalb in 7,7 das (den Dekolog zusammenfassende) zehnte Gebot (Ex 20,17; Dt 5,21). Ähnlich wie Philo von Alexandrien (Über den Dekalog 142) hält auch der Apostel die (durch das Verbot: »Du sollst nicht begehren« geweckte) Begierde für die menschliche Grundsünde der willentlichen Auflehnung gegen Gottes Willen schlechthin (vgl. auch 1Kor 10,6). Darum weist er in 7,9–11 darauf hin, daß Adam wegen der Verführung zur Begierde des Lebens (im Garten Eden) verlustig gegangen und in die Todessphäre der Gottesferne geraten sei. Die Qualifikation des Gesetzes als »heilig und gerecht und gut« (7,12) entspricht dem Lobpreis der Tora in Ps 19,8–11. Auch die in 7,13 vollzogene Unterscheidung zwischen Sünde(nmacht) und Gesetz ist schon in jüdischen Texten angelegt (vgl. z.B. Ps 119 oder 4Esr 9,36). Sie ist dem Apostel so wichtig, daß er in 7,14a vorübergehend den 7,7–25 bestimmenden Ich-Stil unterbricht und mit der Feststellung, das Gesetz sei geistlich (ὁ νόμος πνευματικός ἐστιν), an die (sicher auch in Rom bekannte) christliche Wertschätzung des Gesetzes erinnert.[12]

---

12   Das von den meisten und besten Textzeugen belegte οἴδαμεν ist dem nur von der Minuskel 33 und wenigen anderen bezeugten οἶδα μέν vorzuziehen; vgl. *Bruce M. Metzger*, A Textual Commentary on the Greck New Testament, Stuttgart

Die Aussage, das Gesetz sei geistlich, hat in jüdischen Schriften keine direkte Parallele.[13] Sie wird aber auf dem Hintergrund von Sir 24,23 und Weish 7,22–27 einsichtig: Im Gesetz wird der Geist (das πνεῦμα) der Weisheit offenbar, die »Abglanz des ewigen Lichtes und ein makelloser Spiegel des Wirkens Gottes und ein Abbild seiner Güte« ist (Weish 7,26)[14]. Trotz seiner kritischen Bewertung des Gesetzes legt Paulus großen Wert darauf, daß Israel durch die Gabe der Tora bleibend vor den Heidenvölkern ausgezeichnet worden ist (Röm 2,18; 9,4). Für die Christen kommt es nach seiner Lehre auf den in der Nächstenliebe tätigen Glauben (Gal 5,6) bzw. die »Einhaltung der Gebote Gottes« (1Kor 7,19) an. Nach Paulus können gerade die Christus in der »Neuheit des Geistes« (Röm 7,6) dienenden Christen die geisterfüllte Tora als Offenbarung des heiligen Willens Gottes würdigen und sie auch in der Kraft des Geistes erfüllen (8,4).

1.3.3 In 7,14b kehrt Paulus zum Ich-Stil zurück, wechselt aber gleichzeitig ins Präsens über. Dieser Tempuswechsel veranlaßt bis heute eine ganze Anzahl von Exegeten zu der Annahme, Paulus habe zwar in 7,7–13 vom adamitischen Ich (vor der Taufe) gesprochen, gehe nun aber zur (Wesens-)Beschreibung des christlichen Ich (nach der Taufe) über.[15] Dieser Sicht stehen aber zwei Beobachtungen entgegen.

Paulus bleibt auch von 7,14b an dabei, *jüdische Einsichten* in Erinnerung zu rufen, die aus dem jahrhundertelangen Umgang Israels mit der Tora erwachsen sind.[16] Wenn er in 7,14b vom Verkauftsein des Ich unter die Sündenherrschaft spricht, entspricht das der Konfession des Beters in 11Q05 (= 11QPs[a]) 19,10: »Meine Verschuldungen lieferten mich an die Totenwelt aus.« Wenn der

---

[2]1994, 454. Das οἴδαμεν weist auf die unter Christen bekannte Lehre vom Gesetz hin.

13 *Hermann Lichtenberger* hat schon in seiner (leider bisher unveröffentlichten) Habilitationsschrift: Studien zur paulinischen Anthropologie in Römer 7, Tübingen 1985 (Masch.), 150 angemerkt, daß im jüdischen Schrifttum (bisher) »keine entsprechende Wendung anderwärts belegbar ist«, und hat ebd., 154 von der »Analogielosigkeit der Wendung« gesprochen. In seiner Vorlesung: Paulus und das Gesetz (in: Paulus und das antike Judentum, hg. von Martin Hengel / Ulrich Heckel [WUNT 58], Tübingen 1991, [361–378] 364) beschreibt er den Sachverhalt so: »Sprachlich und sachlich ist die Wendung: ›Das Gesetz ist geistlich‹ außergewöhnlich. Eine echte Analogie, die mehr als Annäherungswert hätte, zu finden, ist bisher nicht geglückt; doch bieten jüdische Aussagen über göttliche und himmlische Welt für Wesen, Herkunft und Dauer des Gesetzes enge Parallelen (Jos, Ap II 277; Bar 4,1; Jos, Ant 3,286; 12,37f.).«

14 Übersetzung der Jerusalemer Bibel.

15 Vgl. z.B. *Charles E.B. Cranfield*, The Epistle to the Romans, Vol. I (ICC), Edinburgh [3]1980, 342f.365f und *James D.G. Dunn*, Rom. 7:14–25 in the Theology of Paul, TZ 31 (1975), 257–273 sowie *ders.*, Romans 1–8 (Word Biblical Commentary 38A), Dallas (Texas) 1988, 387f.

16 Ihre inhaltlichen Überschneidungen mit den von Hommel u.a. aufgezeigten Parallelen weisen auf gemeinsame anthropologische Grunderfahrungen in klassischer und hellenistischer Zeit hin.

Apostel in 7,21–25 Gesetz Gottes und Gesetz meiner Vernunft ne-
beneinanderstellt, spricht und denkt er ähnlich wie 4Esr 9,36, wo
von der geoffenbarten und dem Volk ins Herz gegebenen Tora
die Rede ist. Die paulinische Unterscheidung von Gesetz Gottes und
Gesetz der Sünde und des Todes gleicht zudem der Gegenüberstellung von Gesetz Gottes und Gesetz Beliars in TestNaph 6,2.
Typisch jüdisch spricht Paulus in 7,22 von der Freude am Gesetz,
die das Ich beseelt (vgl. Ps 19,9; 119,14.16.24.47 usw.). Die Rede
vom Widerstreit zwischen Geist (νοῦς) bzw. innerem Menschen
und Fleisch bzw. Gliedern in 7,18–25 wird mit der Gegenüberstellung von Trachten des Fleisches und des Geistes in 8,5–8 fortgeführt. Sie hat ihre wichtigste Analogie in der jüdischen Lehre vom
guten und bösen Trieb, die in jedem erwachsenen Menschen um
die Herrschaft streiten.[17] Außerdem gleicht die ganze, im Klageruf
7,24 gipfelnde Ich-Klage in erstaunlichem Maße den z.T. ebenfalls (im Präsens und) in der Ich-Form formulierten Konfessionen
des Beters in 1QS 11,9–11 und den Lobliedern von Qumran (vgl.
z.B. 1QH [früher 4, jetzt:] 12,30–38)[18]. Vergleichbar sind auch
die in den Kommentaren seit langem als Parallelen zitierten Klagen
aus 4Esr 7,65–69 und 7,116–126 über »unsere« in und mit Adam
eingetretene Verfallenheit an Sünde und Verderben, die einzig
durch Gottes Gnadenerweise aufgehoben werden kann.[19]
Danksagungen, die mit »ich danke« (εὐχαριστῶ) oder »Dank sei
…« (χάρις) eingeleitet werden, gehören zum hellenistischen Brief-
stil des Apostels (vgl. Röm 1,8; 6,17; 1Kor 1,4.14; 2Kor 8,16).[20]
Aber der auffällige Wechsel von Ich-Klage und Danksagung in 7,
24 und 7,25a + 8,2–11(17) hat seine beste Parallele in den individuellen Klage- und Dankliedern des Psalters sowie in den Lobliedern von Qumran.[21] Die Klage- und Danklieder des Einzelnen

---

17 Vgl. 4Esr 3,20–22, die bei *Billerbeck* IV/1, 466–483 gesammelten Belege
und den Aufsatz von *Hans-Peter Rüger*, Hieronymus, die Rabbinen und Paulus. Zur
Vorgeschichte des Begriffspaares ›innerer und äußerer Mensch‹, ZNW 68 (1977),
132–137.
18 Vgl. vor allem *Herbert Braun*, Römer 7,7–25 und das Selbstverständnis des
Qumran-Frommen, in: *ders.*, Gesammelte Studien zum Neuen Testament und seiner Umwelt, Tübingen 1962, 100–119; *Joseph A. Fitzmyer*, Romans (Anchor
Bible 33), New York 1993, 465f und *Lichtenberger*, Studien (s. oben Anm. 13),
189–191.
19 Vgl. z.B. *Ulrich Wilckens*, Der Brief an die Römer II (EKK VI/2), Zürich/
Neukirchen-Vluyn ³1993, 95.
20 Vgl. *Roland Gebauer*, Das Gebet bei Paulus (TVG 349), Gießen 1989, 136ff.
21 Auf ihre Bedeutung für das Verständnis von Röm 7 weisen auch hin *Günther
Harder*, Paulus und das Gebet (NTF 10), Gütersloh 1936, 31f; *Günther Bornkamm*,
Sünde, Gesetz und Tod, in: *ders.*, Das Ende des Gesetzes. Gesammelte Aufsätze I
(BevTh 16), München ²1952, (51–75) 59 Anm. 20; *Ernst Käsemann*, An die Rö-

hatten bis in die Zeit des Apostels hinein (und über sie hinaus) ihren Sitz im Leben in der *Dankopferfeier* (Todafeier). Sie war im jüdischen Mutterland allgemein gebräuchlich und wurde von den Erretteten selbst ausgestaltet. In den Klage- und Dankliedern gehen immer wieder die Schilderung von (auswegloser) Not und die Bitte um Errettung seltsam abrupt über in den Dank für die bereits erfahrene Errettung (vgl. z.B. den Wechsel zwischen V. 22 und V. 23 in Ps 22, zwischen V. 7 und V. 8 in Ps 57, zwischen V. 30 und V. 31 in Ps 69, zwischen V. 4 und V. 5 in Ps 116 usw.). Dieser harte Übergang erklärt sich, wenn man bedenkt, daß ein aus lebensbedrohlicher Not erretteter frommer Jude angehalten war, »diese göttliche Errettung in einem Dankopfergottesdienst als Neubegründung seiner Existenz« zu feiern. »Hier bekennt (*jd[h]* hi) er Gott als den Erretter bei einem ›Bekenntnis-‹, Dankopfermahl (*tôdā*). Er lädt die Menschen, die zu seinem Lebenskreis gehören, ein, stiftet das Opfertier zu diesem besonderen Dank-*zäbäḥ* und vollzieht im Opfermahl mit den Geladenen die Inauguration seines neuen Seins. Dabei ist es wesentlich, daß das dankende Bekenntnis zu Gott, dem Erretter, seinen Ausdruck findet im sogenannten Danklied (des Einzelnen), das sich zurückbezieht auf die Not und die Errettung und dieses Todes- und Heilsgeschehens ›gedenkt‹ (*zkr*). Diese Anamnesis kann dadurch noch besonderes Gewicht bekommen, daß das Klagelied (des Einzelnen) zitiert wird, das in der Not gesprochen worden war und das womöglich mit dem Gelübde des Dankopfers schloß, das jetzt erfüllt ist.«[22] Die in Palästina jedem Juden und natürlich auch dem ›Jerusalemer‹ Paulus (vgl. Apg 22,3) vertraute Institution des individuellen »*Bekenntnisopferdienstes*«[23] bietet sich an, um den unvermittelten Übergang von Klage und Danksagung in Röm 7,24–25a zu erklären. Auf dem Hintergrund der Toda wird die Gesamtstruktur des im Ich-Stil gehaltenen und mit 7,25a + 8,2 in Dank, Heilszusage sowie

---

mer (HNT 8a), Tübingen [4]1980, 185; *Michael Theobald*, Römerbrief I (SKK.NT 6/1), Stuttgart 1992, 206.

22   *Hartmut Gese*, Die Herkunft des Herrenmahls, in: *ders.*, Zur biblischen Theologie, Tübingen (Mohr Siebeck) [2]1983, (107–127) 117f. Gese macht auch darauf aufmerksam, daß »die Toda die kultische Basis für den Hauptbestand des Psalters gebildet hat« (ebd., 119). Vgl. zur Toda auch seine Ausführungen in seinem Aufsatz: Psalm 22 und das Neue Testament. Der älteste Bericht vom Tode Jesu und die Entstehung des Herrenmahls, in: *ders.*, Vom Sinai zum Zion (BevTh 64), München [3]1990, (180–201) 190ff. Zur Entwicklung und Bedeutung der Toda vgl. auch *Hans-Joachim Kraus*, Psalmen II (BK XV/2), Neukirchen-Vluyn [5]1978, 910ff.

23   *Gese*, Herkunft (s. oben Anm. 22), 118. Er weist außerdem darauf hin, daß die Toda die jüdische Individualfrömmigkeit tief geprägt hat und nach rabbinischer Auffassung nicht einmal in der messianischen Heilszeit aufhören wird (ebd., 122 unter Verweis auf Pesiqta 79a).

Schilderung der (bereits erfolgten!) Rettungstat Gottes übergehenden Textes sehr gut verständlich. Die beiden Lehrsätze, die 7,25a und 8,2 trennen, zeigen, daß Paulus sich in christlich-lehrhafter Absicht an das Vorbild der Toda-Liturgie angeschlossen hat.

2 Zum Verständnis des Ich in Röm 7

Ginge es noch wie früher um die Rekonstruktion möglicher Vorstufen von Röm 7,1–8,11(17),[24] wäre es leicht möglich, den Text einem urchristlichen Bekenntnisgottesdienst zuzuordnen, der ähnliche Funktion hatte wie die jüdische Todafeier. In ihm könnte die Errettung von Christen aus der Knechtschaft unter der Sünde (sowie dem Schuldspruch des Gesetzes) und die Neubegründung ihrer Existenz durch Gottes Rettungstat in und durch Christus gefeiert worden sein. Als solche Gelegenheit käme zu allererst eine urchristliche *Tauffeier* in Frage. Wie Röm 6,17 zeigt, war sie nicht nur vom Vollzug der Taufe geprägt, sondern auch durch die feierliche Übergabe der Täuflinge an die fest gefügte apostolische Lehre (in Gestalt der traditionellen Evangeliumsformel von 1Kor 15,3b–5) und das von Herzen gesprochene Bekenntnis zu Christus (im Stil von Röm 10,9–10).[25] – In zweiter Linie käme als Sitz im Leben auch eine urchristliche *Feier des Herrenmahls* in Frage, weil dieses Mahl schon früh Züge einer Toda des Auferstandenen angenommen hat.[26] – Doch wäre solche Rekonstruktion allzu hypothetisch und würde auch dem Umstand widersprechen, daß unser Text fest in die fortlaufende Gedankenführung des Römerbriefes eingebettet ist![27]

---

24 *Ernst Fuchs*, Die Freiheit des Glaubens (BevTh 14), München 1949, 60ff wollte in Röm 7,7–24 ein zweistrophiges gnostisches Klagelied wiederfinden, das Paulus bearbeitet habe. *Walter Schmithals*, Der Römerbrief, Gütersloh 1988, 231 sieht in Röm 7,17–8,39 einen schon vor Abfassung des Briefes von Paulus abgefaßten theologischen Traktat, den der Apostel »selbst in sein Lehrschreiben« als eine »vorformulierte ›Summe‹ seiner Dogmatik einrückte.« Fuchs ist durch *Bornkamm*, Sünde (s. oben Anm. 21), 59 mit Recht widersprochen worden, und gegen Schmithals hat *Lichtenberger*, Studien (s. oben Anm. 13), 105ff berechtigte Einwände erhoben.
25 Die Bedeutung von Röm 6,17 für das Verständnis von Taufe und Taufunterricht hat *Edda Weise* in ihrer Dissertation: Paulus, Apostel Jesu Christi. Lehrer seiner Gemeinden, München (Selbstverlag) 1997, 100ff herausgearbeitet.
26 Vgl. die oben in Anm. 22 genannte Studie *Hartmut Gese*s über das Herrenmahl und meinen Versuch, (kritisch) an Gese anzuknüpfen in: *Peter Stuhlmacher*, Biblische Theologie des Neuen Testaments I, Göttingen ²1997, 130ff.207ff.
27 Von *Schmithals*, Römerbrief (s. oben Anm. 24) wird dieser Zusammenhang allerdings bestritten.

Unsere hypothetischen Überlegungen helfen allerdings, eine Antwort auf die umstrittene *Frage nach dem Charakter des in 7,7–25
zu Wort kommenden Ich* zu finden. Sie ist schon von den Kirchenvätern gestellt worden. Seit Origenes haben die Ausleger immer
neu erwogen, ob in unserem Text ein generelles Ich vor der Taufe
zu Wort kommt oder ob Paulus in beispielhafter Weise von sich
selbst spricht und nicht nur seinen vorchristlichen Konflikt mit
dem Gesetz,[28] sondern auch seine noch andauernde Angefochtenheit von Fleisch und Sünde zu erkennen gibt, der kein Glaubender
entgehen kann. Augustin hatte unseren Text zunächst auf den
Menschen bezogen, der nur erst unter dem Gesetz und noch nicht
unter der Gnade steht. Er ist aber im Verlauf der Auseinandersetzungen mit Pelagius dazu übergegangen, »unter der Klage des
Apostels die Stimme des wiedergeborenen, jedoch unter der Verderbnis der Natur seufzenden Menschen zu hören.«[29] Diese antipelagianische Deutung Augustins ist für die westliche Theologie
maßgeblich geworden. Unter Berufung auf Augustin hat auch Luther in Röm 7,7–25 ein exemplarisches Selbstbekenntnis des Apostels gesehen (s. oben). Die Beziehung auf den Apostel legt sich
vor allem von 7,25b her nahe, weil αὐτὸς ἐγώ in diesem (Lehr-)
Satz grammatisch am besten mit: ›ich, für meine Person‹, oder: ›ich
jedenfalls‹ wiederzugeben ist.[30] Mit αὐτὸς ἐγώ will Paulus seine
Leser also entweder (ähnlich wie in 1Kor 7,40b) mit seiner persönlichen Auffassung konfrontieren oder sie zur Identifikation mit
seiner Darlegung anregen. Da sich der im Präsens formulierte
Halbvers nur mit Brachialgewalt aus der völlig einheitlichen Textüberlieferung herausbrechen und zur späteren Randglosse erklären
läßt,[31] gibt er 7,7(14)–25 emphatischen, nicht nur die Vergangenheit, sondern auch die Gegenwart des Ich betreffenden Sinn.
Von dieser Einsicht aus läßt sich die im Ich-Stil gehaltene Anamnese der erlittenen Not und das die Struktur von 7,7–8,11(17) be-

---

28   *Gerd Theißen*, Psychologische Aspekte paulinischer Theologie (FRLANT
131), Göttingen 1983, 244 sieht in Röm 7 »das Ergebnis einer langen rückblikkenden Bewußtmachung eines ehemals unbewußten Konflikts«, in dem die Tora
als angstauslösender Faktor wirksam war. »Paulus hält ihn für allgemein menschlich. Selbst bei den Heiden unterstellt er einen verborgenen Gesetzeskonflikt
(Röm. 2,14f.). Um ihn zu postulieren, braucht er sich nicht an das Bewußtsein der
Menschen zu halten. Er hat an sich erfahren, daß der Gesetzeskonflikt auch
unbewußt vorhanden sein kann.«
29   *Karl Hermann Schelkle*, Paulus – Lehrer der Väter, Düsseldorf 1956, 248.
30   Vgl. BDR § 281 (231): »... mit V. 25 αὐτὸς ἐγώ wendet er [= Paulus; P.St.]
das Gesagte ... auf sich persönlich an.«
31   Diese Beurteilung findet sich bei *Rudolf Bultmann*, Glossen im Römerbrief,
in: *ders.*, Exegetica, hg. von Erich Dinkler, Tübingen (Mohr Siebeck) 1967,
(278–284) 278f. Ihm folgen eine ganze Anzahl von Auslegern.

stimmende Einst-Jetzt-Schema angemessen bewerten. Nach paulinischer Lehre erfolgt in und mit der Taufe ein grundlegender
Existenz- und Herrschaftswechsel: ›Einst‹ waren die Täuflinge im
Besitz und Sklavendienst der Sünde, ›nun aber‹ sind sie in den Besitz des Christus übergegangen und zu Dienern der Gerechtigkeit
geworden (Röm 6,17–18). Die auf den Namen des Christus Jesus
Getauften sind in Christus Jesus neue Geschöpfe (vgl. 2Kor 5,17;
Gal 3,28). Als solche sind sie nicht mehr länger an die Sünde ver-
kauft wie das Ich in 7,14b. Vielmehr sind sie von der Sündenherrschaft befreit und von Christus neu in Dienst genommen worden
(vgl. Röm 6,18 mit 8,2). Bedenkt man dies alles, ergibt sich folgende Antwort auf die Frage nach dem Charakter des Ich: *Es ist
das Ich jedes Christen, der Adams Nachkomme ist. Als solcher ist
und bleibt er so lange vor Gott rettungslos in Schuld verstrickt und
dem Todesgericht unterworfen, bis ihm Gott aus freier Gnade heraus Erlösung verschafft.* Der Grund dieser Erlösung liegt in der
Sendung, dem Opfertod und der Auferweckung Jesu, und ihre Zu-
eignung erfolgt, wenn sich das Ich zu Christus bekennt, auf seinen
Namen getauft und mit dem Heiligen Geist beschenkt wird. Sobald sich das Ich zu Christus als seinem neuen Herrn bekannt hat,
wird es in die Gemeinde bzw. den Leib des Christus eingegliedert
und zum neuen Gehorsam gegenüber Gottes Gebot und Willen
befähigt.

Der Apostel bietet in Röm 7 *keine* Selbstdarstellung.[32] Aber er bietet eine anthropologisch tief durchdachte, ihn selbst genauso wie
seine Leser angehende Erinnerung an die Existenznot vor Gott,
die sie alle erst mit dem Christwerden überwunden haben. 7,7–24
soll von den Adressaten des Apostels als Ich-Klage übernommen
und im Gedächtnis bewahrt werden. Nachdem Paulus schon in
Röm 5,12–21 auf Adams Fall und seine Folgen hingewiesen hatte,
macht er seinen Lesern in Röm 7 noch einmal klar, daß sie Menschen sind, die seit Adams Übertretung ausweglos der Sünde aus-

32 Diese Feststellung *Kümmel*s (Römer 7 [s. oben Anm. 6], 87) bleibt auch
dann in Geltung, wenn man *Adolf Schlatter*s Hinweis beachtet, daß »für den ernsthaften Pharisäer seine Buße, mit der er sich gegen seine Sünde zum Gesetz bekannte und sich von seiner Eigensucht schied, ein notwendiger Teil seiner Gerechtigkeit (war)« (Gottes Gerechtigkeit, Stuttgart ²1952, 252). Paulus war als
Pharisäer von Eifer für die Tora und von Stolz auf seine nach Maßgabe der Tora
untadelige Gerechtigkeit erfüllt (vgl. Phil 3,3b–6), aber er kannte natürlich auch
die jüdische Bußtradition und die mit der Institution der Toda verbundene Ich-Klage. Ps 32 und 51 werden von ihm selbst in Röm 3,4 und 4,7–8 zitiert, und das Bewußtsein seiner eigenen Niedrigkeit und Schwäche belegen die auf alttestamentlichen Vorbildern beruhenden sog. Peristasenkataloge aus den Korintherbriefen
(vgl. 1Kor 4,9–13; 2Kor 4,7–12; 6,3–10 und dazu die Arbeit von *Karl-Theodor
Kleinknecht*, Der leidende Gerechtfertigte [WUNT 13], Tübingen 1984).

geliefert und dem todbringenden Schuldspruch des Gesetzes unterworfen waren, bis Gott ihnen die Erlösung in und durch Christus eröffnet hat. In dem Maße, indem sie jeder für sich und alle miteinander lernen, diese Ausweglosigkeit in Erinnerung zu behalten, für ihre unverdient erfahrene Errettung im Stil von 7,25a zu danken und diesen Dank im Sinne oder mit den Worten von 8,2–11(17) zu begründen, werden sie vor geistlicher Selbstüberschätzung bewahrt und ihrer (in der Taufe gründenden) Christuszugehörigkeit vergewissert.

Geht man vom Vorbild der individuellen Ich-Klage aus und vergleicht Röm 7,7–24 mit (Buß-)Gebeten wie Ps 51; Dan 9,4–19 oder 4Esr 8,20–36, zeigt sich, daß Röm 7,7–24 *kein* Bußtext, sondern ein Bekenntnis der Not (des adamitischen Ich) vor Gott ist. Es ist kein Zufall, daß in Röm 7 nicht um Vergebung der Sünden gefleht, sondern nur am Schluß der Ich-Klage nach dem Erlöser gerufen wird. Eine Bitte um Sündenvergebung ist wegen der in 7,25a + 8,2–11(17) folgenden Danksagung für die Rettung, die das Ich bereits erfahren hat (!), gar nicht zu erwarten. Wenn man diesen Umstand bedenkt, behält Günther Harder Recht mit seinem Urteil: »Den Christen ... der täglichen Reue und des täglichen Bußgebets kennt Paulus nicht, sondern allein den neuen Menschen, der täglich durch Christus dankt für das Heil Gottes, die rettende Tat, die ihn, den verlorenen Sünder, zum Gotteskind gemacht hat.«[33] Man muß nur hinzufügen, daß auch von einem täglichen Dankgebet des Christen in unserem Text noch keine Rede ist. Es geht nur um die Erinnerung an die (in und mit der Taufe) überwundene Not und den Dank für die Errettung durch Christus, die dem Ich ein für allemal zuteil geworden ist.

Es ist längst erkannt, daß Röm 7 die Erörterungen des Paulus über die Taufe in Röm 6 fortführt und das lutherische Simul peccator et iustus nicht bestätigt.[34] Der Text hat Dimensionen, die auch das übliche volkskirchliche Verständnis der (Kinder-)Taufe (weit) übersteigen.

3   Taufgedächtnis und Herrenmahlfeier im Licht von Röm 7

Es ist darum kein Zufall, daß gerade evangelische Exegeten vor Röm 7 erschrecken. Eduard Ellwein möchte gern Luther folgen

---

33   *Harder*, Paulus und das Gebet (s. oben Anm. 21), 213.
34   Dies hat *Wilfried Joest* schon vor einem halben Jahrhundert in seinem profunden Aufsatz herausgestellt: Paulus und das Luthersche simul iustus et peccator, KuD 1 (1955), 269–320.

und Röm 7 auf den Christen beziehen, sieht sich aber gerade deshalb mit folgender »bedrängenden Frage« konfrontiert: »Ist es eine so ausgemachte Sache, daß unser Christentum, das in diesem Kapitel seine eigenen Erfahrungen wiederfindet, dem Christentum des Paulus und der Urkirche entspricht? Was für eine außerordentlich beunruhigende Lage wäre es, wenn Paulus hier den unerlösten, unter dem Gesetz seufzenden Nicht-Christen beschreibt und die dem Juden selbst nicht sichtbare Situation aufdeckt, wir aber in diesem Bilde unseren eigenen Christenstand erkennen!«[35] Ellweins Frage wird durch Kümmel noch verschärft, der exegetisch richtiger als Ellwein urteilt (s. oben) und schreibt: Unsere »Frage (kann) nicht lauten: ›Paßt Röm. 7 etwa *auch* oder in erster Linie auf den Christen?‹, sondern vielmehr: ›wie ist es zu erklären, daß unser Christentum von dem paulinischen soweit abweicht, daß wir uns im Bilde des paulinischen Nichtchristen wiederfinden?‹ Diese Einsicht kann … nur dazu führen, unsere Lage und Lebensanschauung am Text zu prüfen, nicht aber den Text unserer Lage anzupassen.«[36]

Otto Kuss beantwortet beide Fragen mit dem Hinweis, daß nach Paulus »*der Glaubende und Getaufte … in zwei Äonen gleichzeitig (existiert)* …: er wird schon vom neuen Äon bestimmt, unterliegt aber doch noch gewissen Bedingungen des alten (vgl. Gal 5,16.17). Die Beschreibung der Lage des Menschen vor Christus und ohne Christus könnte also insoweit auch für den Glaubenden und Getauften Geltung haben, als dieser noch im alten Äon lebt. Die Ausweglosigkeit freilich, von der Röm 7,7–24 mit Bezug auf den Menschen vor Christus und ohne Christus die Rede ist … existiert seit dem Heilswerk Gottes durch Jesus Christus nicht mehr.«[37] In der Tat sind die auf den Namen Jesu Christi getauften Christen nach Paulus noch nicht der alten Welt-Zeit entnommen, sondern als Glaubenszeugen in sie hineingestellt. Das macht sie zu Menschen, von denen Paulus in Röm 8,36 (mit Ps 43,23 LXX) sagt: »Um deinetwillen werden wir den ganzen Tag zu Tode gebracht und behandelt wie Schlachtschafe.« Diese Leidenssituation ändert aber nichts daran, daß Paulus in den Getauften Menschen sieht, die durch den Sühnetod Jesu geheiligt worden sind und fortan vor den Augen der ungläubigen Welt als Heilige zu leben haben. Der Unterschied zu Luther besteht darin, daß der Apostel seine eigenen Anfechtungen und die seiner Adressaten keineswegs leugnet, aber trotzdem von der Heiligkeit und Heiligung der Christen spricht, die sie sicht-

---

35 *Eduard Ellwein*, Das Rätsel von Römer 7, KuD 1 (1955), (247–268) 266.
36 *Kümmel*, Römer 7 (s. oben Anm. 6), 108.
37 Kuss, Der Römerbrief (s. oben Anm. 4), 483f.

bar von den Ungläubigen unterscheidet (vgl. 1Thess 4,3–8; 1Kor 5,1–13; 6,1–11; 2Kor 6,14–7,2). Luther wagt nicht mehr, so von der Heiligung zu sprechen. Er spricht vom Gerecht- und Heiligsein der Christen nur noch insofern, als Christus in ihnen wohnt und sie an seiner Gerechtigkeit teilhaben (vgl. Gal 2,20; 2Kor 5, 21); wenn sie auf sich selbst blicken, können und dürfen Christen nach Luther nur von ihrer Sünde sprechen.[38]

Wie soll unter diesen Umständen dem paulinischen Text Genüge geschehen? Gewiß nicht dadurch, daß man weiterhin über ihn schweigt oder ihm nur Einzelaussagen (wie z.B. den Klageruf in 7,24) entnimmt! Sondern indem das Textganze (demütig) meditiert[39] und außerdem nach passenden Gelegenheiten gesucht wird, um die hörwillige Gemeinde wieder an Paulus heranzuführen und mit seinen anspruchsvollen Ausführungen zu konfrontieren. Zwei solche Gelegenheiten bieten sich vom Text her an: das Taufgedächtnis und die Feier des Herrenmahls.

3.1 Die (evangelischen Landes-)Kirchen werden noch geraume Zeit brauchen, bis sie es wagen, sich von ihrer biblisch nur noch oberflächlich begründeten,»tief unordentlichen Taufpraxis«[40] mitsamt der unseligen Koppelung von Taufe, Kirchenmitgliedschaft und Verpflichtung zur Zahlung von Kirchensteuer zu lösen und zu einer Taufpraxis zurückzukehren, die es erlaubt, das Taufgeschehen wieder ganz auszuloten; dann könnte und müßte das frühere Leben der Täuflinge im Unglauben auch wieder von ihrem neuen Leben im Glauben so klar unterschieden werden, wie dies urchristlich üblich war. Solange die Kirchen nur erst unterwegs sind zu solch erneuerter Taufpraxis, ist es nötig und sinnvoll, in der Gemeinde wenigstens immer wieder zum dankbaren *Gedächtnis der Taufe* anzuhalten und solches Gedächtnis auch gemeinsam zu feiern. Röm 7,1–8,11(17) bietet sich als ›Liturgie‹ (oder Anleitung) für diese Art von Taufgedächtnis an. Der Text würde damit in eine Art von christlicher Todafeier zu stehen kommen, die seinem Wesen angemessen ist. Er bräuchte inhaltlich auch nur insofern abgeändert zu werden, als die beiden paulinischen Lehrsätze in 7,25b und 8,1 beim Begängnis des Taufgedächtnisses selbst ausgespart bleiben könnten. Sie würden aber den Feiernden Gele-

38 Vgl. *Wilfried Joest*, Ontologie der Person bei Luther, Göttingen 1967, 268.
39 Anleitung dazu findet man nach wie vor in *Adolf Schlatter*s kraftvoller Auslegung: Der Brief an die Römer (Erläuterungen zum Neuen Testament 5), Stuttgart 1962, 124–156. Zu vergleichen sind aber auch *Karl Kertelge*, Der Brief an die Römer (GSL.NT 6), Düsseldorf 1971, 124–146 und *Klaus Berger*, Gottes einziger Ölbaum. Betrachtungen zum Römerbrief, Stuttgart 1990, 130–157.
40 *Karl Barth*, Die Kirchliche Dogmatik IV/4, Zürich 1967, 213.

genheit geben, Sinn und Richtung ihres Tuns zu bedenken. Da das Gesetz seit neutestamentlicher Zeit auch für Christen heilige Willensoffenbarung Gottes ist und bleibt, sollten die Erörterungen des Paulus über die Tora in 7,1–8,11(17) auch bei der Feier des Taufgedächtnisses nicht ausgespart oder abgeschwächt werden. Nur wenn die Gemeinden wieder lernen, mit dem Gesetz verständig umzugehen, sind sie für den aktuellen Dialog mit Juden, die an Jesus glauben, und solchen, die es nicht tun, gerüstet.

3.2 In der zweiten Hälfte des vergangenen Jahrhunderts haben sich die evangelischen (Landes-)Kirchen auch mit ihrer Abendmahlspraxis immer weiter von den biblischen Maßstäben entfernt. Vorbild sehr vieler kirchlicher Abendmahlsfeiern sind Jesu Tischgemeinschaften mit Zöllnern und Sündern und nicht mehr jenes besondere, von Jesus selbst gestiftete und gemäß dieser Stiftung auch zu feiernde Herrenmahl, von dem die Einsetzungstexte sprechen. Die Folge dieser Umdeutung war, daß die schon von Paulus der Gemeinde angeratene kritische Selbstprüfung vor Teilnahme am Herrenmahl (vgl. 1Kor 11,27–31 mit Did 14,1–3) mehr oder weniger zum Erliegen gekommen ist. Auch diese leidige Verwahrlosung der Abendmahlssitte wird sich kirchlich nicht mehr rasch ändern (lassen). Da aber das Bewußtsein für Besonderheit und Einzigartigkeit des Abendmahls noch nicht allgemein geschwunden ist und mancherorts sogar wieder der Wunsch wach wird, das Herrenmahl wirklich als solches zu feiern, bietet sich unser Text auch zur *Vorbereitung solcher Herrenmahlsfeiern* an: Er könnte an die Stelle des oft nur kurz gehaltenen (oder sogar weggelassenen) Schuldbekenntnisses der Mahlgenossen treten und mit seinem Dank-Teil dazu helfen, die Bedeutung der Aufnahme der Tischgenossen in die Gemeinschaft Christi neu und tiefer zu würdigen. Regelmäßige Herrenmahlsfeiern im Zeichen von Röm 7,1–8,11(17) würden auch wieder die Bereitschaft zur gegenseitigen Versöhnung in den Gemeinden stärken.[41]

---

41 Nach der Darstellung von *Christoph Klein*, Die Versöhnung in der siebenbürgisch-sächsischen Kirche (StTr 21), Köln 1993 war die liturgisch fest geregelte ›Versöhnungskirche‹, d.h. die gegenseitige Abbitte und Versöhnung aller zum Abendmahl gehenden Gemeindeglieder (mit Einschluß des Presbyteriums und des Pfarrerehepaares), eine feste Institution. Sie hat geholfen, den (sozialen und geistlichen) Bestand der siebenbürgisch-sächsischen Kirche Augsburgischen Bekenntnisses bis in die letzten Jahrzehnte hinein zu gewährleisten. Nach dem Vorbild dieser ›Versöhnungskirche‹ könnten sich auch heute lutherische Gemeinden wieder als Lebensgemeinschaften konstituieren. Vgl. zu dieser Frage auch *Christoph Klein*s weiterführendes Buch: Wenn Rache der Vergeltung weicht. Theologische Grundlagen einer Kultur der Versöhnung, Göttingen 1999.

Die beiden Vorschläge mögen einleuchten oder nicht – auf jeden Fall ist Röm 7,1–8,11(17) ein Paulustext, der es verdient, aus dem liturgischen Schattendasein hervorgeholt und über die akademisch-theologische Exegese hinaus kirchlich neu beachtet zu werden.

Martin Ebner

Klage und Auferweckungshoffnung im Neuen Testament

Auch Exegeten werden beim Stichwort »Klage« zuerst und vor allem an die alttestamentliche Tradition denken. Wem stehen nicht sofort die erschütternden Klageszenen vor Augen: die kinderlose Hanna, von der Nebenfrau ihres Mannes gedemütigt, die im Tempel von Schilo ihr Leid vor Gott trägt, lediglich die Lippen bewegend (1Sam 1,9–13); die Klage Davids über seinen Lieblingssohn Abschalom (2Sam 19,1–5); das wortlose Schreien der Tamar, von ihrem Bruder vergewaltigt und auf die Straße hinausgeworfen (2Sam 13,1–22, bes. VV. 17–19)[1]. Klagepsalmen von Einzelnen machen gut ein Viertel des gesamten Psalters aus[2]. Ein ganzes Buch trägt den Namen »Klagelieder« (Θρῆνοι/*Lamentationes*)[3]. Im Neuen Testament scheint ein anderer Wind zu wehen: Da werden zwar auch Lieder gesungen, aber es handelt sich ausnahmslos um Loblieder: Benediktus, Magnifikat, Christushymnen, um nur die prominentesten zu nennen. Auch Paulus scheinen prinzipiell Lob- und Danklieder vor Augen zu stehen, wenn er an den Gottesdienst in Korinth denkt (1Kor 14,15–17; vgl. Kol 3,16). Es kommt noch schlimmer: Von Jesus selbst wird in den synoptischen Evangelien übereinstimmend erzählt, dass er gegen die Klage einschreitet. Die um das Jairustöchterlein klagende Menge wird von ihm kurzerhand aus dem Haus geworfen (Mk 5,38–40; Mt 9,23–25; vgl. Lk 8,52f). Der Witwe, die im Trauerzug hinter dem Sarg ihres einzigen Sohnes herläuft, versagt er zu weinen (Lk 7,13). Völlig konsequent schreitet Jesus auch gegen diejenigen Frauen ein, die ihn selbst beklagen und beweinen, als er als todgeweihter Delin-

---

1 Vgl. *I. Müllner*, Klagend laut werden. Frauenstimmen im Alten Testament, in: *G. Steins* (Hg.), Schweigen wäre gotteslästerlich. Die heilende Kraft der Klage, Würzburg 2000, 69–86, bes. 71–73.
2 *Th. Hieke*, Schweigen wäre gotteslästerlich. Klagegebete – Auswege aus dem verzweifelten Verstummen, in: ebd., 45–68, bes. 46; *K. Seybold*, Die Psalmen. Eine Einführung (UB 382), Stuttgart 1986, 99.
3 Vgl. *C. Westermann*, Die Klagelieder. Forschungsgeschichte und Auslegung, Neukirchen-Vluyn 1990.

quent zum Kreuz geführt wird (Lk 23,27f). Und es liegt ganz auf dieser Linie, dass Jesus das klagende Räsonieren der beiden enttäuschten Jünger auf dem Weg nach Emmaus jäh unterbricht und es durch einen vertieften Blick in die Schrift als grundlos erweist (Lk 24,13–27).

In neutestamentlichen Texten hat die Klage keine gute Presse und scheinbar – jedenfalls unter den Glaubenden – auch gar keinen Platz. Klage, Trauer, Zähneknirschen, das gibt es nur für »die draußen«, denen die Tore zum Festmahl in Gottes Reich verschlossen sind (Mt 8,12; 13,42.50; 22,13; 24,51; 25,30; Lk 13,28)[4].

1.   Steht die Auferweckungshoffnung der Klage im Wege?

Haben also neutestamentliche Fachgelehrte Recht, wenn sie stolz behaupten: Jesus »ist der Sieger über den Tod und der Herr des Lebens, bei dem die Totenklage keine Stätte mehr hat ... die Trauergeister müssen weichen, wenn er, der Freudenmeister, hereintritt.«[5] Oder: »Das lebensschaffende Heilwirken Jesu macht der Totenklage ein Ende ... Die neue Welt des Heils und des Lebens, die mit Jesu Tod und Auferstehung erhofft wird, weiß nichts von Tränen und Klagen ... Alle natürliche Trauer um die Entschlafenen wird nun überstrahlt von der lebendigen Hoffnung der Auferstehung ...«[6] Haben daher große theologische Lexika Recht, wenn sie das Stichwort »Klage« überhaupt nicht mehr aufführen (so RGG[4]) oder einfach unter der Rubrik »Trauer« subsumieren (so TRE)?

Auf den ersten Blick scheint es so. Nicht nur narrative Schilderungen des Verhaltens Jesu, wie sie zu Beginn exemplarisch vorgestellt wurden, sondern auch hochkarätige theologische Programmsätze scheinen die genannten steilen Formulierungen und weittragenden theologischen Entscheidungen zu unterstützen. Da ist die theologische Mahnung des Paulus an die Gemeinde von Thessalo-

---

4   Vgl. *B. Schwank*, »Dort wird Heulen und Zähneknirschen sein«, in: BZ 16 (1972), 121–122.
5   *G. Stählin*, ThWNT III, 846f.
6   *H. Haarbeck*, TBLNT 801. In der neubearbeiteten Ausgabe von 1997/2000 werden die steilen Aussagen des Artikels zwar stark zurückgenommen, aber der Klage wird noch immer kein eigenständiges theologisches Recht zugestanden: »Wenn Jesu Kreuz und Auferstehung seinen eschatologischen Sieg über den Tod offenbaren (1Kor 15,55ff), so ist auch die *Trauer* und ihr Ausdruck, die *Klage*, in dieser Welt, in welcher der Tod als der ›letzte Feind‹ noch mächtig ist, nicht sich selber überlassen, sondern wird bei allem Schmerz aufgefangen und gehalten durch die Hoffnung auf die Auferstehung der Toten« (I 535).

nich, nicht zu trauern »wie die anderen, die keine Hoffnung haben« (1Thess 4,13). Schließen sich Trauer und Auferweckungshoffnung – denn genau damit versucht Paulus den Grund der Trauer bei den Thessalonichern aus den Angeln zu heben – also gegenseitig aus? Und da sind die berühmten Passionssummarien in den Evangelien, die den Leidensweg Jesu in einem Atemzug und in einer glatten Linie in die Auferstehungsaussage hineinmünden lassen: »Es muss (δεῖ) der Menschensohn vieles leiden und verworfen werden von den Ältesten ... und getötet werden und nach drei Tagen auferstehen« (Mk 8,31; vgl. 9,31; 10,33). Ist Leid also ein Durchgangsstadium, das mit dem Leiden Jesu seine eigentliche Bedeutung verloren hat? Anders gesagt: Ist das Urdatum der neutestamentlichen Überlieferung, der Glaube an die Auferweckung Jesu aus den Toten, der Grund dafür, dass Leid und Tod – streng theologisch gedacht – keine *eigenständige* Bedeutung mehr haben und eine veränderte Praxis provozieren? Ist der Verzicht auf Klage ein Zeichen praktizierter Auferweckungshoffnung? Outet sich, wer klagt, weint und schreit, als Auferweckungszweifler?

In meinen Augen ist genau das Gegenteil der Fall. Exemplarisch sei das an der synoptischen Überlieferung gezeigt.

2. Der theologische Ort der Klage im Neuen Testament – am Beispiel der Markuspassion

Gleich voran die These: Der Glaube an die Auferweckung Jesu und die damit verbundene Auferweckungshoffnung ist die theologische Basis für die Klage vor Gott.

In der Markuspassion, der wohl ältesten Erzählung der Kreuzigung, wird Jesus als letztes Wort vor seinem Tod ein Psalmzitat in den Mund gelegt, der Anfang von Ps 22: »Mein Gott, mein Gott, warum hast du mich verlassen?« Im Rahmen des markinischen Evangeliumsaufrisses ist das mehr als erstaunlich: Auf dem Hintergrund der erwähnten Passionssummarien »weiß« Jesus doch, dass sein Sterben und sein Tod »nur« ein Durchgangsstadium zur Auferstehung als Ziel sind! Offensichtlich sieht der Theologe und Erzähler Markus das nicht so. Unabhängig davon, ob er im Blick auf Passionssummarien bzw. Sterbeszene auf ihm bereits vorliegende Traditionen zurückgreift[7] oder gar Wissen um historische Tatbe-

---

7 Zur Orientierung vgl. *J. Gnilka*, Das Evangelium nach Markus (EKK II/2), Zürich/Neukirchen-Vluyn 1979, 12f.310–314; *W. Reinbold*, Der älteste Bericht über den Tod Jesu. Literarische Analyse und historische Kritik der Passionsdar-

stände referiert[8], lässt sich für die *Erzählebene* des Evangeliums, für die der Verfasser verantwortlich ist und die er auch (bewusst) gestaltet hat, auf jeden Fall festhalten: Die Person, die in den Passionssummarien das Wissen um die Auferweckung *nach* der Passion ausdrücklich *lehrt* (Mk 8,31; 9,31), ist auch die *gleiche*, die in der Situation des Kreuzestodes den Klageruf in der Gebetstradition Israels hinausschreit. Klage und Auferstehungshoffnung stehen sich in der Perspektive des urchristlichen Theologen Markus gerade nicht im Weg.

Viel ist darüber spekuliert worden, ob Jesus nicht im Sinn des Erzählers den gesamten Psalm gebetet haben soll. Antike Situationsgewohnheiten werden ins Spiel gebracht, wonach die explizite Zitation des *Anfangs* eines Textes das Signal dafür ist, dass der gesamte Text gemeint ist[9]. In unserem Fall hieße das: Der am Kreuz sterbende und vor Gott klagende Jesus stößt mit den Worten des 22. Psalms vom verzweifelten Klageruf bis hin zum Lob Gottes durch (vgl. Ps 22,24–27)[10]. Auf der Spur des 22. Psalms würde dann doch die von Jesus selbst vertretende Auferweckungshoffnung im Lob Gottes eingeholt.

Diese Konstruktion der Dinge dürfte kaum textgemäß sein. Denn der gesamte Erzählduktus der Kreuzigungsszene, insbesondere der Abschnitt Mk 15,24–34, verdankt sich der Sprachwelt des Psalms 22. Dabei ist es außer der *invocatio* (Ps 22,2) und der Ich-Klage (Ps 22,3) vor allem die Feind-Klage (Ps 22,8–9.17.19), die in der Markuspassion geradezu wörtlich aufgegriffen wird:

stellungen der Evangelien (BZNW 69), Berlin / New York 1993, bes. 166–174. 270–276.293f.

8   So *R. Pesch*, Das Markusevangelium (HThKNT II/2), Freiburg i.Br. 1977, 500f im Blick auf den Gebetsruf Jesu; vgl. auch *R.H. Gundry*, Mark. A Commentary on His Apology for the Cross, Grand Rapids (Mi) 1993, 965.

9   Vgl. *H. Gese*, Psalm 22 und das Neue Testament. Der älteste Bericht vom Tode Jesu und die Entstehung des Herrenmahles, in: *ders.*, Vom Sinai zum Zion. Alttestamentliche Beiträge zur biblischen Theologie, München 1974, 180–201, hier 180.193.195f. Für die Rezeption vgl. *R. Pesch*, Mk (s. Anm. 8), 495:»Jesu Gebet ist kein Verzweiflungsschrei, sondern Vertrauensäußerung, seiner äußersten Not angemessener Ausdruck seines unerschütterlichen Glaubens.« Oder *J. Gnilka*, Theologie des Neuen Testaments (HThKNT.S 5), Freiburg i.Br. 1994, 147:»Man wird die hier ausgedrückte Gottverlassenheit exegetisch nicht zum Anlaß weitreichender Spekulationen machen können, sondern den Anfang des Psalmes schon in Zusammenhang mit seinem Ende sehen müssen, wo von Rettung und Erhörung durch Gott die Rede ist.«

10   Zum Aufbau des Psalms und seiner Auslegung vgl. *F.-L. Hossfeld / E. Zenger*, Die Psalmen I. Psalm 1–50 (NEB.AT 29), Würzburg 1993, 144–151 sowie die große Arbeit von *O. Fuchs*, Die Klage als Gebet. Eine theologische Besinnung am Beispiel des Psalms 22, München 1982.

Mk 15	Ps 22
[24] Und sie kreuzigten ihn,	[17] Denn Hunde haben mich umgeben, eine Rotte von Übeltätern hat mich umzingelt. Sie haben meine Hände und meine Füße durchgraben.
und sie teilten seine Gewänder auf, indem sie über sie das Los warfen, wer was nimmt.	[19] Sie teilen meine Kleider unter sich, und über mein Gewand werfen sie das Los.
[25] Es war die dritte Stunde, und sie kreuzigten ihn. [26] Und es war eine Aufschrift seiner Schuld aufgeschrieben worden: Der König der Juden. [27] Und mit ihm kreuzigten sie zwei Räuber, einen rechts und einen links von ihm. [28] [29] Und die Vorbeikommenden lästerten ihn, wobei sie ihre Köpfe schüttelten und sprachen: Ha, der den Tempel zerstört und ihn aufbaut in drei Tagen, [30] rette dich, indem du vom Kreuz herabsteigst!	[8] Alle, die mich sehen, spotten über mich; sie verziehen die Lippen, schütteln den Kopf: [9] Er hat es auf den Herrn gewälzt, der rette ihn, befreie ihn, denn er hat ja Gefallen an ihm!
[31] In gleicher Weise auch die Hohenpriester, die untereinander mit den Schriftgelehrten spotteten und sagten: Andere hat er gerettet, sich selbst kann er nicht retten. [32] Der Christus, der König von Israel, soll nun vom Kreuz herabsteigen, damit wir sehen und glauben. Auch die zusammen mit ihm Gekreuzigten machten ihm Vorwürfe. [33] Und als die sechste Stunde kam, kam eine Finsternis über die ganze Erde bis zur neunten Stunde.	[8] Alle, die mich sehen, spotten über mich; sie verziehen die Lippen, schütteln den Kopf: [9] Er hat es auf den Herrn gewälzt, der rette ihn, befreie ihn, denn er hat ja Gefallen an ihm!
[34] Und in der neunten Stunde schrie Jesus mit großer Stimme: Eloi, eloi, lema sabachthani? Das heißt übersetzt: Mein Gott, mein Gott, warum hast du mich verlassen?	[3] Mein Gott, ich rufe bei Tage, und du antwortest nicht; und bei Nacht, und mir wird keine Ruhe. [2] Mein Gott, mein Gott, warum hast du mich verlassen? ...

Es fällt sofort ins Auge, dass der Psalmtext in der Markuspassion von hinten her aufgerollt wird: Zuerst werden die Passagen der Feindklage aufgegriffen, bevor die Ich-Klage und schließlich die *invocatio* des Psalms zitiert wird[11].

---

11 Auf diesen Tatbestand macht *E. Zenger*, Ein Gott der Rache. Feindpsalmen verstehen (Biblische Bücher 1), Freiburg i.Br. 1994, 151 mit Anm. 11 aufmerksam.

Zwei signifikante Veränderungen im Blick auf die Vorlage von Ps
22 sind herauszustellen: (1) In der Markuspassion liegt die *dramatische Umsetzung* der Figurenkonstellation des Psalms vor: Die
vorbeikommenden Passanten genauso wie die Hohenpriester *tun*
und *sagen*, was der Psalm dem Beter als Feind*schilderung* in den
Mund legt. Folgerichtig erscheint die Ich-Klage und die *invocatio
Dei* in der dramatisierten Form der Markuspassion als *Reaktion*
auf die Taten und Worte seiner Widersacher. Auch im Psalm sind
die Unbilden, die der Beter erfährt, *Auslöser* für sein Klagegebet.
Während aber das Klagegebet den Grund für den Hilfeschrei *rück-
schauend* in der Feindklage erzählen muss, ist genau das in der
Logik der dramatischen Umsetzung, wie sie in der Markuspassion
vorliegt, nicht nötig. In der sozusagen zeitlich korrekten Abfolge
steht der Klageschrei des betroffenen Beters am Ende. Die dramatisierte Umsetzung des Klagepsalms *erübrigt* eine erneute Schilderung des Grundes für die Klage.
In der Linie der Dramaturgie des Markusevangeliums gedacht, ist
es dagegen äußerst auffällig, dass der »Dritte im Bunde«, der ange-
rufene Gott, der in der Erzählwelt des ersten Evangeliums durchaus auch ungerufen sprechen kann (vgl. 1,11; 9,7), auf den Klageruf seines Sohnes hin schweigt.
Aus diesem Befund ergeben sich erhebliche theologische Konsequenzen. Genau an dem Punkt, an dem der göttliche Plan, der – wie
es in den Passionssummarien verankert ist – durch das Leiden zur
Auferstehung führt, sozusagen vor dem Durchbruch steht, durchbricht der Hauptakteur dieses Planspiel mit seinem urbiblischen
»Wozu?«[12]. Schärfer: Dem stolzen theologischen δεῖ, also dem geheimnisvollen göttlichen »Muss«, wodurch das Leiden und der Tod
als Etappe auf dem Weg zur Auferweckung im göttlichen Heilsplan verankert werden, steht das menschliche »Wozu?« gegenüber.
Im Blick auf den Autor gesprochen: Er lässt die vom Leid betroffene Erzählfigur, die er in den Passionssummarien aus der Perspektive des allwissenden Erzählers sprechen, besser gesagt: am Wissen
der alles wissenden Theologen partizipieren lässt, in der Situation

---

12   So müsste der griechische Text von Mk 15,34 (εἰς τί) präzise übersetzt werden (gegen *R. Pesch*, Markus [s. Anm. 8], 495f; mit *R.H. Gundry*, Mark [s. Anm.
8], 967). Das steht in völliger inhaltlicher Kongruenz mit dem hebräischen Ur-
text, der nicht מדוע (*maddua*) (»warum«: Frage nach dem Grund), sondern למה (*la-
ma*) (»wozu«: Frage nach dem intendierten Sinn) liest. Vgl. *C. Dohmen*, Wozu
Gott? Biblische Klage gegen die Warum-Frage im Leid, in: G. Steins (Hg.),
Schweigen (s. Anm. 1), 119–121 mit Verweis auf *D. Michel*, »Warum« und »wozu«? Eine bisher übersehene Eigentümlichkeit des Hebräischen und ihre Konsequenzen für das alttestamentliche Geschichtsverständnis, in: SIGC 48 (1988),
191–210, hier 198.

des Leidens alles theologische Wissen in Frage stellen. Dem Leidenden ist nichts klar. Alles ist offen. Er fordert nicht die Theologie, sondern Gott heraus. In diesem narrativen Bruch seiner Jesusgeschichte bringt der Erzähler Markus die Brüchigkeit aller theologischen Theodizee dramatisch zur Sprache und schlägt sich – als Theologe – auf die Seite der ratlosen Betroffenen.

Von der Textpragmatik her gesehen, etabliert der Erzähler in Jesus als Vorbild für alle Nachfolgenden das Recht des Klagens in der Situation des Leides – gerade angesichts der Auferstehungshoffnung und erst recht angesichts aller theologischen Erklärungsmodelle für das Leid. Gut biblisch erscheint der Klageruf im Mund Jesu als »Konfliktgespräch«[13] mit Gott. Nicht als Schrei des Verlassenseins, sondern im Gegenteil als Versuch einer erneuten »Vertrauenssicherung«, indem die Frage nach Ziel und Sinn der Bedrängnis gestellt und damit zugleich die Hoffnung auf mögliche Veränderung zum Ausdruck gebracht wird. Wenn der Erzähler Markus den Klageschrei Jesu ungehört bleiben lässt, dann bildet er die Situation eines jeden Beters und einer jeden Beterin nach, die in der Krise ihres Glaubens, wie Jesus, zwar klagend vor Gott treten können, aber keine direkte Antwort erhalten werden, sondern das Schweigen aushalten müssen – allerdings befreit von jeglicher theologischer Besserwisserei oder einer blassen Vertröstung, auch wenn sie »Auferweckung« heißt.

Einen Trost jedoch hält der Erzähler Markus für seine Hörerinnen und Hörer bereit: Zusammen mit den Frauen, die das Grab aufsuchen, lässt er sie den weggewälzten Stein sehen und die Botschaft des Engels hören (vgl. Mk 16,1–8)[14]. Damit wird, sehr verhüllt, Gottes Eingreifen zur Sprache gebracht und (a) der Leserin und dem Leser versichert: Im Fall Jesu ist der Klageschrei nicht ungehört verhallt. Zudem wird (b) das Verhalten Jesu am Kreuz, also die Herausforderung Gottes im Leid, wie sie das Formular des biblischen Klagegebetes vorgibt, als Modell für Jesu Nachfolger bestätigt. Exemplarisch an der Markuspassion abgelesen ergibt sich damit: Die Auferweckungshoffnung ist theologische Grundlage für die Klage vor Gott im Leid. Auferweckungshoffnung allerdings nicht so verstanden, dass Leid ein bloßes Durchgangsstadium zu

---

13 Vgl. *O. Fuchs*, Art. Klage, in: NBL II 489–493; *ders.*, Fluch und Klage als biblische Herausforderung. Zur spirituellen und sozialen Praxis der Christen, in: BiKi 50 (1995) 64–75, hier 68–70.
14 Vgl. *H. Frankemölle*, Hat Gott Jesus im Tode verlassen? Zur Theodizee-Problematik im Markusevangelium. Anmerkungen zu Mk 16,1–8 im Kontext, in: *ders.*, Jüdische Wurzeln christlicher Theologie. Studien zum biblischen Kontext neutestamentlicher Texte (BBB 116), Bodenheim 1998, 177–207: Hier wird die gleiche Thematik von der markinischen Grabesperikope her angegangen.

einem erhofften besseren Leben bildet, sondern – gut biblisch – als
Glaube an die schöpferische Geschichtsmächtigkeit Gottes, wobei
völlig offen bleibt, wie und wann Gott reagiert. Auferweckungshoffnung streng theozentrisch verstanden, ist dann die Absage an
alles scheinbar faktisch Unrevidierbare und der Glaube an das
kreative, nicht vorhersehbare und nicht bestimmbare Eingreifen
Gottes in die Geschichte. Auferweckungshoffnung ist dann der
Glaube an erlebbare Transzendenz.

Bei dieser theologischen Verortung der Klage auf der Basis der so
verstandenen Auferweckungshoffnung ergibt sich (1) eine mögliche Erklärung für die auffällige Abwehr der Totenklage in den
neutestamentlichen Wundergeschichten im Unterschied zur von
Jesus selbst praktizierten Leidklage[15]: Die Totenklage schaut zurück und zementiert die Unabänderlichkeit des Geschehens, während die Leidklage in die Zukunft schaut und mit ihrem flehenden
»Wozu?« bzw. »Wie lange noch?« (vgl. Ps 13,2f) zutiefst auf die
kreativen Veränderungsmöglichkeiten Gottes setzt. Und es ergibt
sich (2) eine auffällige Analogie zur alttestamentlichen Klagetradition. Wenn die Analyse Westermanns[16] stimmt, dass der theologische Ort der Klage in der alttestamentlichen Tradition die Exoduserzählung ist, wenn folglich nur im Zusammenhang von Errettung
sinnvoll auch von der Klage vor Gott erzählt werden kann, wenn
das Schreien der im »Sklavenhaus Ägypten« Bedrängten als integraler Bestandteil der Exoduserzählung die theologische Grundlage für das Klagen auch der Nachgeborenen vor Gott ausmacht,
dann liegen die parallelen Strukturen im neutestamentlichen Er-
zählzusammenhang auf der Hand: Der Exoduserfahrung entspricht
der Auferweckungsglaube. Die Erzählung des Exodus bzw. die vom
Auferweckungsglauben getragene Erzählung der Jesusgeschichte
bilden den empirischen Rahmen, innerhalb dessen *rückblickend*
von der Sinnhaftigkeit des Klagens vor Gott erzählt werden kann,
um auf dieser Grundlage die Klage vor Gott als adäquate Glaubenspraxis in ausweglosen Situationen zu etablieren. Textmuster
dafür stellen die Klagelieder des Psalters bereit. Auch die »neutestamentlichen« Beter sind auf diesen großen jüdischen Gebetsschatz
als erster Adresse verwiesen. Dass urchristliche Theologen Jesus in
seiner Sterbeszene den 22. Psalm rezitieren lassen, ist ein unmiss-
verständlicher Fingerzeig. Allerdings finden sich auch in der neutestamentlichen Überlieferung eigene und ganz besondere »Klage-

---

15   Treffend zu dieser Unterscheidung *C. Westermann*, Die Rolle der Klage in der
Theologie des Alten Testaments, in: *ders.*, Forschung am Alten Testament. Gesammelte Studien II, München 1974, 250–268, hier 251f.
16   *C. Westermann*, Rolle (s. Anm. 15), 250–252.

psalmen« von Notleidenden, Texte, die – in sachlicher Parallele zu den Klageliedern des Psalters als typisierten Gebetstexten – exemplarische Nöte der Menschen zur Sprache bringen. Gestaltet sind sie – analog zur Sterbeszene Jesu – als dramatisierte, in unmittelbare Handlung umgesetzte Klagepsalmen: Die Wundergeschichten lassen sich so verstehen[17].

Im Blick auf den Zusammenhang von Klage und Auferstehungshoffnung sei das exemplarisch an synoptischen Totenerweckungsgeschichten[18] gezeigt.

3. Wundergeschichten als Vertrauensvergewisserung

Klage und Wundergeschichten haben auf den ersten Blick miteinander scheinbar nichts zu tun. Nimmt man jedoch das Klagelied unter dem Gesichtswinkel der Pragmatik in den Blick: als Konflikt- bzw. Krisengespräch, in dessen typisierter Form es zu einer Wende der Klage kommt, oft »Stimmungsumschwung« bzw. »Erlösungsgewissheit« genannt[19], die in ein Lobgelübde mündet, so dass die pragmatische Funktion eines Klagelieds insgesamt als Vertrauenssicherung bestimmt werden kann, dann ergeben sich sachlich-theologische Verbindungslinien zur Wundergeschichte – und zwar für ihren sekundären Sitz im Leben innerhalb der Evangelienliteratur. Während die mündlich tradierten und vermutlich isoliert erzählten Wundergeschichten vor allem Propaganda für

---

17 Pionier in dieser Richtung ist *R. Glöckner,* Neutestamentliche Wundergeschichten und das Lob der Wundertaten Gottes in den Psalmen. Studien zur sprachlichen und theologischen Verwandtschaft zwischen neutestamentlichen Wundergeschichten und Psalmen (WSAMA.T 13), Mainz 1983. Aufgrund der Nähe zu diversen Psalmmotiven interpretiert er Wundergeschichten (vom Ergebnis her) als Gebetserhörungsgeschichten, während sie hier (ausgehend von der beschriebenen Notlage und dem kommunikativen Prozess) als dramatisierte Klagepsalmen verstanden werden.

18 Dazu vgl. generell *S.M. Fischbach,* Totenerweckungen. Zur Geschichte einer Gattung (fzb 69), Würzburg 1992; interessantes medizin-historisches Material breitet aus *B. Kollmann,* Jesus und die Christen als Wundertäter. Studien zu Magie, Medizin und Schamanismus in Antike und Christentum (FRLANT 170), Göttingen 1996, 97f.263–270.

19 *A.R. Müller,* Stimmungsumschwung im Klagepsalm. Zu Ottmar Fuchs »Die Klage als Gebet«, in: ALW 28 (1986), 416–426 mit kritischen Überlegungen zur älteren Erklärung auf dem kultischen Hintergrund des sogenannten Heilsorakels (423–426). Dazu vgl. z.B. auch *C. Westermann,* Lob und Klage in den Psalmen, Göttingen 1977, 51–56, der als Hintergrund des »Stimmungsumschwungs« das priesterliche Heilsorakel sieht, dessen Auswirkung auf den Beter sich in den typischen ﬩-*adversativum* niederschlägt, z.B. Ps 13,6: »Aber ich – auf deine Gnade traue ich.«

den Wundertäter machen wollen (erster Sitz im Leben)[20], wird bei
der Übernahme in die Evangelienerzählungen (zweiter Sitz im Leben) ein zweiter Pol stark betont: der Vertrauensprozess auf der
Seite der Notleidenden. Unter dieser Perspektive lassen sich sogar
die gattungsspezifischen Elemente von Klagelied und Wundergeschichte einander zuordnen. Der rückschauende Gebetsprozess
des Klagelieds ist dabei in eine lineare Handlung umgesetzt, die
dramatis personae, im Klagelied aus der Perspektive des betroffenen Notleidenden geschildert, treten in der Wundergeschichte, aus
der Perspektive des außen stehenden und am Geschehen nicht beteiligten Erzählers geschildert, in Interaktion zueinander. Schauen
wir uns das an der Geschichte vom Jairustöchterlein in Mk 5,21–
24.35–43 exemplarisch an.

Die Rolle des bedrängten Beters spielt in diesem Fall Jairus, der
um das Leben seiner Tochter bangt. Er trägt sein Leid nicht, wie
im Klagelied, vor Gott, sondern vor einen Menschen, vor Jesus. Als
Feinde treten diejenigen auf, die Jairus von seinem Vertrauen zu
Jesus abbringen wollen. Die für das Klagelied typischen Gattungselemente *invocatio*, Klage, aufgefächert in Ich-, Gottes- und Feindklage, sowie Bitte, lassen sich ohne Mühe denjenigen Erzählele-
menten innerhalb der Geschichte vom Jairustöchterlein zuordnen,
die innerhalb des Gattungsrasters der Wundergeschichte gewöhnlich unter »Exposition« bzw. »Einleitung« zusammengefasst werden[21]: Die Ich-Klage entspricht der Notschilderung, die der Erzähler – genauso wie die Bitte – den bedrängten Vater Jesus in direkter Rede vortragen lässt: »Meine Tochter liegt im Sterben. Komm
und leg ihr die Hände auf, damit sie gerettet wird und lebt!« (Mk
5,23) Obwohl Jairus einem Menschen gegenübersteht, ist sogar die
invocatio verbunden mit einer generalisierenden Bitte (»und er bat
ihn sehr«) zumindest strukturell greifbar: und zwar in der Geste
des Kniefalls (V. 22), bei Matthäus ausdrücklich als »Proskynese«
spezifiziert (Mt 9,18).

Für Wundergeschichten, insbesondere für Therapien, zu denen die
Totenerweckungserzählungen als Subgattung zählen, völlig unty-
pisch, aber im Fall der Jairustöchterleingeschichte auffällig stark
ausgebaut, und daher dem Erzähler offensichtlich sachlich wichtig,
ist die Interaktion des Bedrängten mit Widersachern, in der Terminologie des Klagelieds ausgedrückt: die dramatische Umsetzung
der Feind-Klage. Sie spiegelt sich in zwei Szenen mit gesteigerter

---

20 Vgl. *G. Theißen*, Urchristliche Wundergeschichten. Ein Beitrag zur form-
geschichtlichen Erforschung der synoptischen Evangelien (StNT 8), Gütersloh
[6]1990, 257–261.
21 Standardinformation ebd., 81–83.

Intensität. In der ersten Szene (Mk 5,35f) steht Jairus plötzlich ankommenden Boten gegenüber, die ihm melden, dass seine Tochter gestorben sei und, was im Blick auf die Feindklage besonders eklatant ist, ihm raten, den Meister nicht länger zu belästigen. Es hat keinen Zweck! Hoffnung umsonst! Solche entmutigenden Urteile referieren auch die alttestamentlichen Beter von ihren Feinden: »Viele sagen von mir: ›Es gibt keine Rettung für ihn!‹« (Ps 3,3). Oder: »Sie sagen: ›Gott hat ihn verlassen!‹« (Ps 71,11). Im Unterschied zu diesen Referaten innerhalb der Klagepsalmen hält die dramatisierte Form des Klageprozesses eine Figur bereit, die in dieser Krisensituation unmittelbar intervenieren und dem angefochtenen Jairus zur Seite springen kann: Jesus. Er fordert den Synagogenvorsteher auf: »Fürchte dich nicht, glaube nur!« (Mk 5,36)
In der zweiten »Feindszene« (Mk 5,38–40) ist Jesus selbst herausgefordert. Er steht denjenigen gegenüber, die im Haus um das Mädchen bereits Totenklage halten. Als er den angeblichen Tod als einen vorübergehenden Zustand, nämlich als Schlaf deutet, also gut alttestamentlich gelesen den Tod als in das Leben hineinreichende Todes*macht* interpretiert, aus der Jahwe retten kann[22], wird er von ihnen ausgelacht. Durch die Brille der alttestamentlichen Klagepsalmen gelesen, sieht man im Totenhaus die sprichwörtlichen Spötter – jetzt als »Feinde« Jesu – vor sich, die Gott nicht ernst nehmen und den Leidtragenden das Leben schwer machen[23].
Auf der Leserebene betrachtet, versucht der Autor, mit diesen beiden Feindszenen die Schwierigkeiten und Anfechtungen anzusprechen, denen sich ein Mensch ausgesetzt sieht, der die Option getroffen hat, in den Spuren Jesu zu glauben. In Jairus kann er sich selbst entdecken, wie er durch das negative Urteil von außen verunsichert, aber durch das Hören auf Jesu Wort (Intervention Jesu) wieder in seinem Vertrauen gefestigt wird. Gefährlicher ist die zweite Szene: Da sieht er sein Glaubensvorbild selbst dem Spott ausgesetzt. Nicht ganz von ungefähr. Wusste doch jeder, wie es mit diesem Jesus ausging, wohin ihn sein Glaube gebracht hat. In dieser Linie gedacht, bedeutet das energische Vorgehen Jesu gegen die Klage im Totenhaus gerade nicht, dass Jesus gegen die Klage (vor Gott) einschreitet. Im Gegenteil: Als Szene innerhalb eines mehrstufigen dramatisierten Klageprozesses gelesen, schreitet Je-

---

22 Vgl. *C. Westermann*, Rolle (s. Anm. 15), 263; immer noch grundlegend *C. Barth*, Die Errettung vom Tode in den individuellen Klage- und Dankliedern des Alten Testaments, neu herausgegeben von B. Janowski, Zürich ²1987.
23 Vgl. Ps 1,1 (Spötter parallel zu Frevlern und Sündern); als Widersacher Leidtragender z.B. Ps 31,12; 35,16; 38,9. Weisheitlich wird Lachen als Zeichen von Torheit qualifiziert (vgl. Spr 10,23; Koh 7,6; Sir 21,20), apokalyptisch als Geste falscher Überheblichkeit gegen Gott; vgl. *H. Balz*, EWNT II, 727.

sus gegen die Feinde dessen ein, der ihretwegen nicht nur in seinen Glauben verunsichert wird, sondern auch an seinem Glaubensvorbild zu zweifeln anfängt. Wenn Jesus in der Jairusgeschichte
die Klagenden, mit denen er sich im Haus auseinandersetzt, wie
Störenfriede hinauswirft und »den Vater des Kindes, die Mutter
und seine Leute mitnimmt und hineingeht, wo das Kind war« (Mk
5,40), dann beseitigt er buchstäblich die Barrieren dafür, in seinen
Spuren auf Gott zu vertrauen – und das heißt im Markusevangelium, gebrochen durch die Sterbeszene, immer: klagend vor Gott
zu treten, bis die Wende eintritt.
Die Auferweckung des Mädchens, innerhalb des Gattungsrasters
der Wundergeschichte gewöhnlich dem zentralen Teil zugeordnet,
entspricht auf der Linie des Klagelieds gelesen sachlich dem »Umschwung« im Psalmtext. Auf der narrativen Ebene wird das an-
fängliche Vertrauen des Jairus, mit dem er in seiner Not an Jesus
herantritt und das er durch die Interventionen der Feinde in Frage
stellen lassen muss, endgültig bestätigt, genauso wie im Klagelied
der Beter erneut Mut fasst. Auf der Leserebene, für die keineswegs
die gleiche Notlage wie für Jairus vorausgesetzt werden darf, soll
das Vertrauen in die Handlungsfähigkeit Gottes gestärkt werden,
genauso wie der Beter des Psalmtextes in den Umschwung des
Psalms einschwingen soll, unabhängig davon, welche konkrete
Notlage ihn augenblicklich umtreibt.
Verschärft herausgearbeitet wird dieser Punkt der Glaubensan-
fechtung in der matthäischen Version der Geschichte (Mt 9,18f.
23–26). Danach *ist* die Tochter bereits gestorben, als der Vater zu
Jesus kommt. Wenn Matthäus ihn nach seiner Proskynese vor Jesus sagen lässt: »Meine Tochter ist soeben gestorben, *aber* komm,
leg deine Hand auf sie, und sie wird leben« (Mt 9,18), dann stellt
er dem empirischen Faktum ein Glaubensbekenntnis gegenüber,
dessen Basis die Auferstehungshoffnung der Gemeinde ist. Der
Klageprozess seiner Geschichte ist genau auf diesen Punkt zugespitzt – mit den entsprechenden Auswirkungen auf die dramatische Umsetzung der Feindklage: Anders als in der markinischen
Version betritt Jesus nach Matthäus das Haus nicht eher, als er alle,
die um das Mädchen Totenklage halten, wie böse Dämonen[24] aus
dem Haus herausgeworfen hat[25]. Der klar getrennte lokale Stand-

---

24 Der Terminus ἐκβάλλειν steht im Matthäusevangelium (wie auch sonst bei
den Synoptikern) gewöhnlich im Zusammenhang mit Dämonenaustreibungen;
vgl. z.B. 7,22; 8,16.31; 9,33.34.
25 So V. 25: »Als aber hinausgeworfen war die Volksmenge, ging er hinein
und ergriff ihre Hand ...« Demnach muss V. 23 folgendermaßen wiedergegeben
werden: »Und als Jesus zum (εἰς) Haus des Vorstehers kam ...«

ort der Kontrahenten visualisiert die inhaltlich gegensätzlichen Positionen von Jesus (Gott kann die Wende bringen) und Totenklägern (alles aus!), wie sie in ihrer Kontroverse (VV. 23f) auch verbal zum Tragen kommen. Der innere Zwiespalt des Jairus (als Identifikationsfigur für den Leser) zwischen scheinbar auswegloser Not und Auferweckungshoffnung wird optisch in den beiden Lagern – Jesus (draußen) und Totenkläger (drinnen) – vor Augen geführt. Hin- und hergerissen zwischen dem Vertrauen auf Jesus und dem Zweifel, den die Totenkläger schüren, darf Jairus – genauso wie der Leser – erleben, wie sich Jesus als Herr auch ihres, von Totenklägern, d.h. Feinden des Beters besetzten,»Hauses« erweist.

Noch schärfer als Markus zielt also die matthäische Version der Geschichte darauf ab, dass mit der *Erzählung* der Auferweckung des Mädchens das Glaubensbekenntnis des Vaters bestätigt bzw. das des Lesers gestärkt wird, genauso wie beim Beten und Rezipieren eines Klageliedes der »Umschwung« nicht durch die Veränderung der konkreten Not des Beters erreicht wird, sondern umgekehrt der Umschwung im Text eine Wende auch in der Vertrauenskrise des Beters provozieren soll. Das ist die Basis dafür, erneut in das Gotteslob einzustimmen.

Diesen letztgenannten Gattungspunkt des Klageliedes (Lobgelübde bzw. erzählendes Lob) realisiert insbesondere der Evangelist Lukas in der Gestaltung seiner Wundergeschichten: Die in ihrer Bedrängnis zu Jesus kommen und bei ihm Rettung finden, stimmen das Gotteslob an und reißen zum Teil die Zuschauer innerhalb der Geschichte mit (vgl. Lk 5,25f; 18,43)[26] – als Vorbilder für die LeserInnen und HörerInnen, deren bedrängter Glaube durch diese Geschichten ebenfalls erneut zum Gotteslob geführt werden soll.

4. Bei den Klagenden bleiben

Ließ sich das anfangs zitierte Einschreiten Jesu gegen die Klage im Haus des Jairus auf dem Hintergrund des Klagepsalms als Einschreiten gegen die »Feinde« des Beters entschlüsseln, der in seinem Glauben an Gott irre geworden ist, so bringt das Einschreiten gegen das Weinen der Witwe von Nain (Lk 7,11–17), auf dem Hintergrund der Klage genau besehen, einen weiteren Gesichtspunkt zum Vorschein, der für die neutestamentlichen Wundergeschichten,

---

26 Vgl. auch Lk 7,16; 13,13.17; Apg 3,8f. Vgl. *G. Theißen*, Wundergeschichten (s. Anm. 20), 167f.

als Klagehandlungen verstanden, entscheidend ist: bei den Klagenden bleiben. Dem harschen Verbot: »Weine nicht!« (Lk 7,13) geht nämlich im Text folgende entscheidende Notiz voraus: »Und als sie der Herr gesehen hatte, hatte er Mitleid mit ihr und sprach zu ihr ...« (Lk 7,13). Die Aufforderung, nicht zu weinen, steht also *im Zusammenhang* mit dem Mitleid Jesu zur Witwe. Ein wenig überspitzt analysiert, ließe sich sogar sagen: Das Weinen der Frau steht im Kontext des Trauerzuges, der sich durch die Stadttore zur Bestattung des Sohnes bewegt, womit der Status der jetzt ohne Rechtsvertreter dastehenden Witwe[27] unerbittlich besiegelt wird. Jesus stellt sich diesem Zugzwang durch sein Mitleid entgegen. Paradigmatisch betrachtet verhält sich hier Jesus gemäß dem weisheitlich empfohlenen Umgang mit Klagenden: »Entzieh dich nicht den Weinenden, vielmehr trauere mit den Trauernden!« (vgl. Röm 12,15; vgl. Koh 3,4)

Dieser Empathie mit den Klagenden entspricht im Lukasevangelium die Anklage gegen gesellschaftlich ungerechte Strukturen, wie sie insbesondere in den Weherufen[28] gegen die Reichen (Lk 6, 24–26)[29] sowie in den Mahnungen zur Feindesliebe, die sich nach Lukas im »Leihen ohne Hoffnung auf Rückerstattung« konkretisiert[30], zum Ausdruck kommt. Mit dieser das ganze Lukasevangelium durchziehenden Sozialkritik[31] wird sichergestellt, dass die Empathie mit den Klagenden nicht zur Vertröstung verkommt – zumindest was die internen Strukturen der christlichen Gemeinde angeht.

5. Ergebnisse

Als der eigentliche theologische Ort der Klage erweist sich im Neuen Testament die Auferweckungshoffnung, parallel zum Ex-

27 Zur sozialen Stellung der Witwe vgl. *W. Schottroff*, Die Armut der Witwen, in: *M. Crüsemann / W. Schottroff*, (Hg.), Schuld und Schulden. Biblische Traditionen in gegenwärtigen Konflikten (KT 121), München 1992, 54–89.
28 Das griechische οὐαί (Wehe!) greift lautmalerisch das hebräische הוֹי (*hoi*) auf: den einleitenden Ruf der Totenklage; vgl. *E. Jenni*, Art. הוי, in: THAT I, 474f.
29 Vgl. die semantisch verblüffend ähnliche Reichenparänese in Jak 5,1–6. Hier dient die apokalyptische Gerichtsandrohung dazu, die Reichen zum Auszahlen des gerechten Lohns zu bewegen; vgl. *H. Frankemölle*, Der Brief des Jakobus. Kapitel 2–5 (ÖTBK 17/2), Gütersloh 1994, 645–666.
30 Vgl. *M. Ebner*, Feindesliebe – ein Ratschlag zum Überleben? Sozial- und religionsgeschichtliche Überlegungen, in: From Quest to Q (FS J. M. Robinson), Leuven 2000, 119–142, hier 132f.
31 Vgl. *R. Krüger*, Gott oder Mammon. Das Lukasevangelium und die Ökonomie, Luzern 1997.

odusgeschehen als theologischen Ort für die Klage in den alttestamentlichen Gebetstexten. Die erfahrene Rettung, im Alten Testament am Exodus festgemacht, in den neutestamentlichen Überlieferungen am Auferweckungsglauben, ist die Basis dafür, Not und
Leid nicht einfach hinzunehmen, sondern zu dem zu schreien, dessen rettendes Eingreifen die Tradition bezeugt. Wie die Analyse
der Markuspassion gezeigt hat, ist das Neue Testament keineswegs
klagevergessen, sondern etabliert die »Wozu?«-Frage bzw. die »Wie
lange noch?«-Frage in der Gestalt Jesu am Kreuz.

Ganz unabhängig davon, ob nicht für die Nachfolger Jesu der Rückgriff auf die alttestamentlichen Klagegebete als selbstverständlich
vorausgesetzt werden muss, lassen sich auch in den narrativen Texten des Neuen Testamentes Klageprozesse ausmachen, in denen
sich die Glaubensnot speziell der Jesusjünger spiegelt: in den Wundergeschichten, als Klagehandlungen verstanden. Insbesondere an
der dramatischen Umsetzung der Feind-Klage in den Wundergeschichten lässt sich als verbindendes Ziel erkennen, den durch Not
und Enttäuschung angefochtenen Glauben zur Sprache bzw. ins
Geschehen zu bringen und durch die Erzählung vom Eingreifen
Jesu zu stärken.

Der Impuls der neutestamentlichen Wundergeschichten, wie Jesus
bei den Klagenden zu bleiben, liegt auf der weisheitlichen Linie
des Umgangs mit Klagenden und Trauernden. Die damit insbesondere im Lukasevangelium konsequent durchgeführte Sozialkritik an ungerechten Strukturen wird in den Schriften, die apokalyptisch ausgerichtet sind, durch das Eingreifen Gottes, das für das
Ende der Geschichte erwartet wird, übernommen. Deshalb ist insbesondere im Blick auf die paulinischen Texte, die auf den ersten
Blick eine Abwehr der Klage vermuten lassen, genau zu prüfen,
wogegen sie sich eigentlich wenden: gegen eine Klage (vor Gott)
oder vielmehr gegen eine Haltung, die nicht mehr mit einem möglichen Eingreifen Gottes rechnet, wie es für die Thessalonicher der
Fall ist, wenn sie um ihre Toten klagen, ohne zu bedenken, dass an
der Wende der Geschichte auch an den bereits Verstorbenen sich
Gottes Macht zeigt, wie Paulus im Zusammenhang des eingangs
zitierten Verses in 1Thess 4,13-18 ausführt. Genau um diese kreative Schöpfermacht Gottes geht es bei der Verhältnisbestimmung
von Klage und Auferstehungshoffnung. Denn die Auferstehungshoffnung ist nichts anderes als eine exemplarische Bezeugung
dieser kreativen Schöpfermacht Gottes. Und wer (vor Gott) klagt
im Sinn der alttestamentlichen Tradition, möchte nichts anderes,
als seinen ins Wanken gekommenen Glauben an diese kreative
Schöpfermacht Gottes wieder festigen.

II

Judentum und Shoah

Beate Ego

Israels Not und Gottes Klage

Zu einem Theologumenon der rabbinischen Literatur

»R. Eli'ezer sprach: Aus drei Nachtwachen besteht die Nacht, und in jeder einzelnen Nachtwache sitzt der Heilige, gepriesen sei Er, da und brüllt wie ein Löwe, wie es heißt:»Der Herr brüllt von der Höhe aus; von der Stätte seines Heiligtums her läßt er seine Stimme erschallen; er brüllt, ja er brüllt über seine Wohnstätte ... (Jer 25,30)« (bBer 3a).

Die rabbinische Literatur, die die Traditionen der Hebräischen Bibel rezipiert und weiterführt, kennt zahlreiche Klageelemente. Allen voran ist in diesem Kontext die Auslegung typischer alttestamentlicher Klageüberlieferungen zu nennen, wie sie zum Beispiel im Midrasch zu den Klageliedern, Midrasch Ekha Rabba[1], oder im Psalmenmidrasch, Midrasch Tehillim[2], begegnet. Darüber hinaus entstanden aber auch vor allem im Umfeld des 9. Ab[3] sowie im Zusammenhang mit dem Purimfest[4] ganz eigene Klage- bzw. Bittgebete[5].

---

1 Midrasch Ekha Rabba gehört zu den ältesten Auslegungsmidraschim und ist wohl in das frühe 5. Jh. zu datieren; hierzu G. *Stemberger*, Einleitung in Talmud und Midrasch, München [8]1992, 279–283 mit weiterführender Literatur.
2 Zum Psalmenmidrasch, dessen Material wohl größtenteils in die talmudische Zeit zurückgeht, vgl. ebd., 315f. (Lit.).
3 Vgl. z.B. die entsprechenden aramäischen Dichtungen bei *M. Sokoloff / J. Yahalom*, Jewish Palestinian Aramaic Poetry from Late Antiquity. Critical Edition with Introduction and Commentary. Jerusalem 1999, 142–169. Zur Entstehung der synagogalen Qinot s. *I. Elbogen*, Der jüdische Gottesdienst in seiner geschichtlichen Entwicklung, Hildesheim 1967 (= [3]1931), 230.365.
4 Vgl. z.B. den akrostichischen Klagepsalm Esters in 2Targ Est 5,1; hierzu *B. Ego*, Targum Scheni zu Ester. Übersetzung, Kommentar und theologische Deutung (TSAJ 54), Tübingen 1996, 108f.280–282; weitere Belege bei *Sokoloff/Yahalom*, Jewish Palestinian Aramaic Poetry, 170–219.
5 Vgl. hierzu generell die Ausführungen bei *J. Heinemann*, Prayer in the Talmud. Forms and Patterns (SJ 9), Berlin / New York 1977, 198–208. Heinemann unterscheidet zwei verschiedene Gebetstypen, in denen Klageelemente (»account of distress«) eine Rolle spielen: das »›Law Court‹ Pattern« sowie das »›Servant Before his Master‹ Pattern«. Während der Beter in der zuerst genannten Gebetsgattung als Gerechter erscheint, der von seinem Gott die ihm zustehende Gerech-

Bemerkenswert für die Vorstellungswelt der rabbinischen Literatur ist nun die Tatsache, dass relativ häufig nicht Menschen Subjekt der Klage sind, sondern Gott selbst als Klagender erscheint. Es ist das Verdienst des Judaisten Peter Kuhn, entsprechende Belege für Gottes Trauer und Klage, wie sie in Talmud und Midrasch zu finden sind, zusammengestellt zu haben. Die fünfundsiebzig Texte bzw. Textgruppen, die Peter Kuhn in seinem Werk gesammelt, übersetzt und kommentiert hat, machen die Relevanz dieser Vorstellung vom klagenden Gott im Rahmen der jüdischen Literatur deutlich; sie gehört – um eine Formulierung Kuhns aufzunehmen – »zu einem ständig festgehaltenen Bestandteil der jüdischen Vorstellungswelt.«[6]

Anknüpfend an das Werk Peter Kuhns, seine Darlegungen bündelnd und weiterführend, sollen im vorliegenden Beitrag drei Aspekte des Themas aufgegriffen werden. Nach einem kurzen Überblick über verschiedene Formen der Klage Gottes (Teil I) soll zunächst nach dem diesem Motiv inhärenten Gottesbild gefragt werden (Teil II). Sodann soll aufgezeigt werden, in welchen konkreten historischen und theologischen »Situationen« das Motiv der Klage Gottes im rabbinischen Judentum steht (Teil III). Der Beitrag schließt mit einem Ausblick auf die Rezeption des Motivs von der Klage Gottes in der frühen jüdischen Mystik und der Kabbala (Teil IV).

---

tigkeit fordert, nimmt er in der anderen Kategorie eine demütige Rolle ein und bittet um Gottes Gnade: »The primary difference between these two patterns, however, lies in the nature of the petition itself. The ›servant before his master‹ is asking for a largess, a favor, while the petitioner who uses the ›law-court‹ pattern is demanding justice and is seeking to defend or to justify himself. Hence we find a striking difference in tone at the very outset of the petition: in the former, the individual tries to placate and to ingratiate himself into his master's good graces, to arouse his feelings of sympathy and compassion, while in the latter he employs harsh words of complaint and accusation« (204). Imposant sind im Rahmen der rabbinischen Literatur auch narrative Schilderungen von Fastengottesdiensten, wie sie bereits in mTaan 2,1 belegt sind; vgl. zum Ganzen *Heinemann*, Prayer, 108ff. Eine narrative Ausgestaltung eines solchen Klagegottesdienstes findet sich in 2Targ Est 4,1; zum Ganzen vgl. *Ego*, Targum Scheni, 101f.263–265.

6   *P. Kuhn*, Gottes Trauer und Klage in der rabbininischen Überlieferung (Talmud und Midrasch) (AGJU 13), Leiden 1978, 393. Demgegenüber finden sich in der alttestamentlichen Überlieferung nur relativ wenige, implizite Hinweise auf die Vorstellung der Klage Gottes; zum Ganzen vgl. *Kuhn*, Gottes Trauer und Klage, 469–479. Zur Arbeit Kuhns vgl. die positive und anerkennende Rezension von *J. Maier* in ThR 75 (1979), 365–368.

I. Darstellungen der Klage Gottes in den rabbinischen Texten

Auffallend ist zunächst die große formale Variationsbreite, in der Gottes Klage in den rabbinischen Texten begegnet. So erscheinen relativ häufig biblische Zitate im Munde Gottes, wobei der narrative Kontext deutlich macht, dass es sich hier um eine Art Totenklage handelt. So heißt es, um nur ein Beispiel herauszugreifen, in PesR 28 (Friedmann 134b):

»In der Stunde, da Israel vertrieben wurde, da das Haus des Heiligtums zerstört und sein Synhedrion ausgerottet wurde, weinte der Heilige, gepriesen sei Er, über sie (Israel) in Seelenbitternis und erhob über sie die Totenklage [וְהָיָה נוֹשֵׂא עֲלֵיהֶם קִינָה] und erstarrte (vor Trauer) über sie und sprach über sie: ›Mein Zelt ist verwüstet‹ (Jer 10,20), und die Feinde sind eingedrungen und haben mein Heiligtum geplündert, und ich sitze da und verstumme. – ›Zelt‹ bedeutet (hier) nichts anderes als: Haus des Heiligtums; es heißt ja: ›(Und er verwarf die Wohnung von Silo), das Zelt, in der er unter den Menschen wohnte‹ (Ps 78,60)«[7].

Während hier die Klage Gottes in eindeutiger Weise durch den für die Totenklage so typischen Terminus technicus קִינָה charakterisiert ist, enthalten andere Überlieferungen frei formulierte Klagen. In diesem Kontext wiederum kommen Weheworten eine besondere Bedeutung zu[8]. Einer der bekanntesten Texte, der hier zu nennen ist, ist jene Legende von der Begegnung des R. Jose mit dem Propheten Elia aus bBer 3a. Dort wird erzählt:

»Man lehrt: R. Jose sprach: Ich war einmal unterwegs und trat in eine von den Ruinen Jerusalems ein, um zu beten. Da kam Elia, sein Angedenken sei in Ehren, und wartete auf mich am Eingang. Er wartete ab, bis ich mein Gebet abgeschlossen hatte. Als ich mein Gebet abgeschlossen hatte, sprach er zu mir: ›Friede über dir, mein Meister!‹ Und ich antwortete ihm: ›Friede über dir, mein Meister und mein Lehrer! ...‹ Er sprach zu mir: ›Mein Sohn, was für eine Stimme hast du in dieser Ruine gehört?‹ Ich antwortete ihm: ›Ich hörte eine Hallstimme, welche seufzte wie eine Taube und sprach: Weh mir, daß ich mein Haus zerstört, meinen Tempel verbrannt und meine Kinder unter die Völker ins Exil geführt habe!‹ Da sprach er zu mir: ›Bei deinem Leben und beim Leben deines Hauptes – nicht nur in

---

7   Zitiert nach der Übersetzung von *Kuhn*, Gottes Trauer und Klage, 215. Für weitere Belege für die Rezeption von Schriftversen in der Klage Gottes vgl. folgende Texte bzw. die entsprechenden Parallelüberlieferungen: PRK 15,1 (Mandelbaum 249); SifDev 305 (Friedmann 129b); Midrash Peṭirat Moshe (BHM VI, 77); EkhR Petichta 2 (1b); EkhZ I §18 (Buber 29b), EkhR Petichta 8 (2b); MTeh 121, 3 (253b). Ein Übergang vom Schriftzitat zur freien Klage findet sich in Tan wa'ethannan 6 (102b); SifDev 305 (Friedmann 129b); PesR 28 (Friedmann 134b). Lediglich ein narrativer Hinweis auf Gottes Klage ohne explizite Zitation derselben findet sich in PRK 15,3 (Mandelbaum 250) und SER 30 [28] (154); zum Ganzen *Kuhn*, Gottes Trauer und Klage, 406.
8   Vgl. hierzu u.a. auch die Beispiele in EkhR Petichta 24 (6cff); bBB 74a; zum Ganzen *Kuhn*, Gottes Trauer und Klage, 408.

dieser Stunde spricht sie so, sondern sie spricht so dreimal an jedem einzelnen Tage. Und nicht allein das (geschieht), sondern in der Stunde, da die Israeliten den Willen des Allumfassenden tun und in die Synagogen und Lehrhäuser eintreten und respondieren: Amen, Sein großer Name sei gepriesen! – da schüttelt der Heilige, gepriesen sei Er, sein Haupt und spricht: Wohl dem König, den man so in seinem Haus preist! (Doch) wehe dem Vater, der seine Kinder ins Exil geführt, und wehe den Kindern, die vom Tisch ihres Vaters weg ins Exil geführt wurden!‹«[9]

Wie bereits der oben zitierte Midrasch PesR 28 (Friedmann 134b) zeigt, finden solche verbalen, klar artikulierten Klageäußerungen ihre inhaltliche Entsprechung in Überlieferungen, in denen vom Weinen Gottes als Äußerung seiner Trauer die Rede ist[10]. Besonders eindrücklich erscheint in diesem Kontext das Motiv, wonach die Tränen Gottes dröhnend zur Erde fallen. So wird in bBer 59a erzählt:

»R. Qatina war einst auf dem Weg. Als er (dabei) an der Tür des Hauses eines Totenbeschwörers vorbeikam, da erdröhnte ein Getöse. Er sagte: Weiß denn dieser Totenbeschwörer, was dieses Getöse (bedeutet)? Da antwortete er ihm: Qatina, Qatina, warum sollte ich es nicht wissen: In der Stunde, da der Heilige, Er sei gepriesen, seiner Kinder gedenkt, wie sie in Not unter den Völkern der Welt leben, da läßt er zwei Tränen ins große Meer fallen, und der Schall davon tönt von einem Ende der Welt bis zum anderen, und das (ergibt) das Getöse«[11].

Ebenso plastisch und konkret wie in dieser Erzählung wird Gottes Trauer zum Ausdruck gebracht, wenn im Kontext der seiner Klage außerdem noch bestimmte körperliche Trauergesten genannt werden und davon die Rede ist, dass Gott – so z.B. PRK 15,3 (Mandelbaum 250) – in die Hände schlägt, mit den Füßen aufstampft, barfuß einherschreitet oder seine Gewänder zerreißt[12]. Daneben kennen die Midraschim aber, wie z.B. EkhZ II 18 (Buber 40bf), auch eine versteinerte Art der Trauer, wenn sie erzählen, dass Gott schweigend da saß, als das Heiligtum brannte[13].

---

9   Zitiert nach ebd., 259.

10   Vgl. als weitere Beispiele für die Verbindung von Wehklage und Weinen u.a. Midrash Peʿtirat Moshe (BHM VI, 77); EkhR Petichta 2 (1b), EkhR 3,7 (25d), EkhR Petichta 8 (2b), SER 30 [28] (154); EkhR Petichta 24 (6cff). Zu Texten, in denen das Weinen als einzige Äußerung der Trauer Gottes erscheint, vgl. ebd., 401–402.

11   Vgl. die Parallele in MHG Ex 147f; hierzu ebd., 279ff. Vgl. in diesem Kontext auch bHag 5b: »›Und tränen, ja tränen und in Tränen zerfließen muß mein Auge, denn gefangen weggeführt ist die Herde des Herrn‹ (Jer 13,17) – R. Eleʿazar sagte: Warum diese drei Tränen? Eine über das erste Heiligtum, eine über das zweite Heiligtum und eine über Israel, das von seinem Orte weg ins Exil geführt ist« (zitiert nach ebd., 245ff).

12   Für weitere Beispiele vgl. ebd., 402.

13   Zum Verstummen Gottes s.a. ebd., 411–412.

II. Zur Bedeutung der Klage Gottes in der rabbinischen Literatur

Solche auf den ersten Blick befremdlichen und in ihrem Anthropomorphismus fast anstößig wirkende Gottesaussagen fordern eine
Erklärung heraus, um nicht missverstanden zu werden[14]. Um die
tatsächliche Bedeutungsdimension dieses Motivs zu erschließen, sei
auf einen Midrasch aus dem Werk Seder Eliahu Rabba (SER 30
[28] 149) verwiesen, wo es heißt:

»R. Çadoq trat einmal in das Haus des Heiligtums ein und sah, wie es zerstört war.
Da sprach er: ›Mein Vater, der du in den Himmeln bist! Du hast deine Stadt zerstört, hast deinen Tempel verbrannt, hast dich zur Ruhe gesetzt und bist sorglos
und ruhig geblieben!‹ Augenblicklich schlummerte da R. Çadoq ein und erblickte
(im Traum) den Heiligen, gepriesen sei Er, wie er in Trauerrede dastand, und die
Dienstengel, die nach ihm Trauerworte sprachen, und Er sprach: ›Wehe (über
dich), ... Jerusalem!‹«[15]

Vorwurfsvoll richtet sich R. Çadoq[16] in dieser Szenerie, die eindeutig die Zerstörung Jerusalems und des Tempels[17] voraussetzt,

14 Die anthropomorphen Gottesbilder spielten auch in der christlichen Tal-
mudpolemik eine bedeutende Rolle. Schon Agobard, der Erzbischof von Lyon
(gest. 840) oder der Konvertit Petrus Alphonsi (1062 — nach 1121) wenden sich
in ihrer antijüdischen Polemik gegen solche anthropomorphen Gottesaussagen.
So liest man z.B. im »Dialogus Petri et Moysi Judaei« des P. Alphonsi, dass das
Klagen, Weinen und Beten Gottes einen göttlichen Selbstwiderspruch bedeute,
der an Gottes Machtmöglichkeiten und der Eindeutigkeit seines Willens zweifeln
lasse. Vgl. hierzu knapp *H. Schreckenberg*, Die christlichen Adversus-Judaeos-
Texte und ihr literarisches und historisches Umfeld (1.–11. Jh.) (Europäische
Hochschulschriften Reihe 23, Theologie Bd. 172), Frankfurt a.M. u.a., 3., erw.
Aufl. 1995, 495; *ders.*, Die christlichen Adversus-Judaeos-Texte ... (11.–13. Jh.)
(Europäische Hochschulschriften Reihe 23, Theologie Bd. 335), 3., erw. Auflage, Frankfurt a.M. u.a. 1997, 71–73; s.a. *G. Stemberger*, Der Talmud. Einführung
– Texte – Erläuterungen, München 1982, 298f. Das Klagen Gottes über die Zer-
störung des Tempels als anstößiger Anthropomorphismus erscheint auch in den
35 Artikeln des jüdischen Konvertiten Nikolaus von Donin, die das Religionsgespräch und die Talmudverbrennung 1240/42 in Paris bewirkten; vgl. hierzu *H.
Schreckenberg*, Die christlichen Adversus-Judaeos-Texte und ihr literarisches und
historisches Umfeld (13.–20. Jh.) (Europäische Hochschulschriften, Reihe 23,
Theologie Bd. 497), Frankfurt a.M. u.a. 1994, 98–105.
15 Zitiert nach *Kuhn*, Gottes Trauer und Klage, 265f.
16 Ein Tannait der ersten Generation.
17 Ob man aus diesem Beleg bereits auf eine Wallfahrt zum zerstörten Jerusalem für die Zeit zwischen der Zerstörung des Tempels und dem Bar-Kochba-Auf-
stand schließen kann, ist fraglich. Als frühester eindeutiger Beleg für eine solche
Institution ist der Bericht des Pilgers aus dem Jahre 333 n.Chr. zu
nennen, der weiss, dass die Juden einmal jährlich am 9. Ab, dem Jahrestag der
Tempelzerstörung, zur Klage in die Stadt zu kommen. Vgl. hierzu *H. Donner*, Pil-
gerfahrt ins Heilige Land. Die ältesten christlichen Palästinapilger (4.–7. Jahrhundert), Stuttgart 1979, 36–68.

an seinen Gott, wenn er ihn sowohl für die Zerstörung Jerusalems
und des Heiligtums verantwortlich macht und ihm zudem vorwirft,
bei alledem noch völlig teilnahmslos und sorglos zu bleiben. Mit
seiner Aussage, dass die Tempelzerstörung nicht in der militäri-
schen Schwäche Israels gründet, sondern letztendlich von Gott als
eine Strafe der Sünden Israels initiiert wurde, steht R. Çadoq im
Rahmen der traditionellen rabbinischen Vorstellungswelt, wie sie
in Midrasch und Talmud am häufigsten als Erklärungsmodell für
die Zerstörung Jerusalems entfaltet wird[18]. Diese Einschätzung des
Geschehens wird auch an keiner Stelle im Verlauf der Erzählung
korrigiert. Widerspruch erfährt R. Çadoq allerdings bei der Beschreibung der Reaktion Gottes auf die Widerfahrnisse seines Volkes, wenn er in einem Traumgesicht in einer Vision einen himmlischen Trauergottesdienst sieht, bei dem Gott selbst einen klagenden Weheruf über Jerusalem spricht, woraufhin die Engel respondieren. Ein ganz ähnliches Motiv begegnet in der sich unmittelbar
an diese Erzählung anschließenden Geschichte, die erzählt, wie R.
Nathan die Ruinen des Tempels betritt und dort nur noch eine einzige Wand stehend vorfindet. Auf die Frage nach der Bedeutung
dieser Wand wird ihm eine Art Zauberring gezeigt, mit Hilfe dessen er durch diese Wand blicken kann. Wurden in der ersten Erzählung die Worte der Klage genannt, so werden nun die Trauergesten Gottes beschrieben:

»... und der Ring ging (vor R. Nathan) hin und her, bis er den Heiligen, gepriesen
sei Er, sah, wie er sich bückte und (wieder) aufrichtete, dastand und jammerte, sich
(wiederum) bückte und (wieder) aufrichtete, dastand und jammerte. Es heißt ja:
›Jammere, Zypresse; denn gefallen ist die Zeder, da die Starken verwüstet sind ...‹
(Sach 11,2). Doch (mit) ›Zypresse‹ kann nur der Heilige, gepriesen sei Er, Sein
Name sei gepriesen und werde erhoben in Ewigkeit und in alle Ewigkeiten,
(gemeint) sein. Es heißt ja: ›Und ihr König wird vor ihnen einherziehen und der
Herr, ihre Zypresse[19]‹ (Mi 2,13).«[20]

Zwei Gottesbilder werden in diesen beiden kleinen Erzählungen
miteinander konfrontiert: Ein unbewegter, a-pathischer, affekt-

---

18   Zum Verständnis der Zerstörung Jerusalems als gerechter Strafe Gottes für
die vorangegangene Schuld Israels vgl. *H.J. Becker,* Die Zerstörung Jerusalems
bei Matthäus und den Rabbinen, in: NTS 44 (1998), 59–73, hier 62 (Lit). In der
rabbinischen Überlieferung findet sich aber auch eine kritische Auseinandersetzung mit diesem Erklärungsmodell für Israels Leiden, vgl. hierzu im Abschnitt bei *D. Kraemer,* Responses to Suffering in Classical Rabbinic Literature,
New York / Oxford 1995, 124–149; s.a. *R. Goldenberg,* Early Rabbinic Explana-
tions of the Destruction of Jerusalem, in: JJS 33 (1982), 517–25.
19   So Mi 2,13 nach dem Midrasch, der das בראשׁא »an ihrer Spitze« in diesem
Vers im Sinne von ברושׁם »ihre Zypresse« versteht.
20   Zitiert nach *Kuhn,* Gottes Trauer und Klage, 265f.

und leidenschaftsloser Gott steht einem trauernden, leidenden, von den menschlichen Widerfahrnissen betroffenen »pathetischen« Gott[21] gegenüber. Im Gegensatz zur Vorstellungswelt der griechischen Philosophie, für die ein »Bezogen-Sein Gottes auf nachgeordnete Wesen« zwar »für niedere Götter kennzeichnend« ist, für den höchsten (zudem unpersönlich vorgestellten Gott) aber eine »Wertminderung« darstellt[22], wird durch die narrative Situierung der beiden Gottesbilder in diesem rabbinischen Kontext Gottes »Apathie« negativ konnotiert. Seine Trauer und Klage dagegen werden als etwas Positives erachtet. Sie sind – so legt es der Kontext zunächst einmal nahe – als Ausdruck für Gottes Mitleid und für seine Verbundenheit und Anteilnahme am Geschick seines Volkes zu verstehen. Gottes Trauer und Klage implizieren damit einen gewissen Trost für Israel in seiner schwierigen Situation. Deutlich wird auf jeden Fall: Israel bleibt auch weiterhin – trotz seiner Schuld – von der Liebe Gottes umschlossen, ist nicht endgültig verstoßen.

Peter Kuhn macht in diesem Kontext mit allem Nachdruck deutlich, dass es sich dabei nicht nur um das Mitleid »einer vom primär Leidenden völlig getrennten Person« handelt,

»vielmehr ist Gott seinem Volk bzw. dem Menschen bereits immer, jedem Ereignis seiner späteren Geschichte voraus, auf eine tiefe, seinsmäßige Weise verbunden. Eine solche reale, wenn auch immer geheimnisvoll bleibende Schicksalsverbundenheit zwischen Gott und Mensch zeigt sich aber gerade in dessen Leiden: Gottes Mitleid ist dann von Anfang an Erleben des gleichen Schicksals, Mitleiden am Leiden des anderen: Wenn im Gleichnis von T33 [gemeint ist der Midrasch EkhZ I §18 (Buber 29b) B.E.] der Sohn (Israel) erschlagen wird, so ruft der König, sein Vater (Gott): Ich bin zerschlagen!«[23]

In diesem Zusammenhang scheint neben den von Peter Kuhn genannten Belegen das Gleichnis von einem Mann, der seine Frau wegen ihrer Untreue verstoßen hat, eine sehr deutliche Sprache zu sprechen. Denn dieser ist über seine Tat selbst so unglücklich, dass auch er sein Haus nicht mehr betritt. So erzählt ein Midrasch in Seder Eliahu Zutta SEZ 21 (36):

21 Zu dieser für die jüdische Tradition so typischen Gottesvorstellung s. v.a. die »klassische« Arbeit von *A.J. Heschel*, The Prophets, New York u.a. 1969. 1975, insbes. Bd. 2, 1–47 (deutsche Originalausgabe Krakau 1936).
22 Zu griechischen Gottesvorstellungen in der erzählenden Literatur und der Philosophie vgl. die instruktiven Ausführungen bei *H. Dörrie*, Art. Gottesvorstellung, in: RAC 12, 1983, Sp. 82–154; s.a. *M. Sarot*, Art. Apathie II: Dogmatisch, in: RGG[4], Bd. 1, Tübingen 1998, Sp. 583 mit weiterführenden Literaturangaben.
23 *Kuhn*, Gottes Trauer und Klage, 360.

»Und der Heilige, gepriesen sei Er, sagt zu ihnen, zu Israel: Meine Kinder, jetzt empfangt von mir einen Becher des Trostes. Sie sagten zu ihm: Herr der Welt, du hast uns gezürnt und uns aus deinem Haus geworfen und unter die Völker der Welt verbannt, und wir waren wie ein weggeworfenes Gefäß unter den Völkern der Welt, und jetzt bist du gekommen, uns zu versöhnen? Und er sagt zu ihnen: Ich werde euch ein Gleichnis erzählen: Womit ist die Sache zu vergleichen? Einem Menschen, der die Tochter seiner Schwester heiratete. Er zürnte über sie und warf sie aus seinem Haus. Nach Tagen kam Er, um [sich] mit ihr zu versöhnen. Sie sagte zu ihm: Du hast mir gezürnt und hast mich aus deinem Haus geworfen, und jetzt kommst du zu mir, um mich [mit dir] zu versöhnen? Er sprach zu ihr: Die Tochter meiner Schwester bist du. Denkst du etwa, dass seit dem Tag, an dem du mein Haus verlassen hast, es eine andere Frau betreten hätte? Bei meinem Leben, auch ich habe mein Haus nicht betreten.

So sprach der Heilige, gepriesen sei Er, zu Israel: Meine Kinder, seit dem Tag, an dem ich mein Haus unten zerstört habe, bin ich nicht hinaufgestiegen und in meinem Haus oben gesessen, sondern ich saß in Tau und Regen. Wenn ihr mir nicht glaubt, legt eure Hände auf mein Haupt und seht den Tau auf meinem Haupt. Wenn es in der Schrift nicht geschrieben wäre, wäre es unmöglich zu sagen, wie es heißt: ›Denn mein Haupt ist voll des Taus, von Tropfen der Nacht meine Locken‹ (Cant 5,2). Und der Heilige, gepriesen sei Er, wird den Zion bekleiden mit seiner Stärke als Lohn dafür, dass Israel am Schilfmeer sagte: ›Meine Stärke und mein Lied ist der Herr‹ (Ex 15,2). Woher [sc. weiss man], dass der Heilige, gepriesen sei Er, den Zion mit seiner Stärke bekleiden wird? Denn es heißt: ›Wach auf, wach auf, bekleide dich mit deiner Stärke‹ (Jes 52,1).«[24]

In solchen Aussagen kommt so etwas wie eine »Tragödie« Gottes zutage: Er selbst war es, der sein Volk in die Katastrophe der Tempelzerstörung schicken musste, weil es gesündigt und ihn verlassen hatte. Damit entspricht Gott zwar seiner Gerechtigkeit; er entfremdet sich aber insofern von sich selbst, da er nicht mehr seinem eigentlichen »Gefühl« nach Israel ein liebender Vater sein kann[25]. Gerade in dieser Spannung liegt nun aber auch das Hoffnungspotential dieses Motivs, denn Israel weiß: »Gott wird nicht auf immer in einer von ihm selbst ursprünglich nicht gewollten Lebensform

---

24   Zu diesem Text vgl. auch die Ausführungen bei *B. Ego*, Im Himmel wie auf Erden. Studien zum Verhältnis von himmlischer und irdischer Welt im rabbinischen Judentum (WUNT 2/34), Tübingen 1989, 145–148.
25   Zur Spannung zwischen Gottes Gerechtigkeit und seiner Gnade in der rabbinischen Gottesvorstellung vgl. die Aussage, wonach in der himmlischen Welt zwei Throne existieren – ein Thron der Gerechtigkeit und ein Thron der Gnade; hierzu bAZ 3b; bHag 14b; s.a. auch den Midrasch, wonach die Welt nur bestehen kann, weil sie mit Gerechtigkeit und Gnade geschaffen wurde in BerR 12,15 (Albeck 112f.), zu diesen Zusammenhängen vgl. *B. Ego*, »Maß gegen Maß« – Reziprozität als Deutungskategorie im rabbinischen Judentum, in: *J. Assmann / B. Janowski / M. Welker* (Hg.), Gerechtigkeit. Richten und Retten in der abendländischen Tradition und ihren altorientalischen Ursprüngen, München 1998, 161–182, spez. 179f; *K.E. Grözinger*, Middat ha-din und Middat ha-raḥamim. Die sog. Gottesattribute ›Middat ha-din‹ und ›Middat ha-raḥamim‹ in der rabbinischen Literatur, in: FJB 8 (1980), 95–114.

bleiben. Seine eigene ›Erlösung‹ wird zudem auch die Erlösung Israels notwendig mit einschließen, da das Schicksal des Volkes dem Gottes streng korrespondiert.«[26] Dieser Sachverhalt artikuliert sich in dem oben zitierten Midrasch, wenn das Motiv vom »unbehausten Gott« durch Vorstellungen von Israels Erlösung gerahmt werden. Seinen frühesten literarischen Niederschlag findet der Gedanke in einem Text aus der Mekhilta de Rabbi Yishma'el, wenn es hier in MekhY pisha 14 zu Ex 12,41 [Horowitz 51] heißt:

»›Und es geschah an eben diesem Tag, da zogen alle Heere des Herrn [aus Ägypten] usw.‹ (Ex 12,41) – Das sind die Dienstengel. Und so findest du: Wann immer Israel versklavt ist, so ist die Schekhina mit ihnen versklavt ... R. Akiba sagt: Wenn es in der Schrift nicht geschrieben wäre, wäre es unmöglich, es zu sagen: Israel sprach – wenn man so sagen kann – vor dem Heiligen, gepriesen sei er: Du hast dich selbst erlöst. So findest du, dass an jeden Ort, an den Israel in die Verbannung ging, die Schekhina – wenn man so sagen kann – mit ihnen in die Verbannung ging ... [Es folgen Beispiele für Ägypten, Babylon, Elam und Edom]. Und wenn sie einst zurückkehren werden, wird – wenn man so sagen kann – die Schekhina mit ihnen zurückkehren, wie es heißt: ›und es kehrt zurück (וְשָׁב) der Herr, dein Gott, [sowie] deine Gefangenschaft‹ (Dtn 30,3; nach dem Midrasch). Es heißt (also) nicht: ›Und es bringt zurück (וְהֵשִׁיב)‹, sondern: ›Und es kehrt zurück‹«[27].

Deutlich wird auf jeden Fall: Mit der Vorstellung von Gottes Klage bringt das rabbinische Judentum die Verbundenheit Gottes mit

---

26   *Kuhn*, Gottes Trauer und Klage, 362.

27   Als Parallele vgl. SifBam § 84 (Friedmann 22b); s.a. die verwandten Überlieferungen in Meg 29a, wo auch der Aspekt der Liebe Gottes zu Israel formuliert wird: »R. Simon b. Jochai sagte: Komm und sieh, wie geliebt Israel vor dem Heiligen, gepriesen sei Er, ist! Denn an jeden Ort, an dem Israel in die Verbannung ging, ging die Schekhina mit ihnen in die Verbannung ...«; s.a. yTaan 1,1 (64a); SifBam 161 (Friedmann 62b) i.N. R. Natans ... Vgl. die Zusammenstellung und Interpretation dieser Texte sowie weiterer Parallelen und verwandter Texte bei *A. Goldberg*, Untersuchungen über die Vorstellung von der Schekhinah in der frühen rabbinischen Literatur – Talmud und Midrasch (SJ 5), Berlin 1969, 160–170. 175–176:»Mit Sicherheit darf man aber nur annehmen, daß der Midrasch von den Exilen der Schekhinah aus tannaitischer Zeit stammt. Da das Thema in den Predigten immer wieder aufgenommen wurde, ist die Frage nach der Autorschaft nur mit Vorbehalten zu beantworten. Der einleitende Satz des Midrasch bzw. der Predigt war vermutlich ›Beliebt ist Israel vor Gott‹. Dieser Satz wurde wohl je nach redaktionellem Kontext fortgelassen« (163). Generell zum Motiv der Exilierung der Schekhina vgl. auch *H.J. Schoeps*, Die Tempelzerstörung des Jahres 70 in der jüdischen Religionsgeschichte. Ursachen – Folgen – Überwindung, in: Aus frühchristlicher Zeit. Religionsgeschichtliche Untersuchungen, Tübingen 1950, 144–183, hier 156; s.a. *M. Ayali*, Gottes und Israels Trauer über die Zerstörung des Tempels, in: Kairos 23 (1983), 215–231, hier 221 sowie *P. Kuhn*, Gottes Selbsterniedrigung in der Theologie der Rabbinen (StANT17), München 1986, 88–90.

seinem Volk und sein Mitleiden mit dessen Geschick zum Ausdruck. Dies impliziert, dass Gott – obwohl er mit der Tempelzerstörung seiner Gerechtigkeit entsprechend sein Volk bestrafte –,
diesem Volk auch weiterhin in Liebe verbunden bleibt. Wenn Gottes Klage damit in gewisser Weise eine Art »göttliche Selbstent-
fremdung« bedeutet, sein eigenes »Exil«, so kann Israel auch seiner Erlösung gewiss sein: »Gott ist mit Israel in seinem Leid, er
geht mit Israel ins Exil, und Israels Feinde sind auch Gottes Feinde. Folglich muß die Erlösung kommen, denn sie ist ja auch, wenn
man so sagen darf, seine Erlösung.«[28]

III. Zum historisch-theologischen Kontext des Motivs der Klage Gottes

Wie die detaillierte Studie Peter Kuhns zeigt, durchzieht das Motiv
der Trauer und Klage Gottes mit zahlreichen Einzelepisoden die
gesamte »Geschichte« Israels von Adams Fall bis zu schwerwiegenden Ereignissen in der Gegenwart der Rabbinen wie dem Tod eines
Gelehrten oder der Vernachlässigung des Torastudiums[29]. Wenn
aber die überwiegende Mehrzahl der Texte den Grund für Gottes
Klage in der Zerstörung des Ersten bzw. Zweiten Tempels[30] und
im Exil Israels sieht, so ist anzunehmen, dass die Tempelzerstörung auch in historischer Hinsicht den Anlass für die Entstehung
dieser Überlieferungen bildete und dass dieses Theologumenon
eine bedeutende Rolle bei der theologischen und existentiellen
Bewältigung der Ereignisse von 70 n.Chr. bzw. 135 n.Chr. spielte.
Sekundär scheint dieses Motiv dann auch mit anderen Vorstellungen verbunden worden zu sein. Der quantitativen Priorität der Texte, die in der Tempelzerstörung den Grund für Gottes Klage sehen,
entspricht wiederum die Tatsache, dass auch die frühesten Belege,
die aus der Zeit unmittelbar nach der Zerstörung des Tempels zu
stammen scheinen, explizit auf dieses Motiv rekurrieren[31].

---

28   *Ayali*, Gottes und Israels Trauer, 218. Zum Zusammenhang zwischen Gottes
Mitleiden, seiner Liebe zu Israel und der künftigen Erlösung s.a. *Goldberg*, Schekhinah, 163.
29   Vgl. das Inhaltsverzeichnis dieses Werkes bzw. die Zusammenstellung bei
Kuhn, Gottes Trauer und Klage, 349f.
30   Für die rabbinische Literatur bilden diese beiden Größen eine Einheit; vgl.
zum Ganzen ebd., 353–355.
31   Nach *Kuhn*, ebd., 392 stellt bBer 3a mit dem Motiv von Gottes nächtlichem
Brüllen den ältesten Beleg für diese Vorstellung dar. Vgl. dagegen *Ayali*, Gottes
und Israels Trauer, 215–217, der davon ausgeht, dass die Autorenangabe dieses
Textes eine sekundäre Zuschreibung darstellt, und der für den babylonischen Ur-

Das Motiv von der Trauer Gottes um das Heiligtum, das wohl nicht allzu lange nach der Tempelzerstörung im Jahre 70 aufgekommen ist und sich zunächst auch mit dieser direkt auseinandersetzt, spielt darüber hinaus aber noch in einem ganz anderen historischen Kontext eine bedeutende Rolle. Wenn nämlich die Mehrzahl der Texte, die dieses Motiv enthalten, in die Mitte des 3. Jh.s n.Chr. bis zur Mitte des 4. Jh.s zu datieren sind[32], so findet sich in diesem Zeitraum ein weiterer Schwerpunkt der Überlieferungsbildung, von dem aus wiederum auf die Aktualität und Relevanz des Themas in dieser Epoche geschlossen werden kann. Dabei ist der äußere Rahmen unschwer zu erkennen: Nachdem das rabbinische Judentum zu Beginn des 3. Jh.s n.Chr. seine Blütezeit erlebt hatte, sollte es schon bald zu einer wesentlichen Verschlechterung der Verhältnisse kommen. Das römische Weltreich geriet in eine Krise, die sich in Palästina durch erhebliche Steuerlasten, Inflation, Landflucht, Hungersnot und Verarmung sowie durch wachsende soziale Unterschiede äußerte[33]. Abgesehen von diesen historischen Faktoren war das 3. und 4. Jh. n.Chr. zudem eine Zeit, in der das Judentum in Palästina durch das immer stärker werdende Christentum in die Defensive getrieben wurde. Die zunehmende Macht des Christentums wurde von dem Bewusstsein getragen, »wahres« Israel zu sein, da man davon ausging, dass Israels Erwählung auf die Kirche übergegangen sei. In der Zerstörung des Tempels sah man den Beweis dafür, dass Gott sein Volk für die Ablehnung Jesu Christi als Messias bestraft habe. Nun da sich Israel in der Messiasfrage gleichsam als verstockt erwiesen habe, habe Gott sein Volk verlassen, und sich einem anderen Volk, dem wahren Israel der Kirche,

---

sprung dieses Midraschs plädiert. Seiner Meinung nach ist das Thema der Anteilnahme Gottes am Leiden und an der Trauer Israels seit R. Akiba nachweisbar. Zur babylonischen Herkunft von bBer 3a vgl. auch *E. Urbach*, The Sages. Their Concepts and their Beliefs, Jerusalem 1979, Bd. II, 751.

32 Zu diesem Ergebnis kommt unabhängig von *Kuhn*, Gottes Trauer und Klage, 394f auch *Ayali*, Gottes und Israels Trauer, 218: »Lenken wir unsere Aufmerksamkeit auf die Namen dieser Lehrer, so werden wir feststellen, daß sie zwei historisch-sozialen Brennpunkten im Leben der Juden in Eretz Israel angehörten: der Generation R. Akibas und seiner Schüler ... und der Schülergeneration R. Jochanans, von der Mitte des 3. Jh's bis zum Beginn des 4. Jh's, die gekennzeichnet sind durch Verfolgungen, Unsicherheit und schwere wirtschaftliche Erschütterungen, sowie durch enttäuschte Hoffnungen auf einen baldigen Wiederaufbau des Tempels.«

33 *P. Schäfer*, Geschichte der Juden in der Antike. Die Juden Palästinas von Alexander dem Großen bis zur arabischen Eroberung, Neukirchen-Vluyn/Stuttgart 1983, 185ff; *G. Stemberger*, Juden und Christen im Heiligen Land. Palästina unter Konstantin und Theodosius, München 1987, 20; s.a. *Ayali*, Gottes und Israels Trauer, 218.

zugewandt. »Daß der Untergang Jerusalems, die Zerstörung des
Heiligtums und die Zerstreuung unter die Völker als Strafgericht
Gottes über die Juden für die Kreuzigung Jesu anzusprechen sei-
en, dieser ursächliche Zusammenhang ist wohl frühpatristisches
Glaubensgut«[34]. Kirchenväter des 3. Jh.s wie Tertullian (gest. nach
220)[35] und Hippolyt (gest. 235)[36] kennen nämlich schon diese
Auffassung, die dann auch von Origenes (185–254)[37], Eusebius
(gest. 339)[38], Basilius d. Gr. (um 330–379)[39], Hieronymus (gest.
420)[40] und Augustin (gest. 430)[41] vertreten wird[42]. Unter der Vielzahl der Belege sei hier exemplarisch auf eine Aussage des Hieronymus in seinem Hesekiel-Kommentar verwiesen, wonach die
Engel, die Jerusalem zum Schutz bestimmt waren, die Stadt bereits

---

34 *Schoeps*, Tempelzerstörung, 147. Vgl. zum Ganzen auch den Aufsatz von
E. Fascher, Jerusalems Untergang in der urchristlichen und altkirchlichen Überlieferung, in: ThLZ 89 (1964), 81–98.
35 So z.B. Adv. Jud. 10,19; 11,1; 13,26–29; Adv. Marc. 3,23,3ff: Vgl. hierzu
Schreckenberg, Die christlichen Adversus-Judaeos-Texte I, 223; für weitere Belege vgl. *Schoeps*, Tempelzerstörung 148; *H.-M. Döpp*, Die Deutung der Zerstörung Jerusalems und des Zweiten Tempels im Jahre 70 in den ersten drei Jahrhunderten n. Chr. (TANZ 24), Tübingen/Basel 1998, 59–61.
36 Vgl. u.a. GCS 1,2,37,20ff.; hierzu *Schreckenberg*, Die christlichen Adversus-Judaeos-Texte I, 227: »Die Missetat der Juden gegen Jesus hat die Strafe zur
Folge, daß Jerusalem nun eine Witwe ist«; vgl. auch *Schoeps*, Tempelzerstörung
148; *Döpp*, Die Deutung der Zerstörung, 61–63.
37 Vgl. hierzu ebd., 65: »Die Zerstörung des Zweiten Tempels wird als Scheidebrief Gottes verstanden, weil das Volk zuvor in der Ablehnung Jesu Gott selber
den Scheidebrief ausgestellt hat. ... ›Und Zeichen dafür, daß sie (= die Mutter des
Volkes) den Scheidebrief bekommen hat, ist es, daß Jerusalem samt dem von jenen so genannten Heiligtum und den, wie man glaubt, früher dort geschehenen
Gottesdiensten und dem Brandopferaltar und der ganzen dort üblichen Gottesverehrung zerstört ist‹« (Comm Mt 14,19; zitiert nach Origenes, Der Kommentar
zum Evangelium nach Matthäus. Eingeleitet, übersetzt und mit Anmerkungen versehen von *H.J. Vogt* [BGrL 30], Stuttgart 1990, 59); s.a. *Schoeps*, Tempelzerstörung, 148.
38 Vgl. u.a. GCS 23, 392,19ff; 23, 411,2–4; 23, 413,12–15; s. *Schreckenberg*, Die christlichen Adversus-Judaeos-Texte I, 267 (mit weiteren Belegen);
Schoeps, Tempelzerstörung, 149.
39 Vgl. u.a. PG 31,324; s. *Schreckenberg*, Die christlichen Adversus-Judaeos-
Texte I, 293 (mit weiteren Belegen); *Schoeps*, Tempelzerstörung, 149.
40 Vgl. u.a. CChr 73, 49,1–12; CSEL 55, 489,24ff; s. *Schreckenberg*, Die
christlichen Adversus-Judaeos-Texte I, 337 (mit weiteren Belegen); *Schoeps*,
Tempelzerstörung, 149.
41 Vgl. u.a. Adv. Jud. 9,12 [PL 42,60], In ps. 62,18 [CChr 39,805–806; s.
Schreckenberg, Die christlichen Adversus-Judaeos-Texte I, 357; *Schoeps*, Tempelzerstörung, 149.]
42 Hierzu *Schoeps*, Tempelzerstörung, 148f; *Döpp*, Die Deutung der Zerstörung
Jerusalems, 301; für weitere Belege s.o. in den Anmerkungen zu den Kirchenvätern.

in der Todesstunde Jesu verlassen haben. Damit war die Stadt gewissermaßen zur Zerstörung frei gegeben[43].

Eindrücklich ist auch seine Beschreibung der Jerusalem-Pilger, die einmal im Jahr, am Jahrestag der Zerstörung in die Stadt kommen und deren ärmliche Trauergestalt als Ausdruck des göttlichen Zornes gedeutet wird.

>Du siehst am Jahrestag der Eroberung und Zerstörung Jerusalems durch die Römer ein trauerndes Volk einherziehen, altersschwache Greisinnen und hochbetagte Greise mit zerrissenen Gewändern, an ihrem Leibe und ihrem Zustand den Zorn des Herrn kundtuend.«[44]

Wenn sich in den rabbinischen Texten von Gottes Trauer und Klage auch keine direkten und expliziten Bezugnahmen auf solche christlichen Deutungen der Zerstörung Jerusalems und des Tempels bzw. der Exilierung des jüdischen Volkes finden, so sind die Korrespondenzen zwischen christlichen und jüdischen Aussagen doch so auffällig, dass man annehmen muss, dass diese Texte letztendlich auch im Spannungsfeld der jüdisch-christlichen Auseinandersetzungen stehen[45]. Auch wenn es unklar ist, inwieweit jüdischerseits eine konkrete Kenntnis solcher christlicher Argumentationen vorlag, so ist in jedem Fall davon auszugehen, dass das sich ausbreitende und mächtiger werdende Christentum ab einer bestimmten Zeit wohl doch eine Herausforderung und Anfrage bildete, der man sich stellen wollte und musste: Auch wenn die apologetische Tendenz der verschiedenen Midraschim im einzelnen nur schwer nachweisbar ist, so ergibt sich eine Auseinandersetzung mit den christlichen Anfragen und Vorwürfen – und zuvor schon mit der Tatsache der römischen Vormacht in Palästina – vor allem im Hinblick auf eine »Festigung der inneren Moral«[46].

>Der Widerspruch zwischen monotheistisch begründetem Erwählungsanspruch und politischer Realität mußte natürlich vor allem nach den beiden verlustreichen Aufständen gegen Rom (66–70 und 132–135 n.Chr.) ins Auge stechen. Offen-

43 Comm. in Hiezechielem XIV, xlvii 6/12 (CChr 75, 716f); vgl. auch Epistula XLVI (CSEL 54, 333,7ff).
44 Comm. in Sophoniam I,15.16 (CChr 76A, 673).
45 Vgl. hierzu *Schoeps*, Tempelzerstörung, 150ff sowie *Ayali*, Gottes und Israels Trauer, passim; spez. 231.
46 So die Formulierung bei *J. Maier*, Jüdische Auseinandersetzung mit dem Christentum in der Antike, Darmstadt 1982, 191; s.a. *Ayali*, Gottes und Israels Trauer, 218f: »Doch ist die Annahme, die Tendenz, *all* dieser *deraschot* sei eine Apologetik gegenüber den Deutungen der Christen, mit Vorsicht aufzunehmen. Apologetisch gemeinte Auslegungen waren auch nicht immer überzeugend genug, um auf die Angreifer Eindruck zu machen, sie richteten sich vielmehr nach innen, um das Volk moralisch zu stärken.«

sichtlich standen die Rabbinen damit vor einem schwerwiegenden innerjüdischen seelsorgerlichen Problem, und ein guter Teil der Diskussionen, die in der rabbinischen Literatur über dieses Thema mit römischen bzw. heidnischen Gesprächspartnern geführt werden, diente gewiß mehr der Festigung der innerjüdischen Moral, als daß sie tatsächliche Gespräche wiedergeben. Dennoch ist nicht zu bezweifeln, daß Nichtjuden gesprächsweise gerade die Schwäche des Judentums als Beweis für die Fragwürdigkeit ihres (sic!) religiösen Anspruchs bezeichnet haben. Die christliche Seite schloß darin nahtlos an vorhandene Infragestellungen an, daher fehlen auch bei solchen Stellen ... deutliche Bezugnahmen auf das Christentum, obschon jedenfalls ab einer gewissen Zeit die Herausforderung von einer ganz christlichen Umwelt ausging.«[47]

Auf die Vorstellung, wonach Gott sein Volk verlassen habe, »reagieren« die Texte von Gottes Trauer und Klage in eindeutiger Weise: Auch in der gegenwärtigen Situation scheinbarer Gottesferne versichert sich Israel mit der Vorstellung von Gottes Trauer und Klage über das Schicksal seines Volkes weiterhin der Verbundenheit seines Gottes mit ihm und artikuliert auf diese Weise seine Hoffnung auf Erlösung. Gott hat sich nicht von Israel »geschieden«[48]; allem äußeren Anschein zum Trotz hält Gott weiterhin »seine Hand über sein Volk«[49].

IV. Ausblick: Die Rezeption des Motivs in der frühen jüdischen Mystik und in der Kabbala

Der frühen jüdischen Mystik, wie sie sich in der Hekhalot-Literatur präsentiert, sind solche Gedanken eines klagenden und trauernden Gottes zunächst fremd. Die für diese Art der Literatur typische und bestimmende Gottesvorstellung ist das Bild von Gott als einem mächtigen und erhabenen König[50]. Wenn in den sog. Shi'ur Qoma-

---

47 *Maier*, Jüdische Auseinandersetzung, 191f.
48 Interessant ist in diesem Kontext u.a. bJeb 102b, wonach ein Minäer vor R. Gamliel behauptet, die Juden seien ein Volk, an dem Gott die Ḥaliza vollzogen habe.
49 Zu dieser Rede vgl. die in bHag 5b überlieferte Erzählung von einem Minäer am Kaiserhof, der die Verwerfung Israels mit Gebärden zum Ausdruck bringt. R. Jehoshua b. Hananja weist ihn – ebenfalls mit einer Gebärde – zurecht, in dem er zeigt, dass Gott seine Hand weiterhin über Israel hält. Zu diesem Text vgl. u.a. *Schoeps*, Tempelzerstörung, 157; *Ayali*, Gottes und Israels Klage, 222; *Maier*, Jüdische Auseinandersetzung, 259, Anm. 597 (mit zahlreichen Hinweisen auf die ältere Literatur). Während Schoeps davon auszugehen scheint, dass sich hinter dem Minäer ein Christ verbirgt, legen sich Ayali und Maier im Hinblick auf die Identität dieser Gestalt nicht fest.
50 Vgl. zu dieser Charakterisierung der Hekhalot-Literatur bereits Heinrich Graetz, der für den religiösen Gehalt der Merkaba-Mystik den Terminus »Basileomorphismus« geprägt hat; vgl. zu diesen Zusammenhängen *G. Scholem*, Die jüdi-

Spekulationen, die integraler Bestandteil der Hekhalot-Mystik sind, die Größe dieses Gottes und seiner einzelnen Gliedmaßen in überdimensionalen Maßangaben entfaltet werden, so begegnet auch hier ein überraschend und kühn anmutender Aspekt anthropomorpher Gottesvorstellung. Ihre Funktion freilich geht in eine ganz andere Richtung, da hier die unvorstellbare Macht und Herrlichkeit Gottes zum Ausdruck gebracht werden soll[51]. Zu diesem Königsgott, der auf seinem himmlischen Thron inmitten der Lobgesänge seiner Engel thront, vermag der einzelne Hekhalot-Mystiker aufzusteigen, um schließlich am himmlischen Gottesdienst teilzunehmen[52]. Angesichts irdischer Unzulänglichkeiten und der Katastrophe der Tempelzerstörung fungiert die himmlische Welt in diesem Kontext als eine Art ideale Gegenwelt, in der – unberührt von allem irdischen Geschehen – der Gottesdienst vor Gottes himmlischem Thron nach wie vor stattfinden kann und diesen für den Hekhalot-Mystiker sogar zu ersetzen vermag[53].

Umso auffallender ist es nun, wenn in der Makroform 3. Henoch §§ 68–70 ein Textstück überliefert wird, das ein völlig anderes Gottesbild präsentiert. Nicht der erhabene Königsgott ist es, den R. Yishma'el bei seiner Himmelsreise antrifft, sondern vielmehr eine göttliche Gestalt, die ihre Hand, das Zeichen der göttlichen Macht, hinter dem Rücken verborgen hält.

Auch im Hinblick auf den himmlischen Hofstaat werden gängige Muster abgewandelt: Denn es sind nicht die Gott aufgrund seiner Heiligkeit lobenden Engel, die den göttlichen Thron umgeben, sondern vielmehr »alle Seelen der Gerechten, die gewürdigt werden, die Freude Jerusalems zu sehen«, die bei der Rechten Gottes stehen, diese preisen und gleichzeitig um Erbarmen bitten. Die Beschreibung fährt fort:

sche Mystik in ihren Hauptströmungen, Frankfurt a.M. 1957, 59–61. Für eine kritische Aufnahme dieser Aussage vgl. *P. Schäfer*, Der verborgene und der offenbare Gott. Hauptthemen der frühen jüdischen Mystik, Tübingen 1991, 144, der darauf aufmerksam macht, dass diese Transzendenz Gottes durch den Aufstieg des Mystikers ein Gegengewicht erfährt.

51 Zu Shi'ur-Qoma vgl. u.a. *M.S. Cohen*, The Shiᶜur Qomah: Texts and Recensions (TSAJ 9), Tübingen 1985; s.a. *G. Scholem*, Von der mystischen Gestalt der Gottheit. Studien zu Grundbegriffen der Kabbala, Frankfurt a.M. 1977, 7–49; *J. Dan*, The Ancient Jewish Mysticism, Tel Aviv 1993, 63–77; *Schäfer*, Der verborgene und offenbare Gott, Index s.v. Shiᶜur Qomah (alle mit weiteren Literaturhinweisen).

52 Zum Ganzen *Schäfer*, Der verborgene und der offenbare Gott, Index s.v. Aufstieg.

53 Vgl. zu diesem Aspekt u.a. *R. Elior*, Mysticism, Magic, and Angelology – The Perception of Angels in Hekhalot-Literature, in: JSQ 1 (1993/94), 3–53, hier 23–27.

»In jener Stunde weinte die rechte Hand Gottes,
und fünf Tränenflüsse strömten hervor von ihren fünf Fingern,
fielen in das große Meer
und ließen die ganze Welt erbeben,
so wie es heißt:
Die Erde birst und zerbirst,
die Erde bricht und zerbricht,
[die Erde wankt und schwankt,]
wie ein Betrunkener taumelt die Erde,
schwankt wie eine wacklige Hütte – [Jes 24,19f.]
fünfmal, entsprechend den fünf Fingern der großen rechten Hand.«[54]

Eine Analyse der einzelnen Elemente dieser Überlieferung zeigt deutlich, dass hier typische Hekhalot-Motive wie der thronende Königsgott oder die überdimensionale Hand Gottes von Midrasch-elementen, die Gottes Trauer und Klage über das zerstörte Heiligtum beinhalten, gleichsam »übermalt« wurden[55]. Besondere Bedeutung kommen dabei der Tradition aus der oben zitierten Erzählung von R. Qatina aus bBer 59a[56] zu sowie dem Midrasch EkhR 2,6 (22b/c), wonach Gott zum Zeichen seines Mitleidens mit dem Geschick seines Volkes seine Hand hinter seinem Rücken verborgen hält[57]. Der Triumph des Königsgottes verwandelt sich so in die Trauer des Königsgottes. Damit erfährt die für die Hekhalotliteratur vorherrschende Konzeption einer idealen himmlischen Gegenwelt, in der die Engel Gott mit ihrem ständigen Lobpreis umgeben und so letztlich den irdischen Opferdienst ersetzen, eine eindeutige Uminterpretation und Korrektur. Mit dem Motiv der Trauer Gottes öffnet sich diese Welt der Geschichte mit all ihren Unzulänglichkeiten. In die himmlische Welt dringt nun ein Stück Unvollkommenheit, ein Stück irdische Realität ein. Nun ist die himmlische Welt nicht mehr die ideale Gegenwelt der irdischen Verhältnisse; vielmehr spiegelt sich in der himmlischen Welt selbst die Unvollkommenheit des Irdischen.
Aber auch diese Tradition beinhaltet die vorhin herausgestellte Dynamik vom Leiden Gottes und Israels Erlösung. Damit Gottes Königtum auf der ganzen Welt offenbar werde und um die Erlösung Israels zu bewirken, beschließt Gott – da es an menschlichen Helfern fehlt – selbst einzuschreiten und seine Hand zu offenba-

---

54 Zitiert nach der Übersetzung von *P. Schäfer / K. Herrmann* (Hg.), Übersetzung der Hekhalot-Literatur I § 1–80 (TSAJ 46), Tübingen 1995, 151f.
55 Vgl. die detaillierte Analyse des Textes bei *B. Ego*, Trauer und Erlösung. Zum Motiv der Hand Gottes in 3Hen §§ 68–70, in: *R. Kieffer / J. Bergman*, Le Main de Dieu – Die Hand Gottes (WUNT 94), Tübingen 1997, 171–188.
56 S.o. S. 94.
57 Vgl. den Beleg mit weiteren Parallelen bei *Ego*, Trauer und Erlösung, 177.

ren. Dies bedeutet zunächst die »Erlösung« seines Armes und geht gleichzeitig mit der Errettung Israels und dem Kommen der messianischen Zeit einher. Gottes Trauer und Klage und sein Eingreifen zugunsten seines Volkes bilden auch hier zwei Seiten einer Medaille, wenn es im folgenden heißt:

»Der Heilige, er sei gepriesen, sagte in jener Stunde:
Wie lange soll ich noch auf die Menschen warten,
daß sie mit ihrer Gerechtigkeit Erlösung für meinen Arm bringen?
Um meiner selbst willen,
um meines Verdienstes und meiner Gerechtigkeit willen
will ich meinen Arm erlösen und meinen Sohn mit ihm von den Weltvölkern erretten,
wie es heißt:
Um meinetwillen, nur um meinetwillen handle ich,
denn sonst würde mein Name entweiht [Jes 48,11].«

»In jener Stunde wird der Heilige, er sei gepriesen, seinen großen Arm in der Welt offenbaren
und (ihn) den Weltvölkern zeigen ...
Sogleich wird Israel durch ihn von den Weltvölkern befreit werden,
und der Messias wird sich ihnen zeigen,
der sie in großer Freude nach Jerusalem hinaufführen wird.«[58]

Wenn im jüdischen Mittelalter im Zuge des vom islamischen Kalam bzw. vom aristotelischen Denken beeinflussten Rationalismus anthropomorphe Redeweisen von Gott als anstößig erachtet und damit eliminiert werden[59], so ist es doch die mittelalterliche Kabbala, in der solche Vorstellungen bewahrt und weitertradiert werden. Wie Gerchom Scholem in seiner Abhandlung »Tradition und Neuschöpfung im Ritus der Kabbalisten«[60] gezeigt hat, entwickelt sich bei den Kabbalisten in Gerona um 1260 der Ritus der sog. »Mitternachtsklage«, der an die kleine Erzählung von den drei Nachtwachen Gottes in bBer 3a anknüpft. Demnach erheben sich diese Frommen in den Nächten, »um zu jeder Vigilie Hymnen zu singen, unter Flehen und Beten werfen sie sich zur Erde, liegen schluchzend im Staub und vergießen Tränen in Strömen, anerkennen ihr Fehl und bekennen ihre Sünde.«[61] Sind hier Menschen

---

58 Zitiert nach *Schäfer/Herrmann*, Übersetzung der Hekhalot-Literatur, 154.
59 Vgl. u.a. Saadja Gaon, der – um die Körperlichkeit Gottes abzuwehren – die Schekhina nicht mehr als Erscheinungs- oder Daseinsweise Gottes betrachtet, sondern als geschaffenen höchsten Engel; s.a. Maimonides' Auffassung von der Unkörperlichkeit Gottes; zum Ganzen *C. Thoma*, Art. Gott III: Judentum, in: TRE 13 (1984), 626–654, hier 638–640.
60 In: *G. Scholem*, Zur Kabbala und ihrer Symbolik, Zürich 1960 (= Frankfurt a.M.), 159–208.
61 *Scholem*, Zur Kabbala und ihrer Symbolik, 195.

Akteure der nächtlichen Klage, so erzählt ein Mythos des Kabba-
listenkreises des Sohar davon, dass sich Gott um Mitternacht an die
Zerstörung Jerusalems erinnert und zwei Tränen ins große Meer
vergießt,»›die mehr brennen als alles Feuer der Welt‹«. Dabei stellen die Engel ihren Lobgesang ein und verstummen.»Die Schechina, die im Exil ist, singt nun um Mitternacht Lieder und Gesänge an ihren Gatten, ja nach anderen findet zu dieser Stunde ein
Dialog zwischen Gott und der Schechina oder geradezu ein *hieros
gamos* zwischen ihnen statt.«[62] Wenn der Sohar in diesem Kontext
auch keinen eigentlichen Klageritus kennt, so verlangt er doch von
Mystikern,»zu dieser Zeit wach zu sein, um durch Studium und
Meditation über die Mysterien der Tora sich der Schar der ›Gefährten der Schechina‹ zuzugesellen.«[63]
Jahrhunderte später, in Safed schließlich, entsteht ein fester Ritus,
bei dem der Mensch in einem ersten Teil der Liturgie über das
Schicksal der Schekhina klagt.

»Man soll sich also um Mitternacht erheben und ankleiden, dann zur Türe gehen
und nahe am Türpfosten sitzen, dann die Schuhe auszuziehen und das Haupt verhül-
len. Dann soll man unter Weinen Asche vom Herd nehmen und sie auf die Stirn an
die Stelle tun, wo am Morgen die *Tefillin*, die Gebetsphylakterien, angelegt werden. Dann soll man den Kopf niederbeugen und die Augen am Boden selber im
Staube abreiben, wie ja die Schechina selber, die ›Schöne ohne Augen‹, so im
Staube liegt. Dann trägt man eine bestimmte Liturgie vor, Psalm 137 (›An den
Wassern Babylons sitzen wir und weinen‹), Psalm 79 (›Gott, Völker sind in Dein
Erbe eingebrochen, haben Deinen Tempel entweiht‹) und das letzte Kapitel der
Klagelieder sowie bestimmte Klagegesänge, die in Safed und Jerusalem verfaßt
worden sind.«[64]

Auch in diesem Ritual ist der Zusammenhang vom Exil der Schekhina und ihrer Erlösung integraler Bestandteil der Überlieferung,
da in einem zweiten Teil der hier vorgeschriebenen Liturgie messianische Psalmen erklingen, die diese Aspekte thematisieren[65].
Allerdings wird nun in diesem kabbalistischen Ritus gleichsam das
Vorzeichen des Motivs gewendet und ein anderer Schwerpunkt
gesetzt: Begleitete Gott ursprünglich mit seiner Klage sein Volk in
seiner Not, klagte Gott einst mit Israel und brachte er damit zum
Ausdruck, dass er sein Volk nicht vergessen hat, so kann nun Israel mit seiner Klage zum Ausdruck bringen, dass es seines Gottes
eingedenk bleibt.

62   Ebd., 196.
63   Ebd., 196.
64   Ebd., 197.
65   Ebd., 198.

Reinhold Boschki

Schweigen und schreien zugleich

Anklage Gottes im Werk von Elie Wiesel

1. Schrei ohne Adressaten – oder doch?

Dem Zeugnis eines Überlebenden von Auschwitz, dessen gesamtes Werk um die Todes- und Leidenserfahrung der Lager kreist, kann man sich kaum anders nähern als narrativ. In den in diesem ersten Abschnitt zitierten Textpassagen von Elie Wiesel und deren Analysen werden bereits die roten Fäden sichtbar, die seine Gottesklage durchziehen.

Jahrzehnte, nachdem der 15jährige Elie Wiesel das Vernichtungslager Auschwitz-Birkenau verlassen hatte, gezwungen, den Todesmarsch Richtung Buchenwald anzutreten, als die »Rote Armee« sich dem Lager von Osten näherte, kehrt der Überlebende zusammen mit Gefährten von damals zurück. Jemand führt die Gruppe durch die Örtlichkeiten, man hört nur aus Höflichkeit hin. Schließlich betritt man die Überreste der Gaskammern und der in unmittelbarer Nähe befindlichen Krematorien. Es gilt, die Zähne zusammen zu beißen:

»In einem bestimmten Moment, in dem wir in der Vorkammer des Todes waren, verspürten wir Ehemaligen von Auschwitz das Bedürfnis, uns die Arme zu reichen. Das Bedürfnis, einander zu stützen? Während einer unendlichen Zeitspanne hielten wir Stille. Dann, ganz leise zuerst, schließlich immer lauter schreiend, begannen wir, wie Verrückte das ewige Gebet der Juden zu sprechen: Sch'ma Israel – Höre Israel, Gott ist unser Gott, Gott ist einer – einmal, zweimal, fünfmal ... Taten wir dies, weil damals die Opfer, die spürten, dass das Ende nahe war, begannen, dasselbe Gebet zu sprechen? [...]
In dem offenen Zug, der uns [...] im Januar 1945, von Auschwitz nach Buchenwald brachte, begannen wir, aufgerieben von einem wilden Schneesturm, mit unseren letzten Kräften dasselbe Gebet zu schreien. Mit unserem letzten Atemzug wollten wir einer unwürdigen Welt unseren Glauben an Gott kundtun, jawohl, trotz Auschwitz: Gott ist einzig; trotz der Schlächter: Gott ist unser Gott; trotz Buchenwald: Gott ist einer.«[1]

---

1 E. Wiesel, Wiederbegegnung mit Auschwitz, in: A. Bujak (Hg.), Auschwitz-Birkenau, Freiburg/Basel/Wien 1989, 5–8, hier 8.

In diesem Essay Wiesels aus dem Jahre 1989 ist der Schrei, der angesichts des Todes ausgestoßen wird, ein Gebet, »das ewige Gebet der Juden«, das Sch'ma Israel. Die Überlebenden sprechen es in rückwirkender Solidarität. Doch das deuteronomistische »Höre Israel«, das an zentraler Stelle in die öffentliche Liturgie und in das private Gebet frommer Juden eingeschrieben wurde, ist nicht primär Anrufung Gottes, sondern Anruf an die Gemeinde, an Israel[2]. Genau in diesem Sinne deutet Wiesel retrospektiv das Gebet, das die Sterbenden und er selbst in dem Todeszug verzweifelt schrien. Gleichzeitig universalisiert er den Anruf der Gemeinde, in dem er die Verzweiflungsschreie als einen trotzigen Glauben an Gott versteht, der einer »unwürdigen Welt« entgegengeschleudert wird, einer Welt, die Auschwitz möglich machte und die zu Auschwitz schwieg. »Un di Welt hot geschwign« heißt denn auch der erste autobiographische Bericht über die Zeit in den Lagern, den Elie Wiesel ein Jahrzehnt nach der Befreiung auf Jiddisch veröffentlicht (1956)[3]. In der späteren französischen Fassung (1958) gibt Wiesel seine Erinnerungen an die gleiche Szene folgendermaßen wieder:

»Plötzlich ertönte im Waggon ein Schrei, der Schrei eines waidwunden Tieres. Jemand hatte soeben seine Seele ausgehaucht.
Andere, die gleichfalls im Begriff waren zu sterben, ahmten seinen Schrei nach. Und ihre Schreie schienen aus dem Jenseits zu kommen. Bald schrien alle. Klagen, Seufzen, Verzweiflungsrufe in Sturm und Schnee.
Die Hysterie griff auf die anderen Wagen über. Bald erhoben sich Hunderte von Schreien zugleich, ohne zu wissen, gegen wen, ohne zu wissen, warum. Es war das Todesröcheln eines ganzen Eisenbahnzuges, der das Ende nahen fühlte. Ein jeder von uns würde hier zugrundegehen. Alle Grenzen waren überschritten. Niemand hatte noch Kraft. Und die Nacht wollte nicht enden.«[4]

Der Text zeugt von absoluter Gott- und Weltverlassenheit. Grenzenlose Einsamkeit umhüllt die Opfer wie die klirrende Kälte. Alle Hoffnung scheint verloren, die Gebete scheinen verstummt zu sein. Genau hier, wo nicht mehr explizit von Gott die Rede ist, liegt der innerste Kreis von Wiesels Gottesrede. Immer wieder besteht er aus einem Schrei. Er lässt sich in allen Werkteilen von den frühesten bis zu den späten Schriften finden. Es ist der Schrei der Opfer,

---

2   Ich danke Walter Groß, Tübingen, für diesen Hinweis bei der Diskussion dieses Textes von Elie Wiesel.
3   *E. Wiesel*, Un di Welt hot geschwign (Und die Welt schwieg), Buenos Aires 1956; überarbeitete und gekürzte Fassung: La Nuit, Paris 1958; deutsche Übersetzung in: *ders.*, Die Nacht zu begraben, Elischa. Trilogie, München/Esslingen 1962, 17–153; Einzelausgabe: Die Nacht. Erinnerung und Zeugnis, Freiburg/Basel/Wien 1996.
4   Ebd., 138–139.

ein nackter Aufschrei. Der Schrei hat an dieser Stelle des Berichts keinen Adressaten, er wird ausgestoßen »ohne zu wissen, gegen wen, ohne zu wissen, warum«.

Vergleicht man die beiden Erinnerungen, könnte man versucht sein zu meinen, die spätere Version sei eine nachträgliche Theologisierung eines Geschehens, das sich allein auf der menschlichen Ebene vollzog und wo es um nichts anderes geht als um das Leiden und Sterben der Verschleppten in einem Viehwaggonzug: »Klagen, Seufzen, Verzweiflungsrufe in Sturm und Schnee.« Gott scheint nicht involviert zu sein, er scheint abwesend zu sein und wird nicht einmal in seiner Abwesenheit angerufen.

Einen Schritt weiter im Verständnis der auf den ersten Blick so unterschiedlichen Deutungen ein und derselben schrecklichen Szene von ein und demselben Zeugen führt der Vergleich mit der erwähnten, ursprünglich jiddischen Version des Berichts. Im Kapitel »Der Leichenzug« erinnert sich der Überlebende an den letzten Tag der Fahrt:

> »Und wir bewegten uns hin und her. Der Wind, der Schnee, der Waggon, selbst der Himmel – auf einmal fing alles an, sich hin und her zu bewegen. Und wir beteten. Das Gebet des Lebens. Das Gebet des Todes. Wir hörten das Schwert des Todesengels schlagen. Wir beteten. Ein betender Minjan.
> Plötzlich hörte man aus dem Waggon einen Schrei. Das Weh-Geschrei eines verwundeten Tieres.
> Es war ein beängstigendes, makaberes Bild. Einige vermochten es nicht, die Stummheit zu ertragen. Sie fingen an zu schreien. Und es war, als kämen ihre Stimmen aus dem Jenseits.
> Bald ahmten wir alle es nach.
> Der ganze Waggon fing an zu schreien. Zu schreien – einfach in den Wind, einfach in den Schnee. Nicht wissend warum und zu wem.
> [...]
> Der Schrei aus dem Waggon erhob sich bis zum Himmel. Und als er dort auf verschlossene, zugenagelte Türen stieß, kehrte er zurück.
> Es dauerte nicht lange bis es aus allen Waggons anfing zu schreien. Die Schreie aus etwa zwanzig Waggons vereinigten sich zu einem einzigen Leidens-Schrei.«[5]

Auch diese Version ist erinnertes Zeugnis, weshalb es sich nicht allein um einen nüchternen Bericht, sondern um deutende Beschreibung des Erlebten handelt. Doch dem jiddischen Text ist anzumerken, dass die Verschmelzung von Schrei und Gebet keine nachträgliche »Theologisierung« darstellt. Die jiddische Version ist ganz für jüdische Leser verfasst. Der Erscheinungsort dieser ersten Fassung, Buenos Aires, war einerseits Fluchtpunkt unzähli-

---

5 *Wiesel*, Un die Welt (s. oben Anm. 3), 215–216 (aus dem Jiddischen von R.B.).

ger europäischer Juden während der Schoah, andererseits eine der
ersten Adressen für Überlebende, die nach dem Krieg nicht oder
nicht sofort nach Palästina einreisen wollten. In diesem Kontext
konnte Elie Wiesel selbstverständlich voraussetzen, dass es verstanden wurde, wenn er vom Gebet der in Todesnot Verzweifelten berichtet, wenn er von einem Minjan der Sterbenden und dem nahen-
den Todesengel schreibt. Die französische Fassung hingegen war
weitgehend für Nichtjuden bestimmt. Kein Wunder, wenn dort die
entsprechenden Passagen fehlen, zumal Wiesel von dem am Manuskript interessierten Verleger strikte Kürzungsauflagen erhielt.
Doch widersprechen sich die Berichte nicht allzu sehr?

2. Kontinuität und Diskontinuität zur jüdischen Überlieferung

Die drei unterschiedlichen Schilderungen sind charakteristisch für
Wiesels Vorgehensweise, die auf den ersten Blick verwirrend und
paradox erscheint: Wie ist der Aufschrei zu verstehen? Ist er nichts
anderes als Ausdruck der Qual des Gemarterten? Ist er Gebet, und
wenn ja, zu wem? Mit welchen Worten? Ist es das Sch'ma Israel?
Anruf Gottes oder Anruf der Gemeinde (Israel)? Ein Schrei gegen
die Menschen (die »unwürdige Welt«) oder gegen Gott? Oder ist
er alles zugleich?
Wiesels »Theologie« – Gottesrede im primären Sinne, Rede von
Gott und Rede zu Gott – ist ebenso wie seine »Anthropologie«
nicht systematisch entfaltet, sondern eine narrativ-literarische Bearbeitung vielfältiger religiöser Motive, die er der Tradition entnimmt
und im Licht, genauer, im Schatten der Schoah bricht, variiert, verändert[6]. Es gibt nicht *den* Zugang Wiesels zur Gottesklage, sondern Motivkreise, die unterschiedlichen Traditionen entstammen.
Wiesel schöpft aus zahlreichen Quellen seiner, der jüdischen Überlieferung (Bibel, Talmud, Midrasch, mittelalterliche Bibelkommen-
tare, Pijutim[7] usw.), wobei seine spezifische Herkunft einen Schwerpunkt im Gesamtwerk bildet: der osteuropäische Chassidismus, diese »letzte Phase der jüdischen Mystik«, wie ihn Gerschom Scholem
bezeichnete, die »Popularisierung der Kabbala«[8]. Die der Tradition
entnommenen Motive werden aufgrund der Todeserfahrung der
Lager auf verschiedene Weise literarisch, essayistisch oder drama-

6   *R. Boschki*, Der Schrei. Gott und Mensch im Werk von Elie Wiesel, Mainz
²1995.
7   Pijut: die für den synagogalen, liturgischen Gebrauch bestimmte Dichtung.
8   *G. Scholem*, Die jüdische Mystik in ihren Hauptströmungen (1962), Frank-
furt/M. 1977, 356–362.

tisch bearbeitet. Dabei erfolgt der Rückgriff auf tradierte »Theologie« bei Wiesel nie ungebrochen, affirmativ, sondern stets über den Abgrund der Schoah, »über die Zeit der Qualen hinweg«[9]. Wiesels Reaktion auf Auschwitz, so auch seine Rebellion gegen Gott, steht in Kontinuität *und* Diskontinuität zur überlieferten jüdischen Gottesrede.

In dieser Spannung sind alle seine theologischen Entwürfe, die er in seiner Literatur verarbeitet und hervorbringt, zu verstehen. In ihr liegt der Schlüssel für das Verständnis Wieselscher religiöser Sprachsuche nach Auschwitz. Die Kontinuität besteht in Wiesels immer neuem Rückgriff *auf* und Vernarrtsein *in* die religiösen Traditionen des Judentums, aus denen jede Zeile schöpft, die er schreibt. Die Diskontinuität wurde durch die Erfahrung von Auschwitz gesetzt. Sie ist die alles bestimmende Zäsur, welche die »naive« religiöse Sprechhandlung unterbricht. Der biographische und historisch-politische Riss (Dan Diner spricht von »Zivilisationsbruch«) spiegelt sich in theologischem und anthropologischem Reden des Überlebenden wider: Elie Wiesels Rede von und zu Gott und vom Menschen zeugt in all ihren Äußerungen von dem Bruch, der durch die Schoah erfolgt ist.

Die zitierte Passage aus dem jiddischen Bericht zeigt eine solche Kontinuität bei gleichzeitiger Diskontinuität auf. Dass der Schrei des gequälten Menschen zum Himmel aufsteigt und dort auf offene Tore bzw. auf das offene Ohr Gottes trifft und treffen will, ist ein Motiv, das in der jüdischen Religionsgeschichte seit biblischer Zeit geläufig ist (z.B. Ex 2,23f; Ps 22,25 und zahlreiche weitere Belege)[10]. Dass der Schrei zurückkehrt, weil die Türen des Himmels verrammelt und zugenagelt sind, der Schrei also beim Menschen wieder ankommt, bei dem, der ihn ausstößt, gleichzeitig bei denen, die für das Leiden verantwortlich sind (vgl. den Text von 1989), kehrt den Klageschrei zu Gott um zum Klageschrei gegen den Menschen. Kontinuität – der Schrei als traditionelles In-Beziehung-Treten mit Gott[11] – und Diskontinuität – der zum Menschen zurückgekehrte Schrei als Anklage des Menschen – gehen Hand in Hand. In zahlreichen Motiven im Werk Wiesels lassen sich ähnliche Muster der Diskontinuität in Kontinuität aufzeigen[12], ob beispielsweise beim Motiv des Messias, der einerseits der Bezugspunkt

9   E. *Wiesel*, Chassidische Feier. Geschichten und Legenden, Freiburg/Basel/ Wien 1988, 6.
10   Vgl. die mittlerweile umfangreiche exegetische Beschäftigung mit den biblischen Klagetexten.
11   Vgl. A. *Heschel*, Der Mensch fragt nach Gott. Untersuchungen zum Gebet und zur Symbolik (1954), Neukirchen-Vluyn ³1993.
12   *Boschki*, Schrei (s. oben Anm. 6), 69–212.

aller gläubigen Hoffnung darstellt, der aber andererseits als Erschossener in ein Massengrab fallen kann, oder beim Motiv des leidenden Gottes, dessen Schechinah einerseits den Verbannten solidarisch ins Exil folgt, der aber andererseits bezichtigt wird, durch sein Mitleiden die Leiden der in Auschwitz Vernichteten nur zu vervielfachen.

In Wiesels Konzeption hat keine der religiösen Antworten der Tradition auf die Frage nach der menschlichen Bestimmung und auf das menschliche Leiden Bestand angesichts der Schoah. Dies immer wieder aufs Neue zu verdeutlichen ist der tiefere Sinn der Veränderung und Variation religiöser Motive im Werk Wiesels.

3. Negative Hermeneutik der Schoah

Daraus folgt ein zentraler Gedanke Wiesels, der herausgearbeitet werden muss, bevor weitere Aspekte des Motivkreises »Klage« bei Wiesel aufgezeigt werden können. Eine chronologische Untersuchung der Schriften Wiesels zeigt, wie der Autor von den frühesten Veröffentlichungen bis zu den jüngsten Arbeiten mit unnachgiebiger Permanenz die letztliche Nichtverstehbarkeit dessen betont, was den Juden unter der Herrschaft des Nationalsozialismus widerfahren ist. Seine frühen Essays aus den 1960er Jahren beschwören geradezu den Leser einzusehen, dass die Welt der Lager nicht zu verstehen sei. Gelehrte aller Fachrichtungen einschließlich der Philosophen sind, so Wiesel, niemals fähig, die Ereignisse adäquat zu behandeln. »Ihr Vokabular kann den Begriff Auschwitz nicht einfangen.«[13] Jetzt, so der Autor, zwanzig Jahre nach Kriegsende, besteht immer noch keine Möglichkeit, Licht in das Dunkel der Lager zu bringen. Das »Phänomen Eichmann« beispielsweise konnte auch nicht durch den Prozess in Jerusalem erhellt werden[14]. Die in der Verhandlung gehörten Opfer und Zeugen erklärten unnachgiebig, dass niemand, der nicht »dort unten« gewesen sei, jemals wissen könne, was geschehen war. Auch die Psychiater Bruno Bettelheim und Viktor E. Frankl, welche die Welt der Konzentrationslager überlebt hatten, könnten in ihren Erklärungen für die Katastrophe nur Teillösungen anbieten[15]. Sie und andere hätten sich nach der Befreiung um Deutungen – psychologischer, sozialpsychologischer, soziologischer oder politischer Natur – bemüht, doch vergebens. In einem seiner wichtigsten Essays der frühen Periode,

---

13   *E. Wiesel*, Gesang der Toten, Freiburg/Basel/Wien 1986, 11.
14   Ebd., 142; zum Eichmann-Prozess s. 142–153.
15   Beides ebd., 150.

dem »Plädoyer für die Toten«, schreibt Wiesel:»Psychiater, Schau-
spieler, Romanciers – alle haben sie eine Meinung, jeder ist im-
stande, alle Antworten zu geben und alle Geheimnisse zu erhellen:
die kalte Grausamkeit des Henkers und den Schrei seines Opfers,
sogar das Schicksal, das sie zusammengeführt hat ...«[16]
Genau gegen diese Verstehensbehauptungen schreibt Wiesel sein
»Plädoyer«. In jedem Erklärungsversuch zur Schoah sei zwar ein
Funken Wahrheit enthalten, ihre Summe aber könne niemals eine
Gesamterklärung für das Ausmaß an Schrecken sein. Es gibt, so
Wiesel weiter, keine Lösung für die Frage nach Auschwitz, denn
sie könnte Zwangsläufigkeit, Notwendigkeit oder gar Sinn suggerieren. Verstehensbemühungen können allzu leicht in der Gestalt
von Sinngebungsversuchen auftreten. Wiesels Gesamtwerk ist der
Versuch, sich solchen Sinngebungs- und Erklärungsversuchen für
Auschwitz zu widersetzen. Wer glaubt, Auschwitz verstanden zu
haben, hat überhaupt nichts verstanden:»Uns bleibt nur, den Kopf
zu senken und zu schweigen. ... Sie wollen verstehen? Es gibt nichts
mehr zu verstehen. Sie wollen etwas erfahren? Es gibt nichts mehr
zu erfahren. ... Lernt also zu schweigen!«[17]
Dieser Impetus zieht sich durch die weiteren Äußerungen Wiesels
bis in die neuesten Veröffentlichungen. Seine Motivation zu schreiben ist nicht, dem Leser Verstehen zu suggerieren, sondern im Gegenteil, ihm einzuschärfen, dass auch er nicht verstehen wird. Wiesels Anliegen ist es,»die Unmöglichkeit der Vermittlung mitzutei-
len«[18]. Auschwitz lässt sich nicht vermitteln und nicht verstehen –
dies ist die Mitteilung Wiesels an seine Leser und Hörer.
Lässt sich dann gar nichts mehr sagen? Für Wiesel ist Schweigen
keine Antwort auf das Geschehen. Das Schweigen könnte als Verschweigen oder gar Verleugnen missverstanden werden. Ein Dilemma tut sich auf: Wir können Auschwitz niemals»begreifen«,
niemals»vermitteln«, niemals in Sprache fassen – und gleichzeitig
wird und muss uns Auschwitz weiterhin umtreiben. In einem Gespräch mit dem Schriftsteller Jorge Semprun, der wie Wiesel bis
zur Befreiung im Lager Buchenwald interniert war, suchen beide
einen Ausweg aus dem Sprach-Dilemma:

Jorge Semprun:»Es ist mir immer schwer gefallen oder unangenehm gewesen
oder ich habe es für überflüssig gehalten, mit Menschen meiner Generation über
diese Erfahrung zu sprechen, jetzt aber – ich möchte nicht sagen, dass es mir
leichtfällt, aber jetzt ist es möglich geworden.«

16   Ebd., 154–177, hier 158.
17   Ebd., 177.
18   *E. Wiesel u.a.*, Dimensions of the Holocaust, Evanston 1977, 8.

Elie Wiesel: »Möglich ... Nein, Jorge, es ist unmöglich, wir tun es aber trotzdem. Wir haben keine andere Wahl.«[19]

Weil es unmöglich ist zu schweigen, ist die Beschäftigung mit der
Erinnerung unerlässlich. Sie, die Erinnerung, ist das zentrale Leit-
motiv im gesamten Œvre Wiesels. Doch stets trägt sie den besagten
Vorbehalt mit sich: Sie darf nicht dem Versuch der Sinngebung
verfallen. Der Zugang zur Erfahrung der Opfer von Auschwitz ist
immer negativ, da alle Verstehensmöglichkeiten versagen. Diesen
bedeutenden Aspekt des Werks Wiesels, der häufig übersehen wird,
wenn Wiesels Motive allzu affirmativ für theologische Deutungsmuster herangezogen werden, kommt einer »negativen Hermeneutik« gleich. Negative Hermeneutik im Blick auf Auschwitz bedeutet
konkret: Die Schreie, Tränen, die stumme Agonie der Verschwun-
denen und Ermordeten bleiben »unfassbar«, kann keiner versöhnli-
chen Theologie zugeführt werden. Der Zugriff bleibt verwehrt. Auschwitz entzieht sich unserer wie immer gearteten Verarbeitung –
ästhetisch, philosophisch, theologisch. Bewältigungsversuche scheitern ebenso wie Sinngebungsversuche – dies ist Ausgangspunkt
und Fundament der Botschaft des Auschwitz-Überlebenden Elie
Wiesel.
Die Negative Hermeneutik steht als Begriff für die absolute Zäsur-
erfahrung von Auschwitz. Die Zäsur hat für Wiesel alle menschlichen Bereiche erfasst, die menschliche Sprache, menschliches
Denken, Verhalten und den Glauben an Gott. Die Rezeption dieser
Negativen Hermeneutik ist für christliche Theologie unerlässlich,
wenn sie Zugänge zu dem historischen Ereignis Auschwitz finden
will. Sie verhindert, dass sich Theologie in mehrere Aporien verstrickt, nämlich, zu schnell zu reden, ohne Schweigen zu wahren,
zu schnell zu verstehen, und vor allem, Auschwitz als Baustein
christlicher Theologie zu vereinnahmen. Die Gefahr einer christologischen Sinndeutung schlummert in allen christlichen Ansätzen
einer Theologie angesichts von Auschwitz.
Die Negative Hermeneutik wird im folgenden als entscheidender
Schlüssel gesehen für die theologische Sprachsuche angesichts eines Ereignisses, das vor allem *eine* Sprache besitzt: das Schweigen
und den Schrei der Opfer.

4.   Aufruhr gegen den Allmächtigen – angesichts des Todes

Vor dem Hintergrund des Gesagten können nun Zugänge freige-
legt werden, die Wiesels Gottesklage charakterisieren. Wie gesehen,

---

19   *J. Semprun / E. Wiesel*, Schweigen ist unmöglich, Frankfurt/M. 1997, 16f.

besteht sie zunächst aus einer »Landschaft aus Schreien« (Nelly Sachs). Doch vor dem Hintergrund seiner intensiven religiösen Sozialisation kann Wiesel nicht anders als Gott mit diesen Schreien zu konfrontieren:

»Es ist falsch, Auschwitz ausschließlich als theologisches Problem zu verstehen. Auschwitz wurde nicht von Gott verursacht; es wurde von Menschen veranstaltet gegen andere Menschen. Es ist zuerst und vor allem ein menschliches Problem, menschliche Verantwortlichkeit. Aber Gott herauszulassen, ist auch unehrlich. Die Tragödie ist, dass wir uns keine Vorstellung von Auschwitz machen können mit Gott, aber auch nicht ohne Gott.«[20]

Diese unauflösbare Spannung führte seinen Berichten zufolge bereits in den Todeslagern zu einem ersten Aufruhr gegen den Allmächtigen. Während andere um so intensiver versuchten, auch unter den widrigsten Umständen an den Geboten festzuhalten, und wieder andere ihren Glauben aufgaben, war der Weg des 15jährigen tora- und tamudkundigen Adoleszenten der des Aufruhrs. Wiesel erinnert sich an seine Gedanken angesichts einer Menge von betenden Häftlingen am Vorabend des Rosch-HaSchana 1944: »Wer bist Du, mein Gott, dachte ich zornig, verglichen mit dieser schmerzerfüllten Menge, die Dir ihren Glauben, ihren Zorn, ihren Aufruhr zuschreit?«[21] Die Gläubigen wiederholen die Worte des Vorbeters: »Gepriesen sei der Name des Ewigen.«

»Warum, warum sollte ich ihn preisen? Jede Faser meines Wesen sträubte sich dagegen. Nur weil er Tausende seiner Kinder in Gräben verbrennen ließ? Nur weil er sechs Gaskammern Tag und Nacht, Sabbat und Festtag arbeiten ließ? Nur weil er in seiner Allmacht Auschwitz, Birkenau, Buna und so viele andere Todesfabriken geschaffen hat? Wie sollte ich zu ihm sagen: Gepriesen seist Du, Ewiger, König der Welt, der Du uns unter den Völkern erwählt hast, damit wir Tag und Nacht gefoltert werden, unsere Väter, unsere Mütter, unsere Brüder in den Gaskammern verenden sehen? Gelobt sei Dein heiliger Name, Du, der Du uns auserwählt hast, auf Deinem Altar geschlachtet zu werden?«[22]

Die Schärfe der Klage kann kaum überschätzt werden. Denn noch wenige Monate zuvor war der junge Chassid aus dem damals ungarischen Sighet, einem kleinen Städtchen am Rande der Karpaten, ein treuer Synagogengänger, verbrachte mehr Zeit im Lehrhaus als auf den Straßen, studierte die Tora einschließlich der Kommentierungen in Talmud, Midrasch und mittelalterlichen Auslegungen, hielt sich an die Überlieferung in allen Bereichen der Lebensfüh-

---

20   *E. Wiesel*, in: *O. Schwencke* (Hg.), Erinnerung als Gegenwart. Elie Wiesel in Loccum, Loccum 1987, 119.
21   *Wiesel*, Nacht (s. oben Anm. 3), 94.
22   Ebd., 95

rung. Bei der Deportation im Frühsommer 1944 durften die Verschleppten nur Weniges an Habseligkeiten mitnehmen. In Wiesels
Koffer befanden sich, wie er später berichtet, der Tallit, die Tephil-
lin, einige liturgische Gegenstände und religiöse Bücher – weiter
nichts[23]. So kam der junge »Fromme« nach Auschwitz. Dort angekommen war angesichts der absoluten Gottverlassenheit der Opfer
und des allgegenwärtigen Todes der Bruch mit der Tradition radikal. Über jenen Neujahrsabend schreibt Wiesel weiter:

»Heute betete ich nicht mehr. Ich war außerstande zu seufzen. Ich fühlte mich im
Gegenteil stark. Ich war der Ankläger. Und Gott war der Angeklagte. Meine Augen waren sehend geworden, und ich war allein, furchtbar allein auf der Welt, ohne Gott, ohne Menschen. Ohne Liebe, ohne Mitleid. Ich war nur noch Asche,
aber ich fühlte mich stärker als jener Allmächtige, mit dem mein Leben so lange
verknüpft gewesen war. Inmitten der Gemeinde war ich ein fremder Beobachter.«[24]

Dass sich Wiesel nicht nur als »Privatmann« mit seinem Gott auseinander setzt, sondern sich von der Gemeinde distanziert, weil er
das Sch'ma Israel nicht mitbetet, ist der eigentliche Abbruch der
Kontinuität. Auch an Jom Kippur, dem strengsten Fasttag des Judentums, zeigt er seinen Protest gegen die Weisungen der Gemeinschaft und gegen Gott selbst. Er verweigert das Fasten unter den
menschenunwürdigen Bedingungen. »Ich nahm Gottes Schweigen
nicht mehr hin. Meine Suppe schlürfend, sah ich in dieser Gebärde einen Akt des Aufruhrs und der Auflehnung gegen ihn.«[25] Gott
hätte in dieser Situation sprechen müssen, hätte eingreifen müssen,
und tat es nicht – das ist der eigentliche Skandal, der Wiesel umtreibt. Warum schweigt Gott angesichts der Erhängung eines Kindes[26], angesichts der Selektionen, durch die auch seine Mutter, seine Großmutter, seine kleine Schwester Tsipora ermordet wurden,
angesichts des Todes seines Vaters später im KZ Buchenwald?
Wiesels Protest gegen Gott hat ihren Ursprung nicht in einer reflek-
tierten »Theologie der Klage«, die er bestimmten Überlieferungen
entnommen hätte, sondern ist »elementare Theologie«, ursprüngli-
ches Reden zu Gott in der Situation des Todes. Zorn und Aufruhr
sind unmittelbar. In seinem Bericht über die Lager verknüpft Wiesel seine Auflehnung noch nicht mit der Klagetradition im biblischen und nachbiblischen Judentum. Lediglich an einer Stelle zieht
er eine Verbindung zu dem herausragenden biblischen Ankläger:

---

23 *Wiesel*, in: *Schwencke* (Hg.), Erinnerung (s. oben Anm. 20), 46.
24 *Wiesel*, Nacht (s. oben Anm. 3), 96.
25 Ebd., 98.
26 Ebd., 91–94.

»Wie ich Hiob verstand! Ich leugnete zwar nicht Gottes Existenz, zweifelte aber an seiner unbedingten Gerechtigkeit.«[27] Nach der Befreiung aus den Lagern, die er nur mit knapper Not überlebt, nach einer Zeit der Rekreation in Frankreich, wo er das Französische als zweite Muttersprache übernimmt, und schließlich das Studium der Literatur, Psychologie und Philosophie an der Sorbonne beginnt, knüpft Wiesel im Dialog mit einem der größten Talmudgelehrten seiner Zeit, Rav Shoushani, in Paris, später in den USA mit Saul Liebermann und Abraham Joshua Heschel, bewusst an die religiösen Traditionen des Judentums an. So entstehen erste Veröffentlichungen zu biblischen, talmudischen und chassidischen Überlieferungen, die ab den 1970er Jahre publiziert werden. Dabei greift er vor allem den Strang jüdischer Glaubensexistenz auf, der seiner eigenen Gottesrede am nächsten kommt, den des Ringens und Streitens mit Gott.

5.   Der Motivkreis »Biblische Rebellen und rebellische Rabbinen«

In dieser Zeit beginnt Wiesel, seine Gottesklage in die jüdische »Theologie« der Klage einzubetten. Sein erstes Buch über den Chassidismus[28], eine Reinterpretation des Lebens und der Überlieferung chassidischer Meister, enthält ebenso wie sein erstes Buch zu biblischen Gestalten[29], einer vor allem auf talmudischen und midraschischen Quellen beruhenden Relecture biblischer Erzählkreise, markante Versuche, die jüdische Klagetradition herauszuarbeiten und – teils explizit, teils implizit – in den Kontext der jüdischen Leiderfahrungen des 20. Jahrhunderts zu stellen. Wiesel erwähnt an vielerlei Stellen die Gottesrebellen aus der jüdischen Tradition. Neben biblischen Gestalten wie Adam, Abraham, Jakob, allen voran Ijob (vgl. den nächsten Abschnitt) und die Propheten[30], neben talmudischen Rabbinern wie Ismael ben Elisa, dessen Schmerzensschreie, wie der Talmud berichtet, unter römischer Folter Himmel und Erde erschüttern, Rabbi Akiba oder Elischa ben Abuja[31], sind

27   Ebd., 70.
28   *E. Wiesel*, Chassidische Feier (1972), Freiburg/Basel/Wien 1988.
29   *E. Wiesel*, Adam oder das Geheimnis des Anfangs (1975), Freiburg/Basel/ Wien 1987.
30   Ebd., 18.76.95.127ff.207ff; *ders.*, Von Gott gepackt. Prophetische Gestalten, Freiburg/Basel/Wien 1983, 102.111.132; *ders.*, Sages and Dreamers. Biblical, Talmudic, and Hasidic Portaits and Legends, New York 1991, 27f.39.47; Aussagen Wiesels allgemein zur Gottesrebellion in der jüdischen Tradition: *ders.*, Against Silence, New York 1985, Bd. II, 139ff.
31   *E. Wiesel*, Die Weisheit des Talmud, Freiburg/Basel/Wien 1992, 129ff. 141ff.179ff.

es vor allem chassidische Meister wie Rabbi Levi-Jizchak von Berditschew, Rabbi Nachman von Brazlaw oder Rabbi Menachem-
Mendel von Kozk, die Gott, so Wiesels Darstellung, ihren Zorn und
ihre Klage entgegenschleuderten[32]. Auf ihre Fragen und Proteste
bezieht sich Wiesel heute, nach dem Todessturm; er knüpft an sie
an, denn »... dank ihnen haben wir noch die Kraft und den Mut,
sie wiederzugeben, als wären sie unsere eigenen.«[33]
Sehr häufig erwähnt Wiesel den »rebellischen« chassidischen Rabbiner Levi-Jizchak von Berditschew (ca. 1740–1809), der sich
durch seine Dispute mit Gott und seine kühne Revolte gegen den
Allmächtigen zu stellen wagte: »Andere vor ihm hatten ebenfalls
Zwiesprache mit Gott gehalten. Aber keiner war so tollkühn gewesen, sich gegen Gott zu stellen.«[34] Wiesel stellt ihn dar als einen für
das Leiden seiner Generation äußerst sensiblen Menschen, der Gott
für die Qualen zur Verantwortung ruft. Er war so dreist, Gott mit
dem Abbruch der Beziehung zu ihm zu drohen. Eines Tages, als
die Leiden zu groß, zu unerträglich wurden, blieb Levi-Jizchak den
ganzen Tag lang vor seinem Vorbeterpult in der Synagoge stehen,
ohne ein Wort zu sagen, ohne dass ein Gebet über seine Lippen
kam. Er hatte Gott, so Wiesel, vorher gewarnt: »Wenn Du Dich wei-
gerst, unsere Gebete zu erhören, spreche ich sie nicht mehr.« Der
Rabbiner verlangte Gottes Gegenleistung für die Treue des Volkes
Israel. Nun sei es Zeit, dass auch Gott seine Treue erweist. Wiesel
zieht aus der Beschäftigung mit diesem Gottesrebellen grundsätzliche Schlüsse:

> »Die jüdische Tradition, darauf wollen wir ausdrücklich hinweisen, erlaubt es dem
> Menschen, Gott alles zu sagen, sofern es gut für den Menschen ist. Durch die in-
> nere Befreiung des Menschen nämlich rechtfertigt sich Gott. Es kommt nur darauf
> an, in welchem Rahmen der Mensch mit Gott hadert. Innerhalb der Gemeinde
> kann er alles sagen. Löst er sich von ihr, verliert er dieses Recht. Die Revolte des
> Gläubigen ist nicht die des Renegaten; die beiden sprechen nicht im Namen des-
> selben Leids.«[35]

Der Auschwitz-Überlebende findet in diesen Quellen einen An-
knüpfungspunkt für seine eigene Sprachsuche. Auch wenn er in
»Nacht« noch berichtet, er hätte sich angesichts der Gebete seiner
Mithäftlinge als »fremder Beobachter« gefühlt (vgl. oben), geschieht dies doch »inmitten der Gemeinde«, aus der er sich weder

32 *Wiesel*, Chassidische Feier (s. oben Anm. 28), 110ff.156f.173.224ff;
ders., Was die Tore des Himmels öffnet, Freiburg/Basel/Wien, 1981, 35; *ders.*,
Geschichten gegen die Melancholie, Freiburg/Basel/Wien 1987, 80.84f.
33 *Wiesel*, Chassidische Feier (s. oben Anm. 28), 115.
34 Ebd., 111; zum Folgenden ebd., 111ff.
35 Ebd., 114.

in noch nach Auschwitz entfernt. Sie bleibt zentraler Identifikationspunkt. Wiesels Gottesrebellion ist also nur von diesem »Inmitten« aus zu verstehen.

Anson Laytner hat in einer umfangreichen Studie die Klagetraditionen jüdischer Gottesrede untersucht und den Befund Wiesels bestätigt, wonach es in der jüdischen Überlieferung an zahlreichen Stellen scharf formulierte Anklagen gegen Gott zu entdecken gibt[36]. Anhand der nachbiblischen, rabbinischen Traditionen arbeitet Laytner Motivstränge heraus, die sich in Wiesels Werk widerspiegeln: Die nachbiblischen Rabbinen verstärkten das Moment des Protestes gegen Gott gegenüber den biblischen Texten, ihr Aufbegehren wird ausdrücklicher und steht unter der alles bestimmenden Prämisse: Die Klage geschieht um der Menschen willen; Gott wird angeklagt im Namen dessen, der leidet, mit dem Ziel, für den Gequälten Linderung und Hilfe einzufordern. Die Texte, die in dieser Hinsicht die deutlichste Sprache sprechen, finden sich im Midrasch Klagelieder Rabba[37]. Sie folgen in der Regel einem dreistufigen Schema: Adressat (z.b. »Herr des Universums!«) – Anklage – göttliche Antwort. An letztere kann sich eine erneute Klage oder eine konkrete Bitte anschließen. Zum Teil fungieren Vorfahren wie die biblischen Patriarchen Abraham, Isaak und Jakob als Ankläger. Obwohl die Elemente der Klage in offizieller Liturgie häufig unterdrückt und gegen Gebete der Hingabe und Unterwerfung unter Gottes Willen eingetauscht wurden[38], erlauben die unter dem einflussreichen, talmudischen Rabbiner Akiba entstandenen Traditionen, auch in der vorgeschriebenen Liturgie gegen Gott zu klagen und ihn an seine Versprechungen zu erinnern[39]. Im Mittelalter schließlich tauchen derlei Klagen in jüdischen Gebetsbüchern auf.

In Wiesels Schriften nun finden sich literarisch-dramatische Genres der Bearbeitung solcher religiöser Traditionen. In dem (ebenso wie die ersten biblischen und chassidischen Schriften Wiesels) von Anfang der 70er Jahre stammenden Drama »Ani Maamin. Ein verlorener und wiedergefundener Gesang«[40], das von Darius Milhaud als Kantate vertont und 1973 in der Carnegie Hall in New York uraufgeführt wurde, treten die biblischen Gestalten Abraham, Isaak und Jakob in »rabbinischem« Gewand auf. Sie treten vor das Angesicht Gottes, um ihn in aller Schärfe anzuklagen angesichts

---

36 A. *Laytner*, Arguing with God. A Jewish Tradition, Northvale, N.J. 1990.
37 Ebd., 69–85.
38 Ebd., 103ff.
39 Ebd., 115ff.
40 E. *Wiesel*, Ani Maamin, in: *ders.*, Jude heute, Wien 1987, 217–265.

der Judenvernichtung des 20. Jahrhunderts. Sie berichten »dort oben«, was unten auf der Erde an Schrecken geschieht[41]:

Jakob   Du hast meine Nachkommen nach Hause geführt –
             Ich wusste einst nicht, ich wusste nicht, Herr,
             Dass alle Wege
             Bei Einbruch der Nacht
             Nach Auschwitz führen werden.

Die drei Patriarchen tun alles, um die Aufmerksamkeit des Allmächtigen auf sich, auf das Schicksal des jüdischen Volkes zu lenken. Doch Gott rührt sich nicht. Er schweigt. Daraufhin gewinnen ihre Anklagen an Vehemenz, sie steigern sich bis fast zur Ablehnung Gottes[42]:

Abraham   Und Du hast mir die messianischen Zeiten gezeigt –
             Aber was für ein Messias
             Ist der Messias,
             Der sechs Millionen Tote verlangt,
             Bevor er sich zu erkennen gibt?

Doch Gott verharrt im Schweigen. Völlig enttäuscht und bar jeder Hoffnung kehren sich Abraham, Isaak und Jakob von Gottes Angesicht ab[43].

Sprecher   Abraham tritt einen Schritt zurück. Gott ruft ihn nicht zu sich.
             Isaak tritt einen Schritt zurück. Gott bittet ihn nicht zu sich.
             Jakob tritt einen Schritt zurück. Und Gottes Schweigen ist Gott.

Genau in diesem Augenblick, am Ende des Dramas, »antwortet« Gott auf überraschende und geheimnisvolle Weise: Eine Träne, so der »Sprecher« rollt aus seinen erleuchteten Augen. Ohne zu wissen warum, werden die drei Patriarchen, die Gottes Tränen nicht sehen können, von einer neuen Hoffnung erfüllt, einer trotzigen Hinwendung zu Gott[44]:

Chor   Ani maamin, Abraham,
             Trotz Treblinka.
             Ani maamin, Isaak,
             Wegen Belsen.
             Ani maamin, Jakob,
             Wegen und trotz Maidanek.

41   Ebd., 229.
42   Ebd., 247.
43   Ebd., 256.
44   Ebd., 264.

Die Patriarchen-Klage in diesem Drama kann als Variation eines Midrasch Klagelieder Rabba identifiziert werden[45]. Allerdings ist Wiesels Klage gegenüber dem klassischen Urbild beträchtlich verändert: Sie verlässt das dreistufige Modell, eine göttliche Antwort bleibt nur angedeutet. Die »Reaktion« Gottes ist nicht mehr in der Lage, die Klagenden zu erreichen. Die Tränen Gottes dürfen nicht als Theologie des leidenden Gottes interpretiert werden, die auch an anderen Stellen des Werks Wiesels anklingt. An dieser Stelle geht es nicht um das Leiden Gottes, sondern um Gottesbeziehung, die im Medium der schärfsten Anklage auftreten kann, wobei Gott nicht unbeteiligt bleibt. Nicht eine Antwort ist die »Sinnspitze« des Dramas, sondern die Möglichkeit, mehr noch das Recht und die Pflicht zur Anklage Gottes angesichts unsäglichen Leidens der Menschen. Der Überlebende der Todeslager greift literarisch auf das Schema überlieferter Klage zurück, kann es aber nicht ungebrochen rezipieren. Auschwitz sprengt selbst die traditionellen Muster jüdischer Theodizee. Das zeigt sich auch in Wiesels Umgang mit dem biblischen Ijobstoff.

6. Der Motivkreis »ijobartige Romanfiguren«

Das Drama »Ani Maamin« könnte, neben den rabbinischen Texten, auch vor dem Hintergrund des Ijobbuches gelesen werden, natürlich in beträchtlicher literarischer Verfremdung. Ijob ist *der* zentrale Bezugspunkt von Wiesels Gottesrede, auf den er freilich »einseitig«, wertend und interpretierend zurückgreift. An zahllosen Stellen im Werk wird Ijob erwähnt, in einem Essay über biblische Figuren wird das Buch – wiederum vor dem Hintergrund des Midrasch – interpretiert[46], an ebenso vielen Stellen ist das biblische Ijob-Motiv die Folie, auf der sich die literarische Szene entrollt. Aus diesem Motivkreis seien nur einige Bearbeitungen aufgezeigt, um Wiesels Vorgehensweise exemplarisch zu erhellen.
In den bislang elf Romanen Elie Wiesels, die neben den Dramen, Essays, biblisch-talmudisch-chassidischen und den autobiographischen Schriften ein bedeutendes Genre im Gesamtwerk darstellen, wird das Ijobmotiv auf vielfältige Weise aufgegriffen und aktualisiert[47]. Bei der Rezeption der biblischen Ijob-Gestalt sind zweierlei

---

45 *M. Berenbaum*, The Vision of the Void. Theological Reflections on the Works of Elie Wiesel, Middletown, Connecticut 1979, 110; *Laytner*, Arguing (s. oben Anm. 36), 216ff.
46 *E. Wiesel*, Hiob oder das revolutionäre Schweigen, in: *ders.* Adam (s. oben Anm. 29), 207–232.
47 Vgl. *Boschki*, Schrei (s. oben Anm. 6), 150ff.

Bezüge zu entdecken: Wird zum einen Ijob als »Zeitgenosse« dargestellt[48], dessen (biblisches) Buch, wie Wiesel überzeugt ist, von
allen Auschwitz-Überlebenden hätte geschrieben werden können[49],
greift er also auf Ijob zurück, um seinem eigenen Protest und dem
seiner Generation Worte zu verleihen, gibt es andererseits eine star-
ke Tendenz in seiner Auseinandersetzung mit dem biblischen Rebellen, die sich kritisch gegen Ijob bzw. die vorliegende biblische
Erzählung wendet[50]. Der Autor ist mit Ijobs schließlicher Unterwerfung unter die Allmacht Gottes, wie es der kanonische Text
wiedergibt, nicht zufrieden. Nein, so Wiesel, Ijob hätte sich nicht
unterwerfen dürfen, vor allem nicht aus heutiger Perspektive. Ijob
hätte es nicht nötig gehabt, vor dem Schöpfer klein bei zu geben,
denn seine Fragen nach dem Sinn ungerechten Leidens waren und
sind stärker als Gottes donnergrollende Antwort. Wiesel befragt Ijob
– die biblische Gestalt wie den biblischen Text – auf dem Hintergrund seiner eigenen Fragen und kommt zu neuen Schlüssen[51].
Eine solche Ijobrezeption, die die Vorlage der biblischen Ijober-
zählung deutlich verlässt, findet sich beispielsweise in dem frühen,
düsteren Roman »Der Bettler von Jerusalem« wieder, der im Kontext der Israels Existenz bedrohenden Kriege entstanden ist. Am
Vorabend des Sechs-Tage-Krieges, so wird darin erzählt, platzt einem gottesfürchtigen Zaddik (»Gerechten«) der Kragen: Er fängt
an, Gott anzuschreien, ob es denn nicht schon mehr als genug sei,
was dem Volk der Juden in der Schoah widerfahren ist. Damals
hätte er seinen Wutschrei noch unterdrücken können, doch jetzt,
angesichts der drohenden Vernichtung Israels durch die Heere
feindlicher arabischer Staaten, kann er nicht mehr still halten:

»Hörst du mich? Das ist vorüber, sag' ich Dir! Ich bin am Ende, ich kann nicht
mehr. Wenn Du auch diesmal Dein Volk verlässt, wenn Du auch diesmal dem Mörder erlaubst, Deine Kinder zu morden und ihre Treue zum Bündnis zu beflecken,
wenn Du jetzt Dein Versprechen verhöhnst, dann wisse, o Herr, von allem, das at-
met, dass Du die Liebe Deines Volkes nicht mehr verdienst und nicht seine Leidenschaft, Dich zu heiligen und Dich gegen alles und gegen Dich selbst zu rechtfertigen ...«[52]

Der Vorwurf gegen Gott geht so weit, dass Gott es nicht mehr verdient, verehrt zu werden. Im Mund der Romanfiguren wird die
Schärfe der Klage ins Extreme gesteigert. Dabei ist zu beachten,

---

48   *Wiesel*, Adam, 207.
49   *Wiesel*, Gesang der Toten, 105.
50   *E. Wiesel*, Gezeiten des Schweigens (1962), Freiburg/Basel/Wien 1987, 53.
134; *ders.*, Der Vergessene, Freiburg/Basel/Wien 1990, 293ff.
51   Z.B. *Wiesel*, Adam, 231f.
52   *E. Wiesel*, Der Bettler von Jerusalem (1968), Frankfurt/M. 1987, 116.

dass die Romane Wiesels voller autobiographischer Reminiszenzen sind. Oft, so auch im »Bettler«, sind die meist tragischen Hauptfiguren Überlebende der Todeslager, die auf verzweifelte Art und Weise versuchen, mit dem Geschehen zurecht zu kommen – in religiöser Hinsicht und im Blick auf das normale menschliche Zusammenleben.

Wiesel hat sich unmittelbar nach Ausbruch des Sechs-Tage-Krieges von New York nach Israel begeben, und wohnte den Kriegshandlungen in Jerusalem bei. »Dem jüdischen Schriftsteller obliegt es, Zeugnis von allem zu geben, was das jüdische Volk seit seinen Ursprüngen umtreibt.«[53] Aus diesem Grund wollte er, wie er schreibt, dem krisengeschüttelten Israel nahe sein. In der Altstadt Jerusalems schreibt er schließlich die ersten Seiten des Romans »Der Bettler von Jerusalem« und nimmt darin das Klage- und Ijobmotiv mehrfach auf. Ein (fiktiver) Vater, der einen Sohn im Krieg verloren hat, klagt:

»Herr, wir lieben dich, wir fürchten dich, wir klammern uns gegen deinen Willen an dich, doch vergib mir, wenn ich dir sage, dass du betrügst. ... Du befiehlst uns die Liebe, aber du gibst ihr den Geschmack von Asche; du segnest uns und du nimmst deinen Segen wieder zurück: Was willst du mit all dem beweisen? Warum tust du das? Um uns welche Wahrheit über wen zu lehren?«[54]

Auf einen Gott, der sein Volk betrügt, kann man sich nicht mehr verlassen. Die Beziehung zu Gott scheint endgültig auf dem Spiel zu stehen. Indes, ein Schriftsteller hat die Möglichkeit, die von einer seiner literarischen Figuren geäußerten Worte von einer anderen korrigieren zu lassen. So antwortet der Vater des klagenden Vaters, selbst zutiefst betroffen vom Tod des Enkels: »Nicht gegen ihn solltest du ankämpfen, sondern gegen das Übel, gegen den Tod; und wir können den Tod nur bekämpfen, indem wir das Leben erschaffen.«[55] Doch die Antwort ist unbefriedigend, für die Romanfiguren ebenso wie für den Leser. Die schmerzhafte Klage bleibt stehen, Gott äußerst sich nicht, niemand unterwirft sich am Ende seiner Allmacht.

Eine Zuspitzung erfährt die Klage in diesem Roman angesichts der Schoah. Gott muss um der Opfer willen an die eigene Torah erinnert werden: In einem geschichtlichen Rückblick berichtet der Erzähler von einer unmittelbar bevorstehenden Massenerschießung. Eine ganze jüdische Gemeinde, Männer, Frauen, Greise, Kinder,

---

53 E. *Wiesel*, Alle Flüsse fließen ins Meer. Autobiographie, Bd. 1, Hamburg 1995, 549. Zu Wiesels Aufenthalt im Juni 1967 in Israel s. ebd., 546ff.
54 *Wiesel*, Bettler (s. oben Anm. 52), 97.
55 Ebd., 97.

werden in einem Waldstück in eine Grube geschossen. Der Rabbiner hält eine letzte Predigt. Verzweifelt appelliert er an Abraham,
Isaak und Jakob, sich bei Gott für die Gemeinde einzusetzen; sie
mögen den Gott Israels anklagen, weil er selbst hier sein eigenes
Gesetz übertritt: Während die Torah das Verbot enthält, eine Kuh
und ihr Kalb am selben Tag zu schlachten, werden hier Eltern und
ihre Kinder zur gleichen Zeit ermordet. Gott schaut einfach zu
und lässt es gewähren. Der Rabbi:»Was den Tieren zugestanden
wird, wird den Kindern Israels verweigert!«[56]
Ein weiteres Beispiel: Auch in dem frühen Roman»Gezeiten des
Schweigens« tritt die Hauptfigur, ein Überlebender von Auschwitz,
ijobartig auf. Er leidet sogar darunter, dass all seine Wutschreie gegen Gott, selbst die Verleugnung Gottes, am Ende doch nur eine
»Anbetung Seiner Größe« seien. Gegen seinen Willen wird der
Schrei zum Gebet[57].
Bis hin zu neueren Erzählwerken wird die ijobartige Frage gestellt:
»Warum schweigt der Himmel?«[58] – eine Frage, die so virulent
werden kann, dass die Gebete verstummen. Im gleichen Roman
schweigen überlebende Kinder der Lager, anstatt mit dem Rabbiner die von der Tradition vorgeschriebenen Gebete zu verrichten,
bis der Rabbi bekennt:»Kinder, ihr habt recht, vielleicht brauchen
wir andere Gebete.«[59]
Hier wird – freilich auf narrative Weise – explizit, was ein roter Faden von Wiesels Umgang mit der Tradition darstellt, auch in den
nicht-fiktionalen Werkteilen: Die religiöse Tradition bietet keine
zureichenden Antworten auf Auschwitz. Das Leid dieser Generation war so unermesslich, dass keine der biblischen und nachbiblischen Theodizeeversuche Bestand haben. Sie können rezitiert werden, man bedient sich ihrer in Ermangelung anderer Konzepte
oder Formen, aber eine Antwort sind sie nicht. Letztendlich zerbrechen die Motive angesichts der Massenvernichtung. Auch Ijobs
Schrei verhallt in einem schweigenden Universum – und Gott bleibt
seine Antwort schuldig.

7.   Der Motivkreis »Tribunal gegen Gott«

Eine weitere Stufe erreicht die Herausforderung Gottes in der Form
einer Gerichtsverhandlung gegen Gott. Sie ist bei weitem nicht nur
ein literarischer Topos, sondern entspringt der Not gläubiger Men-

---

56   Ebd., 72.
57   *Wiesel*, Gezeiten (s. oben Anm. 50), 114–115.
58   *E. Wiesel*, Abenddämmerung in der Ferne, Freiburg/Basel/Wien 1988, 229.
59   Ebd., 139.

schen in den Lagern. Wiesel berichtet in einer autobiographischen Replik von einer Begebenheit in Auschwitz: In den Arbeitskommandos setzten Rabbiner und Gelehrte ihr Tora- und Talmudstudium fort, hier natürlich aus dem Gedächtnis. Wiesel nahm daran Anteil und wurde »Schüler« eines früherer Leiters einer Jeschiwa, der zusammen mit ihm schwerste Zwangsarbeit verrichten musste. Eines Tages sagte er zu ihm:

> »Komm heute Nacht nahe zu meiner Pritsche. Ich ging hin. Jetzt weiß ich, warum er es tat: Weil ich der Jüngste war, muss er gedacht haben, dass ich, weil ich jünger war, eine größere Chance haben würde, zu überleben und die Geschichte zu erzählen. Und was er dann tat, war, ein rabbinisches Tribunal einzuberufen und Gott anzuklagen. Er hatte zwei andere gelehrte Rabbiner hinzugezogen, und sie beschlossen, Gott anzuklagen, in angemessener, korrekter Form, wie es ein richtiges rabbinisches Tribunal tun soll, mit Zeugen und Argumenten usw.«[60]

Wiesel charakterisiert das Vorgehen der drei »Ankläger« und »Richter« als vollständig im Einklang mit der jüdischen Tradition, die das Recht kennt, Gott anzuklagen:

> »Und so beschlossen die drei Rabbiner in diesem Lager, ein Tribunal zu veranstalten. Die Verhandlungen des Tribunals zogen sich lange hin. Und schließlich verkündete mein Lehrer, der Vorsitzender des Tribunals war, das Urteil: Schuldig. Und dann herrschte Schweigen – ein Schweigen, das mich an das Schweigen am Sinai erinnerte, ein endloses, ewiges Schweigen. Aber schließlich sagte mein Lehrer, der Rabbi: Und nun, meine Freunde, lasst uns gehen und beten. Und wir beteten zu Gott, der gerade wenige Minuten vorher von seinen Kindern für schuldig erklärt worden war.«[61]

Die hier erzählte Begebenheit enthält erschütternde Zugänge zur Gottesfrage unter den Bedingungen der Todeslager, nämlich den Versuch, die beklemmende Ausweglosigkeit gläubiger Existenz in eine Anklage und Schuldigsprechung Gottes zu verwandeln bei gleichzeitigem Gehorsam gegenüber den Vorschriften der religiösen Tradition, etwa der Pflicht zur Verrichtung der rituellen Gebete. Die Spannung von Anklage und frommer Hinwendung zu Gott könnte kaum größer sein.

Solche Gerichtsverhandlungen gegen Gott werden auch von anderen Überlebenden berichtet, und zwar aus verschiedenen Konzentrationslagern[62]. Offenbar handelt es sich um eine Form der Auseinandersetzung mit der Gottesfrage angesichts des Leidens, deren »Sitz im Leben«, richtiger: »Sitz in der Todeserfahrung«, die unmenschlichsten Umstände der Vernichtungsmaschinerie der Natio-

---

60 *Wiesel*, in: *Schwencke* (Hg.), Erinnerung (s. oben Anm. 20), 118.
61 Ebd., 119.
62 *Laytner*, Arguing (s. oben Anm. 36), 206ff, bes. Anm. 50.

nalsozialisten war. Auch wenn es Vorformen in der jüdischen Tradition gab, die Laytner als »law court pattern« (Gottesanklage nach
dem Gerichtsschema) in rabbinisch-talmudischen, mittelalterlichen
bis hin zu chassidischen Quellen ausfindig macht[63], scheint das
Din Torah (jiddisch: Din Toire[64]) spontan als eine eigenständigen
Form der Gottesanklage entstanden zu sein[65]. Din Torah, das rabbinische »Recht der Torah«, kann auch die Regelung eines Rechts-
streits nach jüdischem Recht, im Gegensatz zum bürgerlichen Recht
bezeichnen[66]. Ein solches rabbinisches Schiedsgerichtsverfahren
ersparte Juden in alltäglichen Auseinandersetzungen und Rechts-
zweifeln den Gang zum bürgerlichen Gericht. In den Todeslagern
wurde offenbar in Anlehnung an derlei Schiedsgerichtsverfahren,
Tribunale veranstaltet, jetzt jedoch unter neuen Vorzeichen: um
Gott anzuklagen und schuldig zu sprechen.
Elie Wiesel bearbeitet die Erinnerung an das von ihm erzählte »Gerichtsverfahren« gegen Gott im Genre des Drama, da ihm eine andere narrative Ausgestaltung nicht möglich schien[67]. Die Erfahrung
der Lager sind seiner Auffassung nach derart unzugänglich und
entziehen sich dem direkten, »positiven« Zugriff, dass sie nicht einfach in fiktionalen Erzählstoff umgewandelt werden können. Auch
hier zeigt sich Wiesels konsequente negative Hermeneutik der Schoah. Eine Geschichte aus Auschwitz lässt sich nach Wiesels Auffassung niemals als Roman oder als Theaterstück ausgestalten. Kein
Roman Wiesels ist ein »Auschwitz-Roman«; stets geht es um die Verarbeitung der Erinnerung an Auschwitz durch Überlebende oder
Kinder der Überlebenden in den Jahrzehnten *nach* Auschwitz.
Aus diesem Grunde verlegt er das Geschehen literarisch zurück in
die Zeit der fürchterlichen Judenpogrome in Rumänien im 17.
Jahrhundert. Er erzählt von einem »Prozeß«, »so wie er sich am
25. Februar 1649 abgespielt hat«. Der Prozess von Auschwitz wurde zum »Prozeß von Schamgorod«, in dem die Hauptfigur, Überlebender eines Pogroms, eine erbitterte Anklage gegen Gott erhebt[68], die stets vor dem Hintergrund der Entstehungsgeschichte
des Stückes zu lesen ist[69]. Das gesamte Bühnenstück, das weltweit

63 Ebd., Introduction sowie 42ff.87ff.127ff.
64 *E. Wiesel*, Der Prozeß von Schamgorod, Freiburg/Basel/Wien 1987, 41 (in
der deutschen Übersetzung fälschlicherweise als »Din-Toive« bezeichnet).
65 *D.R. Blumenthal*, Facing the Abusing God. A Theology of Protest, Louis-
ville, Kentucky 1993, 253.
66 *J.H. Schoeps* (Hg.), Neues Lexikon des Judentums, Gütersloh 2000, 206.
67 *Wiesel*, in: *Schwencke* (Hg.), Erinnerung (s. oben Anm. 20), 119f.
68 *Wiesel*, Prozeß (s. oben Anm. 64), 90.
69 Auch im Vorwort zum »Prozess« macht Wiesel die Entstehungsgeschichte
explizit; vgl. ebd., 6.

schon zahlreiche Aufführungen erlebt hat, unter anderem auch in Deutschland, ist im Ganzen ein in Szene gesetztes Tribunal gegen Gott. Die Davongekommenen sprechen Gott schuldig, doch der Verteidiger Gottes, ein zufällig herbeigekommener Fremder namens Sam, entwickelt in seinen Plädoyers eine klassisch-argumentierende, bestechende Theodizee. Ganz am Ende des Dramas gibt der Verteidigers seine wahre Identität preis: Er entpuppt sich als der Teufel; der Rechtfertiger Gottes ist Satan selbst.

Robert McAfee Brown hat das Stück detailliert beschrieben, Karl-Josef Kuschel aufschlussreich interpretiert, insbesondere die Verweigerung der Theodizee, die darin enthalten ist[70]. Auch an anderen Stellen kommt Wiesel auf solche Tribunale zu sprechen, teils in seinem essayistischen Werk, teils im Romanwerk[71]. Der Richterspruch in allen Fällen lautet »schuldig«. Gott, der Angeklagte, wird von den Rabbinen, deren Leben aus der Hingabe an eben den gleichen Gott erfüllt war (und ist), schuldig gesprochen.

Bei der literarischen und theologischen Interpretation der »Prozesse« im Werk Wiesels ist jedoch Vorsicht geboten. Zum einen dürfen sie nicht ästhetisiert werden, als seien sie nur narrativ-fiktive Produkte, auf die man beliebig zurückgreifen könnte, um sie etwa als Vorlage für weitere Bearbeitungen zu rekurrieren. Denn ihre Ursprungsgeschichte im Schrei der Leidenden und in der existentiellen Not der Opfer der Schoah darf nicht zum blassen Hintergrund zurückgedeutet werden, vor dem sich das »eigentliche« Drama entrollt. Das wahre »Drama« ist ein historisches Ereignis, in dem konkrete Menschen massenhaft ermordet wurden. Zum anderen scheint mir zumindest fraglich, würde Wiesels Ansatz für eine christliche Theologie, und sei es eine »Theologie der Klage«, verzweckt werden. Um der Gefahr der Utilitarisierung zu wehren, müssen in einem letzten Abschnitt weiterführende Überlegungen angestellt werden.

8. Weiterführende Überlegungen im Kontext jüdischer und christlicher Ansätze

In jüdischer Theologie wurde das Klage- und Anklagemotiv in Wiesels Werk vielfältig aufgegriffen und diente als Impulsgeber

---

70 *R. McA. Brown*, Elie Wiesel – Zeuge für die Menschheit, Freiburg/Basel/Wien 1990, 160–167; *W. Groß / K.J. Kuschel*, »Ich schaffe Finsternis und Unheil!« Ist Gott verantwortlich für das Übel?, Mainz 1992, 135–153.
71 *E. Wiesel*, Macht Gebete aus meinen Geschichten, Freiburg/Basel/Wien 1986, 104ff; *ders.*, Sages (s. oben Anm. 30), 346f; *ders.*, Chassidische Feier (s. oben Anm. 28), 54f; *ders.*, Der Vergessene (s. oben Anm. 50), 147; *ders.*, Against Silence (s. oben Anm. 30), Bd. I, 243.

für weitere Reflexionen[72]. Dort wird es ganz selbstverständlich im Kontext der jüdischen (biblischen wie nachbiblischen) Klagetradition wahrgenommen und gedeutet.

Der Einfluss Wiesels auf jüdische Theologie in der zweiten Hälfte des 20. Jahrhunderts ist immens, was sich beispielsweise bereits bei Eliezer Berkovits, Richard L. Rubenstein, Emil Fackenheim, André Neher, Irving Greenberg, Alwin H. Rosenfeld und Michael Berenbaum, um nur einige zu nennen, zeigen lässt[73], doch hält sich die Wirkungsgeschichte Wiesels bis in neuere Ansätze durch, etwa denen von Irving Abrahamson, Lawrence L. Langer, Maurice Friedman, Alan Rosen, Alan L. Berger, Nehemia Polen, Albert H. Friedlander, David Banon, Joseph A. Kanofsky und weiteren[74]. Dabei wird immer wieder auf Wiesels Anklagemotiv zurückgegriffen.

Beides zusammen – Wiesels Ansatz *und* die jüdische Tradition der Gottesklage – ist zumindest für einen Teil jüdischer Arbeiten zur Theodizeefrage bestimmend geworden[75].

Im Gegensatz dazu kommt in der neueren christlichen Theodizee-Debatte die (nachbiblische) jüdische Tradition des Ringens mit Gott so gut wie gar nicht vor[76], auch wenn die Titel einschlägiger Veröffentlichungen es nahe legen würden[77]. Erst zaghaft beginnt in jüngster Zeit eine Auseinandersetzung mit jüdischer Klagetradition in literarischen Werken wie denen von Paul Celan, Nelly Sachs und Elie Wiesel, was eher die Regel der Nichtwahrnehmung bestä-

72   Unter anderem *A.H. Rosenfeld / I. Greenberg* (ed.), Confronting the Holocaust. The Impact of Elie Wiesel, Bloomington, London 1978; *Berenbaum*, Vision (s. oben Anm. 45); *M. Friedman*, Abraham Joshua Heschel and Elie Wiesel – You are my Witnesses, New York 1987.

73   *M. Berenbaum*, Elie Wiesel and Contemporary Jewish Theology, in: *ders.*, Vision (s. oben Anm. 45), 152–180.

74   Vgl. die Beiträge und weitere Literaturangaben in: *R. Boschki / D. Mensink* (Hg.), Kultur allein ist nicht genug. Das Werk von Elie Wiesel – Herausforderung für Religion und Gesellschaft, Münster 1998.

75   Vgl. *Laytner*, Arguing (s. oben Anm. 36); *Blumenthal*, Facing (s. oben Anm. 45) (dort weitere Lit.); *ders.*, Theodizee: Dissonanz in Theorie und Praxis. Zwischen Annahme und Protest, in: Concilium (dt.) 34 (1998), 83–95 (die problematische These Blumenthals, wonach Gott seine Macht missbraucht und sich an seinen Kindern vergeht, kann hier nicht diskutiert werden. Jedoch kann klar gezeigt werden, dass seine Theologie des Protests unter anderem von Elie Wiesels Werk beeinflusst ist).

76   Überblick: *J.B. Metz / J. Reikerstorfer*, Theologie als Theodizee – Beobachtungen zu einer aktuellen Diskussion, in: ThR 95 (1999), 179–188.

77   Beispielsweise: *W. Oelmüller* (Hg.), Theodizee – Gott vor Gericht? München 1990; *B. Gesang*, Angeklagt: Gott, Tübingen 1997; *H. Wagner* (Hg.): Mit Gott streiten. Neue Zugänge zum Theodizee-Problem (QD 169), Freiburg/Basel/Wien 1998.

tigt[78]. Zuvor hatten nordamerikanische christliche Denkerinnen und Denker wie Alice und Roy Eckardt, Robert McAfee Brown, John K. Roth usw. Wiesels Ansatz im Horizont des jüdischen Klagemotivs aufgegriffen, wobei sie eher darstellend und beschreibend arbeiten[79]. Die Nichtwahrnehmung geht offensichtlich Hand in Hand mit der Nichtkenntnis jüdischer Klagetradition. Hier ist dringend judaistische Forschung erforderlich, die das Klagemotiv in nachbiblischen, jüdischen Texten aufspürt und deutet. Daran anknüpfend könnte christliche Theologie sich auf die Suche nach eigenen Klagetraditionen machen. Gibt es Klagemotive bei den Kirchenvätern, und wenn nein, warum nicht? Kam es in christlicher Tradition zur Herausbildung von eigenständigen Klagegebeten, Klageliedern oder gar liturgischen Klage- und Anklagemotiven?

Derlei Forschungsfragen halte ich für überzeugender als Versuche, die jüdische Klage in christliche Gottesrede ungebrochen hereinzuholen. Denn die Gefahr der Vereinnahmung lauert bei theologischer Wahrnehmung des jüdischen Denkens auf Schritt und Tritt. Die Beschäftigung mit dem jüdischen Klagemotiv kann also allenfalls Impulsgeber für die Suche nach eigenen Klagetraditionen sein. Der gemeinsame Schnittpunkt dürfte das biblische Zeugnis darstellen, doch deren Interpretation und Kommentierung scheint in jüdischer und christlicher Tradition höchst unterschiedlich ausgefallen zu sein.

Die Abwehr von Vereinnahmungsbestrebungen gilt in verschärfter Form für eine christliche Reaktion auf die jüdische Gottesrede nach und angesichts von Auschwitz. Hier ist doppelt Vorsicht geboten, denn leicht steht man in der Versuchung, Bruchstücke jüdischer Theologie in das eigene, christliche System zu integrieren, um jenes um so fester zu stabilisieren. Das Gegenteil muss der Fall sein. Christliche Theologinnen und Theologen müssen lernen, sich durch ein Zeugnis wie das von Wiesel in ihren Systemen verunsichern zu lassen. Reale Geschichten, essayistische und narrative Auseinandersetzungen wie in dem aufgezeigten Klage- und Anklage-

---

78 *Groß/Kuschel*, Finsternis (s. oben Anm. 36) (darin findet sich eine Elie-Wiesel-Interpretation und daran anschließende theologische Reflexionen); des Weiteren *G. Fuchs*, »... lautlos geschrien, daß es anders sein soll« – Theologische Anmerkungen zur Dichtung Paul Celans, in: *ders.* (Hg.): Angesichts des Leids an Gott glauben? Zur Theologie der Klage, Frankfurt/M. 1996; *ders.*, Im »Durchschmerzen« des Leidens. Klage und Trost in den Jakob-Gedichten von Nelly Sachs, in: *G. Steins* (Hg.), Schweigen wäre gotteslästerlich. Die heilende Kraft der Klage, Würzburg 2000, 168–174; in letzterem Sammelwerk von Georg Steins finden sich an mehreren Stellen Hinweise zu Elie Wiesel.
79 Exemplarisch: *Brown*, Elie Wiesel (s. oben Anm. 70).

motiv bei Elie Wiesel, sollten theologisch irritieren, zum Innehalten und Nach-Denken auffordern, um damit ein anderes Glaubensdenken zu provozieren[80]. Das wäre womöglich ein Denken, das sich Gott weniger im Modus des Besitzdenkens, denn als Frage- und Suchprozess nähert. Wiesels Zeugnis ist niemals affirmativ: »Die Absicht des Schriftstellers darf nicht sein, dem Leser zu gefallen, sondern ihn zu beunruhigen ...«[81]

---

80   Beispielsweise hat Rolf Rendtorff sich in den vergangenen Jahren in mehreren Beiträgen intensiv auf das Werk Wiesels eingelassen und aus dieser Beschäftigung »neue Einsichten« formuliert: *ders.*, Christen und Juden heute. Neue Einsichten und neue Aufgaben, Neukirchen-Vluyn 1998, bes. 88–152. Mehrere Bezüge zu Wiesel finden sich in den Werken von J. Moltmann, D. Sölle, J.B. Metz und K.J. Kuschel; zu den drei letzteren und weiteren christlichen Auseinandersetzungen vgl. *Boschki/Mensink* (Hg.), Kultur (s. oben Anm. 74).
81   *E. Wiesel*, Silence et mémoire d'homme, Paris 1989, 31.

III

Kirchengeschichte

Ernst Dassmann

Die verstummte Klage bei den Kirchenvätern

I. Fragestellung

Wohl niemand bleibt unberührt, wenn er im Alten Testament liest, mit welchem Freimut Menschen vor Gott klagen und angesichts ihres Elends Gottes Gerechtigkeit und Menschenfreundlichkeit einfordern. Im Neuen Testament klagt Jesus am Kreuz über seine Gottverlassenheit. Im 2. Jahrhundert deckt der Gnostiker Apelles das Dilemma auf: Gott ist entweder gut oder allmächtig. Konnte er keine bessere Welt erschaffen, ist er nicht allmächtig; wollte er keine bessere Welt erschaffen, ist er nicht gut. In der Neuzeit wird dann Gott auf die Anklagebank gezerrt, auf der er sich für das Leid in der Welt verantworten muß, so er noch Wert darauf legt, in seinen göttlichen Ansprüchen ernstgenommen zu werden. Welchen Platz nehmen die Kirchenväter in diesem Konzert klagender und anklagender Stimmen ein, in denen die nie verstummenden Fragen der Theodizee besonders deutlich hörbar werden?[1] Um die

---

1 Zum Theodizeeproblem in der frühchristlichen Zeit vgl. *K. Gronau*, Das Theodizeeproblem in der altchristlichen Auffassung (Tübingen 1922); *V. Naumann*, Das Problem des Bösen in Tertullians zweitem Buch gegen Marcion: Zeitschr KathTheol 58 (1934) 311–363.533–551; *E. Mühlenberg*, Das Verständnis des Bösen in neuplatonischer und frühchristlicher Sicht: Kerygma und Dogma 15 (1969) 226–238; *Ch. Gnilka*, Altersklage und Jenseitssehnsucht: JbAC 14 (1971) 5–23; *P. Kübel*, Schuld und Schicksal bei Origenes, Gnostikern und Platonikern = Calwer Theologische Monographien 1 (Stuttgart 1973); *W. Blum*, Die Theodizee des Patriarchen Germanos I. von Konstantinopel: VigChr 28 (1974) 295–303; *H. Häring*, Die Macht des Bösen. Das Erbe Augustins = Ökumenische Theologie 3 (Zürich/Köln 1979); *M.B. von Stritzky*, Das Theodizeeproblem in der Sicht des Basilius von Caesarea: Studien zur Religion und Kultur Kleinasiens. Festschrift F.K. Dörner 2 (Leiden 1978) 868–881; *K. Beyschlag*, Das Problem des Leidens in der frühen Christenheit: *ders.*, Evangelium als Schicksal (München 1979) 93–111; *J.J. Machielsen*, Le problème du mal selon les Pères Apostoliques: Église et Théologie 12 (1981) 195–222; *W. Geerlings*, Hiob und Paulus. Theodizee und Paulinismus in der lateinischen Theologie am Ausgang des vierten Jahrhunderts: JbAC 24 (1981) 56–66; *E. Dassmann*, Akzente frühchristlicher Hiobdeutung: JbAC 31 (1988) 42; vgl. noch zum Theodizeeproblem im vor- und

im wesentlichen negativ ausfallende Antwort nicht ungebührlich auszuweiten und die Materialfülle bändigen zu können, seien nur zwei Schnitte durch die Quellen gelegt. Der eine soll die Hiobrezeption der Väter, der andere die Theodizeefrage bei Ambrosius von Mailand skizzieren.

II. Hiobrezeption

Das alttestamentliche Hiobbuch hat eine enorme Wirkungsgeschichte gehabt, die bis heute anhält[2]. Sie beginnt bereits im Alten Testament selbst mit der Bearbeitung der braven Legende vom geduldigen und am Ende reich belohnten Hiob (Ijob 1f und 42, 7–17), die durch etliche Dialoge unterbrochen wird (Ijob 3–31 und 38–42,6). Sie wenden sich so radikal in einer bisher unerhörten Weise gegen die simple Leiderklärung der alten Legende, daß sie durch die Elihu-Reden (Ijob 32–37) wiederum entschärft werden müssen. Dennoch gehört das gesamte, sicher erst in nachexilischer Zeit redigierte Hiobbuch zur Heiligen Schrift, das von der frühchristlichen Verkündigung nicht einfach übergangen werden konnte. Wie ist sie mit ihm umgegangen?
Im Neuen Testament spielt das Hiobbuch nur eine geringe Rolle. Hiob wird ein einziges Mal Jak 5,11 zitiert:

»Wer geduldig alles ertragen hat, den preisen wir glücklich. Ihr habt von der Ausdauer des Hiob gehört und das Ende gesehen, das der Herr herbeigeführt hat. Denn der Herr ist voll Erbarmen und Mitleid.«

außerchristlichen Raum *W. von Soden*, Das Fragen nach der Gerechtigkeit Gottes im Alten Orient: MDOG 96 (1965) 41–59; *K. Deichgräber*, Der listensinnende Trug des Gottes: *ders.*, ebd. Vier Themen des griechischen Denkens (Göttingen 1952); *K.H. Volkmann-Schluck*, Plotins Lehre vom Wesen und von der Herkunft des Schlechten: Philos. Jb. 75 (1967/68) 1/21; zur heutigen Diskussion *O.H. Steck*, Ist Gott grausam?, hg. v. W. Böhme (Stuttgart 1977) 75–95 (eine Stellungnahme zu T. Moser, Gottesvergiftung [Frankfurt a.M. 1976]); *N. Hoerster*, Zur Unlösbarkeit des Theodizee-Problems: TheolPhilos 60 (1985) 400–409; Mit Gott streiten. Neue Zugänge zum Theodizeeproblem, hg. v. H. Wagner = QD 169 (Freiburg 1998); Gott – ratlos vor dem Bösen?, hg. v. W. Beinert = QD 177 (Freiburg 1999); *H. Kessler*, Gott und das Leid seiner Schöpfung (Würzburg 2000), Schweigen wäre gotteslästerlich. Die heilende Kraft der Klage, hg. v. G. Steins (Würzburg 2000).
2   Zur neutestamentlichen und patristischen Hiobrezeption vgl. *Dassmann*, Akzente (o. Anm. 1) 40–56; *ders.*, Hiob: RAC 15 (1991) 366–442; zur weiteren Rezeptionsgeschichte siehe noch *G. Langenhorst*, Hiob unser Zeitgenosse. Die literarische Hiobrezeption im 20. Jahrhundert als theologische Herausforderung = Theologie und Literatur 1 (Mainz 1984) sowie *J. Ebach*: TRE 15 (1986) 370–380 (mit Literatur).

Hiob wird zum Vorbild der Geduld, das von nun an bis zum Ausgang der Patristik[3] typologisch und moralisch auf Jesus in seinem Leiden und alle Christen in der Nachfolge Jesu angewandt werden kann. Neben dem wörtlichen Zitat lassen sich bei großzügiger Handhabung des Begriffs etwa dreißig Anklänge an das Hiobbuch in neutestamentlichen Schriften nachweisen, die aber alle nichts mit der Hiobklage zu tun haben[4].

Die neutestamentliche Vorgabe setzt sich in nachapostolischer Zeit fort. Das Hiobbuch insgesamt wird wenig verwertet. Klagen über das Leiden des Gerechten waren kein Thema, das die ersten, verschwindend kleinen und um ihre Existenz kämpfenden Gemeinden in besonderer Weise interessierte. Hiobs Hadern mit Gott dürfte im Gegenteil – ähnlich wie in frühjüdischen rabbinischen Aussagen[5] – als ungehörig empfunden worden sein.

Unter den Apostolischen Vätern verrät allein Clemens Romanus eine intensivere Kenntnis des Hiobbuches. Doch auch bei ihm berührt nur eine Stelle die Leidproblematik:

»Job aber war gerecht und untadelig, aufrichtig, gottesfürchtig und mied alles Böse (Ijob 1,1). Dennoch klagt er sich selbst an mit den Worten: Niemand ist rein von Schmutz, und währte sein Leben auch nur einen Tag (Ijob 14,4f)«[6].

Mit dieser Koppelung der beiden Schriftstellen, die von der patristischen Tradition begierig aufgegriffen wird[7], entfällt auch für den Geduldigen und Gerechten jeder Grund zur Klage. Das Selbsteingeständnis eigener Sündhaftigkeit betrifft ja nicht nur Hiob, sondern jeden Menschen und nötigt ihn, widerfahrendes Leid als verdiente Strafe anzusehen, die der Klage gegenüber Gott den Grund entzieht.

Bei den frühchristlichen Apologeten spielt die Hiobproblematik ebenso wie in der frühchristlich-gnostischen Literatur keine Rolle.

---

3   So noch Beda Venerabilis, In epist. Iacobi expos. 5,11 (*M. Karsten* = Fontes Christiani 40 [Freiburg 2000] 185).
4   Nach Alands kritischer Ausgabe; vgl. *A.T. Hanson*, Job in Early Christianity and Rabbinic Judaism: Church Quarterly 2 (1969/70) 147–149; *F. Mußner*, Der Jakobusbrief = Herders theol. Kommentar 13,1 (Freiburg [3]1975) 206f. Auch das frühjüdische *Testamentum Job* eliminiert den rebellierenden Hiob zugunsten des leidensbereiten Märtyrers; vgl. *J.R. Baskin*, Pharaoh's counsellors. Job, Jethro, and Balaam in rabbinic and patristic tradition = BrownJudStud 47 (Chicago 1983) 26; *D. Rahnenführer*, Das Testamentum des Hiob und das Neue Testament: ZNW 62 (1971) 68–93.
5   Belege bei *Dassmann*, Hiob (o. Anm. 2) 370–372.
6   1 Clem 17,3f (46 *Fischer*).
7   *J. Ziegler*, Iob 14,4–5a als wichtigster Schriftbeweis für die These ›*Neminem sine sorde et sine peccato esse*‹ (Cyprian, test. 3,54) bei den lateinischen christlichen Schriftstellern = SBAW 3 (1985).

Im apokryphen Schrifttum kommt sie nur in der Paulusapokalypse vor. Hier berichtet Hiob bei einer Begegnung mit Paulus im Paradies dem Apostel über die Bewältigung seines Lebensschicksals.

»Und der Teufel erschien mir zum dritten Male und sagte zu mir: ›Sag ein Wort gegen den Herrn und stirb‹ (Ijob 2,9f). Ich aber sagte zu ihm: ›Wenn es so der Wille Gottes ist, ...werde ich nicht aufhören, den Herrn Gott zu preisen und werde mehr Lohn empfangen. Ich weiß nämlich, daß die Mühsale dieser Welt nichts sind gegen die Erquickung, die später ist‹«[8].

Neben dem Hinweis auf die allgemeine Sündhaftigkeit hat die Erwartung jenseitiger Vergeltung das christliche Klagen gegen Gott bis auf den heutigen Tag entschärft.

Differenziertere, aber nicht gänzlich neue Wege geht die Hiobexegese im 2. und 3. Jahrhundert. Anders als Clemens von Alexandrien[9] versucht Origenes neben den konventionellen Antworten etwas genauer auf die Theodizeeproblematik im Hiobbuch einzugehen: Die Beziehungen zwischen der Natur und Funktion von Satan, Schlange und Drache einerseits sowie den Engeln und Gestirnen andererseits werden schöpfungstheologisch und soteriologisch ergründet[10]. Daß durch das oft unerklärbare Leid in der Welt das Gottesbild nicht in einen guten und einen bösen Teil gespalten werden darf, verteidigt Tertullian gegen Markion[11]. Natürlich weiß auch er, daß Gottes Hilfe nicht vordergründig wirkt; in den Verfolgungen stärkt sie die Bedrückten durch Vermehrung der Tugend und das Wissen, für Gott zu leiden[12]. Wie Tertullian deutet Cyprian die von Gott dem Teufel zugestandene Macht als Mittel zur Erprobung »entweder zur Strafe, wenn wir sündigen, oder zur Verherrlichung, wenn wir uns bewähren«[13].

In den Testimonien führt Cyprian nur die gängigen Hiobstellen über die allgemeine Sündhaftigkeit der Menschen (Ijob 14,4f), die Barmherzigkeit Gottes (Ijob 29,12–16) und Hiobs geduldige Ergebung auf[14]. Kaum Beachtung findet Hiobs Bekräftigung der Auferstehungshoffnung (Ijob 19,26). Sie scheint den frühchristlichen Schriftstellern wohl nicht so klar wie die neutestamentlichen Zeugnisse gewesen zu sein. Nur ein unbekannter Bischof des 3. Jahrhunderts benutzt den oft zitierten Vers:

---

8   Visio Pauli 49 (671 *Schneemelcher* 2 [⁵1989]).
9   Vgl. *Dassmann*, Hiob (o. Anm. 2) 385; *M. Spanneut*, Geduld: RAC 9 (1976) 269–271.
10 Belege bei *Dassmann*, Hiob (o. Anm. 2) 387f.
11 Adv. Marcionem 3,24,1; 4,26,5 (CCL 1, 542.615).
12 Orat. 29,1 (CCL 1, 274).
13 Domin. orat. 26 (CCL 3A, 106).
14 Vgl. Testim. 3,1.6.14.54.80.114.

»Der Herr hat es gegeben, der Herr hat es genommen. Wie es dem Herrn gefallen hat, so ist es geschehen. Der Name des Herrn sei gepriesen (Ijob 1,21) einmal, um einen Vater, der den Tod seiner Tochter beklagt, zu mahnen, nicht an der Auferstehung zu zweifeln«[15].

Charakteristisch für die Hiobrezeption in der nachapostolischen und frühpatristischen Zeit ist die Verwendung Hiobs in moralisch-existentiellen Zusammenhängen. Hiob ist Vorbild der Geduld im Leiden und in der Verfolgung, der den Versuchungen des Teufels nicht erliegt. Zu einer vertieften Auseinandersetzung mit dem Theodizeeproblem kommt es nicht; entsprechend liefert die biblische Rahmenerzählung nahezu ausschließlich die Stellen, die aufgegriffen werden. Aus dem umfangreichen Mittelteil des Buches findet allein Ijob 14,4f über die Sündhaftigkeit aller Menschen – diese Stelle allerdings gehäuft – Beachtung[16].

Die Hiobauslegung nach der sogenannten Konstantinischen Wende bis zum Ausgang der Spätantike wird verständlicherweise material- und auch umfangreicher. Vor allem Kommentare und spätere Katenen können sich nicht auf die Rahmenerzählung im Anfangs- und Schlußkapitel des Hiobbuches beschränken. Aber auch diese Ausweitung führt nicht zu einer theologischen Vertiefung der Leidensproblematik, die in irgendeiner Form zu anklagenden Fragen an Gott führen würde. Das gilt bereits für den frühesten vollständigen Kommentar des Arianers Julian[17]. Der interessiert sich zwar für Hiobverse, die sich gegen Astronomie und Fatalismus und für naturkundliche Probleme sowie seine arianische Christologie auswerten lassen[18], nicht aber für Schuldzuweisungen an die »providentia Dei«. Ähnliches läßt sich im Kommentar Didymus' des Blinden feststellen[19], der zwar der Theodizeefrage nicht aus dem Wege geht, sie aber in einem festgefügten philosophisch-theologischen System gelassen beantworten kann. Didymus geht von einer vorgeburtlichen Sünde der Seele aus, die zu ihrer Verbannung in den Leib geführt hat. Da ein jeder entsprechend seinen vorgeburtlichen Verfehlungen den Leib erhält, den er verdient, ist er für seinen irdischen Zustand selbst verantwortlich. Irdisches Leiden hat zwei Ursachen: neben dem präexistenten Sündenfall noch den Heilsplan Gottes, und den Ursachen entsprechend zwei Ziele: Sün-

---

15 Epist. 4 (CSEL 3, 3,275).
16 Dassmann, Hiob (o. Anm. 2) 391.
17 PTS 14, 1–316 (*D. Hagedorn*); Clavis PG 2075.
18 *H.O. Schröder*, Fatum (Heimarmene): RAC 7 (1969) 598f; *A. Dihle*, Philosophische Lehren von Schicksal und Freiheit in der frühchristlichen Theologie: JbAC 30 (1987) 26; *Hagedorn* (o. Anm. 17) LIII–LV.
19 PapTextAbh 1/3.33,1 (*Henrichs / U. und D. Hagedorn / Koenen*); Clavis PG 2553; vgl. *M. Krause*, Aegypten II: RAC Suppl. 1 (2001) 17.74.

denstrafe sowie Vorbild für Standhaftigkeit und Kampf gegen den
Teufel[20]. Ein weitschweifiger, arianisch beeinflußter Kommentar
eines *Anonymus in Job* behandelt nur die ersten beiden Kapitel
und einige Verse aus dem dritten Kapitel des Hiobbuches und ist
daher für die Frage nach Leidbewältigung und Hiobsklage uner-
giebig[21].

Neben den Kommentaren haben sich zahlreiche Homilien zu Hiob
erhalten, bei denen bereits die Auswahl der Verse Auslegungs-
schwerpunkte des Predigers erkennen läßt. Im Osten ist Hesychius
von Jerusalem in 24 Homilien auf Ijob 1–20 eingegangen[22]. Da er
in der Tradition des Origenes Hiobs Leiden mehr als andere öst-
liche Väter als Vorbild des Christusleidens deutet und das ganze
Hiobbuch allegorisch auf Christus und die Kirche hin interpretiert,
bereiten ihm die anthropologisch-theologischen Implikationen des
Leidens des Gerechten keine Schwierigkeiten[23]. Einfühlsamer
erscheint da Leontius von Konstantinopel, von dem vier Homilien
zu Hiob erhalten sind[24]. Vor allem die Selbstverfluchung Hiobs
(Ijob 3,3–13) macht ihm zu schaffen. Doch Hiob lästert damit
nicht Gott, sondern zeigt seine Empfindsamkeit gegenüber den
Schmerzen, die er zu erdulden hat[25]. Wer allerdings wie Theodor
von Mopsuestia eine allegorische Spiritualisierung vermeidet, muß
bei der Exegese anstößiger Stellen einen anderen Weg gehen. Er
macht daher aus Hiob einen heidnisch gebildeten Juden, der nach
der Rückkehr aus dem Exil die Hiobserzählung poetisch verfälscht
hat[26]. Für andere – wie z.B. Theodoret von Cyrus – ist Hiob ein
Fürst aus Edom, der schon vor Mose gelebt und eine bemerkens-
werte, wenn auch unvollständige Gotteserkenntnis besessen hat, die
Hiobs Aufbegehren erklärt[27].

---

20   *L. Koenen*: PapTextAbh 33, 1,12f; *R. Merkelbach*, Zum Hiobkommentar
des Didymus: ZsPapEpigr 3 (1968) 191; *G.W. Marchal*, Didymus de Blinde en
zijn interpretatie van het boek Job (Diss. Utrecht 1977) 121–129.
21   PG 17, 371–522; Clavis PG 1521; vgl. *Dassmann*, Hiob (o. Anm. 2) 395.
22   PO 42, 62–589; Clavis PG 6551; vgl. *Dassmann*, Hiob (o. Anm. 2) 396f.
23   *G. Nahapetian*, Il commentario a Giobbe di Esichio prete di Gerusaleme:
Bessarione 19 (1913) 452–465.
24   Hom. 4–7 (CCG 17, 185–252); vgl. *G. Röwekamp*, Leontius von Konstantinopel: LACL (1998) 395.
25   Hom. 5,186 (CCG 17, 218).
26   So Iso'dad Meruens, in Job Prol. (CSCO 230 / Syr. 97,278); *Dassmann*, Hiob (o. Anm. 2) 419; die Auffassung wurde abgelehnt vom 5. Ökumenischen Konzil in Konstantinopel 553 (vgl. Mansi 9,224f); *H.-P. Müller*, Hiob und seine
Freunde = Theol.Stud. 103 (Zürich 1970) 12, Anm. 17; *W.B. Stevenson*, The
poem of Job (London 1947) 78.
27   In Gen. quaest. 93 (PG 80, 201f); Haer. 5,4 (PG 83, 461); *G.W. Ashby*,
Theodoret of Cyrrhus as exeget of the Old Testament (Grahamstown 1972) 146.

Auch aus dem Westen sind gewichtige Äußerungen über Hiob erhalten. Neben den beiden Homilien des Ambrosius von Mailand – über die noch zu sprechen sein wird – sowie den erhaltenen oder doch zumindest bekannten Kommentaren von Julian von Aeclanum, des Presbyters Philippus, des Hilarius von Poitiers und weiteren Texten[28] seien vor allem die Homilien von Augustinus und Gregor dem Großen erwähnt.

Augustinus hat in den »Adnotationes in Job« eine Art Kommentar verfaßt, der ihm selbst nicht veröffentlichungsreif erschien und von Freunden aus Randbemerkungen in seiner Bibelhandschrift zusammengestellt worden war[29]. Wie wenig systematisch und überlegt die Auslegung erfolgte, zeigt der Umstand, daß eine Auswertung der später von Augustinus oft als Beweis für seine Erbsündenlehre zitierten Stelle Ijob 14,4f in den »Adnotationes« ganz unterbleibt.

Alle übrigen heiklen Stellen – soweit Augustinus auf sie eingeht – werden entschärft. Hiobs Disputationen mit Gott waren nur Scheingefechte, in denen gezeigt wird, daß sich der Mensch in Gottes Willen fügen muß[30]. Die Streitreden verfolgen den pädagogischen Zweck, das Einschwingen des Menschen in den Willen Gottes zu fördern. Die Anklage Hiobs: »Multas enim tribulationes meas fecit sine causa« (Ijob 9,17), beantwortet Augustinus mit der Feststellung: »quorum causa me latuit«[31]. Wo Hiob Gott zu fluchen scheint, schlüpft er nur in die Rolle des sich selbst anklagenden Sünders[32].

Natürlich ist Augustinus nicht so naiv, alles Leid der Welt aus einem simplen Tun-Ergehen-Zusammenhang zu erklären. Er kann die Fragen nach der Gerechtigkeit Gottes nicht allein im Kontext der Rahmenerzählung des Hiobbuches beantworten. Nicht zuletzt in »De civitate Dei« und angesichts des Falls von Rom 410 kappt er radikal die »do-ut-des«-Verbindung zwischen menschlichem oder staatlichem Wohlverhalten und göttlicher Hilfe und verneint damit die Grundlage der gesamten spätantiken Frömmigkeit. Man kann Gott nicht zum Glücksbringer degradieren, der nur dazu dient, den Genuß der Güter dieser Welt zu garantieren. Man mißversteht ihn, wenn man glaubt, bei korrekter Gottesverehrung die Erfüllumng aller Wünsche schon in dieser Weltzeit von ihm ein-

---

28 *Dassmann*, Hiob (o. Anm. 2) 403–409.
29 CSEL 28, 2,509–628; vgl. Augustinus, Retract. 2,13 (CCL 57, 99f).
30 Adnotationes 39 (CSEL 28, 2,616–28).
31 Adnotationes 9 (CSEL 28, 2,528); vgl. *W. Geerlings*, Adnotationes in Job: AugLex 1 (1994) 102.
32 Adnotationes 6 (CSEL 28, 2,518–521).

klagen zu können[33]. Das Jammern über die »misera christiana tempora« verrät oft genug nur mangelnden Glauben.

»Wenn die, denen die irdischen Reichtümer bei jener Verwüstung [Roms] untergingen, sie in der richtigen Gesinnung besessen hätten, könnten sie mit dem schwer geprüften, aber nicht unterlegenen Hiob sagen: ›Nackt bin ich aus dem Schoß meiner Mutter hervorgegangen, nackt werde ich zur Erde zurückkehren. Der Herr hat gegeben, der Herr hat genommen; wie es dem Herrn gefiel, so ist es geschehen; der Name des Herrn sei gebenedeit‹«[34].

Was den einzelnen oder dem Imperium zugestoßen ist, rechtfertigt keine Klage gegenüber Gott. Die bedrängenden Fragen der Theodizee finden höchstens in einer vertieften Gnadenlehre eine angemessene Antwort[35].

Gregor des Großen fünfunddreißig Bücher »Moralia in Job« beschließen die spätantik-abendländische Hiob-Interpretation, die allerdings mit ihren moraltheologischen Erörterungen und pastoralen Weisungen den Rahmen eines Kommentars weit hinter sich lassen[36]. Gregor hat mit seiner, die augustinische Tradition fortsetzenden moralischen und mystisch-sakramentalen Exegese die mittelalterliche Spiritualität vorbereitet[37]. Zu einer ernsthaften Auseinandersetzung mit der Leidproblematik kommt es nicht, denn die allegorische Behandlung des Bibeltextes übergeht weithin die Aussagen des literarischen Inhalts. In moralischer Hinsicht ist Hiob der Mensch in seinem Leiden, in typologischer Hinsicht Christus, der Erlöser. Die übrigen Personen des Buches werden in die Allegorisierung einbezogen. Auf diese Weise gerät Hiobs Frau zum Typus des fleischlichen Lebens, die Freunde sind Sinnbilder der Ketzer, die sieben Söhne moralisch betrachtet die Haupttugenden, allegorisch gedeutet die zwölf Apostel, denn sieben besteht aus drei plus vier, drei mal vier aber ist zwölf. Ob Mose, ein Prophet oder Hiob selbst das Buch verfaßt hat, kümmert Gregor nicht.

---

33   *E. Dassmann*, Augustinus. Heiliger und Kirchenlehrer (Stuttgart 1993) 134f; *H. von Campenhausen*, Augustinus und der Fall von Rom: Tradition und Leben (Tübingen 1960) 259.
34   De civit. Dei 1,10 (CCL 47, 10f).
35   *W. Geerlings*, Adnotationes (o. Anm. 31) 103; *ders.*, Hiob und Paulus (o. Anm. 1).
36   *Dassmann*, Hiob (o. Anm. 2) 406f; *R. Manselli*, Gregor V (Gregor der Große): RAC 12 (1983) 943–946.
37   *R. Waasselynck*, L'influence des Moralia in Job de S. Grégoire le Grand sur la théologie morale entre le 7° et le 12° s. (Diss. Lille 1956); zu Verbindungen mit Augustinus vgl. *J. Fontaine*, Augustin, Grégoire et Isidore. Esquisse d'une recherche sur le style des 'Moralia in Iob': J. Fontaine u.a., Grégoire le Grand (Paris 1986) 499–509.

»Was nützt es das zu wissen, da in jedem Fall der Heilige Geist das Buch inspiriert hat«[38].

Mönchisch-asketisch ausgerichtet und überzeugt vom Greisenalter der Welt sieht Gregor die Aufgabe christlichen Lebens nicht darin, über das Leid bei Gott zu klagen, sondern sich in Reue und Buße auf das bevorstehende Weltgericht vorzubereiten. Nicht Rebellion gegen Gott wegen Seuchen, Hunger und Kriegsnot, sondern Ergebung in Gottes Willen werden vom Christen gefordert. In einem Brief an den Mailänder Klerus wird die Stimmungslage, die Gregors Mahnungen prägt, zutreffend faßbar:

»Seht, schon erblicken wir, wie alles auf der Welt zugrunde geht, wovon wir aus der Heiligen Schrift wissen, daß es zugrunde gehen wird. Die Städte sind verwüstet, die Festungen geschleift, die Kirchen zerstört, niemand findet sich mehr, der das Land bebaut. Selbst gegen uns wenige, die wir übrig geblieben sind, wütet das Schwert der Menschen, abgesehen von den göttlichen Strafgerichten ... Seht darum auf den heranrückenden Tag des ewigen Richters mit achtsamen Herzen und kommt seinem Schrecken durch Buße zuvor. Wascht mit Tränen alle Sündenflekken ab. Besänftigt den Zorn, der mit ewiger Strafe droht, durch zeitige Bußklage. Denn wenn unser gütiger Schöpfer zum Gericht kommt, so wird er mit um so größerer Barmherzigkeit uns trösten, je mehr er bemerkt, daß wir uns selbst wegen unserer Fehler gezüchtigt haben«[39].

Angesichts solcher Töne ist jedoch festzuhalten, daß die theologische Deutung der tatsächlich vorhandenen bedrückenden Lage Italiens und Roms am Ende des 6. Jahrhunderts Gregors Tatkraft nicht gelähmt hat. Unverdrossen hat er nicht nur sich und die Seinen auf den herannahenden Tag des Gerichts vorbereitet, sondern sich auch darum gesorgt, die vielfältige Not seiner Zeit zu lindern[40].

III.   Theodizee bei Ambrosius von Mailand

Ein besonders eindrucksvolles Beispiel für fehlende Gottesanklage bietet der Mailänder Bischof, mit dem nach Verfolgungszeit und Friedensschluß in der zweiten Hälfte des 4. Jahrhunderts unter Heranziehung östlicher Traditionen der dogmatischen und spirituellen

---

38   Moralia, Praefatio 1,1f (CCL 143, 8f); vgl. *H.I. Marrou*, Von der Christenverfolgung Diokletians bis zum Tode Gregors des Großen = Geschichte der Kirche 1 (Einsiedeln 1963) 434f.
39   Epistula 3,29 (Übersetzung nach *J. Richards*, Gregor der Große [Graz 1983] 61).
40   Ebd. 92–114; bes. 102f.

Theologie im Westen ein Neuanfang gelingt[41]. Ambrosius entfaltet ein differenziertes Gottesbild mit ausführlichen Erörterungen über das Verhältnis von Gerechtigkeit und Barmherzigkeit Gottes[42]; der Gedanke jedoch, Gott müsse sich rechtfertigen oder gerechtfertigt werden angesichts des Leidens der Menschen und des Bösen in der Welt, dürfte ihm schlicht unvorstellbar gewesen sein. Dabei ist Ambrosius nicht unempfindlich gegenüber den irdischen Bedrängnissen. »Quam misera hominis conditio«!, bekennt er angerührt vom Los des Menschen in der Welt in den Homilien »De interpellatione Hiob et David«[43], in denen er das Leben dieser beiden biblischen Gestalten zunächst anhand des Hiobbuches, sodann im Licht der Psalmen bedenkt. In der ersten Homilie handelt er über die Unwägbarkeiten des menschlichen Lebens, das nur durch himmlischen Schutz Sicherheit gewinnt, in der zweiten legt er dar, wie nicht nur die ungebildete Volksmenge, sondern auch viele kluge Leute betroffen reagieren, wenn sie sehen, wie es den Bösen gut und den Guten schlecht geht[44]. Ambrosius greift in seinen Antworten dabei alle die gängigen Argumente auf, die in der Tradition bereitlagen: Niemand kann sich den Bedrängnissen entziehen, doch die Reichen haben mehr Sorgen als die Armen, die um den Verlust ihrer Güter nicht fürchten müssen; das Glück der Gottlosen ist eine Täuschung, die über ihr unseliges Ende nicht hinwegtrösten kann[45].

In der zweiten Homilie geht Ambrosius zwar ausdrücklich auf die Streitreden Hiobs mit den drei Freunden ein, allerdings so selektiv, daß nur die Verse herangezogen werden, die mit dem Tenor seiner Argumentation übereinstimmen[46]. Der Gedankengang ist kurz folgender: Hiobs Freunde irren, denn sie erkennen nicht, daß der Gerechte wie auch der »athleta Christi« durch Leiden erprobt werden muß, um zur Krone zu gelangen (2,1,2). Wenn der Körper leidet, kann die Seele dennoch stark sein; so hielt der geschlagene Hiob auf dem Dunghaufen verständigere Reden, als mancher Ge-

---

41 W. *Wilbrand*, Ambrosius: RAC 1 (1950) 365–373; E. *Dassmann*, Ambrosius von Mailand: TRE 2 (1978) 362–386; Ch. *Jacob*, Ambrosius: LThK 1 (^{3}1993) 495–497; Ch. *Markschies*, Ambrosius von Mailand: LACL (1998) 13–22.
42 E. *Dassmann*, Die Frömmigkeit des Kirchenvaters Ambrosius von Mailand = MBTh 29 (Münster 1965) 106–110.
43 Interpell. 1,3,6 (CSEL 32, 2,213).
44 Interpell. 2,1,1 (CSEL 32, 2,233).
45 Interpell. 1,6,16; 1,3,8; 2,4,11.16 (CSEL 32, 2,222.215.239.242f); vgl. *Dassmann*, Frömmigkeit (o. Anm. 42) 12f.
46 Interpell. 2,1,1–5,23 (CSEL 32, 2,233–249). Die meisten Verse liefert Ijob 21 mit der Widerlegungsrede Hiobs. Hinzu kommen einige Verse aus Ijob 19f sowie 26–28.

sunde sie von sich gibt (2,2,3). Manchmal ist es allerdings besser zu schweigen, als zu klagen (2,2,5). Schwerer als Krankheit und Verlust der Kinder können Reden einen Menschen verletzen (2, 3,7f). Vor allem über falsche Anklagen soll man lachen oder schweigen (2,3,9). Ab 2,4,11 folgt dann die Auslegung von Ijob 22, in der sich Ambrosius Hiobs Widerlegung der Freunde zu eigen macht. Hiob beginnt mit einer Frage, welche die Widersprüchlichkeit der Argumentation der Freunde aufdeckt: Wenn er angeblich wegen seiner Sünde leidet, warum geht es dann offenkundig Ungerechten oft genug so unverschämt gut (2,4,11)? Hiob bzw. Ambrosius verneinen damit den von den Freunden postulierten Tun-Ergehen-Zusammenhang. Ambroius teilt aber nicht die Verwirrung und Erbitterung Hiobs, die in vielen Versen des Hiobbuches wegen dieser Entflechtung erkennbar werden. Die Lösung des Problem liegt in der Feststellung, daß viele Güter in einem höheren Licht betrachtet gar keine Güter sind. Man kann sie im Tod nicht mitnehmen; sie beschämem und belasten nur (2,4,12); die Ungerechten säen nichts Geistiges und können darum auch nichts Geistiges ernten (2,4,13); sie begreifen nicht den Sinn irdischer Mühsal (2,4,15); sie haben keinen Anteil an der Ewigkeit, sie verzehren die zeitlichen Güter und verpassen die ewigen, die der arme Lazarus gewinnt; ihr Licht erlischt, denn sie besitzen nicht das ewige Licht (2,5,17f). Wie unterschiedlich ist das Todesschicksal in »abundantia« und »gratia« oder aber in »amaritudine«; trotzdem entgeht niemand dem elenden Todesschicksal (2,5,19–21); auch Kinder und Nachfolger heben es nicht auf. »Inanis« ist das Stichwort, das für allen Reichtum gilt (2,5,22). Die Predigt schließt mit der Mahnung, nach der wahren Weisheit zu suchen (2,5,23).
Natürlich ist Ambrosius nicht nur in den beiden Homilien »De interpellatione Iob«, sondern auch in vielen anderen Schriften auf die Hiobgeschichte eingegangen, nirgendwo jedoch mit der Absicht, sich Hiobs Klagen gegen Gott wirklich zu eigen zu machen. Hiob artikuliert seine Klagen als Anwalt des Teufels, nicht als seine eigenen; die Schicksalsschläge, die Hiob treffen, dienen seiner Bewährung und Selbstfindung[47]. Auch seine Selbstverfluchung in Ijob 3,3.8 belastet ihn nicht, denn in ihr prophezeit er die Vernichtung des Teufels und den Tag seiner eigenen Wiedergeburt[48]. In allem ist Hiob Vorbild des Christen, anders als bei vielen griechi-

47 De officiis 1,12,42f; 2,5,20 (114f *Testard* I; 19 *Testard* II [CUFr]); expos. in Ps. 118 14,16 (CSEL 62, 308f); exp. Ev. Luc. 4,38 (CSEL 32, 4,158); vgl. *J.R. Baskin*, Job as Moral Exemplar in Ambrose: VigChrist 35 (1981) 224–229.
48 Exp. Ev. Luc. 4,40 (CSEL 32, 4,159).

schen Vätern aber nicht Typus Christi, denn der Lebensweg des
Herrn ist mit dem des Hiob nicht zu vergleichen[49].
Eine andere Gruppe biblischer Texte, welche die Klage in den verschiedenen Arten der Selbstklage, Feindklage, Klage vor Gott und
gegen Gott artikulieren, bilden die sogenannten »Confessiones«
des Jeremia, zu denen Jer 11,8–12,6; 15,10–21; 17,12–18; 18,18–
23 und 20,7–18 gezählt werden können[50]. Wie geht Ambrosius
mit ihnen um? Die Klage über die Gottlosen in Jer 12,1 beantwortet Ambrosius mit der Beteuerung der Gerechtigkeit Gottes, die
von allen alttestamentlichen Frommen in jeglicher Bedrängnis bezeugt wird, von Daniel in der Löwengrube, Jonas im Fischbauch,
David auf der Flucht vor Absalom und Abraham beim Opfer seines Sohnes[51].
Aus dem Wehe des Propheten über seine Geburt in Jer 15,10 zieht
Ambrosius in der Trauerrede auf seinen Bruder Satyrus den Schluß:

»Wenn schon heilige Männer das Leben fliehen, daß für uns als nützlich erscheint, wenngleich sie es für sich selber als nutzlos erachten, was sollen dann
wir tun, die wir anderen in keiner Weise nützen können?«

Wenn jeder Tag neue Sündenschuld aufhäuft, kann ein früher Tod
kein Unglück sein[52]. Jeremia, David und Elija haben die Länge ihres Lebensweges beklagt und sich einem besseren Zustand entge-
gengesehnt; und ist nicht jeder Mensch des gegenwärtigen Lebens-
abschnittes überdrüssig und möchte möglichst bald den nächsten
erreichen[53]? Im Rahmen seiner Vorstellungen über »de bono mor-
tis« und »de fuga saeculi« vermag es Ambrosius nicht, wegen der
Kürze des Lebens oder des frühzeitigen Todes eines nahestehenden Menschen Gott Vorwürfe zu machen – was Trauer und Tränen

---

49   De Officiis 1,24,113; 1,39,195 (149 *Testard* I; 190f *Testard* I [CUFr]); exp.
     Ev. Luc. 4,39 (CSEL 32, 4,158f); vgl. Baskin, Job as Moral Exemplar (o. Anm.
     47) 223f.
50   Nach *D.H. Bak*, Klagender Gott – klagende Menschen. Studien zur Klage im
     Jeremiabuch = Beihefte ZAW 193 (Berlin 1990) Xf. Da die Väter von der Authen-
     tizität der Jeremiaworte ausgehen, bleibt die Historizitätsfrage hier ausgespart.
51   xpos. Ps. 118 18,6 (CSEL 62, 399f). Die vorhergehende Klage des Prophe-
     ten in Jer 11,18, daß er wie ein argloses Lamm zum Schlachten geführt worden
     sei, wird von Ambrosius wiederholt christologisch gedeutet; vgl. *E. Dassmann*,
     Jeremia: RAC 17 (1996) 617.
52   Exc. Fr. Sat. 2,34 (CSEL 73, 267); über die Beurteilung der Frühverstorbe-
     nen vgl. *H.-G. Surmund*, »Factus eram ipse mihi magna quaestio« (Confessiones
     IV 4). Untersuchungen zu Erfahrung und Deutung des Todes bei Augustinus, unter
     besonderer Berücksichtigung des Problems der »mors immatura« (Diss. Münster
     1977); zur Bewertung der Krankheit vgl. *L. Beato*, Teologia della malattia in S.
     Ambrogio (Torino 1968), bes. 29–31.
53   Exc. Fr. Sat. 2,124bf (CSEL 73, 319f).

beim Verlust eines Angehörigen nicht ausschließt, wenn sie von christlicher Hoffnung getragen sind[54]. Den Aufschrei des Jeremia im selben Kapitel 15,18:

»Warum soll ewig dauern mein Schmerz ...? Wie ein Trugbach (Gott) wurdest du mir, wie ein unzuverlässiges Wasser«,

nimmt Ambrosius überhaupt nicht zur Kenntnis. Sollte die zweimalige Erwähnung einer »aqua mendax« tatsächlich Jer 15,18 wiedergeben – oder nicht vielmehr ein (biblisches) Bildwort sein, das dem Bischof, der mit der prophetischen Sprache vertraut ist, wie von selbst in die Feder fließt?[55] So wird es jedenfalls beide Male in einem anderen, nämlich baptismalen Kontext verwendet. Wer nach der Taufe gefehlt hat, soll Wasser wahrer, nicht lügnerischer Tränen vergießen[56], wie auch das trügerische Wasser der Ungläubigen nicht heilt, sondern beschmutzt[57]. Aus dem folgenden Bekenntnisteil des Jeremiabuches (Jer 17,12–18) wird der brisante Vers 12,7: »(Gott) werde mir nicht zum Entsetzen ...« von Ambrosius nicht herangezogen; der Abschnitt Jer 18,18–23 mit den Rachewünschen Jeremias über seine Feinde – häufig nicht zu den »Confessiones« gerechnet[58] – wird verständlicherweise ganz übergangen.
Die bisherigen Beobachtungen bestätigen sich im letzten »Confessiones«-Abschnitt Jer 20,7–18. Die Selbstverfluchung der eigenen Geburt Jer 20,14–18 klingt – ohne zitiert zu werden – vielleicht in dem schon erwähnten Abschnitt aus der Trauerrede auf Satyrus an, wo sie als Ausdruck der Sehnsucht vieler alttestamentlicher Frommer nach Vollendung ihres irdischen Lebensweges umgebogen worden war[59]. Den Rachevers 20,12 soll Ambrosius im Sechstagewerk verwendet haben[60]; außer einer Erwähnung der Nieren, die aber an zahlreichen Bibelstellen vorkommen, gibt es jedoch keine Übereinstimmungen zwischen dem Bibelvers und dem Ambrosiustext. Breit rezipiert wird allein der Vers 20,9, in dem der Prophet aber nicht klagt, sondern bekennt, sich trotz aller Anfech-

---

54   Vgl. etwa Exc. Fr. Sat. 1,7–10 (CSEL 73, 212–214). Zu den verschiedenen Motiven und Vorlagen, von denen die ambrosianischen Trauerreden bestimmt sind, vgl. *M. Biermann*, Die Leichenreden des Ambrosius von Mailand = Hermes-Einzelschrift 70 (Stuttgart 1995).
55   *E. Dassmann*, Umfang, Kriterien und Methoden frühchristlicher Prophetenexegese: JBTh 14 (1999) 137–141.
56   Expl. Ps. 37,10 (CSEL 64, 143).
57   De mysteriis 4,23 (CSEL 73, 98).
58   Bak (o. Anm. 50) 184f.
59   Vgl. o. Anm. 53.
60   So nach Schenkl, dessen Angabe von der Biblia Patristica 6 (Paris 1995) 89 übernommen wurde; vgl. Exameron 6,8,44 (CSEL 32, 1,235).

tungen dem Auftrag Gottes nicht entziehen zu können[61]. Was schließlich die nur einmal zitierte Anklage in Jer 20,7 betrifft: »Du hast mich betört, o Herr, und ich ließ mich betören; du hast mich ergriffen und überwältigt ...«, so fängt Ambrosius sie auf, indem er sie mit der Ergebenheitserklärung des Propheten in Jer 20,9 koppelt[62]. Man braucht den Befund, der sich aus der Verwendung der Jeremia-»Confessiones« ergibt, nicht überzubewerten. Die ambrosianische Auslegung verfälscht vielleicht nicht einmal in gravierender Weise das Jeremia-Bild, aber das Klagepotential, das die »Confessiones« geboten hätten, hat Ambrosius in keiner Weise genutzt, weil ihm eine Abrechnung mit Gott niemals in den Sinn gekommen wäre.

Auf die oben bereits angeführten Interpellationen Hiobs folgen noch zwei Homilien mit der »interpellatio« Davids in den Psalmen, in denen dem Problem der »misera conditio« der Frommen und dem Übermut der Frevler weiter nachgegangen wird[63]. Konkret könnten gegen Schluß der Homilien Erinnerungen an das bittere Ende der Kaiser Gratian und Valentinian II. sowie die Anmaßungen des Usurpators Maximus anklingen[64]. Ein paar Beobachtungen zu den beiden Homilien mögen zusammen mit einigen Bemerkungen zur ambrosianischen Auslegung einzelner Klagepsalmen die Beobachtungen zur verstummten Anklage Gottes bei den Kirchenvätern beschließen.

Die dritte Homilie ist im wesentlichen eine Auslegung von Ps 73 (72) mit der Bitte des Frommen um gerechte Vergeltung. Da die Verbitterung über den Wohlstand und das übermütige Gebaren der Frevler bereits vom Psalmisten selbst in Ergebung und Einsicht in Gottes Pläne überführt werden, hat Ambrosius keine Mühe, die anklagenden Aufschreie des Beters in geistliche Mahnungen umzumünzen, zumal er aus dem verbitterten (Vulgata: »cor inflammatum«) Herzen des Beters ein *cor delectatum* macht. Mit seiner Nörgelei gleicht er vor Gott dem dummen Vieh, was insofern zutrifft als der Mensch, verglichen mit der himmlischen Dimension seiner zukünftigen Existenz, tatsächlich nichts weiter ist als ein »iumentum irrationabile«[65].

---

61   Z.B. De Isaac 8,77 (CSEL 32, 1,695); Exp. Ev. Luc. 7,132 (CSEL 32, 4, 339); expos. in Ps. 118 11,3–5; 14,26; 18,18–21 (CSEL 62, 235.315.406); Expl. Ps. 12,38,15 (CSEL 64, 195); Epistula 29 (43),15 (CSEL 82, 1,204); de Officiis 3,18,103 (131 *Testard* II [CUFr]).
62   Expos. in Ps. 118 14,26 (CSEL 62, 315f).
63   Interpell. 3 und 4 (CSEL 32, 2,248–267.267–296).
64   Interpell. 4,4,15; 6,23–25; 8,29; vgl. *J. Quasten / A. di Berardino*, Patrologia 3 (Turin 1978) 151.
65   Interpell. 3,9,25 (CSEL 32, 2,262f).

Die letzte Homilie interpretiert die Psalmen 42 (41) und 43 (42). Charakteristisch für die Argumentationsweise des Ambrosius ist die Erklärung von Ps 42,10 (entsprechend 43,2): »Gott, warum hast du mich vergessen, und warum hast du mich zurückgestoßen?« Ambrosius läßt schon die Frage nicht zu. »Gott vergißt nicht – unmöglich nämlich kann der vergessen, dem Taten und Zukünftiges gegenwärtig sind«. Nur die Sünden lassen Gott sich abwenden von denen, die er als seiner Heimsuchung unwürdig erkennt. Dagegen »erkennt er diejenigen, die ihm gehören«[66]. Kurz abgefertigt wird auch der Klageruf in Ps 42,10–12. Die Verse werden zusammengestrichen und mit »et reliqua« beendet. Die Klage der Gottverlassenheit hat keinen Grund mehr, seitdem Christus gekommen ist[67].

Bei der Erklärung von Ps 43 zitiert Ambrosius auch den 22. (21.) Psalm[68], in dem die christliche Tradition seit jeher die Gottverlassenheit Christi am Kreuz artikuliert gefunden hat. Der Psalm und insbesondere Vers 2: »Gott, mein Gott, schau auf mich, warum hast du mich verlassen?« spielt im ambrosianischen Schrifttum eine wichtige Rolle[69]. Der Bischof hat ihn jedoch nahezu ausschließlich christologisch zur Unterstützung der Zweinaturenlehre und zur Bekräftigung des wirklichen Leidens Jesu ausgewertet. Im Lukaskommentar baut er den Vers mehrmals in die Passionsgeschichte ein, die von ihm aber in den Farben römischer Triumphalterminologie ausgemalt wird. Jesus stößt den Schrei der Verlassenheit wie der gute Skarabäus aus, »der den vorher häßlichen und unfruchtbaren Schmutz unseres Körpers auf den Spuren der Tugenden wegwälzte und den Armen aus dem Schmutz aufrichtete«[70].

Daß Ambrosius Ps 22,2 in seinen dogmatischen Schriften ebenfalls christologisch verwendet, versteht sich von selbst. Wenn Jesus seine Gottverlassenheit artikuliert, zeigt er, daß er als Mensch bedrängt war, geweint hat und gekreuzigt wurde[71].

Mit Vorliebe verbindet Ambrosius Ps 22,2 mit Joh 16,32: »Ich bin nicht allein, denn der Vater ist bei mir«. Die Klage der Gottverlassenheit wird zum Bekenntnis der Menschheit Jesu und korrespondiert mit der Gewißheit seiner Gottessohnschaft[72]. An einer einzi-

---

66 Interpell. 4,6,22 (CSEL 32, 2,283).
67 Interpell. 4,6,26 (CSEL 32, 2,285f).
68 Interpell. 4,6,23.25 (CSEL 32, 2,284f).
69 Biblia Patristica (o. Anm. 6) 6,102.
70 Exp. Ev. Luc. 10,113 (CSEL 32, 4,498); vgl. Exp. Ev. Luc. 10,107.129 (CSEL 32, 4,495.504); *E. Dassmann*, Die Christusfrömmigkeit des Bischofs Ambrosius von Mailand (erscheint demnächst).
71 De Fid. 2,56 (CSEL 78, 75f); vgl. De Fid. 1,91 (CSEL 78, 40).
72 Expl. Ps. 43,31 (CSEL 64, 285); vgl. Expl. Ps. 36,16 (CSEL 64, 221).

gen Stelle bekommt die Auslegung des Psalmverses neben der
christologischen Anwendung einen anthropologischen Akzent.
Niemand braucht sich von Gott verlassen zu fühlen, meint der
Bischof, denn auch Christus, der nun wahrlich nicht von Gott verlassen war, hat den 22. Psalm gebetet[73]. Anklage, Anfechtung oder
Zweifel werden mit dem vom gekreuzigten Christus aufgenomme-
nen Verlassenheitsruf des Psalmisten an keiner Stelle verbunden.

IV. Zusammenfassung

Die Frage »unde malum?« hat die Menschen seit jeher bedrängt.
Daß nach einem Verursacher bzw. Schuldigen für die Misere gesucht wurde, ist nur zu verständlich. Als Hauptverantwortliche wurden nicht zuletzt die Götter dingfest gemacht entsprechend dem
Maß an Allmacht, das sie beanspruchten. Goethes Prometheus hat
die Anklage sprachlich in ihre klassische Form gegossen. Ohnmacht oder Neid der Götter werden häufig als Ursache für menschliches Leid herangezogen.
Einen anderen Weg gingen Theologie und Frömmigkeit Israels.
Obgleich Jahwe als Schöpfer Himmels und der Erde bekannt wird,
und kreatürliches und menschliches Leid nicht ohne seine Zustimmung durch eine widergöttliche Macht hervorgerufen sein können
– eine Lösung, die dualistischem Denken seine Faszination verlie-
hen hat[74] –, wird ihm der beklagenswerte Zustand der Welt nicht
zur Last gelegt. Ursache und Zweck des Leidens – wie sie in den
Reden der Hiobfreunde fokussiert werden – lassen sich erklären und
in vier Antworten zusammenfassen: Leid ist Folge menschlicher
Schuld, es ist Ausdruck göttlicher Erziehung und Zurechtweisung,
es dient der Erprobung der Gottesfürchtigen und gehört zur kreatürlichen Natur des Menschen[75]. Ziemlich genau auf dieser Ebene
bewegt sich die Antwort der Kirchenväter. Daß Gott am Ende einen
neuen Himmel und eine neue Erde heraufführen wird (Offb 21,1),
daß kein Spatz vom Himmel fällt ohne den Willen des himmlischen
Vaters (Mt 10,30) und nicht zuletzt die Hoffnung auf Auferstehung und jenseitige Vergeltung haben den frühchristlichen Theologen die dogmatische und pastorale Bewältigung des Theodizee-
problems erleichtert.

73 Expos. in Ps. 118 1,19 (CSEL 62, 18).
74 *Gronau* (o. Anm. 1) 2–5; *G. Dautzenberg*, Dualismus: LThK³ 1 (1995) 389–
391.
75 *E. Zenger*, Einleitung in das Alte Testament = Studienbücher Theologie 1,1
(Stuttgart ³1998) 307.

»Die Leiden der gegenwärtigen Zeit bedeuten nichts im Vergleich zu der Herrlichkeit, die an uns offenbar werden soll« (Röm 8,18),

bekräftigt Paulus.

»Was war besser, unsere Natur überhaupt nicht ins Dasein zu rufen, da Gott voraussah, daß der künftige Mensch vom Guten abirren werde, oder sie zu schaffen und nach der Versündigung sie durch Strafe und Buße schließlich wieder zur ursprünglichen Gnade zurückzurufen«,

fragt Gregor von Nyssa[76]. Die Frage stellen heißt, sie beantworten.

---

76 Belege bei *Gronau* (o. Anm. 1) 126f.

Andreas Holzem

»Kriminalisierung« der Klage?

Bittgebet und Klageverweigerung in der Frömmigkeitsliteratur des 19. Jahrhunderts

Der Jesuit Anton Koch[1] publizierte 1938 in seinem Homiletischen Quellenwerk für christliche Predigt und Unterweisung[2] im zentralen fünften Teil »Leben mit Gott« einen Abschnitt mit dem Titel: »Nörgeln an Gott«[3]. Der Wert und das Gewicht eines klagenden Umgangs mit Gott werden allerdings weder hier noch an anderer Stelle behandelt. Die Klage scheint in der Perspektive dieser Homiletik zum Leben mit Gott nicht dazuzugehören.

Die folgenden Überlegungen zur Valenz der Klage in der Religiosität des 19. Jahrhunderts sind zunächst nicht mehr als ein erster Zugriff. Forschungen zur Sozialstruktur und Frömmigkeitskultur des deutschen Katholizismus werden – für die zweite Hälfte des 19. Jahrhunderts bis in die Zwischen- und Nachkriegszeit des 20. Jahrhunderts hinein – derzeit unter dem Stichwort des »Katholischen Milieus« organisiert. Der Fortgang der empirischen Forschung hat das Paradigma selbst mittlerweile intern differenziert, so dass Regionen eines verdichteten Milieus von traditionalen katholischen Lebenswelten, aber auch von weitgehend dechristianisierten Sozialräumen abgehoben werden.[4]

---

1 *Peter Fonk*, Art. Koch, Anton, in: LThK, Bd. 6, Freiburg i.Br. (u.a). ³1997, 164f.
2 *Anton Koch* (Hg.), Homiletisches Handbuch. 1. Abteilung: Homiletisches Quellenwerk. Stoffquellen für Predigt und christliche Unterweisung, Bd. 3, Freiburg i.Br. 1938.
3 Ebd., 137–140.
4 *Arbeitskreis für kirchliche Zeitgeschichte (AKKZG) Münster*, Katholiken zwischen Tradition und Moderne. Das katholische Milieu als Forschungsaufgabe, in: Westfälische Forschungen 43 (1993), 588–654; *AKKZG Münster*, Konfession und Cleavages im 19. Jahrhundert. Ein Erklärungsmodell zur regionalen Entstehung des katholischen Milieus in Deutschland, in: Historisches Jahrbuch 120 (2000), 358–395 (Lit.); *Olaf Blaschke / Frank-Michael Kuhlemann*, Religion in Geschichte und Gesellschaft. Sozialhistorische Perspektiven für die vergleichende Erforschung religiöser Mentalitäten und Milieus, in: *dies.* (Hg.), Religion im Kaiserreich. Milieus – Mentalitäten – Krisen, Gütersloh 1996, 7–56; *Andreas Holzem*, Dechristianisierung und Rechristianisierung. Der deutsche Katholizis-

Die weithin prägende Sozialform des Milieus, welche der Katholizismus seit den 1850er Jahren beschleunigt ausbildete, ist unter dem Einfluss der Wissenssoziologie[5] als durch gesellschaftlich organisiertes Wissen konturiertes Ensemble von Wahrnehmungen und Gestaltungen der Wirklichkeit beschrieben worden, die ihrerseits auf kollektive Muster der kognitiven und emotionalen Selbst- und Fremdperzeption tiefgreifend zurückwirkten. Diese Interdependenzen werden vor allem dort wahrgenommen, wo die Rede von einem »katholischen Milieu« oder einer »traditionalen katholischen Lebenswelt« den Katholizismus des 19. und frühen 20. Jahrhunderts nicht nur in seiner ideen- und verfassungsgeschichtlichen Entwicklung zu beschreiben versucht. Wichtig werden zunehmend auch seine sozial- und alltagsgeschichtlichen Ausformung und Transformation, seine gesamtgesellschaftliche Einbindung und Abgrenzung und nicht zuletzt seine Binnendimensionen regionaler, sozialer und zeitlich erstreckter Ausdifferenzierung. Nach der Definition Urs Altermatts zeichnet sich dieses katholische »Subsystem«, welches im spannungsreichen Verhältnis von »Katholizismus und Moderne« vielfach »den Charakter einer Gegen- oder Alternativgesellschaft in der jeweiligen nationalen Gesellschaft annehmen kann«, einerseits durch eine weltanschauliche Basis, andererseits durch ein Netz sozialer Organisationen aus, wodurch »die organisatorischen Beziehungen ideologisiert und die ideologischen Positionen organisiert werden.«[6] Auch spätere Milieu-Definitionen betonen den Zusammenhang von »Wirklichkeit und Wissen«: »Ein Milieu ist als eine sozial abgrenzbare Personengruppe Träger kollektiver Sinndeutung von Wirklichkeit. Es prägt reale Verhaltensmuster aus, die sich an einem Werte- und Normenkomplex orientieren, hier als Milieustandard bezeichnet. Institutionen führen in den Milieustandard ein und stützen ihn.«[7] Milieus als sekundäre Reorganisationen geschlossener traditionaler Lebenswelten regulieren nicht nur das Denken, sondern auch das Verhalten durch »eine gemeinsame Lebensweise [...] und damit verknüpfte Alltagsüberzeugungen.«[8]

---

mus im europäischen Vergleich, in: Kirchliche Zeitgeschichte. Internationale Halbjahresschrift für Theologie und Geschichtswissenschaft 11 (1998), 69–93 (Lit.).
5   Vgl. vor allem *Peter Berger / Thomas Luckmann*, Die gesellschaftliche Konstruktion der Wirklichkeit, Frankfurt a.M. [16]1999.
6   *Urs Altermatt*, Katholizismus und Moderne. Zur Sozial- und Mentalitätsgeschichte der Schweizer Katholken im 19. und 20. Jahrhundert, Zürich 1989, 105.
7   Vgl. *AKKZG Münster*, 606.
8   *Karl Rohe*, Wahlanalyse im historischen Kontext. Zu Kontinuität und Wandel von Wahlverhalten, in: HZ 234 (1982), 337–357, hier 350.

Nun haben trotz dieser wissenssoziologischen Fundierung die Institutionalisierungsprozesse des Katholizismus insgesamt mehr Aufmerksamkeit gefunden[9] als die im engeren Sinne frömmigkeitskulturellen Denk- und Verhaltensstandards, welche diese lebenslang, von der Wiege bis zur Bahre[10], trugen und schützten.[11] Versuche, die religiösen Sinnwelten dieses Katholizismus zu rekonstruieren und in der Dichte ihres religiösen Diskurses auf ihre Prägekraft für kollektive Mentalitäten hin zu befragen, sind noch

9   Um nur wenige jüngere Arbeiten zu nennen: Vgl. *Antonius Liedhegener*, Christentum und Urbanisierung. Katholiken und Protestanten in Münster und Bochum 1830–1933 (Veröffentlichungen der Kommission für Zeitgeschichte B 77), Paderborn 1997; *Wilhelm Damberg*, Abschied vom Milieu? Katholizismus im Bistum Münster und in den Niederlanden 1945–1980 (Veröffentlichungen der Kommission für Zeitgeschichte B 79), Paderborn 1997; *Winfrid Halder*, Katholische Vereine in Baden und Württemberg 1848–1914. Ein Beitrag zur Organisationsgeschichte des südwestdeutschen Katholizismus im Rahmen der Entstehung der modernen Industriegesellschaft (Veröffentlichungen der Kommission für Zeitgeschichte B 64), Paderborn 1995; *Christoph Kösters*, Katholische Verbände und moderne Gesellschaft. Organisationsgeschichte und Vereinskultur im Bistum Münster 1918 bis 1945 (Veröffentlichungen der Kommission für Zeitgeschichte B 68), Paderborn 1995; *Siegfried Weichlein*, Sozialmilieus und politische Kultur in Weimar. Hessische Kreise im Vergleich, Freiburg i.Br. 1992; *Olaf Blaschke / Frank-Michael Kuhlemann* (Hg.), Religion im Kaiserreich. Milieus – Mentalitäten – Krisen (Religiöse Kulturen der Moderne, Bd. 2), Gütersloh 1996, dort auch zahlreiche Aufsatz-Lit. derselben und weiterer Autoren. Verdienstvoll ist die Bibliografie des *Schwerter Arbeitskreises für Katholizismusforschung*; vgl. http://www.muenster.de/~sak. Ertragreich untersucht werden vor allem: Parteien, Verbände, Vereine, Katholikentage, kirchliche Institutionen, Caritas, aber auch demonstrative Kultpraktiken.
10   *Michael Klöcker*, Katholisch – von der Wiege bis zur Bahre. Eine Lebensmacht im Zerfall?, München 1991.
11   Vgl. *Olaf Blaschke*, Katholizismus und Antisemitismus im Deutschen Kaiserreich (Kritische Studien zur Geschichtswissenschaft 122), Göttingen 1997; *Olaf Blaschke* (Hg.), Katholischer Antisemitismus im 19. Jahrhundert. Ursachen und Traditionen im internationalen Vergleich, Zürich 2000; *Andreas Holzem*, Katakomben und katholisches Milieu. Zur Rezeptionsgeschichte urchristlicher Lebensformen im 19. Jahrhundert, in: Römische Quartalschrift für christliche Altertumskunde und Kirchengeschichte 89 (1994), 260–286; *Norbert Busch*, Katholische Fömmigkeit und Moderne. Die Sozial- und Mentalitätsgeschichte des Herz-Jesu-Kultes in Deutschland zwischen Kulturkampf und Erstem Weltkrieg, (Religiöse Kulturen der Moderne, Bd. 6), Gütersloh 1997; *Irmtraud Götz von Olenhusen* (Hg.), Wunderbare Erscheinungen. Frauen und katholische Frömmigkeit im 19. und 20. Jahrhundert, Paderborn 1995. Dennoch muss hervorgehoben werden, dass auch organisationshistorische Studien die religiösen Denkformen und das »Klima« des neuzeitlichen Katholizismus nicht völlig vernachlässigen. Aber sie entwickeln seine spezifische Logik stets eher aus politisch-gesellschaftlichen denn aus religiös-kulturellen und religionspraxeologischen Grundoptionen. Dies zu konstatieren, ist keine Kritik, sondern eine forschungsgeschichtliche Option der Ergänzung und Horizonterweiterung.

vergleichsweise rar. Die Alltagsreligiosität des 19. Jahrhunderts gilt in der Regel als ebenso rigide wie simpel und darum einer tiefer dringenden Aufmerksamkeit kaum wert. Aber gerade im 19. Jahrhundert und besonders im Kontext des Milieus vollzog sich eine grundlegend neue Verschriftlichung von Frömmigkeit, welche im Medium der Massenlektüre den Wissenshaushalt und damit auch die religiöse Innenlenkung des Alltagsverstehens und des Alltagshandelns auch einfacher katholischer Menschen viel intensiver zu prägen versuchte als in vorhergehenden Phasen.

Darum versteht sich dieser Beitrag zunächst nur als Hinweis, der intensivere Forschungen zur religiösen Mentalität und zum frommen Habitus des 19. Jahrhunderts anzustoßen versucht. Er nimmt im Horizont einer pastoraltheologischen Anfrage einen kleinen Ausschnitt religiöser Grundorientierungen zum Ausgangspunkt der Rekonstruktion gruppen- und institutionengestützten religiösen Wissens: die weitgehende Abwesenheit der Klage, die ihre Abwertung impliziert.

Dieser Beitrag wird in zwei Schritten zunächst das semantische Feld abschreiten, innerhalb dessen »Klage« konnotiert wird, um dann die religiöse Logik zu rekonstruieren, die der Klage gegen Gott als Durchgang durch Leiderfahrung einen kategorischen Riegel vorschiebt. Leitfrage und Option der Studie ist die Suche nach der Würde des leidenden Subjekts. Denn ein religiöser Diskurs, wie er im folgenden vorzuführen ist, kann unter der immanent vorausgesetzten Grundannahme, dass das Leiden sinnhaft, da von Gott zugemessen ist, sehr unterschiedliche Dinge verteidigen: Er kann das religiöse Subjekt in seiner je eigenen Erfahrung der Bedrängnis zur Sprache und zur Geltung bringen; er kann aber auch in einem religionsapologetischen Sinn allgemeinere Deutungskonzepte verteidigen, denen sich der einzelne in einem hohen Maß an Einfügung überlassen muss, um von ihnen getragen werden zu können. Nur Diskurse der ersten Art, so die These, geben der Klage Raum.

Als Quellengrundlage dienen populäre Literaturgattungen, die breitenwirksam und schichtenübergreifend von Laien genutzt wurden, wie Haus- und Familienbücher, Andachtsliteratur, Kalender und Zeitschriften. Dazu kommen jene Buchtypen, welche der Klerus vornehmlich für Vermittlungszwecke benutzte: homiletische Ratgeber, Exempelbücher und Beichtanleitungen.[12] Der Markt für

---

12   Mein herzlicher Dank gilt Herrn Eugen Fesseler, Bibliothekar des Wilhelmsstiftes Tübingen, der mit eben so großer Hilfsbereitschaft wie Sachkenntnis auch bislang katalogisch nicht erschlossene Bücher und Zeitschriften, vor allem aus Priester- und Familiennachlässen, zur Verfügung stellte. Aus der Fülle des

solche Literatur expandierte seit der Mitte des 19. Jahrhunderts ständig. Zahlreiche neue Gattungen versuchten den Zusammenhang von Wirklichkeit und Wissen immer zielgruppenspezifischer zu organisieren.

1. Das semantische Umfeld der Klage: Murren – Jammern – Zweifeln

Anton Kochs Homiletisches Handbuch behandelt das »Nörgeln an Gott« im thematischen Umfeld der Treue und Untreue, dem Gehorsam oder Ungehorsam und der Auflehnung gegen Gott. Im Anschluss behandelt er die Gleichgültigkeit und die religiöse Halbheit. Koch fasst das »Nörgeln« als Verstoß gegen das Erste Gebot auf, welches mit Hadern und Murren, mit Gemurmel und Lästerreden, mit Neid und Hochmut konnotiert wird. Man könne und dürfe Gott nicht zur Rede stellen, wenn denn seine Schöpfer- und Allmacht, seine Vorsehung und Gerechtigkeit, seine Barmherzigkeit und Weisheit unhinterfragt fortgelten sollen. »Begeifern« statt »begreifen« (*reprehendere* vs. *comprehendere*), ja »Seekrankheit und Schwindel« sind Stichworte der patristischen Zitate; zeitgenössische Schriftsteller und Philosophen werden aufgerufen gegen den »scheelen Blick« und die »streitsüchtige, unfruchtbare Gestalt der [Religions-]Kritik«.[13] Damit steht Koch ganz in der Tradition der Religionssemantik des 19. Jahrhunderts.

1.1 Sich nicht beklagen

Das Stichwort der Klage fällt zunächst in jenen einfachen Alltagszusammenhängen, in denen das »sich beklagen« gegenüber den Mitmenschen als Untugend angeprangert wird. Zunächst gilt das Klagen nur implizit als negativ bewertete Haltung in der Gottesbeziehung. Unglück, Not und Leid sollen schweigend getragen werden. Hausbücher im Umfeld des intensiv geförderten Kultes der Hl. Familie machen Joseph, Maria und Jesus zum Vorbild für das Ertragen der »Armuth im heiligen Hause«:

Materials wird ein repräsentativer Auschnitt ohne Anspruch auf Vollständigkeit vorgeführt. Die inhaltliche Geschlossenheit des Befundes lässt enorme Erweiterungen der Quellenpräsentation offen.
13 *Koch*, Homiletisches Handbuch, 137–140; *ders.* (Hg.), Ergänzungswerk. 1. Teil: Homiletische Beispielsammlungen, Bd. 2: Beispiele zur katholischen Sittenlehre, Freiburg i.Br. 1951, 71.

»Wohl that auch der heiligen Familie die Armuth wehe, sie litten viel unter ihrem
Drucke, sie wurden vielfach wegen ihrer Armuth zurückgesetzt und verachtet, sie
mußten vieles entbehren, lebenslänglich arbeiten und oft Hunger und Noth lei-
den, ohne sich helfen zu können; allein sie beklagten sich nicht; sie setzten ihr
Vertrauen gänzlich auf Gott, und nahmen ihre Armuth für eine Prüfung aus der
Hand ihres Gottes und Herrn an.«[14]

Exempelerzählungen, die für das »Vertrauen auf Gott in der Noth«
werben, charakterisieren das »sich beklagen« als Missetat derer, die
den eigentlichen Druck der Krise noch gar nicht am eigenen Leib
spüren. Die »Kalender für Zeit und Ewigkeit« aus der Feder des
Volksschriftstellers Alban Stolz[15] erreichten Massenauflagen und
wurden auch nach seinem Tod in Sammelbänden neu ediert, lös-
ten aber wegen ihrer populären Apologetik auch heftigen Widerspruch aus. Stolz positioniert derbe Unterschwelligkeiten, wenn er
eine Nahrungs- und Teuerungskrise beschreibt, in der

»die reichen Leute viel jammerten [...], und die Armen Not litten.« Ein Geschäfts-
mann »klagte bitter über sein Elend, so daß man es fast gar nicht hören konnte
und manchmal ganz erschreckte; denn er ließ vielmal bedenkliche Reden fallen,
als wollte er seinem elenden Leben ein End' machen.«[16]

Klagen ist kein Ausdruck der wirklichen Lage, sondern des Geizes,
der übertriebenen Zukunftssorge und des vermessenen Anspruchs
auf ungetrübtes Lebensglück. Die Klage führt auf die abschüssige
Bahn der Todsünde des Selbstmordes, und die stille Not der Armen ist die Gegenlektion. »Schweigend dulden« ist das allein richtige, aber:

Gewöhnliche Menschen machen es unter solchen Umständen gerade umgekehrt;
sie können nicht genug klagen und schelten und allen Bekannten vorjammern,
wenn ihnen eine Kränkung oder ein Unrecht widerfahren ist. Das ist aber verkehrt
und unchristlich.«[17]

---

14 *Georg Ott*, Josephi-Buch oder: Die Macht der Fürbitte des heiligen Patriarchen Joseph, des Nährvaters Jesu und Bräutigams der allerseligsten Jungfrau Maria, in sehr vielen und schönen Geschichten aus alter und neuer Zeit. Ein Haus-
buch für jede christliche Familie, Regensburg ⁶1887, 354.
15 *Klaus Roos*, Art. Stolz, Alban Isidor, in: LThK 9, Freiburg i.Br. (u.a.) 2000,
1019; *Klaus Roos*, Alban Stolz. Einer der Großen des 19. Jahrhunderts. Seine Kalender und deren wichtigsten Anliegen, Freiburg i.Br. 1983.
16 *Karl Telch* (Hg.), Bilder zur christkatholischen Glaubens- und Sittenlehre
aus den Schriften von Alban Stolz. Geistlichen und Lehrern sowie dem christlichen Volke gewidmet, Freiburg i.Br. 1909, 199f [künftig zitiert: *Stolz*, Bilder].
17 *Alban Stolz*, Das Leben der heiligen Germana. Kalender für Zeit und Ewigkeit 1879, in: *ders.*, Die Nachtigall Gottes. Sammel-Ausgabe der Kalender für Zeit
und Ewigkeit 1879–1881.1884.1886–1888, Freiburg i.Br. 1888, 16.

1.2 Klagen ist »Jammern und Murren«

Im Umgang mit Gott ist der synonyme Wortgebrauch von »klagen« mit »jammern,»murren« und »hadern« signifikant. Durch Unglück sei der Mensch zu »Unzufriedenheit mit Gott, zum Murren und Klagen wider ihn zu treiben«[18], wird katholischen Müttervereinen gepredigt. Maria sei »weit entfernt« gewesen, »zu leidenschaftlichen Ausbrüchen des Schmerzes, zu Klagen wider Gott oder Verwünschungen gegen die bösen Menschen und dergleichen sich hinreißen zu lassen.«[19]
Der im Bistum Rottenburg geschriebene und verlegte »Hausschatz für das katholische Volk« bezeichnet in seiner Auslegung der Brot-Bitte des »Vater-unser« einen Familienvater, der unverschuldet in große Not geraten war. »Aber er verlor den Mut nicht, er schimpfte und murrte nicht gegen Gott, sondern fuhr fort, alle Tage mit Frau und Kindern zu beten.«[20] Die als Predigthandbuch und Familienkatechismus weit verbreitete Epistel- und Evangelienpostille des Leonhard Goffine identifizieren in ihrer Interpretation von Mt 6,33 (»Sorget euch nicht ängstlich«) das Klagen über »Krieg, Feuersbrunst, Hagelschlag« als von Gott geschickte »Armuth zu deinem Besten«, die »von der Hand des Herrn wenigstens ohne Murren und Widerspruch« angenommen werden müsse.[21] Alban Stolz kontrastierte die heitere Gelöstheit eines an schwerer Krankheit, abgrundtiefen Schmerzen und himmelschreiender Armut leidenden Alten unter dem Stichwort »Murre nicht gegen Gott« mit der Haltung des linken Schächers, dessen Kreuz »den Menschen verschlechtert und ihm eine Leiter zur Hölle wird«, »indem er gegen Gott murrt oder gar lästert.«[22] Eine alte Witwe, deren Leben in einer Beispielerzählung als an Aussichtslosigkeit unüberbietbar dargestellt wird, »hat nicht viel dabei geklagt und gejammert, sondern wenn sie durch irgend ein Leid einen neuen Herzstoß bekam, schaute sie still aufwärts und lispelte: ›Herr, nicht wie ich will, sondern wie du willst!‹«[23] Die Frömmigkeitsliteratur führt hier einen Diskurs ohne differenzierende Zwischentöne und Nuancen:

---

18 *Anton Lainz*, Ansprachen für christliche Müttervereine, Freiburg i.Br. 1907, 74.
19 Ebd., 74f.
20 *Franz Xaver Wetzel*, Der Weg zum Glück. Ein Hausschatz für das katholische Volk, hg. v. *Dr. Adolph Fäh*, Stuttgart 1922, 483.
21 *Leonhard Goffine*, Christkatholische Handpostille oder Unterrichts- und Erbauungsbuch, das ist: kurze Auslegung aller sonn- und festtäglichen Episteln und Evangelien, Freiburg i.Br. [6]1883, 357.
22 *Stolz*, Bilder, 33.
23 Ebd., 35f.

Das erzählte Elend ist stets ebenso total wie der Verzicht auf die Klage.

Anleitungen zur Gewissenserforschung qualifizieren die Klage als Sünde gegen das erste oder zweite Gebot. Das Zürnen und Murren wider Gott ist ein Zeichen des Unglaubens und ein Missbrauch seines Namens und steht auf einer Stufe mit Glaubensleugnung, Gotteslästerung, Spott und Eidmissbrauch. Im Trostgebet werden entsprechende Vorsätze verlangt:

»Gegen die Hoffnung. Hast Du Dich nicht versündigt durch Kleinmüthigkeit und Ungeduld in Kreuz und Leiden? – Durch Murren und Unzufriedenheit mit den Fügungen Gottes?«[24] – »Wider das Zweite Gebot. [...] Ich habe aus Ungeduld wider Gott gezürnt und gemurrt.«[25] – »Nicht Murren und mutlos werden will ich, sondern nur bitten: Herr, hilf mir in meiner Not!«[26]

1.3   Starkmütig sein

Feine Unterschiede nicht zu übersehen verlangt den Hinweis, dass in diesen semantischen Feldern mehr von »dem Klagen« als von »der Klage« die Rede ist. Der Verzicht auf das Klagen ist verbunden mit einer Haltung der Stärke, die aus der vertrauten Gottesbeziehung erwächst.

»Die christliche Starkmuth ist also dem zu Folge eine Gemüthsbeschaffenheit, getragen durch die Gnade des Heiligen Geistes, vermöge welcher wir ungeachtet aller Hindernisse, Beschwerden und Widerwärtigkeiten nach dem trachten, was wahrhaft gut und Gott wohlgefällig ist, die Welt, das Fleisch und den Teufel besiegen und mit heiliger Gewalt das Himmelreich an uns reißen.«[27]

Starkmut steht zwischen der sich prahlerisch überschätzenden Vermessenheit, einer schwer sündhaften Herausforderung und Versuchung Gottes, und dem Kleinmut, jener Verzagtheit, die Schuld auf sich lädt, weil sie Gott unterschätzt und ihm die Begleitung der eigenen Angefochtenheit nicht zutraut. Starkmut erscheint vor allem als eine Weise des Ertragens in bleibender Ruhe der Seele:

»[...] der heilige Joseph ist gut geschult in der Schule des Kreuzes, er hat sein höchstes, schwierigstes Amt als Nährvater Jesu am besten, weil am starkmüthigsten verwaltet [...]. Gehe zu ihm und sprich: O heiliger Joseph, du Stärkster unter allen Starken, [...] siehe mich an in meiner Noth und hilf mir, daß ich nicht ver-

---

24   *Eduard Fähndrich* (Bearb.), Maria-Hilf. Ein vollständiges katholisches Gebetbuch, Wiesensteig ²1855, 199f.
25   *Goffine*, Christkatholische Handpostille, 588.
26   *Edm. Scholz*, Gnadenquelle. Vollständiges katholisches Gebetbuch für Haus- und Kirchenandachten, München ²1904, 125f.
27   *Ott*, Josephi-Buch, 156.

wegen, aber auch nicht kleinmüthig, sondern starkmüthig den Tugendpfad zum Himmel bis zu einem seligen Tode wandeln möge. Amen.«[28]

Eine Erzählung über die gottselige Johanna Rodriguez, die wegen ihrer Unfruchtbarkeit von ihrem Mann lebensbedrohlich und extrem entwürdigend misshandelt wird, aber in der Hinnahme des Unerträglichen die Bekehrung ihres Peinigers erwirkt, rühmt sie als

»ein Beispiel von Starkmuth von Seiten einer wahrhaft frommen Frau [...]. – O wie viele werden unter den Heiligen glänzen, die in der Verborgenheit dieses Lebens starkmüthig die größten äußeren und inneren Leiden erduldet [...] haben.«[29]

Der Starkmut, gezeichnet als Passivität der Hinnahme, verschränkt sich gegen Klagen und Murren mit dem Ideal des Gehorsams. Ein letztes Beispiel aus dem Josephskult:

»Nun war aber das Fundament der unaussprechlichen Heiligkeit des heiligen Josephs der Gehorsam; sein ganzes Leben war nichts anderes als ein Leben des Gehorsams. [...] Ohne Murren gehorcht er dem Edikte des Kaisers und reist mit Maria in strenger Jahreszeit nach Bethlehem. [...] Er hätte sich besinnen, er hätte Einwendungen machen können, [...] allein er entgegnet auf den Befehl des Engels mit keinem Worte.«[30]

1.4 Nicht zweifeln – der Vorsehung trauen

Auch in ausführlichen Gebetslehren ist vom Klagegebet nicht die Rede. Klagepsalmen erscheinen nirgends als ganzer Text, lediglich einzelne Psalmverse werden – ohne Kennzeichnung – in Gebetsformulare übernommen. Konsequent ausgelassen werden jene Passagen, »die die erfahrene Not letztlich als eine Störung der Beziehungen des Beters zu Gott und seinen Mitmenschen beschreiben.«[31] Das Bittgebet ist legitim und in zahlreichen situativ zugespitzten Varianten präsent, aber die Klage gilt als Zeichen mangelnden Vertrauens und mangelnder Hingabe an den Willen Gottes. »Fern sei von meinem Herzen die mindeste Regung der Ungeduld; fern sei von meinem Munde auch nur ein einziges Klagewort.«[32] Die Texte sind durchgängig davon geprägt, dass die Klage gegen Gott auch angesichts unverständlicher Leiderfahrung Zweifel an der Allmacht und Vorsehung, an der Gerechtigkeit und Barmher-

---

28 Ebd., 156f.
29 Ebd., 157f.
30 Ebd., 28; vgl. auch ebd., 66.
31 *Erich Zenger*, Mit meinem Gott überspringe ich Mauern. Einführung in das Psalmenbuch, Freiburg i.Br. (u.a.) 1987, 71.
32 *Fähndrich*, Maria-Hilf, 457.

zigkeit Gottes nähre und die Klage über das Widerfahrnis des Bösen die Liebe zu den Mitmenschen schon im Akt der Anklage ver-
letze. So ist die Klage doppelt illegitim: als Unglauben und als
Ehrabschneidung. Gegen die Klage steht die unablässige Bitte, die
wider alle Erfahrung nicht den leisesten Zweifel hegt:

Aus einer Vater-unser-Auslegung: Ein durch Verleumdung stellungslos geworde-
ner Familienvater »verlor den Mut nicht, er schimpfte und murrte nicht gegen
Gott, sondern fuhr fort, alle Tage mit Frau und Kindern zu beten«, obwohl alle
Anstrengungen auch nach einer zusätzlichen »Neuntägigen Andacht« erfolglos
blieben. »Hätte der arme Mann nicht festes Gottvertrauen und echten religiösen
Sinn gehabt, so wäre er, gleich tausend anderen, in die verzweifelten Worte ausgebrochen: ›So, jetzt ist's fertig. Wenn das geschehen kann in der Welt, daß ein
rechtlicher Mann und eine brave Frau und vier unschuldige Kinder neun Tage auf
den Knien liegen und um Hilfe bitten und alles umsonst ist, so kümmert sich entweder der liebe Gott um die armen Leute nicht, oder es gibt keinen Gott.‹ Aber
solch' gotteslästerliche Worte kamen nicht über seine Lippen. Er wandte sich
vielmehr noch dringender an Gott und sprach: ›Wir haben noch nicht genug gebetet, wir müssen noch eine neuntägige Andacht machen, und gleich heute fangen
wir an.‹ Gesagt, getan.« Am Ende dieser zweiten Andachtsphase war dem Mann
nicht nur eine große Geldsumme, sondern auch ein neuer Arbeitsplatz zuteil geworden.[33]

Die Ableitungen zielen auf die Glaubensgefährdung und das Sä-
kularisierungsrisiko frustrierter Menschen. Die Geschichte verteidigt Gott gegen eine immer nur vermeintliche Vergeblichkeit:
»Wir dürfen also nicht zweifeln, ob Gott uns helfen wolle, das wäre
gegen seine Güte; wir dürfen nicht zweifeln, daß uns Gott nicht
verleihen wolle, was er uns verheißen, das wäre gegen seine Treue.«[34]
Nicht zuletzt ist der Zweifel eine Form von Überheblichkeit, An-

33 *Wetzel*, Weg zum Glück, 483f.
34 *Ott*, Josephi-Buch, 127; *Goffine*, Unterricht für den 14. Sonntag nach
Pfingsten (Mt 6,24–33), in: *ders.*, Christkatholische Handpostille, 353–359:
»Was kann uns die Sorgen benehmen? 1. Fest und lebhaft glauben, daß Gott uns
helfen könne und wolle. Daß er es kann, ist klar, weil er allmächtig ist; daß er
auch helfen wolle, ist ebenfalls gewiß, weil er uns die leibliche Nahrung versprochen hat und gütig, freigebig und im Versprechen getreu ist. [...] 2. Daneben
soll man bedenken, daß man einem jeden traut, der uns seine Handschrift gibt:
Warum denn nicht Gott, der uns seine göttliche Handschrift, das Evangelium hin-
terlassen hat [...].« (ebd., 356). Auch die Gattung des Straf- und Verschonungs-
wunders wird zur Verteidigung der Eigenschaften Gottes eingesetzt. Ein frommer
Maurergeselle »pflegte zu sagen: ›alles kommt von Oben.‹ Nie murrte er.« Den
Spott der Kollegen straft Gott, indem die Folgen eines Missgeschicks dem frommen Maurer das Leben retten, den Lästerer aber zu Tode bringen (*Weiland*, Weg
zum Glück, 165). Vgl. die wichtigen Passagen zum dahinterstehenden Gottesbild
der Allmacht und zur Vorsehung (ebd., 165–184): »Darum werden wir nie mutlos,
nie traurig, wenn die Fürsehung in Dunkelheiten und Rätsel unser Leben hüllt!«
(ebd., 184).

spruchsdenken und Undank: »Führe dir auch zu Gemüthe, daß du nichts in die Welt gebracht hast und darum auch nichts hinaus nehmen wirst.«[35] Klage wird zu einer Haltung der Bigotterie derjenigen, »welche wider Gott sich auflehnen, ihn der Härte, der Lieblosigkeit und Ungerechtigkeit beschuldigen, indem sie vorwurfsvoll ihn fragen: womit haben denn wir das verdient? Wir, die wir doch so brave, ordentliche Leute sind! Nun gehen wir erst recht nicht mehr zur Kirche und lassen das Beten ganz bleiben, denn es nützt doch alles nichts.«[36]
Zum Evangelium der Brotvermehrung (Joh 6,1–15) hält Goffine affirmativ fest: »Noch nie ist es geschehen, daß der Gerechte verlassen worden wäre, oder daß seine Kinder an Brod Mangel gehabt hätten. Gott verläßt keinen, der ihm dient und auf ihn sein Vertrauen setzt.«[37] Ausschließlich in diesem Kontext hält die Frömmigkeitsliteratur die Grunderfahrung christlicher Gebetstradition fest, dass »Vertrauen auf Gott in den Prüfungen dieses Lebens« auch durch das Tal der Abwesenheit Gottes hindurch erkämpft werden muss:

»Aber wohlgemerkt, christliche Seele, du mußt von deiner Seite auch etwas thun und was denn? Du mußt in Zeiten der Not beten und anhaltend beten. Siehe Jesum Christum auf dem Oelberge, wie er betet, [...] daß ihm blutiger Angstschweiß von seinem heiligsten Antlitze perlet [...].«[38]

Zweifel ist eine der ärgsten Versuchungen des Widergöttlichen:

»Bei solchen bedenklichen Ereignissen ist der Teufel gleich bereit, in seiner Art uns zu belehren; z.B. er bläst uns den Gedanken in den Kopf: Gott kümmere sich gar nicht um die Menschen; er wisse gar nichts von uns, ja es gebe eigentlich gar keinen Gott. Bei solchen giftigen Einfällen ist gerade der Augenblick, wo wir die Tugend des Glaubens besonders erwecken müssen, das heißt wir müssen ernstlich daran denken, daß Gott gütig, allmächtig und mit unergründlicher Weisheit Alles leitet, aber dabei nicht hauptsächlich für die Spanne Zeit auf der Erde Alles berechnet und leitet, sondern in Rücksicht auf die Ewigkeit; denn er ist selbst der Herr aller Ewigkeiten. Wo daher uns Alles finster zu sein scheint, und der menschliche Verstand keinen Ausweg sieht, müssen wir uns fest an unsern Glauben halten und mit Herz und Mund sagen: Gott hat recht auf jeden Fall. Am Jüngsten Tag

---

35 *Goffine*, Christkatholische Handpostille, 357.
36 *Lainz*, Ansprachen für christliche Müttervereine, 170f.
37 *Goffine*, Christkatholische Handpostille, 150. Vgl. auch den »Unterricht für den zweiten Sonntag des Advents« über »Trost in Verfolgung« zum Text »Johannes im Gefängnis« (Mt 11,2–10): »Was kann einen in Verfolgung und Trübsal trösten? 1. Durch lebendigen Glauben den Willen Gottes darin erkennen, von dem Alles zu unserem Besten herrührt [...] 3. Fest vertrauen, daß Gott uns in der Verfolgung helfen könne und wolle [...]« (ebd., 15f).
38 *Ott*, Josephi-Buch, 127.

werden wir Gottes Wege klar erkennen, über ihre Weisheit und Schönheit erstaunen; Gott aber wird uns freundlich anschauen, weil wir auch im tiefsten Dunkel uns den Glauben bewahrt haben, und uns den Siegeskranz des standhaften Glaubens verleihen.«[39]

Beichtspiegel formulieren bündig die bekämpfte Haltung:

»Ich habe eine schlechte Hoffnung und Liebe zu Gott getragen. Ich bin in der Trübsal zu kleinmütig gewesen etc.«[40] – »Wodurch sündigte ich gegen Gott? [...] Mißtrauen auf Gottes Allmacht, Güte und Barmherzigkeit – Unzufriedenheit und Murren gegen Gottes Anordnungen und Schickungen. [...]«[41] – »Ich habe an der Barmherzigkeit Gottes gezweifelt [...]. – Ich habe wider Gott gemurrt [...], da ich in der Trübsal mit beklagt, als wenn mich Gott verlassen hätte, oder er nicht gerecht gegen mich wäre, wenn mir ein Unglück widerfuhr. [...]«[42]

Klagen als Kleinmut und Mangel an Hoffnung gehört in den Zusammenhang fehlender Gottesliebe und widerstrebt der katholischen Glaubenslehre. Damit trifft die Klage ein latenter Häresieverdacht. In Anweisungen für Beichtväter wird die Sünde gegen die christliche Hoffnung als gravierend qualifiziert:

»Die Hoffnung ist eine Tugend, mittels welcher wir mit festem Vertrauen die zukünftige Seligkeit [...] durch Gottes Beistand erwarten. [...] Das formelle Objekt unserer Hoffnung [...] ist Gottes Barmherzigkeit, Allmacht, und die Verheißung der ewigen Seligkeit [...]. Man sündigt gegen die Hoffnung durch Verzweiflung und durch Vermessenheit.« – »Das Versuchen Gottes ist ein Formales, wenn man wirklich an einer Vollkommenheit Gottes zweifelt, und sie auf die Probe stellen will; z. B. ob Gott allmächtig sey, gerecht usw., und das ist ohne Zweifel eine schwere Sünde.« – »Sagte Jemand aus wirklicher Überzeugung: Gott, Du handelst nicht gerecht! So wäre das eine ketzerische Gotteslästerung, die derjenige, der sie aussprechen hörte, längstens innerhalb Monatsfrist dem Bischofe anzeigen müßte.«[43] – »Wer aus Zorn oder Ungeduld den Wunsch ausstößt: [...] Verflucht sei der Tag, an dem ich geboren bin! [...] Sündigt schwer [...]; ja eine Gotteslästerung wäre es, wenn dieß mit Beziehung oder Unwillen gegen Gott geschähe.«[44]

39   *Stolz*, Leben der hl. Germana, 18.
40   *Goffine*, Christkatholische Handpostille, 587.
41   *Johannes Alzog* (Hg.), Katholisches Gebet- und Gesangbuch, Mainz 1850, 156f.
42   *Michael Sintzel* (Hg.), Der betende Katholik. Ein Gebetbuch aus den besten katholischen Andachtsbüchern, Regensburg o.J., 164.
43   *M.A. Hugues* (Hg.), Der Beichtvater angeleitet zur rechten Verwaltung des heiligen Bußsakraments durch kurzgefaßte Belehrungen über den Decalog und die heiligen Sakramente. Vom heiligen Alphons Maria von Liguori (Sämtliche Werke des hl. Alphons Maria von Liguori. 3. Abtheilung. Moraltheologische Werke, Bd. 5), Regensburg 1843, 84.93.97f.
44   *Johannes Reuter*, Der Beichtvater in allen seinen Amtsverrichtungen, Regensburg ³1870, 121f.

1.5 Nicht leiden wollen

Eigenwille steht geradezu prinzipiell gegen den Willen Gottes. Die Andachtsliteratur thematisiert den Eigenwillen im Umfeld der Sünde als »Beleidigung Gottes« und »schauerliche Ungerechtigkeit gegen die göttliche Majestät«, so dass

»Gott eine Todsünde nicht anders aufnimmt, als wolle man ihn selbst umbringen; denn wenn ich meinen bösen Willen thue und dadurch den Willen meines rechtmäßigen, allgewaltigen Herrn und Gottes zuwider handle, so heißt das ebensoviel, als die Oberherrschaft Gottes von mir werfen und über Gott selbst Herr sein wollen.«[45]

Die Forderung, auf den eigenen Willen zu verzichten, welche das Gott konfrontierende Gebet der Klage ausschließt, dient vor allem der Verteidigung des Gottesbildes. Zum eigenen Trost

»soll man wohl bedenken, daß es nicht im geringsten helfen könne, sich der Anordnung Gottes widersetzen zu wollen, der Alle, die solches gewagt zu thun, in große Schande und Spott zu ihrem eigenen Schaden gerathen ließ [...]«[46]

Alban Stolz erzählt das Exempel der Mutter eines todkranken Kindes, die sich gegen den Willen Gottes geradezu durchtrotzt, »denn das Kind war ihr lieber als die ganze Welt und als – Gott selber, wie denn besonders vornehmere Leute leicht in Abgötterei gegen ihre Kinder verfallen.« Ihre Eigenwillen führt – als ihr uneinsichtige Fügung Gottes – tatsächlich dazu, dass das Kind überlebt. Als es erwachsen ist, wird es ein von Grund auf unmoralischer Mensch, der »von Jahr zu Jahr der Mutter mehr und ärgeren Verdruß, Schande und herzzergrabenden Kummer gemacht« hat. Zum Schluss wird der Sohn, in dessen Sterben als Wille Gottes die Mutter sich nicht hatte fügen wollen, als Verbrecher vor der Stadt hingerichtet. ›Dein Wille geschehe‹ bedeutet in dieser Vater-unser-Interpretation:

»Ich will nicht in den Geheimnissen Gottes herumgrübeln [...]. Aber soviel sag' ich: Greif dem Willen Gottes nicht mit Sündenreden und mit Sündentrotz in die Arme, er könnte sonst deinen Willen geschehen lassen, was oft ein großes Unglück wäre.«[47]

Stolz vergleicht den sich gegen Gott auflehnenden Eigenwillen mit dem sich »ohne Glauben, ohne Hoffnung, ohne Liebe« am Kreuz

---

45 *Goffine*, Christkatholische Handpostille, 584. Vgl. auch den »Unterricht für den 15. Sonntag nach Pfingsten« über die »Furcht Gottes« (ebd., 359–365).
46 Ebd., 15f.
47 *Stolz*, Bilder, 39f.

windenden Schächer. »Diesem Unglückseligen gleicht jeder, welcher in seinem Leiden nichts sieht als die Plage, der um jeden Preis
und auf jeden Fall davon befreit sein will und, weil er nicht frei
wird, gegen Gott mißtrauisch wird, nicht mehr beten mag, sein
Schicksal verflucht.«[48]

2. Das religiöse Feld der Nicht-Klage: Willensergebung – Geduld – Aufopferung

Statt der Klage, ja dezidiert gegen sie stellt die Frömmigkeitsliteratur des 19. Jahrhunderts religiöse Logiken bereit, welche die Erfahrung misslingenden Lebens rationalisieren und demütiges Ertragen fördern sollen. Im Horizont einer affirmativen Religiosität
gilt das Klagen als heilsbiografisch unökonomisch und als ein un-
taugliches Mittel, sich mit dem eigenen Leiden produktiv auseinander zu setzen. In »Betrachtungen für einen Kranken« werden
»Beweggründe« für solche Fügungen Gottes angegeben:

»In der Krankheit kannst Du große Strafen abbüßen. [...] Viele Tugenden üben.
[...] Große Verdienste sammeln. [...] Klage nicht über Gott, wenn er Dir eine
Krankheit zuschickt. Ergib Dich in seinen heiligen Willen; sage ihm Dank, daß
er Dir Gelegenheit gibt, Deine Sünden abzubüßen, die Tugend zu üben, neue Verdienste zu sammeln.«[49]

2.1 Das selbstverschuldete Leiden: Strafe und Besserungsmittel

Klage, so ein erster Ansatz der Moraldidaktik, verstellt dem Beter
den Blick auf die eigene Schuld. Zahlreiche Leiden, für die Gott
verantwortlich gemacht werde, seien nichts als die natürliche Konsequenz der eigenen Verfehlungen wie »Genußsucht, Kleider-
pracht, Unmäßigkeit, Müßiggang, Leichtsinn, Vernachlässigung jeder Religionsübung, Gottentfremdung, Vernachlässigung der Kin-
derzucht, schlechtes Beispiel.« Folgten daraus Armut, Krankheit
und Unfrieden, so lasse Gott »dieselben auf die Sünde folgen, auf
daß der Mensch erkenne, ›womit jemand sündige, damit werde er
auch gestraft.‹«

Haben Ehegatten die »Sünden ihrer Jugend« nicht gebeichtet und »sind des Glaubens, durch den Ehestand ist alles frühere zugedeckt [...] streut Gott Dornen auf
ihren Weg, läßt sie trinken den bitteren Kelch von Wermut der Trübsale,
schwingt seine Zuchtrute über sie, sucht sie mit Demütigungen heim, damit [der

---

48 Ebd., 33.
49 *Sintzel*, Der betende Katholik, 531.

Mensch...] die Schulden zu bezahlen suche, die er sich aufgeladen und Gottes Gerechtigkeit versöhne.«[50]

Krankheit schaffe Raum, damit »du dich in der Geduld, Liebe und Demuth übest [und] für deine Sünden genugthuest.« Läuterung und Reinigung von »Unflath« und »Laster« seien nach Augustinus und Bernhard von Clairveaux besser, »als gesund zu sein und dabei ewig verdammt zu werden.« Lange andauernde eigene Krankheit oder die der Kinder sollen Anlass ernster Gewissenserforschung werden, »denn Gott pflegt wohl auch wegen der Eltern Sünden die Kinder heimzusuchen.« Weil Sünden [...] vielmals eine Ursache der Krankheiten« seien, könne allein »die Arznei zur Gesundung nichts helfen, wenn Gott nicht seinen Segen dazu gibt, welchen er den Unbußfertigen verweigert.« Ein scharfes Verdikt gilt dem Aberglauben: Ratsuche beim »Wahrsager, Quacksalber oder Wunderdoctor« heiße »sich von Gott zum Teufel kehren«. Zusammenfassend gelte der »Seufzer des heiligen Augustinus. O Herr, hier schneide, hier brenne, nur schone meiner in der Ewigkeit!«[51] Auch Alban Stolz sieht die »Leiden auf Erden hauptsächlich als Heilmittel für unsere Seele, selbst wenn wir uns dieselben durch unsere eigene Schuld zugezogen haben.«[52] Beichtvätern werden folgende »Zusprüche für Leidende« an die Hand gegeben:

»Leiden sind heilsam. [...] Denn sucht uns Gott mit Trübsal heim, so will er entweder unsere Sünden strafen, oder unsere Tugend prüfen [...]. Mit Leiden büßt man hier die Sünden ab, um sie nicht dort abbüßen zu müssen [...]; denn dort, sagt Thomas von Kempis, wird eine Stunde in der Pein schmerzlicher sein, als hier hundert Jahre in der strengsten Buße. [...] Das Leiden ist der stärkste Zaun gegen die Sünde. [...] Ist das Leiden verschuldet, ermahne man die Leidenden, es im Geiste der Buße zu tragen, als wohlverdiente Strafe für begangene Sünden, und mit dem Schächer zu sagen: *nos quidem iuste, nam digna factis recipimus.* (Luc. 23, 41.)«[53]

Nach dem Grundsatz »*afflictis non est addenda afflictio*« solle dem Pönitenten kein Werk der Genugtuung auferlegt werden, er solle sich lediglich in Geduld üben und seine Qual mit der Geduld

---

50 Alle Zitate: *Ott*, Josephi-Buch, 362.
51 Alle Zitate: *Goffine*, Christkatholische Handpostille, 388; *ders.*, Unterricht für den 20. Sonntag nach Pfingsten, Trost in Krankheit (Joh 4,46). Das Augustinus-Zitat – auch in Abwandlungen – fehlt in praktisch keiner Trost-Paränese für Kranke. Vgl., *Fähndrich*, Maria Hilf, 414: »Du begehrest mich als Dein liebes Kind mir zu strafen, damit Du meiner schonest in der Ewigkeit.«
52 *Stolz*, Bilder, 33.
53 *Alois Röggl*, Zusprüche im Beichtstuhle nebst Bußvorschriften nach den evangelischen Perikopen und Festen des Kirchenjahres (aus dem Nachlasse des Alois Röggl), hg. v. *Alois Lechthalter*, Regensburg [12]1906, 464–467.

Christi, Marias und aller Heiligen vereinigen, was ein äußerst ge-
nugtuendes und verdienstliches Werk (*opus valde satisfactorium et
meritorium*) sei.[54] Diese Rationalisierungen versehen das Schwere
und Bittere selbstverständlich mit Sinn und lassen daher der Grund-
haltung der Klage, sinnlos und unverdient zu leiden, keinen Raum.
Leiden wird über die Klage als Sünde qualifiziert, von der in der
Beichte absolviert werden muss. Die Heilmittel und Bußvorschriften
werfen zudem den Leidenden implizit Ungeduld und Rachsucht
gegen ihre Feinde vor.[55] Die Zusprüche für Kranke wiederholen
die Verbindung von Leiden und Schuld:

>»Erforsche dein Gewissen, ob du dir deine Krankheit nicht selbst zugezogen hast,
>und dann nimm sie an als eine wohlverdiente Strafe. [...] In gesunden Tagen ver-
>gessen wir Gott und unser ewiges Heil. [...] Wenn uns nichts fehlt, so versündi-
>gen wir uns; wenn uns eine Krankheit zustößt, bekehren wir uns. [...] Die Krank-
>heit ist dazu nützlich, daß man nicht mehr sündigen kann [...] Die Hauptfehler der
>Kranken sind: Mangel an Bußfertigkeit. Der bußfertige Sinn soll erweckt werden
>durch die Erinnerung an die Größe der Sündenschulden. [...] Mangel an Geduld.
>[...] Mangel an Vertrauen auf Gott.«[56]

Kranken Pönitenten sollen Gebete, Geduld und die Aufopferung
der Schmerzen zur Genugtuung der Sünden aufgegeben werden.
Sie sollen die »Vier letzten Dinge« bedenken (*Memoria novissimo-
rum*) und Armen oder Kranken Barmherzigkeit erweisen und für
die Seelen im Fegefeuer beten.[57]
Der Jesuit und Trierer Moraltheologe Johannes Reuter gibt den
Beichtvätern ebenfalls auf, diejenigen, die sich im Sakrament der
Buße über ihr Los beklagen, auf den Zusammenhang von Leid
und Sünde hinzuweisen, indem die »rechte Ordnung, die da fordert, daß das Geschöpf Gott, der Diener seinem Herrn untergeben
sei«, von Gott wieder hergestellt werden müsse.

>»Die geduldige Uebertragung von Leiden reinigt die Seele von der Begierde zum
>Irdischen und Unerlaubten [...]; sie löscht [...] die durch die Sünden gemachten
>Schulden, die ohne Verdienst im anderen Leben mit strengen Strafen hätten mit
>strengen Strafen bezahlt werden müssen.«[58]

Immer wieder wird der Gedanke vorgetragen, auch als Ich-Text in
Gebet und Passionsmeditation, dass die Zufügungen des Lebens

---

54   Ebd., 467.
55   Vgl. die Verbindungen, die durch Querverweise und Identitäten des Wort-
     gebrauchs zwischen diesen Gruppen von Pönitenten hergestellt werden, ebd.,
     404–490.
56   Ebd., 470–473.
57   Ebd., 473.
58   *Reuter*, Beichtvater, 340.

mehr als verdient seien und noch »tausend Mal« härter hätten aus-
fallen müssen, ließe Gott nur Gerechtigkeit und nicht auch Barmherzigkeit walten. »O ich habe noch lange nicht abgebüßt, was ich
gesündigt – noch lange nicht bezahlt, was ich verschuldet habe.«[59]
Die Strafe Gottes ist Zeichen der Liebe:

> »Wer darf sich über Dürftigkeit und drückende Noth beklagen, wenn er die Tage
> seines Lebens in arbeitsscheuem Müssiggange dahingebracht hat? Und welcher
> Wüstling oder Schwelger darf die göttliche Vorsehung beschuldigen, daß sie nun
> seinen Körper mit Krankheit und Schwäche quält?« – »Ich, ich will leiden – will
> freudenvoll und ohne Murren ausdauern, bis es Dir einst gefällt, den herben Kelch
> von mir zu nehmen; denn Du bist ja mein liebreicher Vater, der da waltet und Alles
> zum Besten leitet.«[60]

Darum wächst Geduld im Leiden auch nur aus einem klaren Sün-
denbewusstsein. Ein Exempel aus einer Predigt vor Müttervereinen:

> »Trotz dieser gewiß sehr langen Leidenszeit hat der Mann gar nie geklagt, nie
> gegen Gott gemurrt, sondern mit unerschütterlicher Geduld sein Kreuz getragen.
> Und warum? Weil er es so, wie er zu sagen pflegte, verdient hatte, verdient hatte
> nämlich durch den Leichtsinn, mit dem er in seinen gesunden Tagen dahingelebt,
> durch die Sünden, die er dabei begangen hatte.«[61]

2.2 Der Sinn des Leidens: Prüfung, Verdienst, jenseitige Vergel-
tung

Die Ausgleichs- und Vergeltungstheologie, die dem Zusammenhang von Leiden und Schuld zugrunde liegt, kehrt auch in der positiven Wendung wieder, derzufolge Gott die Frommen prüft »wie
das Gold im Feuer«[62], um ihnen Gelegenheit der Bewährung zu
geben. Wo auf der einen Seite Schulden abgetragen werden, können auf der anderen Seite Verdienste angesammelt werden. Allgegenwärtig ist in diesem Zusammenhang die paulinische Gegenüberstellung der gegenwärtigen Leiden mit den zu erwartenden
himmlischen Freuden.

---

59 *Fähndrich*, Maria Hilf, 459.461f. Vgl. auch *Heinrich Bone* (Hg.), Cantate!
Katholisches Gesangbuch nebst einem vollständigen Gebet- und Andachtsbuche,
Paderborn ⁶1872, 313f: »Wenn wir das Böse erwägen, das wir gethan, so müssen
wir bekennen, daß gering ist, was wir leiden, und daß wir viel Schlimmeres verdienen. Schwer ist, was wir begangen, viel leichter, was wir erdulden.« Vgl. weiter: Magnificat. Katholisches Gebet- und Gesangbuch für die Erzdiöcese Freiburg,
hg. v. *Erzbischof von Freiburg*, Freiburg i.Br. 1904, 422: »Geißeln Deines Zornes«, »die wir wegen unserer Sünden verdienen«.
60 *Sintzel*, Der betende Katholik, 561f.
61 *Lainz*, Ansprachen für christliche Müttervereine, 170.
62 *Röggl*, Zusprüche im Beichtstuhle, 465.

»Es gibt Familien, in welcher Frömmigkeit und Gottesfurcht [...] herrscht, wo
reine Absicht und nicht die Sünde die Gatten zusammengeführt hat, wo die Kinder
unter heilsamer Zucht stehen [...] und dennoch Mühe und Plage von Morgen bis
zum Abend, bei allem Fleiße kein Gedeihen, bei aller Sparsamkeit Noth [...] Ist
Gott ungerecht? O das sei ferne. Die Leiden dieser Art sind Prüfungen, die Gott
über die Guten und Frommen kommen läßt, damit sie noch mehr gereiniget und an
Verdiensten reicher werden. Je größer und reiner die Tugend ist, desto reicher wird
auch das Verdienst und desto herrlicher und größer der Lohn im Himmel sein.«[63]

Das Argument der Prüfung steht in engem Zusammenhang mit
dem Gedanken, dass Gott manchen Menschen irdische Güter vor-
enthält, damit sie nicht innerlich von ihnen verschlungen werden.
Besonders Trosttexte »in Armuth« bringen vor, Bedürftige sollten
über ihr Los nicht klagen, sondern »durch geduldige Ertragung
der Bitterkeit der Armuth, durch Ergebung in seinen heiligen Willen, durch tägliche Aufopferung ihrer Mühen, Sorgen und Küm-
mernisse sicher den Himmel erlangen.«[64] Armut sei

»eine Arznei für die Seele, auf daß du nicht vielleicht durch leibliches Wohlergehen und zeitliche Wohlfahrt von Gott deinem Herrn abgeführt werdest und dein
Herz nicht so fest an das Zeitliche hängest, weil nur schon zu Vielen der Reichthum zu ihrem ewigen Untergange gedient hat.«[65]

Während die Klage als unzuträgliches Jammern und Murren aufgefasst wird, liegt die Verdienstlichkeit des willigen Leidens in der
darin sichtbar werdenden Intention der »Ehre Gottes«.[66] Das heben auch die »Flammengebete« oder »Schußgebete« hervor, welche
die Andachtsbücher für zahlreiche Alltagssituationen empfehlen:
»Mein Gott! Alles Dir zu lieb. [...] Zu Deiner Ehre will ich arbeiten
und dulden [...] Mein Jesus! Ich vereinige Alles mit Deinem heiligsten Leiden!«[67] Der »große Gefallen« gegen Gott verdient »großen Lohn«: »O wie gefällt es Gott so wohl, wenn Ihr Euch ihm frei-
willig unterwerfet und ihm zulieb eine so schwere Krankheit gerne
leidet!«[68] Auch im Verdienstgedanken begegnet der Kontrast von
Klage und Schweigen: »Schweigend dulden, das Leid Gott aufop-

---

63 *Ott*, Josephi-Buch, 362.
64 Ebd., 355.
65 *Goffine*, Christkatholische Hauspostille, 357.
66 *Röggl*, Zusprüche im Beichtstuhle, 47: »Die Krankheit ist nicht zum Tode,
sondern zur Ehre Gottes, sagte Christus von der Krankheit des Lazarus (Joh. 11,
4.); sage es auch du von der deinigen.« – freilich mit deutlicher Umakzentuierung
des Aussagegefälles gegenüber dem biblischen Text.
67 *Fähndrich*, Maria Hilf, 41f.
68 *Martin v. Cochem*, Krankenbuch. Ein Handbüchlein für Priester und Laien,
zugleich ein Hausbüchlein für die christliche Familie, neu hg. v. *Aug. Maier*,
Freiburg i.Br. [2]1889, 192.

fern, für die lieblosen Menschen beten – das heißt Goldkörner sammeln auf dem Weg eines christlichen Wandels.«[69] Das Verdienstthema zielt auf den an die Ehrung Gottes gekoppelten Lohn der Seele im Jenseits. Leonhard Goffine stellt den »Unterricht für den zweiten Sonntag des Advents« über »Trost in Verfolgung« zum Text »Johannes im Gefängnis« (Mt 11,2–10) unter die Leitprämisse: »Soll man hinblicken auf die überreiche Belohnung, die man sich im künftigen Leben durch die Geduld zu Wege bringt [...].«[70] Die bereits angeführte Exempelerzählung des Alban Stolz über die schwer heimgesuchte Witwe endet mit einer solchen Vision jenseitiger Vergeltung:

> »Wie muß es ihr gewesen sein, da der Tod die harte Kette des Leibes, durch welche sie an die Erde gefesselt war, zerbrach, und ihre Seele Gott entgegen flog! [...] Wie muß die Seele, in langem heißen Feuer der Trübsal ein reines Gold geworden vor dem Herrn, überströmt worden sein von himmlischer Seligkeit, da sie schauen durfte Gott in seiner Majestät und in seiner süßesten Freundlichkeit [...], ausgelitten, gesund und freudevoll für immer!«[71]

Unter Berufung auf Paulus (2Kor 4,17) werden die Leiden in der Welt als gering qualifiziert im Vergleich zu den zu erwartenden Freude der Gottesbegegnung im jenseitigen Leben. Doch die darin liegende Hoffnungsperspektive schlägt im engen Rahmen des Verdienstdenkens gegen die subjektive Bedrückungserfahrung um, die als solche nicht mehr trauernd thematisiert werden kann.

> »Wer möchte da nicht gerne leiden? Wer möchte nicht gerne krank sein, wenn ein einziger Augenblick schon eine alles überwiegende Glorie verdienen kann?«[72]

Es ist vor allem der auf die »Ehre Gottes« zielende Verdienstlichkeitsgedanke in dieser Fassung der Verheißung von jenseitigem Lohn für willig angenommenes Leiden, welches ein Durchdringen der Klage verhindert. Die »Schußgebetlein« eines Kranken sind

> »sehr nützlich, weil durch sie allein Deine Schmerzen Gott angenehm und Dir sehr verdienstlich werden. Darum soll sie ein Kranker vielmal beten oder sich vorbeten lassen[73]: »In Dein süßes Herz lege ich alle meine Schmerzen und durch dasselbe opfere ich sie Dir auf zu Deinem ewigen Lobe. [...] Wollte Gott, daß ich durch diese meine Krankheit Dir alle Deine Schmerzen vergelten könnte, welche

69   *Stolz*, Das Leben der hl. Germana, 24.
70   *Goffine*, Christkatholische Handpostille,12–17.
71   *Stolz*, Bilder, 35f.
72   *Cochem*, Krankenbuch, 219, 221.
73   Das »vielmals« zielt auf die Zählbarkeit von Frömmigkeitsakten mit dem Ziel der Akkumulation von Verdienst; vgl. *Arnold Angenendt* (u.a.), Gezählte Frömmigkeit, in: Frühmittelalterliche Studien 29 (1995), 1–71.

Du so überreichlich für mich gelitten hast. [...] Wollte Gott, daß ich alle Deine
Schmerzen auf mich laden und all das für Dich leiden könnte, was Du für mich gelitten hast.«[74]

Es liegt im Gefälle dieses Gebetsverständnisses, die eigenen Leiden
mit denen Christi gleichsam austauschbar zu machen. Die Christus-
Verähnlichung im Leiden ist an sich eine der ältesten spirituellen
und asketischen Traditionen des Christentums. Hier aber wird sie
eingeschlossen in ein Verdienstlichkeitsdenken, das einerseits extrem entsubjektivierend wirkt und andererseits einer zählbaren Re-
ligionsmechanik Vorschub leistet. Der Trostspruch antwortet nicht
mehr der Klage, sondern versucht ihr spirituell zuvorzukommen.

»Auf Leiden folgen Freuden. Viele Trübsale haben die Gerechten, aber von diesen
allen wird sie der Herr erlösen. [Ps 33,20 ...] Alle Leiden dieser Zeit kommen in
keinen Vergleich mit der zukünftigen Herrlichkeit [Röm 8,18 ...] Wie kurz dauert
alles Leiden! Unser jetziges augenblickliches und geringes Leiden verschafft uns
dort in der Höhe eine ewige übergroße Herrlichkeit ohne Maß [2Kor 4,17]. *Quid
tibi dies et annos numeras? Transit hora, transeat et poena.*«[75]

2.3 Das Leid produktiv gestalten: Willensergebung, Aufopferung, Christusverähnlichung

In der Abweisung der Klage ist die Forderung völligen Vertrauens
auf Gott mitthematisiert. In einem Atemzug mit der Betonung ei-
nes vorbildhaften Verzichts auf das Klagen heißt es über die hl.
Familie: »Sie setzten ihr Vertrauen gänzlich auf Gott.«[76] Wenn das
Klagen als sündhafter Ausdruck des Eigenwillens gilt, wird die
Einfügung in den Willen Gottes gleichsam zur Bedingung des
Heils, jedenfalls zur Voraussetzung dafür, im Leiden Lohn zu er-
werben. Die »völlige Hingabe« liegt in der Bereitschaft,

»jedes Ereigniß, wie es die göttliche Vorsehung uns schickt [...], auf gleiche
Weise ruhig und aus Liebe zu Gott hinzunehmen. [...] Verlasse dich daher auf
seine Güte, stütze dich auf seine Kraft, überlasse dich seiner Barmherzigkeit, füge
dich seinem Willen, weihe dich seinem Dienste, überlasse dich seiner Vorsehung
für diese Zeit und für die Ewigkeit. Warum solltest du dich denn nicht ganz Gott
überlassen? Meinst du etwa, es gehe dir besser, wenn du vor ihm fliehest?«[77]

Dieser auf Verinnerlichung zielenden Paränese wird allerdings ein
»Lobspruch in Widerwärtigkeiten« nachgestellt, mittels welchem

---

74 *Cochem*, Krankenbuch, 221.
75 *Röggl*, Zusprüche im Beichtstuhle, 467.
76 *Ott*, Josephi-Buch, 354.
77 Ebd., 104.

durch tägliches Beten ein vollkommener Ablass empfangen wird.[78]
Die Willensüberlassung ist demnach die Grundvoraussetzung für
eine Produktivität des Leidens:

»Aber es ist ein großer Unterschied zwischen Leiden und Leiden. Es leidet Jesus
Christus, es leidet die allerseligste Jungfrau, die schmerzhafte Muttergottes, es
leidet der heilige Joseph, es leiden die heiligen Apostel und Märtyrer, ja alle Heiligen sind durch viele Trübsale ins Reich Gottes eingegangen. Aber war ihnen das
Leiden zu viel? Haben sie immer geklagt und gejammert, daß ihnen Gott gar so
viel Kreuz und Elend schicke? O nein! [...] Gott schickt ihnen Leiden, [...] aber er
gibt ihnen reichliche Gnaden, damit sie [...] sich eine herrliche Krone im Himmel
verdienen können.«[79]

Für katholische Mentalitätsprägungen kann die Wirkung dieses
Denkens kaum überschätzt werden. Eingeübt wird eine Haltung, in
der gerade die Passivität der Willensüberlassung – »diesem Willen
müssen wir uns unterwerfen, wir müssen uns dreinfügen oder ergeben« – mit der größten Verheißung versehen ist:

»Darum stille, stille, stille, / Jammer, der die Brust durchtobt, /
Gottes Wille, nur sein Wille / Sei in Ewigkeit gelobt!«[80]

»Wo die Weisheit unendlich ist«, so wird Bossuet zitiert, »bleibt
kein Platz übrig für den Zufall.« Die quietistische Neigung, die »in
allem [...] Gottes väterliche Hand, seinen heiligen Willen erblicken;
und diesem unendlich weisen und gütigen Willen [sich] allezeit
und überall unterwerfen«[81] muss, lässt einen klagenden Umgang
mit Gott als sinnlos erscheinen:

»Nicht eine Stund', nicht eine / War ich nicht froh und reich, / Sein Wille und der
meine, / Sie waren immer gleich. // In seinem heil'gen Namen / Ist all' mein Reden stumm, / Ich sagte stets nur Amen, / und fragte nie warum.«[82]

Die Frage nach dem »Warum« ist die zentrale Frage der Klage. Sie
wird im Horizont der Verdienst-Religiosität mit dem Verweis auf
die Sünde, die Prüfung und den himmlischen Lohn in der Willensüberlassung beantwortet, so dass jedes weitere Fragen die Spirale
der sündhaften Auflehnung weiter drehen müsste. Somit ist die
»Glaubenslehre von der Ergebung in den Willen Gottes« der zentrale Ort, an dem die Gotteslehre in Leidensethik überführt wird.

---

78 Ebd., 105.
79 Ebd., 106f.
80 *Fäh*, Weg zum Glück, 477f.
81 Ebd., 477f.
82 Ebd., 479f.

Wie die Seligen »können auch alle jene, welche sich mit dem Willen Gottes vereinigen, durch kein Kreuz oder Widerwärtigkeiten betrübt werden, weil ihnen Alles recht ist, was Gott, ihr liebster Vater, ihnen zuschickt, es sei süß oder sauer,
Ehre oder Schmach, Armuth oder Reichthum, Tod oder Leben. Diese Vereinigung
unseres Willens mit dem Willen Gottes ist eine bewährte Herzstärkung wider alle
Melancholie und Kleinmüthigkeit.«[83]

Die »unerforschlichen Ratschlüsse Gottes, welche unser blödsinni-
ger Kopf nicht ergründen kann«, stehen »unserer Kurzsichtigkeit«
gegenüber: »Du aber, wenn du Kinder hast, sei zufrieden, wenn sie
dir überlassen werden, und sei zufrieden, wenn sie sterben. Auf jeden Fall sprich mit Mund und Herz: Dein Wille geschehe.«[84] Das
Bittgebet schließt die vorwurfsvolle Rückfrage aus und macht die
Hingabe an den Willen Gottes als Selbsterziehung zu völliger Wil-
lensübereinstimmung zur Voraussetzung der Erhörung:

»Halte nur allezeit fest daran, und glaub' und hoff' und bet', daß Gott dein Vater
ist, und thue danach, dann bist du nie- und nimmermehr verlassen und ohne
Schutz. [...] Und das ist nicht ein Vater, der am Bett sitzt, wenn du krank bist und
sagt: ich wollte dir gern helfen, wenn ich nur könnte [...], – sondern das ist ein
reicher, allgewaltiger Herr und Gott, welcher mit Macht in alles hineingreift [...].
Und je fester du dies glaubst und ihn sonder Zweifel anrufst, desto mehr zieht es
ihn an, und er kann nicht anders: er muß sich um dich annehmen.«[85]

Die »Aufopferung« wird hier verstanden als die völlige Übereig-
nung des eigenen Willens, der Seele und des Leibes, an den Willen
Gottes.[86]
Dies ist gleichzeitig der intensivste Akt der Christusverähnlichung
in der Passion und darum voll der Lohnverheißung. Martin von
Cochem hat wie kaum ein anderer Devotionsschriftsteller der frühen Neuzeit die Verdienstlichkeitsaspekte der katholischen Recht-
fertigungslehre in den Mittelpunkt gestellt und war dadurch selbst
in seiner Frömmigkeitsliteratur noch ein Kontroverstheologe. Keiner hat in seiner Dichte daran gearbeitet, in der Andachtsliteratur
über die »Aufopferung« Mechaniken der Verdienstverfältigung zu

---

83 *Goffine*, Christkatholische Handpostille, 76.
84 *Stolz*, Leben der hl. Germana, 5.
85 *Alban Stolz*, Das Vaterunser. Erster Theil. Kalender für Zeit und Ewigkeit.
Dritter Jahrgang 1845, Freiburg i.Br. [17]1890, in: *ders.*, Gesammelte Werke, 4.
Band: Das Vaterunser und der unendliche Gruß. Mit einer Einführung von Dr. Ju-
lius Mayer, Professor an der Universität zu Freiburg i. Brsg., Freiburg i.Br. 1913,
12–14. Belege für die zentrale Rolle der Willensüberlassung, der Demut und des
Gehorsams wären beliebig zu vermehren. Vgl. z.B. *Cochem*, Krankenbuch, 191–
195.204–208 und passim; *Sintzel*, Der betende Katholik, 497; *Goffine*, Christkatholische Handpostille, 236.
86 *Cochem*, Krankenbuch, 221ff.

verankern.[87] Bemerkenswert ist, dass seine in der katholischen Aufklärung vielfach schweren Verdikten ausgesetzten Werke im 19. Jahrhundert geradezu begierig wieder aufgelegt und gelesen wurden. Die »Aufopferung« konstruiert ein irdisch-himmlisches Beziehungsgeflecht, innerhalb dessen die eigenen Leiden mit den Leiden der Passion identifiziert, gleichsam in sie hineinverleibt wurden, um in gleicher Weise rettend und erlösend bei einem die Sünde hassenden Gott für den Leidenden einstehen zu können.

»Ich sage Euch so viel: Wenn Ihr diese Eure Krankheit geduldig leidet, besonders wenn Ihr sie bisweilen Gott aufopfert und mit den Schmerzen Jesu vereiniget, so verdienet Ihr jeden Augenblick einen neuen Lohn im Himmel; ja das Glied, welches einen besonderen Schmerz leidet, wird auch einen besonderen Lohn dafür im Himmel haben, so daß man in alle Ewigkeit dem Gliede im Himmel ansehen wird, daß einen besonderen Schmerz gelitten, weil es auf eine besondere Weise glänzen und strahlen wird.«[88]

Die Frömmigkeitsliteratur ist darauf abgestellt, das Leiden in einer Weise fruchtbar zu machen, die eine Infragestellung seines Sinns ausschließt. Leiden und Bußfertigkeit als Grundstruktur des Christlichen verlangen Gehorsam, Hingebung und Aufopferung als zusammengehörigen Tugendkomplex:

»Christus selbst hat am Kreuze sterben müssen; alle Heiligen haben durch Kreuz und Leiden den Himmel gewonnen. Wirst Du umsonst bekommen, was sie so viel gekostet hat? [...] wer nicht leidet, noch leiden will, gehört zur Hölle.«[89]

Auch die Beichtratgeber zielen auf »die Art und Weise, die Krankheit verdienstlich zu machen [...] Durch Vereinigung der Schmerzen mit den Schmerzen und Leiden des göttlichen Heilandes und aller Heiligen Gottes und deren Aufopferung zur Ehre Gottes.«[90]

---

87 Zum Funktionieren der »Aufopferung« in frühneuzeitlicher Andachtsliteratur, die in der Aufklärung kritisiert, im 19. Jahrhundert aber wieder breit aufgenommen wird, vgl. *Andreas Holzem*, Das Buch als Gegenstand und Quelle der Andacht. Beispiele literaler Religiosität in Westfalen 1600–1800, in: *ders. / Thomas Lentes* (Hg.), Normieren – Tradieren – Inszenieren. Das Christentum als Buchreligion, Darmstadt 2002.
88 *Cochem*, Krankenbuch, 192.
89 *Sintzel*, Der betende Katholik, 497. Vgl. auch *Ott*, Josephi-Buch, 363–367: »Die heilige Familie. Ihr Opferleben«; *Goffine*, Christkatholische Handpostille, 235f.
90 *Röggl*, Zuspruch, 471. Vgl. das »Morgengebet eines Kranken«: »Ich opfere Dir auf alles Ungemach, alle Leiden und Schmerzen, so ich diesen Tag hindurch ausstehen werde. Dir zu lieb, o mein Gott! will ich Alles leiden und ich vereinige mein Leiden mit dem Leiden und Sterben Jesu Christi. So oft ich heute seufzen, meine Augen bewegen, reden, Athem schöpfen oder eine Arznei, Speise oder

Die Verdienstlichkeit liegt in der genauen Parallelisierung mit den
Leiden Christi, weil Leiden als Sühnemittel und Opfer Ausgleich
für die Sünden schafft: »Ich will das Kreuz umfassen, weil es mein
Jesus getragen hat und weil er mich dadurch würdigt, teil zu haben
an seinen Verdiensten.«[91] Diese Teilhabe am Verdienst ist ausdrücklich eine doppelte: passiv empfangend und aktiv mitwirkend.
Schon in der frühneuzeitlichen Gebetbuchliteratur war dieser Akt
als »sein Herz durch eine gute Meinung zu Gott richten«[92] oder
kurz als »eine gute Meinung machen [!]« bezeichnet worden.[93]
Fehlt dieser Akt der Aufopferung, wird jedes Leiden im Blick auf
Gott wertlos:

> »Mann und Weib, Vater und Mutter demüthigen sich nicht unter der züchtigenden
> und prüfenden Hand Gottes; sie haben weder Geduld, noch Ergebung; ihr Willen
> ist nicht mit Gottes Willen einig. Sie entsagen, weil sie müssen, sie opfern, weil
> sie nicht anders können; aber von einer selbstlosen Hingabe an Gott und seine
> heilige Vorsehung ist keine Rede. – [...] Aus Liebe zu Jesus leiden, aus Liebe zu
> Jesus dulden, aus Liebe zu Jesus arbeiten und sorgen und entsagen, das vermögen
> sie nicht. – In ihrer Noth, in ihrem Unglück, in ihren Leiden sind sie verzagt,
> kleinmüthig oder murren sogar wider die Fügungen Gottes. [...] Sie arbeiten, sie
> sorgen für ihre Kinder und bringen große Opfer für sie, aber sie vergessen, daß sie
> dieß in höherer Absicht thun sollen, aus Liebe zu Jesus.«[94]

Auch die Serienerzählungen in katholischen Zeitschriften betonen
stets den Zusammenhang von geduldigem Leiden, Gottesergebung
und Aufopferung in allen sich von Folge zu Folge mehr aufhäu-
fenden Widrigkeiten. Diesem stillen Ertragen, verbunden mit uner-
schütterlicher Glaubensfestigkeit und intensiver religiöser Praxis,
wohnt nach Ausweis dieser Fortsetzungsgeschichten eine missio-
narische Kraft inne, welche selbst die verstocktesten Sünder zu bekehren vermag.[95]

Trank nehmen werde, so oft verlange ich, o Gott! Dich anzubeten, Dich zu lieben,
zu loben und zu preisen.« (*Fähndrich*, Maria Hilf, 425f).
91   *Scholz*, Gnadenquelle, 125.
92   *Goffine*, Unterricht für den fünften Sonntag nach Ostern (»Rogate«), in:
ders., Christkatholische Handpostille, 244.
93   Vgl. zur Formalisierung und Entsubjektivierung intentionsethischer und
spiritueller Frömmigkeitsgehalte *Holzem*, Das Buch als Gegenstand und Quelle
der Andacht. Ein weiteres Beispiel für das Einschließen von inneren religiösen
Grundhaltungen in Formeln: Gott im »Vertrauen auf die Verdienste Jesu« um etwas zu bitten, lässt sich bewerkstelligen durch die Schlusssequenz: »solches
durch das vergossene Blut Jesu Christi zu thun.« (*Goffine*, Unterricht für den fünften Sonntag nach Ostern (»Rogate«), in: *ders.*, Christkatholische Handpostille,
240–244).
94   *Ott*, Josephi-Buch, 366.
95   Vgl. z.B. *G. Helner*, Schwer geprüft, in: Monika. Zeitschrift für katholische
Mütter und Hausfrauen 30 (1898), 278.286f.318f.326.342f.350. *Cornelia*, Ver-

3. Bittgebet und Klage-Verweigerung und der Kontext der modernen Gesellschaft

Wenig an diesen frömmigkeitsgeschichtlich eruierbaren Haltungen zur Klage im Leiden ist im eigentlichen Sinne neu und als solches ein Spezifikum des 19. Jahrhunderts. Zahlreiche Texte entstammen der Tradition, von der Bibelexegese der Patristik über die hochmittelalterliche Mystik und die spätmittelalterliche Frömmigkeitstheologie bis hin zur frühneuzeitlichen Andachtsliteratur unter dem Signum der Konfessionalisierung. Entweder als direktes Zitat oder als Montage wurde versucht, in diesen Büchern 1.800 Jahre Frömmigkeitsgeschichte festzuhalten. Das zu betonen ist wichtig. Die auf den ersten Blick so geschlossen wirkende Argumentation im Blick auf das Misslingen und die Endlichkeit des Lebens ist nicht einfach eine inszenierte »Kolonialisierung der Laienwelt« im Sinne eines klerikalen »Milieumanagements«.[96] Die das Klagen inkriminierende Grundoption dieser Gattungen erfindet nicht eigentlich einen neuen Diskurs, sondern hält mit dem Verweis auf die wechselseitige Bezogenheit von Schuld, Willensergebung, Geduld und Einwohnung im Leiden Christi durch Selbsteinbezug zentrale spirituelle und asketische Grundmomente der gesamten Christentumsgeschichte samt der darin liegenden religiösen Erfahrung fest, im Leiden aufgehoben und von Gott, Christus, Maria und den Heiligen getragen zu sein. Gleichzeitig wird im Bezug auf fundamentale Einsichten in die *conditio humana*, das Sündig werden, die Verurteilung zum Tod, die Hoffnung auf Vergebung und Rettung und die Mitverantwortung dafür kein Gedanke vorgetragen, der ohne historisierenden Rückbezug wäre. Die Andachtsliteratur des 19. Jahrhunderts ist nicht innovativ gewesen und hat es ihrem Selbstverständnis nach auch nicht sein wollen. Dennoch muss diese traditionsgesättigte Literatur als Applikation des Überkommenen auf eine konkrete historische Situation hin gelesen werden: als historisierender Traditionalismus, der eine Auseinandersetzung mit den Säkularisierungsrisiken der modernen Gesellschaft darstellt. Ihre Rigidität beruht darauf, dass sie die Klage im Leiden als Gefährdung des Glaubens versteht. Abwehrende Sicherungsmechanismen wachsen aus der strengen Systematik der Neoscholastik hervor. Das apologetische Interesse der

---

trau' auf Gott – Er hilft in Not! Erzählung aus dem Leben, in: ebd. 33 (1901), 304f.316f.328f.340f.352.
96 *Olaf Blaschke*, Die Kolonialisierung der Laienwelt. Priester als Milieumanager und die Kanäle klerikaler Kuratel, in: *ders. / Frank-Michael Kuhlemann* (Hg.), Religion im Kaiserreich, 93–135.

Frömmigkeitsliteratur hat sich damit ausgeweitet: Anders als in der Frühen Neuzeit, in der es um die Sicherung gegen Bekenntnisabweichung ging, soll nun verhindert werden, dass – im Umfeld philosophischer und naturwissenschaftlicher Religionskritik, protestantisch dominierter Nationalstaatsbildung, liberal-kapitalistischer Bürgergesellschaft und sozialpolitischem Aufbruch – die individuelle Lebenskrise sich zur Sinnkrise christlicher Grundannahmen auswächst:

»Was sagt das Evangelium? – Selig sind, die weinen! Wehe den Reichen! – Sind diese Wahrheiten nicht ebenso gewisse Glaubensartikel, als das Geheimniß der heiligen Dreifaltigkeit? Es scheint aber, diese sei eine fremde und unbekannte Sprache, die nur dort im Gebrauche ist, wo die Gläubigen noch heute zur Marter gehen. Hier zu Lande muß man den Glaubensartikel vom Leiden aus dem Evangelium ausstreichen.«[97]

Weil die Verankerung von Säkularisierungsresistenz zu einem zentralen Anliegen der Pastoralstrategien des 19. Jahrhunderts geworden war, setzte sich geistliche Literatur mit Grenzen und Verlusten des menschlichen Lebens vor allem in Form einer spirituell »verkleideten« Autoritätsdiskussion auseinander, welche auf die Erhabenheit Gottes und den grundsätzlichen Vorrang der jenseitigen Welt zielte. Eine Schrift zu Rolle und Pflichten des »christlichen Vaters« formuliert bündig:

»Niemand kann auf Erden alles haben, was er wünscht, und insofern giebt es auf Erden keinen einzigen, der wirklich zufrieden ist. [...] Aber wir Christen haben für das, was uns fehlt, einen Ersatz in der christlichen Hoffnung. Diese zeigt uns ein ewiges und unendliches Glück im Himmel.«[98]

Darum ist der Umgang mit dem Leiden zu einer apologetischen Erziehungsaufgabe geworden:

»So werden die Kinder ebenfalls lernen, die irdischen Vorkommnisse auf Gott und den Himmel zu beziehen und das eine Nothwendige allem anderen voranzustellen. [...] Diese auf religiöse Ueberzeugung gegründete Zufriedenheit ist wohl noch nie so gefährdet gewesen, wie heutzutage. Es geht ein Zug der Unzufriedenheit, des Neides und des Klassenhasses durch die Welt, der auch solche mit sich fortreißt, die gar keinen Mangel leiden, und denjenigen, die wirklich bedrängt sind, das Leben erst recht schwer und bitter macht. Dieser Zug der Unzufriedenheit hat seine

---

97 *Sintzel*, Der betende Katholik, 497.
98 *Augustin Egger*, Der christliche Vater in der modernen Welt. Erbauungs- und Gebetbuch, Einsiedeln (u.a.) 1894, 239. Vgl. auch *Goffine*, Unterricht für den fünften Sonntag nach Ostern (»Rogate«), in: *ders.*, Christkatholische Handpostille, 240–244: strenge Unterscheidung der Bitte um irdisch-zeitliche oder geistlich-ewige Güter als Kontrast von »um Nichts bitten« und »um Etwas bitten«.

Wurzel in dem Unglauben, in dem Abfall vom Christentum. Es ist darum um so dringender und notwendiger, daß der junge Christ beim Eintritt in die Welt nicht bloß gläubig sei, sondern daß er [...] in der christlichen Zufriedenheit mit seinem Lose fest gegründet sei. [...][99]

Vor diesem Hintergrund ist es nicht verwunderlich, dass der Versuch einer unerschütterlichen Glaubensverankerung zwar implizit alle Lektüregattungen organisiert, sein Zusammenhang mit der modernen Gesellschaft aber gerade in Erziehungsschriften explizit gemacht wird. In »Ansprachen für christliche Müttervereine« sieht Anton Lainz 1907 zwei Konsequenzen des Glaubensverlustes:

»Ja, heute steigt das richtige moderne Weltkind in maßlosem Stolze hinauf bis zum Throne des Allerhöchsten, um ihn ab- und sich an seine Stelle zu setzen, sich selbst für nahezu allmächtig und allwissend zu erklären, aber nur, um morgen schon bei der geringsten Schwierigkeit aus allen Wolken zu fallen und in die tiefsten Abgründe der Mutlosigkeit und Verzagtheit zu stürzen.«[100]

Diese Haltung finde sich gerade in jenen Kreisen, die von der modernen Gesellschaft am meisten profitierten und daher auch ihren Grundorientierungen am intensivsten verhaftet seien:

»Ei, wer pflegt denn vom Stolze geplagt, vom Hochmut erfüllt und aufgebläht zu sein, wenn nicht jene Reichen, jene Gelehrten und Künstler, jene tüchtigen [...] Geschäftsleute, denen immer alles nach Wunsch zu gehen, alles zu glücken pflegt? [...] Wenn dann aber diese morsche Stütze plötzlich bricht, das Blatt auf einmal sich dreht, Amt und Stellung, Gesundheit und Verdienst verloren gehen und so ihre geträumte Allmacht und Allwissenheit wie eine Seifenblase vor der Sonne zerstiebt, dann stürzen sie wie mit einem Schlage von der Höhe ihres Hochmuts und Selbstvertrauens hinab in die Tiefe des Kleinmuts und der Verzagtheit; es ist die Verzweiflung, die sie erfaßt und leider zu oft nur in den Selbstmord treibt.«[101]

Die »geträumte Allmacht und Allwissenheit« beansprucht unmittelbar Eigenschaften Gottes für den Menschen. Um so wichtiger ist der Aufweis, wie morsch diese Stütze sei. Dies wird der Kern des Erziehungsrates:

»Kinder, die so in der Schule der bescheidenen Genügsamkeit und demütigen Einfachheit erzogen und groß geworden sind, die erwarten und verlangen nicht allzu viel vom Leben, bleiben vor vielen Enttäuschungen und Bitterkeiten bewahrt, begnügen sich leichter mit dem, was sie haben, sind mit einem Worte weit eher im Stande, die Härten dieses Lebens im Lichte des Glaubens zu betrachten und

99   Ebd., 239f.
100 *Lainz*, Ansprachen für christliche Müttervereine, 74, 168 (»Das Kreuz Christi und die christliche Mutter«).
101 Ebd., 169.

durch ebenso demütiges als starkmütiges Tragen ihres Kreuzes jenen Weg zu wandeln, der zu ewiger Ruhe, ewiger Freude und Seligkeit führt.«[102]

Weit über diesen Rat hinaus, materielle Güter, Ehre und an vordergründigen Kriterien orientierte Geltung nicht zum Kern der Lebensorientierung zu machen, sind in der Frömmigkeitsliteratur des 19. Jahrhunderts zentrale spirituelle und asketische Traditionen des Christentums aufbewahrt. Dennoch wurden Passionsspiritualität und asketischer Sinn in einen so hermetischen Diskurs überführt, dass durch die Illegitimität der Klage auch die damit verbundene Durchgangserfahrung verweigert wurde. Das Interpretationsreservoir der Tradition wurde so ausgeschöpft, dass die Entschiedenheit der Antwort auf die Krisenerfahrung den leidenden Menschen seiner Subjekthaftigkeit beraubte. Der stete Wegverweis vom selbst empfundenen Leiden hin zum Leiden Christi, Mariens, der Heiligen und der Märtyrer, die Minimalisierung des Leidens durch die Betonung, wie klein, von wie kurzer Dauer oder geringer Intensität es sei, verbot die Klage. Das individuelle Leiden stand in einem verobjektivierten Kontext, der die Festigkeit im Glauben und die Gewinnung des ewigen Heils gerade dadurch sicher stellen sollte, dass es aus der je eigenen Erfahrung heraus keine Möglichkeit mehr gab, aufstörend in diesen Leidensdiskurs einzudringen, ohne sich gegen Gott und den Glauben durch Ungeduld und Zweifel zu versündigen.

Die darin liegende unbedingte Rationalisierung des Leidens, welche nicht nur ein Verharren in der Klage, sondern schon das Klagen als Phase der Trauerverarbeitung nicht zuließ, gab auf der einen Seite jene Sicherheit und Gewissheit, welche von unhinterfragten memorialen Stützmitteln ausgehen kann. Sie konnte auf der anderen Seite aber auch zu jener mentalen Grundprägung einer harten, latent gegen sich selbst gekehrten, eher weltabgewandten und mitleidlos-selbstgerechten Lebenshaltung führen, welche die stumme Bewältigung nicht nur selbst bewährte, sondern auch unbarmherzig von anderen einforderte. Solche mentalitätsgeschichtlichen Konsequenzen lagen nicht im intentionalen, möglicherweise aber im wirkungsgeschichtlichen Gefälle dieser Texte. Ihr intentionaler Horizont war nicht verächtlich, sondern orientiert an dem Versuch, dem unter den Bedingungen der Moderne gefährdeten Subjekt jede Versuchung zum Glaubensabfall und zur Sünde durch Zweifel und Klage gleichsam automatisch zu entziehen. Alban Stolz ruft das Gespräch des Mystikers Johannes Tauler mit einem Gott gänzlich ergebenen Bettler, der »mit Gott lieber in der Hölle

102   Ebd., 172f.

[...] als im Himmel ohne Gott« sein wollte, zum Zeugnis gegen die politisch-gesellschaftlichen wie gegen die (protestantisch-!)philosophischen und theologischen Mainstreams des 19. Jahrhunderts auf: »Was sind doch alle Diplomatie und vernünftige Grundsätze und Weltklugheit und Hegelei und Schleiermacherei so blödsinnig gegen die goldene Weisheit dieses Bettlers!«[103] Gleichzeitig musste eine solche Entsubjektivierungsstrategie gegen die Individualisierungstendenzen der modernen Gesellschaft auf Dauer zu enormen Innenspannungen und kognitiven Integrationssperren führen.

Äußerst schwierig zu beurteilen ist, wie diese Diskurse aktuell erlebt und umgesetzt wurden. Denn sie konnten auf der einen Seite als autoritative Normierung des religiösen Innenlebens wider alle Selbstperzeption erscheinen, auf der anderen Seite aber auch als geradezu kanonischer Halt in der Schwere des Leidens. Fragen nach dem religiösen ›Klima‹ des Milieus lassen sich kaum allein an Spekulationen über die Wirkungsgeschichte von Texten beantworten. Die Dichte dieser katholischen Lebenswelt, das Maß an Klarheit, Eindeutigkeit und Unhinterfragtheit dieses Lebenskonzeptes, ließe sich nur durch verstärkte Methodenintegrationen klären: durch Einbezug von Beispielen für die geistliche Erziehung, für die Steuerung des Lektüreverhaltens, für die biografische Umsetzung des Moraldiskurses, nicht zuletzt für die Ikonographie, eng vernetzt mit den bereits besser erforschten organisationssoziologischen Konstellationen und den habituellen Lebensformen.

Solche Forschungen brächten die Klärung bedrängender Fragen näher: Was bedeuteten Marginalisierung der Klage und Rationalisierung des Leidens für eine nachfolgende Erfahrungsgeschichte der Weltkriege und eine Geschichte christlicher (Nicht-)Perzeption des Holocaust?

---

103 *Stolz*, Bilder, 38.

IV

Literaturwissenschaft

Johannes Anderegg

Zum Ort der Klage

Literaturwissenschaftliche Erkundungen

I

In sehr verschiedenen Kulturen und – aus der Sicht der Literatur-
geschichte – schon in sehr frühen Zeiten finden sich gewichtige
dichterische Zeugnisse des Klagens und Beklagens. Die altägyptische Klagedichtung, das *Gilgamesch*-Epos, die *Ilias*, sodann das
Hiob-Buch und aus dem frühen Mittelalter die *Nibelungen*-Dich-
tungen mögen als Beispiele dienen.
Natürlich ist das Klagen und Beklagen nicht zu allen Zeiten und
nicht in allen Verhältnissen, kulturgeschichtlich gesehen, von gleicher und großer Bedeutung. Eine Gesellschaft wie die des Rokoko
– um ein augenfälliges Beispiel zu nennen – hat zwar natürlich Wörter wie *Klage* und *klagen* im Gebrauch, aber sie kennt sie doch nur
in einer harmlosen und oft auch in einer ironisierenden Variante.
Das Spielerische, das wir als Wesenszug des Rokoko so sehr bewun-
dern, kann nur dominieren, weil die Möglichkeit jener Katastrophen,
sie seien nun individueller oder gesellschaftlicher Art, ausgeblendet wird, die vielleicht in einer erschütternden Klage, in der Klage
von Erschütterten ihren Niederschlag fänden. Auch wird man jene
geschichtlichen Bewegungen, jene gesellschaftlichen Kreise und
jene Persönlichkeiten nicht vergessen, deren (Tugend-)Ideale das
Klagen gerade auch dann verboten haben oder verbieten, wenn ein
Anlass zur Klage gegeben wäre. Von selbst versteht es sich, dass
solche Verbote die Bedeutung der Klage nicht mindern; wie viele
andere Verbote machen sie erst recht deutlich, wie groß das Bedürfnis oder wie dringend der Zwang ist, das Verbotene zu tun.
Auch im gegenwärtigen literarischen Schrifttum ist die Klage kein
vorrangiges Thema; aber es wäre voreilig, daraus zu schließen, dass
in der Wohlstandsgesellschaft die Klage ihre Berechtigung verloren habe, dass das Interesse an der Klage erloschen sei. Es ist zwar
richtig, dass in vielen großen Klagen Armut und Krankheit, Krieg
und Zerstörung thematisiert werden; aber Klagen können sich, wie
es Sophokles' *Ödipus* oder Goethes *Faust* beispielhaft zeigen, auf
ein sehr viel breiteres Spektrum des Unglücklichseins beziehen.

Und was das Interesse an der Klage betrifft, so spielt, was die Klage
veranlasst, offenbar ohnehin eine untergeordnete Rolle. Hiobs an-
klagendes Klagen gilt uns noch immer als geradezu paradigmatisch – das zeigen die zahlreichen neueren Bearbeitungen dieses
Stoffs –, auch wenn wir weder die Ursachen seiner Erniedrigung –
die Absprache zwischen Gott und Satan – noch die Umstände seiner Erhörung in unser neuzeitliches Weltbild integrieren können.
Und von der Klage des Ödipus lassen wir uns auch heute noch erschüttern, obwohl es uns schwer fällt, ja nahezu unmöglich ist, die
Rahmenbedingungen ernst zu nehmen oder gar nachzuvollziehen,
die für seinen schrecklichen Sturz bestimmend sind. Auch wenn
die Ereignisse, die eine Klage auslösen – sie mögen nun in mytho-
logischen, religiösen oder geschichtlichen Zusammenhängen be-
schreibbar sein – als solche nicht mehr zu interessieren vermögen,
bleiben doch die Klage als solche und die Klagenden, ungeachtet
der geschichtlichen Differenzen, oft über mehr als tausend Jahre
hinweg, erstaunlich faszinierend.
Deshalb soll im Folgenden erkundet werden, was es mit der Klage
auf sich habe, was ihr Stellenwert und wo ihr Ort zu bestimmen sei.
Dabei soll, dem Auftrag der Herausgeber dieses Bandes entsprechend, die Klage oder das Klagen nicht aus der Perspektive theologischen Denkens oder religiöser Erfahrung in Betracht gezogen
werden, sondern als ein Gegenstand der Sprach- und Literaturwissenschaft. Methodologisch mag es dabei seltsam scheinen, dass in
einem Zug nach beidem, nach der Klage und nach ihrem Ort, gefragt wird, denn wie sollte der Ort von etwas eingegrenzt werden
können, das selbst noch nicht eingegrenzt ist? Dass eine solche
Zweigleisigkeit des Fragens, ein Sich-voran-Tasten auf zwei Ebenen oder unter zwei Perspektiven zu den üblichen geisteswissen-
schaftlichen Vorgehensweisen gehört, wird diejenigen nicht zufrieden stellen können, die von einer Untersuchung dieser Art eine
eindeutige Antwort und Beweise erwarten. Indes: Gefragt wird im
Folgenden nicht, was die Klage an und für sich sei, gefragt wird
vielmehr, was sie *uns* ist oder sein kann. Zu klären gilt es, wie der
Begriff *Klage* zweckmäßigerweise – nämlich am ehesten Einsichten gewährend – eingegrenzt werden kann. Nicht Beweiskraft, sondern Evidenz beanspruchen die folgenden Ausführungen. Sie stellen keine These auf, die ein für alle Mal zu bestätigen oder zu wi-
derlegen wäre. Vielmehr verstehen sie sich als Erkundung eines
Territoriums – bei der man die Aufmerksamkeit selbstverständlich
auf beides legt, auf die Beschaffenheit des Territoriums und auf das,
was dort aufgrund dieser Beschaffenheit geschieht –, nicht einer
terra incognita allerdings, denn der vorerst nur heuristisch verwendete Begriff *Klage* macht zumindest einige Konturen sichtbar.

II

Wer sich allerdings derzeit in literaturwissenschaftlichen Grundlagenwerken und Lexika nach Form, Bedeutung oder Geschichte der Klage erkundigen will, wird, zunächst wohl erstaunt, feststellen, dass darüber kaum etwas zu erfahren ist. In vielen, durchaus anerkannten literaturwissenschaftlichen Sachwörterbüchern, findet sich nicht einmal das Stichwort *Klage*[1]. Andere, stärker literatur*geschichtlich* ausgerichtete Nachschlagewerke verzeichnen immerhin einzelne Werke, die vom Titel her als Klage ausgewiesen werden. Das gilt insbesondere auch von englischsprachigen Enzyklopädien[2], wobei freilich zu bedenken ist, dass *Klage* und *lament*, deren Bedeutungsspektren sich übrigens nicht in allen Teilen decken, als Titel sehr unspezifisch sind. Theologische Lexika verweisen, wie es nicht anders zu erwarten ist, mindestens auf das alttestamentliche Buch der *Klagelieder*, allenfalls auch, aber keineswegs immer[3], auf *Hiob*, auf die *Psalmen* und auf *Jeremia*. Erläutert wird dabei insbesondere die Überlieferungsgeschichte; die Bedeutung der Klage und die Frage ihrer Relevanz für Leser von heute bleiben aber auch hier weitgehend außer Betracht. Hilfreicher sind da einige Sachwörterbücher[4], die sich zwar kaum mit dem Begriff *Klage* befassen, die aber immerhin auf benachbarte Suchwörter verweisen und so ein Spektrum wachrufen, dessen Abstufungen für ein näheres Einkreisen der Klage hilfreich sein können.

Aufschlussreich sind vor allem die Hinweise auf verschiedene Ausprägungen der Totenklage, die, wie *Epikedeion* oder *Threnos*, ihren vorgeschriebenen Ort bei der Leiche, bei der Grabstätte oder beim Leichenmahl hatten, deren Charakter weitgehend formalisiert war und die also gesellschaftlich nicht nur gebilligt, sondern gefordert wurden. Derart an Konventionen gebunden, kann die Totenklage inhaltlich kaum variabel sein: Sie thematisiert in erster Linie das Leben und die Verdienste des oder der Verstorbenen, während die Betroffenheit der Leidtragenden oft nur formelhaft zur

---

1 Weder ein Stichwort *Klage* noch ein Registereintrag findet sich beispielsweise in: *F. Lentricchia / Th. McLaughlin* (ed.), Critical Terms for Literary Study, Chicago 1990; *H.L. Arnold / H. Detering* (Hg.), Grundzüge der Literaturwissenschaft, München 1996; *H. Brunner / R. Moritz* (Hg.), Literaturwissenschaftliches Lexikon. Grundbegriffe der Germanistik, Berlin 1997; *H. Gfrereis* (Hg.), Grundbegriffe der Literaturwissenschaft, Stuttgart 1999.
2 Z.B. *A. Premiger / T.V.F. Brogan* (ed.), The New Princeton Encyclopedia of Poetry and Poetics, Princeton 1993.
3 RGG[3] hat beispielsweise nur den Eintrag »Klagelieder Jeremiä«.
4 Z.B. *G. von Wilpert*, Sachwörterbuch der Literatur, Stuttgart [4]1964; *G. und I. Schweikle* (Hg.), Metzler Literatur Lexikon. Stichwörter zur Weltliteratur, Stuttgart 1984.

Sprache kommt – nicht grundsätzlich anders, als es heutigentags bei Abdankungen geschieht. Selbst lautstarke und lang andauernde Schmerzensbekundungen wird man im Rahmen ritualisierter Totenklagen kaum als Ausdruck individueller Betroffenheit verstehen. Das wird dort besonders deutlich, wo, wie es in verschiedenen Kulturen üblich ist, für das seinem Charakter und seinem Ausmaß nach vorbestimmte Klagen ›professionelle‹ Klageweiber engagiert werden. Und selbst wenn der Schmerz groß ist und in einer individuelleren Totenklage zu Wort kommt, so steht doch, wie man weiß, allemal sein Ende oder mindestens seine Bewältigung in Aussicht. Fast schon etwas bösartig wird das am Ende der großen Klage über Siegfrieds Tod im *Nibelungenlied* formuliert:

Wohl mancher war darunter / der drei Tage lang
Vor dem großen Leide / weder aß noch trank;
Da konnten sie's nicht länger / dem Leib entziehen mehr:
Sie genasen von den Schmerzen / wie noch mancher wohl seither.[5]

Gerade vor dem Hintergrund des konventionell geordneten oder sogar rituellen Beklagens wird nun aber eine ganz andere Klagedimension sichtbar. Wo das Unglück nicht, wie das Sterben im Alter, zur Normalität des Lebens gehört, wo es nicht voraussehbar und wo sein Ende nicht absehbar ist, wo also auch keine Rückkehr zur Normalität erwartet werden kann, wird die Klage zum Zeichen echter Gefährdung. Deren Abgründigkeit besteht gerade darin, dass sie sich im Rahmen bisheriger Erfahrungen nicht fassen lässt, dass zur Bewältigung des Unglücks keine tradierten Regeln zur Verfügung stehen und dass von gesellschaftlichen Konventionen keine Stabilisierung zu erwarten ist. Die hier ins Auge gefasste Klage thematisiert die Notlage des Klagenden und lässt zugleich deutlich werden, dass sich diese Notlage dem eigentlichen Begreifen nahezu entzieht, dass der Klagende ihr fassungslos und hilflos gegenübersteht:

Ich selbst kann mir nicht helfen,
    und Rettung ist fern von mir! (Hi 6,13)[6]

Dass eine derart extreme Notlage gewöhnlich andere Ursachen hat als das Sterben oder den Tod von Nahestehenden, liegt auf der Hand; aber zwischen dem für die Totenklage charakteristischen *Beklagen* und der *Klage* aus existenzieller Not verläuft offenbar keine feste Trennlinie. Das zeigt sich beispielsweise bei der Klage

5   Zitiert nach der Ausgabe von *A. Häusler* in der Übersetzung von *K. Simrock*, Leipzig, o.J., S. 331 (17. Aventiure).
6   Das Buch Hiob wird hier und im Folgenden nach der neuen Fassung der Zürcher Bibel zitiert: Das Buch Hiob. Das Buch Kohelet. Das Hohelied, Zürich 1998.

der Andromache über der Leiche Hektors. Andromache beklagt nicht nur ihren toten Gatten, sondern erfährt ihre Lage als erschreckende Verlorenheit. Durch den Tod Hektors ist ihre eigene Existenz und die ihres Sohnes aufs Äußerste gefährdet. Ihre Klage ist darum nicht nur Totenklage, sondern auch Ausdruck existenzieller Angst, einer nicht unbegründeten Angst, wie der Fortgang ihrer Geschichte zeigt.

Gatte, so jung verlorst du dein Leben und läßt mich als Witwe
Hier im Palaste zurück; so zart und jung ist das Söhnchen,
Das wir Unseligen, ich und du, erzeugten, und schwerlich
Kann es zur Blüte noch reifen; zuvor wird die Stadt hier vom Gipfel
Niedergeschmettert; verlor sie in dir doch den Hort, der sie ständig
Schützte, sie selbst und die ehrbaren Fraun und unmündigen Kinder.
Bald wohl werden sie fort nun geschleppt in gebuchteten Schiffen,
Und mit ihnen ich selbst. Auch du aber wirst mich begleiten,
Du, mein Kind, um dort im Dienst eines grausamen Herren
Sklavenwerk zu verrichten. Vielleicht aber wirft ein Achaier
Oben vom Turm dich herab am Arm ins finstre Verderben,
Einer, der zürnt, weil Hektor vielleicht ihm den Bruder getötet
Oder den Vater oder den Sohn, gar viele Achaier
Haben durch Hektors Faust in die ewige Erde gebissen.[7]

Allerdings ist die Klage der Andromache doch immer noch in die gesellschaftliche Ordnung eingebettet; der Trauerhierarchie entsprechend wird Andromaches Klage von der Klage der Mutter und sodann der Klage der Schwägerin abgelöst. Wo die Not so groß wird, dass die gesellschaftlichen Konventionen ihre Gültigkeit, ihre stabilisierende Wirkung gänzlich verlieren, hält auch die Klage sich nicht mehr in überschaubaren Grenzen. Zwar kommen, natürlich, auch die furchtbaren Klagen eines Ipuwer, eines Ödipus oder eines Hiob an ein Ende, aber nicht, weil ihrem Klagen eine gesellschaftliche Form vorgegeben wäre, sondern weil Umstände oder Ermattung eine Fortführung der Klage unmöglich machen oder weil die Verhältnisse, auf die sich die Klage bezieht, in verändertem Licht erscheinen.

Auch bei einem Vergleich mit der *Elegie*, auf die in verschiedenen Lexika unter den Stichwörtern *Klage* oder *Klagelied* hingewiesen wird, lässt sich das Profil der Klage deutlicher zeichnen. Dass elegische Dichtungen – im hier gegebenen Zusammenhang spielt die metrische Definition von *Elegie* natürlich keine Rolle – thematisch zuweilen in die Nähe dessen kommen, was man als Totenklage bezeichnen mag, zeigen zum Beispiel verschiedene Gedichte Klopstocks:

---

7 Ilias, Vierundzwanzigster Gesang, Z. 724–738. Hier in der durch *H. Rupé* überarbeiteten Übersetzung von *J.H. Voss*, Berlin 1956.

Die Sommernacht

Wenn der Schimmer von dem Monde nun herab
  In die Wälder sich ergießt, und Gerüche
    Mit den Düften von der Linde
      In den Kühlungen wehn;

So umschatten mich Gedanken an das Grab
  Der Geliebten, und ich seh in dem Walde
    Nur es dämmern, und es weht mir
      Von der Blüte nicht her.

Ich genoß einst, o ihr Toten, es mit euch!
  Wie umwehten uns der Duft und die Kühlung,
    Wie verschönt warst von dem Monde,
      Du o schöne Natur![8]

Deutlich wird hier auch der so genannte elegische Grundzug der
Trauer, der freilich nicht in allen Fällen derart explizit zur Darstellung gelangt, und gewiss kann der Sprachgestus solcher Gedichte,
die übrigens nicht notwendigerweise als Elegien ausgewiesen sein
müssen, als klagend bezeichnet werden. Begreift man aber, wie
vorgeschlagen, die Klage als eine auf existenzielle Not sich bezie-
hende Äußerung, so fehlt ihr, was die Elegie zur Elegie macht, und
es ist für sie charakteristisch, dass sie nicht leisten kann, was die
Elegie leistet. Zwar handelt auch diese von Verlust, häufig sogar
von unwiederbringlichem Verlust, aber es ist doch gerade ihre
Stärke, dass sie das Vergangene wachzurufen vermag, dass das Erinnern vergangenen Glücks als erfreulich und tröstend erfahren
wird[9]. So beredt kann eine Elegie glückliche Vergangenheit her-
aufbeschwören – einige von Goethes *Römischen Elegien* sind dafür eindrückliche Beispiele –, dass der Aspekt des Verlusts nur
noch durch die Bezeichnung *Elegie* eingebracht wird, die bei den
Römischen Elegien allerdings auch als metrische Bezeichnung verstanden werden kann. Aber selbst wenn in der Elegie jene traurige
Stimmung vorherrschend ist, die ihr gewöhnlich zugeschrieben
wird, wenn Pessimismus oder Weltschmerz den Ton bestimmen,
sollte sie mit der Klage nicht in eins gesetzt werden. Weder Ovids
Tristia noch Wolframs *Willehalm,* weder die Graveyard Poetry des
18. Jahrhunderts noch Leopardis *Canti* gehören, so gesehen, zum

8 *F.G. Klopstock*, Ausgewählte Werke, hg. von *K.A. Schleiden*, München
1962, S. 112.
9 Dass ›moderne‹ Elegiker zuweilen Trost nicht suchen, sondern zurückweisen,
Wunden nicht heilen, sondern offen halten wollen – so eine zentrale These von *J.*
Ramazani –, soll damit nicht bestritten werden. Gerade derart ›moderne‹ Elegien
sind deutlich verschieden von der Klage, wie sie hier skizziert wird. Vgl. dazu *J.*
Ramazani, Poetry of Mourning. The Modern Elegy from Hardy to Heaney, Chicago 1994.

engeren Bereich dessen, was hier als Klage anvisiert wird, denn nicht das Trauern, sondern das Verzweifeln ist ihr Grundzug, und nicht nur darin besteht die Not des Klagenden, dass Vergangenes unwiederbringlich verloren ist, sondern auch darin, dass er keine lebenswerte Zukunft zu erwarten hat.

Entwickelt man dergestalt vor dem Hintergrund von Totenklage und Elegie ein Bild der Klage, so wird nicht nur ihre mögliche Abgründigkeit sichtbar; zu bedenken ist auch, dass die Klage, ungeachtet ihrer frühen und großen Bedeutung in verschiedenen Literaturen, nicht den Status einer *Gattung* hat. Wir finden sie im Drama, in der epischen Dichtung, in Klageliedern – die übrigens mit dem, was hier als Klage im engeren Sinn skizziert wird, nicht identisch sein müssen – und in verschiedenen anderen lyrischen Formen. So ist es denn auch ohne weiteres verständlich, dass sich für die Klage nicht eine Geschichte aufzeigen lässt, die etwa der Geschichte der Elegie oder des Sonetts zu vergleichen wäre. Es liegt deshalb nahe, die Klage in einem weiteren Schritt mit Begriffen einzukreisen, die sich auf psychische oder psycho-physische Befindlichkeiten beziehen; im Vordergrund stehen dabei wohl *Melancholie* und *Depression*.

III

Nimmt man den Begriff der Melancholie im Sinne einer Temperamentsbezeichnung, so ist er, durchaus auf Alltägliches bezogen, zu harmlos, um jene Befindlichkeit zu bezeichnen, die den Klagenden zugeordnet werden soll. Der Melancholiker im eben angedeuteten Sinn erfährt seine Melancholie nicht als Not, und Melancholie und Wohlbefinden schließen sich keineswegs aus. Versteht man aber, wie es häufig geschieht, Melancholie als Synonym für Depression oder Schwermut, so zielt der Begriff auf ein (Krankheits-)Bild, das sich mit dem Zustand von Klagenden mindestens in Teilen deckt. Psychiatrische Lehrbücher vorwegnehmend, wird es schon in Goethes *Faust* von der Gestalt der Sorge eindringlich gezeichnet:

Wen ich einmal mir besitze
Dem ist alle Welt nichts nütze,
Ewiges Düstre steigt herunter,
Sonne geht nicht auf noch unter,
Bei vollkommnen äußern Sinnen
Wohnen Finsternisse drinnen
Und er weiß von allen Schätzen
Sich nicht in Besitz zu setzen.
Glück und Unglück wird zur Grille,
Er verhungert in der Fülle,

Sei es Wonne sei es Plage
Schiebt ers zu dem andern Tage,
Ist der Zukunft nur gewärtig
Und so wird er niemals fertig.
[...]

Soll er gehen, soll er kommen,
Der Entschluss ist ihm genommen;
Auf gebahnten Weges Mitte
Wankt er tastend halbe Schritte.
Er verliert sich immer tiefer,
Siehet alle Dinge schiefer,
Sich und andre lästig drückend,
Atem holend und erstickend;
Nicht erstickt und ohne Leben,
Nicht verzweiflend, nicht ergeben.
So ein unaufhaltsam Rollen
Schmerzlich Lassen, widrig Sollen,
Bald befreien, bald erdrücken,
Halber Schlaf und schlecht Erquicken
Heftet ihn an seine Stelle
Und bereitet ihn zur Hölle.[10]

Wie dem Depressiven ist auch dem Klagenden *der Entschluss genommen*, wie jener wird auch dieser mit seiner Situation *nicht fertig*,
und auch er fühlt sich *zur Hölle bereitet*. Aber während Depressive
in ihrer Selbstreflexion weitgehender Passivität verfallen und sich
kaum mehr zu artikulieren vermögen, sind die Klagenden, wiewohl
verzweifelnd oder der Verzweiflung nahe, wortgewandte Beschrei-
ber oder Beschwörer des Unheils, dem sie sich ausgesetzt sehen.
Durchaus grundlos kann die Depression den Menschen überfallen,
aus Gründen ist sie jedenfalls oft nicht zu erklären; der oder die
Klagende hat dagegen allemal Grund zur Klage, und insofern Klagende einen Schuldigen oder Schuldige zu nennen wissen, tendiert
ihre Klage sogar zur Anklage.
Allerdings unterscheidet sich der Klagende nicht nur deshalb vom
Depressiven, weil er imstande ist, sich zu artikulieren, sondern weil
er sich klagend tatsächlich artikuliert. Das Klagen ist, wie das Loben, ein Sprechakt; in der Klage wird er hypostasiert, festgeschrie-
ben. Das Bild der Klage lässt sich deshalb auch durch Konfrontation
mit benachbarten Sprechakten verdeutlichen, die, wie das Klagen,
ihren spezifischen ›existenziellen‹ Ort haben. Vom Jammern und
vom Beklagen, vom Anklagen und Verfluchen und natürlich auch
von elementaren und restringierten Artikulationen von Schmerz
und Angst kann und muss das Klagen unterschieden werden.

10   *J.W. v. Goethe*, Sämtliche Werke. Briefe, Tagebücher und Gespräche, hg.
von *F. Apel u.a.*, Frankfurt a.M. 1994, I.7/1, S. 442f.

Vom Jammern, in dessen Nähe die Klage durchaus geraten kann, hebt diese sich durch ihre existenzielle Ernsthaftigkeit ab. ›Klagen‹ über die schlechten Zeiten, das Klima, die Steuern und die ungenügende Besoldung, die Nachbarn, die Kollegen oder die Gesellschaft als ganze sind bei einer derartigen Gegenüberstellung dem Jammern oder dem Gejammer zuzuweisen, das die Alltäglichkeit keineswegs in Frage stellt, das sich, wie man weiß, problemlos mit Wohlleben verbinden lässt und das denn auch nicht auf Veränderung, sondern auf Zustimmung zielt.

Es klagen freilich auch das liebeskranke Mädchen und der Liebhaber, der kein Gehör findet, es klagt die Nachtigall und allenfalls auch der Wind; solches Klagen zeugt zwar von emotionaler Bewegtheit, gehört aber doch zum einigermaßen harmlosen Bereich von Rührung und Traurigsein.

Etwas anders verhält es sich mit dem Beklagen. Wer, in einem engeren Sinne des Wortes, *sich* beklagt, bezeugt damit eine Handlungsfähigkeit, die dem Klagenden abgeht, er bezieht sich auf einen überschaubaren Sachverhalt und wendet sich, freilich weniger formalisiert als ein Kläger, an eine erreichbare Instanz, von der er die Beseitigung des Unrechts oder der Störung erwarten darf: Sein sprachliches Handeln ist durchaus resultatorientiert. Klagende dagegen vermögen ihre Not nicht mehr zu objektivieren, sie kennen oder finden keine Instanz, an die sie sich wenden könnten und von der Hilfe zu erwarten wäre, und so hat denn die Klage auch kein eigentliches Ziel.

Ähnliches gilt für das nicht-reflexive *beklagen*. Wie bei der formelhaften, vor allem in der Negation häufigen Verwendung – »Tote waren nicht zu beklagen« –, sind auch beim freieren Gebrauch diejenigen, die etwas beklagen, nicht gravierend, nicht existenziell betroffen. Der performative Charakter rückt das Beklagen in die Nähe des Bedauerns, von dem es sich graduell und in der Gewichtung des Anlasses unterscheidet, und wie beim Bedauern wird der Blick vor allem auf das Objekt gerichtet, auf das, was beklagenswert ist. Zwar schreiben beide Verben, *beklagen* und *bedauern* den Sprechhandelnden ein gewisses Maß an Anteilnahme zu, aber diese bleiben gegenüber dem, was beklagt oder bedauert wird, doch auf Distanz, und weder Bedauernde noch Beklagende sind als solche in ihrer Handlungsfähigkeit eingeschränkt. Das Beklagen lässt sich denn auch, ebenso wie das Bedauern, problemlos in eine alltägliche Konversation integrieren.

Setzt man derartige und ähnliche Beobachtungen zu einer Art Kontrastfolie zusammen, so zeichnet sich eine Möglichkeit ab, gewissermaßen im Gegenzug ein Bild der Klage und ihres Orts zu entwerfen, eine Art Paradigma, das freilich in verschiedenen Abstufungen und mit unterschiedlichen Akzentuierungen realisiert werden kann. Anders als diejenigen, die über bestimmte Verhältnisse jammern, die ein Vorkommnis beklagen, die *sich* beklagen, anders auch als diejenigen, die *über* etwas klagen –»er klagte über Schmerzen im Oberarm« –, haben Klagende ihre Souveränität eingebüßt, ihrer Situation sind sie nicht gewachsen, sie können nicht handeln, können nichts verändern; was ihnen bleibt, ist einzig das Klagen. Dabei ist die Frage nach den Gründen des Souveränitätsverlusts für die nähere Bestimmung der Klage wenig hilfreich. Das Spektrum möglicher Ursachen ist unüberschaubar[11], und es lässt sich, je nach Situation und Weltbild, in einer nicht prognostizierbaren Weise erweitern: Die Klage kann sich auf Katastrophen geschichtlichen Ausmaßes beziehen, auf Kriegsgeschehen, auf den Untergang einer Zivilisation oder einer Stadt, aber auch auf individuelle Übel, auf Krankheit oder Ehrverlust, auf Vergänglichkeitserfahrung oder Todesnähe, auf unerwiderte Liebe oder Liebesentzug. Entscheidend ist indes, dass das, was die Klage auslöst, als äußerste Gefährdung, als äußerste Not erfahren wird. Not oder Gefährdung sind für den oder die Klagende allumfassend: Es gibt keinen Bereich ihrer Existenz, der davon nicht betroffen wäre. Klagende erfahren ihre Not, wie Depressive, als überwältigend, freilich mit dem entscheidenden Unterschied, dass sie ihre Not – aber auch nur ihre Not – noch zur Sprache bringen können.

Für den Klagenden ist, wie für Hamlet, die Welt so aus den Fugen, dass sich die Frage nach Sein oder Nicht-Sein stellt, die selbst zu entscheiden der Klagende aber nicht mehr fähig ist. Oder vorsichtiger: Die Antwort bleibt in der Schwebe, solange die Klage dauert. Das Leben erscheint unerträglich, aber Klagende sind als Klagende ihm doch noch verhaftet – nicht, dass sie bessere Zeiten zu erwarten hätten, nicht als Hoffende und Harrende, sondern nur noch als Ausharrende. Zwar münden Klagen, zumal biblische Klagen, zuweilen in überraschender Weise in ein Hoffen auf Rettung, aber mit dem Umschlag ins Hoffen und Bitten – wie zum Beispiel Klgl 3,21 – beginnt eine grundsätzlich andere Art des Sprechens: Aus der Klage wird das Gebet. Charakteristisch für die Klage ist dagegen die Spannung zwischen leben-wollen und sterben-müssen oder, dem Wortlaut nach häufiger, zwischen sterben-wollen und leben-müssen. So sehnt sich der Schiffer in Gryphius' vielleicht be-

---

11   Wenig erfolgversprechend wäre deshalb ein Versuch, im Blick auf die wechselnden Veranlassungen der Klage eine Geschichte der Klage zu entwerfen, auch wenn sich, was damit nicht bestritten werden soll, die klagende Thematisierung von Not und Gefährdung in vielen Fällen historisch begründen oder bestimmten kulturellen Rahmenbedingungen zuweisen lässt.

kanntestem Gedicht *An die Welt* zwar nach dem Port, nach dem Ende der navigatio vitae, aber er erschrickt und klagt doch darüber, dass dieser Port vorzeitig erreicht wird:

Mein offt besturmbtes Schiff der grimmen winde spiell /
Der frechen wellen baall / das schier die flutt getrennet /
Das vber klip auff klip' / vndt schaum / vndt sandt gerennet;
Kombt vor der zeit an port / den meine Seele will.
[...]¹²

Hamlet dagegen leidet darunter, dass er nicht – noch nicht – sterben darf.

O! that this too too sullied flesh would melt,
Thaw and resolve itself into a dew;
Or that the Everlasting had not fix'd
His canon 'gainst self-slaughter! O God! God!
How weary, stale, flat, and unprofitable
Seem to me all the uses of this world!¹³

Vorgebildet ist diese Art von Todeswunsch schon bei Sophokles, wenn Ödipus vergeblich seinen Tod verlangt:

Drum, bei den Himmlischen, schafft mich von hinnen,
Versteckt mich, tötet mich, werft mich ins Meer,
Wo ihr mich niemals wieder seht [...]¹⁴

Fast schon formelhaft ist in diesem Zusammenhang der Wunsch, gar nicht erst geboren zu sein. So bei Ödipus:

Tod ihm, welcher im Felde mir
Die schmerzenden Fesseln gelöst und mich
Beschützt und gerettet. Ich dank es ihm nicht.
Wär dies mein Ende gewesen, ich lebte
Nicht euch und lebte nicht mir zur Qual.
[...]
Ich hieße den sterblichen Menschen nicht
Des Vaters Mörder, der Mutter Gemahl. –¹⁵

Und etwas später:

12 A. *Gryphius*, Sonette, hg. von *M. Szyrocki* (Gesamtausgabe der deutschsprachigen Werke, hg. von *M. Szyrocki / H. Powell*, Bd. I), Tübingen 1963, S. 61.
13 W. *Shakespeare*, Hamlet. Zweisprachige Ausgabe. Deutsch von *F. Günther*, München 1995.
14 *Sophokles*, Tragödien. Deutsch von *Emil Staiger*, Zürich 1944, S. 207.
15 Ebd., S. 205f.

Kithairon, ach, warum nahmst du mich auf?
Was starb ich nicht auf deinen Höhn, dass nie
Es sich der Welt gezeigt, woher ich stamme?
O Polybos und Korinth und – also glaubt ich –
Mein Vaterhaus, warum zogt ihr mich auf,
Ein schön Gebilde, innerlich voll Schwären?
Nun heiß ich böse und der Bösen Sohn.[16]

Der Wunsch, nicht geboren zu sein, kann zuweilen, wie bei Hiob, die Form der Verfluchung annehmen, wobei die in die Klage integrierte Verfluchung, anders als der eigentliche, zielgerichtete Fluch, in ihrer augenfälligen Wirkungslosigkeit vor allem Ausdruck der Verzweiflung ist.

Getilgt sei der Tag, da ich geboren wurde,
    und die Nacht, die sprach: Ein Knabe ist empfangen worden.
Jener Tag werde Finsternis,
    Gott in der Höhe soll nicht nach ihm fragen,
    und kein Lichtstrahl soll auf ihn fallen.
[...]
Warum durfte ich nicht umkommen im Mutterschoss,
    aus dem Mutterleib kommen und sterben?
Warum nahmen mich Knie entgegen,
    und wozu Brüste, dass ich trank?
Ich läge jetzt schon und ruhte aus,
    ich schliefe und hätte Ruhe,
[...] (Hi 3,3–13)

Unverkennbar mit Bezug auf Hiob, wünscht sich auch der klagende Johann Christian Günther, der auf Glück und Gott nicht mehr hoffen kann, früh gestorben zu sein:

Ach, wäre dort dein Geist im ersten Bad erstickt,
So würd er jezt nicht erst durch Thränen hingerückt.[17]

Vom Sterbenswunsch muss allerdings der *Entschluss* zu sterben unterschieden werden, denn mit ihm endet die für die Klage charakteristische Not des Nicht-handeln-Könnens. So thematisiert der verzweifelnde Faust in seiner Klage die eigene Nichtigkeit und die Nichtigkeit der Welt, die ihn umgibt:

Den Göttern gleich' ich nicht! Zu tief ist es gefühlt;
Dem Wurme gleich' ich, der den Staub durchwühlt;
Den, wie er sich im Staube nährend lebt,
Des Wandrers Tritt vernichtet und begräbt.

16 Ebd., S. 207.
17 *J.Ch. Günther*, Sämtliche Werke, hg. von *W. Krämer*, Bd. II, S. 67.

Ist es nicht Staub was diese hohe Wand,
Aus hundert Fächern, mir verenget;
Der Trödel, der mit tausendfachdem Tand
In dieser Mottenwelt mich dränget?
Hier soll ich finden was mir fehlt?
Soll ich vielleicht in tausend Büchern lesen,
Daß überall die Menschen sich gequält,
Daß hie und da ein Glücklicher gewesen?–
Was grinsest du mir hohler Schädel her?
Als daß dein Hirn, wie meines, einst verwirret,
Den leichten Tag gesucht und in der Dämmrung schwer,
Mit Lust nach Wahrheit, jämmerlich geirret.
[...]

Wenn er sich aber, beim Anblick der Phiole, entschließt, das Leben zu verlassen, wird die Klage durch eine völlig andere, nämlich enthusiastische und übrigens auch rhythmisch anders gestaltete Sprache abgelöst:

Ich grüße dich, du einzige Phiole!
[...]
Zu neuen Ufern lockt ein neuer Tag,

Ein Feuerwagen schwebt, auf leichten Schwingen,
An mich heran! Ich fühle mich bereit
Auf neuer Bahn den Äther zu durchdringen,
Zu neuen Sphären reiner Tätigkeit.
Dies hohe Leben, diese Götterwonne![18]

IV

Der Klagende kann sich nicht, wie ein Elegiker, erinnernd über die schlechte Gegenwart hinwegtrösten; wenn er sich, wie Hiob, besserer Zeiten erinnert, so wird dadurch nur die Not der Gegenwart deutlicher spürbar. Aller Kraft und aller Fähigkeit des Entschließens ist der Klagende beraubt, und der Blick in die Zukunft ist ihm verbaut; seine Not ist hoffnungslos. So hat die Klage ihren Ort an der Grenze oder auf der Grenze dessen, was *nur gerade noch* Leben genannt werden kann. Das *Nur-gerade-noch* ist der Klage aber in doppelter Weise eingeschrieben, in doppelter Weise ist die Klage ein Reden auf der Grenze: In Frage gestellt ist nicht nur die Existenz des Klagenden, sondern auch sein Reden, das zwar seinem Gestus nach noch ein Mitteilen ist, das aber Mitteilung in einem ernsthaferen Sinne nicht mehr sein kann. Die Not

18 *V. Goethe*, Sämtliche Werke (s. oben Anm. 10) I.7/1, S. 42ff (Studierzimmerszene »Nacht«).

des Klagenden ist gerade deshalb äußerste Not, weil er damit rechnen muss, dass seine Klage ungehört verhallt, weil er, anders als ein Kläger, niemanden ansprechen kann oder von niemandem gehört oder verstanden wird, der Trost, Hilfe, Gerechtigkeit oder gar Rettung bringen könnte.

Gewiss, anders als etwa Hamlet oder Faust, deren Klagen monologisch vorgetragen werden, klagt Ödipus in Anwesenheit des Chors, den er auch explizit anspricht und sogar als Freund bezeichnet. Aber dieser Chor bleibt bei der Klage des Ödipus erschreckend stumm, er steht ihm, auch hierarchisch ganz von ihm getrennt, kalt gegenüber, nichts vom Geschehenen kann er rückgängig machen, und gegenwärtiges Leiden des Ödipus vermag er nicht zu lindern; vielmehr bestätigt er dessen Selbstverfluchung: Auch dem Chor wäre »nach Wunsch geschehen«, wenn Ödipus nie gelebt hätte[19].

Eingebettet in ein eigentliches Rededuell sind auch Hiobs Klagen. Auch hier werden die Opponenten als Freunde bezeichnet, aber auch hier macht die äußere Form des Wechselgesprächs nur deutlicher, dass die Redenden sich nicht mehr verstehen. Nichts von dem, was Hiobs Freunde sagen, ist ihm hilfreich. Ihre wortreichen Ermahnungen und Entgegnungen bestätigen vielmehr das Bewusstsein seiner Isolation und geben ihm immer von neuem Anlass, seine Not zu thematisieren. Dass Hiobs Wunsch, gehört und verstanden zu werden, scheitert, dass er in seiner Not auf sich selbst zurückgeworfen ist, zeigt sich in voller Härte, wenn er sich an Gott wendet:

Ich schreie zu dir, und du antwortest mir nicht,
   ich stehe da, und du bemerkst mich nicht. (Hi 30,20)

Hiobs Klage gilt nicht zuletzt deshalb als geradezu paradigmatisch, weil er sich in seinem Leiden aus der sinnlosen Verteidigung – »ich weiss, dass ich im Recht bin [...]« (Hi 13,18) – zur Anklage aufbäumt.

Wann endlich blickst du weg von mir,
   lässt mich in Ruhe, nur für einen Atemzug?
Wenn ich gesündigt habe, was schadet es dir, du Hüter der Menschen?
   Warum hast du mich zu deiner Zielscheibe gemacht,
   dass ich mir selbst eine Last bin?
Und warum vergibst du nicht mein Vergehen
   und verzeihst nicht meine Schuld? (Hi 7,19ff)

Freilich provoziert Hiobs Anklage nicht die geringste Reaktion dessen, der beides in einer Person wäre, Angeklagter und Richter,

---

19   *Sophokles*, Tragödien (s. oben Anm. 14), S. 206.

und der an einer anderen Stelle (Hi 16,21) auch noch in einer dritten Funktion, nämlich als Anwalt, angesprochen wird. Von vornherein ist Hiobs Anklage vielmehr zum Scheitern verurteilt; sie bleibt eine ins Leere gehende, ergebnislose Geste, und nur als solche ist sie Teil der Klage; schon eine bloße ›Empfangsbestätigung‹ würde jener Orientierungslosigkeit entgegenwirken, könnte jene Verlassenheit mindern, durch die Hiobs Not zur äußersten Not wird. Aber die leer gewordene Geste der Anklage ist – wie die der Verfluchung – nicht nur integrierender Teil der Klage; in ihr gibt die Klage sich besonders deutlich zu erkennen als das, was sie ist: ein Reden im Grenzbereich des Nur-gerade-noch. Allerdings ist auch einer derart sinnlosen Anklage schon die Voraussetzung dafür eingeschrieben, dass die Klage ins Gebet umschlagen kann: Indem der Anklagende derart das Nicht-gehört-Werden thematisiert und denjenigen anspricht, der hören sollte, wird doch schon die Existenz dessen gesetzt, der hören könnte, wenn er nur hören wollte.

Wie Hiob wendet sich auch Goethes Werther an einen Gott, der nicht hört und nicht antwortet[20]. Im zweiten Teil des Romans werden Werthers Briefe immer mehr zur Klage, zum Zeugnis einer Not, die gerade deshalb bis ins Unerträgliche gesteigert wird, weil der Klagende sich als radikal vereinsamt erfährt. Zwar richtet Werther seine seltener werdenden Briefe noch immer an Wilhelm; ihm aber, mit dem er nichts teilt, kann er sich nicht wirklich mitteilen. So gleichen denn seine Briefe immer mehr einem Monolog. Zwar wendet sich Werther, mit deutlichen Bezügen zum *Buch Hiob*, an Gott – dass er zu ihm zurückkehren wolle, ist eine Ankündigung seines Selbstmords, die Wilhelm wohl nicht verstehen kann –, aber indem er das tut, erkennt er, dass mit Gott nicht zu reden, dass von ihm keine Antwort zu erhalten ist.

Vater, den ich nicht kenne! Vater, der sonst meine ganze Seele füllte, und nun sein Angesicht von mir gewendet hat! rufe mich zu dir! Schweige nicht länger! dein Schweigen wird diese dürstende Seele nicht aufhalten –[21]

Der gleiche Text ist voll von Apostrophen, die vergessen machen, dass es sich dabei um einen Brief handelt, der an einen Adressaten gerichtet ist. Werther redet das Schicksal an und die gesamte Menschheit, die bürgerliche Gesellschaft und den elenden Irren, in dem er eine Art Doppelgänger erkennt. All diese Anrufungen

---

20 Zum Folgenden vgl. *E.A. Kunz*, »Ich werde, wie gewöhnlich, schlecht erzählen ...«. Zu den Briefen des jungen Werther, in: *J. Anderegg*, Schreibe mir oft! Zum Medium Brief zwischen 1750 und 1830, Göttingen 2001, S. 70–81.
21 *V. Goethe*, Sämtliche Werke (s. oben Anm. 10), I.8, S. 191.

verhallen notwendigerweise ungehört und manifestieren deshalb besonders deutlich, dass Werthers Klage nur noch der äußeren Form nach Kommunikation ist. Die Apostrophe – das zeigt sich hier exemplarisch – gehört wesentlich zur Klage, nicht, weil tatsächlich Apostrophen in Klagen häufig zu finden sind, auch nicht oder nicht nur, weil die Apostrophe in vielen Fällen ein fast schon nicht mehr kontrollierbarer Ausdruck von Not und Schmerz ist, sondern weil in ihr die Vergeblichkeit des Kommunizierenwollens zum Zeichen gerinnt. Die Apostrophe – eine Anrede, die von einem abwesenden Angeredeten nicht gehört oder von einem anwesenden nicht verstanden, jedenfalls nicht ›quittiert‹ wird – ist, so gesehen, eine Grundfigur der Klage. Besonders eindrücklich wird dies in Monteverdis *L'Orpheo* demonstriert, wenn Orpheus, der Sänger, in seinem Schmerz Wald, Berge und Steine anspricht und schließlich mit (seinem) Echo ›dialogisiert‹.

Orpheus
[...]
Da ich keine Hoffnung mehr habe,
weder durch Beten,
noch durch Weinen und Seufzen
mein verlorenes Glück zurückzuerhalten,
was bleibt mir sonst, als mich an euch zu wenden,
liebliche Wälder, einst
Trost meiner Qualen, da der Himmel aus Mitleid
euch mitweinen ließ,
als ich weinte?
Ihr habt gelitten, o Berge, und ihr geweint,
o Steine, als unsere Sonne schwand;
und ich werde mit euch für immer weinen,
für immer leiden und klagen.

Echo
Klagen!

Orpheus
Liebenswürdiges, freundliches Echo,
du, selbst untröstlich,
willst mich trösten in meinem Schmerz.[22]

Kommunikative Vergeblichkeit und Verlorenheit indiziert die Apostrophe gerade auch dann, wenn sie in der Klage an Beschimpfung oder gar an Verfluchung gekoppelt ist. Wie das »*Du* ...« des hinter geschlossenen Scheiben schimpfenden Autofahrers – der banale Vergleich sei zur Verdeutlichung erlaubt – macht sie die

---

22   So die Übersetzung des italienischen Librettos von *A. Striggio* in der Beilage zur Aufnahme mit *N. Harnoncourt* von 1970.

Sinnlosigkeit der Beschimpfung erst recht deutlich. Aber gerade die Apostrophe zeigt, inwiefern jener Stimmungsumschwung, den die Theologie so oft und notwendigerweise thematisiert, inwiefern der Umschlag von der Klage zum Gebet in der Sprache der Klage schon angelegt ist. Nicht jede Apostrophe, wohl aber das zur Apostrophe verkommene *O Gott!* kann ›reanimiert‹ und wieder zur Anrede werden, denn als Teil der Klage ist schon das apostrophische *O Gott!* ambivalent. Es indiziert zum einen die Vergeblichkeit des Redens, es zeigt zum anderen aber auch, dass der Klagende immer noch auf der Suche ist nach jemandcn, von dem er gehört, verstanden werden könnte. Solches Suchen aber lässt sich, sofern es zielgerichtet ist, als eine Grundform des Gebets begreifen, das ja, wie die Apostrophe, nicht mit einer Antwort in menschlicher Sprache rechnet. Das apostrophische Reden im Grenzbereich des Nur-gerade-noch trägt die Möglichkeit in sich, zu einem ganz anderen Reden zu werden, das seiner Intention nach transzendierendes Reden, Gebet, ist.

V

Will man das Bild der Klage ergänzen, so drängt sich eine Verschärfung der Konturen auf. Sprachliches Grenzphänomen ist die Klage nicht nur, weil Klagende nicht gehört oder nicht verstanden werden, weil sie kaum mehr jemanden zu erreichen und nichts zu bewegen vermögen, sondern auch, weil sich ihre Not kaum mehr – oder eben *nur gerade noch* – in Sprache fassen lässt. In großer Gefährdung und Not verschlägt es uns die Sprache, und der Sprachlose ist – in Alpträumen erfahren wir es besonders deutlich – als ein Hilfloser seiner Lage nicht gewachsen. Inhärent ist der Klage die Tendenz zur Reduktion auf Fluchwörter und Schmerzensäußerungen, auf Interjektionen wie *ach!* und *weh!*, die zwar noch als sprachlich gelten, die aber ihren eigentlichen Wortsinn eingebüßt haben, die unwillkürlich und auch dann geäußert werden, wenn niemand zuhört. Sie sind vor allem eins: Hinweis auf die drohende Sprachlosigkeit, Zeichen auf dem Weg ins völlige Verstummen. Tatsächlich wird das Verstummen, zwar in sehr verschiedener Weise, aber immer wieder, zum letzten Thema der Klage. So, wenn Albrecht von Haller sein Gedicht über die Ewigkeit an unerwarteter Stelle abbricht:

Itzt fühlet schon mein Leib, die Näherung des Nichts,
Des Lebens lange Last erdrückt die müden Glieder;
Die Freude flieht von mir, mit flatterndem Gefieder,
Der sorgenfreyen Jugend zu.

Mein Eckel, der sich mehrt, verstellt den Reitz des Lichts,
Und streuet auf die Welt den Hofnungslosen Schatten.
Ich fühle meinen Geist in jeder Zeil' ermatten,
Und keinen Trieb, als nach der Ruh.[23]

Immer wieder bringt Nelly Sachs, indem sie ihre Gedichte mit einem Gedankenstrich verklingen lässt, das Verstummen ins Bild:

[...]
Dies ist unsere Ebbe
Wehegestirn
aus unserem zerfallenden Sand –[24]

Und Paul Celan bildet in der Auflösung der Sprache das Kaummehr- und schließlich das Nicht-mehr-gehört-Werden von Eingeschneiten oder Verschütteten ab:

KEINE SANDKUNST MEHR, kein Sandbuch, keine Meister.

Nichts erwürfelt. Wieviel
Stumme?
Siebenzehn.

Deine Frage – deine Antwort.
Dein Gesang, was weiß er?

Tiefimschnee,
                Iefimnee,
                        I – i – e.[25]

Allerdings ist nicht zu übersehen, dass wir nur deshalb über Klagen und Klagende sprechen können, weil deren Not *nicht* zum Verstummen geführt hat. Auch wenn viele Klagen die Nähe des Verstummens erkennen lassen, zeichnen sie sich doch noch sehr viel häufiger durch ein Nicht-enden-Wollen aus. In geradezu erschreckender Weise neigt die Klage, wenn sie denn einmal laut wird, zur Redundanz und zur Repetition; Ipuwer[26] und Hiob sind dafür besonders auffallende Beispiele.
Zuweilen vermag ein Klagender sich aus der Sprachflut, die ihn fortreißt[27] – und das heißt auch: aus der Grenzsituation des Kla-

23   Zitiert nach *W. Killy* (Hg.), Epochen der deutschen Lyrik, Bd. V (Gedichte 1700–1770, hg. von *J. Stenzel*), München 1969, S. 176.
24   Fahrt ins Staublose. Die Gedichte der Nelly Sachs, Frankfurt a.M. 1961, S. 255.
25   *Paul Celan*, Atemwende. Gedichte, Frankfurt a.M. 1967, S. 35.
26   Nun leicht greifbar in: Altägyptische Dichtung, ausgewählt, übersetzt und erläutert von *E. Hornung*, Stuttgart 1996, S. 77ff.
27   Vgl. dazu beispielsweise den expliziten Hinweis auf das Reden-Müssen in Hi 7,11.

gens – durch Nachdenklichkeit, durch argumentierende Besinnung zu befreien, so wie Hamlet in seinem großen Monolog:

No traveller returns, puzzles the will,
And makes us rather bear those ills we have
Than fly to others that we know not of?
Thus conscience does make cowards of us all,
And thus the native hue of resolution
Is sicklied o'er with the pale cast of thought,
And enterprises of great pitch and moment
With this regard their current turn awry,
And lose the name of action. [...][28]

In ähnlicher Weise hat Nachdenklichkeit schon Kohelet – mit seiner Nichtigkeitsthematik ein großes Vorbild für viele spätere Klagende – davor bewahrt, selbst ins Klagen zu verfallen: Experimentierend und argumentierend wahrt er seine Souveränität. Meist aber, und für die Klage charakteristisch, kommt Nachdenklichkeit nicht auf gegen das Bedürfnis, immer wieder in immer neuen Metaphern die Not zu fassen, und nicht nur bei Hiob wird die Möglichkeit einer Besinnung von der nicht zu beantwortenden und darum beliebig oft zu variierenden Frage: *Warum gerade ich?* verdrängt. In seiner Not erfährt der Klagende seine sprachliche Ohnmacht, aber diese zeigt sich paradoxerweise darin, dass er kein Ende finden kann. Zwar gibt es für ihn eigentlich keinen Grund zu reden; mit der Klage ist nichts und auch kein Angesprochener zu erreichen; aber es gibt auch keinen Grund, die Klage zu beenden. Der Klagende wird mit seiner Klage nicht fertig, so wenig wie mit seiner Not. Nicht weniger als im Verstummen zeigt sich seine Sprachnot in der redundanten und repetitiven Sprachflut. So gesehen lassen sich vielleicht auch Thomas Bernhards Schimpftiraden zum Beispiel in *Alte Meister* und gewiss Wolfgang Hildesheimers *Mitteilungen an Max über den Stand der Dinge und anderes* als moderne, nämlich verkappte, Klagen lesen – verkappt durch eine Ironie und zuweilen auch durch eine Witzigkeit, die dem unmittelbar Klagenden allerdings nicht zu Gebote stehen.

VI

Die Klage hat ihren Ort im Grenzbereich des gerade noch Lebbaren. Als solche gehört sie, wie der Grenzbereich, in dem sie entsteht, natürlich nicht zu unserem Alltag, wohl aber zu unserer Existenz, zu dem, was wir *unsere Realität* nennen; und so wäre sie ein Teil

---

28 *Shakespeare*, Hamlet (s. oben Anm. 13), S. 136.

dessen, was sie in Frage stellt. Nur: Hier, in der sogenannten Realität, finden wir sie nicht.

Wer von uns wäre je Zeuge gewesen beim Klagen anderer? Gewiss ist uns das Jammern wohl bekannt und das Aufbegehren, das Beschuldigen und das Kritisieren; all dies ist Teil dessen, was sich alltäglich um uns herum ereignet. Auch sind wir möglicherweise einmal dabei, wenn jemand leidet und über sein Leiden spricht – aber das Thematisieren eines Leidens ist noch keine Klage. Vielleicht, dass unser Dabeisein schon jene Not lindert, die nur als ungelinderte zur Klage würde? Vielleicht ist der Schmerz doch so groß, dass es dem Leidenden die Sprache verschlägt? Vielleicht, dass er, an Disziplin gewöhnt, in Anwesenheit anderer lieber schweigt als klagt? Und wir selbst? Wir jammern, wir beklagen uns, und manche pflegen wohl auch, in Gemeinschaft oder allein, zu beten; aber wann hätte jemand von uns je vor anderen oder allein laut geklagt? Möglich, dass wir dazu wenig Anlass haben; oft gerät man ja wohl nicht in jene Randsituation, auf die sich eine Klage bezöge. Aber wenn es uns doch widerfahren sollte: Wie fänden wir denn die Worte, um, über ein Ächzen und Stöhnen hinaus, unsere Not in Sprache zu fassen? Und selbst wenn auch dies noch gelänge: Wozu sollten wir reden, wenn wir wissen, dass kein Außenstehender verstehen kann, was uns bewegt? – Wie dem auch immer sei, in unserer Realität begegnen wir der Klage nicht. Aber wir finden sie, wie man weiß, anderswo: in der Dichtung nämlich, die uns freilich – und das ist in diesem Fall nicht unwichtig – auch eine Realität sein kann.

Große Klagende – Ödipus, Hamlet, Faust oder Orpheus – kennen wir aus Dramen und aus der Oper und – wie Andromache oder Hiob – aus epischen Darstellungen. Ihre erschütternden Klagen zeugen von unreflektierter Emotionalität; es scheint sich um unwillkürliches, ungesteuertes Reden zu handeln; aber natürlich sind sie alles andere als das. Die Klagen sind wohlüberlegt *inszeniert*; selbst das, was wir als Spontaneität oder als Verlust von Selbstkontrolle wahrzunehmen meinen, ist das Resultat sorgfältig geplanter Darstellung.

Daran stoßen wir uns nicht. Dass die Klagen einer Andromache oder eines Hiob rhetorisch durchgeformt sind, dass eine Klagende oder ein Klagender lang andauernd und in wohl gesetzten Worten redet, in einem Zustand, in dem wir längst keine Worte mehr fänden, irritiert uns so wenig wie es uns stört, dass Faust in Versen monologisiert oder dass die von Theseus verlassene, verzweifelte Ariadne ihre Klage als Arie vorträgt[29]. Es stört uns nicht, weil wir das, was sich auf der Bühne oder in unserer Vorstellung abspielt, nicht als Zeugnis von Realität und auch nicht als Abbild von Reali-

---

29 *C. Monteverdi*, Lamento d'Arianna, Opernfragment.

tät verstehen, sondern als eine nach besonderen Regeln *inszenierte* ›*Realität*‹, deren Zeichenhaftigkeit allerdings unseren Begriff von Realität zu erweitern vermag.

Anders liegen die Verhältnisse übrigens dann, wenn die Literatur, wie der neuere Roman, sich um Realitätsnähe bemüht. Im Schmerz über seinen Verlust und seine Verlassenheit bäumt Mendel Singer[30], eine Hiobfigur des 20. Jahrhunderts, sich auf, in einem hysterischen Wutanfall, der aber – »So stand Mendel vor dem offenen Feuer und brüllte und stampfte mit den Füßen«[31] – bald einmal sprachlos wird. Auch Franz Biberkopf[32], eine andere Romangestalt, deren Not an Hiobs Not erinnert, kann kein Klagender sein: Zu reden ist ihm nicht gegeben. Aufschlussreich ist in diesem Zusammenhang aber auch schon Goethes *Werther*. Höhepunkt des Romans und zugleich Wendepunkt zur Katastrophe ist eine Klage:

[...] Aber die Zeit meines Welkens ist nahe, nahe der Sturm, der meine Blätter herabstört! Morgen wird der Wanderer kommen, kommen der mich sah in meiner Schönheit, ringsum wird sein Auge im Felde mich suchen, und wird mich nicht finden.[33]

Aber Goethe lässt nicht etwa Werther in Anwesenheit von Lotte klagen. Vielmehr lassen sich die beiden von einer im doppelten Sinne inszenierten Klage – sie lesen *Ossian* – erschüttern; sprachlos geworden, lassen sie die Literatur sprechen, denn in der Literatur – in diesem Fall ist es vermeintlich Literatur aus früher Zeit – ist möglich, was in der Realität, auch in der Realität von Werther und Lotte, offenbar nicht möglich ist: das Klagen.

Es gibt die Klage freilich nicht nur als Inszenierung im Drama und in der erzählenden Dichtung; es gibt sie auch dort, wo eine Autorin oder ein Autor im eigenen Namen spricht oder zu sprechen scheint: im Gedicht. Zwar ist auch bei Gedichten nicht immer eindeutig auszumachen, wie eng und welcher Art das Verhältnis von Autor und Text ist. Aber augenfällig ist dieses Verhältnis – sieht man von Rollengedichten[34] ab – ein grundsätzlich anderes als das zwischen einem Autor und dem, was er seinen Figuren in

---

30 *J. Roth*, Hiob, in: *ders.*, Werke, Bd. V, Romane und Erzählungen 1930–1936, hg. von *Fritz Hackert*, Köln 1990.

31 Ebd., S. 101.

32 *A. Döblin*, Berlin Alexanderplatz. Die Geschichte vom Franz Biberkopf, Olten 1961.

33 V. Goethe, Sämtliche Werke (s. oben Anm. 10) I.8, S. 245.

34 Was Rollengedichte betrifft, so ist im hier gegebenen Zusammenhang vor allem auf *G. Leopardi*, Canto notturno di un pastore errante dell'Asia hinzuweisen. Mit diesem Rollengedicht kommt der stets trauernde, pessimistische Leopardi wohl dem am nächsten, was hier als Klage anvisiert wird.

den Mund legt. Deshalb ziehen wir bei der Lektüre von Gedichten ohne Bedenken die Lebenssituation, das Erfahrungsfeld des jeweiligen Autors mit in Betracht. Hier also, in einem Bereich, in welchem Texte zumindest auch als Zeichen dessen gelesen werden können, was den Verfasser oder die Verfasserin bewegt, hier – so ist zu vermuten – werden wir am ehesten die eigentliche Klage, die authentische Klage finden.

Klagen in Gedichtform – Gedichte, in denen äußerste Not zur Sprache kommt – sind in vielen Zeiten und in vielen Sprachen anzutreffen. Die Erwartung allerdings, es zeige sich die Authentizität der Klage, es manifestiere sich die tatsächlich erfahrene Not in unreflektierter Emotionalisierung der Sprache, in der Spontaneität oder Naivität, jedenfalls in der Formlosigkeit des Sprachgebrauchs, wird durch diese Texte gründlich widerlegt. Klagegedichte aller Zeiten – von den Psalmen[35] bis Celan – zeichnen sich nicht nur durch Repetition oder gar Redundanz aus, sondern auch durch auffallende Redegewandtheit und durch Artifizialität: Kunstvoll sind sie rhythmisiert oder gereimt, raffiniert und beziehungsreich sind sie konstruiert. Die Alphabetisierung der Strophenanfänge in den ersten beiden Klageliedern des hebräischen Alten Testaments ist ein zunächst überraschendes, aber charakteristisches Beispiel. Dass Gryphius seine Klagen in Alexandriner fasst, wird man vielleicht noch nicht als Zeugnis eines textbestimmenden Kunstverstands verstehen wollen; der Alexandriner mag ihm gewissermaßen natürlich und unwillkürlich aus der Feder geflossen sein.

An sich Selbst.

MIr grawet vor mir selbst / mir zittern alle glieder
   Wen ich die lipp' und naß vnd beider augen kluft /
   Die blindt vom wachen sindt / des athems schwere luft
Betracht / vndt die nun schon erstorbnen augen-lieder:
Die zunge / schwartz vom brandt felt mitt den worten nieder /
   Vndt lalt ich weis nicht was; die müde Seele ruft /
   Dem großen Tröster zue / das Fleisch reucht nach der gruft /
Die ärtzte lassen mich / die schmerzen kommen wieder /
   Mein Cörper ist nicht mehr als adern / seel / vndt bein.
   Das sitzen ist mein todt / das liegen meine pein.
Die Schenckel haben selbst nun träger woll von nöthen!
   Was ist der hohe ruhm / vndt jugendt / ehr und kunst?
   Wen diese Stunde kompt: wirdt alles rauch vndt dunst.
Vnd eine noth mus vns mitt allem vorsatz tödten.[36]

35   Vgl. dazu beispielsweise *B. Janowski*, Die Toten loben JHWH nicht. Psalm 88 und das alttestamentliche Todesverständnis, in: *F. Avemarie / H. Lichtenberger* (Hg.), Auferstehung – Resurrection, Tübingen 2001, S. 5–45.
36   *Gryphius*, Sonette (s. oben Anm. 12), S. 61.

Unverkennbar aber zeigt sich sein Kunstwille darin, dass er, wie viele seiner Zeitgenossen, seine Klagen in die traditionsreiche und anspruchsvolle Form des Sonetts bringt, womit übrigens erst die Möglichkeit geschaffen wird, eine Form zeichenhaft zu verletzen oder zu sprengen. Johann Christian Günthers Klagen sind, was Vers- und Strophenform betrifft, weniger anspruchsvoll. Aber auch er arbeitet mit den tradierten Mitteln rhetorischer Gestaltung und bezieht sich, wie viele vor und nach ihm, auf biblische Vorbilder. In einer Bedrängnis, die nahezu sprachlos macht, hält er sich – oder jedenfalls das Ich seiner Gedichte – an das, was dichterisch schon vorgeformt wurde. Und natürlich sind auch Celans Klagen voller komplexer Bezüge, und nicht nur die *Todesfuge* – das wohl augenfälligste Beispiel einer erschütternden, aber durchaus artifiziellen Klage – zeigt eine bis ins Letzte elaborierte Komposition, die sich übrigens nicht selten bis ins Druckbild hinein manifestieren kann.

Nicht nur im Drama und in der erzählenden Dichtung, sondern auch im Gedicht ist die Klage also *inszeniert*, und das heißt auch – dieser Befund ist auf den ersten Blick denn doch erstaunlich –, dass wir der Klage überhaupt nur als einer inszenierten begegnen. Nur in der Sprache der Dichtung ist sie möglich, und hier ist sie nur möglich, weil sich die Sprache der Dichtung grundlegend von der Sprache – genauer: von den Sprachen – des Alltags unterscheidet.

Äußerster Not ist die Klage zugeordnet, und das heißt auch: einem Lebensbereich, in den die Alltagssprache nicht hineinreicht. Diese steht in ihrer Konventionalität nur innerhalb vorgegebener Horizonte und nur für vertraute Situationen zur Verfügung. Deshalb greifen bei außerordentlichen Gelegenheiten auch Menschen zur Dichtung, die sonst wenig Sinn für die Künste haben, oder sie versuchen gar selbst, meist mit bescheidenem Erfolg, dem Außerordentlichen in dichterischer Sprache nahe zu kommen oder Ausdruck zu geben; das gilt nicht nur bei Geburt und Tod, bei Verliebtheit und Hochzeit, sondern auch im Krieg und im Gefängnis. Auch die Not, die in der Klage zur Sprache kommen soll, ist außer der Ordnung: Das Vertraute ist geschwunden, Konventionen haben ihre Gültigkeit verloren, und bisherige Horizonte verschwimmen. Wie anders also ließe sich diese Not zur Sprache bringen als in einer Sprache, die sich – wiewohl sie Konventionen und Traditionen zu integrieren vermag – nicht auf alltägliche Horizonte bezieht und die die Alltagskonventionen zu transzendieren vermag?

Anders als die Alltagssprache – die, wie ein Arbeitsinstrument, nur dann in Betracht kommt, wenn sie versagt – bringt dichterische Sprache sich von allem Anfang an und grundsätzlich selbst ins

Bild. Darauf zielt die freilich missverständliche Rede von der Autoreflexivität dichterischer Sprache. Ins Bild bringt sich die dichterische Sprache, indem sie deutlich macht, dass sie selbstverständliche Sprache nicht sein will, mit ihrer Artifizialität also, mit ihren
Metaphern und ihren Rhythmisierungen, mit ihrer internen Strukturierung und mit der Evokation von Beziehungsmöglichkeiten,
allenfalls auch mit dem Verstoß gegen sprachliche Regeln und oft
auch mit ihrer visuellen Erscheinungsweise. Indem dichterische
Sprache sich ins Bild bringt, wird sie selbst zum Bild: nicht zu einem Abbild, nicht zur Imitation von etwas, das es auch anderswo
gibt, sondern zum Zeichen, zum Hinweis auf das, was in der Selbstverständlichkeit alltäglichen Sprachgebrauchs nicht artikuliert werden kann, auf das, was zwischen oder jenseits der Selbstverständlichkeit des Alltäglichen liegt. So kann die dichterische Sprache
der Klage mit der ihr eigenen Ordnung den Verlust von Ordnung
sichtbar und mit der ihr eigenen Redegewandtheit jenes Grenzgebiet erfahrbar machen, in dem einem das Reden vergeht. Und so
kann, wer selbst keine Worte mehr findet, bei der dichterischen
Klage seine Zuflucht – das heißt: eine Sprache für seine Not – finden[37].

Und die authentische Klage? Authentischer als in der Sprache der
Dichtung ist die Klage nicht zu haben. Jedenfalls ist die Not, auf
die sich eine Klage bezieht, nirgends unmittelbarer zu erfahren
oder nachzuvollziehen als in der dichterischen Klage; kein anderer
sprachlicher Weg führt tiefer hinein in das Grenzgebiet des Nurgerade-noch.

---

37   Vgl. dazu insbesondere die erhellenden Ausführungen zu Primär- und Sekundärsprechakt in *O. Fuchs*, Die Klage als Gebet. Eine theologische Besinnung am
Beispiel des Psalms 22, München 1982, S. 294ff.

Karl-Josef Kuschel

»Ein Gleichgültiger hadert nicht«

Zur Funktion der Anklage Gottes bei Joseph Roth und Marie
Luise Kaschnitz

Ich formuliere bewußt offen: Klagetexte in der Literatur. Es kann
hier nicht darum gehen, das komplexe Werk zweier bedeutender
Schriftstellerinnen und Schriftsteller des 20. Jahrhunderts zu würdigen. Es kann noch nicht einmal darum gehen, in Einzelexegesen
sich in die Mikrostruktur ihrer Texte hineinzuversenken. Ziel des
vorliegenden Essays ist, einen Motivstrang zu verfolgen, wie er in
der Literatur des 20. Jahrhunderts in besonderer Weise zum Ausdruck kommt: das Motiv der Klage zu Gott, der Anklage Gottes, des
Haderns mit Gott, der Rebellion gegen Gott vor Gott[1]. Ausgewählte Stichproben sollen helfen, den spezifischen Beitrag der Literatur
gegenüber einer oft klagevergessenen, klageverdrängenden theologischen Tradition einzubringen. Auf geistesgeschichtliche Ein-
ordnungen solcher Motivstränge muß hier verzichtet werden[2]. Zu
konstatieren ist, daß der Widerstand gegen eine beschwichtigende
und harmonisierende Gottrede oder der direkte Protest gegen Gott
vor Gott außerhalb der Theologie entdeckt wurde. Es waren nicht
selten die Schriftsteller, welche sich zum Anwalt solch innerkirch-
lich domestizierter und entschärfter Erfahrungen machten. Sie begannen, das »alte Gespräch« (M.L. Kaschnitz) mit Gott abzubre-
chen. An dessen Stelle trat bei vielen Schriftstellern programma-
tisch der Atheismus (von Benn und Brecht bis Sartre und Camus),

---

1 Zum literarischen Gesamtkontext im 20. Jahrhundert: *K.-J. Kuschel*, Im
Spiegel der Dichter. Gott, Mensch und Jesus in der Literatur des 20. Jahrhunderts,
Düsseldorf 1997. Zu Joseph Roths Werk habe ich Stellung genommen in: *K.-J.
Kuschel*, »Vielleicht hält Gott sich einige Dichter ...« Literarisch-theologische
Portraits, Mainz 1996, Kap. V: Joseph Roth und der Glaube an Gottes »Wunder«.
Dort ist vor allem der »Hiob«-Roman in Auseinandersetzung mit der literaturwis-
senschaftlichen Forschung ausführlich interpretiert. In der Zwischenzeit ist noch
folgender hilfreicher Roth-Kommentar erschienen: *D. Mehrens*, Vom göttlichen
Auftrag der Literatur. Die Romane Joseph Roths. Ein Kommentar, Hamburg
2000.
2 Zur geistesgeschichtlichen Einordnung: *W. Groß* / *K.-J. Kuschel*, »Ich schaffe Finsternis und Unheil«. Ist Gott verantwortlich für das Übel?, Mainz [2]1995.

bei anderen eine neue Form der kritischen Auseinandersetzung mit Gott aus dem Geist des Protestes, ja der Rebellion, der auf biblische Grundmuster zurückverweist. Zwei Fälle sollen diese spezifische Tradition erhellen.

I. »Ich muß dich schmähen« – Rebellionen gegen Gott bei Josef Roth

Als Moses Joseph Roth im Jahre 1894 geboren wurde, galt die galizische Stadt *Brody* als eine Art »neues Jerusalem«. Fast 18.000 Einwohner hatte sie, 2/3 davon Juden, von denen die überwiegende Mehrheit freilich unter bitterarmen Verhältnissen lebte. Im jüdischen Glauben erzogen, hat man sich Joseph Roth als Teil dieser geschlossenen jiddischsprechenden ostjüdischen Welt Galiziens vorzustellen. Und doch war Brody auch der Ort, in dem sich bereits zwei jüdische Welten vermischten und überlagerten: die Welt des *Chassidismus*, die Welt orthodoxer und doch lebensfroher jüdischer Alltagsfrömmigkeit und die Welt der *Haskala*, die Welt der kulturoffenen jüdischen Aufklärung, die den jungen Roth in Verbindung brachte mit der deutschsprachigen Kultur Goethes und Schillers, Lessings, Hölderlins und Heines, Leitsterne seiner künftigen Entwicklung. Schon früh gab es deshalb für Roth *kein Zurück mehr zur Orthodoxie*, d.h. zur Befolgung des jüdischen Ritualgesetzes (Halacha). Jahre später analysiert er denn auch die Situation des Judentums zwischen Tradition und Moderne in einem Brief an Stefan Zweig unmißverständlich:

»Und, was die Juden betrifft: so ist dieses Volk erstens in Auflösung begriffen (dank Rußland) und wird in 50–100 Jahren nicht mehr vorhanden sein. Zweitens: sind die heutigen Juden – weil sie seit 200 Jahren nicht mehr in ihrer geistigen Heimat leben, gar nicht mehr imstande, physiologisch nicht, die Leiden ihrer Ahnen zu ertragen. Haben Sie Talmud gelernt? Beten Sie jeden Tag zu Jehova? Legen Sie Tefilim? Nein, es ist vorbei – und man trägt eben mitten im Deutschtum als ein Deutscher das Erbe, das von allen anderen Völkern der gesitteten Erde, wenn nicht immer freudig angenommen, so doch zumindest nicht mit dem Gummiknüppel bestraft wird.«[3]

Beide Welten freilich – die Welt der orthodoxen Glaubenspraxis und die Welt der kulturoffenen Moderne – hinterließen Spuren beim jungen Roth. Schon früh überlagert sich in ihm ein Hang zu Wundergläubigkeit und Aberglauben mit einem ebenso starken Drang nach Aufklärung und Kritik. Zwar hatte er sich mit der Re-

---

3 *J. Roth*, Briefe 1911–1939, hg. v. H. Kesten, Köln 1970, S. 257.

ligionskritik Heines beschäftigt und bisweilen mit dem Atheismus geliebäugelt, aber seine religiösen Urbedürfnisse dadurch nicht verloren. Und nichts ist illustrativer für diese eigentümliche Paarung von Kopf und Herz, Verstand und Gefühl, Gottesleugnung und Gebetsdrang als jene Notizbucheintragung, in der der 25jährige 1919 über seine *frühen religiösen Auffassungen* Rechenschaft ablegt:

»Ich haßte den Teufel. Aber an Gott glaubte ich nur schüchtern und während ich genau wußte, daß er nicht existierte, betete ich dennoch zu ihm. Zwei Jahre lang, von meinem 14. bis zum 16. Lebensjahr, war ich ein Atheist. Ich sah zum Himmel empor und wußte, daß er aus blauer Luft bestand. Ich hatte aber gar nicht gemerkt, daß Gott nicht verschwunden, sondern gleichsam nur übergesiedelt war, aus dem Himmel nur irgendwohin anders, ich wußte nicht, wohin, wahrscheinlich aber in meine Nähe. Daß niemand die Welt regierte, war mir offenbar. Daß aber Jemand meine eigenen Wege überwachte, fühlte ich. Ich betete oft, und meine Gebete waren sehr kurz. Sie bestanden in einem Gedanken, ja, nur in einem Einfall. Der, zu dem ich betete, half immer, er strafte niemals. Ja, ich schämte mich nicht, ihn um seine Unterstützung bei meinen unedlen, beinah verbrecherischen, auf jeden Fall aber sündhaften Unternehmungen zu bitten. Er half auch da. Ich hätte ihn immer verleugnet. Aber desto eifriger glaubte ich ihn (sic). Er war da, wie eine Wirklichkeit. Erst zwei Jahre später wuchs Gott, den ich nur für mich in Anspruch genommen hatte, zum Weltengott und Herrn des Alls. Daß er mir gut gesinnt war, gleichsam aus alter Kameradschaft, wußte ich. Ich fürchtete ihn nicht, ich vertraute ihm. Und wenn mir Schlimmes widerfuhr, war mir's keine Strafe, sondern eine mir noch verborgene, maskierte Gnade.«[4]

Nach dem Krieg gelingt es Roth sehr bald, als Journalist und Verfasser populärer Romane Fuß zu fassen. Seine Interessen sind in erster Linie politisch-gesellschaftlicher Natur. Aber von einer Ablehnung oder Vergleichgültigung der Religion kann auch jetzt keine Rede sein. Im Gegenteil: Sein letzter Roman dieser frühen literarischen Phase, »Die Rebellion« aus dem Jahr 1924, greift die religiöse Problematik ausdrücklich auf – und zwar in einer Weise, die in unserem thematischen Zusammenhang relevant ist.

1. »Die Rebellion« (1924)

Im Zentrum des Buches »Die Rebellion« steht ein Soldat namens Andreas Pum, der im Ersten Weltkrieg ein Bein verlor, nach Wien zurückkehrt, aber mit einer »Lizenz« als Kriegsinvalide zunächst sein Leben zu fristen versteht:

»Er glaubte an einen gerechten Gott. Dieser verteilte Rückenmarkschüsse, Amputationen, aber auch Auszeichnungen nach Verdienst. Bedachte man es recht, so war der Verlust eines Beines nicht sehr schlimm, und das Glück, eine Auszeich-

4   Zitiert nach *C. Bronsen*, Joseph Roth. Eine Biographie, Köln 1974, S. 77f.

nung erhalten zu haben, ein großes. Ein Invalider durfte auf die Achtung der Welt rechnen. Ein ausgezeichneter Invalider auf die der Regierung.«[5]

Als von der Regierung »lizenzierter« Invalide bildet sich Andreas also noch einen gewissen Status ein. Fast kommt er sich vor wie der Beamte einer Regierung, so genießt er die Anerkennung, »fürs Vaterland geblutet« zu haben[6]. Mit seiner Drehorgel tritt er denn auch jeden Tag in der Öffentlichkeit auf, ja, es gelingt ihm sogar, eine Witwe für sich einzunehmen und sie zu heiraten. Jetzt lebt er in einer »neuen und betäubenden Glückseligkeit«, die ihn »wie ein Panzer gefühllos gegen die Schlechtigkeit und die Kränkungen der Welt macht und wie ein gütiger Schleier die Bosheit der Menschen verhüllt«[7].

Aber das Leben des Andreas Pum gerät in die Katastrophe. Der Erzähler, der auktorial die Fäden schnürt und in einem Ton ironisierender Distanz die Selbsttäuschungen seines Helden aufdeckt, berichtet, daß in die »vollendete Harmonie mit den irdischen und göttlichen Gesetzen« ein Mann einbricht – nicht mit dem »Willen zum Bösen, sondern mit der Blindheit des Zufalls«. Eben lebte der Held noch in der tröstlichen Gewißheit, daß ein Gott über uns wacht, unsere stummen Gebete zu ihm hinaufzusenden, da stellt sich schon ein Zufall ein, ein »ungewisses Mittel in der Hand des Teufels«[8]. Welcher Zufall?

Andreas Pum hat in einer Straßenbahn einen Zusammenstoß mit einem gewissen Herrn Arnold. Gegenseitige Beleidigungen steigern sich derart, daß es nicht nur zu Verbalinjurien, sondern auch zu gewaltsamen Attacken kommt – einschließlich Schaffner und Polizist. Andreas wird die Lizenz entzogen. Seine Frau verläßt ihn; auf einen Krüppel, der auch noch mit dem Gesetz in Konflikt gerät, hatte sie nicht gewartet. Nach einer Gerichtsverhandlung kommt Andreas ins Gefängnis. Erstmals kommt nun auch sein Glaube an Gott ins Wanken. Der Panzer der Gleichgültigkeit, mit der er bisher sein Ich vor der Wirklichkeit abgeschottet hatte, bekommt Risse:

»Wohnte Gott hinter den Sternen? Sah er den Jammer eines Menschen und rührte sich nicht? Was ging hinter dem eisigen Blau vor? Thronte ein Tyrann über der Welt, und seine Ungerechtigkeit war unermeßlich wie sein Himmel? Weshalb straft er uns mit plötzlicher Ungnade? Wir haben nichts verbrochen und nicht einmal in Gedanken gesündigt. Im Gegenteil: Wir waren immer fromm und ihm ergeben, den wir gar nicht kannten, und priesen ihn unsere Lippen nicht alle Ta-

5   *J. Roth*, Die Rebellion (1924), in: *ders.*, Werke, Bd. IV (Romane und Erzählungen 1916–1929), hg. v. F. Hackert, Köln 1990, S. 243–332, Zitat S. 245.
6   Ebd., S. 258.
7   Ebd., S. 271.
8   Ebd., S. 272.

ge, so lebten wir doch zufrieden und ohne frevelhafte Empörung in der Brust als bescheidene Glieder der Weltordnung, die er geschaffen. Gaben wir Anlaß, sich an uns zu rächen? Die ganze Welt so zu verändern, daß alles, was uns gut in ihr erschienen, plötzlich schlecht ward? Vielleicht wußte er von einer verborgenen Sünde in uns, die uns selbst nicht bewußt war? Und Andreas begann mit der Hast eines Menschen, der in seinen Taschen nach einer vermißten Uhr sucht, nach verborgenen Sünden in seiner armen Seele zu forschen.«[9]

Klassische religiöse Deutungsmuster bleiben hier letztlich noch intakt (Katastrophe als Folge »verborgener Sünden«), doch das Gefängnis verläßt Andreas schon als gebrochener Mann. Die Zweifel an der himmlischen und irdischen Regierung verstärken sich, zumal er jetzt als Wärter der Herrentoilette eines Cafés ein miserables Dasein fristen muß, mit seinem Papagei Ignaz als einzigem Austauschpartner. In monomanisch-monologischen Gesprächen mit diesem Tier stilisiert sich Andreas erstmals zu einem »Rebellen«, aber nur, um resigniert festzustellen: Was ist das schon – ein alter Krüppel; was ist das schon – ein »ohnmächtiger Vogel«? Sie können die Welt nicht ändern. Andreas erkennt, daß er nach allem, was er durchgemacht hat, dem Tod verfallen ist. Nur in seinem Ersatzleben führt er die Existenz eines »Revolutionärs, der kühne Reden führt und mit Mord und Brand das Land überzieht, um die verletzte Gerechtigkeit zu sühnen«[10].
Das Ende kommt nach einer erneuten gerichtlichen Vorladung. Als er wiederum vor Gericht steht, behandelt wie ein Nichts, als er wiederum vor einer Behörde steht, die er nicht durchschaut und die sich nicht für ihn interessiert, schleudert Andreas in einer visionären Szene nun allen Haß und seine Bitterkeit gegen Gott:

»Aus meiner frommen Demut bin ich erwacht zu rotem, rebellischem Trotz. Ich möchte Dich leugnen, Gott, wenn ich lebendig wäre und nicht vor Dir stünde. Da ich Dich aber mit meinen Augen sehe und mit meinen Ohren höre, muß ich Böseres tun als Dich leugnen: Ich muß Dich schmähen! Millionen meinesgleichen zeugst Du in Deiner furchtbaren Sinnlosigkeit, sie wachsen auf, gläubig und geduckt, sie leiden Schläge in deinem Namen, sie grüßen Kaiser, Könige und Regierungen in Deinem Namen, sie lassen sich von Kugeln eiternde Wunden in die Leiber bohren und von dreikantigen Bajonetten in die Herzen stechen, oder sie schleichen unter dem Joch Deiner arbeitsreichen Tage, sonntäglich, saure Feste umrahmen mit billigem Glanz ihre grausamen Wochen, sie hungern und schweigen, Ihre Kinder verdorren, ihre Weiber werden falsch und häßlich, Gesetze wuchern wie tückische Schlingpflanzen auf ihren Wegen, ihre Füße verwickeln sich im Gestrüpp Deiner Gebote, sie fallen und flehen zu Dir, und Du hebst sie nicht auf. Deine weißen Hände müßten rot sein, Dein steinernes Angesicht verzerrt, Dein gerader Leib gekrümmt, wie die Leiber meiner Kameraden mit Rückenmarkschüssen.

9   Ebd., S. 290.
10 Ebd., S. 326.

Andere, die Du liebst und nährst, dürfen uns züchtigen und müssen Dich nicht einmal preisen. Ihnen erläßt Du Gebete und Opfer, Rechtschaffenheit und Demut, damit sie uns betrügen. Wir schleppen die Lasten ihres Reichtums und ihrer Körper, ihrer Sünden und ihrer Strafen, wir nehmen ihnen den Schmerz und die Sühne ab, ihre Schuld und ihre Verbrechen, wir morden uns selbst, sie brauchen es nur zu wünschen; sie wollen Krüppel sehen, und wir gehen hin und verlieren unsere Beine aus den Gelenken; sie wollen Blinde sehen, und wir lassen uns blenden; sie wollen nicht gehört werden, also werden wir taub; sie allein wollen schmecken und riechen, und wir schleudern Granaten gegen unsere Nasen und Münder; sie allein wollen essen, und wir mahlen das Mehl.
Du aber bist vorhanden und rührst dich nicht? Gegen Dich rebelliere ich, nicht gegen jene. Du bist schuldig, nicht Deine Schergen. Hast Du Millionen Welten und weißt Dir keinen Rat? Wie ohnmächtig ist Deine Allmacht! Hast Du Milliarden Geschäfte und irrst Dich in den einzelnen? Was bist Du für ein Gott! Ist Deine Grausamkeit Weisheit, die wir nicht verstehen – wie mangelhaft hast Du uns erschaffen! Müssen wir leiden, weshalb leiden wir nicht alle gleich? Hast Du nicht genug Segen für alle, so verteile ihn gerecht! Bin ich ein Sünder – ich wollte Gutes tun! Weshalb ließest Du mich die kleinen Vögel nicht füttern? Nährst Du sie selbst, dann nährst Du sie schlecht. Ach, ich wollte, ich könnte Dich noch leugnen. Du aber bist da. Einzig, allmächtig, unerbittlich, die höchste Instanz, ewig – und es ist keine Hoffnung, daß Dich Strafe trifft, daß Dich der Tod zu einer Wolke zerbläst, daß Dein Herz erwacht. Ich will Deine Gnade nicht! Schick mich in die Hölle«[11].

Diese Passage ist einer der bedeutendsten Rebellions-Texte gegen Gott in der deutschen Literatur des 20. Jahrhunderts. Rebellion in Form einer Rede *zu* Gott. Roth freilich greift dieses Motiv hier noch in mehrfacher literarischer Brechung auf. Er legt sie einem vom Leben enttäuschten armseligen Krüppel in den Mund. Er verlegt diese rebellische Gottesrede überdies in den Seelenraum seines Anti-Helden, so daß sie keine Öffentlichkeitswirksamkeit entfalten kann; alles verbleibt im Binnengehäuse visionärer Phantasie. Und Roth ironisiert diese rebellische Gottesrede noch durch die Kommunikations-Konstellation (ein Toilettenwärter redet mit seinem Papagei) sowie durch den für jeden Leser durchschaubaren psychologischen Ventil- und Kompensationscharakter. Die Gottes-Rebellion ist hier Teil einer (durch die ironisierende Erzählhaltung des Autors angedeuteten) Distanzstrategie, die ein solches Motiv zum Ausdruck psychopathologischer Verstörung, nicht zu einem öffentlich wirksamen und politisch folgenreichen Rebellionsakt macht. Die Geschichte seines Helden läßt Roth denn auch simpel mit einem banalen Tod enden. Man findet den Wärter dort, wo er hingehört: auf der Toilette, von wo man die Leiche beiseite schafft. Die Folgen dieses Todes sind nur geringfügig; die Herren des Cafés müssen für einen Abend die Damentoilette benutzen. Der Aufstand des Andreas Pum gegen Gott? Irdisch bleibt er ungehört,

11 Ebd., S. 330f.

folgenlos. Alles hatte sich ja auch nur in seinem Inneren abgespielt, in seinen Phantasien, in der Brust eines verstümmelten, verachteten, getretenen und an den Rand geschobenen Menschen.

Und doch enthält dieser Text auf der Rezeptionsebene etwas seltsam Eigenständiges, gerade nicht Relativierbares. Als Leser kann man sich ihm kaum entziehen. Er ist von einer einzigartigen rhetorischen Kraft und theologischen Radikalität. Trotz aller durch den Erzähler erzeugten Relativierung erscheint er wie ein unverarbeitbarer Meteorit, der in diesen Roman und über die Rezeption in die Welt des Lesers einschlägt und auf seine Weise ein Eigenleben führt.

Wenn der Gottesangriff für den Anti-Helden auch folgenlos bleibt, für uns Leser kann er dies nicht. Zu viel an Gerechtigkeitskraft steckt in dieser Gottes-Anklage, als daß man sie beiseite schieben könnte; ist doch der erbärmliche Tod auch des Geringsten unter den Menschen eine Rückfrage an Gott, ein Stück Aufstand gegen den Schöpfer, der solche Zustände zuließ. Zu viel an empörender Enttäuschung steckt auch in der radikalen Gnadenabwehr gegenüber Gott, der bewußten Verweigerung der Gottesgemeinschaft (»Schick mich in die Hölle«), als daß man Gefühle der Solidarität mit diesem Menschen verweigern könnte. Liefert der Text auch noch so viele ästhetische Alibis, die ihn leicht auf psychopathologische Einzelverstörung reduzieren lassen, so stellt er auf der Rezeptionsebene einen Widerhaken dar, der die Haut des Lesers ritzt und ihn nur als Mitbetroffenen aus diesem Text herauskommen läßt. Daß auch Joseph Roth mit diesem Motiv nicht fertig war, zeigt ein weiterer Roman, sein größter, den er geschrieben hat. Er erscheint 1930 unter dem Titel »Hiob« und handelt ebenfalls von einem »einfachen Mann«.

2. Der »Hiob«-Roman (1930)

Hatte Roth in seinen früheren Romanen vornehmlich den gesellschaftlichen Umbruch der Zeit nach dem Ersten Weltkrieg geschildert, entwurzelte Existenzen, soziale Konflikte, politische Unruhen in den Großstädten Europas beschrieben, so tritt in der Hauptfigur des »Hiob«-Romans ein »alltäglicher Jude« in den Mittelpunkt: Mendel Singer, ein schlichter Bibellehrer für Kinder aus einem winzigen Ort im zaristischen Vorkriegs-Rußland. Hatte Roth seine bisherigen Romanfiguren vor allem im bürgerlich-industriellen Milieu angesiedelt, so beschreibt er jetzt das Kleine-Leute-Milieu ostjüdischer Provenienz, aus dem er selbst stammte und in das er *Schicksal einbrechen* läßt. Gottesfürchtig und gesetzestreu wie sein biblischer Bruder Hiob, immer besorgt, Gottes Vorschriften peinlich genau zu erfüllen, erfährt Roths ohnehin armseliger und sozial verachteter Held einen Schicksalsschlag nach dem anderen.

Alles beginnt damit, daß Mendels jüngster Sohn, Menuchim, als schwachsinniges Kind auf die Welt kommt. Zwar läßt sich seine Frau Deborah durch die *Weissagung eines Wunderrabbis* trösten: »Menuchim, Mendels Sohn, wird gesund werden. Seinesgleichen wird es nicht viele geben in Israel. Der Schmerz wird ihn weise machen, die Häßlichkeit gütig, die Bitternis milde und die Krankheit stark«[12]. Aber diese »Mißgeburt« ist nur der Anfang aller Übel. Der älteste Sohn, Jonas, wird zum russischen Militärdienst eingezogen, was für einen Juden gleichbedeutend ist mit sündhafter Entfremdung von der Welt des jüdischen Gesetzes. Der zweite Sohn, Schemarjah, flieht nach Amerika, wo er zwar privat und geschäftlich erfolgreich, zugleich aber ebenfalls für die Welt gläubiger Gesetzesobservanz verloren ist; aus Schemarjah ist Sam geworden. Und als auch die Tochter Mirjam sich mit einem Kosaken einläßt, packt Mendel Singer mit seiner Frau sein Bündel, wandert ebenfalls in die Vereinigten Staaten aus, muß allerdings sein schwachsinnige Kind Menuchim in Rußland zurücklassen. Doch auch dort, in New York, kommt er nicht zur Ruhe. Der Erste Weltkrieg bricht aus, und das völlig Widersinnige passiert: Sein Sohn Schemarjah fällt als Soldat in amerikanischen, sein Sohn Jonas wird vermißt als Soldat in russischen Diensten; und ob dieser neuen Schläge bricht nun auch die Ehefrau Deborah zusammen und stirbt. Mirjam verfällt dem Wahnsinn und muß in einer Anstalt untergebracht werden.

Das ist die Struktur einer Geschichte, auf deren Höhepunkt der fromme und gesetzestreue Jude den Aufstand gegen seinen Gott wagt. In seiner Stube zündet Mendel Feuer an, rafft seine Gebetsutensilien zusammen und stellt sich vor, wie sie in den Flammen eines Ofens verbrennen. Während er mit den Stiefeln den Takt dazu stampft, daß die Dielenbretter dröhnen und die Töpfe an der Wand klappern, ruft er aus:

»Aus, aus, aus ist es mit Mendel Singer. Er hat keinen Sohn, er hat keine Tochter, er hat kein Weib, er hat keine Heimat, er hat kein Geld. Gott sagt, ich habe Mendel Singer gestraft; wofür straft er, Gott? Warum nicht Lämmel, den Fleischer? Warum straft er nicht Skowronnek? Warum straft er nicht Menkes? Nur Mendel straft er. Mendel hat den Tod, Mendel hat den Wahnsinn, Mendel hat den Hunger. Alle Gaben Gottes hat Mendel. Aus, aus, aus ist es mit Mendel Singer«[13].

---

12 *J. Roth*, Hiob. Roman eines einfachen Mannes (1930), in: *ders.*, Werke, Bd. V (Romane und Erzählungen 1930–1936), hg. v. F. Hackert, Köln 1990, S. 1–136, Zitat S. 11.
13 Ebd., S. 101.

Wie im biblischen Buch tauchen Freunde des Rebellen auf. Doch auf deren Fragen schreit Mendel ihnen entgegen:

»Ich will mehr verbrennen als nur ein Haus und mehr als einen Menschen. Ihr werdet staunen, wenn ich euch sage, was ich wirklich zu verbrennen im Sinn hatte. Ihr werdet staunen und sagen: Auch Mendel ist verrückt, wie seine Tochter. Aber ich versichere euch: Ich bin nicht verrückt. Ich war verrückt. Mehr als 60 Jahre war ich verrückt, heute bin ich es nicht – Also sag uns, was du verbrennen willst! – Gott will ich verbrennen.«[14]

Gottesverbrennung! Wiederum ganz entsprechend der biblischen Vorlage versuchen die Freunde nun, Mendel von seinem Vorhaben abzubringen: Gottes Schläge haben doch einen verborgenen Sinn; sind doch nichts als eine Prüfung des Glaubens; nichts als eine Strafe für begangene Sünden; man muß jedes gegenwärtige Unglück an der Gesamtsituation relativieren. Und wenn man schon den Sinn der Strafe nicht einsieht, so muß man dennoch jede Rebellion gegen Gott unterlassen, denn Gott könnte sich auch noch im Jenseits als grausam erweisen: »Wehe dir, Mendel, wenn du tot bist!« Darauf hat Mendel Singer – höhnisch lachend – diese Antwort:

»Nein, meine Freunde! Ich bin allein, und ich will allein sein. Alle Jahre habe ich Gott geliebt, und er hat mich gehaßt. Alle Jahre hab ich ihn gefürchtet, jetzt kann er mir nichts mehr machen. Alle Pfeile aus seinem Köcher haben mich schon getroffen. Er kann mich nur noch töten. Aber dazu ist er zu grausam. Ich werde leben, leben, leben ... Ich habe keine Angst vor der Hölle, meine Haut ist schon verbrannt, meine Glieder sind schon gelähmt, und die bösen Geister sind meine Freunde. Alle Qualen der Hölle habe ich schon gelitten. Gütiger als Gott ist der Teufel. Da er nicht so mächtig ist, kann er nicht so grausam sein. Ich habe keine Angst, meine Freunde!«[15]

Dieser Rebellion entspricht im folgenden Mendel Singers Aktion gegen Gott. Sie besteht darin, Gott zu provozieren und durch gezielte Gesetzesverletzungen der Verachtung preiszugeben. Gezielt geht Mendel Singer hinüber ins »italienische Viertel, um Schweinefleisch zu essen und Gott zu ärgern«[16]. Bewunderung kommt im Freundeskreis auf, die sich mit Mitleid mischt: »Andacht vor der Heiligkeit des Wahns«. Mendel wird als ein »Auserkorener« betrachtet, als ein »erbarmungswürdiger Zeuge für die grausame Gewalt Jehovas«. Er selbst ist – weil böse auf Gott – nur noch ein Zuschauer der religiösen Verrichtung anderer. Als nach einer Gebetsstunde die Freunde wieder gegangen sind, liegt Mendel die ganze

14 Ebd., S. 102.
15 Ebd., S. 105.
16 Ebd., S. 106.

Nacht wach. Er denkt sich Lästerungen aus. Er stellt sich vor, noch einmal hinauszugehen ins italienische Viertel, Schweinefleisch zu kaufen und zurückzukehren, um es jetzt zu verzehren, in der Gesellschaft der schweigenden Kerzen, die eben noch für die Gebetsstunde gebrannt hatten. Mendel liegt angekleidet mit großen, wachen Augen auf dem Sofa und murmelt:

»Aus, aus, aus ist es mit Mendel Singer! Er hat keinen Sohn, er hat keine Tochter, er hat kein Weib, er hat kein Geld, er hat kein Haus, er hat keinen Gott! Aus, aus, aus ist es mit Mendel Singer!«[17]

Uns kann hier nicht der Fortgang des Romans beschäftigen, der einen in der Kritik vielumstrittenen glücklichen Ausgang nimmt, auch hier der biblischen Vorlage folgend. Für unseren thematischen Zusammenhang ist wichtig, daß Roth im »Hiob« ganz anders als in »Die Rebellion« eine Identifikation mit seiner Figur erkennen läßt und dadurch der Rebellion gegen Gott vor Gott seine persönliche »Sympathie« bezeugt. Autobiographische Parallelen sind mit Händen zu greifen; die Notsituation seines Mendel entspricht der des damaligen Roth, der ob der Geisteskrankheit seiner Frau Friedl sich einer vergleichbaren existentiellen Krise ausgesetzt sah. Trotz aller literarischen Brechung durch eine fiktive Figur ist deren Stellvertretercharakter doch ganz anders offensichtlich. Roth leiht sich die Stimme eines »einfachen Mannes«, um – im Laboratorium eines Romans – seine eigenen Befindlichkeiten durchzuspielen und zu verarbeiten.
Im Kontext der Roman-Arbeit schrieb er im September 1929 an Stefan Zweig:

»Meine Frau ist sehr schwer krank in die Nervenheilanstalt Westend überführt worden, und ich lebe seit Wochen ohne Möglichkeit, eine Zeile zu schreiben, und ringe mir mühsam das zum Leben notwendige Zeilenschreiben ab. Ich erspare Ihnen eine nähere Schilderung meines Zustandes. Das Wort Qual hat plötzlich einen grauenhaften Inhalt bekommen, und das Gefühl, vom Unglück umgeben zu sein, wie von großen, schwarzen Mauern, verläßt mich nicht für einen Augenblick.«[18]

Und im Dezember 1929 an den Schriftsteller René Schickele:

»Ich schreibe Ihnen in größter Not. Gestern bin ich nach München gefahren, geflohen. Seit August ist meine Frau schwerkrank. Psychose, Hysterie, absoluter Selbstmordwille. Sie lebt kaum – und ich, gehetzt und umringt von finsteren und roten Dämonen, ohne Kopf, ohne die Fähigkeit, einen Finger zu rühren, ohnmächtig und gelähmt, hilflos, ohne Aussicht auf Besserung.«[19]

17   Ebd., S. 109.
18   *J. Roth*, Briefe (s. Anm. 3), S. 154.
19   Ebd., S. 155f.

Blieben Joseph Roths Gottesverklagungen literarisch gebrochen,
so erscheinen sie im zweiten hier zu untersuchenden Fall in unmittelbarer Direktheit. Der Wechsel von der Prosa zur Lyrik ist auch
ein Wechsel von der Verpuppung in fiktiven literarischen Figuren
zum Selbstausdruck des lyrischen Ich. Am Fall von Marie Luise
Kaschnitz werden wir zeigen, welche Möglichkeiten die Lyrik im
20. Jahrhundert besitzt, um dem Motiv der Anklage Gottes literarische Leuchtkraft zu verleihen.

II. »Abgebrochen das alte Gespräch«: M.L. Kaschnitz

Im September 1951, sechs Jahre nach Ende des Krieges, kommen
in der Evangelischen Akademie zu Tutzing bei München Schriftsteller zusammen, die sich zum Thema »Wozu Dichtung?« austau-
schen wollen. Vertreter der traditionellen christlichen Literatur in
Deutschland wie Rudolf Alexander Schröder und Manfred Haus-
mann treffen auf Vertreter einer anderen Schriftstellergeneration,
unter ihnen die mittlerweile 50jährige Marie Luise Kaschnitz. Sie
hatte vor 1945 mit formal relativ konventionellen Liebes-Roma-
nen wie »Liebe beginnt« (1933) und »Elissa« (1937) literarisch
auf sich aufmerksam gemacht, war aber nach 1945 durch drei Ly-
rikbände (»Gedichte« 1947; »Totentanz und Gedichte zur Zeit«
1948, »Zukunftsmusik« 1950) sowie durch regelmäßige Beiträge
in der von Dolf Sternberger und Karl Jaspers herausgegebenen
Zeitschrift »Die Wandlung« als Schriftstellerin nun unübersehbar
hervorgetreten. Als sie – es ist der 9. September 1951 – aus noch
unveröffentlichten Gedichten zu lesen beginnt, muß den Zuhörern
klargeworden sein, daß sich spätestens jetzt ein Bruch zwischen den
Generationen vollzogen hatte. Die Gäste der Evangelischen Akademie vernehmen Texte, die »Verstörung, Ratlosigkeit, Befremden
erregen« und der Dichterin den Vorwurf der »Blasphemie« eintra-
gen werden. 1953 erstmals separat veröffentlicht, bilden sie 1957
einen eigenen Abschnitt in dem Band »Neue Gedichte« unter dem
Titel »Tutzinger Gedichtkreis«[20].

20 *M.L. Kaschnitz*, Neue Gedichte (1957), in: *dies.*, Gesammelte Werke, Bd.
V (Die Gedichte), Frankfurt/M. 1985, S. 245–254 (»Tutzinger Gedichtkreis«);
künftig abgekürzt mit GW + Band + Seite. Zur *Auseinandersetzung mit Religion*
im Werk der Dichterin vgl. die hilfreiche Studie von *U. Suhr*, Poesie als Sprache
des Glaubens, Eine theologische Untersuchung des literarischen Werkes von
Marie Luise Kaschnitz, Stuttgart/Berlin/Köln 1992. Überblicke über die Forschungsgeschichte enthalten auch die Bände *U. Schweikert* (Hg.), Marie Luise
Kaschnitz, Frankfurt/M. 1984 und *E. Pulver*, Marie Luise Kaschnitz, München
1984.

1. Gott im Aufbruch und in der Zerstörung

Selbst aus heutiger Perspektive wird man nachvollziehen können,
daß diese Versdichtung der Kaschnitz bei einem traditionell christlichen Publikum »Erschütterungen« ausgelöst haben müssen. Denn
die »Tutzinger Gedichte« sind eine bis dahin unerhörte Auseinandersetzung mit Gott, geboren aus einer radikal veränderten Welterfahrung:

»Zu reden begann ich mit dem Unsichtbaren.
Anschlug meine Zunge das ungeheuere Du,
Vorspiegelnd altgewesene Vertrautheit.
Aber wen sprach ich an? Wessen Ohr
Versuchte ich zu erreichen? Wessen Brust
Zu rühren – eines Vaters?
Vater, Du riesiger Sterbender,
Verendend hinter dem Milchfluß,
Vater, Du Flirren der Luft,
Herfunkelnd vom fliehenden Stern –« (Str. 1)

Wer diese Eingangsverse auf sich wirken läßt, kann schon jetzt einen inneren Rhythmus erkennen, der in den folgenden Strophen
bleiben wird: Bewegung und Gegenbewegung, Verneinung und
Bejahung, einerseits, andererseits. Einerseits gilt: Die »alte Vertrautheit« der Gottesrede – sie ist »gewesen«. Gott ist nicht mehr
der liebende »Vater«, dessen »Ohr« man erreichen, dessen »Brust«
man rühren könnte. Dieser »Vater« befindet sich offensichtlich im
Prozeß der Verendung im kosmischen Raum. Die religiöse Sprache »Vater« ist jetzt durch naturwissenschaftlich-kosmologische
Terminologie ersetzt: »Flirren der Luft, herfunkelnd vom fliehenden Stern«. Und wenn man doch noch Worte wie »Du« und »Vater« gebraucht, spielt man die alte Vertrautheit nur vor.
Andererseits aber bleibt die Du-Anrede, die Vater-Metapher, die
zumindest als Zitat unentbehrlich scheint. Seltsam paradox wird
auf diese Weise die Gott-Rede in diesem Text: Die religiöse Metaphorik scheint abgestorben angesichts des kosmischen Raums,
aber als »ungeheures Du« wird Gott in der Sprache noch einmal
lebendig. Was wir vor uns haben, ist etwas völlig Ungewohntes: ein
Gebet als Antigebet, eine Beschwörung Gottes, die aus dem Bewußtsein des Todes Gottes kommt, ein Vertrauen in den Unsichtbaren, das zugleich ein Akt des Mißtrauens ist, ja, ein Verstehenwollen, das aus dem völligen Unverständnis kommt:

»Zu reden begann ich mit dem Unsichtbaren
Und sagte: ich verstehe nichts,
Ich bin wie ein Stein, der daliegt, ein Hindernis glotzäugig fest.

Ich bringe nicht einmal fertig, über die Straße zu gehen.
Deine Stimme gellt mir im Ohr, zerreißt meine Eingeweide.
Schaudern macht mich Dein furchtbares accelerato.
Du hast mich aus Deiner alten Erde gemacht,
Die nichts mehr gelten soll. In meiner Brust
Hast Du die alten Gefühle aufgeweckt,
Die kein Gewicht mehr haben in der Zeit.« (Str. 1)

Damit ist die neue Szenerie aufgerissen, aus der heraus die Autorin spricht. Ihre Erfahrung ist die *Gleichzeitigkeit* nicht mehr vereinbarer Gottesstimmen, die zu Verständnislosigkeit und Lähmung führt. Da ist auf der einen Seite das »furchtbare accelerato«, womit die technologische Tempoverschärfung und der ökonomische Aufbruch zu Beginn der 50er Jahre gemeint ist. Und diese Beschleunigung im Zuge von Technisierung und Urbanisierung wird als Ausdruck von Gottes »Stimme« betrachtet. Da sind andererseits aber noch die alten Gotteserfahrungen, umschrieben mit den Metaphern »alte Erde«, »alte Gefühle«. Die freilich gelten nichts, haben kein Gewicht mehr in neuer Zeit. Die Beziehung Gott – Mensch hat sich radikal verändert, weil die Lebenswelt radikalen Veränderungen unterworfen ist. Diese Gleichzeitigkeit sich überlagernder vertraut-alter und verwirrend-neuer Gotteserfahrungen macht das Spezifikum aller Tutzinger Texte aus. Und die folgenden Strophen 3 bis 14 beschreiben diese Gleichzeitigkeit in immer neuen Verskaskaden.

Die Texte sind zu reich, als daß sie auch nur annähernd wiederzugeben wären. Wie könnte man ohnehin Lyrik in Prosa »auflösen« wollen? Schon in den 50er Jahren hat ein ebenso bedeutender Lyriker, Erich Fried, die »große offene Form« der Tutzinger Gedichte gerühmt. Aus »Psalm und Elegie stammend, aber nie einfach nachahmend«, könne diese Form vieles in sich aufnehmen: »Montage, hierin vielleicht mehr von Eliot als von Benn beeinflußt, Beschwörung, Angstvision, Predigt, dichterisches Bild und Betrachtung«[21]. Doch einige wenige Linien zum Verständnis sollen nachgezeichnet werden. Das dominierende Motiv im *ersten großen Sinnabschnitt* (Str. 3–14) ist mit dem Satz umschrieben: »Recht ist Dir alles, was Aufbruch heißt«. Konkret verweist das Wort »Aufbruch« auf die industriell-technologischen Veränderungen, welche die Autorin in ihrer Umgebung Frankfurt wahrnimmt und die ein nie gekanntes Ausmaß haben. Nach der Kriegszerstörung, die sie erlebt hatte, kam jetzt der rasante Aufbau: Von »Greifarmen« der Kräne ist denn auch im Text die Rede, von »wandernden Flammenschriften« der Leuchtreklamen, von Straßenröhren, vom Rä-

---

21 E. *Fried*, Manchmal große Lyrik, in: DIE ZEIT vom 5. Dezember 1957.

derwerk, von Aufzügen, von stampfenden Kolben, von unaufhör-
lichen Transportbändern, von knatternden Rädern und donnernden Flugzeugen. Die neue Zeit steht im Zeichen von Tempo, Lärm,
Abbruch und Aufbruch. Und alles erscheint so, als sei es Ausdruck von Gottes Willen: »Gefallen hast Du am Räderwerk, das nicht
stillsteht«. Das Tempo scheint Gottes Tempo, der Lärm Gottes Ge-
räusch, *Aufbruch* und *Abbruch Gottes Genuß*: »Recht ist Dir alles,
was Aufbruch heißt«. Ja, Gott wird unter diesen Umständen zu einer Art Ungeheuer, das offensichtlich selbst an dem »Bündel der
Flüchtlinge« und den »Schritten der Vertriebenen« seinen rausch-
haften Spaß hat:

»Wenn die Jünglinge auf ihren knatternden Rädern
Um Mitternacht durch die Straßen brausen, lächelst Du.
Lieber sind Dir die donnernden Flugzeuge als Schwärme der weißen Tauben.
Recht ist Dir alles, was Aufbruch heißt.
Die Bündel der Flüchtlinge sind Deine Opfergaben,
Die Schritte der Vertriebenen zählst Du hinzu Deinem Herzschlag,
An den tödlichen Abschieden trinkst Du Dich satt.« (Str. 5)

Da dieses »furchtbare accelerato« aber offensichtlich *Selbstausdruck Gottes* ist, führt dies im religiösen Bereich zu einem Bruch.
Das Motiv der Verständnislosigkeit von Strophe 2 taucht denn
auch in Strophe 6 wieder auf, jetzt aber wird Gott direkt dafür verantwortlich gemacht:

»Wer ausgeht, gerichtet zu werden, findet keinen Richter mehr.
Wer ausgeht, die Alten zu fragen, bekommt keine Antwort.
Abgebrochen hast Du das alte Gespräch.
Wenn wir fragen, zu welchem Ende,
Schweigst Du.
Wenn wir fragen, warum so geschwinde,
Schweigst Du.«

Aber aus dem Schweigen darf nicht gefolgert werden, daß Gott
nicht mehr existierte. Wer dies vorschnell meint, den straft Gott
selbst Lügen, indem er sich in der Zerstörung offenbart:

»Wenn wir hingehen und tun, als wärest Du gar nicht da,
Läßt Du uns bauen den Turm bis zum obersten Stockwerk.
Stürzt ihn mit einem Nichts von Atem ein.« (Str. 6)

Diese Verantwortung Gottes für die alles verschlingenden Aufbrü-
che, diese Präsenz Gottes auch in der *Zerstörung* führt zu einem
Gefühl der Obdachlosigkeit. Es ist, als habe Gott selbst das Haus
geräumt, das bisher Sicherheit und Verborgenheit versprach:

»Du bist wie ein Hausherr, der ausräumt – gestern die alten Sprüche,
Heute die Bilder, morgen die sichere Bettstatt.
Worauf sollen wir schlafen? Ihr schlaft nicht mehr.
Wovon sollen wir essen? Ihr eßt nicht mehr.
Wohin werden wir reisen? Schon lange bist Du aufgebrochen,
Keine Fußspur im Sande, kein Zweig geknickt.« (Str. 8)

Konsequenz? Die *erste Konsequenz* lautet: *Entethisierung Gottes.*
Schon in einem Essay der Kaschnitz aus dem Jahre 1945 (»Von
der Gotteserfahrung«) war die Rede davon gewesen, daß Gott nicht
auf Gesetzestafeln schreibe, moralische »Aufgaben« kenne und sich
nicht kümmere um das, was Menschen täten oder ließen[22]. Jetzt in
den »Tutzinger Gedichten« wird davon gesprochen, daß der, der
ausgeht, »gerichtet« zu werden, »keinen Richter« mehr finde. Und
wo kein Richter, da keine Schuld. Auch dafür wird Gott verantwortlich gemacht:

»Fortgenommen hast Du uns unsere Schuld,
An die wir uns halten konnten, das Bleigewicht,
Und ausgelöscht das finstere Gegenbild,
Dem wir entrinnen konnten in Deinen Schoß.« (Str. 10)

Zweite Konsequenz: Die *alte Religiosität* ist zu einem *Reservat* ver-
kommen; die vertrauten religiösen Objekte sind zu musealen Schau-
stücken geworden. Und weil dies so ist, bleibt einem die traditionelle Sprache des Gotteslobes gewissermaßen im Halse stecken:

»Die Sprache, die einmal ausschwang, Dich zu loben,
Zieht sich zusammen, singt nicht mehr
In unserem Essigmund. Es ist schon viel,
Wenn wir die Dinge in Gewahrsam nehmen,
Einsperren in Kästen aus Glas wie Pfauenaugen
Und sie betrachten am Feiertag.
Irgendwo anders hinter sieben Siegeln
Stehen Deine Psalmen neuerdings aufgeschrieben.
Landschaft aus Logarithmen, Wälder voll Unbekannter,
Wurzel der Schöpfung. Gleichung Jüngster Tag.« (Str. 12)

Entscheidend dabei: Es ist offensichtlich Gott selbst, der das traditionelle Gotteslob nicht will oder verhindert und es den Menschen
so unmöglich macht, ihm auf die religiös vertraute Weise (»vor
Deinen Altären«, »in Deinen schönen Tälern«) die Ehre zu erweisen:

---

22 *M.L. Kaschnitz*, Von der Gotteserfahrung (1945), in: *dies.*, GW VII, S.
33–38.

»Mit denen, die Dich auf die alte Weise
Erkennen wollen, gehst Du unsanft um.
Vor Deinen Altären läßt Du ihr Herz veröden,
In Deinen schönen Tälern schlägst Du sie
Mit Blindheit. Denen, die Dich zu loben versuchen,
Spülst Du vor die Füße den aufgetriebenen Leichnam.
Denen, die anheben, von Deiner Liebe zu reden,
Kehrst Du das Wort im Mund um, läßt sie heulen
Wie Hunde in der Nacht.« (Str. 14)

Wir halten hier inne und versuchen uns klarzumachen, was das
Einzigartige in diesen Gedichten ist. Aus ungezählten christlichen
Texten – gerade auch in den 50er Jahren – kennt man zwei Reak-
tionsweisen auf die säkulare, industriell-urbane Welt: eine christ-
lich-verwerfende und eine säkular-rühmende. Von Christen wird
der Schöpfergott wie eh und je gelobt – allen Umbrüchen und Gegenerfahrungen zum Trotz. Christliche Dichter wie Rudolf Alexander Schröder und Werner Bergengruen haben solche Texte in
Fülle geschrieben. Zugleich wird der technologische Fortschritt im
Zuge rasanter Urbanisierung der Lebenwirklichkeit meist kultur-
kritisch der Gottlosigkeit bezichtigt; die säkulare Welt wird des
Abfalls von Gott beschuldigt; Technik und Industrie werden allein
in ihren den Glauben zerstörenden Kräften zeitkritisch gebrand-
markt. Säkularisten verweisen gern auf die Siegesgeschichte technologischer Innovationen und halten im Zuge ihrer Weltbeherr-
schung Religionskritik und Gottesleugnung für die Spitze menschlichen Fortschritts. Zwischen diesen beiden Optionen geht Marie
Luise Kaschnitz mit ihren »Tutzinger Gedichten« einen eigenständigen, *dritten Weg*, der sich im Essay »Von der Gotteserfahrung«
schon andeutete: den Weg jenseits von christlichem Traditionalismus und atheistischem Säkularismus. Ihre Texte wahren Äqui-
distanz zu »Gläubigen« wie »Glaubenslosen«. Denn sie liefern weder das erwartete Gotteslob (verbunden etwa mit einer kulturkon-
servativen Säkularismus-Kritik) noch schlagen sie sich – angesichts des Durchbruchs technologischer Zivilisation – auf die Seite
der traditionellen Gottesleugner.
Ihr Weg ist ein anderer. Aus den Zäsurerfahrungen heraus beginnt
die Autorin eine kritische Auseinandersetzung mit Gott, trägt Rückfragen, Klagen und Anklagen vor. Zwar hat Gott das »alte« Gespräch abgebrochen, das aber ist offensichtlich kein Grund für die
Dichterin, das Gespräch ihrerseits einzustellen oder nach Möglichkeiten zu suchen, ganz neue Gespräche mit Gott zu führen, unerhörte, noch nie geführte Gespräche. Um diese *Exploration uner-
hört anderer Präsenzen Gottes* in neuer Zeit, die neue Gespräche
über und mit Gott erfordern, scheinen mir diese Verse zu kreisen.

Nicht um die »allseits bedrückende Erfahrung« des »deus absconditus« geht es, nicht um ein Leiden »an der Anwesenheit der Abwesenheit Gottes«, wie ein theologischer Interpret meinte[23], sondern um die Erkundung und Besprechung bisher unerhörter Got-
tespräsenzen. Denn Gott ist in diesem Text keineswegs absconditus,
unerkennbar, verborgen; Gott ist keineswegs abwesend, sondern Gott ist ständig offenbar, aber auf eine vertraute und *zugleich*
radikal fremde, befremdliche Weise. Das löst bei der Autorin Vorwürfe aus, Anklagen, Rückfragen. Die Gottesverrätselung wird zur
Gottesverklagung.

2. Gottes Kälte und Gottes Verwirrung

Denn in den folgenden Strophen steigert Marie Luise Kaschnitz
noch einmal diese Gottesverrätselung und Gottesverklagung. In
Strophe 2 hatte sie noch ganz subjektiv formuliert: »Ich verstehe
nichts«. Schon Strophe 6 hatte die Perspektive umgedreht: Jetzt ist
es Gott selber, der das »alte Gespräch« abgebrochen und sich ins
Schweigen oder in die Zerstörung zurückgezogen hat. In Strophe
15 und 16 wird dies noch einmal verschärft: Vielleicht will Gott
gar nicht, daß von ihm die Rede ist? Gewiß, einstmals in der Geschichte der Religionen hat Gott sich genährt von »Fleisch und
Blut« der Opfer, »vom Lobspruch« der Priester. Jetzt aber? Doch
offensichtlich vom Schweigen! Vielleicht sind Gott »unsere ge-
lähmten Zungen« lieber als »die tanzenden Flammen« des Pfingst-
wunders von einst? Ist Gottes Schweigen und unser Verstummen
also ein gewollter Rückzug Gottes, eine andere, von uns nicht
mehr verstandene Form seiner Gegenwart? Oder beruht alles auf
einer bewußten »Verwirrung« durch Gott? Merkwürdig ist ja: Die
Orte, an denen man früher Gott ohne weiteres erkannte, die Berge,
die Täler, die Meereswellen, sind ja noch vorhanden. Die Schönheit der Natur (die Rose, die liebliche Zeichnung des Windes im
Dünensand, Lilie und Rittersporn) ist ja nicht ausgerottet, schon
gar nicht aus den Herzen der Menschen (Str. 17). Aber wie geht
dies alles zusammen mit der wahrgenommen anderen Erfahrung
Gottes? Angesichts der rasanten technologischen Machtergreifung
über die Welt ist doch Gott offensichtlich »auf etwas ganz anderes
aus«: »auf die Blume, die nicht mehr duftet, auf das gewürzlose
Fruchtfleisch, auf die eisigen Spiele der Nordlichter über dem
Hang« (Str. 17).
Grunderfahrung ist deshalb das *Alleingelassensein durch Gott*:

---

23 *H.E. Bahr*, Poiesis. Theologische Untersuchungen der Kunst, München/
Hamburg 1965, S. 164.

»Manchmal kommt es uns vor, als müßten wir
Dir nachrufen, sagen, was aus uns geworden ist,
Allein gelassen zwischen Tür und Angel (...)

Es hat Dir gefallen, uns auszutrocknen
Wie gelben Stockfisch. Tränenlos.« (Str. 18 und 21)

Grunderfahrung ist die *Kälte Gottes*:

»Und manchmal kommt es uns vor, als müßten wir
Vor Dein Angesicht bringen alles, was Du gemacht hast,
Es aufzuheben gegen Deine Kälte.
Ausschreien will ich Dir wie auf dem Jahrmarkt
Das Pappellaub, das silbern steht im Windsturz,
Den Schuppenglanz der Fische, das seltsame Auge des Zickleins.
Das schöne pestgefleckte Ahornblatt.
Wie die Windharfe sang in den Bäumen,
Wie die Flöte des Hirten in Argos,
Ausschreien will ich dies alles und zuletzt
Die Freude meiner Liebe,
Ich, Dein Gedächtnis.« (Str. 19)

Grunderfahrung ist die gewollte *Unbegreiflichkeit Gottes*:

»Du wirst Dich uns nicht mehr begreiflich machen,
Nicht auflösen Deine Verwirrung,
Nicht wiederholen die Tage, da wir gestillt
In Deinen Gärten das Haupt verbargen.« (Str. 25)

Aber auch dies ist noch nicht das letzte Wort. In den letzten drei
Strophen (26–29) kommt es noch einmal zu einer unerhörten pa-
radoxalen Verdichtung der bisherigen Gedankenführung. Denn
die Autorin versucht, die alten und neuen Gotteserfahrungen in einer letzten Anstrengung dialektisch miteinander zu verschränken.
Der kühne Gedanke wird durchgedacht, daß möglicherweise gerade
in dieser unserer Gebrochenheit Gott gelobt werden wolle – gerade
von denjenigen, die man die »Ungläubigen« nennt. Das sind ganz
offensichtlich die neuen Gespräche, die Gott von uns erwartet:

»Und dennoch wirst Du fordern, daß wir Dich
Beweisen unaufhörlich, so wie wir sind,
In diesem armen Gewande, mit diesen glanzlosen Augen,
Mit diesen Händen, die nicht mehr zu bilden verstehen,
Mit diesem Herzen ohne Trost und Traum.
Aufrufen wirst Du Legionen der Ungläubigen
Kraft Deiner lautlosen Stimme Tag für Tag,
Ihre Glieder werden hören,
Ihr Schoß wird hören,
Essen und trinken werden sie Dich,
Ihre Lungen atmen Dich ein und aus.« (Str. 26)

Ja, ernst gemacht wird mit dem Gedanken, daß Gott gerade im Gegenteil seiner selbst sich zu erkennen verlangt:

»Verlangen wirst Du, daß wir, die Lieblosen dieser Erde,
Deine Liebe sind.
Die Häßlichen Deine Schönheit,
Die Rastlosen Deine Ruhe,
Die Wortlosen Deine Rede,
Die Schweren Dein Flug.« (Str. 27)

Und vielleicht ist ja gerade dies Gottes »letztes Geheimnis«:

»Dein Fernsein Deine Nähe,
Dein Zuendesein Dein Anfang,
Deine Kälte Dein Feuer,
Deine Gleichgültigkeit Dein Zorn.« (Str. 28)

Wer aber soll all diese kühnen dialektischen Verschränkungen verstehen? Auffällig: Begannen die Gedichte mit dem Eingeständnis
völliger Verständnislosigkeit (»Ich verstehe nichts, / ich bin wie ein
Stein«), so enden sie mit einer *Perspektive nach vorn.* In Aussicht
gestellt wird, daß es in Zukunft wenigstens »einige« geben wird, die
Gott »bisweilen beweglich machen« werde, »schneller als deine
Maschinen und künstlichen Blitze«. In Aussicht gestellt wird, daß
es wenigstens einige Menschen geben wird, die sich weder an das
Altvertraute klammern noch sich durch die technologische Welt-
herrschaft niederdrücken lassen, die es vielmehr schaffen, die Veränderung als Ort der Gotteserfahrung zu begreifen, in der »Heimatlosigkeit« Heimat zu empfinden und im Abschied einen Ausdruck von Liebe zu erkennen:

»Und einige wirst Du bisweilen beweglich machen
Schneller als Deine Maschinen und künstlichen Blitze,
Überflügeln werden sie ihre Angst.
Fahrende werden sie sein. Freudige.
Reich wird und voll von Süße sein
Die Begegnung, der Gruß im Vorüber.
Nisten werden sie in ihrer Heimatlosigkeit
Und sich lieben in Tälern des Abschieds.
Gleitet Ihr Sterblichen ...«

3.   Religiöses Leben als Hadern mit Gott

Von Anfang an hatte dieses Gespräch mit dem Ungeheuren Widerspruch erzeugt. Und wir verstehen nun besser, warum. Schon in
Tutzing notiert die Kaschnitz in ihr Tagebuch: »Gespräch über
mein Gedicht (Tutzinger Gedichte). Wie hat im Gegensatz dazu

Rilke Gott angesprochen? Manchmal recht mitleidig ... Gespräch
in Tutzing über das Negative in der heutigen Dichtung (Curtius
nennt das ›aus der Winselecke‹). Das Verlangen nach Heil, Aufrichtung ...«[24]
Die Autorin war offensichtlich auf ein christliches Milieu gestoßen,
das von der Dichtung nichts als »Heil« und »Aufrichtung« verlangte und dem Gotteszweifel, gar die Gottes-Verklagung als etwas
Unmoralisches, fast Blasphemisches erschien. Das Un-Wort »Winselecke« soll Verachtung ausdrücken. Der Gottes-Klage billigt
man offensichtlich keinen objektiven Wahrheitsgehalt zu, sondern
reduziert sie auf ein Versagen des einzelnen Schriftstellers. Dieses
Versagen gleicht dem eines Hundes, dessen Winseln man nicht ertragen kann. Hier wird bestätigt, was der protestantische Alttesta-
mentler Claus Westermann über das christlich-theologische Milieu
sagte: »Vor Gott zu klagen ist nicht angemessen, es entspricht
nicht der richtigen Haltung gegenüber Gott. Die Klage stört oder
mindert die fromme Einstellung zu Gott.«[25]
Die in Tutzing aufgebrochene Auseinandersetzung ließ die Autorin
offensichtlich nicht los. Und zwei Jahre später findet sich im Buch
»Engelsbrücke. Römische Betrachtungen« (1955) ein bemerkens-
wertes Kapitel, das man nur als Reaktion auf diese und ähnliche
Kritik deuten kann. Titel: »Rechtfertigung einer Lakrimistin«. Lakrimistin? Das Wort (von lat. lacrima = Träne) soll offensichtlich
denselben Vorwurf aufgreifen, der im Ausdruck »Winselecke«
steckt. Denn die Autorin berichtet hier von einem »alten Freund«,
der eine junge österreichische Dichterin mit genau diesem Etikett
»Lakrimistin« verächtlich gemacht habe:

»Die Welt zu beweinen war in C.'s Augen eine jämmerlich unwürdige Haltung,
unwürdig dessen, dem so viel vor Augen gehalten wird an Schönheit der Außen-
welt, Liebesmöglichkeiten und Bestrebungen des menschlichen Geistes. C.'s
Ablehnung des Zweifels und der Klage war goethisch, nicht in bewußter Nachahmung, sondern aus einer ähnlichen Art der Dankbarkeit, auch aus der Überzeugung, daß das Aussprechen des Negativen diesem erst eigentlich zum Dasein ver-
hülfe. Lakrimist sein war ihm somit mehr als eine persönliche klägliche Haltung,
es war Erzeugung des Bösen und damit Böses in sich. Mochte er den Stumpfsinn
und die Gleichgültigkeit verachten, die Verzweiflung in allen ihren Äußerungen
fürchtete er, wie nur ein zutiefst Bedrohter sie fürchten kann.«[26]

24 Zitiert nach *D. v. Gersdorff*, Marie Luise Kaschnitz. Eine Biographie,
Frankfurt/M./Leipzig 1992, S. 196.
25 *C. Westermann*, Die Klagelieder. Forschungsgeschichte und Auslegung,
Neukirchen-Vluyn 1990, S. 78.
26 *M.L. Kaschnitz*, Engelsbrücke. Römische Betrachtungen (1955), in: *dies.*,
GW II, S. 135f.

Nach dieser psychologischen Analyse (wer Zweifel und Klage verdammt, ist meist selber ein »zutiefst Bedrohter«, tut dies also aus Angst) hält Marie Luise Kaschnitz selbstbewußt dagegen und präzisiert die Funktion, welche die negativen Aussagen für sie selber haben:

»Daß auf dem Grunde der negativen Aussage auch eine Gläubigkeit, wenngleich eine schmerzliche, und auch eine Liebe, wenngleich eine ewig vermissende, wirksam ist, will den trostverlangenden Idealisten nicht einleuchten, erst recht nicht, daß einer Lakrimist sein und doch an einem hellen Tag am Meer seine wirklich helle Freude haben kann. So sag es doch, schelten sie, und werfen dem Dichter sein böswilliges Verschweigen vor. Aber *es* sagt aus dem Dichter, und *es* spürt die Unstimmigkeit zwischen dem Vollkommenen und dem Heillosen, daran kann ein persönlich reiches Leben nichts ändern und nicht einmal ein persönlicher Sinn für Humor ... Die allgemeine Krankheit muß ausgesprochen oder ausgeträumt werden, und gerade von denen, die das Leben am leidenschaftlichsten lieben.«[27]

Marie Luise Kaschnitz selbst sieht also keinen Widerspruch zwischen Zweifel, Klage und Verzweiflung vor Gott einerseits sowie Gläubigkeit und Liebe und Gott andererseits. Ja, ganz auf der Linie der »Tutzinger Gedichte« hat sie auch in späteren Aufzeichnungen, so in *»Wohin denn ich«* (1963), gerade auch den *Streit mit Gott* und die Auflehnung gegen den Schöpfer *Ausdruck ihrer Religiosität* genannt, weil Ausdruck einer lebendigen Gottesbeziehung. Das Gegenteil von Streit und Auflehnung wäre Gleichgültigkeit:

»Die Gretchenfrage, wie hältst du's mit der Religion, habe ich mir ... des öfteren gestellt. Die Letzten Dinge, wie sollte ich mich ihnen gegenüber gleichgültig verhalten, da ich ihnen doch schon halb anheimgefallen war, und mit meinem besseren, edleren Ich. Nun, ich hielt es mit ihnen, oder sie hielten es mit mir, was manches erklären mag an Streiterei, Auflehnung und jähem Vertrauen – ein Gleichgültiger schimpft nicht, hadert nicht, zweifelt nicht, worin sich mein religiöses Leben doch abspielte, wenn ich nicht gerade in der Gnade war, das heißt in einem Zustand, den ich so nicht gerne bezeichne, aber doch nicht anders bezeichnen kann.«[28]

Als diese Sätze veröffentlicht wurden, hatte Marie Luise Kaschnitz die größte Katastrophe in ihrem privaten Leben bereits hinter sich. Und es ist erregend zu beobachten, wie die Texte aus dem »Tutzinger Gedichtkreis« sie dann auch privat »einholen«. Denn 1951 konnte sie noch nicht ahnen, was ihr persönlich bevorstehen würde: daß nämlich der geliebte Ehemann, der Archäologieprofessor Guido von Kaschnitz-Weinberg, 1956, mitten aus der erfolgreichen Arbeit als Direktor des Deutschen Archäologischen Instituts in

27 Ebd., S. 136.
28 *M.L. Kaschnitz*, Wohin denn ich (1963), in: *dies.*, GW II, S. 551.

Rom herausgerissen werden würde. Gehirntumor wird konstatiert, der inoperabel ist. Zwei Jahre dauert das Siechtum, bis Guido von Kaschnitz-Weinberg am 1. September 1958 in Frankfurt stirbt. Dieses Erlebnis von tückischer Krankheit und elendem Sterben, das die Autorin völlig unerwartet trifft und zur gänzlichen Ohnmacht verurteilt, gehört zu dem Erschütterndsten ihres Lebens, das bis dahin privat ungewöhnlich glücklich verlaufen war. Als dann zwei Jahre später ihre junge Schwägerin nach langem qualvollen Leiden ebenfalls dahingerafft wird und noch im selben Jahr die ältere Schwester ihrerseits an Krebs stirbt, gibt es auch bei Marie Luise Kaschnitz persönliche Reaktionen, welche auf den »Tutzinger Gedichtkreis« zurückverweisen. Nach diesen Erlebnissen kann es aus ihr herausbrechen: »Der liebe Gott in Ehren, aber muß er immer gerade da zuschlagen, wo alles schön in Ordnung und voll Freud und Liebe ist?«[29] Eine Erfahrung, die sie später noch einmal mit dem Ausdruck *hadern* beschreiben sollte. In ihren Aufzeichnungen »Tage, Tage, Jahre« (1968) findet sich der Satz: »Was Gott tut, ist noch lange nicht wohlgetan, und wer mit den Menschen und mit sich selber hadert, hadert auch mit ihm, ich tue das beständig, aber seine Existenz zu leugnen käme mir nicht in den Sinn.«[30] Konkretisiert an späterer Stelle, wo sie darüber reflektiert, ob sie ihren Aufzeichnungen nicht den Titel »Gott und die Welt« geben soll:

»›Gott und die Welt‹ fand ich dann einen ganz passenden Titel, wobei mich nicht im geringsten genierte, daß von Gott so gut wie nichts auf diesen nun schon zu zwei Bündeln angewachsenen Seiten steht. Ich bin kein Atheist. Wo Welt ist, ist auch Gott, kein besonders lieber, aber einer, der sich beständig manifestiert, in jeder Zerstörung, in jeder Versöhnung, der immer mehr ist, als wir selber sind und sein können, so daß, wer die Erscheinungen jedes Tages schildert, ihn auch an die Wand malt und seinen schönen gefallenen Engel dazu.«[31]

So dürfte den Interpreten zu folgen sein, die den »Tutzinger Gedichtkreis« die »wichtigste religiöse Dichtung« der Marie Luise Kaschnitz genannt haben, ein Zyklus, der in der Tat »ein halbes Jahrhundert nach Rilkes ›Stundenbuch‹ das Gottesverhältnis des modernen Menschen in schonungsloser Radikalität« ausgesprochen hat[32]. Ja, man muß diese Texte nicht nur zu den wichtigsten religiösen Gedichten der Kaschnitz, sondern überhaupt der deutschen

29   Zitiert nach *v. Gersdorff*, Marie Luise Kaschnitz (s. Anm. 24), S. 273.
30   *M.L. Kaschnitz*, Tage, Tage, Jahre. Aufzeichnungen (1968), in: *dies.*, GW III, S. 166.
31   Ebd., S. 309f.
32   *V. Gersdorff*, Marie Luise Kaschnitz (s. Anm. 24), S. 197.

Literatur des 20. Jahrhunderts zählen, und zwar deshalb, weil hier etwas Einzigartiges versucht wurde, für das es in der deutschen Literatur kaum Parallelen gibt: daß »in hymnischer Form eine Anklage gegen Gott formuliert wurd, fast blasphemisch«, die aber »noch in der Auflehnung gläubig« ist; eine »Anrufung Gottes, prometheisch im Widerstand, aber – das Paradoxon sei gewahrt – ohne prometheisches Selbstgefühl.«[33]

33 *Pulver*, Marie Luise Kaschnitz (s. Anm. 20), S. 67.

Karin Lorenz-Lindemann

Die Tore von Frage-und-Antwort sind verschlossen

Klage im Werk von Paul Celan, Dan Pagis und Tuvia Rübner

Das Gedicht ist seiner Daten eingedenk. Vielleicht darf man sagen, daß jedem Gedicht sein ›20. Jänner‹ eingeschrieben bleibt?[1] fragt Paul Celan in der Meridian-Rede (1960), zehn Jahre vor seinem Tod im Pariser Exil. Die Nennung des Datums der Wannseekonferenz[2] verweist eindringlich auf den Erfahrungshintergrund, vor dem allein Celans Werk wie auch das von Dan Pagis und Tuvia Rübner angemessen zu entschlüsseln sind. Das Werk der drei jüdischen Dichter ist nicht zu trennen von den unauslöschlichen Traumata und den Folgen der Verfolgung, und es bezeugt, wie unwiderruflich die Dichtung nach der Schoah ans Schweigen grenzt. Die Zäsur, die sie im Selbst- und Sprachverständnis der Menschen auf alle Zeit bewirkt, ist in ihrem Werk stets gegenwärtig:»Es gibt keine Zeile meiner Gedichte, die nichts mit meiner Existenz zu tun hätte«, schreibt Celan in einem Brief an Erich Einhorn.[3]
Im Bewußtsein der Zeugenschaft entwickeln sich Transformationen tradierter Muster der Klage. Tuvia Rübners Band *Wüstenginster*,[4] dessen Titel sich auf eine Bibelstelle bezieht, setzt mit Ver-

---

1 Paul Celan, *Gesammelte Werke* in fünf Bänden. Hg. von Beda Allemann und Stefan Reichert unter Mitwirkung von Rudolf Bücher. Frankfurt a.M. 1983 (im folgenden zitiert als *GW* mit folgender Band- und Seitenzahl), III, 196.
2 Celan spielt mit diesem Datum zugleich auf den historischen Lenz und Büchners Lenz-Erzählung an, der für seine poetologischen Überlegungen und Sprachreflexionen in der Meridian-Rede zentrale Bedeutung zukommt. Im Prosatext *Gespräch im Gebirg* ist Büchners Erzählung Element eines literarischen Palimpsest-Verfahrens mit dem Thema einer jüdischen Selbstbegegnung nach der Schoah. Vgl. dazu meine Studie: Paul Celan: Gespräch im Gebirg – Ein Palimpsest zu Büchners Lenz. In: *Datum und Zitat bei Paul Celan*. Akten des Internationalen Paul Celan-Colloquiums Haifa 1986 (Jb. für Internationale Germanistik. Reihe A, Kongressberichte Band 21). Hg. von Chaim Shoham und Bernd Witte. Bern u.a. 1987, 170–182 (im folgenden zitiert als: *Datum und Zitat*).
3 Zitiert nach: Ilana Shmueli, *Sag, daß Jerusalem ist*. Über Paul Celan: Oktober 1969 – April 1970. Eggingen 2000, 19.
4 Tuvia Rübner, *Wüstenginster*. Gedichte. Herausgegeben, aus dem Hebräischen übersetzt und mit einer Nachbemerkung von Efrat Gal-Ed und Christoph

sen ein, die ein Schlüssel für sein Verständnis von Klage sind. In Anspielung auf einen Psalmvers lesen wir von einem Schreibenden, der über den Tisch gebeugt ist, er *setzt Buchstabe an Buchstabe / die Hände brennen / (...) in der Luft die Asche / (...) Rette Gott meine Seele vor der Sprache des Betrugs / vor den Zungen der Lüge.*[5] Die Wahrhaftigkeit des Wortes der Dichtung, ihr Wahrheitsanspruch im Bewußtsein und Erleiden dessen, wohin die Sprache der Tradition nach dem Zivilisationsbruch nicht reicht, steht bei Celan, Rübner und Pagis auch jenseits der Klage im Zentrum.[6]

Ausdrucksformen überkommener Klagetexte bleiben von einem Schweigen umgeben, über das ein spätes Gedicht (*Worte*, 1982) von Dan Pagis so lautet: *Nach einem langen Sommer des Schweigens kommt dieser durchwehte Morgen: jetzt kann ich wieder sprechen. Ich öffne das Fenster – und gleich ergreift mich der Wind und entreißt dem Mund meine Worte, wie eh und je. // Aber an diesem Morgen bin ich hartnäckig und beharre auf jedem meiner Worte. Ich widerrufe nur, was ich schwieg.*[7] *Kleine Poetik*, ein Gedicht desselben Jahres, wiederholt das Thema unter theologischem Aspekt: *Alles darfst du schreiben. / Zum Beispiel daß und daß. / Du darfst es mit allen Buchstaben, die du findest, / (...) Es lohnt sich freilich zu prüfen, / ob die Stimme deine Stimme ist, / die Hände deine Hände sind. // Ist dies der Fall, halte deine Stimme zurück, / lege die Hände ineinander / und gehorche dem leeren Blatt.* (*EM*, 64/65) Wie in Rübners poetologischen Versen ist auch hier das Gebot, die Wahrhaftigkeit der Sprache zu überprüfen, mit einer Allu-

Meckel. München/Zürich 1990 (im folgenden zitiert als *WG*). Vgl. zum Titel 1Kön 19,4: Er selbst aber ging in die Wüste, eine Tagesreise weit, und als er hingekommen, setzte er sich unter einen Ginsterstrauch. Da wünschte er sich den Tod und sprach: Es ist genug (...).
5   *WG*, 5; vgl. Ps 120,2: Herr, errette mich vor dem Lügenmaul und vor der falschen Zunge.
6   Es ist zu berücksichtigen, daß der Begriff Wahrheit im Verständnis der hebräischen emeth zu lesen ist. Celan erwog für seinen Band *Fadensonnen* das Motto Ps 45,5: *Reite für die Treue.* Celan hätte damit eine Verbindung zu Franz Rosenzweigs *Der Stern der Erlösung* gezogen. Vgl. Lydia Koelle, *Paul Celans pneumatisches Judentum.* Gott-Rede und menschliche Existenz nach der Shoah. Mainz 1997, 44ff.
7   Dan Pagis, *Erdichteter Mensch.* Gedichte. Hebräisch/deutsch. Aus dem Hebräischen übertragen und mit einem Nachwort versehen von Tuvia Rübner, Frankfurt a.M. 1993 (im folgenden zitiert als *EM*), 128/129. Der Auswahlband folgt zum größten Teil dem hebräischen Auswahlband, den Pagis 1981 selbst besorgte. Alle Gedichte von Dan Pagis sind in dem Band *Kol haschirim*, ›Abba‹, *Kitei Prosa* (Gesammelte Gedichte, ›Vater‹, Prosaschriften). Hg. C. Chever und T. Carmi. Tel Aviv / Jerusalem 1991, wieder abgedruckt.

sion auf einen biblischen Text verknüpft.[8] Unter dem Datum vom
12. 4. 1970, wenige Tage vor seinem Tod, bezieht sich auch Celan
noch einmal auf den Wahrheitsanspruch, dem er in seinem Werk
zu genügen trachtet: »Laß mich dieses Wort Kafkas hier aufschrei-
ben. ›Die Welt ins Reine, Unabänderliche, Wahre heben.‹«[9]
Für ihn, ebenso wie für Rübner und Pagis, sind aus der jüdischen
Tradition überkommene Sprachgebärden der Klage nicht mehr
unmittelbar zugänglich.[10] Gewährte vordem der Gottesdienst Raum
für kultisch gebundene Klagetexte der Überlieferung, die seit den
Verfolgungen im Mittelalter zugleich Geschichtsquellen waren und
am 9. Aw selbst die Rezitation der Zionide von Jehuda Ben Halevi
einschlossen, so sind für Celan, Pagis und Rübner biblische Elemente der Klage nurmehr als gebrochener Nachhall vernehmbar:
in Allusionen oder als nicht immer zur Evidenz gebrachte Zitationen liturgischer Texte oder von Versen der Propheten, der Klagelieder oder Psalmen.[11] Dies gilt, wie ich für unseren Zusammenhang beispielhaft zeigen will, auch für die intertextuellen Bezüge
auf Klagemodi literarischer Traditionen. Das hebräische Werk von
Rübner und Pagis schöpft aus den verschiedenen Sprachschichten
des Hebräischen. Manche Gedichte von Pagis enthalten deutsche
Worte wie »Echos aus der deutschen Muttersprache«, etwa jenes über
seine früh verlorene Mutter, das auch im hebräischen Original wie
einen Schmerzlaut den deutschen Titel *Ein Leben* trägt.[12]
Hans Keilson verwies nachdrücklich auf die Fragwürdigkeit überkommener hermeneutischer Termini angesichts des tiefgreifenden
Bewußtseinswandels durch die Schoah.[13] Interdisziplinär bedarf

8   Gen 27,22: Jakob trat zu seinem Vater Isaak hin. Isaak betastete ihn und sagte: Die Stimme ist zwar Jakobs Stimme, die Hände aber sind Esaus Hände.
9   Shmueli, a.a.O., 86. Celan bezieht sich in seinem Brief an Ilana Shmueli auf
einen Tagebucheintrag Kafkas vom 25. 9. 1917: Glück sei nur erfahrbar, »falls
ich die Welt ins Reine, Wahre, Unveränderliche heben kann.«
10   Nach seinem Jerusalembesuch im Herbst 1969 schreibt Celan an Gershom
Schocken: (...) *daß für mich, zumal im Gedicht, das Jüdische mitunter nicht so
sehr eine* thematische *als vielmehr eine* pneumatische *Angelegenheit sei. (...)
meine Gedichte implizieren mein Judentum.* Zitiert nach: Shmueli, a.a.O., 77.
11   Celan, z. B., besaß als Quelle für seine Arbeit den 1933 in der Schocken Bücherei mit Übersetzungen von Buber und Rosenzweig publizierten Band *Die Trö-
stung Israels*; vgl. John Felstiner, *Paul Celan: Poet, Surviver, Jew.* New Haven/
London 1995, 275.
12   *EM* 20/21; vgl. Nili Gold, Die verborgenen deutschen Stimmen in der hebräischen Literatur. Der ›kreative‹ Betrug an der Muttersprache bei der Bildung
einer nationalen Identität. In: *Jüdischer Almanach 2000/5760* des Leo Baeck Instituts. Hg. von Anne Birkenhauer, Frankfurt a.M. 1999, 24–38.
13   Hans Keilson, *Wohin die Sprache nicht reicht*, Vorträge und Essays aus den
Jahren 1936–1996, mit einem Nachwort von Wolfdietrich Schmied-Kowarzik.
Gießen 1998.

die Rede von Klage, soll sie dem Verständnis der Werke von Überlebenden der Schoah dienen, einer ihre individuellen Ausdrucksformen genau berücksichtigenden Erweiterung.
Klage gilt im Werk von Celan, Pagis und Rübner auch der Zerstörung des Sprachvertrauens selbst. Sprachverzweiflung ist eine Erfahrung der Trennung vom Heil, und Geschichte erscheint als in
alle Zeit fortdauerndes Vertriebenwerden aus dem Heil. Erst im
Eingedenken sind Vergangenheit und Gegenwart nicht geschieden. Rübner nimmt, darin Pagis verwandt, keinen direkten Bezug
auf die Vernichtung, vielleicht auch aus dem Grund, den er für
Lea Goldbergs Gedichte angegeben hat, nämlich,»daß das, was
dort geschah, mit einem Gedicht unvereinbar ist, weil diese Möglichkeiten des Menschen, die da zutage traten, wie auch seine grenzenlose Erniedrigung, nicht nur des wehrlosen Opfers (...) sich
menschlicher Sprache schlichtweg entziehen.«[14] Klage gilt den
Verlorenen und dem tiefen Riß, der in der Selbst- und Weltwahrnehmung des Überlebenden unheilbar ist. Ein für diesen Zusammenhang bedeutsames Klagegedicht Rübners, *Angelus Novus*,
steht am Beginn des ersten Zyklus von *Wüstenginster (WG,* 7):

Mein Gesicht ist in meinem Nacken. Vor meinen Augen
Trümmerhaufen, Trümmerhaufen.
Kleine Hoffnungen flogen fort, versengt,
fielen in die Finsternis.
Ich bin davongekommen. Ich stieg auf.
Wurde wieder geboren
durchsichtig wie Rauch. //
Die stumme Zeit
weht aus dem Baumgarten der Kindheit,
drängt mein hartnäckiges Herz,
breitet meine Flügel aus.
Nach hinten gestoßen, Kommendem entgegen.
Wann kommt, der mein Augenfeuer löschen soll.

Angelus Novus bezieht sich zugleich auf Paul Klees Aquarell von
1920 und auf Walter Benjamins Text zu diesem Bild. Eine dem
Gedicht beigefügte Anmerkung lautet: *Mein Gedicht, das sich auf
diese Betrachtung Benjamins stützt, hat nicht den Engel der Geschichte zum Gegenstand, sondern meinen eigenen.*[15] Der Engel

---

14   ›*Manche Worte strahlen‹*. Deutsch-jüdische Dichterinnen des 20. Jahrhunderts. Hg. von Norbert Oellers. Erkelenz 1999, 98.
15   »Ein Engel ist darauf dargestellt, der aussieht, als wäre er im Begriff, sich
von etwas zu entfernen, worauf er starrt. Seine Augen sind aufgerissen, sein Mund
steht offen, und seine Flügel sind ausgespannt. Der Engel der Geschichte muß so
aussehen. Er hat das Antlitz der Vergangenheit zugewendet. Wo eine Kette von
Begebenheiten vor uns erscheint, da sieht er eine einzige Katastrophe, die unab-

ist, wiedergeboren, aus demselben Stoff wie die Toten. Die Bilder konnotieren Schlüsselworte der Verfolgungsgeschichte, die der Wahrnehmung eines ohnmächtigen Engels zugesprochen werden: versengt, Rauch, davongekommen, stumme Zeit, Augenfeuer. Es bleibt im Unbestimmten, ob der Baumgarten der Kindheit mit Paradies ineinsgehört werden kann. Die heile Zeit vor dem Kontinuitätsbruch ist der Sprache nicht mehr zugänglich und zugleich die Bedingung der Möglichkeit weiterzuleben. Das Motiv des Augenfeuers erscheint bereits im Oxymoron eines frühen Gedichts: *und einsam unter leerem Himmel / brennt mir das Auge in schwarzem Feuer.*[16]

Ich versuche im folgenden, Zusammenhänge zwischen dem Werk der drei Dichter aufzuzeigen und in Grundlinien das Geflecht der Bezüge beispielhaft zu erhellen. Es gibt eine Vielzahl von strukturellen und thematischen Analogien, Entsprechungen auch in den poetologischen wie für unseren Zusammenhang bedeutsamen religionsphilosophischen Reflexionen. Das Wissen über den Wortbruch der zivilisierten Welt ist im Werk vorausgesetzt, er bleibt stets gegenwärtig. Schoah und Klage erscheinen nicht unter mimetischem Aspekt. Die geschichtlichen Ereignisse werden in Schlüsselworten gegenwärtig gehalten, nicht gegenwärtig gemacht.
Bis in die Mikrostruktur der Gedichte von Celan, Pagis und Rübner läßt sich der Bewußtseinswandel nach dem traumatischen Abschied von überkommenen Mustern der Bildhaftigkeit des Gedichts ablesen. Tuvia Rübner nennt Celans Dichtung die in der deutschen Lyrik nach der Schoah wohl radikalste Übersetzung der Welt in Sprache[17]. Während Celan Verfahrensweisen der literarischen Moderne in der Nachfolge Baudelaires und Mallarmés einsetzt und weiterentwickelt, ist die Sprachverzweiflung in vielen seiner Gedichte selbst an der optischen Struktur erkennbar: Fragmentierung der Worte durch Silbenwiederholung, Zäsuren oder Zeilenbrechung mitten im Wort, mehrere aufeinander folgende Leerzeilen, die im

---

lässig Trümmer auf Trümmer häuft und sie ihm vor die Füße schleudert. (...) Aber ein Sturm weht vom Paradiese her, der sich in seinen Flügeln verfangen hat und so stark ist, daß der Engel sie nicht mehr schließen kann. Dieser Sturm treibt ihn unaufhaltsam in die Zukunft, der er den Rücken kehrt, (...).« Zitiert nach *WG*, 61.
16 Tuvia Rübner, *Granatapfel. Frühe Gedichte.* Mit einem Nachwort von H.O. Horch. Aachen 1995 (im folgenden zitiert als *G*), 32.
17 Tuvia Rübner, Lyrik nach Auschwitz. Ein Vorwort zur Diskussion. In: *Datum und Zitat*, 44; in der Meridian-Rede Celans lesen wir: »Und das Gedicht wäre somit der Ort, wo alle Tropen und Metaphern ad absurdum geführt werden wollen. Toposforschung? Gewiß! Aber im Lichte des zu Erforschenden: im Lichte der Utopie. Und der Mensch? Und die Kreatur? In diesem Licht.« (*GW* III, 199).

Wortsinne sichtbar machen, wie es in diesem Werk der Sprache die
Sprache verschlägt. Im Band *Atemwende* schwinden in einem Gedicht die Mitlaute aus den Worten, mit Echosilben eines Klagelauts
verstummen die Verse: *Tiefimschnee,* / *Iefimnee,* / *I-i-e* (*GW* II,
39).
Während Celans frühes Werk historische Daten der Schoah,[18] zum
Teil mit geographischen Koordinaten, noch benennt oder in
Schlüsselwörtern aufruft – z.b. Duschraum, Stehzelle, Mauer,
Rauch, Stein, Schnee, Aschen-Helle, Kummerfahne –, schlägt sich
später, wie Thomas Sparr überzeugend nachweist, »die Negativität
geschichtlicher Erfahrung (...) in der Zeichenreflexion nieder«
und »führt von der Skepsis am sprachlichen Zeichen zu dessen
Negativität, selbst zur Destruktion von Bezeichnungszusammen-
hängen, die frühere Gedichte noch als symbolhaltige Aussagen
kennen.«[19] In Celans Nachlaßband *Schneepart* stehen Klageverse
unaufhebbarer Sprachohnmacht: *Die nachzustotternde Welt,* / *bei*
der ich zu Gast / *gewesen sein werde, ein Name,* / *herabgeschwitzt*
von der Mauer, / *an der eine Wunde hochleckt* (*GW* II, 349). Aus
der Zukunft fortdauernden Exils spricht sich ein Ich vor der To-
desmauer der Mörder mit seiner Passion ineins: in Antithetik zur
jüdischen Namenstheologie.[20] Wenige Tage vor seinem Freitod
schreibt Celan an Ilana Shmueli, er müsse bei seinen Gedichten
aushalten, es sei dieses »Dazustehen«[21] sein Kampf, wiewohl die
Zerstörungen bis in den Kern seiner Existenz reichten. Szondi betont, daß Celans Dichtung »im Tod, im Gedächtnis der Toten, im
›Eingedenken‹ ihren Ursprung hat.«[22] Einmal spricht Celan sogar
von einem Wort, das i h n suchte. Es ist das Wort *Kaddisch* und ein
zweites, das es galt, *hinaus- und hinüberzuretten: Jiskor* (*GW* I,
222). Der Prozeß des Hinüberrettens der Sprache und des jüdischen Erbes ist unabschließbar, da jedes der Gedichte seine eigene
Sprachwirklichkeit konstituiert und sich mit der Einheit verbindet,
die Celans Gedichtzyklen jeweils für ihn waren – Sprachwirklichkeit des nicht abschließbaren Eingedenkens: »Die Dichtung ist nicht

---

18   Z.B. in: *La Contrescarpe* (I, 282f); *Schibboleth* (I ,131); *In Eins* (I, 270);
Du liegst (II, 334); *Eine Gauner- und Ganovenweise* (I, 229f). In diesen Zusammenhang gehört auch Celans Übersetzung von Jean Cayrols Kommentar zum
Film von Alain Resnais: Nuit et Brouillard (Nacht und Nebel), aus dem Französischen ins Deutsche, *GW* IV, 76–99.
19   *Datum und Zitat*, 76f.
20   Jes 56, 5: Ich will ihnen in meinem Hause und in meinen Mauern einen Ort
geben und einen Namen (...) einen ewigen Namen will ich ihnen geben, der nicht
vergehen soll.
21   Shmueli, a.a.O., 75.
22   Peter Szondi, *Celan-Studien*. Frankfurt a.M. 1972, 53.

Mimesis, keine Repräsentation mehr: sie wird Realität. Poetische Realität freilich, Text, der keiner Wirklichkeit mehr folgt, sondern sich selbst als Realität entwirft und begründet.«[23] Paul Celans Lyrik gilt vielen als die bedeutendste in deutscher Sprache nach der Schoah und ist seit Jahrzehnten in einer Überfülle von Forschungsarbeiten international Gegenstand wissenschaftlicher Fragestellungen.[24] Dan Pagis und Tuvia Rübner, Celans Generationsgefährten mit vergleichbarem Erfahrungshintergrund, herausragende israelische Dichter und wie Celan hommes de lettres von Rang, werden in Deutschland erst seit wenigen Jahren mit Verzögerung bekannt. Wie Celan stammen sie aus der Region der ehemaligen Habsburgmonarchie, auch ihre Muttersprache ist das Deutsche. Auch sie sind Überlebende der Schoah. Sie haben, anders als Celan, ihre Verse weitgehend in hebräischer Sprache geschrieben.

Celan und der um zehn Jahre jüngere Pagis (1930–1986), wurden in der Bukowina geboren, in einer »Gegend, in der Menschen und Bücher lebten.« (*GW* III, 185). Zwischen 1942 und 1944 wurde Celan in Arbeitslagern interniert und gelangte über Bukarest und Wien 1948 nach Paris. Nach Kriegsbeginn wurde auch der zehnjährige Dan Pagis in rumänische Konzentrations- und Arbeitslager verschleppt, von wo er hungernd zu Fuß zurückkehrte und erst als Siebzehnjähriger seinen Vater 1946 in Palästina wiedersah. Mit einer unerhörten Sprachbegabung begann er bald Hebräisch zu dichten. Bis zu seinem Tod wirkte er als Professor für hebräische Dichtung des Mittelalters und der Renaissance. Für sein frühes Werk hat die Überzeugung von Ludwig Strauß, strenge Form sei selbst Ausdruck des dem Unheil Widerstehens im Wort, weitreichende Bedeutung gewonnen.[25] Pagis' Frühwerk ist in formaler Meisterschaft durchkomponiert und noch weitgehend gereimt, sein Spätwerk enthält neben Gedichten in freien Rhythmen auch Prosagedichte.

Tuvia Rübner, 1924 in Bratislava (Preßburg) geboren, ist siebzehnjährig als einziger Geretteter der Familie 1941 nach Erez Israel gelangt. Im Kibbuz Merchavia lernte er sein erstes Hebräisch, lern-

---

23 Ebd., 52.
24 Im begrenzten Rahmen dieser Studie kann deshalb nur in besonderen Fällen auf die Ergebnisse der jüngsten Celan-Forschung eingegangen werden. Diese Studie wird sich daher auch nicht auf die vielfach ausgelegten Gedichte *Todesfuge* und *Psalm* und den Streit um sie beziehen.
25 Ein Schlüssel zu dieser Überzeugung von Ludwig Strauß ist ein Vierzeiler aus dem Band *Kleine Nachtwachen. Sprüche in Versen,* der noch 1937 in der Bücherei des Schocken Verlags unter der Nr. 83 erschienen ist (S. 51):»Nun erst ward mir mein volles Teil: / Ich sehe das Unheil und glaube das Heil.«

te es mit hebräischen Versen, die zu entziffern er sich mühte. Zwölf
Jahre lang schrieb er deutsche Gedichte, bevor er ins Hebräische
wechselte. Die Sprache seiner in Auschwitz ermordeten Familie
blieb lange seine einzige Zuflucht, bevor er hebräisch zu schreiben
begann:

> Ich schrieb in einer Sprache, die ich kaum mehr sprach. Sie war mein Zuhause. In
> ihr sprach ich weiter mit meinen Eltern, mit meiner Schwester, mit den Großel-
> tern, den Verwandten, Freunden der Jugend, die alle kein Grab besitzen. Dann
> wollte ich nicht mehr in meinem, wie ich meinte, ›eigentlichen‹ Leben, in den
> Gedichten, in der Vergangenheit sein, auch wenn sie unvergangen war. Nicht um
> sie zu bewältigen – das ist sowohl unmöglich als unerlaubt – sondern mit ihr: zu
> leben. (...) Hebräisch ist *nicht* selbstverständlich für mich (*WG*, 66f).

Als Professor für hebräische und europäische Literatur lehrte er an
der Universität Haifa, übersetzte aus dem Hebräischen ins Deutsche
und aus dem Deutschen ins Hebräische.[26] Er ist korrespondieren-
des Mitglied der Darmstädter Akademie für Sprache und Dichtung. 1999 wurde ihm der Paul Celan-Preis zugesprochen.[27]
In Rübners Gedichten[28] bildet die Klage um die Eltern und die
kleine Schwester bis in die Gegenwart ein prägendes Element.
Granatapfel, eine Auswahl seiner frühen, zwischen 1941 und 1952
entstandenen und noch in deutscher Sprache geschriebenen Gedichte, ist ausdrücklich dem Gedächtnis seiner Familie gewidmet:
dem Vater, der Mutter, der Schwester, die alle dasselbe Todesda-
tum 1942 haben. Die frühen Gedichte bleiben in der Tradition der
Elegie. Ein Brief gibt über diese Entscheidung Auskunft:»Der
Druck unter dem ich stand, macht sich in den gewaltsamen Bildern
bemerkbar, und der Zwang, die Spannung zu meistern – in den
Odenmaßen.« (*G*, 54) In den Totenklagen stehen elegische Disti-
chen neben daktylischen, trochäischen und jambischen Formen und
freien Rhythmen. Mythische Figuren sprechen aus der Perspektive
des Überlebenden; Orpheus etwa oder Ikarus im *Klagelied des
steinernen Falken* (*G*, 11) bilden die Hintergrundfolie.

26   Unter anderen Schlegel, Goethe, Tieck und insbesondere Kafka, über den er
zudem Grundlegendes für die Forschung geschrieben hat. Aus Rübners Hand
stammt auch die noch nicht ins Deutsche übersetzte Monographie über die aus
dem Baltikum stammende bedeutendste hebräische Dichterin Lea Goldberg.
27   Insbes. für seine Übertragung von J.S. Agnons letztem Roman *Schira* aus
dem Hebräischen. Neben der Auszeichnung mit namhaften israelischen Literatur-
preisen wurde er in Deutschland mit weiteren Preisen geehrt, z.B. dem Jeanette
Schocken-Preis und dem Christian Wagner-Preis.
28   Eine Sammlung seiner hebräischen Gedichte von 1953 bis 1989 erschien
unter dem, einen auf den Lauf der Sonne bezogenen Vers des Predigers (Koh 1,5)
aufgreifenden, Titel *w'el me'komo schoef* (and hasteth to his place), Tel Aviv
1990.

Im selben Verweisungszusammenhang stehen alle in *Granatapfel* versammelten Nachtgedichte. Es sind Variationen der Klage um die Sprachohnmacht nach der Zerstörung des Grundweltvertrauens und darüber hinaus Variationen um die Ohnmacht sogar der Imagination, für die auch die lebendige Erinnerungsgestalt der Ermordeten, hinter Todesbildern verborgen, unerreichbar bleibt. Die Sinne dessen, der sie im Klagevers erreichen will, versagen: Die Lippen erstarren, bleiern und blind werden sie genannt. Dem Unleben der Sinne entspricht die Sprachohnmacht in einer nature morte: *Mondglanz verwelkte. Die Sterne starben. // (...) Das Unsagbare drängt an des Herzens Rand*, lesen wir in *Nacht*. (*G*, 30) Unter verwelktem Glanz des Mondes treiben in Finsternis Vögel mit versteintem Wind in den Schwingen. Auch diese Vögel sind leblos. Der letzte Vers erst spricht aus, woher die nature morte sich schreibt. Der längst verwehte *blinde Rauch* aus den Krematorien legt sich in der Gegenwart vor die Augen dessen, der zu klagen versucht und löscht selbst Sternenlicht in der Gegenwart aus. Nicht im Licht erinnerten Lebens wird die Klage laut, sie trauert um ihre eigene Ohnmacht in der unaufhebbaren Gegenwärtigkeit der Todesbilder von Asche, Rauch und Feuer. *Mondnacht* (*G*, 29), titelgleich mit Eichendorffs Gedicht über die Imagination einer Heimkehr der Seele in die Einheit von Himmel und Erde, spricht, reimlos, von *schwarzem Schweigen* über dem Land. Es tritt an die Stelle von Eichendorffs seliger Stille im Blütenschimmer einer sternklaren Sommernacht über Wäldern und wogenden Feldern. Leitmotivisch kehrt die Klage vor einer Welt der ausgelöschten Bilder wieder: *Mit blinden Lippen über Asche / tastet das Schweigen, der Toten Fühlung*, lesen wir in *Stunden der Stille* (*G*, 31). Das Bild der blinden Lippen nimmt die Hoffnung des *Sprich, damit ich dich sehe* zurück.

Bis in Rübners jüngste Gedichte der Gegenwart in der Sammlung *Rauchvögel*[29] kehren Bilder auch von blinden Augen, Rauch, Feuer und Asche wieder. Die fortdauernde Beschädigung der Weltwahrnehmung des Klagenden in der Gegenwart wird in Bildern verletzter und des Vitalen beraubter Körperlichkeit zum Vers: versteinte Augen, toter Mund (*R*, 61). *Abendlied* (1997; *R*, 57) stellt dem erinnerten ruhigen Flußlicht über der heimatlichen Drei-Flüsse-Stadt mit ihrem durchsichtigen Maigrün und über dem Wasser hingleitenden Schwänen Rauch- und Aschebilder gegenüber: Über das Bild lichter Erinnerung schieben sich Bilder des Grauens, die Farben schwinden aus der Abendphantasie. Grau tritt an die Stelle

---

29 Tuvia Rübner, *Rauchvögel*. Ausgewählte Gedichte I, 1957–1997. Aachen 1998 (im folgenden zit. als *R*).

von Grün und Weiß: *Weshalb rufe ich die Toten / aus der Asche? //
Weiß überm Wasser der Schwäne Flug / aschgrauer Schwäne Flug
/ Rauch / steigt Abend für Abend – // Schweigen ist nicht genug.*
Das lichte Bild einer erinnerten Landschaft ohne Menschen wird
überlagert von einem Todesbild der Schoah; die Schwäne werden
zu Rauchschwaden. Die Verwandlung dessen, was die Augen in
Vergangenheit oder Gegenwart sehen, in ein Bild des Grauens
zwingt zum immer wieder Durchlebenmüssen des Traumas. Die
drei Zeitdimensionen werden vor den Bildern des Rauches eins: Das
Trauma bemächtigt sich selbst der Realität vor dem Kontinuitätsbruch. Die Zeugenschaft auch dafür klagen Rübners Verse ein.
In *Zeugnis* (1961; *R*, 60) lesen wir dreimal den Vers *Ich bin da um
zu sagen:* das Zeugnis für die Zerstörung des Lebenshauses und
seiner Bewohner im Land der Geburt, für die Verunsicherung der
eigenen Identität im Riß zwischen Damals und Jetzt. Der Vers bereitet die letzte Strophe vor, die viermal ein Ja bekräftigt, das der
lautlosen Stimme der ermordeten Schwester ebenso gilt wie der
Bereitschaft zur Zeugenschaft, auch im Exil: ein Versprechen gegenüber den Toten.
Im zweiten Gedicht aus *Wüstenginster* ergreift das Feuer die Sprache selbst. Die Schrift wird nichtig: *Ich saß über den Tisch gebeugt. Weiße Buchseiten. / Buchstabe, Buchstabe, meine Augen
tasten durch Asche.* Die Schrift ist vom selben Stoff wie die Toten.
Kein Bild bleibt, die Seite ist weiß, und noch die Leere des Blattes
heißt nicht Leere, sondern Asche. Der traumatische Prozeß des
Auslöschens von Erinnerungsbildern gelebten Lebens wird in *Und
diese Finsternis* (1967; *R*, 52) selbst zum Thema: Am hellichten
Tag bricht plötzlich Finsternis aus dem Leib, Nebel zieht auf, aus
dem der Junge von dereinst blickt; momenthaft sichtbar in der
Straße der Kindheit sind auch Vater und Mutter, *die Schwester, ihre Augen, Hand – / Luft schwarz. Wand.* Vor der Wand setzt die
Sprache aus. Rauch verdeckt das Erinnerungsbild, die Vergegenwärtigung der Toten wird vor der Wand des Unvorstellbaren jäh
abgebrochen. Das Bewußtsein des entsetzlichen Geschehens blockiert alles: die inneren Bilder, die Suche nach den Toten, das Spre-
chenkönnen. Aber die *Wand* reimt noch mit der *Hand* – ein nur
im Vers mögliches Hinüberreichen zur toten Schwester. In der
Reimbindung allein, in der Reimfolge ›Hand/Wand‹ lebt das Paradoxon von Verbundenheit *in* der Trennung. In der Klage um die
kleine Schwester kann die Imagination des Trauernden weder Gestalt noch Stimme finden: *Das Wort zerfleddert zwischen Lippen, /
wollen sich öffnen, vermögens nicht, und // Gesichtslos steigt sie
blind durch die blinde Luft, / die Schwester seh ich lautlos wie
Rauch, sie fleht / um etwas Atem, etwas Leben. / Taub steh ich da*

mit verstockter Kehle (*G*, 33). Vor der Lautlosigkeit im Rauch versagen Mund und Ohr. Eine Brand- und Rauchspur, Verse über vom Tod erfüllte Luft finden sich durchgängig bis in Verse der Gegenwart. Sechsmal wird im Zyklus über die ermordete Familie im Gedicht *Schwester I* (1957; *R*, 54) das Unheil, jeden Vers mit einem abbrechenden Satz beginnend, mit den drei Worten *in der Luft* benannt. Der mittlere der neun Verse sagt im Paradoxon, warum es so ist: *In der Luft* ist etwas *wie blindes Feuer*. Es ist ein Feuer ohne Licht – aus dem Totenreich.

Im Vers allein sind die Toten für den Moment des Nennens gestaltlos anwesend und für die Klage des sie Suchenden unerreichbar zugleich, in der rhythmischen Gliederung der Verse schon als Schwindende wahrgenommen. *Meine kleine Schwester* (1957; *R*, 56) sucht in den ersten beiden Strophen die Tote im Wind, in der Wolke. Der jeweils wortgleiche Vers *Ich fand sie nicht* beschließt die Strophen. Vor der Gegenwart der Toten in der Abwesenheit versagen Sprache und Sinne und setzen noch im Versagen den Suchprozeß immer von neuem in Gang: Die Schwester *ist wie Rauch, ist Rauch / meine kleine Schwester / versengt mir das Aug*. In *Schwester II* (1957; *R*, 55) ist selbst dem Versuch erinnernder Imagination die Gestalt der Toten unerreichbar: *Eine Gestalt ging ich dir suchen (...) ein Frühjahr ging ich dir suchen (...) einen Pfad für deine Schritte / Wind deinem langen Haar / Lider deinen Augen.*

In Rübners Gedichten der Gegenwart setzt sich der Prozeß der Suche im Wieder-und-wieder-Durchleben des Verlustes fort. Viele dieser Gedichte stehen im Fragemodus. *Die Tore von Frage-und-Antwort sind verschlossen*, lautete schon 1967 die Überschrift eines Gedichtes (*R*, 13). Und dennoch baut Rübner, in dessen Gedichten sich bis in die Gegenwart Sprechen und Schweigen durchdringen, darauf, es könne ein Gedicht, sei es denn makellos, etwas Heiles in die Welt bringen. Es gibt im letzten Teil des soeben erschienenen Bandes *Zypressenlicht*[30], der mit dem ersten Auswahlband *Rauchvögel* zusammengelesen werden will, ein einziges gereimtes Gedicht, dessen Überschrift *Wie* lautet. Zehn Verse, die allesamt mit dem Wort der Überschrift einsetzen, zeigen im Zusammenklang der Worte im Reim – wie Rübner einmal Franz Vonessen zitierte – eine »Zusammengehörigkeit und letztlich Einheit dessen, das die Wörter nur ›meinen‹, aber eben nicht ›sind‹. So reimt sich, nicht wörtlich, aber faktisch, Leben auf Tod (...). Der Reim ist gleichsam das Wiederfinden der heilen Welt in der unheilen. Das Gedicht ›reimt‹ auf die heile« (*G*, 55). Genau die Mitte

---

30 Tuvia Rübner, *Zypressenlicht*. Ausgewählte Gedichte II, 1957–1999, Aachen 2000 (im folgenden zitiert als *Z*), 85.

des Gedichtes bildet der Reim: *Wie das Erschaffene Asche und Rauch. / Wie das Erstickte Atem und Hauch.* Hauch und Rauch aber sind Schlüsselworte von Genesis und Schoah zugleich.

Die Zeit der Verfolgung blieb in Pagis' Werk für Jahrzehnte scheinbar ausgespart. Dennoch berühren die Gedichte verschlüsselt in einer Tiefenschicht Trauer, Trauma und die Folgen der Verfolgung.[31] Bereits in seinem ersten Gedichtband, *Die Schattenuhr (Scha'on hazel,* Tel Aviv 1959), lauten die Eröffnungsverse so: Die Schneide des Beils: *Einmal befragten wir den Wind / Wie Föhren vor Tagesanbruch, / Mit schweren Lidern und verbergend im Innern / die Ringe der guten Jahre. / Aber an unseren Stämmen / Schlug die Schneide des Beils Astlöcher / Und wir sahen. / Das Herz tropfte und erstarrte. (EM,* 133). Rübner weist darauf hin, wie Pagis hier mit profundem Kunstverstand die Homonymie in der hebräischen Sprache nutzt, »heißt doch im Hebräischen das Astloch wie das Auge *Ajin.* Die geschlagene Wunde läßt sehen. Die blutigen Tränen sind Harz, und dieses erstarrt, wird Form.« (*EM,* 133f). Als Sehorgan wird die Wunde zum leibhaften Erkenntnisorgan. Die Einheitlichkeit des Bildmaterials ermöglicht das Paradox der Verse: Dem verletzten Lebensbaum gehen im Wortsinne Augen auf, er wird sehend durch Schmerz. Auch im Spätwerk wird nie ein auf die Schoah gerichtetes mimetisches Moment eingesetzt. Die Folgen der Verfolgung, der Verheerung des Menschen- und Gottesbildes nach der Zäsur der Schoah, werden eingeklagt.

Der Band *Metamorphose (Gilgul,* Tel Aviv 1970) setzt im Werk des Dichters eine Zäsur. In radikalem Zweifel an der Schöpfungsordnung stellen die Gedichte, die ab 1970 weniger verschlüsselt an die Traumata der Schoah rühren, die Verläßlichkeit des Raum-Zeit-Kontinuums aus wechselnden Perspektiven in Frage. Bis in seine letzten Jahre schreibt Pagis die in ihren Metonymien überraschende Klage über die entindividualisierten Opfer Naturgleichnissen ein. Entgegen der Leseerwartung sprechen die Verse von *Die Geschichte* über die Lektüre einer Geschichte von einem Eintags-

---

31 Die Sammlung: *Variable directions.* The Selected poetry of Dan Pagis. Translated by Stephen Mitchell, San Francisco 1989, enthält den Text *For a literary survey* (S. 85). Dort antwortet der Autor auf die Frage, wie er schreibe: Er nehme eine reife Zwiebel, drücke sie aus, tauche die Feder in deren Saft und schreibe. So entstehe eine ausgezeichnete unsichtbare Tinte: »The onion juice is colorless (like the tears the onion causes), and after it dries it doesn't leave any mark.« Nur in die Nähe des Feuers gebracht, werde das Geschriebene nach und nach sichtbar. Es gebe dabei nur ein Problem, niemand kenne diese geheime Kraft des Feuers. Der Text erschließt sich erst über die erweiterten Bedeutungen von Träne, Zwiebel und Feuer.

heuschreck, den die Fledermaus frißt. Eine Eule hält eine Trost-
rede über die Ersetzbarkeit des Heuschrecks. *Gleich nachher / kam
die leere Seite des Endes. // Vierzig Jahre / sitze ich über die leere
Seite gebeugt. / Mir fehlt die Kraft, / das Buch zu schließen.* (*EM*,
68/69). In der Bedeutungsverschiebung der Worte Heuschreck und
Fledermaus werden Täter-Opfer-Situation und Gleichgültigkeit
gegenüber den Opfern zum Vers.

Das Motiv der Weigerung, an geschichtlichen Prozessen überhaupt
noch teilzuhaben, ist im Zyklus *Bestiarium* aus dem Band *Hirn*
(*Moach*, Tel Aviv 1975) offenkundig. In *Fossilien*[32] ist die im
Bernstein versteinerte Urfliege durch paradoxe Abwesenheit für
immer geborgen, sie *spottet der Zeit.* Die Urmuschel ist ein Ohr,
das zu hören sich weigert, der Urfisch hinterließ nur im Fels seinen
Abdruck. Im Gewesensein liegt seine Freiheit. *Aber die Krone der
Schöpfung bei den Fossilien / ist die Venus von Milo, / ewig entsa-
gend, ihre / Arme sind Luft.*[33] Die Vorstellung des Nicht-Teilha-
bens an der Geschichte als Erlösung aus Zeit und Verletzlichkeit
findet seine Entsprechung in dem zum Band *Metamorphose* gehörenden Gedicht *Entwurf für ein Wiedergutmachungsabkommen.*
Die Verse entwickeln eine Umkehrung der Chronologie des Mor-
dens und klagen im Paradox über die Unmöglichkeit des tikkun
angesichts der Unwiderruflichkeit der Verbrechen: Der Schrei fährt
in die Kehle zurück. Die Goldzähne kommen wieder an ihren Platz.
Die Angst. Und auch der Rauch in den Schornstein. Haut und
Sehnen bilden sich wieder über den Knochen. *Seht, da seid ihr ja!
Gerad noch zur rechten Zeit. / Was den gelben Stern angeht: Der
wird einfach / von der Brust gerissen / und emigriert / in den Himmel.* Ein Kernmotiv von Pagis' Dichtung klingt an: Vergessenwol-
len und Nichtvergessenkönnen. Das Gedicht *Anweisung zur Flucht
über die Grenze* steht im Zeichen dieses Traumas. Nach Gestalt und
Name muß einer eine paradoxe Fälschung werden, um zu überleben: *Erdichteter Mensch, fahr doch, hier ist der Paß. / Du darfst
dich nicht erinnern. / (...) der neue Name bereit in deiner Kehle. /
So fahr doch, fahr. Du darfst nicht vergessen.* (*EM*, 72/73)
In manchen Pagis-Gedichten ist die Grenze zwischen Jetzt und Damals aufgehoben. In *Ready for Parting* sieht ein Ich seine Toten

---

32 Hebräisch-deutsch in: Dan Pagis, *Die Krone der Schöpfung.* Ausgewählte
Gedichte, übersetzt von Anne Birkenhauer. Straelener Manuskript 10. Straelen
1990, 11.
33 In einem Gedicht Rübners ist im Zusammenhang mit der Fossilien-Metapher
ein Gegen- und Todesbild ausgebildet. In *Wildes Meer, versteint* (*WG*, 33) wird in
einem Museum für vergleichende Zoologie der Anblick eines Dinosaurus, *König
der Knochen*, zum Auslöser einer Imagination der Flucht: *Wir müssen weg, um jeden Preis / müssen wir weg hier // (...) Welche Stille / Vor dem Sturm.*

durchsichtig und atmend auf sich zukommen, kann in unmittelbarer Verbindung mit den Toten sein – verwandelt in eine Gestalt jenseits von geschichtlicher Zeit.[34] Fragmentierte, metamorphe Subjekte treiben als Zeugen schöpfungstheologischen Zweifels in intergalaktischen Räumen, in Wolken und Regen. In *Zeugenaussage* (*EM* 74/75) hören wir die Stimme eines Ermordeten vor einem imaginären Tribunal. Vergeblich versucht das Opfer zu erklären, wie der biblische Mythos über die Erschaffung des Menschen im Bild Gottes mit seiner Erfahrung zusammenstimmen könnte. Das Böse im Menschen von Anbeginn gehört nicht zum Schöpfungsmythos: *Nein, nein, es waren sicher / Menschen: Uniform, Stiefel. / Wie soll ich's erklären, sie wurden / nach Seinem Bild erschaffen.* Uniform und Stiefel – Merkmal des Menschen? Dies widerspräche dem biblischen *zelem* von Gen 1,27. Die Frage nach der Theodizee wird zurückgewiesen. *Ich war ein Schatten. / Ich hatte einen anderen Schöpfer,* folgert die Stimme aus dem Totenreich. *Der ließ in mir, voll Gnade, nichts zurück / von dem was sterben konnte. / Ich floh zu ihm, stieg auf, leicht, blau, / versöhnt, wie mich rechtfertigend: / Rauch zum allmächtigen Rauch, / ohne Körper, ohne Gestalt.* Das zelem wird in einem Umkehrschluß wieder eingesetzt. Ein Aspekt Gottes ist gleich dem des Opfers. Er ist aus demselben Stoff wie der Tote: Rauch. Das zelem wird erst mit dem Tod des Opfers eingelöst. Das Bildnisverbot erscheint aus der Perspektive des Opfers in der Logik des Paradoxons. Gewesensein bekommt im Umkehrschluß auf die Natur des Schöpfers eine neue Bedeutung. Er, der von Ewigkeit zu Ewigkeit *ist,* hat Teil am Gewesensein des Opfers. Rauch kann nicht sterben, aber das zelem des Gedichts setzt Opfersein als einen Aspekt Gottes voraus. Die Verse *Der Appell* (*EM*, 76/77), auch aus dem Jahr 1970, legen eine solche Überlegung nahe. Ein gestiefelter Engel zählt beim Zählappell im Lager in einem Heft die Körper der Gefangenen. Einer nur, der seinen Schatten wegwischt, fehlt nicht und ist doch nicht

---

34 *Ready for parting as if my back were turned, / I see my dead come toward me, transparent and breathing* (*Variable Directions*, 140). In: Sidra DeKoven Ezrahi, *Booking Passage.* Exile and Homecoming in the Modern Jewish Imagination. Berkeley u.a. 2000, 159, diskutiert die Verfasserin diese poetologische Entscheidung: »But he achieves his triumph only by replacing poetic license with an act of cosmic recycling. For every one of Celan's nearly impenetrable metamorphic surrogates, Pagis projects a meta*morphic* or metonymic remnant of the lost order. (...) memory is set loose as a property of the universe, infusing interplanetary spaces with snippets of speech.« – Diese Imagination ist, abgewandelt, wiedererkennbar auf einem Bild des israelischen Malers und Überlebenden Samuel Bak, auf dem im Vordergrund Überlebende zu sehen sind. Von den Schornsteinen der Krematorien im Hintergrund her kehren die Toten zu den Lebenden zurück und werden, aufgenommen in deren Bewußtsein, zu einem Teil ihrer selbst.

da: *Ich fehle nicht, bitte, die Rechnung geht auf / ohne mich: Hier auf immer.* Im Gewesensein – unverletzlich; im Paradox – unangreifbar. Frei. Exiliert im Rad eines Käfigs lebt in *Die Freiheitsmaschine* (*EM*, 90/91) ein sibirischer Schneefuchs. Er läuft und läuft, getäuscht tritt er auf der Stelle. *Das Rad wird wöchentlich geölt.* Sein ›Fortschritt‹ ist Schein. Kain erleidet im Zyklus *Brüder* (*EM*, 12/13) dasselbe: Die Erde hat ihn genarrt, *er, / Kain, trat auf der Stelle, / trat, schritt, rannte bloß auf einem einzigen / Streifen Staub, gerade so groß / wie die Sohle seiner Sandalen.* Gefangen in der Wiederholung. Rübner, der vierzig Jahre mit Pagis befreundet war, sagt, es gebe in seinem Werk kein Werden, nur ein Gewordensein: »Der Klarheit, durch die das Dunkel scheint, der Präzision der Aussage, hinter der das Unaussprechliche vernommen wird, verdanken wir die vielleicht gültigsten Gedichte, die über die Erniedrigung und Ermordung der Juden durch die Un-Menschen geschrieben wurden, über ein Geschehen, das sich jeder Menschensprache entzieht.« (*EM*, 139) Die für die Täuschung verantwortliche Instanz bleibt in beiden Texten verborgen. Eine anonyme Stimme spricht auch im Gedicht *Ende des Fragebogens* (*EM*, 124/125) seine Aufforderung an die Toten im Kosmos: *Ihre Wohnverhältnisse: Nummer des Nebelflecks und Sterns. / Grabnummer. / Sind Sie allein, oder sind Sie es nicht. / Was für Gras wächst oben / und von wo (z.B. aus dem Bauch, den Augen, dem Mund, usw.) // Sie dürfen Einspruch erheben. // Und auf der leeren Stelle unten geben Sie an / seit wann Sie wach und weshalb Sie überrascht sind.* – Aus dem Universum sprechen Stimmen der Toten in *Spuren.*[35] Pagis stellte seinem Gedicht als Präambel Zeilen von Jannai voraus, die in mehrfacher Wiederholung auch den Text strukturieren: *Von den Himmeln zu den Himmelshimmeln / von Himmelshimmeln zum Nebelfirmament.* Von dort her dringen die Stimmen der in kosmischen Weiten Verlorenen. Vor einem zurückweichenden Horizont sucht ein Ich in einer Wolke vergeblich Vergessen. Der hier Ich sagt, ein im plombierten Waggon Vergessener, sein Körper bleibt – in Anspielung auf 1Sam 25,29 – *im Bündel des Lebens. Eingebunden.* Die Verheißung der Torah für die Seele des Verfolgten erscheint im Zwielicht sinnumkehrenden Zitierens. Von den Himmeln zu den Himmelshimmeln zieht der Rauch der Toten. Die kosmische Ordnung ist zerbrochen, die mythischen Vorstellungen über die obere Welt werden um die Vorstellung im Leeren irrender neuer Serafim, Brandengel, erweitert. Umherhet-

---

35   Aus dem Band *Metamorphose*; in der letzten Fassung übersetzt von Anne Birkenhauer. In: *Jüdischer Almanach 2000/5760*, a.a.O., 39–43.

zende Engel zucken vor den Toten ratlos die Schultern. Aus dem Rauch lösen sich Vorstellungen von Individuen, dem Erinnern *ohne jeden Zusammenhang* anheimgegeben. Im Nebelfirmament verwirren sich, wie in den Lagern, die Sprachen der Toten. Einer, der sich zu erinnern versucht, versenkt sich in die Grammatik des Schweigens. Die Anweisung, sich in der Leere des Himmels zu orientieren, ist sinnlos. Einer, *Froststarr aufgerissen, geronnen, / vernarbt, / erstickt, verbogen,* will vergeblich eine endlose Leiter zum blauen Planeten hinuntersteigen. In die Welt fallend, wird er noch einmal sehend, jenseits der Zeit: *Du bist gewesen, was noch wolltest du sehn?* Das Bild der Erde erscheint ohne ihn. *Grau versöhnt mit Blau.* Am Wolkentor oben liegt vor dem Schauenden Wasser, *leer, leer, von Spiegelungen rein.* Die Gesetze der Physik gelten nicht für den imaginierten Körper des Toten. In der Wolke gefangen wie zu Beginn der Verse ahnt der aus einer Art Traum Erwachende: (...) *hoffnungsverfangen / flackert diese Erdkugel / spurenvernarbt.* Gewesensein – eine Narbe. Der Blick von außen auf die Erde besiegelt in kosmischer Verlorenheit die Trennung von der Möglichkeit allen Heils. Noch in absoluter Verlorenheit bittet ein Mund, der die Tradition des *de profundis clamavi* noch weiß, ohne jeden Zusammenhang: *Falls du noch lebst, tu mich auf, ich / muß lobsingen.*

In einer Vielzahl der biblische Motive aufnehmenden Klagegedichte leihen mythische Gestalten der Weltverdunkelung ihre Stimme. In *Autobiographie* spricht Abel in Stellvertretung für alle Ermordeten: *Meine Familie ist angesehen, nicht zuletzt dank mir. / Mein Bruder erfand den Totschlag, / meine Eltern das Weinen, / ich das Schweigen. (...). Als Kain begann, die Erde zu bevölkern, / bevölkerte ich ihren Schoß / und bin schon seit langem stärker als er. / Seine Heerscharen verlassen ihn, gesellen sich zu mir, / aber selbst das ist keine richtige Rache.* (*EM*, 6/7) Das Gedicht *Mit Bleistift im versiegelten Waggon geschrieben* aus dem zum Band *Metamorphose* gehörenden Zyklus *Karon Chatum (Versiegelter Waggon)* (1970; *EM*, 78/79) spricht mit der Stimme Evas über die Verfolgung so, daß das Verstummen der Opfer buchstäblich Sprachleib wird:

כָּתוּב בְּעִפָּרוֹן בַּקָּרוֹן הֶחָתוּם	Mit Bleistift im versiegelten Waggon geschrieben
כָּאן בַּמִּשְׁלוֹחַ הַזֶּה	Hier in diesem Transport
אֲנִי חַוָּה	bin ich Eva
עִם הֶבֶל בְּנִי	mit Abel meinem Sohn
אִם תִּרְאוּ אֶת בְּנִי הַגָּדוֹל	seht ihr meinen großen Sohn
קַיִן בֶּן אָדָם	Kain, Adams Sohn,
תַּגִּידוּ לוֹ שֶׁאֲנִי	sagt ihm, daß ich

Die Nichtvermittelbarkeit von Evas Botschaft *ist* die Realität des jäh verstummenden Gedichts. Rübner weist darauf hin, wie scheinbar alltägliche Sprachhaltung filigrane kompositorische Mittel erlaubt: Die Überschrift mit dem ausweglosen Binnenreim *be'iparon bakaron* spielt auf Jes 29,11 an. Da im hebräischen ›ben adam‹ zugleich Mensch bedeutet, ist auch zu lesen: Seht ihr meinen großen Sohn, Kain, den Menschen. Die Botschaft Evas ist an alle Menschen gerichtet. Im späten autobiographischen Prosatext *Abba* führt Pagis mit dem toten Vater auf dem Friedhof ein imaginäres Zwiegespräch:

In jedem rechteckigen Blumenbeet sehe ich ein Massengrab, das man später geschmückt hat; sogar in einem Teppich im Zimmer, sogar – und was muß ich noch sagen? Du, jedenfalls, bist niemals so heruntergekommen. Du sahst mich, ich dachte, Du ignorierst mich (es gelang mir, die Schrecken zehn oder zwölf Jahre lang zu verbergen, sogar vor mir selbst, erst nach Eichmann ist es ausgebrochen).[36]

In hebräischer Sprache erst findet das Trauma des einst deutschsprachigen Kindes Stimme.
Celans Entscheidung für die deutsche Sprache ist von komplexer Bedeutung:

Sie, die Sprache, blieb unverloren, ja, trotz allem. Aber sie mußte nun hindurchgehen durch ihre eigenen Antwortlosigkeiten, hindurchgehen durch furchtbares Verstummen, hindurchgehen durch die tausend Finsternisse todbringender Rede. Sie ging hindurch und gab keine Worte her für das, was geschah; aber sie ging durch dieses Geschehen. (...) In dieser Sprache habe ich, in jenen Jahren und in den Jahren nachher, Gedichte zu schreiben versucht: um zu sprechen, um mich zu orientieren, um zu erkunden, wo ich mich befand und wohin es mit mir wollte, um mir Wirklichkeit zu entwerfen.[37]

Die Sprache der Mörder ist zugleich die seiner Mutter, der er als Bürgin seines Wirklichkeitsentwurfs traut. So bleibt die deutsche Sprache Element der eigenen Identität und trägt zugleich das Signum des Verlustes.
Noch im Umkreis des fragmentarischen Zyklus *Eingedunkelt* stehen Verse, die eindringlich die Prozeßhaftigkeit des Standhaltens im Trauerprozeß herausstellen: *(...) die kämpferischen Klagelaute, – freigelauscht. / (...) Du hier und du, ihr sollt bleiben: // Es ist*

---

36 Die Übersetzung nach: Amir Eshel, Zeit der Zäsur. Über Dan Pagis und Paul Celan. In: *Jüdischer Almanach 1995* des Leo Baeck Instituts. Hg. von Jakob Hessing. Frankfurt a.M. 1994, 37–48, 39.
37 Ansprache anläßlich der Entgegennahme des Literaturpreises der Freien Hansestadt Bremen (1958), *GW* III, 185f.

euch / noch Anderes zugedacht, / und auch die Klage / will in die Klage / will in sich zurück.[38]

Im Frühwerk Celans ist die Klage um das gewaltsame Ende der Eltern, besonders aber die um die Mutter, von herausragender poetologischer Bedeutung. Die Mutter wird in der Gleichzeitigkeit von Tot- und Lebendigsein im Vers zur Garantin und Begleiterin im kreativen Prozeß. Die Klage ist in die Zukunft des dichterischen Wortes im Exil gesprochen und findet darin auch ihren Rechtfertigungsgrund. Anders als die Verse Rübners suchen Celans Klageverse die tote Mutter nicht, sie ist in der Verlassenheit des Exils vielmehr poetologische Instanz für die Klage. *Der Reisekamerad* (*GW* I, 66) beschwört sie als Hüterin der Dichtung, in ihrem Namen entsteht sie. Sechsmal wird die Mutter genannt. Dreimal heißt es *Deiner Mutter Seele* und dreimal lesen wir *Deiner Mutter Mündel:* Die Dichtung – ein Toten-Mündel (vgl. *Vor einer Kerze, GW* I, 110). So bleibt es in Celans Werk bis zuletzt, auch weil die Entscheidung, in deutscher Sprache Gedichte zu schreiben, für ihn von Anbeginn zugleich als Akt der Klage gelesen werden will. Besonders ihr verdankt er die Beheimatung in der deutschen Sprache und Dichtung. In *Dein Haar überm Meer* (*GW* I, 18) wird, in Anspielung auf Baudelaires *La Chevelure* aus *Les Fleurs du Mal,* die Mutter einer unverlierbaren inneren Figur anverwandelt, die Verse als der existentiellen Wahrheit verpflichtete Klage ermöglicht. In *Nähe der Gräber* (*GW* III, 20), 1948 in Wien im Erstdruck erschienen, führen die fünf, jeweils mit einem Fragezeichen endenden Paarreime mit dem letzten Reim zum Kern von Celans Sprachentscheidung für das Deutsche und dem unaufhebbaren Schmerz, den der deutsche Laut für ihn allezeit mitführen wird: *Und duldest du, Mutter, wie einst, ach, daheim, / den leisen, den deutschen, den schmerzlichen Reim?* Dem Zusammenklang der im Fragemodus gesetzten Worte kommt in diesem Gedicht, dessen Bildfelder das Bild der Weide des Klagepsalms 137 mitführen, besondere Bedeutung zu. Der Name des Flusses Bug, Todesort der Mutter, ist mit dem Verb *schlug* in einen Reim gebunden. Zuletzt fügen sich die Worte *daheim* und *Reim* in einen durch den eingefügten Klagelaut *Ach* mit einem Hiatus versehenen Schlußreim zusammen. Die Zusammengehörigkeit dessen, was dieser Reim zusammenbindet, bleibt durch den Fragemodus im Unbestimmten.

Espenbaum (*GW* III, 40), Celans Totenklage um die Mutter, unter dem Titel *Mutter* zum ersten Mal 1948 gedruckt, bezieht sich auf ein rumänisches elegisches Volkslied, die Doina. Eine Doina, die

---

38   Paul Celan, *Eingedunkelt* und Gedichte aus dem Umkreis von Eingedunkelt. Hg. von Bertrand Badiou und Jean-Claude Rambach. Frankfurt a.M 1991, 36.

»stets mit den Worten ›grünes Blatt‹ und darauf folgendem Namen einer Pflanze beginnt, bringt unter Anrufung der Natur als Zeugin Sehnsucht nach einem geliebten Menschen und wehmütige Klage um seinen Verlust zum Ausdruck.«[39] Celans Gedicht wandelt die Doina ab. In dem fünf Strophen zu je zwei Zeilen umfassenden Gedicht, in dem jeder Vers eine in sich geschlossene syntaktische Einheit bildet, variiert jede zweite Zeile die Klage um die tote Mutter. Nicht das ›grüne‹ Blatt der Espe erscheint, sondern weiß blickt ihr Laub ins Dunkel. Die Farbe konnotiert bei Celan oft Trauma und Tod:[40] *Meiner Mutter Haar ward nimmer weiß,* setzt die Klage im zweiten Vers ein. Die Naturbilder, die den Versen über die Mutter voranstehen, verweisen auf ihre Lebens- und Todesumstände: die Gegend, in der sie ermordet wurde, die über die bukowinischen Brunnen imaginierte Regenwolke, die aus den Angeln gehobene eichne Tür des Lebenshauses. Dem Blick auf die Landschaft folgt nach jedem Vers ein Klagevers: *Meiner Mutter Haar ward nimmer weiß. (...) Meine blonde Mutter kam nicht heim. (...) Meine leise Mutter weint für alle. (...) Meiner Mutter Herz ward wund von Blei. (...) Meine sanfte Mutter kann nicht kommen.*

In der Klage um seine Mutter greift Celan auch auf den Formenkanon kirchlichen Liedgutes zurück. Unmittelbar vor dem im Titel auf Luthers Liedtext anspielenden Gedicht *Die feste Burg* (*GW* I, 60) stehen Verse, die in Zeilenfügung und rhythmischer Struktur dem Passionslied *O Haupt voll Blut und Wunden* folgen.[41]

Aus der für Celans Klageverse konstitutiven Paradoxie, in der im Standhalten bei den *Schatten* Zukunftsfähigkeit ersprochen werden kann, lebt das programmatische Gedicht *Sprich auch du* (*GW* I, 135): (...) *Sprich – / doch scheide das Nein nicht vom Ja. / Gib deinem Spruch auch den Sinn: / gib ihm den Schatten. / (...) Blicke umher: / sieh, wie's lebendig wird rings – / Beim Tode! Lebendig / Wahr spricht, wer Schatten spricht.* Das Standhalten im Licht des Todes wird die Voraussetzung wahrhaftiger Klage. Zukunft ermöglichender ›Spruch‹ bleibt in diese Paradoxie gebunden: Im Wahrsprechen angesichts des Schattens stiftet das sprechende Ich des Gedichts, zu einem Faden verwandelt, zuletzt die Verbindung der unteren und oberen Welt, aus der ein Stern herabwill, um zu

---

39   Edith Silbermann, *Begegnung mit Paul Celan.* Erinnerung und Interpretation. Aachen 1995, 28.
40   *Die Sonnen des Todes sind weiß* (...), heißt es z.B. in *Das ganze Leben* (*GW* III, 57); vgl. auch *Heimkehr* (*GW* I, 156): *Weithin gelagertes Weiß. / Drüberhin, endlos, / die Schlittenspur des Verlornen.* Im Zyklus der Jerusalem-Gedichte in *Zeitgehöft* gewinnt die Farbe Weiß im Gedicht *Die Pole* (*GW* III, 105) messianische Bedeutung.
41   Vgl. Felstiner, a.a.O., 61f.

schimmern (...) in der Dünung / wandernder Worte. Schimmernde
Schatten, die wandern, gehören in die Welt des Gleichnisses. Ihm
ist es möglich, im Paradox ›im Namen des Todes‹ und ›angesichts
des Todes‹ ineinszusprechen. Die Wortwirklichkeit des Paradoxes
konnotiert kollektive jüdische Erfahrung: Wüstenwanderung und
Exil.[42]
In Celans Frühwerk ist Exil in der Semantik der Bildfelder zentral.
Noch in der Bukowina entstand das den Ps 137 paraphrasierende
Gedicht *An den Wassern Babels,* das ursprünglich den Titel *chan-
son juive* trug:[43] *Wieder an dunkelnden Teichen / murmelst du,
Weide, gram. / Weh oder wundersam: / keinem zu gleichen?* Indem
Celan mit einem zweiten Zitat, einem Vers der *Klagelieder,*[44] zwei
Texte biblischer Sprachgebärde der Klage im Fragemodus buchstäblich zusammenschreibt, bleibt das Urteil über die Tragfähig-
keit überlieferter Exilklage offen. Mit der Bitte *Den Lehm erlös ...*
münden die Verse im Verstummen. Der erste Zyklus von *Mohn
und Gedächtnis* (1952) eröffnet die Exilthematik. Der Band setzt
ein mit dem Gedicht *Ein Lied in der Wüste* (*GW* I, 11). Es ist überraschend, wie die Bildelemente denen aus Rübners *Angelus Novus*
gleichen: Trümmer, sterbliche Engel, Feuer, (...) *und zog mit gefäll-
tem Visier den Trümmern der Himmel entgegen. // Denn tot sind
die Engel und blind ward der Herr in der Gegend von Akra, / (...)
So sprech ich den Namen noch aus und fühl noch den Brand auf
den Wangen.*
Auf Reisen (*GW* I, 45) ist ein Gleichnis für sich im Exilbewußtsein
alle Zeit erneuernde Klage. Celan hatte das für seinen ersten Gedichtband *Der Sand aus den Urnen* vorgesehene Gedicht in Innsbruck am 28. 6. 1948 auf eine Postkarte an Alfred Sperber geschrieben:

Es ist eine Stunde, die macht dir den Staub zum Gefolge,
dein Haus in Paris zur Opferstatt deiner Hände,
dein schwarzes Aug zum schwärzesten Auge. //
Es ist ein Gehöft, da hält ein Gespann für dein Herz.
Dein Haar möchte wehn, wenn du fährst – das ist ihm verboten.
Die bleiben und winken, wissen es nicht.

---

42 Zu ihrem Zeichen wird in einem der späten Gedichten eine Blume. In *Krokus*
(*GW* III, 122) ist die von gastlichem Tisch aus gesehene Blüte ein *zeichenfüh-
liges / kleines Exil / einer gemeinsamen / Wahrheit* (...). Die Wahrheit selbst erscheint exiliert und ist nicht mehr im Wort verbürgt, sondern in einer sprachlo-
sen Pflanze.
43 Paul Celan, *Das Frühwerk*. Hg. von Barbara Wiedemann, Frankfurt a.M.
1989, 70.
44 Klgl 2,13: Ach du Tochter Jerusalem, wem soll ich dich gleichen?

Die nahezu gleich langen Verse bilden jeweils eine syntaktische wie auch eine Sinneinheit und berichten scheinbar über eine reale Reise nach Paris.[45] Die Zeit der Reise ist in keinem Kalender zu finden und das Gehöft auf keiner Landkarte einzuzeichnen. Gespann und Gehöft stammen aus der Welt des Gleichnisses: Die Reise erscheint als eine in realer Topographie und gleichzeitig als etwas ganz anderes. Im Gleichnis ist es die Stunde, in der Exil beginnt. Für sie gilt ein fortwährendes Jetzt. Das Gehöft gehört in den Zeitraum, der zur Bewußtwerdung des Aufbruchs ins Exil gehört. Er wird im Gleichnis in dieser einen Stunde seiner Natur nach erkannt. Der Staub ist der einer Landstraße und zugleich der der Toten. Das Verbot, die Haare wehen zu lassen, ist gleichbedeutend mit der Tatsache, daß sich das Gespann nicht bewegen *kann*. Der Zeitfluß erstarrt, die Bewegung ist eine Scheinbewegung. Es gibt kein Ankommen im Exil.[46] Das Wenn der vorletzten Zeile bleibt im Unbestimmten, ist zugleich temporal und konditional. Es bleibt offen, ob das Verbot dem Fahren gilt oder dem Wehen des Haars. Den Winkenden bleibt das Verbot verborgen, es ist nicht die Stunde ihres Exils.[47] *Zeitgehöft,* der späte Band von 1976, nimmt im Titel das Wort Gehöft noch einmal auf. Der dem Band eingefügte Jerusalem-Zyklus stellt in einer Tiefenschicht der Verse den Zusammenhang mit dem frühen Gedicht her, sobald er von den Aporien der Erlösung aus dem Exil spricht. Auf einen Exodusvers[48] spielt das Gedicht *In Ägypten (GW* I, 46) an, das Liebesklage im Exil und Liebe im Mythischen verankert: Den Dekalog konnotierend, setzen neun der Verse mit einem *Du sollst* ein,

---

45   In *Die Niemandsrose* (1963), im Gedicht *Zwölf Jahre (GW* I, 220f) setzt Celan ein Selbstzitat, das die perennierende Wahrheit des frühen Exilgedichtes mit einem doppelten ›wahr‹ bekräftigt. Die zwölf Jahre sind multivalent, zwölf Jahre Nazidiktatur oder zwölf Jahre gelebte Zeit: *Die wahr-/gebliebene, wahr-/gewordene Zeile:* ... dein / *Haus in Paris – zur/ Opferstatt deiner Hände.* Nach mehreren, durch eine Trennlinie von Punkten in ihrer Hiatus-Wirkung verstärkten Leerzeilen lesen wir: *Es wird stumm, es wird taub / hinter den Augen. / Ich sehe das Gift blühn. / In jederlei Wort und Gestalt.*

46   Am Ende seines Lebens bezieht sich Celan noch einmal auf Kafkas Erzählung *Der Jäger Gracchus,* der, ortlos, zwischen den Lebendigen und den Toten nirgendwo ankommen kann; vgl. Franz Kafka, *Sämtliche Erzählungen.* Hg. Paul Raabe, Frankfurt a.M. 1970, 185–188.

47   Auffällig ist die Verbindung von Bildern dieses Gedichtes mit solchen aus Kafkas Erzählung *Ein Landarzt,* in der der Aufbruch des Arztes zuletzt ins Nirgendwo führt. Einmal aufgebrochen ist er durch die Schneewüste unterwegs in unaufhebbares Exil. Ein *Gespann* fährt den Arzt, von den *Nichtwissenden* um ihn ist die Rede: *Niemals komme ich so nach Hause,* heißt es in einem der letzten Sätze der Erzählung; zitiert nach: Kafka, *Sämtliche Erzählungen,* a.a.O., 124–128.

48   Ex 3,7: Ich habe gesehen das Elend meines Volkes in Ägypten (...) Ich habe ihr Leid erkannt; vgl. hierzu: Felstiner, a.a.O., 58.

um Liebe zu einer Fremden zu begründen: auf dem Hintergrund
erinnerter Liebe an drei jüdische Frauen, deren Namen über die
Lebenszusammenhänge Celans hinaus allesamt mit biblischer
Exilerfahrung verbunden sind – Ruth, Noemi, Mirjam. Zweimal
werden die Namen genannt, das Gebot des Eingedenkens der Lie-
besverbindung mit ihnen fordert in der Liebe zur *Fremden* das
Lebendighalten des Exilbewußtseins ein: *Du sollst sie schmücken
mit dem Schmerz um Ruth, um Mirjam und Noemi.* Klage verbürgt
die Zukunft der Liebe im Exil.

Sowohl Celan als auch Pagis und Rübner schrieben über die Stadt
ihrer Herkunft Gedichte. Die Klage um Trennung, Exil, Deportation und Verlust ist ihr Thema. Rübners Gedicht über Preßburg (*Z,
10*) gehört zu einem Zyklus von *Ansichtskarten*, die Wegekarten
einer Lebens-Erfahrung sind. Um die Anschaulichkeit der jeweiligen Orte geht es bei keiner der *Ansichtskarten*. Die Verschrän-
kung verschiedener Zeitperspektiven läßt Topographie und Geschichte der Orte meist nur für wenige Verse im Jetzt, jäh bricht eine zweite Zeitdimension, die Zeit der Verfolgung, herein, die das
gegenwärtige Bild der jeweiligen Stadt verdeckt. In manchen Versen löscht sie sie aus. *Ansichtskarte: Preßburg, heute Bratislava*
beginnt im Ton eines Erzählgedichts über die Stadt. Ein Bild im
Bild erscheint, Fundstück und Zeugnis der Vergangenheit: ein
Klassenbild, auf dem die jüdischen und nichtjüdischen Schüler zu
sehen sind. Nichts ist bekannt über das Überleben der jüdischen
Kinder, heißt es. Nur auf dem Bild im Bild sind sie ungetrennt.
Unter den hellen Worten und Bildern der Stadt *der kleinen, glücklichen Kindheit* liegt wie in einem Palimpsest eine zweite Wirklichkeit. Die der abwesenden Juden der Stadt. *Preßburg war eine Drei-
sprachenstadt. Die vierte Sprache / ist das Schweigen.* Diese drei
Worte stehen allein in einer radikal verkürzten Zeile, die in einem
unerwarteten Umschwung den Erzählgestus abbricht. Es folgen
lakonisch einige Angaben über die Geschichte der Stadt, ein Abschiedsgruß. Gleich neben diesem Gedicht steht *Ansichtskarte:
Schaschtin, Herbstfeuer.* Sie wollen zusammengelesen werden.
Schaschtin ist der Ort der Großeltern Rübners, von dem aus Vater,
Mutter und Schwester nach Auschwitz deportiert wurden. Ein
herbstliches Schaschtin, ein Marktflecken an der mährischen Grenze, wird in den Eingangsversen topographisch exakt vorgestellt:
Wallfahrtsort, Silesianerkloster, Buden voll Rosenkränze, Markt-
platz. Zuckerwerk in den Buden. In gleich langen, rhythmisch ruhig fließenden Zeilen wird von Schaschtin erzählt. Ein Trommler
ruft *laut die Neuigkeiten von 1934 aus.* Zu jener Zeit war Tuvia
Rübner zehn Jahre alt. Abrupt bricht die Schilderung ab: *es war /
bevor Schaschtin Rauch wurde, jedenfalls vor / Juni 1942.* Das

Datum steht in einer Zeile für sich und bildet genau die Mitte der
26 Zeilen des Gedichts. In die helle Stadtimagination bricht jäh
die Verfolgungsvergangenheit ein: Erinnerung an das Haus der
Großeltern, den Monat der Deportation der Familie von diesem
Haus aus, der exakt beschriebene Todesweg von dort zum Bahnhof. *Da blieb Schaschtin stumm wie ein Fisch, sagte kein Wort /
vom Zug, der vom kleinen Bahnhof –.* Die Syntax wird brüchig,
der ruhige Fluß der ersten dreizehn Verse unterbrochen. Das Gelb
und Gold der herbstlichen Stadt bedeutet mit der Nennung des
Deportationsdatums plötzlich etwas Entsetzliches. Das Herbstfeuer
ist kein Herbstfeuer mehr, sein Rauch kommt von anderswo her:
*Die Luft nicht zu atmen, nichts als Rauch. / Nichts zum Ansehen.
Niemand zum Sprechen. Nichts zu schreiben.* Die fünffache Negation durch Nicht, Niemand, Nichts löscht Schaschtin aus.
Das Andenken von Pagis (*EM*, 126/127) spricht zunächst scheinbar über eine Fotografie. Der biographische Anlaß zum Text war
eine Ausstellung im Tel Aviver Diaspora-Museum über die Radaut-
zer Juden der Bukowina. Die traumatische Trennung vom Kind-
heitsort wird in metonymischen Bildern zur Sprache gebracht und
das Foto in ein Dokument des endgültigen Abschieds verwandelt.
Kollektive jüdische Verfolgungserfahrung wird Sprache in der
Metamorphose des Schnees zu Magen David-Kristallen:

Meine Geburtsstadt, Radautz in der Bukowina, hat mich ausgeschieden, als ich
zehn Jahre alt war. Noch am selben Tag vergaß sie mich, wie den Toten, und auch
ich vergaß sie. So gefiel es uns beiden. Gestern, nach vierzig Jahren, schickte sie
mir ein Andenken. (...) Eine neues Foto, ihr letztes Winterporträt. Ein Wagen mit
Verdeck wartet im Hof. Das Pferd wendet den Kopf und blickt liebevoll auf einen
Greis, der irgendein Tor schließt. Also ein Begräbnis. Zwei Mitglieder der Chew-
ra Kaddischa blieben übrig: der Totengräber und das Pferd. // Immerhin ein präch-
tiges Begräbnis: ringsum im starken Wind drängen sich Tausende Schneeflocken,
jede ein Stern für sich in Form eines Kristalls. (...) Alle Schneesterne sind doch
von gleicher Struktur: sechs Zacken, eigentlich ein Davidsstern. Gleich fallen alle zusammen, vermengen sich, unkenntliche Masse, sind einfach Schnee. Darunter hat meine Stadt auch mir ein Grab bereitet.

Im Paradox ist der in der Imagination unter dem Schnee seiner
Kindheitsstadt Begrabene geborgen und verloren zugleich: Teil der
unkenntlichen Masse. Unmöglich ist es, dabei nicht die anonymen
Massengräber der Ermordeten zu assoziieren. Innere Bilder über-
decken das auf dem Foto Abgebildete. Der Titel *Das Andenken* er-
fährt eine Bedeutungsverschiebung wie in Rübners *Ansichtskarten*.
Es geht im Bewußtsein unaufhebbaren Exils um das ›Ansehen‹ und
Eingedenken der Toten, um Trennung, Verfolgung, Verlust.
Anders als Rübner und Pagis bezieht sich Celan auf die Stadt seiner Herkunft nicht mit einem Foto – Zitat und Allusion sind seine

Mittel. *Eine Gauner- und Ganovenweise gesungen zu Paris Em-près Pontoise von Paul Celan aus Czernowitz bei Sadagora* (*GW* I, 229f), die den ersten Zyklus von *Die Niemandsrose* beschließt, macht bereits im anspielungsgesättigten Titel und durch das dem Gedicht vorangestellte Heine-Zitat deutlich, daß Exilklage das Thema ist. Paris ist Celans Exilort, Paul Antschels Name Celan ist sein Exil- und Dichtername, Emprès Pontoise spielt auf Villons Ballade an, Czernowitz wird in seiner Bedeutung dem kleinen Ort Sadagora, einem chassidischen Zentrum der Bukowina, untergeordnet. Die beiden vorangestellten Heineverse – *Manchmal nur, in dunklen Zeiten* – entstammen der zweiten Strophe des Gedichts *An Edom*, das wiederum als Motto in den Zusammenhang mit Heines Erzählfragment *Der Rabbi von Bacherach* gehört. Eines der Leitthemen dieses Fragments sind Pogrom- und Exilerfahrung. Heines Arbeit an der Erzählung steht wiederum im Zusammenhang mit dem historischen Pogrom in Damaskus. Der biblische Name Edom ist für Heine wie für Celan eine Chiffre für Rom und Judenfeindschaft. Der Zusammenklang von Celans Versen verdankt sich verdeckten und offenen Anspielungen auf jüdische und nichtjüdische Geschichte und Literatur. Es sind: die Villonballade über die ihm angedrohte Erhängung, in der Paris der kleinen Stadt Pointoise untergeordnet wird; Jes 40, 4, ein Vers, der auch Titel für J.S. Agnons große Erzählung *Und das Krumme wird gerade* ist; ein altes Landsknechtslied von Friaul; Camus' Roman *Die Pest;* den von Celan übersetzten großen russisch-jüdischen Dichter Ossip Mandelstam; das Stigma des Judenflecks; das Märchen *Von dem Machandelboom*; die heilige Silbe Om (A-U-M) der Hinduisten. Celans Wortspiel mit der Mandel spielt auf die Berufungsszene Jeremias an (Jer 1,11). Die Mandel ist, wie durchgehend in Celans Lyrik, noch in der Silbenzertrümmerung ein Emblem für Jüdisches: *Denn es blühte der Mandelbaum. / Mandelbaum, Bandelmaum. / Mandeltraum, Trandelmaum. / Und auch der Machandelbaum. / Chandelbaum.*

Wie in einer Genisah sind Text- und Erfahrungselemente, die Celans Widerstehen im Exil bestimmen, in den Tropen dieses Gedicht versammelt. Czernowitz erscheint mit keinem Vers abgebildet. Eine geistige Realität vielmehr ist es, in der dieses singende Ich sich selbst seine Wurzeln vergegenwärtigt. ›Wo schreibe ich mich her?‹ Von dort. Von jüdischer Erfahrung und biblischer Verheißung her: *Krumm war der Weg, den ich ging, / krumm war er, ja, / denn, ja, / er war gerade.* Was im biblischen Text futurisch steht, setzt das Gedicht ins Imperfekt, die Verheißung ins Jetzt mit einem doppelten Ja im Paradoxon bekräftigend. Die Tropen des Gedichts bereiten die Schlußverse vor. Der zweimal genannte Mandelbaum, der im Buchstabenspiel zum Machandelbaum gewordene, heißt zuletzt der Baum: *Aber, / aber er bäumt sich, der Baum. Er, / auch er / steht gegen / die Pest.* Das erste Aber, in einer Zeile für sich, wird wiederholt, das Widerstehen angesichts des Absurden bekräftigend, wie es der Doktor Rieux tat angesichts der Pest. Der Baum ist verwurzelt – Gegenbild zu den Galgen, mit denen das Gedicht einsetzt. In Celans Werk ist das Wort Stehen ein Schlüsselwort[49] – bis in die spätesten Gedichte aus dem Jerusalem-Zyklus in *Zeitgehöft.* Noch in den letzten Briefen aus Paris schreibt er am 27. 3. 1970: »Es ist ein Kampf, Ilana, ich kämpfe ihn aus. Du weißt, daß es ein jüdischer Kampf ist. Ich stehe.« Zugleich ist es ein Einstehen für die Wahrheit (emeth) der Vernichteten. Noch in *Atemwende,* in der der gegenständliche Bezug des Ausdrucks zu schwinden beginnt,[50] finden sich Verse, die diese Haltung bekräftigen: *Stehen, im Schatten / des Wundenmals in der Luft. // Für-niemand-und-nichts-Stehn. / Unerkannt, / für dich, / allein // Mit allem, was darin Raum hat, / auch ohne / Sprache.* (*GW* II, 23) Und dort auch die Verse: *Mit den Verfolgten in spätem, un / verschwiegenem, / strahlendem / Bund.* (*GW* II, 25) Und noch am 6. 4.: »(...) meine Gedichte schaffen mir augenblicksweise, eben wenn ich sie lese, Daseinsmöglichkeit, Stehen.«[51]

Mit *Die Niemandsrose* (1963) nimmt die Fülle der Zitationen und Allusionen zu. Kontinuierlich beginnt Celan mit Bezügen zur jüdischen Religionsphilosophie und Lebenswelt wie auch zur hebräischen Sprache zu arbeiten[52]. Er fordert in der zunehmenden posttraumatischen Verstörung für sein Werk das Bewußtsein seines Zusammenhangs mit dem jüdischen Erbe ein. Mit Schlüsselworten der Tradition baut er in seinem Werk ein Gewebe von Sprachzeichen eines Schibboleth für die Klage. Darunter: Sabbath, Hawdalah, Jiskor, gebenscht, Schibboleth, Gebetriemen, Schaufäden.[53] Die Nennung hebräischer Buchstaben wie Aleph und Jud im deutschsprachigen Vers knüpft an die Wortmagie der Kabbala an.

---

49 Vgl. z.B. *Mandorla* (*GW* I, 244): Zwölfmal tritt dort das Wort ›stehen‹ auf; oder *Hüttenfenster* (*GW* I, 278f), wo der Davidsschild *steht / bei Alpha und Aleph, bei Jud, / bei den andern, bei / allen: in / dir.*

50 Vgl. dazu Thomas Sparr, *Celans Poetik des hermetischen Gedichts.* Heidelberg 1989, 60ff.

51 Shmueli. a.a.O., 75.

52 Zur Literatur über Celans hebräische Quellen, vgl. Felstiner a.a.O., 328, Anm. 11.

53 Z.B.: ›Sabbath‹ im späten Gedicht *Rebleute* (*GW* III, 123); ›Knochen-Hebräisch‹ in *In Prag* (*GW* II, 63); ›Schibboleth‹ im titelgleichen Gedicht (*GW* I, 131) sowie in *In Eins* (*GW* I, 270). ›Aleph‹ und ›Jud‹ in *Hüttenfenster* (*GW* I, 278f); dort: *Beth, – das ist / das Haus, wo der Tisch steht mit // dem Licht und dem Licht;* ›Kaddisch‹ und ›Jiskor‹ in *Die Schleuse* (*GW* I, 222).

Den Versen werden im Zivilisationsbruch verratene Erkenntnisse aus Kunst und Wissenschaft in Bruchstücken eingewoben. Das ›Ganze‹ der Tradition ist nicht zugänglich. Im Spätwerk entsteht mit der radikalen Reduktion der Semantik der Sprachzeichen eine vielstimmige Simultaneität von Texten heterogener Herkunft. Die Elemente entstammen jüdischer wie christlicher Mystik, religionsphilosophischen und anderen Wissenschaftstexten, etwa von G. Scholem, H. Bergmann, M. Buber, S. Freud, J.-H. Fabre und anderen. Allusion und Zitation von Werken der bildenden Kunst,[54] wie sie auch zahlreiche Gedichte Rübners bestimmen,[55] von Lexika zu Mineralogie, Medizin, Biologie oder von Texten aus der Musikliteratur[56] sind dabei gleichen Ranges. Europäische und außereuropäische Dichtung sind ebenso in Allusion und Zitat präsent: z.b. Demokrit, Meister Eckart, Dante, Hölderlin, Jean Paul, Büchner, Kafka, Rilke, Ingeborg Bachmann,[57] Baudelaire, Rimbaud, Zwetajewa, Shakespeare, Bialik und Texte aus der jiddischen Literatur. Nicht der oft behauptete kryptische Charakter der Zitationen ist in unserem Zusammenhang von Interesse, sondern die Bedeutung der Erweiterung des Sprachraums der Celanschen Gedichte und das vielfach gebrochene Verhältnis zu überlieferten heiligen und säkularen Texten – gemäß der Überzeugung Celans, daß *nach dem, was geschah,* die Sprache der Dichtung sich an ihrem Wahrheitsanspruch wird messen lassen müssen. Im Ineinanderwirken mit Elementen des Traditionsstromes werden die Quellen in eine neue

---

54   Z.B. zum Isenheimer Altar, vgl. dazu Gerhart Baumann, *Erinnerungen an Paul Celan.* Frankfurt a.M. 1986, 47f; zu Brancusi: *Bei Brancusi, zu zweit (GW II,* 252); zu einem späten Selbstbildnis Rembrandts: *Einkanter (GW II,* 392). Dieses Gedicht nennt Psalm 16, vgl. dazu Shmueli, a.a.O., 73f. I. Schmueli hält das Gedicht für ein ›Selbstbildnis‹ Celans, gab er ihr doch auf die Bitte um ein Bild von sich eine Kunstpostkarte mit einem späten Selbstbildnis Rembrandts.
55   Im Band *Zypressenlicht* setzt Rübner die Reihe ›erzählter Bilder‹ fort, die sich bereits in *Wüstenginster* mit seinem Zyklus über sieben Engelzeichnungen von Paul Klee finden. Er versammelt dort Gedichte, z.B., zu Bildern im British Museum, in der Alten Pinakothek, zu einer persischen Miniatur.
56   Im Gedicht *Anabasis (GW I,* 256f) etwa zitiert Celan aus Mozarts Solo-Motette Exsultate Jubilate (KV 165): *unde suspirat cor.* Der Titel des Gedichtes *Tenebrae (GW I,* 163) war angeregt durch François Couperins Lecons de Ténèbres, die die biblischen Klagelieder als Textgrundlage haben; vgl. Felstiner, a.a.O., 101. Zum Zitierverfahren in Celans Werk, vgl. John E. Jackson, Paul Celan's Poetics of Quotation. In: *Argumentum e Silentio.* International Paul Celan Symposium. Edited by Amy D. Colin. Berlin / New York 1987, 214–222; Georg-Michael Schulz: ›fort aus Kannitverstan‹. Bemerkungen zum Zitat in der Lyrik Paul Celans. In: Text+Kritik Heft 53/54 (Paul Celan), 1977, 26–41.
57   Das Gedicht *In Prag (GW II,* 63) etwa antwortet auf I. Bachmanns Gedicht *Prag Jänner* 64, in: Ingeborg Bachmann. *Werke.* Hg. von Christine Koschel, Inge von Weidenbaum, Clemens Münster, Bd. I, 169.

Kontextualität gebracht.[58] Noch in der Fragmentierung erfüllen sie nicht allein strukturbildende Funktion, sondern ermöglichen in neuer Kontextualisierung ein Weiterschreiben der Tradition. Durch Transformation der Bedeutung des Zitierten wird eingeklagt, woher der Dichter sich schreibt und was den Wahrheitsanspruch seiner Verse bezeugt, noch in der Sprachverzweiflung. Die Berufung auf die Wahrheit (emeth) der verratenen Tradition vollzieht sich bei Celan, Pagis und Rübner, wenn auch auf deutlich unterschiedene Weise, wie die Arbeit in einem Archiv.

Welcher Art diese Arbeit ist, läßt sich an den unterschiedlichen Verfahren zeigen, mit denen Rübner und Celan etwa das Trauermotiv Zypresse einsetzen. Bei Rübner ist die Zypresse aus dem tradierten Fundus als Traueremblem erkennbar, und im Gedicht *Zypresse* ausdrücklich so bezeichnet: *Trauerbaum / klagt nicht. / Nichts drängt ihn / zur Sprache. // Weiser der Gräber.* (*R*, 35). Auch wenn wir lesen *Feuer der Erde schwarz in Zypressen* (*R*, 11), bleibt die Wortfügung durchsichtig auf die vertraute Emblematik. *Die Tore von Frage-und-Antwort sind verschlossen* (*R*, 13) ist ein Gedicht überschrieben, das die Gottverlassenheit des Menschen vor einer Landschaft mit Zypressen entwirft. Der Titel des jüngsten Bandes *Zypressenlicht* bleibt in diesem Verweisungszusammenhang.

Celan entwickelt sein Zypressenmotiv im Gedicht *Im Schlangenwagen* (*GW* II, 27) auf der Hintergrundfolie eines verdeckten Zitats der Inschrift auf einem Goldplättchen aus Petelia aus dem 3./4. Jh. v.u.Z. Der Text auf dem Goldplättchen lautet: *Du wirst im Hause des Hades zur Linken eine Quelle finden; neben ihr steht eine weiße Zypresse. Hüte dich, in die Nähe dieser Quelle zu kommen. Finden wirst du auch noch eine andere, deren kaltes Wasser aus dem See der Mnemosyne hervorfließt (...). Dann werden sie dir zu trinken geben von der göttlichen Quelle.*[59] Celans Gedicht führt

---

58 Ein Schlüsseltext dafür ist *Edgar Jené und der Traum vom Traume*. (*GW* III, 155–161): (...) was war unaufrichtiger als die Behauptung, diese Worte seien irgendwo im Grunde noch dieselben! So mußte ich auch erkennen, daß sich zu dem, was zutiefst in seinem Innern seit unvordenklichen Zeiten nach Ausdruck rang, auch noch die Asche ausgebrannter Sinngebung gesellt hatte und nicht nur diese! Wie sollte nun das Neue also auch Reine entstehen? Aus den entferntesten Bezirken des Geistes mögen Worte und Gestalten kommen, (...) und wenn sie einander begegnen, (...) da Fremdes Fremdesten vermählt wird, blicke ich der neuen Helligkeit ins Auge (157f).

59 Renate Böschenstein-Schäfer, Traum und Sprache in der Dichtung Paul Celans, in: *Argumentum e Silentio*, 223–236, 234. Die Verfasserin weist darauf hin, daß Celans Gedicht in den Eingangsversen im Bild des Schlangenwagens die auf einem Drachenwagen flüchtende Medea und den Musenwagen, wie er bei Pindar oder Empedokles erscheint, aufruft.

die Bildelemente des alten Textes mit und transformiert ihre Bedeutung: *Im Schlangenwagen, an / der weißen Zypresse vorbei, /
durch die Flut / fuhren sie dich. // Doch in dir, von / Geburt, /
schäumte die andre Quelle, / am schwarzen / Strahl Gedächtnis /
klommst du zutag.*
Der alte Text unterliegt nicht nur Celans Versen als Quelle, er verbindet sie, selbst unerkannt, einem Traditionsstrom. Die Kenntnis
des alten Textes schärft das Gehör für Celans Transformation von
Traditionselementen. Die *Quelle* ist Teil der Identität dessen, der in
Celans Vers Ich sagt, er kann sie gar nicht meiden. Mnemosyne
verliert ihren Namen; Gedächtnis und Eingedenken, entscheidende
Momente jüdischer Kultur, sind identitätsstiftend. Manche späten
Gedichte Celans wie dieses vermitteln den Eindruck, es zerspreng-
ten die schwer erkennbaren Zitationen und Allusionen das Sprachgewebe. Dies ist nur Schein. Durch den Zusammenklang mit Fragmenten des Fremden bleibt das Eigene vor unangemessener Eindeutigkeit bewahrt. Die Verbindung der ›zerbrochenen Gefäße‹
der Tradition mit dem Neuen geschieht im Licht sich fortschrei-
bender Sprachskepsis.
Fragen der »Theodizee nach der Schoah«[60] bleiben dabei zentral
und stehen im Zusammenhang mit Celans intensivem Studium der
Schriften Scholems zur jüdischen Mystik und Margarete Susmans
Buch über Hiob.[61] Die nicht beantwortbare Frage nach dem Warum des Leidens und dem für Hiobs Elend verantwortlichen Gott
stellt Celan in dem Nelly Sachs gewidmeten Gedicht *Zürich, Zum
Storchen (GW* I, 214f). Beide teilten die Angst vor dem noch immer
virulenten Antisemitismus in Deutschland. Celans Verse über ihre
Begegnung 1960 in Zürich bleiben ein gültiges Zeugnis für die mit
Hiobs Leiden in Verbindung gebrachte Erfahrung, daß Ratio und
Sprache an das in der Schoah Erlittene nicht hinreichen. Auch ›das
Wort‹ der jüdischen Tradition nicht: *Vom Zuviel war die Rede, vom /
Zuwenig. Von Du / und Aber-Du, von / der Trübung durch Helles, /
von / Jüdischem, von / deinem Gott. // Da- / von.*
Mit einer Lichterscheinung über dem Wasser der Limmat bricht
eine Wirklichkeit jenseits der Sprache herein. In ihrem Licht geht
es nicht mehr um mit Worten vermittelbares Wissen oder Nichtwissen: *Am Tag einer Himmelfahrt, das / Münster stand drüben, es
kam / mit einigem Gold übers Wasser.* Das Licht über dem Wasser
erhält im Gedicht wie auch in Briefen Celans an Nelly Sachs my-

---

60 Eshel, a.a.O., 47.
61 Z.B. Gershom Scholem, *Von der mystischen Gestalt der Gottheit*. Studien zu
Grundbegriffen der Kabbala. Frankfurt a.M. 1977; Margarete Susman, *Hiob und
die Geschichte des jüdischen Volkes*, Zürich 1948.

stische Bedeutung. Im Kairos der Begegnung wird es zu einer Erscheinung der Gotteswirklichkeit, einer in kabbalistischer Tradition zu lesenden Theophanie, die in der Gegenwart der Schechina über der Nichtverstehbarkeit der Hioberfahrung aufleuchtet. In ihrem Licht spricht das Gedicht in seiner Antithetik der ersten Strophe vor einem schweigenden Gott: *Von deinem Gott war die Rede, ich sprach / gegen ihn, ich / ließ das Herz, das ich hatte, / hoffen: / auf / sein höchstes, umröcheltes, sein / haderndes Wort.* Die letzten Verse von *Zürich, Zum Storchen* lauten, die Antithetik des Beginns auflösend: *Wir / wissen ja nicht, weißt du, / wir / wissen ja nicht, / was / gilt.* Sie nehmen die letzten Sätze von Susmans Hiob-Buch sinngemäß auf.[62] Der biblische Hiob leidet mit dem Wissen, daß sein Löser lebt. In Celans Gedicht wird – wie in Susmanns Schlußsätzen – diesem Wissen die gemeinsame Klage zweier Überlebender über das umfassende Nichtwissen der Bedeutung des in der Schoah Erlittenen gegenübergestellt. Das im Wort geteilte Nichtwissen aber ist umfangen von einer der Sprache nicht zugänglichen Realität, jenem Licht aus dem Geheimnis jenseits der Sprache. Die Klage um das Nichtwissen der Bedeutung des Erlittenen wird Stimme in der Anwesenheit Gottes, bedeutet doch das ›Wohnen‹ *Gottes, seine Schechina im wörtlichen Verstand*[63] seine Gegenwart, die sich in einem überirdischen Lichtglanz manifestieren kann. In der talmudischen Literatur ist von einem solchen Licht, Ziw, der Schechina die Rede. In der Gegenwart Gottes also findet die Klage Sprache. Und er erleidet in der Gestalt der jedes Exil begleitende Schechina, was sein Volk erleidet.

Celan schrieb in Notaten zu jenem Treffen in Zürich und in Briefen an Nelly Sachs wiederholt über dieses Licht, ohne es schon mit Ziw zu bezeichnen.[64] Sieben Jahre später schreibt er (Nr. 106):

---

62 Mit dem Zitat eines Kafkatextes heißt es dort über die Vorahnung der Befreiung aus der Gefangenschaft des Exils:»Damit wird das fest verrammelte Tor unseres Gefängnisses dennoch um einen schmalen Spalt geöffnet. Ein Streifen überirdischen Lichts dringt herein; die Einsicht Hiobs bereitet ihm Bahn. Wir, die so unendlich viel, die viel zu viel wissen, wir wissen nichts. Wir wissen nichts von dem, worauf es für uns allein ankommt: von dem Plan, in dem wir befaßt sind und aus dem wir leben. Aber darum wissen wir auch nicht, ob nicht diese unsere dunkle, ganz von der Erlösung abgetriebene Welt der Erlösung am nächsten ist« (Susman, a.a.O., 218).

63 Scholem, a.a.O., 143.

64 Vgl. Paul Celan / Nelly Sachs, *Briefwechel.* Hg. von Barbara Wiedemann. Frankfurt a.M. 1993, Nr. 38 ([...] 26 mai: Hotel zum Storchen / 4h Nelly Sachs, allein. ›Ich bin ja gläubig‹. Als ich darauf sage, ich hoffte bis zuletzt lästern zu können: ›Man weiß ja nicht, was gilt‹); Nr. 43 (Paris-Besuch von Nelly Sachs: (...) Der goldene Lichtschein im Nebenzimmer); Nr. 104: ([...] und dann das Gold über dem Wasser und in deinem Zimmer!).

»Käme das Gold durch die Luft noch einmal aus dem Geheimnis.«
Am 8. 12. 1967 (Nr. 105) erinnert er erneut an die Lichterschei-
nung: »es war so gut Deinen Brief in Händen zu halten und von
Dir selbst an das Licht erinnert zu werden, das in Zürich überm
Wasser und dann in Paris aufschien. Einmal, in einem Gedicht,
kam mir, über das Hebräische, auch ein Name dafür.« Es ist das
Wort Ziw. Im Brief vom 22. 3. 1968 (Nr. 108) gibt er ihm schließ-
lich den hebräischen Namen Ziw, wie später im letzten Vers von
Nah, im Aortenbogen (*GW* II, 202): *Nah, im Aortenbogen, / im
Hellblut: / das Hellwort. // Mutter Rahel / weint nicht mehr. / Rü-
bergetragen / alles Geweinte. // Still, in den Kranzarterien, / unum-
schnürt: / Ziw, jenes Licht.*
In seinem Glanz wird eine Kraft wirksam, die jüdisches Wissen
über Exilklage der Vergangenheit ins Bewußtsein hebt: das Wort
der Torah, das Wort der Dichtung, das Wort des eigenen Werkes.
Die Anspielung auf Hölderlins Patmos-Hymne ist so unüberhör-
bar wie Celans Selbstreferenz auf Verse aus *Tenebrae* (*GW* I, 163):
Nah sind wir, Herr, / nahe und greifbar. Die Allusion auf Rahels
Klage um ihre Kinder gilt zum einen Jer 31,15; zum anderen
durchzieht das Sprachgewebe noch ein weiterer Faden: Verse eines
alten jiddischen Klage- und Hoffnungsliedes über das Ende von
Rahels Klage über ihre Kinder im Exil beim Erscheinen des Messias.[65] Das jüdische Erbe ermöglicht Celan den Zusammenklang
von Stimmen der Überlieferung in messianischer Geduld und Erwartung. Von ihr her bekommt der Bezug auf Rahel als kabbalistischer Personifizierung der das Exil begleitenden und mitleidenden
Schechina zentrale Bedeutung. Im Licht von Ziw wird die Hiob-
Frage nicht gelöst, sie wird in den Zusammenhang der Erlösung
am Ende der Tage gestellt.
Pagis widmet Hiob vier Jahre vor seinem Tod einen lakonisch kurz
Predigt überschriebenen Prosatext (*EM*, 84/85), der Klage und
Anklage ineinsspricht. Es geht wie in Celans Gedicht wiederum
um Nichtwissen und Nichtverstehbarkeit des Unheils. Der Text
umfaßt drei Abschnitte. Der erste beklagt die Ungleichheit der
Kräfte zwischen den Partnern einer ungerechten Wette. Denn Hiob
wußte gar nicht, daß es eine Wette war. Der zweite spricht von
dem Schweigegebot des Richters, da Hiob sich *zu heftig beklagte.*
Mit seinem Schweigen besiegte er seinen Gegner, ohne *es zu wis-*

---

65 Vgl. Felstiner, a.a.O., 238; der Verfasser legt dar, es handle sich bei dem
Lied um ein in den Ghettos des Zweiten Weltkrieges gesungenes Schlaflied von
1919 aus der Feder von Moyshe-Leyb Halpern, das Celan sich auf eine Seite eines seiner Scholembände geschrieben hatte: *Vet die mamme Rokhl veynen / Vet
Meshiekh nit mehr kenen / Dos geveyn aribertrogn.*

sen. In diesem Nichtwissen wird seine Trauer nach der Zurücker-
stattung von ihm genommen. Der letzte Abschnitt von *Predigt* entwickelt eine traditionellen Lesarten zuwiderlaufende Auslegung
von Hiobs Erlösung als einer Scheinlösung, die sich einem Text-
mißverständnis verdankt. Pagis spielt damit auf Kafkas Text *Von
den Gleichnissen* an.[66] Nur im Licht des Gleichnisses behält die
Erlösung Wirklichkeit:

> Wir könnten meinen, daß diese Entschädigung das Fürchterlichste von allem sei.
> Wir könnten meinen, daß das Schrecklichste die Unwissenheit Hiobs sei: nicht
> zu wissen, daß er gesiegt hatte, und über wen. Aber das Allerfürchterlichste ist,
> daß es Hiob überhaupt nicht gab, daß er nur ein Gleichnis war.

Celans Israelbesuch im Oktober 1969 war eine Zäsur für Leben
und Werk.[67] Vor dem hebräischen Schriftstellerverband sagte er:

> Ich bin zu Ihnen nach Israel gekommen, weil ich das gebraucht habe. (...). Ich
> glaube einen Begriff zu haben von dem, was jüdische Einsamkeit sein kann. (...).
> Und ich finde hier, in dieser äußeren und inneren Landschaft, viel von den Wahr-
> heitszwängen, der Selbstevidenz und der weltoffenen Einmaligkeit großer Poesie
> (*GW* III, 203).

Er war sicher, lange nicht mehr so intensiv gelebt zu haben wie
während der siebzehn Tage in der Heimatfremde. Klageverse um
die Unmöglichkeit endgültiger Heimkehr sind im Jerusalem-Zyklus von *Zeitgehöft* versammelt. Es sind Gedichte von unerhörter
Prägnanz und Kargheit der Sprachzeichen, Verse, die das Ineinanderwirken einer Liebesbegegnung und der Klage um das Nicht-
heil-sein-Können im Licht gebrochener messianischer Hoffnung
vernehmbar machen. Der letzte Vers des ersten schon vor der Reise geschriebenen Gedichts, *Mandelnde* (*GW* III, 95), zitiert hebräisch den Beginn einer Liebesklage von Chaim Nachman Bialik:
Hachnissini – birg mich.[68] *Blieb mir nichts,* heißt es in Bialiks Lied

---

66 *Sämtliche Erzählungen*, 359: Alle diese Gleichnisse wollen eigentlich nur
sagen, daß das Unfaßbare unfaßbar ist, und das haben wir gewußt. Aber das, womit wir uns jeden Tag abmühen, sind andere Dinge. Darauf sagte einer: ›Warum
wehrt ihr euch? Würdet ihr den Gleichnissen folgen, dann wäret ihr selbst Gleichnisse geworden (...)‹. Ein anderer sagte: ›Ich wette, daß auch das ein Gleichnis
ist‹.
67 Am 23. 10. 1969 schrieb er aus Paris: »aber wie wird aussehn, was ich jetzt,
nach Jerusalem, aufschreibe? Daß Jerusalem eine Wende, eine Zäsur sein würde in
meinem Leben – das wußte ich.« Zitiert nach: Shmueli, a.a.O., 30.
68 Chaim Nachman Bialik, *Ausgewählte Gedichte*. Deutsche Übertragung von
Ernst Müller, Wien/Leipzig 1922, 125. Die erste und letzte der insgesamt 5 Strophen lautet: *Birg mich unter deinen Schwingen! Willst mir Mutter, Schwester
sein? / Und dein Schoß mir Nest und Zuflucht / Flehender, verirrter Pein?*

vor der Wiederholung des *Hachnissini* am Ende. Vor diesem Nichts
lebt Celan einer paradoxen Hoffnung in Jerusalem. Mythisch und
historisch bedeutsame Orte der Stadt und ihrer Umgebung werden
in den Gedichten mit Namen benannt: Tore der Stadt, das *Dänen-
schiff* am Kikar Dania, Denkmal für die nach Schweden geretteten
Juden, N'we Awiwim, Absaloms und Rahels Grab, der *Stein einer
Klage* – ein einzelner Stein, nicht die Klagemauer, an der Celan
nicht verweilen mochte. Der Klagestein wird zum Subjekt, er
*rauscht auf, / vor Erfüllung, // er befühlt unsre Münder, / er wech-
selt / über zu uns, // eingetan ist uns / sein Weiß (...)* (*GW* III, 98).
Die Sprachzeichen für Jerusalem zielen auf eine häretische Bitte
im die Mitte des Jerusalem-Zyklus bildenden Gedichts *Die Pole*
(*GW* III, 105), das Celan in einem Brief mit Verweis auf die Bedeutung seiner Lichtmetaphorik nach Israel sandte.[69] Die Verse leben aus der Polarität zweier Liebender und zugleich der zwischen
dem realen Jerusalem und jenem messianischer Heilserfüllung.
Vor dem verschlossenen Sha'ar Rachamim wird eschatologische
Erwartung Sprache. Mit ihrer kabbalistischen Bedeutung für Rein-
heit, Liebe und Erbarmen liegt nun die vordem mit dem Tod verbundene Farbe Weiß[70] in messianischer Konnotation über den
Versen, deren Erwartung bis auf die letzten Zeilen fast durchgehend im Konjunktiv steht: *wir schlafen hinüber, vors Tor / des Er-
barmens, // ich verliere dich an dich, das / ist mein Schneetrost, //
sag, daß Jerusalem i s t // sags, als wäre ich dieses / dein Weiß, /
als wärst du meins, // als könnten wir ohne uns wir sein (...).* Die
Bedeutung des Hinüberschlafens vor das verschlossene Tor – vom
Ölberg aus mit seinen Gräberfeldern – wird im Unbestimmten gehalten. Schlaf der Liebenden und Todesschlaf sind ineinsgespro-
chen. Unübersteigbar sind die Pole von Ich und Du, von realem
Jerusalem und messianischem Ort im Wachen. Das Loslassen des
Du erhält den Namen *Schneetrost*. Von den frühen Gedichten bis
ins Spätwerk – der letzte Band, den Celan noch selbst zusammenstellte, trägt den Titel *Schneepart* – blieb Schnee vornehmlich To-
des- und Trauerzeichen. Die Farbe Weiß, die alle anderen Farben
enthält, wird zuletzt nun zum Zeichen eines Heilseins, in dem in
der Befreiung aus dem Exil der Zeitlichkeit die Individuation aufgehoben ist: *als könnten wir ohne uns wir sein.* Die zweifache Bitte, im Wort allein die Realität Jerusalems und zugleich die Erlösung aus Exil und Geschichte zu verbürgen, ist sich der häreti-
schen Konnotation zur Erschaffung der Welt aus dem Wort be-

69   Vgl. Shmueli, a.a.O., 42f: *(...) auf Lichtsuche auch so.*
70   Vgl. Gershom Scholem, *Judaica 3*. Studien zur jüdischen Mystik. Frankfurt
a.M. 1987, 98ff.

wußt. Das Du wird zuletzt zur ›Schrift‹, die Erlösung aus Zeit und Exil zusagt: *ich blättre dich auf, für immer, / / du betest, du bettest / uns frei.* Celans Verse des Jerusalem-Zyklus geben so der Sehnsucht nach dem tikkun ha olam Stimme. Die emeth der Toten hat daran teil, und die Klage um sie gehört zu den Aufgaben des tikkun. In hebräischen Buchstaben schrieb Celan in Jerusalem die letzten Zeilen seines Jes 60, 1 zitierenden Gedichtes *Du, sei wie du* (*GW* II, 327) noch einmal: *kumi / ori*. Ein letztes Mal sind Celans Verse ein Aufstehen, Stehen und Standhalten, das mit der Lichtsymbolik des Heilseins in hebräischen Schriftzeichen das Schlüsselwort Stehen aufnimmt.[71] Mit einem mittelhochdeutschen Meister Eckart-Zitat aus *surge illuminare* wird die Klage – *Schlammbrocken schluckt ich, im Turm, / Sprache, Finster-Lisene* – dem *kumi ori* verbunden.

Widerstehen im Wort und Standhalten in der Verstörung sind in gleicher Weise im Werk von Rübner und Pagis zentral. *Pferd und sein Reiter* (*WG*, 48) heißt ein Gedicht Rübners, das sich auf ein Fresko des Malers Simone Martini in Siena aus dem Jahre 1328 bezieht. Das Bild zeigt Herrn Guidoriccio im Palazzo Pubblico in Siena. In Anspielung auf Ex 15,21 nimmt das Gedicht einen Reiter in einer Todeslandschaft in den Blick und gibt die Spiegelungen, die das Bild in der Seele auslöst, in Versen wieder. »Was sich mir im Raum dargestellt hatte«, schreibt Rübner in einem Selbstkommentar, »wurde zu einem Geschehen in der Zeit. Die Erinnerung aber läßt die Zeit stillstehen.«[72] Moses und Mirjams Siegeslied auf dem Weg aus dem Exil grundieren das Gedicht, das dem Dichter einen Zustand widerzuspiegeln scheint, in dem Sieg und Niederlage ineinander verschlungen sind, »so daß es unmöglich ist, sich vom Fleck zu rühren. Dennoch blickt der Ritter geradeaus nach vorn zwischen dunklem Schlund des Himmels[73] und totblassem Licht der Erde (im Hebräischen sind *Land* und *Erde* synonym). Er hat das seine getan. Nun ist er völlig allein. (...). Er gibt nicht nach. Hoffnung und Verzweiflung scheinen keine Gegen-

---

71 Im soeben erschienenen Briefwechsel zwischen Celan und seiner Frau, Gisèle Lestrange, ist das Standhalten eines der Leitthemen, das die Briefe über Jahrzehnte immer wieder aufnehmen; vgl. Paul Celan – Gisèle Celan-Lestrange. *Briefwechsel.* Mit einer Auswahl von Briefen Paul Celans an seinen Sohn Eric. Aus dem Französischen von Eugen Helmlé. Hg. und komm. von Bertrand Badiou in Verbindung mit Eric Celan. Anm. übers. und für die dt. Ausgabe eingerichtet von Barbara Wiedemann, I (Briefe), II (Kommentar). Frankfurt a.M. 2001.
72 *Mit den Augen geschrieben.* Von gedichteten und erzählten Bildern. Hg. von Lea Ritter-Santini. München/Wien 1991, 72.
73 Dieses Bild ist durchsichtig auf die Wortfügung Celans in der Meridian-Rede: *Himmel als Abgrund* (*GW* III, 195).

sätze zu sein«: *Zeit in den Händen wie lockere Zügel. / Hinter ihm Mauern. Vor ihm Mauern. / (...) Er ist nicht vorangekommen, keinen Schritt. / Nicht von hier nach hier.*
Akrobatik (*EM*, 62/63) ist ein wenige Jahre vor Pagis' Tod veröffentlichtes Prosagedicht überschrieben. Der Text umfaßt drei gleich lange Abschnitte. In den ersten beiden ertönt ein Trommelwirbel, ein Mann springt in kunstvollen Saltos durch die Luft, dann ist er ein zwischen sieben Bällen schwebender Ball. Beide Male heißt der Kommentar: *Allerhand, aber schon gesehen.* Der letzte Abschnitt lautet:
Plötzlich, völlig unvorbereitet, ganz plötzlich, stehen die Füße auf den Brettern der Bühne, und oberhalb der Beine ist das Becken, der Bauch, die Brust, die Schultern, der Hals und oben das Gesicht, still dem Dunkel zugewandt. Größer ist keine Kunst.

V

Systematische und Praktische Theologie

Johann Reikerstorfer

Über die »Klage« in der Christologie

Christliche Theologie braucht immer die Anderen, muss sie suchen, um ihr Hoffnungspotential entfalten zu können. Im Vergessen der Anderen würde sie sich auch selbst um das Verheißungsvolle ihres Gottesnamens bringen. Doch welcher »Blick« müsste sie in dieser Wahrnehmung der Anderen leiten, um ihren universalen Heilsanspruch kommunikativ erschließen und vertreten zu können? Sie hat in ihrer Christologie ein »Gotteszeugnis« zu verdeutlichen, das Gott im »Eingedenken« der Anderen als Inhalt einer Hoffnung unwiderruflich gemacht hat und das den Zeugen dieser Bezeugung als eschatologischen Gotteszeugen definiert.

Darin liegt seine Provokation bis heute. Sie besteht in dem ungeheuerlichen Anspruch, dass Gott als Hoffnung »wider alle Hoffnung« offenbart wurde und als dieser Hoffnungsname auch nur im Eingedenken der »Hoffnungslosen« geschichtlich bleiben kann.

Wie sollte heute ein »rettender« Sinn Jesu erkennbar werden, wenn nicht im Blick auf seine »gefährliche« Zeugenschaft und die Bereitschaft, ihr auch unter heutigen Öffentlichkeitsbedingungen standhalten zu wollen? Schon aus diesem Grund wäre Vorsicht gegenüber christologischen Verstehenszugängen geboten, die diesem »unpassenden Gott« (J.B. Metz) durch Logisierung, Prinzipialisierung und Systematisierung die Sprache der Hoffnung nehmen.

1. Welcher »Weltblick«?

Die Wucht, mit der sich heute unter dem Eindruck der Katastrophenerfahrungen der jüngsten und jüngeren Geschichte der Theologie die *Theodizeefrage* aufdrängt, mag die tiefe Erschütterung, die Krise und Herausforderung der Gottesrede angesichts der Leidens- und Katastrophengeschichten spürbar machen. Sie ist ihr zum »Schicksalsort« geworden und könnte – so die Vermutung –

uns die »Gottespassion« Jesu und ihr Gotteszeugnis auch für eine leid- und theodizeesensiblere Gottesrede heute näher bringen[1]. Müsste sich die Theologie in ihrem christologischen Gewissen nicht daran erinnern lassen, dass sie Gott nicht ohne das jesuanische Eingedenken der Anderen, sondern nur im Blick darauf und einer entsprechenden »Logik« des Gottredens« tradieren kann? Auch wenn im gesellschaftlichen Schwund gemeinsamer Verständigungsprämissen und im interkulturellen Kontext universale Ansprüche immer unwahrscheinlicher – weil unerschwinglicher – werden, könnten sich im neuartigen gesellschaftlichen Pluralismus unserer inhomogenen und fragmentierten Lebenswelten durchaus neue Chancen einer Gottesrede eröffnen, wenn sie nur ihr eigenes, oft kategorial überlagertes oder gesperrtes, Kommunikationspotential für den »Logos« oder die »Logik« eines pluralitätsfähigen Gottredens zur erschließen vermöchte. Sie müsste im gegenwärtigen Vernunftdisput gegenüber geschichtlosen Vernunftuniversalismen ein »alteritätsbewusstes« Vernunftkonzept forcieren, um in einer kognitiven Durchlässigkeit für die *bedrohten* Anderen auch für sich selbst eine kommunikative Basis zu gewinnen.

Wenn der christliche Heilsuniversalismus nicht als ein – vielleicht geschickt getarnter – Imperialismus der Einen gegenüber den Anderen durchschaut werden soll, dann muss er sich in einer Vernunft vermitteln lassen, die ihre Alteritätsfähigkeit – in quasi negativer Vermittlung – über das Erinnern der Anderen *in* ihren Leidenserfahrungen bewährt. Eine »anamnetische Vernunft«[2] würde ihre Universalität in einem verallgemeinerungsfähigen Vermissungswissen finden, das im *Widerstand* gegen erfahrenes Leid, insbesondere des Leids Unschuldiger, ein kommunikatives Band stif-

---

1   Vgl. dazu *J.B. Metz / J. Reikerstorfer*, Theologie als Theodizee. Beobachtungen zu einer aktuellen Diskussion, in: ThRv 95 (1999), 179–188.

2   Das Grundproblem des »aufgeklärten« Vernunftbegriffs dürfte darin liegen, dass er seinen eigenen geschichtlichen Kontext aus seinem Selbstverständnis verdrängte und in der Disjunktion von geschichtlicher Partikularität und Universalität einem Vernunftuniversalismus den Weg bereitete, in dem sich die Anderen – vor allem die nichteuropäischen Anderen – überfahren bzw. eliminiert erkennen müssen. Damit soll hier nicht einem die »Vernunft« relativierenden Kontextualismus gehuldigt werden. Die Frage spitzt sich vielmehr darauf zu, wie die menschheitliche Bedeutung einer freiheits- und gerechtigkeitssuchenden Vernunft unter heutigen Bedingungen als Organon des Universalen zu retten wäre. Auf dieser Linie sind die vernunftkritischen Überlegungen von J.B. Metz und sein Versuch, für diese freiheits- und gerechtigkeitssuchende Vernunft eine anamnetische Basis oder »Tiefenstruktur« zu reklamieren, angesiedelt. Zum Konzept dieser »anamnetischen Vernunft« vgl. jetzt auch die einschlägige Arbeit von *B. Taubald*, Anamnetische Vernunft. Untersuchungen zu einem Begriff der neuen Politischen Theologie, Münster 2001.

tet, das auch für Andere unter unterschiedlichsten kulturellen und weltanschaulichen Prämissen akzeptabel wäre. In einem solchen Vernunftkonzept ließe sich die christliche Gottesrede als eine leid- und theodizeesensible Rede entwickeln, für die Gottesfrage und Leidensfrage nicht mehr in jener Gegensätzlichkeit zu fixieren sind, wie sie für eine sich über die Theodizeefrage vermittelnde Gottesweigerung bereits im Ansatz bestimmend erscheint[3]. Für eine schöpfungstheologische Sicht käme dieses Eingedenken der *ungleichen* Anderen dem – im und durch den eschatologischen Gotteszeugen geoffenbarten – Schöpfungsgeheimnis näher auf die Spur als der Logos eines erinnerungsresistenten »Identitätsdenkens« mit seiner ontologischen oder transzendentalphilosophischen Schöpfungssemantik oder -architektonik[4].

3   Es ist hier auf die eigentümliche argumentationslogische Strukturanalogie hinzuweisen, in der ein rationalistischer Theodizeeversuch und ein rationalistischer Atheismus miteinander übereinstimmen können. Dann werden nicht nur Leidenserfahrungen in einer geschichtslosen und erinnerungsresistenten Vernunftsprache instrumentalisiert, auch Gott wird ideologisierend in eine »Allgemeinheit« gezwungen, die ihn nicht mehr als den Gott der Gebete, der Klage und Rufe erkennen lässt. Solche Theodizeeversuche – wie z.B. der von A. Kreiner vorgelegte Versuch einer Rechfertigung Gottes mit dem Argument der Willensfreiheit (»free-will-defense«) – werden immer ihre atheistische Gegenfigur provozieren müssen. Vgl. *A. Kreiner*, Gott im Leid. Zur Stichhaltigkeit der Theodizee-Argumente, Freiburg/Basel/Wien 1997; dazu *J. Reikerstorfer*, Vernunft Vernunft der »Theodizee«? Anfragen an ein vor-kritisches Theoriekonzept, in: Ethik und Sozialwissenschaften. Streitforum für Erwägungskultur 12 (2001), H. 2, 202–204. Einschlägig ist auch die in Anm. 1 zitierte Arbeit.
4   *J. Assmann* hat in »Moses der Ägypter. Entzifferung einer Gedächtnisspur« (Frankfurt a.M. [2]2000) die Kommunikationsfähigkeit des biblischen Monotheismus unter pluralistischen Bedingungen in Frage gestellt. Die »mosaische Unterscheidung« von »wahrer« und »falscher« Religion sei nämlich Quelle für Intoleranz, für Ausgrenzung und Gewalt. Dagegen empfiehlt er für eine religiös fundierte Begegnung der Völker und Kulturen in einer »Aufhellung des ägyptischen Subtextes in der Bibel« als pluralitätsfähig eine quasi »spinozistische« oder »kosmotheistische« Naturreligion polytheistischen Zuschnitts. Soll dies in einer – nietzscheanisch gestimmten Atmosphäre – das Ende jeglichen Wahrheitsanspruchs in der Religionenfrage bedeuten? Wie könnten noch ideologische Legitimations- oder Selbstbehauptungsinteressen im Namen der Religion aufgedeckt werden? Kann eine »machtpolitische« Interpretation des biblischen Monotheismus, für die dieser bis heute gewiss viele Anhaltspunkte bietet, als sein eigentliches Wesen ausgegeben werden, wenn man um den Geist seines »Eingedenkens«, sein »Bilderverbot« oder seine »Theodizee« weiß? Schließt nicht der biblische Schöpfungsglaube – mehr und anders als jeder naturorientierte »Kosmotheismus« – ein praktisches Anerkennungspotential ein, das die Suche nach solidarischer Einheit, nach Freiheit, Gerechtigkeit und Frieden immer neu erzwingt, um nicht unter sein Niveau zu fallen? Dazu auch *ders.*, Monotheismus und Ikonoklasmus als politische Theologie, in: *E. Otto* (Hg.), Mose. Ägypten und das Alte Testament (SBS 189), Stuttgart 2000). Vgl. dazu die vorsichtig-kritische

In der »Klage«, wie ich sie hier für den »christologischen Text« reklamieren möchte, liegt ein *Gerechtigkeitspathos*, das sich am
Leid, am Leid Unschuldiger, der Opfer und der Toten, entzündet.
Es äußert sich vor allem in der Gottesklage, der Anklage Gottes
oder im »Schrei« (E. Wiesel). Kann aber – auf mein Thema hin
gefragt – die christologische Rede vom *unwiderruflich-endgültig*
gewordenen Heilswort Gottes in Jesus Christus ein solches Pathos
der Klage überhaupt zulassen? Ist eine um diese Endgültigkeit bemühte Christologie noch als leid- oder theodizeesensible Christologie durchführbar[5]? Oder ließe sich in einem genuin christlichen
Verständnis von einem bedrängenden »Gottvermissen« sprechen,
ohne deshalb Gottes Heilsnähe in Jesus Christus als Fundament des
Christentums und seiner Theologie zu relativieren?
Im Zusammenhang solcher Befragungen sei hier thesenartig vor-
weg genommen, dass die Rückrufung der Klage ins christologische Bewusstsein der Theologie insgesamt das Wissen um den in
aller Gottesrede »unaussprechlichen«, den »unnahbaren« und »unpassenden« Gott schärfen könnte, der er *im* »Unglaublichen« seiner Hoffnung – als Gott »wider alle Hoffnung« – ist. Dabei ginge
es nicht um ein Wiederbeleben theologisch vertrauter Figuren vom
»Deus absconditus«, dem »verborgenen« oder »unbegreiflichen«
Gott, sondern um einen an-spruchsvollen Gott, der uns auch erschrecken lässt über uns selbst und unseren Missbrauch seiner Liebe, also um den Gott des *Gehorsams* in der Verheißung selber, der
Gerechtigkeit in der Liebe, des *Schmerzes* in der Freude usw. Oder,
in unseren schöpfungstheologischen Kontext gebracht: um Gottes
Offenbarung als »Sprache«, als Explikation und geschichtliche Verwirklichung des *eschatologischen* Schöpfungssinns (»Wort Gottes«
als Wort der Schöpfung).
Wenn Gott in seiner Offenbarung die Welt gleichsam »erobert«,
um sie in ihrem eschatologischen Schöpfungsgeheimnis zu offenbaren, dann läge in ihr auch ein kommunikatives »Noch-nicht«, eine Differenz, d.h. eine in aller Heilszusage noch vermisste Gerechtigkeit, was nicht nur im christologischen »Begriff«, sondern im
Logos der Gottesrede selbst einen strukturellen Niederschlag finden müsste.

Besprechung von *E. Zenger*, Was ist der Preis des Monotheismus? Die heilsame
Provokation von Jan Assmann, in: HerKorr 55 (2001), H. 4, 186–191.
5   So auch die Problemexposition bei *J.-H. Tück*, Christologie und Theodizee
bei Johann Baptist Metz. Ambivalenz der Neuzeit im Licht der Gottesfrage, Paderborn 1999. Eine problemsensible und differenzierte Studie zur Christologie
bei J.B. Metz hat jüngst *P.B. Kleden*, Christologie in Fragmenten. Die Rede von
Jesus Christus im Spannungsfeld von Hoffnungs- und Leidensgeschichte bei Johann Baptist Metz, Münster 2001 vorgelegt.

2. In der Spur Gottes

Die apokalyptische Vision vom »Reich Gottes« entfaltet ihre »Hoffnung« im Horizont geschichtlicher Bedrängnisse, Krisen und Leiden. Sie ist im Kern eine Gerechtigkeitsvision, deren »menschliches Antlitz« sich bei Jesus in seiner anteilnehmenden Hinwendung zu den »gebrochenen«, den »gedemütigten« und »verletzten«, den gesellschaftlich diskriminierten und eliminierten Anderen in ihrem Leid zeigt: Diesen Hoffnungslosen wird das nahe Ende als *Rettung* zugesagt. Besonders eindringlich äußert sich dieses »apokalyptische« Gotteszeugnis in der von Jesus eingeschärften *Einheit* von Gottes- und Nächstenliebe, die wir heute in der neuen Weltöffentlichkeit als ein universalisierungsfähiges Eingedenken zu erfragen hätten[6]?

Wenn die biblische Verheißungssprache ihre »kognitive« Basis im anteilnehmenden Blick für die bedrohten und deshalb *erinnerungsbedürftigen* Anderen besitzt, dann wird sich eine genuin christliche Hoffnung als Memoria auslegen, d.h. anamnetisch strukturieren müssen. Allein die Herausarbeitung dieser anamnetischen Hoffnungsstruktur könnte sie auch vom Verdacht bloßer Vertröstung oder einer »billigen Gnade« (D. Bonhoeffer) befreien.

Jesus ging seinen Weg in den Spuren einer Überlieferung, der eine Gotteserfahrung in der »Armut«, der Nichtbeheimatung, der Fremde und Unterdrückung vertraut war. Israel war nie wie andere Völker in der Gegenwart eines Zu-Hause-Seins angekommen. Sein Paradigma ist das zeitliche »Unterwegs«, die Spur, in der es seinen Gott nicht nur in rettenden Erfahrungen, sondern auch im Zerbrechen seiner Gotteserwartungen kennen lernte: in der Gebetssprache der Psalmen, bei Hiob, in vielen Passagen der Prophetenbücher, aber auch als klagende und anklagende Sprache im Buch Exodus[7].

Wichtig für die biblische Klage bleibt indes, dass sie in dieser Tradition eine *Öffentlichkeit* besitzt, in der sie auch als Klage gegen Gott ihre Sprache findet. Sie bleibt zurückgebunden an Spuren

---

6   Die Suche nach einer »politischen Form« der Liebe, die J.B. Metz seit den Anfängen seiner »Politischen Theologie« beschäftigte, führt ihn in der diagnostizierten »Gotteskrise«, der »kulturellen Amnesie« und einem drohenden »Posthumanismus« immer entschiedener auf die Bedeutung der »Compassion«, in der die »politische Form« der Liebe als »Eingedenken fremden Leids« eine neue, eine universalisierungsfähige und für die Rede vom Menschen in theoretischer wie auch praktischer Hinsicht grundlegende Gestalt annimmt. Vgl. *ders.*, Im Eingedenken fremden Leids. Zu einer Basiskategorie christlicher Gottesrede, in: *ders.* / *J. Reikerstorfer* / *J. Werbick*, Gottesrede, Münster 1996, 3–20; dazu auch *J. Reikerstorfer*, Leiddurchkreuzt. Zum Logos christlicher Gottesrede, in: ebd. 21–57.

7   *J. Ebach*, Herr, warum handelst du böse an diesem Volk? Klage vor Gott und Anklage Gottes in der Erfahrung des Scheiterns, in: Conc 26 (1990), 430–436.

der Gotteserfahrung und ist in der geklagten Gottenttäuschung immer noch ein »Adressieren«, ein »Sich-Adressieren« oder »Übersich-hinaus«. Deshalb liegt in der Klage (gerade in der Unaussprechlichkeit ihrer Gerichtetheit) ein Transzendieren – nicht ein um sich wissendes Transzendieren, sondern Transzendenz im Modus des Widerstands, der Nicht-Akzeptanz, der Entzweiung des Bewusstseins. Eine solche Bewegung wäre in ihrer Inanspruchnahme oder Bewegtheit freilich selbst schon der – wenn auch leise – Anfang und Ausdruck einer Hoffnung, die sich als solche nicht (oder nicht mehr) identifizieren kann. »Der alttestamentliche Beter« – sagt W. Groß – »sucht außerhalb seiner selbst Gott, weil er überzeugt ist, dass Gott Abhilfe schaffen kann. Sobald diese Überzeugung wegfiele, das Gebet nur noch ein verkappter Monolog wäre, verkäme solches Klagen zu kraftlosem Jammern ...«[8] So schreibt sich die Klage selbst als eine *Gottesspur* in das kollektive Gedächtnis des Volkes ein: als Gottesspur in der negativen Form des Gottvermissens.

Klage also und Hoffnung dürften dann nicht so voneinander getrennt und gegeneinander fixiert werden, wie es für eine dogmatische Gottesleugnung angesichts der Leidensgeschichten von vornherein ausgemacht zu sein scheint. Denn auch die Ablehnung Gottes, die in der biblischen Sprache so nahe an eine atheistische Gottesleugnung herankommt, ist in ihrem Sich-Adressieren eine Sprache des Gebets.

So aber wahrt die Klage mehr noch als die affirmative Sprache des Lobes und des Dankes die *Unnahbarkeit* Gottes selbst. In ihr konstituiert sich eine Sehnsucht, die sich nicht in einem thematischen Gegenstand vergewissern und beruhigen kann[9]. Deshalb das »Drängen«, die zeitlich verfasste Transzendenz oder das Auf-Gott-hin, das mit dem vermissten Gott im Vermissen selbst verbindet. Wenn es ein Wort für dieses Vermissen gibt, dann wäre es das Wort »En-

8   *W. Groß*, »Trifft ein Unglück die Stadt, und der Herr war nicht am Werk?«, in: *G. Fuchs* (Hg.), Angesichts des Leids an Gott glauben? Zur Theologie der Klage, Frankfurt a.M. 1996, 83–100, 95.
9   Um diese (transsubjektive) Bewegtheit oder dieses Bewegtwerden auszudrücken, möchte ich von einer »Sehnsucht« *in* der Hoffnung sprechen, die ihr – von den Anderen her in Anspruch genommen – eine eigentümliche »Gespanntheit« verleiht. Wieder kommt in dieser Zeitlichkeit zugleich Gottes Transzendenz und die geschöpfliche Würde des Menschen unzertrennbar zum Ausdruck. – Vgl. dazu die Bemerkung von *E. Lévinas*: »Die Beziehung zum Unendlichen ist kein Wissen, sondern eine Nähe, die Unvergleichlichkeit des Unumfaßbaren, das uns berührt, aber nicht aufhebt, sie ist Sehnsucht, d.h. genau ein Gedanke, der unendlich mehr denkt, als er denkt« (Menschwerdung Gottes?, in: *ders.*, Zwischen uns. Versuche über das Denken an die Anderen (aus dem Französischen von Frank Miething) München/Wien 1995, 73–82, 79.

de«: Ende der Leidenszeit, nicht als Aufhören, als Ausgelöschtwerden oder Zurücksinken in ein Nichts, sondern Ende als Rettung. Treffend hat J. Ebach diese eigentümliche Transzendenz der Klage für das Hiobbuch so ausgedrückt: »Die Hoffnung, die hier anklingt, zielt nicht darauf, dass sich zuletzt alles Leid als sinnvoll erbracht erwiese, sondern darauf, dass jedes Leid ein Ende hat«[10].

Aus diesem Grund hat dieses Gottvermissen auch nichts mit einem konstatierbaren Mangel, einem Defekt oder einer Unvollständigkeit zu tun, weil solche Ausständigkeiten noch ein Maß voraussetzen, das gerade im Gottvermissen zerbricht. Wenn dieses Vermissen in der Klage radikal wird, versagen alle teleologischen Perspektiven der Leidintegration. »Nackt«, außer sich versetzt und letzter Weglosigkeit preisgeben steht der Mensch vor der unnahbaren Gottheit. Dies verleiht der Klage ihre mitunter schreckliche Würde, in der der Klagende in letzter Entsichertheit einer Gottheit standhält. »Diese Kühnheit (der Klage) ist ein Ausdruck der Würde des Menschen. Und erst wo Menschen diese Kühnheit verdrängen, werden sie Gott untreu, weil sie ihn in dieser Welt nicht mehr beanspruchen und ernstnehmen.«[11]

Nur nebenbei: Wenn also die Sprengkraft der Klage nicht wieder durch erschlichene Sinngebungen und Sinnintegrationen depotenziert soll, müsste wohl jede Rede von Gott *in* seiner Schöpfung und seiner Schöpfung selbst diese letzte Entsichertheit auf Gott selbst hin auch zum Ausdruck bringen. Doch darf andererseits die so in der Klage hervorgetretene Gottheit nicht einfach mit einem »verborgenen« oder »unbegreiflichen« Gott gleichgesetzt werden. Das Standhalten in der »Gottes-Nacht« (M. Zechmeister) hält Gott in der Schöpfung stand und ist so der Widerstand gegen ihre abgründigen Bedrohungen und eine Nivellierung des Schöpfungssinns selber. Dieses »praktische« Potential einer Anerkennung Gottes *in* der »Autorität der Leidenden« scheint eben in der Rede vom unbegreiflichen oder verborgenen Gott durch eine indivi-

---

10 *J. Ebach*, Hiob/Hiobbuch, in: TRE 15 (1986), 370; vgl. dazu auch *O. Fuchs*: »Sie ist die eschatologisch verlängerte Weigerung, dem unschuldigen Leiden einen Sinn zu verschaffen, auch keinen Sinn am Ende der Tage, sozusagen als große alles klärende Antwort von oben« (Dass Gott zur Rechenschaft gezogen werde – weil er sich weder gerecht noch barmherzig zeigt? Überlegungen zu einer Eschatologie der Klage, in: *R. Scoralick* [Hg.], Das Drama der Barmherzigkeit Gottes. Studien zur biblischen Gottesrede und ihrer Wirkungsgeschichte im Judentum und Christentum, Stuttgart 1999, 11–32, 18, Anm. 11).

11 Ebd., 17; vgl. dazu auch *A.R. Eckardt*, Das Weinen Gottes: Eine göttliche Komödie, in: *R. Boschki / D. Mensink* (Hg.), Kultur allein ist nicht genug. Das Werk von Elie Wiesel – Herausforderung für Religion und Gesellschaft, Münster 1998, 267–268.

dual-anthropologische Perspektive noch verdeckt zu sein, die der Herausforderung und Wucht der Leidensgeschichten anderer wohl nicht gewachsen ist.

Es wahrt diese Sehnsucht das auf die Welt bezogene »Geheimnis« Gottes. Sie macht die gespensterhafte Interpretation Gottes in einem übersinnlichen »Jenseits« ebenso unmöglich wie die Vorstellung eines nur negativen, d.h. seinen Ausgang vergessenden Geheimnisses. Die Bedrängnisse der Leidenszeit rücken vielmehr Gott selbst in den Horizont der Zeit und machen sein rettendes »Kommen« nur als Erweis seiner Treue als Schöpfer denkbar. So zerbricht auch in der Klage die Vorstellung einer göttlichen »Willkür« (»omnipotentia absoluta«), weil ein willkürlich agierender Gott sich eine immanentistisch »verfestigte« Welt voraussetzen würde, welche die transzendierende Kraft der Klage verkennt oder zum Verstummen bringt. Das Transzendieren der Klage nimmt Gott für seine Welt in Verantwortung, erinnert ihn an seine Treue und behaftet ihn so bei seinem weltbezogenen Gottsein.

War es nicht diese Spur des unnahbaren Gottes in der Sehnsucht, die Jesus selbst, der Gotteszeuge, in seinem Leben »pro aliis« gesucht und die er in seiner eigenen Gottespassion radikalisiert und unserer Geschichte eingeschrieben hat? Hat er nicht für Andere Gottes Transzendenz als ein ermutigendes Auf-Gott-hin zur Sprache gebracht, indem er vor allem den Konnex zwischen Schuld und Leiden, d.h. den »Tun-Ergehen-Zusammenhang« jedweder Ordnung durchbrach und das ungerechte Leid auf Gott selbst hin als ihm geklagte Frage ausstand[12]? Deshalb wurde dieser Gott der Anderen auch als gesellschaftliche Störung, als Angriff und Umsturz der gesellschaftlichen Ordnung und darin allemal als »unpas-

---

12   Jesus sprengt in seinem eigenen Gottesverhältnis diesen »Tun-Ergehen-Zusammenhang«. Er »widerspricht« – könnte man mit einer in diesen Zusammenhang gebrachten Äußerung *B. Janowskis* sagen – »einer Auffassung von Wirklichkeit, wonach sich alles Ergehen auf ein entsprechendes Tun bezieht und die Tat im Guten wie im Bösen zum Täter zurückkehrt. Diese zirkuläre oder besser: reziproke Struktur des Handelns ist hier außer Kraft gesetzt. Denn wo – wie im Tun-Ergehen-Zusammenhang – Leiden als Folge von Schuld verstanden wird, kann der Leidende kein Gerechter sein, ja ist der Begriff der Gerechtigkeit gar nicht anwendbar: daß ein ›Gerechter‹ leidet, kann nicht sein; wenn er aber leidet, kann er nicht ›gerecht‹ genannt werden. Plausibel ist die Korrelation von Gerechtigkeit und Leiden also nur in einem Kontext, in dem der traditionelle Zusammenhang von Tun und Ergehen zerbrochen ist« (Er trug unsere Sünden. Jesaja 53 und die Dramatik der Stellvertretung, in: *ders.*, Gottes Gegenwart in Israel, Beiträge zur Theologie des Alten Testaments, Neukirchen-Vluyn 1993, 301–326, 303f; vgl. auch *ders.*, Die Tat kehrt zum Täter zurück. Offene Fragen im Umkreis des »Tun-Ergehen-Zusammenhangs«, in: *ders.*, Die rettende Gerechtigkeit. Beiträge zur Theologie des Alten Testaments 2, Neukirchen-Vluyn 1999, 166–191).

sender« Gott empfunden. Ein solcher Gott des Eingedenkens deckt die Sünde derer auf, die mit dieser Hoffnung nicht einverstanden waren. Ihm aber ist Jesus im wachsenden Widerstand der gesellschaftlichen Gegenmächte treu geblieben. Ihm suchte er in seiner »Passion« als Hoffnung für die Anderen standzuhalten[13]. Seine Todesangst, seine Anrufung Gottes und der Schrei, mit dem er verschied, machten die Spur dieses unnahbaren Gottes schließlich unauslöschlich. Der Gott Jesu hat in dieser Passion eine »theodramatische« Öffentlichkeit, die sich der »identitätslogischen« Identifikation in einer durch Gott selbst getragenen Gottunmittelbarkeit entzieht. Das jesuanische Gottesverhältnis bleibt im »pro aliis« von Grund auf intersubjektiv verfasst, d.h. durch die Anderen vermittelt, unterbrochen und auch verletzbar. In dieser »Ausgesetztheit« konnte er sich nicht klaglos in eine Gottesgemeinschaft zurücknehmen, sich ihrer in der Gefahr versichern, um Halt in der Bedrängnis zu gewinnen. Die Klage bleibt. Mehr noch: Der Gotteszeuge selbst ist im Kreuz zur Gottesklage geworden. Zugleich ist diese Klage – und darin liegt auch ihre Würde – der Protest gegen eine gesellschaftliche Welt, der ein solches Gotteszeugnis unerträglich war.

Vor diesem Hintergrund wäre jene denkwürdige Textstelle Lk 11, 1–13 zu erwähnen, die J.B. Metz in den Zusammenhang mit der Theodizeefrage gebracht hat[14]. Jesus ermutigt in einer Belehrung über das Gebet dazu, Gott um »Heiligen Geist«, d.h. Gott um Gott zu bitten. Dies umschreibt Gottes Transzendenz nicht in einer Zeit-Jenseitigkeit, sondern im Modus einer unaussprechlichen Gottessehnsucht in letzter Entfunktionalisierung und Entzweckung.

Ließe sich dann aber nicht gerade das spezifisch Christliche in dieser eschatologischen Gebetssprache des Gott-um-Gott-Bittens auch

---

13 Ich greife hier einen von *J.B. Metz* schon früh in christologische Zusammenhänge eingeführten Begriff auf, um ihn im Sinne meiner These von der Christologie »als« Theodizee zu interpretieren (Zeit der Orden? Zur Mystik und Politik der Nachfolge, Freiburg/Basel/Wien 1977, 67–77). »Ist damit nicht der Gedanke einer Wahrheit, die« – wie *E. Lévinas* treffend bemerkt – »durch ihre Erniedrigung sichtbar wird, ... die verfolgt wird, die einzige Möglichkeit einer Transzendenz? Nicht wegen der moralischen Qualität der Demut, die ich im übrigen keineswegs schmälern will, sondern aufgrund ihrer *Seinsweise*, die vielleicht die Quelle ihres moralischen Wertes darstellt. Sich demütig zeigen, als Verbündeter der Geschlagenen, der Armen, der Gehetzten – das heißt genau nicht sich in die Ordnung eingliedern ... Sich in dieser Armut der Exilierten zu zeigen, heißt den Zusammenhalt des Universums sprengen. Die Immanenz durchbrechen, ohne sich in ihr einzureihen« (Menschwerdung Gottes? [s. oben Anm. 9], 75f).
14 J.B. Metz hat wiederholt auf dieses Gott-um-Gott-Bitten im Theodizeezusammenhang hingewiesen. Vgl. z.B. *ders.*, Theodizee-empfindliche Gottesrede, in: *ders.* (Hg.), »Landschaft aus Schreien«. Zur Dramatik der Theodizeefrage, Mainz 1995, 81–102, 97.

zum Ausdruck bringen? Vorausgesetzt freilich, dass man zum *einen* den Gotteszeugen selbst in dieser Gottesspur erfragen kann und zum *anderen* der Gotteszeuge durch die Auferweckung legitimiert und sein Zeugnis als Spur dieses eschatologisch unnahbaren Gottes in die Geschichte eingeschrieben worden ist[15]. Das Gott-um-Gott-Bitten wäre allerdings nur dann keine nichtssagende Tautologie, wenn und so lang man darin den »unpassenden« Gott des jesuanischen Zeugnisses erkennen kann. Von ihm her bedeutet es die Radikalisierung der Unaussprechlichkeit Gottes selber, in der er der Gott seiner Welt als Schöpfung ist.

Ist es wirklich zu wenig christlich gedacht, wenn wir in dieser jesuanischen Gottesspur eine Verschärfung der Frage Hiobs erblicken und zugleich auch die theologische Eröffnung eines Hoffnungsraums und einer Hoffnungsgestalt, die ihre Christlichkeit nicht in einer besonderen Inhaltlichkeit, sondern im Modus dieses Auf-Gott-hin und Um-Gott-selber besitzt? Ist nicht die Offenbarung in ihrer jesuanischen Spur eine Radikalisierung dieser »Theozentrik« mit ihrem »Gott allein«?

Müsste dann aber – um auf das eigentliche Thema zurückzukommen – die transzendierende Kraft des jesuanischen »Schreis« unsere Erfüllungs- und Transparenzchristologien nicht strukturell verändern, die in ihren Begriffen von der gottdefinierten Menschlichkeit, vom »Gleichnis« Gottes, der menschlichen Entsprechung bzw. gott-menschlichen Stimmigkeit kaum noch etwas von der Gefährlichkeit des »unpassenden« Gottes Jesu erkennen lassen? In der individual-anthropologischen Perspektive solcher Entsprechungen droht das eschatologische Gerechtigkeitspotential »pro aliis« und damit der Zusammenhang von Offenbarung und Schöpfung verloren zu gehen. Wenn wir aber Jesus in Tod und Auferweckung als die Offenbarung des Schöpfungsgeheimnisses *dieser* Welt in ihrer Dynamisierung auf Gott selbst verstehen dürfen, dann wäre er selbst das konkret gewordene »Schöpfungswort«, das in unserer »sündigen«, unserer leidvergessenen und leidverdrängenden Welt den Gott des »Endes« als wahren »Anfang« offenbart hat.

---

15 Die Gefahr besteht natürlich, dass eine Auferstehungsvorstellung (supranaturalistischer Art) das irdische Lebenszeugnis, seinen Weg der Zeugenschaft, entwichtigt. In dem Punkt ist auch einem Grundanliegen *H. Verweyen*s in der Aufdeckung und Erschließung des jesuanischen Gotteszeugnisses zuzustimmen (Gottes letztes Wort. Grundriss der Fundamentaltheologie, Düsseldorf, [2]1991). Die Frage allerdings ist, ob der Bild-Gedanke im Anschluss an J.G. Fichte nicht dazu verführt, in der Gegenwart des (personal) verwirklichten »Gottesbildes« und seiner »Evidenz« das jesuanische Gotteszeugnis in der Gebrochenheit durch die »Theodizee« mit ihrer noch unabgegoltenen Gerechtigkeit für die Anderen zu entschärfen.

3. Zur Eigenart des christologischen Wissens: Der vergessene Karsamstag

J.B. Metz hat wiederholt vermerkt, dass wir zu viel »Ostersonntags-christologie« haben und zu wenig oder überhaupt keine »Karsams-tagschristologie«[16]. Wurde in der christlichen Theologie und Frömmigkeit der »Karsamstag« vergessen oder verdrängt? Immerhin steht im christlichen Credo der schwer verständliche – wenn nicht mythologieverdächtige – Satz vom »Abstieg in das Reich der Toten«, also von einer »Solidarität« oder einem »Mitsein Christi mit den Toten«. Wenn wir das Karsamstagsmotiv in seiner kritischen Spitze recht verstanden haben, dann geht es bei dieser eingeforderten Karsamstagschristologie nicht um ein christologisches Konkurrenzunternehmen, sondern viel eher um einige Korrektive im traditionellen »christologischen Text« selber.

a)   Anders als in der »Karsamstagstheologie«, wie sie H.U. v. Balthasar in seiner »Theologie der drei Tage« entwickelt hat[17], weiß sich dieses »Karsamstagskorrektiv« von dem fundamentaltheologischen Interesse an einer alteritätsbewussten, leid- und theodizeesensiblen Hoffnungsfigur inspiriert. Um dem Verdacht der Selbstprojektion, der Spiegelung und Verewigung eigener Wünsche wirksam zu begegnen, muss christliche Hoffnung als Hoffnung »der Hoffnungslosen« identifizierbar bleiben. Daher weltliche »Unterbrechungen«, welt-zeitliche »Verzögerungen«, das Aufspüren von Nicht-Identität, um in der Gottesrede nicht sich selbst und Andere zu betrügen. Wie also von der Erlösung aller reden, ohne die Anderen – wenn auch noch so sublim – zu vereinnahmen und zu beherrschen?

b)   Die Erinnerung des Karsamstags verfolgt die Spur einer »Transzendenz nach unten«, die im Eingedenken »fremden Leids« – auch und gerade des Leids der Toten, an dem niemand mehr rühren kann – eine Atmosphäre der Anteilnahme erzeugt, in der Sehnsucht nach Rettung erstehen kann. Wenn die Kirche nichts von der Bedrängnis dieser Atmosphäre verspürte und in ihre Verkündigungssprache, die liturgische und pastorale Praxis eingehen ließe, dann würde sie sich im Dienst am Menschen unglaubwürdig und überflüssig machen. Aber auch ihre christologische Sprache müsste

---

16   Vgl. *E. Schuster / R. Boschert-Kimmig* (Hg.), Trotzdem hoffen. Mit Johann Baptist Metz und Elie Wiesel im Gespräch, Mainz 1993, 50. Dazu *G. Grunden*, Fremde Freiheit. Jüdische Stimmen als Herausforderung an den Logos christlicher Theologie, Münster 1996, 216–223; *T.R. Peters*, Johann Baptist Metz. Theologie des vermissten Gottes, Mainz 1998, 146ff; *M. Zechmeister*, Karsamstag. Zu einer Theologie des Gott-Vermissens, in: *J. Reikerstorfer* (Hg.), Vom Wagnis der Nichtidentität, Münster 1998, 50–78.
17   Dazu ebd., 51–64.

strukturell von dieser Atmosphäre durchzogen bleiben, d.h. in ihrem Logos selbst krisenbewusster, zeit- und kontingenzsensibler werden, um einem Apathieverdacht entgegen zu wirken. Sie müsste sich den Gefahrenzonen geschichtlicher Nichtidentität aussetzen, um darin ihr biblisches Hoffnungspotential kommunikativ entfalten und tradieren zu können.

c) Die Rückrufung des Karsamstags und seiner Atmosphäre möchte in keiner Weise das christliche Bekenntnis zu Jesus als dem »Christus« oder »Messias« Gottes relativieren, konditionieren oder neu zur Disposition stellen. Aber die Gottespassion des Gotteszeugen darf inhaltlich im Wissen um die unwiderruflich-definitive Heilsoffenbarung nicht vergleichgültigt oder zu einem Prinzip verallgemeinert werden. Wie könnte ein Heil »für alle« aufrechterhalten werden, ohne sich auf die Zeugenschaft Jesu selbst einzulassen und darin auch die Bedingungen solcher Universalität zu vergewissern? Ohne diese Jesus-Memoria, die alle christologische Logik auf die Geschichte verpflichtet, müsste die österliche Heilsbotschaft wohl als eine Art »Siegermythos« oder »Siegerideologie« zur Legitimation einer apathischen, leidvergessenen Praxis missverstanden werden, die Leid und Leidensgeschichten Anderer nicht wirklich an die Gottesrede herankommen lässt[18]. Kurz: Indem die Karsamstagschristologie die Erinnerung des Juden Jesus inmitten seines Volkes wach zu halten sucht, sperrt sie sich gegen christliche »Erfüllungschristologien«, die so schnell, wie Geschichte belehrt, zur theologischen Legitimation für einen Antisemitismus missbraucht werden können.

d) Die Karsamstagschristologie erinnert in der Nähe des erlösenden Gottes auch an die menschliche Verantwortung, in der Zusage seiner Gemeinschaft an das Anerkennen Gottes, kurz: in der Verheißung an das gebietende »Höre, Israel ...« Was zur Christologie im engeren Sinn gehört, ist also die »Weggeschichte« Jesu und mithin die Verpflichtung des Christentums auf dieses Gehen, das Mit-Gehen und Miteinander-Gehen, um auch das Verheißungsvolle der Lebensspur Jesu zu erfahren[19].

---

18 *J.B. Metz* forciert »das Gottesgedächtnis der biblischen Überlieferung, soweit es sich als Leidensgeschichte der Menschen zur Sprache bringt, und auch das Christusgedächtnis der Christen, soweit es sich in einem geschichtlichen Leidensgedächtnis – memoria passionis – ausdrückt, das das kulturelle Auferweckungsgedächtnis – memoria resurrectionis – an unsere geschichtlichen Erfahrungen zurückbindet und verhindert, daß es schließlich nur als geschichts- und verantwortungsferner Mythos gefeiert wird.« (Zum Begriff der neuen Politischen Theologie. 1967–1997, Mainz 1997, 198).

19 Vgl. *J.B. Metz*, Unterwegs zu einer Christologie nach Auschwitz, in: StZ 125 (2000), 755–760.

4. Zur Zeitlichkeit der Christologie

Bliebe also zu prüfen, ob das Desiderat des Karsamstagsmotivs in einer »temporalen Christologie« angemessener gehört und in struktureller Hinsicht durchgeführt werden könnte. Gegen ein theologiegeschichtlich lange dominierendes »instruktionstheoretisches« Offenbarungsverständnis hat sich in der Theologie heute ein »kommunikationstheoretisches« Verständnis von Offenbarung als »Selbstmitteilung« Gottes durchgesetzt. Aber ist diese »Communio« als »erlösende« Heilsnähe Gottes nicht zu sehr an einer »Präsenz«, einer Vergegenwärtigung oder einem (personalen) Gleichzeitigwerden Gottes mit dem Menschen orientiert, als dass darin noch »Ausstehendes« bis hinein in das Gottvermissen der Theodizeefrage gewahrt bleiben könnte? Gibt es nicht (in den Anderen) – um ein Wort von E. Lévinas zu variieren – eine »Vergangenheit«, die in ihrer Vorgängigkeit und Unumkehrbarkeit niemals »Gegenwart« werden kann, weil sie vielmehr *in* ihr eine zeitliche Spannung erzeugt, in der sich diese Vergangenheit in eine gegenwärtig unabgegoltene Zukunft erstreckt?

Gerade in der Christologie hätte eine Unachtsamkeit gegenüber dem leitenden Zeitverständnis schwerwiegende Folgen. Ist es nicht seltsam, dass wir uns theologisch in einem kosmologischen Zeitverständnis, wie es bislang unsere heilsgeschichtlichen Konzeptionen beherrschte, in einer linearen physikalischen Zeit, die auch in die Historie einging, einer existentialen Zeitlichkeit (sich zeitigenden Da-seins) oder auch einer homogenen und kontinuierlichen »Prozesszeit« die Zugänge zu einem genuin biblischen Zeitverständnis und einem zeitlichen Schöpfungsverständnis blockiert haben[20]?

Für Paulus war bekanntlich »Christologie« noch im »apokalyptischen« Horizont angesiedelt. Deshalb ist in ihr – trotz aller anhebenden Anthropologisierungstendenzen – noch das Wissen lebendig, dass der kommende Gott die Zeit der Bedrängnisse und Leiden beendet und seine Gerechtigkeit für die Leidenden gegen die Unheilsmächte durchsetzt. Christologie war hier noch im »Angriff« gedacht, als hereinbrechender »Umsturz« der Verhältnisse, der selbst zum Aufbruch drängt (»Es ist Zeit, vom Schlaf aufzustehen ...«). Steckt in den Wurzeln des christlichen Universalismus nicht diese Zeitlichkeit des Aufbrechens aus den vertrauten Verhältnissen in der Hinkehr zu den fremden Anderen?

---

20 Vgl. dazu *J.B. Metz*, Gott. Wider den Mythos von der Ewigkeit der Zeit, in: *T.R. Peters / C. Urban* (Hg.), Ende der Zeit? Die Provokation der Rede von Gott, Mainz 1999, 32–49.

Wenn Gott sich in seiner Offenbarung so mitteilt, dass er wie in einem Zirkel die Bedingung für die Annahme seiner Mitteilung selbst (im Menschen) schafft und die Endgültigkeit seiner Offenbarung in die sich verendgültigende Freiheit selber verlegt wird, dann wäre schwerlich einzusehen, wie der Gotteszeuge im Horizont der Anderen das »Wort« der eschatologischen Schöpfung, d.h. des eschatologischen »Ja« Gottes sein soll. Bleibt in einem solchen Offenbarungskonzept nicht die Welt mit ihren oft schrecklichen Abstürzen und Einbrüchen auch als Bedrohung der Gnade selbst anthropologisch verschlüsselt bzw. abgeblendet? Ich bezweifele, dass derartige Vermittlungskonzepte von »Natur« und »Gnade« überhaupt einem eschatologischen Schöpfungsverständnis, d.h. einer in der Theodizeefrage auf Gott selbst hin verzeitlichten Schöpfung gerecht werden können. In einer verzeitlichten Schöpfung wäre für alle Schöpfungsaussagen eine widerständige, d.h. durch die Negation angefochtene und in ihr nur als Widerstand denkbare Gotteszustimmung als referenzielle Basis vorausgesetzt.

Anthropologisierende Christologien, die Gottes Selbstmitteilung in Jesus Christus als die Erfüllung der menschlichen Transzendenzstruktur interpretieren, sind wohl in der Gefahr, den Welthorizont der Leidenszeit als Horizont für den eschatologischen Gott der Schöpfung zu verharmlosen. Die Rede von einem eschatologisch-definitiven Heilswort Gottes muss sich im Horizont der durch die Gerechtigkeitsklage qualifizierten *Weltzeit* identifizieren lassen, die sich weder einem zyklischen, einem linear-evolutionistischen noch auch einem »existentialen« Zeitverständnis fügt.

Wenn die Christologie eine Gottesnähe zu verdeutlichen hat, dann wohl nur so, dass sie darin zugleich auf die *Spur* verpflichtet, die Jesus in seiner leid- und theodizeesensiblen Verantwortung für Andere in die Geschichte gezogen hat. Dies bedeutete eine konstitutionelle Entsicherung des christologischen Wissens (»Armut des Geistes«). Müsste eine Christologie nicht auch die Bedingung mitformulieren, unter der allein Gott »wider alle Hoffnung« hoffbar wird? Kurz: Christologie »dient keinem anderen Zweck, als ... in die Umkehrbewegung einzuladen und das Unglaubliche lebbar zu machen« (T.R. Peters)[21].

Einer alles umschließenden »Allversöhnung« ist damit ebenso der Boden entzogen wie dem Erlösungskonzept einer freien Aussöhnung zwischen Opfern und Tätern im Angesicht des Parusie-

---

21 *J.B. Metz*, Thesen zu einer Christologie nach Auschwitz, in: *J. Manemann /*
J.B. Metz, Christologie nach Auschwitz. Stellungnahmen im Anschluss an
Thesen von Tiemo Rainer Peters, Münster 1998, 2–5, 5.

Christus[22]. Derartige Spekulationen zur Rettung der universalen Heilstat Gottes in Jesus Christus erheben sich zu rasch über den Gehorsam in der Nachfolge des Gotteszeugen und verletzen die darin errichtete Grenze der Begreifbarkeit[23]. Christologieentwürfe, die den Menschen Jesus anthropologisierend aus dem apokalyptischen Zusammenhang mit seinem »leidenden Volk« herauslösen, leisten einer Ent-zeitlichung der Offenbarung Vorschub. Einer Christologie aber, die mit Paulus um die wurzelhafte Bedeutung Israels für das Christentum weiß, müsste dagegen an der Verzeitlichung der Selbstmitteilung Gottes gelegen sein, wenn ihr die aufgedrängte christliche Weltwahrnehmung in der Nachfolge des Gekreuzigten nicht verloren gehen soll. Wie anders sollte der Lebensweg Jesu mit seiner »intelligiblen Spur« Gottes im Offenbarungsbegriff selber erkennbar bleiben?

Der Verdacht, den wir behutsam formulieren wollen, läuft also darauf hinaus, dass der offenbarungstheologische Zirkel einer ihre eigene Annahme tragenden Selbstmitteilung Gottes gerade die Zeitlichkeit der Offenbarung verdeckt, weil wir in diesem Zirkel viel zuwenig zurückkommen auf die »Gottbedürftigkeit«, auf die Gottessehnsucht, auf das Gottvermissen und das darin liegende kommunikative Noch-nicht.

So könnte die »Klage« in der Christologie die Erinnerung des Schöpfers und die Würde des Geschöpflichen in der »negativen Form« des Gottvermissens, des Vermisstwerdens, einer den einzelnen umgreifenden Gottessehnsucht zurückrufen. In solche »Armut des Geistes« sich begebend vermag die Theologie wohl immer noch den »Trost« Gottes in seiner Rufbarkeit näher zu bringen.

5. »Analogia entis« als Reklamation der Würde des Geschöpflichen in der Negativität der Klage

Die Überlegungen wollten insbesondere für die Fundamentaltheologie die Notwendigkeit sichtbar machen, im christlichen Gottesverständnis die Würde des Geschöpfes gerade in der Negativität der »Klage« aufzuspüren, um die Rede vom Gott der Gnade, seiner erlösenden und befreienden Liebe, kommunikabel zu erhalten.

---

22 Ein solcher Versuch wird z.B. unternommen von *J.H. Tück*, Christologie und Theodizee bei Johann Baptist Metz. Ambivalenz der Neuzeit im Licht der Gottesfrage, Paderborn 1999; *ders.*, Versöhnung zwischen Täter und Opfern? Ein soteriologischer Versuch angesichts der Shoah, in: ThGl 89 (1999), 364–381.
23 Vgl. dazu meine Besprechung zu *J.H. Tück*, Christologie und Theodizee bei Johann Baptist Metz, in: ThRv 96 (2000), H. 1, 53–54.

Im neuartigen gesellschaftlichen Pluralismus könnte eine Verankerung der christlichen Gottesrede in der Negativität der Klage
oder des Gottvermissens mit seiner »negativen Theologie« einem
Entschwinden des Menschen aus dem »Wort« der Offenbarung
vorbeugen und die Weltlichkeit, d.h. die weltliche Verpflichtetheit
jeder christlichen Gottesrede reklamieren. Müssten sich nicht theologische Letztbegründungen der für alle offenbar gewordenen
Heilsliebe Gottes in einem ewig-trinitarischen Gott fragen, ob sie
in der Fundierung von Gott her nicht die für uns unhintergehbare
Schöpfung verdrängt, die Gott in der Spur des jesuanischen Eingedenkens bekräftigt hat?
Weiters kann die Rückrufung des Schöpfungsverhältnisses im
»Pluralismus der Kultur- und Religionswelten« interreligiöse und
interkulturelle Verständigungsmöglichkeiten gewinnen, die – wohlgemerkt – nicht im Vorfeld der christlichen Glaubensgeheimnisse
(»präambula fidei«) bleiben, sondern das unabspaltbare Medium,
die Vollzugs- und Ausdrucksgestalt dieses Glaubens selbst meinen.
Wäre die »Empathie« und der darin gelegene Respekt vor der
Würde der Anderen (in ihrer Ungleichheit) nicht selbst eine auch
anderen Religionen und Kulturen zumutbare und verständliche
Inkulturationsform des Evangeliums?
Schließlich bedeutete diese Erinnerung für die christliche Theologie die Rückgewinnung einer »natürlichen Theologie«, die allerdings in diesem Vermittlungs- und Argumentationszusammenhang
im Vernunftanspruch nicht ihren offenbarungsgeschichtlichen
Kontext leugnen dürfte. Wenn in der Verheißung der »Gehorsam«,
dem alle unterworfen sind, verloren geht, wie ihn schon Paulus in
Röm 2,14 meint, wenn »Gnade« alles überformt und dominiert,
dass um sie nicht mehr in der »Natur« auch gerungen werden
müsste, in der Vernunft also auch um den Gott der Offenbarung,
dann kann auch schwerlich mehr der Zusammenhang von Gnade
und Natur in einer verzeitlichten Schöpfung gesehen werden. Die
Rede von der Auferweckung Jesu bleibt nur dann eine verheißungsvolle Rede, wenn sie auf Geschichte bezogen und in einem
»geschichtlichen Wissen« tradiert wird, das den Menschen sucht
und durchlässig bleibt für den Erfahrungsraum der Geschichte.
Mit dieser Verantwortlichkeit für die ungleichen, die andersartigen
Anderen könnte das Christentums seine ethische, seine politische
und auch philosophische Kompetenz zurückgewinnen.
In diesem Zusammenhang kann die klassische »*analogia entis*« als
ein die Enge offenbarungspositivistischer Gottesrede sprengendes
Konzept der »Rettung« des Menschen vor Gott wie auch Gottes für
ihn verstanden werden. Denn in der Frage nach Möglichkeit, Sinn
und Grenzen einer christlichen Gottesrede bemühte sich die »Seins-

analogie« zuletzt um den Sinn eines »Gott ist« von der Welt her und im Horizont der Welt als unaufgebbare Voraussetzung für eine Offenbarungsrede. Es war der »vernunftwissenschaftliche« Versuch, in dieser fundamentalen Annäherung vom geschöpflichen Sein her die göttliche Transzendenz in ihrer Besonderheit ins Bewusstsein zu rücken und damit die unhintergehbare Würde des Geschöpflichen, insbesondere des sinnverstehenden Menschen, anzuerkennen. In der klassischen Formulierung des 4. Laterankonzils wird bei aller Ähnlichkeit zwischen Schöpfer und Geschöpf grundsätzlich eine je (immer) größere Unähnlichkeit festgehalten[24]. Was diese Formel in einer für uns heute geschichtslos anmutenden Begrifflichkeit sagt, drängt sich heute unter veränderten gesellschaftlichen Prämissen – nicht zuletzt auch im Blick auf den innertheologischen Diskurs – als neue fundamental-theologische Herausforderung auf[25]. Historisch betrachtet, fungierte diese lateranensische Analogieformel als »Brechstange« gegen eine Trinitätskonzeption (Joachim v. Fiore), in der die Geschichte der Welt so in die Geschichte Gottes selbst hineingezogen wurde, dass die Einheit Gottes selbst und seine Einheit mit der Welt kraft übernatürlicher Selbstmitteilung (in Menschwerdung und Geistsendung) unkritisch in eins zu fallen drohten. Dagegen wahrt die Formel das Gewicht der »Natur«, der Vernunft, der Freiheit, kurz die Würde des Geschöpflichen auch in der übernatürlichen Ordnung. Heute sollten wir das »kommunikative« Potential dieser Analogieformel in einer »anamnetischen Sprache« neu vergewissern und aufschließen, weil eine universale Gottesrede hinsichtlich ihrer Pluralitätsfähigkeit auf dem Prüfstand steht.

Solange eine religiös-metaphysische Wirklichkeitsauslegung noch von einer gesellschaftlichen Akzeptanz getragen war, konnte die »via negationis« sozusagen als eine begriffliche Operation zur Reinigung und Verdeutlichung eines affirmativen Gottesbezugs (im gesellschaftlich akzeptierten Bewusstsein) fungieren. Sie war Instrument einer »katharsis«, um sich »via eminentiae« zur überseienden Wirklichkeit Gottes in ihrer Seinsfülle zu erheben[26].

---

24 »Inter creatorem et creaturam non potest tanta similitudo notari, quin inter eos maior sit dissimilitudo notanda« (*H. Denzinger / P. Hünermann*, Kompendium der Glaubensbekenntnisse und kirchlichen Lehrentscheidungen, Freiburg/Basel/Wien 1991, 361f).

25 Vgl. dazu *Reikerstorfer*, Leiddurchkreuzt (s. oben Anm. 5), 46–57; *ders.*, Politische Theologie als »negative Theologie«. Zum zeitlichen Sinn der Gottesrede, in: *ders.*, Vom Wagnis der Nichtidentität. Johann Baptist Metz zu Ehren, Münster 1998, 11–49.

26 Vgl. dazu auch *Nikolaus von Kues*, De Deo abscondito – Der verborgene Gott, in: *ders.*, Philosophisch-theologische Schriften, hg. und eingeleitet v. *L.*

Doch setzt ihr Logos im traditionellen religiös-metaphysischen
Kontext eine durch griechisches Kosmosdenken geschützte Präsenz
des Schöpfers in seiner Schöpfung voraus, die noch zu wenig mit
der »Unterbrechung«, der wirklichkeitskritischen Verfremdung unserer »synchronen« und »symmetrischen« Verhältnisse oder noch
zu wenig mit dem Einbruch einer herausfordernden bzw. heimsu-
chenden Gerechtigkeit in das Wirklichkeitsdenken selbst gerechnet
hat.

Heute wird sie im »Sein« Gottes diese Gerechtigkeitsverpflichtung
in ihrer unbeugsamen »Objektivität« festzuhalten haben, um so der
Zeitlichkeit der eschatologischen Heilsoffenbarung kritisch standhalten zu können. Sie soll eine Anerkennung Gottes zum Ausdruck bringen, die seine Transzendenz im »Widerstand«, als Nicht-
Akzeptanz in der praktischen Hinkehr zu den Anderen, die Scham
und Umkehr in der Begegnung mit dem oft sprachlos machenden
Leid in der Welt verlangt. Die Rede vom Sein Gottes könnte im
Heute daran erinnern, dass *erstens* die Frage nach dem Sinn der
Existenzaussage Gottes im Raum der Theodizeefrage angesiedelt
bleibt (als Schutz gegen eine »menschenleere« Pseudotranszen-
denz), dass *zweitens* das Postulat einer gerechtigkeitsschaffenden
Macht auch die besondere Verantwortlichkeit für Andere als un-
verzichtbare Basis dieses Postulats bekräftigt und insofern auch als
Movens einer politischen Gerechtigkeitskultur fungieren muss und
dass *drittens* dieses göttliche »Ist« in seinem so bestimmten Seins-
sinn auch der unveräußerliche Raum (Voraussetzung) für jede be-
stimmtere Annäherung an den Gott darstellt, der in seiner Offenbarung dieses »Ist« in bestimmter Weltzuwendung expliziert und
sagbar gemacht hat[27].

Gabriel, übersetzt und kommentiert von *D. Dupre / W. Dupre*, Bd. I,2. (Nachdruck
der 1964 erschienenen 1. Auflage), Freistadt 1989, 299–309; *ders.*, De non-aliud
– Das Nicht-andere, in: *ders.*, Philosophisch-theologische Schriften, hg. und
eingeleitet v. *L. Gabriel*, übersetzt und kommentiert von *D. Dupre / W. Dupre*,
Bd. II, Freistadt 1989, 443–565.

27   In diesem Zusammenhang darf an die denkwürdige Stelle bei *D. Bonhoeffer*
erinnert werden: »Nur wenn man die Unaussprechlichkeit des Namens Gottes
kennt, darf man auch einmal den Namen Jesus Christus aussprechen; nur wenn
man das Leben auf der Erde so liebt, dass mit ihm alles verloren und zu Ende zu
sein scheint, darf man an die Auferstehung der Toten und an eine neue Welt glauben; nur wenn man das Gesetz Gottes über sich gelten lässt, darf man wohl auch
einmal von Gnade sprechen und nur wenn der Zorn und die Rache Gottes über seine Feinde als gültige Wirklichkeit stehen bleiben, kann von Vergebung und von
Feindesliebe etwas unser Herz berühren. Wer zu schnell und zu direkt neutesta-
mentlich sein und empfinden will, ist m.E. kein Christ« (Widerstand und Ergebung. Briefe und Aufzeichnungen aus der Haft, hg. v. *E. Bethge*, Neuausgabe,
München 1970, 175f).

Deshalb bleibt es philosophische Aufgabe einer Fundamentaltheologie, dieses »Ist« Gottes im Horizont heutiger Welterfahrung mit ihren Kämpfen, ihren Krisen und Leiden in respektvoller Affirmation des Geschöpflichen und seiner Vermissungen im Bewusstsein der »Klage« zu vergewissern. Es wäre das Experiment einer »natürlichen Theologie«, ohne die eine offenbarungstheologische Gottesrede den herausgeforderten Menschen aus sich verlieren und infolgedessen selbst ins Leere laufen müsste. Umgekehrt weiß sich eine solche Rede vom »Sein« Gottes in einer Glaubens- und Verheißungsgeschichte verwurzelt, in der sie auch ihre Notwendigkeit gegen eine geschichtslose Vernunfttheologie behauptet.

Oswald Bayer

Zur Theologie der Klage

Walter Sparn zum 60. Geburtstag

I

Seit den ältesten Zeiten der Kirche ist die Klage im Gottesdienst fast erloschen, im alltäglichen Leben der Christen – dank der Stoa! – zurückgedrängt und, wo sie elementar hervorbricht, ohne Form; die theologische Reflexion endlich hat sie völlig vernachlässigt. Mit der Aufnahme der Psalmen Israels als Urgebete auch der Kirche verschwand sie faktisch zwar nicht. Aber ihrer fundamentalen Bedeutung wurde in der Liturgie und in der Theologie keineswegs Rechnung getragen. Bis heute bildet sie keinen entscheidenden Gesichtspunkt der Dogmatik und Ethik und findet in die Begriffssystematik der maßgebenden Handbücher und Lexika nur langsam Eingang[1].

Das ist erstaunlich. Denn von der Vernachlässigung der Klage ist nicht weniger als das innerste Geheimnis des christlichen Glaubens betroffen: Kreuz und Auferweckung Jesu Christi, kurz: die Osternacht.

1. Mit dem jedenfalls für die markinische und matthäische Passionsgeschichte konstitutiven Gebrauch des Psalms 22 ist die Auferweckung Jesu Christi als Erhörung einer Klage bekannt[2]. Diese *Christologie der erhörten Klage* findet sich auch Hebr 5,7 in der Bezeugung dessen,»der in den Tagen seines Fleisches Bitten und Flehen mit starkem Rufen und mit Tränen dem darbrachte, der ihn

---

1   Vgl. jedoch C. *Westermann*, Struktur und Geschichte der Klage im Alten Testament, ZAW 66 (1954), 44–80 = *ders.*, Forschungen am Alten Testament (TB 24), München 1964, 266–305 = *ders.*, Ruf aus der Tiefe, concilium 12 (1976), 575–581; *O. Fuchs*, Die Klage als Gebet. Eine theologische Besinnung am Beispiel des Psalms 22, München 1982; *ders.*, Klage. Eine vergessene Gebetsform, in: Pietas Liturgica, Bd. 3–4: Im Angesicht des Todes, hg. v. *H. Becker u.a.*, St. Ottilien 1987, 939–1024.
2   Vgl. dazu und zum folgenden *H. Gese*, Psalm 22 und das Neue Testament, ZThK 65 (1968), 1–22 = *ders.*, Vom Sinai zum Zion. Alttestamentliche Beiträge zur biblischen Theologie, München 1974, 180–201.

aus dem Tode zu retten vermochte, und [...] erhört«, aus dem Tod errettet wurde. In dem Mahl, in dem dieser Errettete sich eröffnet, teilt er sein neu geschenktes Leben so mit, dass er in das Bekenntnis erfahrener Rettung den Bericht der vorausgegangenen Not, die Klage also, einschließt; er lässt sich als der Erhörte, als der Lebendige, so hören, dass er auf seine Klage und seinen Tod zurückkommt. Er hat sein Sein darin, dass er sich in Klage und Lob zu Wort bringt und den eingeladenen und angeredeten Schwestern und »Brüdern« (Ps 22,23), indem er sich für die Erhörung ihrer Klage verbürgt, nicht nur Raum zum Lob gibt, sondern im Lob auch Raum zur Klage. In der Form des Lobs und der Klage erinnert und vergegenwärtigt er sich selbst und bringt er sich mit Leib und Leben unvergesslich in Erinnerung.

Diese kurze Skizze muss hier genügen; es ergibt sich aus ihr für die Christologie eine Neufassung der auf die Idiomenkommunikation zugespitzten Zweinaturenlehre[3].

2. Dass das mitgeteilte neue Leben den Tod und das Leiden samt ihrer Klage nicht ausschließt, sondern einschließt, dass die Erhörung der Klage diese nicht als belanglos hinter sich lässt, kann in seiner konstitutiven Bedeutung für das Christsein und Menschsein kaum überschätzt werden. Es ist von einer *Anthropologie der erhörten Klage* zu reden – ebenfalls im Sinne des Ereignisses der Osternacht. Unüberbietbar scharf konzentriert sie sich wie in einem Brennspiegel Röm 7,24.25a: »Ich elender Mensch! Wer wird mich diesem Todesleib entreißen? Dank sei Gott durch Jesus Christus, unseren Herrn!«[4] Der Dank des neuen Menschen als das Lob des aus dem Tode errettenden, vom Tode auferweckenden Gottes stößt die Klage und Frage des alten Menschen in seinem dem Tod verfallenen Leib nicht ab, erstickt und erdrückt sie nicht, sondern gibt ihr überhaupt erst Raum. Einen so weiten Raum, dass es dem mit Adam in allen Menschen steckenden Enthusiasmus, der auch vor Ostern nicht halt macht, nur befremdlich sein kann, in welcher Breite Röm 7,7–24 vom alten Menschen, von der alten Menschheit die Rede ist. Es gehört aber offenbar zum neuen Menschen, dass er sich zum alten verhält und seiner aus der Tiefe kommenden Klage und Frage Raum gibt, indem er den Raum wahrnimmt, den der Klage die Zusage ihrer Erhörung gewährt.

---

3 Vgl. *O. Bayer*, Tod Gottes und Herrenmahl, in: *ders.*, Leibliches Wort. Reformation und Neuzeit im Konflikt, Tübingen 1992, 289–305.
4 Vgl. jetzt *P. Stuhlmacher*, Klage und Dank. Exegetische und liturgische Überlegungen zu Röm 7 (in diesem Band oben S. 55–72).

3. Angesichts der Zusage ihrer Erhörung verstummt die Klage nicht, sondern wird gerade in aller Schärfe laut; die in der Klage vorgebrachte Not gewinnt schmerzende Tiefe. Wirklich erkennen und benennen lässt sich die Not erst in der Konfrontation mit der Zusage ihrer Überwindung. Deshalb:»oppone promissionem suam et tuam neccessitatem«[5], konfrontiere deine Todesnot mit Gottes Lebenszusage, Gottes Lebenszusage mit deiner Todesnot! Die Gewissheit der zugesagten Erhörung lässt die Differenz zur handgreiflichen Not mit Schmerzen erfahren. Im Aushalten dieser Differenz ist der, der Gott bei seiner Zusage ergreift, von der Not auf die Zusage hin bis zum Äußersten gespannt; er hofft[6]. In dieser Spannung des Wartens und Hoffens auf die Zusage hin besteht der Ernst der Klage und ihre Dringlichkeit, ihr Seufzen und Warten (Röm 8,18ff):»Wir warten dein, o Gottessohn« (EG 152). Die Klage in ihrer erhörungsgewissen Zuspitzung als Bitte lebt im»unverschämten Drängen« (Lk 11,8), Bedrängen und Bestürmen Gottes, dem Menschen zusammen mit allen Mitgeschöpfen gegen den Feind Recht zu schaffen (Lk 18,1–8) und damit seinem eigenen, mit der Zusage des Lebens gesetzten Recht treu zu bleiben:»O Jesu Christ, du machst es lang mit deinem Jüngsten Tage ... Komm doch ...!« (EG 149,7).

So weiß die *Eschatologie der erhörten Klage* nicht nur von der Erhörung der Feindklage und der Rachegebete der Psalmen im Ereignis der Feindesliebe, nämlich der Überwindung des Feindes durch die Liebe, des Bösen durch das Gute (Lk 23,34; Mt 5,4–48; Röm 12,19–21). Sie weiß vielmehr zugleich – und die altprotestantische Orthodoxie hat dies der Sache nach im Lehrstück de annihilatione mundi[7] zu bedenken versucht – von einer Feindvernichtung als der Vernichtung dessen, was dem zugesagten Leben in uns und um uns widerspricht – einschließlich des»letzten Feindes«, des Todes (1Kor 15,26). Auf diese – schöpferische – Vernichtung richtet sich die erhörte Klage in ganzer Leidenschaft in dem Ruf»Maranatha!« (1Kor 16,22; Offb 22,20; Did 10,6);»Ach lieber Herr, eil zum Gericht« (EG 6,5).

Diese ebenfalls sehr knappe Skizze einer Eschatologie der erhörten Klage sei weiter ausgeführt: Es kann keine Frage sein, dass

---

5 *M. Luther*, WA 20, 380,9f (Predigt über Joh 16,23ff vom 6. Mai 1526). Vgl. *O. Bayer*, Promissio. Geschichte der reformatorischen Wende in Luthers Theologie, Darmstadt ²1989, 319–337 (Promissio und Gebet): Nach dem Großen Katechismus (BSLK 662–668) konstituiert sich das Gebet aus dem Gebot (praeceptum) und der zugesagten Erhörung (promissio), indem es sich auf eine Notsituation (necessitas) bezieht sowie im Ernst und leidenschaftlichen Pochen auf der Zusage der Erhörung (desideratio) pocht.

6 קָוָה Piel = hoffen: die Messschnur (קַו) spannen.

7 Z.B. *J. Gerhard*, Loci theologici (ed.*Preuss*), Tom.IX, Berlin 1875, 155–178.

Gott in diesem die Klage erhörenden Gericht die Werke der Menschen nicht einfach nur analytisch beurteilt[8]. Er stellt sie nicht etwa nur in einem als Aussage verstandenen Urteil fest – dann wäre das Böse nur zementiert, verewigt. Nein, Gott ist kein Buchhalter. Sein Richten ist ein Aufrichten des Rechts – ein *schöpferisches* Aufrichten:»Siehe, ich mache alles neu!« (Offb 21,5).»Schöpferisch« meint: in grundloser Güte, in der der Schöpfer seinen Geschöpfen alles Gute gönnt und gibt, und in grundloser Barmherzigkeit, in der er aus aller Not errettet.

Er rettet freilich, indem er richtet[9] und damit verlässlich und genau, niemanden und nichts vergessend, auf alle einzelnen Verletzungen, Beraubungen und Zerstörungen des von ihm geschaffenen Lebens zurückkommt. Sie haben sich zur massa miseriae der Welt- und Naturgeschichte aufgetürmt. Kein Mensch kennt sie allesamt, keiner vermag sie auch nur angemessen zu benennen, geschweige denn»aufzuarbeiten« und zu bewältigen. Nur Gott»gedenkt« dieses ganzen unsäglichen Unrechts wirklich. Er gedenkt seiner, wie er Noahs gedachte (Gen 8,1; vgl. 9,15), indem er ihn rettete: indem er ihn – zusammen mit seinen Mitgeschöpfen – aus der Sintflut, aus tiefstem Verderben rettete.

Gott rettet und richtet, indem er nicht nur das verkannte Gute ans Licht bringt, sondern auch auf das ganze unsägliche Unrecht zurückkommt; Gott rettet und richtet, indem er das für uns Menschen unwiederbringlich Verlorene wieder aufsucht (Koh 3,15; Ps 119,176; Lk 15)[10], heilt,»wiederbringt«, restituiert[11]. Er bringt es, Rechenschaft fordernd, wiederum – endgültig – zur Sprache, ent-

---

8   Zur alles entscheidenden Unterscheidung des Gerichts *nach* den Werken – *aufgrund* der Werke – der Nichtglaubenden und des Gerichts *der* Werke der Glaubenden vgl. O. *Bayer*, Die Zukunft Jesu Christi zum Letzten Gericht, in: *ders.*, Gott als Autor. Zu einer poietologischen Theologie, Tübingen 1999, 161–186, hier 179f, bes. Anm. 76.

9   B. *Janowski*, Der barmherzige Richter. Zur Einheit von Gerechtigkeit und Barmherzigkeit im Gottesbild des Alten Orients und des Alten Testaments, in: Das Drama der Barmherzigkeit Gottes. Studien zur biblischen Gottesrede und ihrer Wirkungsgeschichte in Judentum und Christentum, hg. v. *Ruth Scoralick* (SBS 183), Stuttgart 2000, 33–91.

10   Vgl. H. *Gese*, Zur Komposition des Koheletbuches, in: Geschichte – Tradition – Reflexion. FS für Martin Hengel zum 70. Geburtstag, hg. v. *Hubert Cancik u.a.*, Bd. I: Judentum, hg. v. *Peter Schäfer*, Tübingen 1996, 69–98, hier 75 (zu Koh 3,15b):»›Die Gottheit sucht das Verfolgte‹. בקשׁ hat gern einen rechtlichen Nebenton, ›einfordern‹, hier jedenfalls dem Vermissten nachgehen, um so Recht und Ordnung wiederherzustellen (man vergleiche dazu auch den herrlichen Schlusssatz von Ps 119 und die Bedeutung des auf das Verlorene gerichteten göttlichen Suchens in den neutestamentlichen Gleichnissen).«

11   P. *Gerhardt*, Fröhlich soll mein Herze springen, EG 36,5 (»... ich bring alles wieder«).

deckt es. Er entdeckt auch unsere Verflechtung in dieses Unrecht: »Denn unsere Missetaten stellst du vor dich, unsere unerkannte Sünde ins Licht vor deinem Angesicht« (Ps 90,3; vgl. Ps 19,13). Diese Aufdeckung und Überführung der Sünde durch Gott sowie seine Vergebung geschieht wie jetzt so auch am Jüngsten Tag – wenn denn wir Menschen mit Freiheit begabt und zur Verantwortung gerufen sind – nicht über unsere Köpfe und Herzen hinweg, sondern durch sie hindurch. Sie geschieht nicht ohne unseren Reueschmerz[12]; sie geschieht nicht ohne Konfrontation der Täter mit ihren Opfern, nicht ohne den Prozess einer heilsamen Verwandlung sowohl der Opfer wie der Täter[13] – eine Erwartung, die keineswegs etwa die Lehre eines Purgatoriums oder einer Allversöhnung einschließt und auch nicht notwendig zu ihr führt. Denn die vor dem Tode jedes Menschen fallende Entscheidung zwischen Glauben und Unglauben wird in Ewigkeit ernst genommen.

Das Gericht, mit dem Gott die Klage erhört, ist, wie gesagt, nicht buchhalterisch, sondern schöpferisch; das Gericht ist der die Welt vollendende Akt des Schöpfers, der in grundloser Barmherzigkeit aus aller Not rettet. Was die Zuordnung von Barmherzigkeit und Gericht bzw. Gerechtigkeit betrifft, so lässt sich für das Alte Testament eine Typologie von zehn verschiedenen Zuordnungen aufstellen[14], deren Pluralität die Systematische Theologie gewaltig herausfordert.

Ist der Blick von den alttestamentlichen Texten her geschärft, dann lässt sich die Eschatologie der erhörten Klage auch im Neuen Testament wahrnehmen – beispielsweise im Gleichnis vom ungerechten Richter und der hartnäckigen Witwe (Lk 18,1–8), die von ihm fordert: ἐδίκησόν με ἀπὸ τοῦ ἀντιδίκου μου (V. 3). »Und er wollte lange nicht. Danach aber dachte er bei sich selbst: Wenn ich mich schon vor Gott nicht fürchte noch vor keinem Menschen scheue, will ich doch dieser Witwe, weil sie mir soviel Mühe macht, Recht schaffen, damit sie nicht zuletzt komme und mir ins Gesicht schlage. – Da sprach der Herr: Hört, was der ungerechte Richter sagt! Sollte Gott nicht auch Recht schaffen seinen Auserwählten [!], die zu ihm Tag und Nacht rufen, und sollte er's bei ihnen lange hinziehen? Ich sage euch: Er wird ihnen Recht schaffen in Kürze« (V. 4–8). ἐκδικεῖν heißt »rächen«, »Recht verschaffen« (vgl. Ps 43,1). Gottes großer, letzter, alles entscheidender Gerichtstag ist,

---

12 Was *O. Fuchs* immer wieder nachdrücklich betont; vgl. unten Anm. 21
13 Vgl. *M. Volf*, The final reconciliation: Reflections on a social dimension of the eschatological transition, Modern Theology 16 (2000), 91–113.
14 *Janowski*, Der barmherzige Richter (s. oben Anm. 9), 36f.

mit Jes 61,2 geredet, ein »Tag der Rache«, לְנַחֵם כָּל־אֲבֵלִים (»zu trösten[15] alle Trauernden«): Gott rächt, indem er tröstet; er tröstet –
nach der Eulogie 2Kor 1,3ff –, indem er von den Toten aufer-
weckt.

4. Es ist zwar kein kleines Wagnis, auch von einer *Schöpfungs-
und Gotteslehre der erhörten Klage* zu sprechen. Doch kann es
begründet eingegangen werden.

Als der, der, sich zusagend, der Welt und dem Menschen immer
schon zuvorgekommen ist, kommt Gott zur Welt und zum Menschen, indem er sich zusagt. Nicht in dem von der Kategorie der
Ursächlichkeit beherrschten »Gefühl schlechthinniger Abhängigkeit«, sondern in seiner Zusage ewiger Gemeinschaft und ewigen
Lebens will er wahrgenommen werden[16]. Zu dieser Wahrnehmung
gehört, das zu klagen, was der Zusage widerspricht, und im leidenschaftlichen Bedrängen Gottes um die Überwindung dieses Wider-
spruchs zu bitten. Die Zusage der Erhörung der Bitte macht die
Bitte keineswegs überflüssig und nötigt nicht, sie in Ergebenheit
umzusetzen.

Damit ist ein anderes Verständnis des Bittgebets vertreten als das
von Kant und Schleiermacher abgelehnte – ohne dass der Position
Kants oder Schleiermachers zugestimmt wäre. Die *Gotteslehre der
erhörten Klage* muss, weil sie sich von der Kategorie der Ursächlichkeit nicht beherrschen lässt, auch nicht die ›Blasphemie‹ scheu-
en, in der Klage und Bitte eine »Einwirkung« auf Gott zu sehen,
die für Schleiermacher eine Unmöglichkeit ist[17]; doch geht es um
nichts anderes als um jenes »Deum facere« Luthers, um die »fides

---

15   נחם: es sich leid sein lassen (wegen fremden Unglücks), Mitleid haben, Reue
empfinden, trösten. Hitpael: sich rächen.
16   *J. v. Lüpke*, Art. Schöpfer/Schöpfung VIII, TRE 30 (1999), 305–326, hier
312 hat den entscheidenden Unterschied zwischen reformiertem und lutherischem
Schöpfungsverständnis so herausgestellt: »Betrachtet die reformierte Tradition
die Wirklichkeit der Schöpfung unter dem Primat des Willens Gottes, ist die krea-
türliche Wirklichkeit primär in der Weise der Abhängigkeit auf Gott bezogen
[...]. Sosehr die Welt der Geschöpfe dem beständigen Handeln des Schöpfers ausgesetzt ist und dessen Allmacht spiegelt, so wenig ist hier die Schöpfermacht als
eine solche zu denken, die in die Geschöpflichkeit einzugehen vermag. Ohne die
Freiheit Gottes einzuschränken, interpretiert demgegenüber die lutherische Theologie die Wirklichkeit der Schöpfung vor allem als Kommunikationszusammen-
hang.«
17   Wer glaubt, »durch das Gebet eine Einwirkung auf Gott ausüben zu können,
streitet gegen unsere erste Grundvoraussetzung, dass es kein Verhältnis der Wechselwirkung gibt zwischen Geschöpf und Schöpfer« (*Friedrich Schleiermacher*,
Der christliche Glaube nach den Grundsätzen der evangelischen Kirche im Zusam-
menhange dargestellt, hg. v. *M. Redeker*, Bd. II, Berlin 1960, 381 [§ 147]).

creatrix divinitatis«[18]. Wenn Gott als der barmherzige sich – nicht erst als Erlöser und Vollender, sondern schon als Schöpfer – in seiner Zusage, in der er sich selbst mitteilt, erniedrigt, indem er die Kreatur durch die Kreatur anredet, dann ist Gott der, der sich bitten lässt; er ist kein unerbittliches Fatum, sondern erbittlich.

Mit einer Bitte des Menschen ›beginnt‹ für Johann Georg Hamann die Schöpfung:»Rede, dass ich Dich sehe!« – Dieser Wunsch wurde [!] durch die Schöpfung erfüllt, die eine Rede an die Kreatur durch die Kreatur ist[19].

Dass die Schöpfung mit einer Bitte des Menschen ›beginnt‹, ist deshalb keine Blasphemie, weil die Erfüllung des Wunsches dem Wunsch schon zuvorgekommen ist. Doch erledigt die Erfüllung des Wunsches den Wunsch nicht, sondern setzt ihn gerade in Kraft, wie denn der Psalmist auf das schon bereitete Leben »wartet« (Ps 104,27), auf den in der Gabe des Lebens sich selbst gebenden Geber gespannt ausgerichtet bleibt – in der Leidenschaft dessen, der außerhalb seiner selbst in dem lebt, der ihm den Atem nicht entzieht, sondern immer neu gewährt (Ps 104,27–30). Der mit der Schöpfung erfüllte Wunsch ist erhörte Klage – Erhörung der Klage der Bedrohung und Beraubung des Lebens und die Erhörung der Klage der Vergänglichkeit.

Das Wunder der Schöpfung als das Wunder einer erhörten Klage und eines erfüllten Wunsches wird in besonders aufschlussreicher Weise Gen 2 erzählt. Das gegen die Einsamkeit kämpfende Gotteswort:»Es ist nicht gut, dass der Mensch allein sei« (Gen 2,18) ist von der Klage der Einsamkeit und dem Wunsch nach erfüllter Mitmenschlichkeit nicht unberührt. Die staunende Erkenntnis des geschenkten Mitmenschen:»Das ist doch ...!« (Gen 2,23) ist als erfüllter Wunsch zu verstehen, dessen Erfüllung dem Wunsch mehr als entspricht, dem sie vielmehr zuvorgekommen ist.»Euer Vater weiß, was ihr bedürfet, ehe denn ihr ihn bittet« (Mt 6,8; vgl. 6,32).

Diese im Bedenken der erhörten Klage zu artikulierende *Gotteslehre des erfüllten Wunsches* erlaubt, auf Feuerbachs Religionskritik einzugehen, ohne in ihr aufzugehen. Ist nämlich die Kategorie der Ursächlichkeit, wie sie die Gotteslehre Schleiermachers beherrscht, in ihrer Herrschaft gebrochen, dann muss auch die ihr in umgekehrter Proportion nur zu genau entsprechende Kategorie

---

18 Vgl. *O. Bayer*, Theologie (HST 1) Gütersloh 1994, 40f.
19 *J.G. Hamann*,»Aesthetica in nuce«, 1762; *ders.*, Sämtliche Werke. Historisch-kritische Ausgabe, hg. v. *J. Nadler*, Bd. 2, Wien 1950, 195–217, hier 198, 28f. Vgl. *O. Bayer*, Schöpfung als Anrede. Zu einer Hermeneutik der Schöpfung, Tübingen ²1990, 9–32.

der schlechthinnigen Abhängigkeit des Gottesbildes vom bedürftigen Menschen in der Religionskritik Feuerbachs nicht mehr herrschen. Dann kann die Theologie unbefangen von einer »Wechselwirkung« von Gott und Mensch reden, besser: von einem *Wortwechsel* zwischen Gott und Mensch, den Gott durch seine Zusage,
in der er sich selbst mitteilt, eröffnet hat und offen hält; dann können »Konfliktgespräche mit Gott«[20] geführt werden.
Die Antwort des Menschen auf die zugesagte Gemeinschaft müsste
dankbares Staunen sein. Sie ist faktisch aber – unbegreiflicherweise – Verschlossenheit (Röm 1,18 – 3,20). In dieser Verschlossenheit ist mit der Verkehrung des Dankes in Undankbarkeit auch die
Klage verkehrt. Die verkehrte Klage ist die, die sich davon abbringen lässt, Gott bei seiner gegebenen Zusage zu behaften und die
Erhörung wie Hiob in leidenschaftlichem Protest und Rechtsstreit
einzuklagen.
In diesem Zusammenhang ist die einer stoischen Ergebenheitstheologie radikal widersprechende Spitze einer Klagetheologie
deutlich zu machen, die *das Sein Gottes selbst* betrifft. Ottmar
Fuchs hat sie in verschiedenen Publikationen deutlich gemacht
und betont: »Noch bevor Gott die Menschen anklagt, werden die
Menschen ihn anklagen und derart das Tribunal der Widersprüche
eröffnen«[21]. Ich stimme ihm im Blick auf das Buch Hiob zu, genauer: im Blick auf weite Passagen des Redenteils. Doch ist dieser
in seiner Spannung zur Rahmenerzählung wahrzunehmen; Hiob
ist nicht nur Rebell, sondern auch Dulder. Zudem ist die paulinische Frage (Röm 9,20) nicht zu vergessen: »Ja, lieber Mensch, wer
bist du denn, dass du mit Gott rechten willst?« – wenn sie auch keinesfalls verabsolutiert werden darf, wie dies die besagte stoische
Ergebenheitstheologie tut. Sicherlich wird der große Tag nicht
frag- und klaglos *beginnen*. Wohl aber wird er frag- und klaglos
enden. »An jenem Tag – an seinem Ende – werdet ihr mich nichts
fragen« (Joh 16,23).
Das ist gewisslich wahr.
Was besagt *diese* Gewissheit genau? Was impliziert sie? Was folgt
aus ihr – vor allem für den *Sprachmodus* theologischer Sätze und,
entsprechend, für die Art ihrer *Rationalität*?
Diese Frage ist entscheidend für die Anlage und den Aufbau einer
Systematischen Theologie. Ihr wenden wir uns im Folgenden zu.

---

20 *B. Janowski*, Konfliktgespräche mit Gott. Eine Anthropologie der Psalmen, Neukirchen-Vluyn 2002.
21 *O. Fuchs*, Dass Gott zur Rechenschaft gezogen werde – weil er sich weder gerecht noch barmherzig zeigt? Überlegungen zu einer Eschatologie der Klage, in:
Das Drama der Barmherzigkeit Gottes (s.o. Anm. 9), 11–32, hier 21.

II

Der letzte Satz des christlichen Glaubens ist ganz gewiss der, dass nichts mich scheiden kann von der Liebe und Barmherzigkeit Gottes, die in Jesus Christus ist, unserem Herrn (Röm 8,38f). Aber kann dieser letzte Satz auch zum ersten gemacht werden? Kann er für das theologische Denken zu einem Prinzip – im Sinne einer Letztbegründung – gemacht werden, so dass von ihm wie von einem Axiom alle anderen Sätze der Dogmatik abgeleitet werden könnten, jedenfalls aber mit ihm zusammenstimmen können müssen? Aber: Was heißt hier: zusammenstimmen? Sie stimmen allein in jener Erhörungsgewissheit zusammen, die in der erhörten Klage, die nicht nur erhört *wird*, sondern von Ewigkeit her erhört *ist*, mitgesetzt ist, auf die sie sich jedenfalls, vorsichtiger gesagt, bezieht. Äußerste Vorsicht ist deshalb geboten, weil die Erhörungsgewissheit nicht einfach zur Verfügung steht – so, dass man von ihr jederzeit ausgehen, von ihr her jederzeit (und damit zeitlos!) denken könnte. Andererseits aber ist eine prinzipielle Skepsis nicht zu halten. Denn ganz ohne erinnertes Vertrauen oder letztlich erwartete Erhörung ist keine Klage. Gottes Hören und Erhören ist in bestimmter Weise immer vorausgesetzt, sonst wäre auch die Klage unmöglich, sinnlos. Hiob kann sein im Dunkeln und Unfassbaren liegendes Gegenüber in Klage, Protest und Rechtsstreit nur deshalb anreden und herausfordern, weil es sich einst hat hören lassen und im Verborgenen hört. Ebenso setzt die in Gottesdiensten des Ostjudentums laut gewordene Herausforderung Gottes, die Verletzung seiner Schöpfung zu verantworten und sich zu rechtfertigen[22], voraus, dass er sich anrufen lässt. Vorausgesetzt ist dies selbst noch in jener moralischen Empörung, der die biblische Frage »Warum muss der Gerechte leiden?« zur Frage »Warum leide ich?« und in dieser Form gerade zum »Fels des Atheismus« geworden ist[23]. Vorausgesetzt auch in dem ganz anderen Atheismus des resignierenden Verstummens, das der Zusage sprachlos widerspricht.

Aber eben: Gottes Hören, seine Erhörung, kann nicht als zeitloses Prinzip – auch nicht verfrüht – in Anspruch genommen werden. Vielmehr müssen wir, die wir im Glauben unterwegs sind und nicht schon im Schauen schweben (2Kor 5,7), einen *Weg* ins Auge fassen. Systematische Theologie bezieht sich gemeinhin viel zu rasch auf ein gutes Ende und nimmt die Auswegslosigkeiten des Weges mit seinen Ungewissheiten nicht ernst; ihn oratione, medita-

---

22 Vgl. *E. Wiesel*, Chassidische Feier, Freiburg i.Br. 1988, 104–106.
23 *G. Büchner*, Dantons Tod, 3. Akt, 1. Aufzug.

tione, tentatione zu gehen braucht jedoch Zeit. Kommt die prekäre Zeitlichkeit des nicht bruchlosen Weges aber ernsthaft in den Blick, so prägt sie entscheidend die Anlage und den Aufbau einer Systematischen Theologie; sie bestimmt – aufhaltsam – den Sprachmodus ihrer Sätze und entsprechend die Art ihrer Rationalität und Stimmigkeit.

Zeitlichkeit ist aber nicht nur im Blick auf uns in Anschlag zu bringen, sondern auch im Blick auf Gottes Sein selbst. Ich versuche den Sachverhalt der zu bedenkenden Zeitlichkeit im folgenden der Einfachheit halber in der Konzentration auf Gottes Eigenschaft der »Barmherzigkeit« und unser Verhältnis zu ihr deutlich zu machen.

Wie »Barmherzigkeit« nicht selbstverständlich und nicht *so* von vornherein Gottes Sein ist, dass sie der Theologie zu einem Seins- und Erkenntnisprinzip werden könnte, sondern im Kampf gegen Gottes Zorn geradezu errungen wurde und unberechenbar – emergent – sich ereignet, wie also der rechtfertigende Gott nicht einfach und prinzipiell barmherzig ist, so ist auch der sündige Mensch nicht einfach und prinzipiell der rechtfertigenden Barmherzigkeit Gottes inne. Sonst müsste er nicht rufen:»Miserere mei, Deus, secundum magnam misericordiam tuam« (Ps 51,3).»Wenn er Gottes Zorn nicht spürte, spräche er nicht: ›Erbarme dich!‹; also nennt er sich [einen Menschen] unter dem Zorn, den er verdient hat, und kämpft doch, um sich vom Anblick des Zornes abzuwenden und den Anblick der Barmherzigkeit zu ergreifen.«[24]

Zur Abwendung vom Zorn und zur Zuwendung zur Barmherzigkeit aber braucht es *Zeit*, in der Abwendung und Zuwendung vollzogen werden[25] – Zeit, um einen Psalm wie Ps 51 zu beten. So fällt auf, dass in Ps 22 beispielsweise die Klage in nicht weniger als drei Anläufen (2–6.7–12.13–22) vorgebracht wird. Der Psalm gibt ihr Raum – Raum auch zur Wiederholung und Steigerung; sie lässt sich offenbar nicht im Nu erledigen. Wie im Leiden selbst so in dessen Klage braucht es offenbar Geduld. Und doch geschieht die Klage – scheinbar paradoxerweise – zugleich im ungeduldigen

---

24   Peccator, »qui sentit iram dei, sol er so fortem distinctionem machen inter peccatorem et propicium deum. Das ist non theologia rationis, sed supernaturalis, quod peccator nihil videt quam misericordiam, et tamen ibi sentit iram dei, quia, si non sentiret. Non diceret: ›Miserere‹; ergo significat se sub ira et dignum ira, et tamen sic pugnat, ut abigat spectaculum irae et miseriocordiae apprehendat. Das ist Theologia« (*M. Luther*, WA 40 II, 342,6–11 [zu Ps 51,3]).

25   Von einem »Stimmungsumschwung« zu reden, ist nicht unproblematisch. Vgl. dazu *G. Schneider-Flume*, Glaubenserfahrung in den Psalmen, Göttingen 1998, 53–71, hier 61–71; *B. Janowski*, Das verborgene Angesicht Gottes. Ps 13 als Muster eines Klagelieds des einzelnen (in diesem Band oben S. 25–53).

Vorgriff auf die zugesagte rettende Barmherzigkeit. Daher gilt es im Warten und im Eilen (2Petr 3,12) zu leben, so dass Sprachform und Lebensform sowohl durch geistgewirkte Geduld wie durch die ebenfalls vom heiligen Geist gewirkte ungeduldige Klage und Bitte bestimmt werden. Luther hat dies besonders klar und eindrücklich in seiner Predigt über 1Kor 15,23 vom 20. Oktober 1532 im Bezug auf Röm 8,26 (»der Geist selbst vertritt uns mit unaussprechlichem Seufzen«) zur Sprache gebracht: »O wie gern wär' ich selig! Hilf vom Tod! Das ist ein Rufen, wie keine Sprache und kein leiblicher Mensch [es kennt], und [es will] nichts anderes als die Errettung vom Tod. Daher lerne jeder Christ, dass jenes Seufzen und Klagen erhört wird und im Himmel ein Lärmen macht, dass der Herr kommt und hilft.«[26]

Klage und Bitte laufen letztlich immer auf das »Maranatha!« (1Kor 16,22; Offb 22,20; Did 10,6) hinaus, spitzen sich darin zu: »Mach End, o Herr, mach Ende / mit aller unsrer Not« (EG 361,12)[27], der Not unserer individuellen Lebensgeschichte wie der Not der ganzen Welt- und Naturgeschichte. Am Ende der definitiven Erhörung, in der Weltvollendung, wird das große Lob laut – wie denn die Gesamtarchitektur des fünfteiligen Psalters durch eine Bewegung von der Klage zum Lob bestimmt ist[28]. Dieser Anlage des Psalters[29] entspricht der Schluss vieler Lieder des »Evangelischen Gesangbuchs« wie des »Gotteslobs« – z.B. die letzte Strophe des vorher schon kurz zitierten Liedes von Erasmus Alber: »Ihr lieben Christen, freut euch nun ...«: »Ach lieber Herr, eil zum Gericht! / Laß sehn dein herrlich Angesicht, / das Wesen der Dreifaltigkeit. / Das helf uns Gott in Ewigkeit!« (EG 6,5).

Das Schauen Gottes ist das Innewerden seiner Gerechtigkeit[30]. Das »Licht der Herrlichkeit [...] wird dann zeigen, dass Gott, dessen

---

26 WA 36, 560,9–12 (Text modernisiert).

27 Die explizit christologische Fassung und Präzisierung der Vaterunserbitte »Dein Reich komme!«, mit der nichts anderes als Gottes Urzusage »Ich bin der Herr, dein Gott!« samt dem ersten Gebot wahrgenommen ist, lautet: »Komm, Herr Jesu!«

28 Vgl. *B. Janowski*, Die Antwort Israels, in: Bibel und Kirche 56, Stuttgart 2001, 2–7 sowie *F.-L. Hossfeld*, Von der Klage zum Lob – die Dynamik des Gebets in den Psalmen, in: ebd., 16–20.

29 Würde dieser Duktus von der Systematischen Theologie ernst genommen, hätte dies unabsehbare Konsequenzen für die Anlage und den Aufbau einer christlichen Dogmatik – nicht zuletzt für die Bestimmung des Ortes und der Funktion der Trinitätslehre. Vgl. dazu *O. Bayer*, Poietologische Trinitätslehre, in: *ders.*, Gott als Autor (s.o. Anm. 8), 142–148, bes. 144–148.

30 Vgl. *O. Bayer*, Schöpfung als Anrede. Zu einer Hermeneutik der Schöpfung, Tübingen ²1990, 169–184 (»Staunen, Seufzen, Schauen. Affekte der Wahrnehmung des Schöpfers«), hier 181–184; *ders.*, Die Zukunft Jesu Christi zum Letzten

Gericht [jetzt] nur von unbegreiflicher Gerechtigkeit ist, von höchst gerechter und ganz offenkundiger Gerechtigkeit ist«[31]. Es wird die nicht nur im Licht der Natur, sondern erst recht im Licht der Gnade unbegreifliche Verborgenheit Gottes aufklären. Identisch mit dem Jüngsten Gericht, beendet es den Rechtsstreit mit Gott und löst damit die Frage der Theodizee. Nochmals: »An jenem Tag werdet ihr mich nichts fragen« (Joh 16,23)[32].

Wenn auch das volle, ungebrochene Lob der Güte Gottes, mit dem wir Gott ohne Anfechtung und Versuchung preisen, erst am Ende geschieht, so ist das Gotteslob gleichwohl in einer bestimmten Weise in jeder Klage vorausgesetzt. Könnte Gott in keiner Weise gelobt werden – und sei es unter Tränen –, dann könnte der Mensch nicht klagen, hätte jedenfalls für seinen Schrei der Klage keine Adresse. Seine Klage bliebe ohne Richtung und Orientierung; sie würde zu ziellosem und letztlich nur selbstbezogenem Lamentieren werden und früher oder später verstummen. An Gott gerichtete Klage ist immer bezogen auf vergangenes und zukünftiges Lob. Dies bekundet sich beispielsweise in Jes 51,9–11: Die der Klage (vgl. Jes 40,27) entspringende ungestüme Bitte, Gott möge endlich machtvoll eingreifen (Jes 51,9) und sich als der barmherzige Tröster und Retter erweisen, hält Gott seine früheren Machttaten in der Schöpfung und der Errettung aus Ägypten vor (V. 9f) und streckt sich zugleich in der gewissen Hoffnung auf die Wende der Not in einem neuen Exodus von Babylon nach Jerusalem aus (V. 11), der dann Grund »ewiger Freude« (V. 11) und ewigen Lobes ist. So wird die gegenwärtige Not nicht vergleichgültigt oder überspielt, sondern ernst genommen – ohne aber zur letzten Wirklichkeit zu werden und in Resignation oder Zynismus zu führen.

Sosehr das Lob – in der bezeichneten Weise – in jeder Klage vorausgesetzt ist, sowenig kann es aber prinzipialisiert und gleichsam

Gericht, in: *ders.*, Gott als Autor (s.o. Anm. 8), 161–186, bes. 172f sowie ebd., 183–185 die Thesen 10f.

31   WA 18, 785,35–37: »lumen gloriae aliud dictat, et Deum, cuius modo est iudicium incomprehensibilis iustitae, tunc ostendet esse iustissimae et manifestissimae iustitiae.« Dieser Schluss von Luthers Schrift »De servo arbitrio« ist im Gesamtzusammenhang von WA 18, 783,17–785,38 – zusammen mit seiner Vorrede auf das Buch Hiob (W DB 10/I,4 [1524]) – m.E. die zutreffendste Artikulation des springenden Punktes der Eschatologie. In diesem Sinne wird er im letzten Kapitel (»Glauben im Rechtsstreit mit Gott«) meines Dogmatikgrundrisses »Aus Glauben leben«, Stuttgart ²1990 zitiert. Eindringend und umfassend ist WA 18, 783,17–785,38, nun ausgelegt von *T. Reinhuber*, Kämpfender Glaube. Studien zu Luthers Bekenntnis am Ende von De servo arbitrio, Berlin / New York 2000.

32   Zum Zusammenhang von Gottes Gericht und seinem Erbarmen vgl. zusammenfassend *B. Janowski*, Art. Gericht Gottes (II. Altes Testament), RGG⁴ III (2000), 733f.

zur »normalen« Grundstimmung des Christen werden, wie dies in der Tradition Schleiermachers geschah. Klage und Bitte haben dann prinzipiell »keine Stätte« innerhalb der christlichen Gemeinde und ihres Gottesdienstes; das »Kyrie eleison!« muss dann als »Ruf der Draußenstehenden« verstanden werden[33]. Ist das »Kyrie eleison!« aber *nicht* der Ruf der Draußenstehenden, dann müssen sich die meisten Dogmatiken ändern.

33 E.Chr. *Achelis*, Kyrie eleison. Eine liturgische Abhandlung, MGKK 4 (1899), 161–172.211–216, hier 215).

Franz Weber

Klagen und Anklagen

Unterdrückte und befreite Klage in der Volksfrömmigkeit

Dürfen Frömmigkeit und Gebet auch Aufbegehren sein, »Protest gegen Gott vor Gott«, »im Namen Gottes gegen das Leid« und »Protest gegen den Menschen vor den Menschen«[1], leidvolle Klage über das, was schuldlosen Menschen schuld-voll zustößt, aber auch darüber, was Menschen einander an Unrecht zufügen, und Anklage derer, die direkte und unmittelbare Verursacher und Täter dieses Unrechts sind? Ja, muss christlicher Glaube im Namen dessen, der in seiner Mitte steht als der gekreuzigte und auferstandene Herr, nicht sogar dazu anstiften, dass die Gekreuzigten dieser Erde von ihren Kreuzen herabsteigen können und die um ihre Menschenrechte Betrogenen zu einem menschenwürdigen Leben auferstehen dürfen? Vielen Frommen von heute mögen solche »aufrührerisch-aufständische[n]« Fragen geradezu als gotteslästerlich erscheinen. Doch die Bibel ist voll von Konfliktgesprächen gläubiger Menschen mit ihrem Gott und stellt Jesus selbst als den zu Gott klagenden Armen und Gerechten vor[2]. Denn dass der Mensch sich fraglos und klaglos in den Willen Gottes (oder was als solcher herrschaftlich von oben deklariert wurde) zu ergeben und sich ohne Aufbegehren in sein von Gott verfügtes Schicksal (und das bedeutet oft auch in seine soziale Rolle als Untertan) zu fügen habe, steht so zwar nicht in der Heiligen Schrift, war aber zweifelsohne über Jahrhunderte immer wieder Gegenstand und Ziel kirchlicher Verkündigung.
Eine Frömmigkeitshaltung, aus der heraus ein Mensch sich vor Gott »ausklagen« oder in seiner Verzweiflung Gott sogar anklagen darf, wurde offensichtlich nicht nur aus theologischen, sondern auch aus politischen Gründen nicht geduldet. Ein solches Verhalten konnte sich sehr schnell als »subversiv« und systembedrohend

---

1   G. *Beirer*, Die heilende Kraft der Klage, in: G. *Steins* (Hg.), Schweigen wäre gotteslästerlich. Die heilende Kraft der Klage, Würzburg 2000, 19.
2   Vgl. O. *Fuchs*, Art. Klage I. Anthropologisch-theologisch, in: LThK[5] 6 (1999) 108f.

herausstellen, wenn Menschen damit nach einer Veränderung ihrer Situation verlangten und gegen die angeblich »gottgewollte« Ordnung aufbegehrten. Wie leicht konnte da die Klage vor Gott zu einer Anklage der Träger sakralisierter Macht werden. Und sie wurde es auch – zum Beispiel immer wieder in den oft religiös motivierten Aufstands- und Befreiungsbewegungen der Geschichte.

Der Bogen der hier folgenden Beobachtungen und Überlegungen zur Klage und Anklage in der Volksfrömmigkeit ist bewusst weit gespannt: Am Beginn steht die Frage nach der oft vermuteten »Klaglosigkeit« der Religiosität der »einfachen Leute« (1), nach den Ursachen der Verdrängung der Volksfrömmigkeit aus der theologischen Reflexion (2) und deren Wiederentdeckung und lehramtlichen Neubewertung unter dem Einfluss befreiungstheologischer Impulse und lateinamerikanischer Gemeindepraxis (3). Hinweise auf aktuelle Ereignisse und einige historische Reminiszenzen an die Anfänge der Kolonialgeschichte versuchen schließlich exemplarisch deutlich zu machen, warum vor allem den von ihren kulturellen Wurzeln abgeschnittenen indianischen Völkern und den aus Afrika importierten Sklaven ein Klageverbot auferlegt werden musste, das freilich nur oberflächlich befolgt wurde. Die Klage ist den Unterdrückten gewissermaßen in Fleisch und Blut übergegangen und fand in der Vielschichtigkeit ihrer synkretistischen Volksreligiosität einen zugleich verschwiegenen und beredten Ausdruck (4). Es hat lange gedauert, bis auch die offizielle Kirche den Klageschrei der Unterdrückten zu hören und kirchenamtlich zu verstärken bereit war (5). In einem weiteren Abschnitt soll kurz in das Beten und Feiern der Basisgemeinden hineingehört werden, in dem die beherzte Klage einen neuen liturgischen Ausdruck findet und zu einer prophetischen und das eigene Leben gefährdenden Anklage werden kann (6), bevor dann noch einmal auf unsere mitteleuropäische Volksfrömmigkeit einzugehen sein wird, in der der Klage und Anklage in alten und neuen Formen ganz offensichtlich eine Not wendende und heilende Aufgabe zukommt (7).

1. Harmlos-klaglose Religion des Volkes?

Die Volksfrömmigkeit[3] in ihrer vielschichtigen Buntheit scheint Theologen auf den ersten Blick eher unverdächtig, gesellschafts-

---

3 Ich verwende die in den kirchlichen Dokumenten und in der Forschung meist mit verschiedenen Akzentuierungen gebrauchten Ausdrücke »Volksfrömmigkeit«, »Volksreligiosität«, »Volksreligion« der Einfachheit halber ohne weitere

politisch systemstabilisierend und »klaglos« zu sein. Gerade die
Religion der (angeblich oft auch geistig und geistlich) Armen, der
sogenannten einfachen Leute, wird ja bis heute nicht nur von theo-
logisch-kirchlicher, sondern auch von gesellschaftlicher Seite sehr
schnell allgemein und vorurteilsvoll für ein billig zu habendes Be-
täubungsmittel und Trostpflaster gehalten – das aufgeklärte Menschen leicht belächeln, solange sie es selber nicht nötig haben. Wer
im Leben einigermaßen »versichert« und abgesichert ist, greift bekanntlich nur im äußersten Notfall, wenn sonst absolut nichts mehr
hilft (und dann nur verschämt), zu diesen Mitteln der Religion.
Bei näherem Hinsehen ist jedoch die Volksfrömmigkeit keineswegs
so »klaglos« und »unterwürfig«, wie ihr häufig unterstellt wird.
Ottmar Fuchs hat schon vor Jahren in seinem Versuch, das Klagegebet bibel- und praktisch-theologisch qualifiziert zu rehabilitie-
ren, mit Recht darauf aufmerksam gemacht, dass der elementare
menschliche Sprechakt der Klage und Anklage zwar häufig aus
der kirchlich-liturgischen und allgemein christlichen Gebetswelt
verschwand, sich aber in der Volksfrömmigkeit der Wallfahrtsorte
und besonders in der marianischen Frömmigkeit wiederfindet[4].
»Auf Wallfahrten wird noch geweint, geklagt und gelobt«, schreibt
Fuchs, und er hat damit besser beobachtet als viele andere, die die
Religiösität der »gewöhnlichen« Gläubigen oft sehr schnell nur als
Ausdruck infantiler Abhängigkeit von angstbesetzten Gottes- und
Heiligenbildern charakterisieren. Sosehr die Tatsache, dass nicht
Gott, sondern Maria (oder andere Heilige) im Volksglauben zu
Adressaten des Schmerzes gemacht werden, dazu führen kann, dass
die Klage ihren aggressiven Kern verliert – und zumindest manche
Gebetstexte auf Andachtsbildern weichlich und hingebungsvoll
wirken –, sowenig scheint mir die Annahme berechtigt, dass in der
Volksfrömmigkeit grundsätzlich »das Element des Fragens, des
Kämpferischen und der Auseinandersetzung fehlt«[5].
Mein jahrelanges persönliches Miterleben lateinamerikanischer
Volksfrömmigkeit in brasilianischen Basisgemeinden, die Wiederentdeckung meiner eigenen volkskirchlichen Wurzeln und die
theologisch-wissenschaftliche Reflexion darüber, was ich in Brasilien und hier in Mitteleuropa an Volksreligiosität »wahr-nehmen«
durfte, haben mich eines Besseren belehrt. Ich stimme Ottmar

Differenzierungen, um eine möglichst breite Grundlage für die hier angestellten
Überlegungen zu gewährleisten. Vgl. dazu *H. Gimpl*, Volksreligiösität und Pastoral im andinen Peru, St. Ottilien 1993, 10f.
4 Vgl. *O. Fuchs*, Die Klage als Gebet. Eine theologische Besinnung am Beispiel des Psalms 22, München 1982, 19.
5 Ebd., 19, Anm. 16.

Fuchs aus vielen historischen Gründen zwar zu, wenn er davon
ausgeht, dass auch in der abendländischen Volksfrömmigkeit das
Beten der Unterdrückten[6] zum Ausdruck kommt. Aber gerade
weil die Volksfrömmigkeit auch bei uns vielfach das Gebet der im
Leben zu kurz Gekommenen und an den Rand Gedrängten, der
unter Druck »von oben« Stehenden, der Ent-Würdigten, der acht-
und ehrlos Gemachten ist, das vor Gott und seine Heiligen getragen wird, kann dieses um Hilfe Flehen – in dem es meistens nicht
um irgendwelche kleinen Wehwehchen, sondern schlicht ums Leben und Überleben geht – gar nicht »klaglos« sein. Volksreligiosität ist oft sehr kämpferisch. Sie ist letztlich immer ein hoffnungs-
voller Aufschrei zum Gott des Lebens oder zu Heiligen, die von
macht-losen Menschen zu macht-vollen Schützern und Beschüt-
zern gemacht und als Repräsentanten der Lebens-Macht Gottes angerufen werden[7]. Hier kommen Menschen zur Sprache, die sonst
gesellschaftlich und kirchlich nichts zu reden haben.

Die Profan-, Kirchen- und Frömmigkeitsgeschichte kennt viele
Klageverbote und »Maulkörbe«, die vor allem über die Armen
und Rechtlosen dieser Welt verhängt werden. Das alles hat diese
freilich nicht daran gehindert, wenigstens »Gott zur Rede« zu stellen. Vor ihm konnten sie ungehindert klagen und anklagen, weil
sie in ihrem implizit-biblischen Glauben davon überzeugt waren,
dass Gott ihr Leid kennt und ihre laute Klage hört (vgl. Ex 3,7),
auch wenn ihnen niemand den Zugang zu jenem Gott eröffnet
hatte, der sich schon dem Volk Israel durch Mose als Gott der Befreiung geoffenbart hatte.

Es erweist sich als äußerst lohnend und aufschlussreich, den Anstoß von Ottmar Fuchs zur Frage nach der aus dem offiziellen Ge-
betsleben der Kirche in die Volksfrömmigkeit abgedrängten Klage aufzugreifen. Wer diesen Versuch wagt, begibt sich allerdings
in ein unermessliches, weithin unerforschtes und unwegsames Ge-
lände, in das die hohe Theologie kaum einmal einen Vorstoß wagte, weil ihr dieser für die Kirche über Jahrhunderte wichtige Lebensbereich als »Dschungel des Aberglaubens« erschien. In diesem wagten Theologen und Kirchenmänner vielleicht oft auch
deshalb keine Pfade theologischer Klärung und Aufhellung zu suchen, weil sie insgeheim fürchteten, darin der ins Unterbewusste
verdrängten Symbolwelt ihres eigenen »Kinder- und Köhlerglau-
bens« zu begegnen. Was in diesem Beitrag zur heilenden und heil-

6   Ebd., 19, Anm. 16.
7   Vgl. *F. Weber*, Von macht-vollen Bildern und macht-losen Armen. Zur Ambivalenz religiöser Symbole in der lateinamerikanischen Volksfrömmigkeit, in:
JBTh 13 (1998) 261-278, hier 272f.

vollen Präsenz von Klage und Anklage in der Volksfrömmigkeit in blitzlichtartiger Form zur Sprache gebracht werden kann, muss deshalb weithin fragmentarische Andeutung bleiben, möchte aber wenigstens ein Anstoß zum systematisch-theologischen und praktisch-theologischen Weiterdenken sein.

2. Entfremdung zwischen wissenschaftlicher Theologie und Volksfrömmigkeit

Wer sich der Volksfrömmigkeit gegen alle Warnungen als Theologe nähern möchte, muss sich also zunächst selbst darüber klar werden, mit welchen persönlichen (und oft biographisch geprägten) Vor-Urteilen und theologischen Grundeinstellungen er sich einer Glaubenspraxis nähert, die auch heute noch – zumindest auf weltkirchlicher Ebene – für eine große Mehrheit in der katholischen Kirche (und in verschiedenen alten und neuen Formen auch in anderen christlichen Kirchen) auf existentieller Ebene von grundlegender Bedeutung ist. Warum aber haben Theologen diese Art von Glaubensvollzug entweder buchstäblich nur von oben herab betrachtet oder – was bis heute noch häufiger geschieht – überhaupt keines ernsthaften Blickes gewürdigt und fast vollständig aus ihrer wissenschaftlich-theologischen Reflexion ausgeblendet?

Hier besteht berechtigter Anlass zur »Klage« und »Anklage«: Volksfrömmigkeit und Theologie sind einander nach manchen Ärgernissen und Zerwürfnissen oder vielleicht auch nur aus gegenseitiger Gleichgültigkeit so fremd geworden, dass sie kaum noch dazu fähig sind, sich als theologisch gleichberechtigte Partnerinnen zu einer befreienden und gegenseitig bereichernden »Aussprache« zu treffen. An den theologischen Fakultäten und Ausbildungsstätten der künftigen Seelsorger werden deshalb Themen wie Volksreligion und Volkstheologie erfahrungsgemäß höchst selten in Lehrveranstaltungen behandelt[8]. Was im theologischen Forschungs- und Lehrbetrieb nicht oder höchstens am Rande vorkommt, steht in den meisten Gemeinden vor Ort jedoch in ganz verschiedenen, manchmal auch in fragwürdigen Formen und häufig konfliktreich im Vordergrund und würde dringend einer verantwortungsbewussten theologischen Bewertung und pastoralen Wegweisung bedürfen. Viele Hauptamtliche drücken sich in ihrer Unsicherheit entweder durch autoritäre Verbote oder – was weni-

---

8 Vgl. dazu *E. Schulz*, Erneuertes Miteinander von Theologie und Volksreligiosität? Pastoraltheologische Erwägungen, in: ThG 33 (1990) 307–314, hier 308f.

ger kostet – durch ein unreflektiertes Mitmachen vor einer frucht-
baren theologischen Auseinandersetzung mit volksreligiösen Voll-
zügen.

Es ist bezeichnend, dass der Begriff der Volksfrömmigkeit noch
immer nicht hinreichend geklärt ist, »die damit verbundenen Kon-
notationen [...] deshalb zwiespältig sind [...], der wissenschaftliche
Gebrauch umstritten, die Verwendung bei deutschsprachigen Theologen oft missverständlich«[9]. Vor allem stört, dass man hierzulan-
de offensichtlich nicht dazu fähig ist, auch praktisch-theologisch
zuerst an der Lebendigkeit und pastoralen Chance der Volksfrömmigkeit anzusetzen, bevor man – berechtigterweise – auch deren
Ambivalenz herausstreicht. Es lässt sich auch inhaltlich historisch
nicht rechtfertigen, dass man der Volksfrömmigkeit allgemein und
undifferenziert eine »problematische Trennung in Profanes und
Sakrales« und eine Überbetonung »des persönlichen Heils zu Lasten der ›politischen Dimension‹« unterstellt[10].

Wenn Theologen in interdisziplinärer Zusammenarbeit mit der Geschichtswissenschaft, der Volkskunde und der Religionssoziologie,
die dem Phänomen der Volksreligiosität seit langem viel intensiver
und gezielter wissenschaftliche Aufmerksamkeit schenken als die
Theologie, zunächst einmal erkennen lernen, wie stark »Volksfrömmigkeit oder Volksreligion oft nur als Minderformen der eta-
blierten Religion und des wahren Glaubens [galten oder gelten],
als nicht selten belächelter oder auch bekämpfter Ausdruck von
›Aberglauben‹ – wie ja die Lebensformen des ›Volkes‹ überhaupt,
dessen geistige und materielle Kultur, lange Zeit in einseitiger Abhängigkeit von der ›Hochkultur‹ der gebildeten Stände gesehen
werden«[11], dann ist für die Theologie und Pastoral schon manches
an Einsicht gewonnen. Das entscheidende Problem hat aber Josef
Herberg angesprochen, wenn er dafür plädiert, die Volksfrömmigkeit nicht nur als Brauchtum historisch abzutun, sondern den im
»Volk« verankerten religiösen Glauben als für die Volksfrömmigkeit konstituierend anzusehen. Wo das ernst genommen wird, »öffnet sich ein weites Feld von Inhalten, Motiven und Ausdrucksformen, das sowohl für die systematische als auch für die praktische

9 W. *Brückner*, Art. Volksfrömmigkeit I. Begriffsgeschichtlich, in: LThK[5] 10
(2000) 858.
10 So E. *Henau*, Art. Volksfrömmigkeit III. Praktisch-theologisch, in: ebd.,
860.
11 P. *Dinzelbacher* / D.R. *Bauer*, Vorwort, in: *dies.* (Hg.), Volksreligion im
hohen und späten Mittelalter. Dokumentation der Wissenschaftlichen Studienta-
gung »Glaube und Aberglaube, Aspekte der Volksfrömmigkeit im hohen und späten Mittelalter«, 27.–30. März 1985 in Weingarten (Oberschwaben), Paderborn
1990, 5.

Theologie von hoher Relevanz ist und vermutlich bisher zu wenig bedacht wurde«[12].

Es ist vor allem zu klären, ob nicht auch die Volksfrömmigkeit trotz all ihrer Grenzen und Fragwürdigkeit grundsätzlich Ausdruck jenes übernatürlichen Glaubenssinnes sein kann, von dem das 2. Vatikanische Konzil in der Kirchenkonstitution behauptet, dass durch ihn das Gottesvolk »mit rechtem Urteil immer tiefer in den Glauben [eindringt] und [...] ihn im Leben voller«[13] anwendet. Die Volksfrömmigkeit wäre damit auf ihre je eigene Art und Weise Glaubenspraxis und »Theologie des Volkes«. Darauf hat schon vor Jahren Karl Rahner in seinen Überlegungen zum Verhältnis von Theologie und Volksreligion aufmerksam gemacht, die einem bereits 1979 unter dem Titel »Volksreligion, Religion des Volkes« erschienenen, überwiegend von befreiungstheologisch orientierten Beiträgen bestimmten Buch vorangestellt wurden[14]. Darin gibt Rahner seiner Überzeugung Ausdruck, »daß die wissenschaftliche Theologie, um ihrem eigenen Wesen gerecht zu werden, viel mehr auf die Religion des Volkes reflektieren müßte, als sie es faktisch zu tun pflegt«[15]. Rahner besteht darauf, dass »die Volksreligion der gelehrten Theologie« etwas zu sagen hat, »weil diese Volksreligion nicht bloß die popularisierende Anwendung einer kirchenamtlichen Verkündigung und der Theologie ist, sondern auch das Volk [...] Adressat der ursprünglichen Offenbarung ist«, ja dass sogar die wissenschaftliche Theologie gegenüber der Volksfrömmigkeit »rückständig« sein kann, wenn sie »Beiträge nicht wahrnimmt, Entwicklungen in der Glaubensgeschichte des Volkes übersieht und hinter diesen Entwicklungen zurückbleibt«[16].

Könnte es also auch sein, dass Theologie und kirchliches Lehramt (aus welchen Gründen auch immer) über lange Zeit übersehen haben, dass der biblisch-theologische Gehalt von Klage und Anklage in seiner Bedeutung für den Glaubensakt des Menschen in der Volksfrömmigkeit auf verborgene, verschwiegene, ja unterdrückte Art und Weise deutlicher da war als in der offiziellen Liturgie- und

---

12 J. *Herberg*, Volksfrömmigkeit, Verkündigung und Theologie. Versuche über ein schwieriges Grundlagenthema kirchlichen Handelns, in: ThG 33 (1990) 315–326, hier 315.

13 2. Vatikanisches Konzil. Dogmatische Konstitution über die Kirche, in: *K. Rahner / H. Vorgrimler*, Kleines Konzilskompendium, Freiburg/Basel/Wien ⁵1966, Nr. 12.

14 Vgl. *K. Rahner*, Einleitende Überlegungen zum Verhältnis von Theologie und Volksreligion, in: *ders. u.a.* (Hg.), Volksreligion, Religion des Volkes, Stuttgart 1979, 9–16.

15 Ebd., 9.

16 Ebd., 16.

Gebetspraxis der Kirche und in den theologischen Abhandlungen? Einige lehramtliche und theologische Lernprozesse, die bereits Ende der 60er und in den 70er Jahren unter dem Einfluss einer erneuerten lateinamerikanischen Kirchenpraxis festzustellen sind, haben tatsächlich zu einer unerwarteten Neuentdeckung und pastoraltheologischen Aufwertung der Volksfrömmigkeit geführt.

3. Theologie, die den Aufschrei der Unterdrückten zu hören beginnt

»In der Religion der Armen hören wir den Aufschrei der unterdrückten Kreatur in seiner ergreifendsten Form«, schreibt Harvey Cox[17], der nach der Abkehr von seinen Thesen zu einem religionslosen Christentum von neuem den Sinn des Glaubens des Volkes begreifen lernt und der Theologie empfiehlt, an den Erfahrungen derer teilzunehmen, die diesen Glauben leben, »weil es in der Christenheit immer die Unterdrückten und Geschlagenen sind, bei denen Gott gegenwärtig ist«[18]. Die im deutschen Sprachraum nicht gerade umfangreiche, aber doch deutlich wahrzunehmende Literatur zur »Wiederentdeckung der Volksreligiosität«[19] lässt erkennen, wie aus der Beschäftigung mit der lateinamerikanischen Befreiungstheologie zumindest da und dort das Bewusstsein erwuchs, »daß die konkret gelebte Religiosität an der Basis Ausgangspunkt und Adressat der Theologie sein muß«[20]. Das zu begreifen und in die theologische Reflexion und pastorale Tat umzusetzen, war aber auch der stark von der mittel- und westeuropäischen Theologie und ihren Vorurteilen gegenüber der Volksfrömmigkeit geprägten ersten Generation der Befreiungstheologen keineswegs leicht gefallen. Denn auch in Lateinamerika hatten unmittelbar nach dem Konzil sogenannte »progressive« Priester, Laien und Ordensleute auch und gerade in den damals neu entstehenden Basisgemeinden zunächst versucht, den alten »Aberglauben« der unteren Volksschichten aufzuräumen, bis sie bemerkten, dass sie damit den Lebensnerv der Armen trafen[21]. Doch die Geister, die die Befreiungstheologen ins

---

17   H. Cox, Verführung des Geistes, Stuttgart/Berlin 1974, 194f.
18   Ebd., 194.
19   Vgl. vor allem *J. Baumgartner* (Hg.), Wiederentdeckung der Volksreligiosität, Regensburg 1979; *A. Exeler / N. Mette*, Theologie des Volkes, Mainz 1978; *J.G. Piepke*, Kirchliche Verkündigung und Volksfrömmigkeit. Anthropologische und theologische Aspekte eines Schismas zwischen Volk und Kirche, in: Ordensnachrichten 23 (1984) 255–265.
20   *Rahner*, Einleitende Überlegungen (s. oben Anm. 14), 7.
21   Vgl. dazu *F. Weber*, Gewagte Inkulturation. Basisgemeinden in Brasilien: Eine pastoralgeschichtliche Zwischenbilanz, Mainz 1996, 346.

Leben gerufen hatten, wurden nun selbst zu Anklägern. Viele einfache Gläubige ließen diese oft in Berufung auf das Konzil geführte »Säuberungsaktion« nicht mehr »klaglos« zu, sondern erhoben
etwa auf den Basisgemeindetreffen ihrerseits Anklage gegen ihre
»befreiungstheologischen Unterdrücker«[22]. Sie ließen sich nicht
einfach nehmen, was sie von ihren Vorfahren ererbt hatten und ihnen in ihrer Volksfrömmigkeit »hoch und heilig« war.

Die Bischofskonferenz von Medellín (1968) spricht zwar noch von
den »verzerrten Ausdrucksformen der Volksreligiosität« und betrachtet diese als ein »uraltes religiöses Erbgut, in dem die Tradition
eine fast tyrannische Macht ausübt« und das »leicht durch magische
Praktiken und Aberglauben beeinflußt werden kann«[23], bemüht
sich aber sonst bereits um eine behutsam differenzierende Darstellung und eine grundsätzliche Akzeptanz der verschiedenen »religiösen und menschlichen Elemente«, die »sich in dieser Religiosität verborgen befinden wie ›Saatkörner des Wortes Gottes‹«[24]. Sie
könnte, so sagen die Bischöfe mit großem Respekt vor dem Glauben der Armen, so etwas wie ein »Stammeln einer echten Religiosität«[25] sein. Dieser Ausdruck ist zu schwach, um der Realität der lateinamerikanischen Unterdrückungsgeschichte gerecht zu werden.
Zumindest klingt hier bereits ein wenig an, dass sich in den verschiedenen Formen und Praktiken der Volksfrömmigkeit auch und
vor allem die vielfach unausgesprochenen Klagen und verbotenen
Anklagen von Generationen ausgebeuteter Menschen verdichtet haben. In Medellín ist aber auch schon sehr klar (vielleicht klarer, als
man das in der lateinamerikanischen Kirche von heute wahrhaben
will) erkannt worden, dass die verschiedenen Ausdrucksformen
der Volksfrömmigkeit einer Befreiung durch das Wort des Evangeliums bedürfen. So wird z.B. von der Heiligenverehrung gesagt,
sie dürfe die Menschen nicht zu einer fatalistischen Hinnahme ihres oft traurigen Loses führen, sondern müsse sie dazu befähigen,
»Mitschöpfer und Gestalter ihres Schicksals zu werden«[26]. In einer

---

22 Ich verdanke diese Beobachtungen nicht nur den Erfahrungen von Basis-
gemeindemitgliedern in Brasilien, sondern auch Befreiungstheologen, die heute
selbstkritisch auf die Anfänge einer neuen Art des Theologietreibens und einer
sich verändernden pastoralen Praxis zurückblicken.
23 Adveniat. Dokumente. Projekte 1–3. Sämtliche Beschlüsse des lateinamerikanischen Episkopats. Medellín 24.8.–6.9.1968, Essen 1968, Dokument 6,
Nr. 4.
24 Ebd., Nr. 5.
25 Ebd., Nr. 4.
26 Ebd., Nr. 12; zur Bedeutung dieser Aussagen von Medellín für die befreiungstheologische Reflexion vgl. *Weber*, Von macht-vollen Bildern (s. oben
Anm. 7), 276.

solchen Neuorientierung der Volksfrömmigkeit bekommen auch, wie noch zu zeigen sein wird, Klage und Anklage einen zentralen Platz.

Noch besser als in Medellín sind die lateinamerikanischen Bischöfe der Volksfrömmigkeit auf ihrer Vollversammlung in Puebla (1979) auf die Spur gekommen, wenn sie diese im Schlussdokument »in ihrem Kern« als einen »Schatz von Werten« definieren, »der mit christlicher Weisheit auf die großen Existenzfragen Antwort gibt« und »eine große Fähigkeit zur Lebenssynthese«[27] zeigt. Aber diese Lebenssynthese ist kein »leichtes Spiel«, sondern ist oft durch erlittene Demütigung und durchlittene Entwürdigung, durch bitter beklagte Lebensnot und in der Tiefe menschlicher Existenz errungene und »teuer erstandene« Lebensweisheit geprägt.

Weil aber – und hier kommt Puebla wohl zur Kernfrage nach der Rolle von Klage und Anklage in der Volksreligiosität – die »Strukturen der Sünde« und der »Abgrund zwischen Reichen und Armen, [...] die Ungerechtigkeit, [...] die unwürdige Unterwerfung, in radikalem Widerspruch zu den Werten der Würde des Menschen und der solidarischen Geschwisterlichkeit« stehen, »das lateinamerikanische Volk [diese Werte] jedoch in seinem Herzen als Gebote [trägt], die es vom Evangelium empfangen hat«[28], darf und muss geklagt und angeklagt werden.

Die Volksreligiosität war nie – und ist es heute weniger denn je – nur Ausdruck des stummen Hinnehmens und geduldigen Ertragens von erlittenem Unrecht. Die Bischöfe (und ihre Theologen) haben sich gut in die tieferen Schichten des Glaubensvollzuges der Armen hineingefühlt, wenn sie sagen, »daß die Religiosität des lateinamerikanischen Volkes häufig zu einem Aufschrei nach wahrer Befreiung wird«[29]. Und darin liegt das zutiefst evangeliumsgemäße, christliche und christologische Befreiungspotential einer Glaubenspraxis, die nur aus einer oberflächlichen, fremdbestimmten und nur allzu oft ideologisch-unterdrückenden Perspektive klag-los und anklage-frei erscheint. Die befreiungstheologische Reflexion von heute setzt sich auf breiter Ebene mit den verschiedenen Aspekten der Volksreligion auseinander und charakterisiert diese bei aller Anerkennung ihrer Schattenseiten als eine »lebendige religiöse Erfahrung«, aber auch als eine »konfliktive Wirklichkeit, denn das Volk ist eine verarmte und Unterdrückung erdul-

---

27 Die Evangelisierung Lateinamerikas in Gegenwart und Zukunft. Schlussdokument der III. Vollversammlung des lateinamerikanischen Episkopats in Puebla (Stimmen der Weltkirche), Bonn 1979, Nr. 448.
28 Ebd., Nr. 452.
29 Ebd., Nr. 452.

dende Masse, welche die Erfahrung von Selbstzerstörung, von Unterordnung unter herrschenden Gruppen und von Fanatismus [...] gemacht hat; all dies beeinflußt [...] die jeweiligen religiösen Formen«. Aber die Armen bleiben nicht mehr passiv, »das Volk [leistet] Widerstand, es bildet Gemeinschaft, [...] artikuliert sich als Volk, bildet Organisationen und entwirft Alternativen. Die Volksreligion entfaltet sich größtenteils im Zusammenhang dieser dynamischen Prozesse«[30].

Wer jedoch annehmen würde, solche Befreiungsprozesse könnten sich heute unter den Armen Lateinamerikas und anderswo mehr oder weniger ungehindert entfalten, muss nicht nur dort, sondern weltweit eher das Gegenteil beobachten: Denn den in rasanten Globalisierungsprozessen von den lebensnotwendigen Gütern Ausgeschlossenen und um ihr Recht auf ein menschenwürdiges Leben Betrogenen wird heute nicht nur in Diktaturen, sondern in vielen neoliberalen, fortschrittlichen »demokratischen« Gesellschaften das Recht auf Klage und Anklage auf ähnliche Weise verwehrt wie vielen Generationen vor ihnen in der Unterdrückungsgeschichte der Menschheit.

4. Erinnerungen an verbotene Klage

Ein sprechendes Beispiel dafür, wie eine »fortschrittliche« Gesellschaft auf die Klage und Anklage der Unterdrückten reagiert, lieferte Brasilien im Jahr 2000 bei den offiziellen Feiern zur Erinnerung an seine »Entdeckung« vor 500 Jahren. Hier wurde einmal mehr manifest, dass sich alle, die am Rand einer modernen Gesellschaft stehen, nach amtlicher und allgemein gesellschaftlicher Meinung eigentlich »nicht zu beklagen haben« und deshalb auch kein Recht darauf bekommen dürfen. Konsequenterweise konnte die brasilianische Regierung – die mit einer rücksichtslosen neoliberalen Wirtschaftspolitik eine soziale Situation geschaffen hat, in der die Reichen täglich um ein Vielfaches reicher werden, während die Millionen von Armen ein ständig anwachsendes Heer von Überflüssigen bilden – den seit Beginn der Kolonialisierung bis heute aus dem geschichtlichen Bewusstsein der Nation Ausgeschlossenen, den indianischen Völkern, den Nachkommen der schwarzen Sklaven und den landlosen Bauern überhaupt nicht erlauben, im Rahmen eines triumphalistisch-neokolonialen Ent-

---

30 D. *Irarrazavel*, Volksreligion, in: *I. Ellacuría / J. Sobrino* (Hg.), Mysterium Liberationis. Grundbegriffe der Theologie der Befreiung, Bd. 2, Luzern 1996, 976.

deckungsjubiläums der Reichen ihre Stimme zu erheben und auch ihr Recht auf Leben einzuklagen.

So machten die indianischen Völker – die sich in einem groß angelegten Sternmarsch aus allen Teilen des Landes zusammen mit Vertretern von christlichen Kirchen und Repräsentanten verschiedener Menschenrechts- und Nichtregierungsorganisationen und anderen Volksbewegungen in einer gewaltlosen Demonstration den offiziellen Feierlichkeiten nähern wollten, um an die »anderen 500 Jahre« beklagenswerter Unterdrückungsgeschichte zu erinnern – einmal mehr eine bedrückende Erfahrung: Sie wurden von der Macht des Staates mit Gewalt ausgeschlossen und in ihrer zeichenhaften Klage und Anklage zum Schweigen gebracht. Schocktruppen der Militärpolizei gingen mit Tränengas, Gummigeschossen und Wasserwerfern gegen sie vor und knüppelten die machtlosen Ankläger machtvoll nieder[31].

Die Bilder von Indianern, die sich mit offenen Armen der Polizeigewalt entgegenstellten, sich vor den Soldaten niederknieten oder sich in Kreuzesform auf die Straße legten, konnten im modernen Medienzeitalter mit seiner Pressefreiheit nicht mehr in den Schubladen der Zensur verschwinden. Sie flimmerten weltweit über die Bildschirme, erschienen auf den Titelseiten der Zeitungen und Illustrierten[32] und wurden zu Bildern der Klage und beredten Anklage.

Wo und wie aber konnte sich im Laufe vergangener Jahrhunderte die Klage der Unterworfenen über den Verlust von Freiheit, kulturellen Werten und religiösen Traditionen »kanalisieren« und Ausdruck verschaffen? Man wird weder die klagenden Grundmelodien in den verschiedenen Tiefenschichten und Ausdrucksformen der lateinamerikanischen Volksfrömmigkeit noch die befreiungstheologischen Versuche einer Aufarbeitung Jahrhunderte langer Klageverbote verstehen, wenn man nicht wenigstens andeutungsweise den einen oder anderen tieferen historischen Grund zur Klage in den Blick zu nehmen versucht.

Die Klagen der aztekischen Weisen, die Bernardino de Sahagun in seinem 1564 aus Gesprächsnotizen von Franziskanermissionaren zusammengestellten Religionsgespräch zu Wort kommen lässt, sind selbst noch in ihrer zweifellos fragwürdigen Wiedergabe und missionarischen Deutung ein erschütterndes Klagelied. Wer sollte nicht selbst sterben und zugrunde gehen wollen, wenn »seine Göt-

---

31 Vgl. dazu *F. Weber*, Schuldbekenntnis und Danksagung. Heilende Erinnerung an die »anderen 500 Jahre« brasilianischer Kirchengeschichte, in: Diak 31 (2000) 432.
32 Vgl. ebd., 433.

ter gestorben«[33] sind und mit ihnen alles, was Menschen heilig und lebenswichtig war? Die Missionare »trösten« die Klagenden mit dem Hinweis auf den wahren christlichen Gott, drohen ihnen aber zugleich mit der endgültigen Vernichtung für den Fall, dass sie als Unterworfene das Wort Gottes nicht hören wollen[34]. Mussten da nicht bald alle Klagen verstummen und sich in heimlich praktizierten religiösen Formen und geistlichen Überlebensstrategien Ausdruck verschaffen?

»Unter fremder Hand und in gehäufter Qual sind wir zerrissen, zweifelnd und verstört, ohne Erinnerung sind wir allen, [...] ohne jemand, an den wir uns wenden könnten, sind wir dem Wahn verfallen«[35]. So hört sich die Klage eines anonymen Autors einer Elegie an, die zu den literarisch wertvollsten Stücken der Ketschua-Lyrik aus der frühen Kolonialzeit Perus gehört. Sie hat wahrscheinlich nicht nur die Ermordung des Inka Atahualpa als Hintergrund, sondern auch die Enthauptung des Widerstandskämpfers Túpac Amaru I., »der 1572 [...] auf dem Hauptplatz von Cuszo inmitten Abertausender von Trauer und Ohnmacht ergriffener Indios enthauptet wurde«[36]. Der bedeutende Jesuitentheologe und Missionstheoretiker José de Acosta sieht den Untergang der Inkareligion aus der Sicht der Sieger freilich anders, wenn er behauptet, »daß die Indios selbst das harte und unerträgliche Joch der Gesetze des Teufels und seiner Opfer und Zeremonien nicht mehr zu tragen bereit waren« und dass selbst die indianischen Zauberer und Magier nicht mehr leugnen würden, »daß sich der Teufel überall da, wo das Kreuz aufgerichtet wird [...] und wo man den Namen Christi bekennt, nicht zu mucksen traut«. Kein Wunder, dass da auch die Klagelieder der Indios verstummen mussten, die jedenfalls nach außen hin auf jedes »Aufmucken« verzichteten, ihre Klage aber weiterhin »in den Höhlen, auf den Bergspitzen und an versteckten Orten, weit entfernt vom christlichen Namen«, in ihren alten Riten zum Ausdruck brachten[37].

Auch ein anderer großer Theologe, der Sprachforscher und Jesuitenmissionar José de Anchieta, der bei den Indianern durchaus be-

---

33 »Wohin sollen wir denn vielleicht noch gehen? Wir (sind) Untertanen, [...] wohlan laßt uns denn sterben, wohlan, laßt uns denn zugrunde gehen! Sind doch die Götter auch gestorben« (*Bernardino de Sahagun*, Wechselreden indianischer Vornehmer und christlicher Glaubensapostel in Mexiko [1524], zitiert nach *M. Delgado* [Hg.], Gott in Lateinamerika. Texte aus fünf Jahrhunderten, Düsseldorf 1991, 81).
34 Vgl. ebd., 83.
35 Ebd., 88.
36 Ebd., 89.
37 Ebd., 96.

liebt war und 1980 als Apostel Brasiliens selig gesprochen wurde, war ganz offensichtlich der Meinung, dass jede Klage der Missionierten zu unterdrücken sei. Aus einem seiner Loblieder auf Mém de Sá, dem dritten Kolonialgouverneur, der »mit außerordentlicher Härte Vergeltungs- und Eroberungskriege gegen die Indios« geführt und »somit entscheidend zur ›Befriedung des Landes und [zur] Erleichterung der Missionsarbeit‹«[38] beigetragen hatte, wird unmissverständlich klar, dass jedes Klagen über verlorene religiöse Werte vor der Gewalt der neuen Herren des Landes und der Macht der neuen Religion zu verstummen hatte[39].

Es wäre aus vielen Quellen mühelos zu belegen, auf welche Art und Weise nicht nur den indianischen Völkern, sondern vor allem auch den aus Afrika importierten Sklaven der Wille zur Klage auch theologisch-katechetisch ausgeredet und als Auflehnung gegen Gottes Heilswillen verboten wurde. »Oh, wenn doch die Schwarzen, die aus der Wildnis [...] herausgeholt und nach Brasilien gebracht wurden, recht erkennen würden, wie sehr sie Gottes und seiner heiligsten Mutter Schuldner geworden sind«[40], ruft einer der bekanntesten Missionare der Kolonialzeit, der Jesuit P. Antonia Vieira, in einer Predigt auf einem Zuckergut in Bahia seinen Zuhörern zu, und er meint damit allen Ernstes, dass die Versklavung als Heilsweg Gottes zu verstehen und anzunehmen sei, als Nachahmung Christi und als Teilnahme an seinem Leiden[41]. Beweise dafür, wie den unterworfenen und im Anschluss daran missionierten Völkern jede öffentliche Klage über ihr Schicksal (von einem Recht auf gerichtliche Anklage konnte natürlich überhaupt nicht die Rede sein) untersagt wurde, ließen sich natürlich nicht nur für die lateinamerikanische Kolonialgeschichte erbringen. Es kann davon ausgegangen werden, dass die vielen kulturell-religiösen Verlust- und Unterdrückungserfahrungen und Verletzungen der fundamentalen Menschenrechte auch in den tausendfach verschiedengestaltigen Formen der Volksfrömmigkeit ihren individuellen und kollektiven Niederschlag gefunden haben und dass verbo-

38 Ebd., 99.
39 Die Verdienste des Gouverneurs um die Missionierung werden von Anchieta mit folgenden Worten gerühmt: »Aus des Herzens tiefster Mitte sage Dank dem Vater. [...] Dieser wollte dich zum ersten Künder seines Namens durch Brasiliens sämtliche Länder. Als erster bezwangst du rächend diese unmenschlichen Völker, so daß sie nunmehr ihren Nacken unter deinem Joche habe. Unter deinem Druck milderten brasilianische Recken ihre harten Sitten und verlernten ihre Riten« (zitiert nach *Delgado*, Gott in Lateinamerika [s. oben Anm. 33], 99).
40 A. *Vieira*, Obras completas do Padre Antônio Vieira, Sermões 4/XI, 301 (zitiert nach *Weber*, Gewagte Inkulturation [s. oben Anm. 21], 171).
41 Ebd., 172.

tene Klage dort ritualisiert und damit auch ein Stück weit seelisch
verarbeitet wurde.

5. Kirchenamtliche Ermächtigung zum Aufschrei und zur Anklage

»Ihr hört uns jetzt schweigend zu, aber wir hören den Schrei, der
aus euren Leiden emporsteigt«, sagte Papst Paul VI. am 23. August 1968 in seiner Ansprache an die Landarbeiter in Mosquera in
Kolumbien, ein Satz, der noch im selben Jahr in Medellín Aufnahme in das Schlussdokument der Bischofsversammlung fand[42]. War
die Kirche, die die Klagelieder der Armen über Jahrhunderte als
Auflehnung gegen Gott ablehnte und deshalb durch ihre Verkündigung weithin unterdrückte, nun plötzlich auch von höchster Seite zum Hören bereit? Unter den lateinamerikanischen Bischöfen,
die am 2. Vatikanischen Konzil teilnahmen, waren damals noch
sehr wenige, denen im Hinblick auf die soziale Situation ihrer Be-
völkerung »nicht das Hören und Sehen« vergangen war. So musste
Paul VI. selbst am Ende des Konzils den lateinamerikanischen
Episkopat dazu auffordern, seine Stimme zu erheben und seine
Pastoral zu ändern[43].
In Medellín fühlten sich die Bischöfe jedoch bereits selbst angesprochen und aufgerufen: »Es erhebt sich ein stummer Schrei von
Millionen von Menschen, die von ihren Hirten eine Befreiung erbitten, die ihnen von keiner Seite gewährt wird«, heißt es in der Beschreibung der lateinamerikanischen Realität am Beginn des Do-
kuments »Armut der Kirche«[44]. Die Bischöfe sind sogar bereit, die
Klagen der Armen gegen die amtliche Kirche selbst zu hören:
»[...] uns erreichen die Klagen, daß die Hierarchie, der Klerus und
die Ordensleute reich und mit den Reichen verbündet sind«[45], steht
wörtlich im Text. Von jetzt an galt das allgemeine Klageverbot offensichtlich als offiziell aufgehoben: Die Armen durften nun ihre
Klagen nicht nur vor Gott zur Sprache bringen und sie in ihren
Wallfahrten und Novenen ihren Heiligen anvertrauen, die Jahrhunderte lang gewissermaßen als die einzigen Anklagevertreter und
Rechtsanwälte der Rechtlosen fungiert hatten. Sie durften sich all-

---

42 Medellín, Dokument 14, Nr. 2.
43 Vgl. *F. Weber*, Für oder gegen die Armen? Zur Entstehungs- und Wirkungsgeschichte einer not-wendigen Grundentscheidung der Kirche, in: *R. Bucher u.a.*
(Hg.), In Würde leben. Interdisziplinäre Studien zu Ehren von Ernst Ludwig Gras-
mück, Luzern 1998, 196f.
44 Medellín, Dokument 14, Nr. 2.
45 Ebd.

mählich auch innerhalb ihrer Pfarrgemeinden »beklagen« und zu
Wort melden. Aber dazu bedurfte es eines langen Lernprozesses, der
bis heute bei nicht wenigen Vertretern der Amtskirche noch nicht
begonnen hat oder in den Anfängen stecken geblieben ist.
Doch die Kirche geht in Medellín noch einen Schritt weiter. Was
Jahrhunderte lang von Hierarchie und Klerus als Folge des Bünd-
nisses zwischen Thron und Altar und der gegenseitigen Abhängigkeit von Kolonialisierung und Missionierung gewissermaßen als
»Schweigepflicht« gegenüber dem ungerechten System erfordert
war, die aber freilich von einzelnen Bischöfen, Priestern und Or-
densleuten – oft unter Lebensgefahr – gebrochen wurde, kippt nun
geradezu ins Gegenteil: »Uns obliegt es als Hirten der Kirche, die
Gewissen zu bilden, [...] uns kommt es auch zu, all das, was gegen
die Gerechtigkeit verstößt [...] anzuklagen«[46]. Ja, die Bischöfe stellen als pastorale Leitlinien für sich auf, »entsprechend dem Auftrag
des Evangeliums die Rechte der Armen und Unterdrückten zu verteidigen«[47] und »energisch die Mißbräuche und die ungewollten
Konsequenzen der übermäßigen Ungleichheiten zwischen Reichen
und Armen, Mächtigen und Schwachen anzuklagen«[48]. Die solidarische Verpflichtung der Kirche gegenüber den Armen »muß sich
in der Anklage der Ungerechtigkeit und Unterdrückung konkreti-
sieren, im christlichen Kampf gegen die unerträgliche Situation,
die der Arme häufig erleiden muß«[49]. Eine Kirche, die auf der Seite
der Armen steht, »klagt den ungerechten Mangel der Güter dieser
Welt und die Sünde an, die ihn hervorbringt«[50]. Klage und Anklage sind nicht mehr systembedingt *ver*boten, sondern theologisch
geradezu *ge*boten und notwendig.
Eine solche kirchenamtliche Ermächtigung zur Klage und Anklage gab den Armen endlich Raum, all das zur Sprache zu bringen,
was sie und ihre Vorfahren seit Generationen an Demütigung und
Unterdrückung erlitten hatten und verschweigen und ins kollektive
Unterbewusste verdrängen mussten. Man kann unter dieser Hinsicht das grundsätzliche Verdienst der Befreiungstheologie – den
durch Medellín ermöglichten und in die Wege geleiteten »Einbruch der Armen in die Geschichte« (G. Gutierrez) theologisch reflektiert sowie diese aus ihrer verschwiegenen Rolle befreit und sie
zu Subjekten pastoralen Handelns und theologischen Nachden-
kens gemacht zu haben – gar nicht hoch genug einschätzen. Hier

46   Medellín, Dokument 2, Nr. 20.
47   Ebd., Nr. 22.
48   Ebd., Nr. 23.
49   Medellín, Dokument 14, Nr. 10.
50   Ebd., Nr. 5.

wurde die über Jahrhunderte unterdrückte Klage und stumme Anklage der unterdrückten Mehrheiten wahrgenommen und ernst
genommen und die gängigen Erklärungen für das von Menschen
verursachte Leid »bis hin zu den Pseudotheologien, in ihrem ideologischen Charakter entlarvt«[51]. Die Befreiungstheologie hat das
auch und gerade in vielen Praktiken der Volksreligiosität zum
Ausdruck kommende solidarische Handeln der Armen aufgewertet und durch eine befreiende Theologie des Kreuzes und der Erlösung Menschen sogar dazu befähigt, von der Liebe, die sich im
Leben, Sterben und Auferstehen Jesu manifestiert als MärtyrerInnen und AnwältInnen der Rechtlosen in der hoffnungserfüllten
Hingabe ihres eigenen Lebens Zeugnis zu geben[52].

6. Befreiung zur Klage und Anklage in der Volksliturgie der Basisgemeinden

Es ist kein Zufall, dass die Volksfrömmigkeit in Lateinamerika vor
allem in der Begegnung mit der Befreiungsbotschaft der Bibel
und in einem neuen Blick auf die Erlösungs- und Befreiungstat
Jesu das in ihr schlummernde Befreiungspotential entdecken konnte. So hat der gläubige Nachvollzug der Urerfahrung Israels, wie
sie in der Zusage Gottes bei der Berufung des Mose in Ex 3,7 zum
Ausdruck kommt, die kolonialen Gottesbilder korrigiert und die
systemstabilisierenden Klageverbote aufgehoben. Gott steht nicht
auf der Seite des Pharao und der Ägypter, und er schaut und hört
nicht weg, wo Menschen Klagen erheben, weil sie ausgebeutet und
unterdrückt werden. Gott gibt Mose die Gewissheit: »Ich habe das
Elend meines Volkes in Ägypten gesehen, und ihre lange Klage
über ihre Antreiber habe ich gehört. Ich kenne ihr Leid ...«
Vielleicht haben die unterdrückten Indianer und Afroamerikaner
in ihrer Volksfrömmigkeit immer schon intuitiv gespürt, dass der
von ihren Eroberern und Versklavern und von den meisten der
Missionare verkündete herrschaftliche Gott eigentlich gar nicht
der Gott Israels und der Gott Jesu Christi sein konnte. Ich bin aus
meinem eigenen Erleben der brasilianischen Volksfrömmigkeit
davon überzeugt, dass es dort und überall in Lateinamerika (aber
auch in der Sklavenreligion in den USA und zum Teil wohl auch
in der Volksfrömmigkeit bei uns) zahlreiche Elemente einer Klageliturgie gibt – vor allem in der bis heute intensiv erlebten Pas-

---

51 J. *Jiménez Limon*, Leiden und Tod, Kreuz und Martyrium, in: Mysterium Liberationis (s. oben Anm. 30), Bd. 2, 1115.
52 Ebd., 1115.

sionsfrömmigkeit. Die Volksliturgie des Karfreitags war in der Gestalt des Kreuzweges und vieler ähnlicher Formen wohl immer schon eine Manifestation gegen die Unterdrückung der Klage. So kann es nicht verwundern, dass heute vor allem in den kirchlichen Basisgemeinden ein enormes Interesse an der Leidens- und Befreiungsgeschichte Israels, an seinen Klagegebeten und vor allem am Leidensweg Jesu und seinem Aufstand gegen den Tod besteht[53]. Ulrich Berges ist vollauf Recht zu geben, wenn er das soziale Engagement der lateinamerikanischen Kirche in der Klagefeier verortet wissen möchte, wo die realen Leiderfahrungen »coram Deo et hominibus« zur Sprache gebracht werden können[54]. Ich füge hier aber hinzu, dass auch die von Medellín geforderte prophetische Anklage des Unrechts in der Verkündigung der Kirche und in deren Liturgie ihren Platz haben muss.

Genau das geschieht nun seit über drei Jahrzehnten in den kirchlichen Basisgemeinden und sorgt innerhalb und außerhalb der Kirche immer wieder für »Aufregung«: Wenn ein Bischof, wie Dom Mauro Montagnoli von Ilhéus, in seiner Predigt zum Abschluss des großen brasilianischen Basisgemeindetreffens 2000 den Neoliberalismus als einen Dämon anklagt, »der viele Leute umbringt und die Menschen dazu bringt, sich in ihrem Individualismus und Egoismus zu verschließen«, dann kann es nicht verwundern, dass eine solche prophetische Anklage die Gegner aus dem Regierungslager und der Oberschicht auf den Plan ruft, die nicht müde werden, von einem »Requiem der Befreiung« zu sprechen und den Basisgemeinden ihren baldigen Untergang zu prophezeien[55]. Wo durch amtskirchliches Vorbild auch für eine christliche Gemeinde vor Ort das alte Klage- und Anklageverbot aufgehoben ist, da beginnen die Leute tatsächlich zu klagen und anzuklagen.

Zu Beginn der Gottesdienste in den kleinen Gemeinden der Armen im Landesinneren der an der Peripherie der großen Städte (begreiflicherweise weniger in den traditionellen Pfarreien der Mittel- und Oberschicht) kommt all das zur Sprache, was »Freude und Hoffnung, Trauer und Angst« eines Menschenlebens am Rande der Gesellschaft ausmacht: Da wird auch Gott nach wie vor angeklagt, wenn er einen lieben Angehörigen plötzlich sterben lässt. Aber es wird auch nach den sozialen Ursachen des verfrühten To-

---

53   Vgl. dazu *U. Berges*, Ijob. Klage und Anklage als Weg der Befreiung, in: *Steins* (Hg.), Schweigen wäre gotteslästerlich (s. oben Anm. 1), 111f.
54   Vgl. ebd., 112.
55   Vgl. dazu *F. Weber*, Kirchliche Basisgemeinden in Brasilien – Versuch einer theologischen Standortbestimmung, in: *Missionszentrale der Franziskaner* (Hg.), Hoffnungsträger Basisgemeinden, Bonn 2000, 19.

des derer gefragt, die offensichtlich kein Recht auf eine hinreichende Ernährung und auf eine wenigstens notdürftige medizini-
sche Versorgung haben. Da werden einerseits auch politisch Verantwortliche unter Anklage gestellt, aber auch nach den Ursachen
und Verursachern des Unrechts in den eigenen Reihen gefragt. Wer
auch nur einmal solche lebens- und leidensnahen Gottesdienste in
einer Basisgemeinde erlebt hat oder an einer der großen Landes-
wallfahrten (»Romarias da terra«) teilnehmen durfte, auf denen die
sozialpolitisch hochbrisante Klage über den oft gesellschaftlich le-
gitimierten Landraub der Großen und Mächtigen von der Botschaft
der biblischen Propheten her geführt wird, darf sich nicht wun-
dern, dass heute konservative Kräfte in der lateinamerikanischen
Kirche und anderswo wieder – oft auch unter politischem Druck
oder mit theologisch höchst zweifelhaften Argumenten – nach
neuen Klageverboten rufen solche und auch wieder »amtskirchlich«
verhängen.
Was heute angesichts der rapide zunehmenden Verarmung und
Marginalisierung breiter Bevölkerungsschichten weltweit gefordert
werden muss, ist freilich nicht eine neuerliche Tabuisierung und
Verdrängung der Klage aus dem Innenraum christlicher Gemeinde, sondern eine Rückkehr zur biblischen Gottesklage und prophetischen Anklage des Unrechts. Nur damit wird den Leidenden
ihre Stimme wiedergegeben[56]. Die christlichen Kirchen haben aus
der im Alten Testament verbürgten vorrangigen Option Gottes für
die Schwachen und Unterdrückten und aus der eindeutigen Lehr-
und Lebenspraxis Jesu gar keine andere Wahl, als sich zur Stimme
derer zu machen, die systematisch stumm gemacht werden und in
der Welt von heute niemanden oder kaum jemanden haben, der
ihre Klage vertritt.

7. Wie klage-voll und klage-fähig ist unsere Volksfrömmigkeit in Mitteleuropa?

Wer der Volksfrömmigkeit im deutschsprachigen Raum noch vor
wenigen Jahrzehnten etwa unmittelbar nach dem 2. Vatikanischen
Konzil ein allmähliches Aussterben vorausgesagt hatte, muss sich
heute durch deren Wiedererwachen in alten und neuen (manchmal
auch wiederum recht fragwürdigen) Formen eines Besseren belehren lassen. Vor allem erlebt das Wallfahrtswesen eine, wie mir
scheint, größtenteils gesunde Wiederbelebung, die inzwischen in
einer reichhaltigen pastoraltheologischen Literatur ihren Nieder-

56 Vgl. *Berges*, Klage und Anklage (s. oben Anm. 53), 112.

schlag findet[57]. Darin scheint freilich das aus Gebet und Liturgie
vielfach verdrängte Element der Klage als eines der Charakteristi-
ka der Volksfrömmigkeit kaum auf.

Das zunehmende Interesse der Wissenschaft an den »kleinen Leu-
ten«, an deren Geschichte und vor allem auch an deren Religion
hat die Frage auftauchen lassen, »inwieweit [...] Religiosität und
Frömmigkeit überhaupt angemessen erfaßt werden können«[58]. Genau vor diesem Problem stehen wir auch mit unserer Frage nach
der Präsenz von Klage und Anklage in der Volksfrömmigkeit, die
für unsere Breiten auf weit weniger wissenschaftlich zuverlässige
und pastoral sensible Literatur zurückgreifen kann als etwa in Lateinamerika. So sollen hier auch nur einige wenige Andeutungen
und Beobachtungen gemacht werden, die schon auf einen ersten
und oberflächlichen Blick die Vermutung bestätigen, dass die Klage auch in unserer Volksfrömmigkeit einen zentralen Platz einnimmt.

So enthält ein gut gestaltetes Gebets- und Gesangsbuch zur Wallfahrt nach Vierzehnheiligen bei Bamberg ein altes Wallfahrerlied,
das schon in der ersten Strophe dieser Annahme Recht gibt: »Zu
deiner Ehr', Gott, wallen wir. [...] All unsere Not wir klagen dir«,
heißt es wörtlich im Liedtext[59].

An einem Sonntagnachmittag beobachte ich in der kleinen, vom
Ruß der Kerzen geschwärzten Gnadenkapelle eines bekannten deutschen Wallfahrtsortes die Menschen, die kommen. Manche schauen
offensichtlich nur auf ihrem Nachmittagsspaziergang kurz vorbei.
Aber einige bleiben länger und richten ihren Blick auf das Gnadenbild. Sie sitzen stumm da oder bewegen die Lippen; ein Mann hat
Tränen in den Augen. Um zu beweisen, dass er manches zu klagen
hat, bedarf es in diesem Fall keines qualitativen Interviews, sondern
nur einer einfühlenden Beobachtung. Schwarz auf weiß stehen die
Klagen aber im aufgelegten großen Buch, in dem die Wallfahrer
ihre Anliegen schriftlich »niederlegen« können: Da wird auffallend
viel gedankt für Leben und Gesundheit, für Familie und Beruf, für

---

57 Vgl. *K.J. Rivinius*, Wallfahrtswesen und Volksfrömmigkeit, in: StZ 121
(1996) 629–641; *Lenz Kriss-Rettenbeck / Gerda Möhler* (Hg.), Wallfahrt kennt
keine Grenzen, München 1984; *R. Häselhoff*, Sinn unterwegs. Grundlegendes und
Praktisches zur Wallfahrt, Thaur 1999.
58 *Dinzelbacher/Bauer*, Vorwort (s. oben Anm. 11), 5; vgl. auch *A. Heller u.a.*
(Hg.). Religion und Alltag. Interdisziplinäre Beiträge zu einer Sozialgeschichte
des Katholizismus in lebensgeschichtlichen Aufzeichnungen, Wien 1990; *O.
Wiebel-Fanderl*, Religion als Heimat. Zur lebensgeschichtlichen Bedeutung katholischer Glaubenstraditionen, Wien 1993.
59 Kirche unterwegs. Gebete und Gesänge zur Wallfahrt nach Vierzehnheiligen,
hg. vom Franziskanerkloster Vierzehnheiligen 2, Bamberg [5]1988, 221.

Liebe und Freundschaft. Mehr noch aber tragen Menschen hier ihre Sorgen ein, vor allem um ihre eigene Gesundheit und die ihrer Angehörigen. Da kommt die Angst vor der Zukunft und vor dem Verlust des Arbeitsplatzes zum Ausdruck. Und da klagen sich Menschen auch ihren Ärger und Zorn über das Verhalten ihrer Mitmenschen von der Seele. Da werden Enttäuschung und Verletzungen beklagt. Da bitten Kinder (man kann es mühelos an der Schrift feststellen) nicht nur um das Gelingen der Klassenarbeiten und um die Gesundheit ihrer Eltern, sondern artikulieren ihr eigenes Versagen und tragen hier auf andere Art und Weise ihre Konflikte mit Geschwistern und Schulkollegen aus. Da schreibt eine junge Frau in Schulmädchenschrift ihren Liebeskummer nieder und schüttet vor der Gottesmutter ihr Herz aus. Sie spricht von ihrer Sehnsucht nach den Umarmungen ihres Freundes, vom Schmerz der Trennung und von ihrer Angst, seine Liebe zu verlieren, und bittet Maria – und gewissermaßen von Frau zu Frau –, sie möge doch eine klärende Aussprache zwischen ihr und ihrem Freund herbeiführen.

Man mag zu so naiver Marienfrömmigkeit stehen, wie man will: Mich beeindruckt dieses kummer- und vertrauensvolle Klage- und Bittgebet, aber ich stutze sofort, als ich unmittelbar nach der Eintragung der jungen Frau eine strenge Rüge lese:»Das ist doch kein theologisches Anliegen«, steht da in wohlgesetzten Buchstaben, die offensichtlich von einem Gebildeten kamen, der sich scheinbar seiner (zweifelhaften) theologischen Kompetenz, nicht aber seiner frommen Präpotenz bewusst war. An all dem, was ich an diesem Wallfahrtsort wahrnehme, stimmt mich das theologisierende und moralisierende Klageverbot fast noch nachdenklicher als der vor dem Gnadenbild ausgesprochene Liebeskummer der jungen Frau und die vielen anderen Klage- und Bittgebete im Anliegenbuch. Es lässt mich an all die obrigkeitlichen »Maßnahmen« in der Kirchen- und Missionsgeschichte denken, mit denen in der Kirche an falschen, unbiblischen Gottesbildern Maß genommen und zur Aufrechterhaltung der bestehenden (ungerechten) Ordnung besonders den Armen und Rechtlosen vorgeschrieben wurde, welche Klagen sie vor Gott und seine Heiligen bringen durften und welche nicht, weil jedes Hadern mit Gott[60] auch als subversive Anklage seiner machtvollen Stellvertreter auf Erden und damit als Todsünde betrachtet und nicht selten wohl auch mit dem Tod bestraft wurde. Dass gläubige Menschen in sehr verschiedenen Not- und Leidenssituationen sich ihre Klagen und Anklagen letztlich aber doch nicht

---

60 Vgl. *G. Vanoni*, Hadern mit Gott als geschöpflicher Dialog. Die Anklage gegen Gott – eine verdrängte Gebetsweise, in: Diak 23 (1992) 88–96.

verbieten ließen, sondern vor den brachten, der von alters her die Klagen der Unterdrückten hört, dafür liefert die Volksfrömmigkeit aus verschiedenen historischen, kulturellen und ortskirchlichen Kontexten einen überzeugenden Beweis.

Hermann Steinkamp

Ohnmacht und Klage

Praktisch-theologische Annäherungen

Gorleben im Frühjahr 2001. Am Abend des 29. März, an dem morgens der Castor-Transport das Endlager erreicht hatte, gehen zwei Bilder über die Fernsehkanäle, die mich – wie vermutlich Millionen andere – tief bewegen: von einem Mann, über dessen Gesicht lautlos Tränen rinnen, und von einer Frau, die ihre Ohnmacht und Wut, ihre unsägliche Trauer stammelnd in die Kameras und Mikrophone weint. Wieder einmal hatten sie den Kampf verloren, der von vornherein aussichtslos war und den sie dennoch wieder aufnahmen ... Nachdem noch am Vorabend ein Hauch von »David«-Triumph aufgekommen war, als mehrere auf den Bahngleisen einbetonierte Kernkraftgegner die »Goliath«-Maschinerie für Stunden gestoppt hatten, hieß es über die letzte Etappe des Transports lapidar, er sei unerwartet reibungslos über die Bühne gegangen.

Die Konzentration des Blicks auf die beiden Weinenden droht sogleich wieder zu verschwimmen in anderen Bildern: der Ohnmacht der jungen Polizistin z.B., der Häme eines Protestierenden wehrlos ausgeliefert, weil ihr Gewaltverzicht auferlegt war. Ihr Blick wirkt klaglos diszipliniert.

Zusammenhänge von Ohnmacht und Klage aus praktisch-theologischer Perspektive zu erkunden, bedeutet bereits auf den ersten Blick ohne Frage eine aktuelle Herausforderung; zugleich scheint es, mindestens auf den zweiten Blick, eine schier unlösbare Aufgabe zu sein. Handelt es sich doch bei beiden, Ohnmacht wie Klage, um zwei höchst komplexe und zudem jeweils wenig trennscharfe Phänomene.

Ohnmacht ist – ob wir sie wahrnehmen oder nicht – ebenso allgegenwärtig wie Macht und Gewalt: soll von der Ohnmacht des Fötus die Rede sein, über dessen Abtreibung beraten wird, von der Hilflosigkeit des Säuglings gegenüber dem prügelnden Vater, von der Abhängigkeit ganzer Völker und Subkontinente vom Weltmarkt? Die Ohnmacht, die Psychologen hinter der Gewaltbereitschaft jugendlicher Schläger vermuten, kann Christen ebenso wenig kalt

lassen wie die narzisstische »Ohnmacht des Helden« (W. Schmidbauer) den Seelsorger, der zeittypische Dispositionen heutiger Menschen verstehen will. Müssen Ohnmachtserfahrungen vergewaltig-
ter Frauen auf jeden Fall zur Sprache kommen oder auch – wenn
man sich denn schon auf Beispiele beschränken muss – die von
Langzeit-Arbeitslosen? Fragen über Fragen, will man das Thema
nicht willkürlich auf vermeintlich relevante Aspekte eingrenzen
und gerade dadurch seine theologische Brisanz verfehlen.
Ähnliches gilt im Blick auf das Phänomen Klage. Eine neuere
theologische Konjunktur des Themas in den Kontexten Leid und
Theodizee (G. Fuchs, 1996), Heil und Heilung (G. Steins, 2000)
sowie die ungebrochene Aktualität der Interpretation der »Klage
als Gebet« (O. Fuchs, 1982) lässt sich ebenso unschwer aufweisen
wie man nach wie vor eine individualistische und religiös-spiritu-
elle Engführung theologischer Reflexion auf die Textform und
den Sprechakt Klage feststellen kann.
Der alttestamentlichen »Klage des Volkes« korrespondiert kein re-
levanter neuzeitlicher Diskurs, der politische und gesellschaftliche
Streit um Gorleben wird allenfalls gerichtliche Klagen nach sich
ziehen (aber müssen Theologen nicht auch andere Plausibilitäten
hinterfragen, um die alltägliche »Klage vor Gericht«, samt der Allgegenwart entsprechender Verfahren und Prozesse, ebenfalls als
theologisch relevante Aspekte des Themas zu begreifen? [Steins,
2000, 10f]).
Die wenigen Andeutungen mögen genügen, um die Komplexität
des Vorhabens zu veranschaulichen, theologische Zusammenhänge zwischen Ohnmacht und Klage zu erfassen.
Ich möchte mit meinen folgenden Reflexionen bei der Szenerie
Gorleben ansetzen und sie zu meiner Orientierung im Blick behalten, nicht zuletzt – und dies mit dem Risiko einer »typisch theologischen« Reduktion – die Klage der beiden Weinenden.
In der Konzentration auf diese Szene könnte eine unverhoffte
Chance bestehen, die Komplexität und Interdependenz der beiden
Phänomene Ohnmacht und Klage zu reduzieren und wie im
Brennglas zu verdichten.
Meine These lautet, dass sich Ohnmachtserfahrungen und -äuße-
rungen insofern auf *bestimmte* eingrenzen lassen, als sie sich in
Klagen artikulieren (und nicht z.B. in Gewalt, Verleugnung, Verdrängung, Apathie u.ä.). Umgekehrt – so ist zumindest zu vermuten – könnte es (auch theologisch) Sinn machen, das Phänomen
(und den »Sprech«-Akt!) der Klage nur unter dem Aspekt und insoweit in den Blick zu nehmen, als sie Ausdruck von Ohnmacht
sind (und nicht z.B. des Versuchs, den Gegner zu diffamieren, no-
torischer Rechthaberei u.ä.).

1 Verleugnung von Ohnmacht – zum gesellschaftlichen Kontext

Die evidente Aktualität und Brisanz des Zusammenhangs von Ohnmacht und Klage resultiert zumal aus der kollektiven Verdrängung von Ohnmacht und der dadurch verstärkten Tendenz zur Verleugnung entsprechender individueller Erfahrungen. Beide für die Neuzeit typischen und sich augenscheinlich zuspitzenden Entwicklungen bilden ihrerseits den Hintergrund von eskalierender Gewalt, epidemischer Apathie u.ä. akuten gesellschaftspolitischen Problemen. Spätestens seit H.E. Richter (1979) den Umschlag kollektiver Ohnmachtserfahrung in die Gigantomanie des »Gotteskomplexes« beschrieben hat, ist dieser nicht nur von sozialpsychologischem Interesse, sondern mindestens in gleichem Maße auch für die theologische Diskussion relevant.

1.1 Scherenbewegung von Machtkonzentration und Ohnmachtserfahrungen

Die beschleunigte Modernisierung führt zu einer immer drastischeren Kluft zwischen reichen und armen Ländern, gleichzeitig – indem ökonomische und politische Kräfte sich wechselseitig verstärken – zu einer entsprechend ungleichen Machtverteilung. Die reichen Eliten verfügen über hinreichende politische und ökonomische Mittel, um den jeweiligen Status quo zu stabilisieren bzw. die Herrschaftsverhältnisse im Sinne ihrer Interessen fortzuschreiben. Internationale Organisationen sind – wie z.B. die jüngsten Entwicklungen in der Umweltpolitik zeigen – relativ ohnmächtig, für die Interessen der großen Mehrheit der Weltbevölkerung einzutreten.

1.1.1 *Ökonomischer Machtzynismus und die Ohnmacht der Verlierer*

Die ökonomische Machtkonzentration der transnationalen Konzerne und ihrer politischen Helfershelfer dient den Interessen einer kleinen Minderheit, der eine zahlenmäßig weitaus größere Mehrheit von Nationen und Bevölkerungsgruppen ohnmächtig gegenüber steht: eine objektiv zynische Situation angesichts gleichzeitig weltweit deklamierter Menschenrechte und Demokratie-Ideale. Erstmals in der Geschichte steht empirisch zweifelsfrei die Ohnmacht der meisten nationalen Regierungen vor aller Augen, deren Handlungsspielräume durch entsprechende Forderungen (z.B. Steuerermäßigung) und Drohungen (z.B. Standortwechsel) der Konzerne immer drastischer eingeschränkt werden.

Gelegentliche Protestaktionen von Globalisierungs-Gegnern in Seattle und Davos sind – wie die in Gorleben – kaum mehr als hilflose Gesten. Die in tragischer Regelmäßigkeit um die Welt gehenden Bilder von Hungersnöten und Naturkatastrophen zeigen menschliche Gesichter, auf denen Millionen von Fernsehzuschauern tausendfache Klage lesen können: aggressive, verzweifelte, laute und stumme ...

Die Gesichter der Weinenden in Gorleben verschwimmen im Meer der vielen und bleiben gleichwohl unverwechselbar! Ist es nur die räumliche Nähe oder auch die Tatsache, dass ohnmächtige Klage in der hiesigen Öffentlichkeit zur Ausnahme geworden ist, dass sie uns in solcher Weise anrührt?

Dass Überschwemmungen, Dürrekatastrophen und Erdbeben im gleichen Atemzug mit steigenden Aktienkursen, Massenentlassungen und Konzernfusionen genannt und ins Bild gesetzt werden, macht es so schwer, jeweils zwischen entsprechenden Formen der Ohnmacht zu unterscheiden – und ohnmächtige Klagen von solchen, an deren Stelle Kampf, Auflehnung und politische Veränderung als die »adäquateren« Reaktionen erschienen. Aber wer maßt sich an, diese Unterscheidung zu treffen? Wir »im Norden«, die längst den Zusammenhang ahnen zwischen letztlich unseren Interessen dienender Zerstörung des Regenwaldes und jenen Dürrekatastrophen? Kommt uns Unbehelligten das Recht zu, die betroffenen Subjekte über den Unterschied zwischen ohnmächtiger Klage und politischem Kampf zu belehren?

1.1.2 *Gleichschaltung und Apathisierung*

Wenngleich legitimiert durch Medienrecht und Informationsnachfrage, zeitigt dieses alltägliche Szenario jedenfalls eines nicht: weltweite Mobilisierung gegen Elend und Unrecht, für das Menschen, Institutionen und politische Strukturen verantwortlich gemacht werden könnten.

Im Gegenteil: Der eindeutigste Effekt der permanenten Überflutung mit Bildern des Elends scheint im massenhaften Abstumpfen gegen Leid und Not zu bestehen.

Der tägliche Appell an unser Mitgefühl (und in der Regel zugleich an unsere Spendenbereitschaft) erzeugt selbst bei Menschen, die dafür grundsätzlich offen sind, langfristig eine Gefühlsmischung aus Ohnmacht und Apathie. Wut und Zorn, wo sie denn erlebt werden, lassen sich immer seltener konkret adressieren angesichts der Anonymität der Ursachen; so geraten sie meist zu Traurigkeit und Depression.

Wo solche Gefühle im Kreis der Familie oder Freunde geteilt werden, mögen sie sich da und dort in gemeinsamer und heilsamer

Klage äußern – für die Mehrheit ist eher zu vermuten, dass ihre Hilflosigkeit sie verstummen läßt.

Ob solche Erfahrungen aber tatsächlich auch als Hilflosigkeit und Ohnmacht erlebt werden oder unterhalb der Schwelle des Bewusstseins bleiben, ist nochmals eine andere Frage. Wenn sozialpsychologische Erkenntnisse und psychoanalytische Deutungen zutreffen (s.u.), dann ist eher zu vermuten, dass auch im Blick auf die große Mehrheit der Zeitgenossen gilt, dass sie Ohnmachtsgefühle eher abwehren und verleugnen, als sie – in Zorn, Empörung oder Klage – zu artikulieren. Die »Unfähigkeit zu klagen« scheint eine Signatur des Zeitgeistes zu sein.

Die Medien überfluten uns ja nicht nur mit den erwähnten Auslösern von Ohnmachtsgefühlen, sondern mindestens in gleichem Maß mit virtuellen Gegenerfahrungen: unbesiegbare Action-Gladiatoren, Kommissare, die schließlich alle Bösewichte zur Strecke bringen, unwiderstehlichen Charme der Beziehungs-»Reichen« ...

Das Medium selbst inszeniert sich als machtvolle Instanz der Zuteilung von Glück und Lebenschancen: es kann den Namenlosen aus dem »Big-Brother«-Container zum Show-Star machen und einen beliebigen klugen Kopf zum Quiz-Millionär. Wo ehedem Menschen mit Gott über ungerechtes Schicksal haderten, bleibt dem Zeitgenossen nur die Alternative, sich sein fehlendes Glück selbst zuzuschreiben – oder sich mit den modernen Gewinnern zu identifizieren.

Sich Ohnmacht einzugestehen, wird unter diesen gesellschaftlichen Verhältnissen offenbar immer bedrohlicher. Die Allgegenwart von Ohnmachtserfahrungen in zunehmend machtförmig geprägten gesellschaftlichen Strukturen und Lebensverhältnissen wahrzunehmen, scheint – so paradox es auch klingen mag – ähnlich unwahrscheinlich wie das öffentliche Eingeständnis des Schicksalsschlags Arbeitslosigkeit.

1.1.3 *Politische Ohnmacht und Verweigerung*

Ähnliches gilt für den Zusammenhang von politischer Rationalität und Partizipation.

Das Rätseln über mögliche Hintergründe der ständig sinkenden Wahlbeteiligung eint an Wahlsonntagen regelmäßig Gewinner und Verlierer. Parteispendenskandale, Schmiergeldaffären und massenhafte Korruption von Politikern müssen zur Erklärung der Politikverdrossenheit ebenso herhalten wie der Hinweis auf zunehmende Sachzwänge und die Überkomplexität der Kausalketten, die allenfalls noch von Politprofis und ihren Expertenstäben zu bewältigen ist: Der wachsenden systemischen Konzentration von Macht und ihrem immer unerträglicheren Zynismus korrespondiert eine diffuse Form kollektiver Ohnmacht, die aber als solche offenbar nicht ins Bewusstsein gelangt. Jedenfalls artikuliert sie sich weder als öffentlicher Aufschrei oder kollektive Klage, sondern allenfalls als stumme Verweigerung.

Diese Schlaglichter können wiederum die Komplexität der Zeitdiagnose »struktureller Ohnmacht« nur andeuten, wären beliebig um Phänomene wie Ozonloch, Börsencrash, Erdbebenkatastrophen usw. zu ergänzen.

In den Tränen der ohnmächtigen Atomkraftgegner von Gorleben erscheinen sie symbolisch verdichtet, ebenso wie die Castorbehälter als Inbegriff der systemischen Maschinerie der Macht gelten können.

1.2 Ambivalente Funktion von Religion

Welche Rolle spielen Religion und christliche Kirchen in diesen Szenarios wachsender Machtkonzentration und der ihr korrespondierenden Ohnmacht der Subjekte, die diese aber offenkundig, betäubt durch das Opium der »schönen neuen Welt«, nicht als solche wahrnehmen und erleben? Wird die von K. Marx der Religion zugeschriebene Opium-Funktion heute von anderen gesellschaftlichen Kräften, von Warenästhetik und Massenmedien, wahrgenommen, oder stellen diese unter dem Aspekt der »großen Betäubung« lediglich neue Komplicen der alten Opium-Religion dar?

1.2.1 *Eskalation religiös-ethnischer Konfliktpotentiale*
Was gegenwärtig die unmittelbar politische Funktion von Religion betrifft, so springen die Konfliktherde Nordirland, Balkan und Naher Osten dem europäischen Betrachter in ihrer alltäglichen drastischen Vehemenz derart ins Auge, dass er die (ebenfalls religiös bedingten, zumindest ethnisch-religiös eingefärbten) politischen Konflikte in anderen Weltregionen (z.B. den Kampf der Chiappas in Mexiko, die Religionskriege in Indonesien) nur dann noch im Hintergrund wahrnimmt, wenn sie an die Siedeschwelle der internationalen Nachrichtendienste rühren.

Dem Bewusstsein des Normalbürgers – zumal wenn er nicht mehr am religiösen Alltag von Kirchen und Religionsgemeinschaften teilnimmt und dort auch deren andere Wirkungen erfährt – erscheint Religion als verschärfender Faktor in politischen Auseinandersetzungen. Die Frieden stiftenden Funktionen der Weltreligionen, deren gemeinsames Ringen um ein Weltethos und ihr Kampf für Menschenrechte treten demgegenüber in den Hintergrund. Dass Christen und Gemeinden, Mitglieder von Pax Christi u.a. in Gorleben protestiert haben – wie zuvor schon in Wyhl, Wackersdorf, Ahaus und anderswo –, ist ebenso selbstverständlich wie die Tatsache, dass Bischöfe und die römische Kurie sich aus solchen Konflikten in der Regel heraus halten und es so den Mächtigen gestatten, Protestierer als Spinner oder Fanatiker abzutun.

1.2.2 *Ohnmacht als Reflex hierarchischer Macht*
In der katholischen Kirche sind seit Jahren die destruktiven Wirkungen demonstrativen hierarchischen Machtgebarens mit Händen zu greifen: Dekrete der römischen Kurie zu Frauenordination, Laienpredigt u.a., das Verbot einer bestimmten Praxis der Schwangerenberatung u.ä. werden von den Betroffenen als demütigend, von vielen anderen als willkürlich erlebt. Die Erfahrung der Ohnmacht führt einerseits zu Akzeptanz- und Glaubwürdigkeitsverlust der Institution, zu Resignation, Verbitterung und Ressentiment bei den unmittelbar und mittelbar Betroffenen, andererseits zu innerer und faktischer Emigration. Der einsame Widerstand eines mutigen Bischofs führt den Mitbrüdern und der kirchlichen Öffentlichkeit schlagartig die beschämende Wirkung ihrer allzu eilfertigen Unterwerfung vor Augen.

Das größere Erschrecken stellt sich indessen angesichts die Tatsache ein, dass selbst solche eklatanten Machtexzesse und die dadurch ausgelöste kollektive Ohnmacht nicht zum Aufschrei, nicht zur »Klage des Volkes (Gottes)« führen, sondern allenfalls zu einer destruktiven Kultur permanenten Lamentierens, in der alle sich als hilflose Opfer inszenieren, statt gemeinsam zu widerstehen.

Der brasilianische Befreiungstheologe José Comblin weist in eindrucksvoller Weise nach, wie sich die vatikanische Diplomatie seit den Anfängen der Theologie der Befreiung und der seither auf dem lateinamerikanischen Subkontinent ausgetragenen Konflikte zwischen Armut und Reichtum immer auf die Seite der politischen Machthaber geschlagen hat, statt sich mit jenen Bischöfen zu solidarisieren, die zusammen mit Ohnmächtigen kämpfen (Comblin, 2000).

Vor diesem Hintergrund erscheint uns die dort entstandene Kultur der Klage umso eindrucksvoller: angefangen von spirituellen Gemeinschaften, deren Frömmigkeit vom Motiv des ›leidenden Gottesknechtes‹ inspiriert ist, bis zur politischen Praxis der ›denucia‹, der öffentlichen Anklage immer neuer Unrechtszustände. Der Unterschied zu den im hiesigen Kontext eher ›kalten‹ Ausdrucksformen von Ohnmacht (Apathie, Kirchenaustritte u.ä.) ist mit Händen zu greifen!

Eine spezifische lähmende Ohnmacht lässt sich als Effekt der ›Pastoralmacht‹ (*sensu* M. Foucault) beschreiben: als eher unbewusste Reaktion auf diese subtile Machtform, die sich als Versorgung und

Betreuung tarnt und die Umhegten gerade darin einlullt und apathisch werden lässt (Steinkamp, 1999). Gelangweilte Mitgliedschaft und lautloser Rückzug sind dann kaum noch voneinander zu unterscheiden.

2   Abwehr von Ohnmacht in zwischenmenschlichen Beziehungen

Eine theologisch verantwortliche Vergewisserung der »Zeichen der Zeit« – und die massenhafte Verdrängung von Ohnmacht scheint ein solches zu sein – darf diese nicht gleichsam ›unterhalb‹ der gesellschaftlichen Ebene und Entstehungs-Kontexte wahrzunehmen und zu deuten versuchen. Das gilt auch für unseren Zusammenhang, auch wenn natürlich Phänomene von Ohnmacht (und Klage) im zwischenmenschlichen Bereich bewusster erlebt werden und insofern eher ins Auge springen.

2.1   »Die Ohnmacht des Helden« – narzisstische Allmacht-Ohnmacht-Dynamik

W. Schmidbauer bringt in seiner Studie »Die Ohnmacht des Helden« (1981) genau diese Interdependenz von gesellschaftlicher und zwischenmenschlicher Ebene für die gegenwärtige Situation auf den Punkt: »Sicherlich ist ... der meist von Psychoanalytikern für narzisstische Motive verwendete Ausdruck ›Allmachtswünsche‹ oder ›Omnipotenzphantasien‹ keine Beschreibung eines allgemeinmenschlichen Bedürfnisses, sondern einer gesellschaftlichen Situation, in der Macht zu einem zentralen Wert geworden ist« (Schmidbauer, 1981, 32). Anders gesagt: Die Diagnosen vom »Zeitalter des Narzißmus« (Ch. Lasch) und vom »Narzißtischen Sozialisationstyp« (Th. Ziehe) sind zwei Seiten derselben Medaille.
Schmidbauers These lautet: Die massenhafte Faszination durch Heldenfiguren, wie sie in Medien und Vulgärliteratur ständig produziert werden, muss als Reflex auf allgegenwärtige Ohnmachtserfahrungen verstanden werden. Denn: »Der narzißtische Gewinn liegt nicht darin, einen ursprünglich paradiesischen Zustand dauernd beizubehalten, sondern im Gegenteil aus Erniedrigung und Schwäche wieder aufzutauchen und dann, erschöpft aber stolz, den Sieg davonzutragen« (ebd., 39).
Ob Macht als solche für viele Menschen erstrebenswert erscheint, mag dahingestellt sein: Ohnmacht ist es jedenfalls nicht! Was Schmidbauer meint, wird deutlicher, wenn wir uns diejenigen Werte vor Augen führen, angesichts derer Ohnmacht als Unwert er-

scheint: Erfolg, Einfluss, Attraktivität, sexuelle Potenz, Vitalität u.ä. Ohnmachtserfahrungen und -empfindungen werden umso bedrohlicher, als sie das Individuum nicht nur als kränkend, d.h. seinem Selbstbild und -anspruch widersprechend erlebt, sondern als zugleich mit gesellschaftlichen Wertmaßstäben kollidierend. Gesellschaftliche Normen steuern auch alltägliche Interaktionen in der Weise, dass z.b. die Verleugnung eigener Verletzlichkeit schon früh beginnt (»Heulsuse«, »beleidigte Leberwurst«, »Mimose«). Statt zu klagen, lernt das Kind frühzeitig, wenn es sich verletzt fühlt, solche Situationen »tapfer« durchzustehen, was dann später zumeist zu fehlender Einfühlsamkeit für die Verletzlichkeit anderer gerät.

Einen anderen psychischen Mechanismus der Abwehr von Ohnmacht hat wiederum W. Schmidbauer auf seinem bekannten – mittlerweile leider bis zum Überdruss vulgarisierten –»Helfersyndrom«-Begriff gebracht (Schmidbauer, 1977). Zumal an Mitgliedern helfender Berufe glaubt er eine professionelle Deformation zu beobachten, die darin besteht, eigene Gefühle von Ohnmacht und bedrohtes Selbstwertgefühl in eine Helfer-Attitüde umzudeuten, die ihnen das Bewusstsein von Stärke und Überlegenheit beschert.

Alltägliche Beobachtungen – nicht zuletzt aber auch die große öffentliche Aufmerksamkeit, die das Helfersyndrom-Theorem gefunden hat – deuten darauf hin, dass das Phänomen sich nicht auf Angehörige der helfenden Berufe beschränken lässt, sondern ähnlich allgegenwärtig ist wie Macht und Ohnmacht selbst: Die aufopfernde Mutter, Formen chronischer Ehrenamtlichkeit u.ä. alltägliche Erscheinungsformen fragwürdigen Altruismus können im weiteren Sinn – freilich immer auch mit der Gefahr der Klischeebildung – als Beispiele dafür gelten.

Ebenso wichtig wie die Einsicht in die (»narzisstische«) Allmacht-Ohnmacht-Dynamik dürfte freilich die Wahrnehmung eines anderen Zusammenhangs sein, auf den Schmidbauer aufmerksam macht: zwischen Ohnmacht und Aggression.

2.2 Aggression und Gewalt als Ausdruck und Verleugnung von Ohnmacht

Was Psychoanalytiker als biografische Konstellationen und frühkindliche Ursachen narzisstischer Störungen beschreiben, hat sich in den gängigen Gewalt-Diskursen als breiter Konsens über den Zusammenhang von Ohnmacht und Aggression niedergeschlagen (z.B. Marx, 1993; Büttner, 1989).

Die oft unbewusste und indirekte Ablehnung seitens der Eltern in der frühen Kindheit führt bei vielen Menschen sowohl zu einer

Identifizierung mit dem anspruchsvollen elterlichen Über-Ich als
auch zu latent aggressiven bzw. sadomasochistischen Dispositionen (Schmidbauer, 1977, 90). Wo diese nochmals durch narzisstische Bedürftigkeit verstärkt werden, resultieren daraus nicht selten
eruptive Aggression (»narzisstische Wut«) und Gewaltbereitschaft.
Führt man sich dabei vor Augen, dass sich hinter autoritär-strafen-
den, d.h. vom Kind als »stark« erlebten Vätern, zumeist schwache,
in ihrem Selbstwertgefühl labile (»ohnmächtige«) Elternfiguren
verbergen, so bekommt man eine Ahnung von der tragischen
Macht-Ohnmacht-Dynamik im Generationen-Konflikt: Ohnmacht,
die sich als Macht tarnen muss, um eigene Ängste in Schach zu
halten, perpetuiert den Teufelskreis. Ihn zu durchbrechen könnte
– wie zu zeigen ist – dann gelingen, wenn wir wieder lernten zu
klagen.
Allerdings zählen zum empirischen Befund – den Ohnmacht-Kla-
ge-Zusammenhang sogleich wieder komplizierend – auch solche
alltäglichen Beobachtungen wie die paradoxe Drohung »Ich werde
dir helfen« oder der plötzliche Umschlag eines klagenden kindli-
chen Weinens in aggressiv-forderndes Gezeter, das die meisten Eltern ihrerseits hilflos und aggressiv macht. Die Frustration und
Ohnmacht des (vermeintlich starken) Helfers, die sich in jener aggressiven Drohung äußert, und der machtvolle Schrei des (vermeintlich ohnmächtigen) Säuglings sind Beispiele für das in der
Regel komplexe Ineinander von Ohnmacht, Aggression und »Klage«, das es oft unmöglich macht, Ursache und Wirkung, Täter und
Opfer eindeutig zu unterscheiden.

2.3   Ressentiment als Ohnmacht und Klage

Das gilt insbesondere für bestimmte Erscheinungsformen depressiven Verhaltens, die gleichzeitig Ausdruck von Ohnmacht und
Klage sind und zugleich beide bis in ihr Gegenteil zu verzerren
tendieren. K. Gröning (2000) hat dies – abermals bezogen auf
den Kontext helfender Berufe, hier der Altenpflege – am Beispiel
des Ressentiments aufgezeigt.
Ressentiment entsteht nach ihrer Einschätzung zunächst als Folge
massiver Erfahrungen von Nicht-Anerkennung, die die Betroffenen als Verletzung ihres Gerechtigkeitsempfindens erleben. Dies
wiederum kann zu einem »Kurzschluss im Gewissen« führen (ein
Mechanismus, den L. Wurmser beschrieben hat; zit. ebd., 444):
»Unter Kurzschluss im Gewissen verstehe ich, wenn das Über-Ich
nicht mehr selbstreflexiv arbeitet, sondern die Aggression als ver-
nünftig oder rational oder ausgleichende Gerechtigkeit vorschreibt«
(ebd., 444).

Nachdem die aus fehlender Anerkennung resultierenden Selbst-
zweifel und Schamgefühle zunächst zur Selbstverurteilung geraten
könne, schlage sie – als Kurzschluss des Gewissens – in Selbstgerechtigkeit um, »die Auflehnung gegen ethische Bindungen und
moralische Verpflichtungen eingeschlossen« (ebd., 445). Ressentiment – von Scheler als ›seelische Selbstvergiftung‹ bezeichnet –
habe ihre Ursache letztlich »in der Verleugnung von Neid und Rache verbunden mit der Verleugnung von Ohnmacht und Hilflosigkeit« (ebd., 445).
Indem sich Selbstgerechtigkeit psychologisch als Unfähigkeit darstellt, Kritik anzunehmen, stellt sie eine jener »Tarnungen« von
Ohnmacht dar, die – gegen Veränderungen immun – darin wiederum andere ohnmächtig macht.
Gleichzeitig kehrt sich die im Ressentiment – als sedimentierter
Unrechtserfahrung – implizierte Klage ebenfalls in ihr Gegenteil um
und wird zur Attitüde der Verachtung der anderen (insofern kann
Ressentiment als Beispiel für bestimmte depressive Ausdrucksformen überhaupt gelten, als gleichzeitiger Ausdruck von Ohnmacht
und Klage).

3 Klage als Ausdruck von Ohnmacht – Auswege aus der Ohn-macht-Gewalt-Spirale?

Angesicht dieser phänomenologisch und semantisch gleicherma-
ßen aporetischen Situation kann eine wichtige Aufgabe der Praktischen Theologie darin bestehen, die in der jüdisch-christlichen
Tradition aufbewahrte Erinnerung an die heilsame und prophetische Kraft der Klage für die heutige Situation zu explizieren, und
zwar insbesondere im Blick auf ihre befreiende und rettende Macht
im Umgang mit gesellschaftlichen und individuellen Ohnmachtserfahrungen sowie der »Unfähigkeit zu klagen«.

3.1 Klage als Macht der Machtlosen

Die gesellschaftliche Routine von Gerichtsverfahren (samt der
darin zentralen Funktion der Klage) gehört zu jenen »irdischen
Wirklichkeiten«, deren »richtige Autonomie« das II. Vaticanum
(GS 36) bekräftigt und sich damit gleichzeitig vom ehemaligen
Einfluss der Kirche und Theologie auf die irdische Gerichtsbarkeit
distanziert.
Dass gleichwohl mit der funktionalen Differenzierung moderner
Gesellschaften Zusammenhänge von Recht und Gerechtigkeit in
Vergessenheit geraten können, ist im Fall der Justiz ebenso offen-

kundig wie im Fall der modernen Medizin und Therapie, die den geheimnisvollen Zusammenhang von Heilkunst und Gottesverehrung – auch zum eigenen Schaden – vergessen hat, der z.b. in der griechischen Doppelbedeutung von *therapeuein* noch vor Augen steht.

3.1.1 Klage als »gutes Recht«

Georg Steins (2000) bringt das »gute Recht« der Klage, das dem Kläger oft als letzte Möglichkeit bleibt, Gerechtigkeit zu erstreiten, mit der alttestamentlichen Klage in Verbindung, die er als biblische »Rechtswegegarantie« selbst Gott gegenüber bezeichnet (11): »Die Beter der Bibel klagen zu Gott, ja, sie klagen Gott an. Nur die Klage hält die widrige Wirklichkeit und Gott zusammen« (11).

Während dieser Zusammenhang – zumal, wenn man ihn lediglich als Analogie versteht – theologisch unmittelbar plausibel erscheint, ist er als empirischer dem neuzeitlichen theologischen Denken fremd geworden: Zwischen der Klage als Modus der Gottesbeziehung und der Klage als Appell an die Gerechtigkeit scheint für das moderne Bewusstsein allenfalls noch eine zufällige semantische Ähnlichkeit zu bestehen.

3.1.2 Ohnmacht und Menschenrechte

Eine ähnliche Ent-Fremdung der Theologie konstatiert Hans-Joachim Sander in seiner – ebenfalls neueren – Studie zum Thema »Macht in der Ohnmacht« (1999), in der er eine »Theologie der Menschenrechte« (Untertitel) entwickelt. Darin macht er auf die merkwürdige Tatsache aufmerksam, dass diese bislang kein Thema der Theologie waren, und Theologen sich noch immer schwer tun, es als solches zu identifizieren.

Dass die Menschenrechte in einem langen und mühsamen Prozess erkämpft werden mussten und bis heute nicht weltweit als gemeinsame ethische Basis der Weltgesellschaft anerkannt werden, muss ohne Zweifel als einer der Gründe für die eingangs skizzierte Rechtlosigkeit angesehen werden, die dem ungezügelten Kapitalismus zur globalen Herrschaft verhilft und die wiederum die strukturelle Ungerechtigkeit in der Weltgesellschaft verschärft. Sie stellt insofern eine sozialethische und theologische Herausforderung ersten Ranges dar.

Die Klage vor Gericht und die Möglichkeit, Menschenrechte einzuklagen, stellen insofern auch theologisch relevante Möglichkeiten des Umgangs mit Ohnmacht dar und müssen als Schritte auf dem Weg zur »Gerechtigkeit des Reiches Gottes« verstanden werden, die Christen im Alltag zu gesellschaftlichem Engagement verpflichten.

Der Internationale Gerichtshof in Den Haag stellt insofern mehr als nur eine Gerichts-Instanz dar: Er ist symbolischer Adressat der hunderttausend Klagen unschuldig getöteter Bosnier, Kroaten, Albaner u.a. samt ihrer ohnmächtig das Schicksal anklagender Verwandten.

3.2 Klage und Anklage als prophetische Praxis der Christen

Ein prophetisch-politisches und diakonisches Engagement manifestiert sich in der bereits erwähnten Praxis lateinamerikanischer Christen und Basisgemeinden, die die Anklage (*denuncia*) ungerechter gesellschaftlicher und ökonomischer Zustände als integralen Bestandteil ihrer gesellschaftlichen und religiösen Praxis begreifen: »Als Christen verstehen sie ihr Handeln als Anklage der Sünde und als Verkündigung des Gotteswillens« (Weckel, 1998, 190). Dass diese Praxis fast zwangsläufig zum Martyrium führt, wie L. Weckel zeigt, macht den ekklesiologischen »Qualitäts«-Unterschied zwischen jenen Kirchen an der »Peripherie« und anderen regionalen Teilkirchen aus, die, in ihrer gesellschaftlichen Praxis dem machtförmigen römischen Modell folgend, die kirchliche Grundfunktion der *martyria* nur noch als politisch harmlose Predigt und Katechese bzw. als existentiell neutralen Religionsunterricht kennen.

Die Grundform der *martyria* hängt aber – wie der Vergleich deutlich macht – von einer entscheidenden empirischen Bedingung ab: der Situation gesellschaftlicher Ohnmacht, in der Klage und Anklage authentische religiöse Äußerungen und Praxisformen darstellen. Solche Praxis hat insofern prophetischen Charakter, als sie auf eine »andere Gerechtigkeit« hinweist. Die Subjekte dieser Praxis bezeugen ihre Hoffnung auf deren Wirksamkeit notfalls mit dem Einsatz ihres Lebens.

Die Praxis der öffentlichen Denunzierung des Unrechts mit dem Risiko des Martyriums macht im übrigen deutlich, dass für Christen die Frage »Dulden oder rebellieren – eine falsche Alternative« (Steins, 2000, 12) suggeriert. Ebenso wie es – mit Dorothee Sölle (1973) u.a. – zwischen einer Form des Leidens zu unterscheiden gilt, das von Menschen verursacht ist und wogegen sich aufzulehnen und zu kämpfen insofern notwendig ist, und einem unabänderlichen Leid (z.B. einer unheilbaren Krankheit), so gilt dies natürlich auch für den Umgang mit Ohnmacht.

Wenn wir in unseren Überlegungen zum Zusammenhang von Ohnmacht und Klage, insbesondere im folgenden, den Aspekt des »Aushaltens« betonen, so soll das nicht als Plädoyer gegen den Kampf verstanden werden!

3.3   Klage als Eingeständnis von Ohnmacht und Hilferuf

Im zwischenmenschlichen Bereich könnte – wenn meine vorherigen Analysen zutreffen – eine heilsame Wirkung der Klage vor allem darin bestehen, dass Menschen, zumal in Konfliktkontexten, ihre Ohnmacht eingestehen. Das erscheint zwar nach den herrschenden Plausibilitäten als unvernünftig und ist auch – wie gezeigt wurde – psychologisch eher unwahrscheinlich.

3.3.1 *Eingeständnis von Ohnmacht als befreiende und heilsame Erfahrung*

Gleichwohl zeigen Erfahrungen und deutet manches darauf hin, dass bereits das Eingeständnis von Ohnmacht Chancen der Problemlösung und Konfliktbewältigung birgt. Die Klage stellt zunächst für den Ohnmächtigen selbst ein heilsames Eingeständnis seiner Hilflosigkeit dar und insofern eine gegenüber Abwehr, Verleugnung und Verdrängung ›reifere‹ Weise des Umgangs mit Ohnmacht (damit soll die Legitimität und situative Sinnhaftigkeit von Abwehr als einer Form psychischen Selbstschutzes nicht bestritten werden).

Geradezu eine Schlüsselrolle spielt dieses Eingeständnis in der ›Karriere‹ von Suchtkranken: »Kapitulation heißt erkennen *und zugeben,* dass mein bisheriges Lebenskonzept nicht stimmte und dass ich ein grundsätzlich anderes, neues Lebenskonzept brauche«, kennzeichnet der Suchttherapeut J. Eichert (1983, 140) diese oftmals über Leben und Tod entscheidende ›Umkehr‹ eines Abhängigen. Als Seelsorger nennt er sie »eine so fundamentale Änderung (des) Lebens, wie sie mit dem neutestamentlichen Wort ›Buße‹ gemeint ist« (ebd., 140)[1].

Die Notwendigkeit, ihre Ohnmacht einzugestehen, besteht auch für Angehörige von Suchtkranken, denen dies nicht selten ebenso schwer fällt wie dem unmittelbar Betroffenen. Insofern stellt die Selbsthilfegruppe (z.B. der Anonymen Alkoholiker) die ›eigentliche‹ Weise des Umgangs mit Ohnmacht dar, zugleich auch die – im theologischen Sinn – *heilsame.* Die Möglichkeit von Heilung, die

---

1   *J. Eichert,* Abhängigkeit, 141 unterscheidet zwischen Machtlosigkeit und Ohnmacht: »Ohnmacht ist etwas grundlegend anderes als *Machtlosigkeit,* obwohl sich beide nach Außen hin zum Verwechseln ähnlich sehen. Denn in der Ohnmacht verrät sich ein Möchte-gern-Allmächtiger, der es eigentlich noch ›kann‹, nur leider behindert ist und dieser Behinderung gegenüber Wut, Schmerz und Angst empfindet. Ihm fehlt es am Erkennen, Zugeben und Aushalten der eigenen Machtlosigkeit«. Diese Unterscheidung erscheint auch für meinen Versuch einer Differenzierung des Ohnmachts-Phänomens sehr wichtig, auch wenn ich der vorgeschlagenen Sprachregelung nicht folge.

dem Einzelnen endgültig versperrt ist, so lange er es aus eigener Kraft versucht, beginnt mit dem Akt des Eingeständnisses seiner Ohnmacht und dem Eintritt in die Selbsthilfegruppe: eines der alltäglichen Wunder, die sich vor unseren Augen ereignen! Ernst Herhaus' ergreifende »Gebete in die Gottesferne« (1979) sind ein eindrucksvolles Dokument dieses geheimnisvollen Zusammenhangs von Ohnmacht und Klage, Menschen- und Gottvertrauen.

Das Eingeständnis von Ohnmacht kann nicht nur in solchen Grenzsituationen Ausgangspunkt notwendiger Veränderung werden. Wo es in verfahrenen Beziehungs-Konstellationen und Konflikten möglich wird, dass Partner einander ihre Hilflosigkeit eingestehen, resultierten daraus nicht selten unverhoffte Problemlösungen.

Diese Beobachtungen könnten sowohl auf die innere Dynamik der Macht-Ohnmacht-Spirale hindeuten, d.h. auf die Angst der (gerade) Mächtigen vor dem Verlust ihrer Macht, als auch auf die entwaffnende »Macht der Ohnmacht«. Die Mehrdeutigkeit und Ambivalenz der Phänomene nötigt zu weiteren theoretischen und theologischen Klärungen (s.u. 4) Zuvor sollen sie noch aus einer weiteren Perspektiven beleuchtet werden.

3.3.2 Klage als Hilferuf und Ausdruck des Vertrauens

Häufig enthält die Klage einen (direkten oder indirekten) Hilferuf, wird von anderen so verstanden oder so interpretiert. Damit gerät sie in die zwischenmenschliche Dynamik von Bitten und Gewähren, Geben und Nehmen, und insofern auch von Macht und Ohnmacht.

An der Klage als Hilferuf lassen sich wiederum ihre Mehrdeutigkeit und die damit gegebene Komplexität des Phänomens im Alltag zwischenmenschlicher Beziehungen besonders anschaulich wahrnehmen.

Als Hilferuf kann eine Klage als (geheime, unbewusste) Erwartung einer Hilfeleistung intendiert sein bzw. als solche (miss)verstanden werden, die der andere als Zumutung, Druck oder Überforderung deutet und sich u.U. zurückzieht. Wenn er allzu eilfertig dem Hilferuf zu entsprechen versucht, sei es aus falscher Helferattitüde (»Helfersyndrom«) oder weil er die Ohnmacht des Klagenden nicht ertragen kann, kommt es womöglich zu Formen der Hilfe, die lediglich »an den Symptomen kurieren« (»Kopf hoch«, »ist doch nicht so schlimm«), dem Klagenden aber nicht wirklich gerecht werden. Oft verleitet die eigene Angst vor Ohnmacht den Helfer dazu, die Klage vorschnell zu beschwichtigen, statt sie mit dem Klagenden gemeinsam auszuhalten. Das »Einstimmen« in die Klage eines Verzagten kann die adäquatere Weise des Umgangs sein (»Solidarität der leeren Hände«) als ein Versuch, sie unhörbar zu machen.

Wo das gemeinsame Aushalten von Ohnmacht und Leid gelingt,
kommt die positive Funktion und Bedeutung der Klage als Hilferuf in den Blick: als Ausdruck des Vertrauens in die Solidarität
der Mitmenschen. »Der Mensch betritt in der Klage mit seinem
Leid konstruktiv rücksichtslos ... den sozialen Raum« (Beirer, 2000,
18).

3.4 Klage und (gemeinsames) Aushalten von Ohnmacht

Offenbar gehören die beiden zuvor erörterten Aspekte der Klage
– als Eingeständnis von Ohnmacht und Hilferuf – wie zwei Seiten
einer Medaille zusammen. Ob Ohnmacht sich in der Klage artikuliert oder z.b. als unterdrückte Wut, macht einen entscheidenden
Unterschied aus, der sich auch darin zeigt, ob jemand seine Ohnmacht aushält.
Erst wenn das Eingeständnis von Ohnmacht nicht notwendig als
nächster Schritt auf ihre Beseitigung drängt, und umgekehrt: Wo
der Hilferuf nicht zwangsläufig als Erwartung an die anderen gerichtet (bzw. von ihnen so verstanden) wird, den Zustand des Klagenden zu verändern – erst dann kommt eine Chance und Funktion
der Klage in den Blick, die ihre Essenz ausmacht: als gemeinsames,
solidarisches Aushalten von Ohnmacht.
Grenzsituationen sind insofern bevorzugte Orte der Klage, geteilte, solidarisch ausgehaltene Ohnmacht eine ihrer typischen Ausdrucksformen.
Eine solche Grenzsituation entsteht z.B. beim Versuch, traumati-
sierten Folteropfern therapeutisch beizustehen. Der Schweizer Therapeut Angelo Lottaz berichtet von Erfahrungen der Grenze seines
Einfühlungsvermögens und seiner Sprachfähigkeit im Umgang
mit Menschen, die Folter erlebt und dabei dem Bösen ins Gesicht
geschaut haben. Aber er hat auch erlebt, »wie wir in den unheim-
lichen Sog der chaotischen, traumatischen, entsetzlich demütigen-
den Folterungen hineingezogen werden« (zit. bei Vogel, 2001,
111). In seiner Sprach-Ohnmacht fühlt sich der Therapeut an seine früheren Erfahrungen als Theologe erinnert, als er von Gott zu
sprechen hatte: »So wenig unsere Sprache noch mit Gott rechnet,
so wenig ist vorgesehen, von Folter und Krieg und von der Suche
nach Sinn zu sprechen« (zit. ebd., 111). Die existentielle Fremd-
heit, die sensible Menschen im Umgang mit Folteropfern erleben,
bringt sie selbst oft in eine existentielle Grenzsituation: »Die Begegnung mit Menschen, die die Abgründe des Bösen am eigenen
Leib erfahren haben, kann die persönliche Einstellung zu existentiellen Erfahrungen wie Familie, Freundschaft, Heimat, Würde,
Verrat, Tod und Leben in Frage stellen und verändern« (ebd.,

112). In solchen Situationen scheint das Maß an therapeutischer bzw. menschlicher Kohärenz darüber zu entscheiden, ob jemand die Ohnmacht und Hilflosigkeit gegenüber dem Destruktiven auszuhalten vermag (vgl. ebd., 112).

Es würde jedoch Therapie und Therapeuten heillos überfordern, sich diese ganze Last auf ihre Schultern zu laden, sie gerieten so selbst in die »Gotteskomplex«-Versuchung. Diesem Ausmaß des Dunklen standzuhalten, fordert vielmehr die Solidarität aller heraus, das ›Tragen‹ muss darum als gesellschaftliche Aufgabe begriffen werden: »Der Respekt gegenüber den Menschen, die die Hölle der Gewalt durchgemacht haben, gebietet, das Dunkle und Destruktive im Bewusstsein der Gesellschaft nicht zu verdrängen«, lautet H. Vogels Fazit (ebd., 112).

Damit schließt sich zugleich der Kreis der praktisch-theologischen Analyse (von der gesellschaftlichen Verdrängung der Ohnmacht bis zu den Folteropfern). Nochmals Angelo Lottaz: »Die Frage, wie Gefolterte therapiert werden können, hat sich für mich zur Frage ausgeweitet, wie viel Krankheit, Leiden und Tod wir öffentlich aushalten können. Es wäre uns lieber, wenn die Überlebenden ihre Vergangenheit endlich verarbeiten könnten und ruhig würden ... Vielleicht ist gerade das Ziel, Leiden weg-heilen zu wollen, die Vergangenheit hinter sich lassen zu können, die Fortsetzung des Traumas« (ebd., 112).

4 Aber welche Klage? – Theologische Vergewisserung

So wie der Vorschlag Eicherts (1983), zwischen (akzeptierter) Machtlosigkeit und (›narzisstisch‹ abgewehrter) Ohnmacht zu unterscheiden (s. oben Anm. 1), zur weiteren Differenzierung des Phänomens Ohnmacht diente, so könnte G. Beirers (2000) Unterscheidung zwischen Jammern und Klage hilfreich sein, letztere im Blick auf ihre heilsame Funktion, zumal in Zusammenhängen von Ohnmacht und Hilflosigkeit, präziser zu bestimmen.

Beirer grenzt die Klage zunächst ab von »jenem *Pseudoklagen*, mit dem man sich interessant macht und in dem man mit seinen Leiden und Krankheiten hausieren geht« (Beirer, 2000, 17). Dieses Pseudoklagen kennzeichnet er näher als das »ewige *Jammern*, dass man nichts machen kann, es halt so ist, wie es ist. Man jammert, weil nichts recht ist, man das Perfekte, Optimale will. Jammern ist so Ausdruck der Frustration, aber ebenso Ausdruck der Maßlosigkeit und des Anspruchsdenkens« (ebd., 18).

Im Unterschied dazu gibt sich die Klage »nicht mit der Wirklichkeit zufrieden, sondern greift aus nach der möglichen Wirklich-

keit. Sie akzeptiert nicht den status quo, sondern lehnt sich auf,
will Veränderung und ist so der erste Schritt dazu, weil sie nicht
bei sich bleibt« (ebd., 18).

4.1 Ohnmächtige Klage als Ruf nach Gerechtigkeit

Klage als Ausdruck von (ausgehaltener) Ohnmacht ist also gerade
nicht identisch mit Jammern, das nicht wirklich etwas ändern will.
Was ›akzeptierte‹, ausgehaltene Ohnmacht vom ›narzisstischen‹
Ohnmachtsgefühl unterscheidet, findet seine Entsprechung in der
Differenz von Klage als Ausdruck und Aushalten von Ohnmacht
und dem Jammern, das nichts ändern will. Klage, die Ohnmacht
auszuhalten hilft, findet sich gleichwohl nicht mit dem Status quo
ab, sondern lehnt sich – im Aushalten – gleichzeitig auf. In diesem
scheinbar widersprüchlichen Doppelgestus von Aushalten und
Auflehnung enthält die ohnmächtige Klage einen – womöglich
theologisch relevanten – Hinweis auf ihr spezifisches Merkmal: Sie
ist ein (indirekter) Ruf, performative Rede, kommunikatives Handeln: »*Jammern tut man über jemanden, über etwas, Klage ist ein
›Reden-zu‹*«, markiert Beirer diese unterscheidende Signatur der
Klage. »Sie ist keine suggestive Selbstkonditionierung, kein subjek-
tiver, selbst arrangierter Trost, sondern Begegnungssuche, Suche
nach Gott – dem Außerhalb seiner selbst – und so kein Monolog«
(ebd., 18).
Klage in diesem Sinne als religiöses Phänomen zu deuten, erscheint zwar theologisch sinnvoll und verlockend, aber gleichwohl
nicht zwingend. Um ihrer – vor dem Hintergrund des skizzierten
weltgesellschaftlichen Szenarios – unverzichtbaren Funktion für
das Aushalten von Ohnmacht willen muss gerade die Theologie
darauf bestehen, Klage (in dem hier erörterten ›tieferen‹ Sinn)
nicht vorschnell und per se als exklusiv religiöses Phänomen zu
behaupten.
Aus diesem Grunde kann der Appell, den die Klage enthält, zunächst – konsequent ›innerweltlich‹ – als Ruf nach dem Recht des
Ohnmächtigen interpretiert werden, als Ruf nach Gerechtigkeit.
Nur so bleibt sie ›Macht der Ohnmächtigen‹ und damit derjenigen, die in ihrer Ohnmacht nicht letztlich immer schon (einen
mächtigen) ›Gott‹ auf ihrer Seite bzw. als »Hörer« ihrer Klage
wissen.
Wo Christen im Namen dieser Gerechtigkeit herrschendes Unrecht anklagen, nötigen sie den Mächtigen keine fragwürdige religiöse Vorentscheidung (die Akzeptanz eines mächtigen oder eines mit-leidenden Gottes) auf, um ihrer Klage Geltung zu verschaffen.

4.2 Klage als Gewaltverzicht

Die je konkrete Klage erweist sich in dem Maße als authentischer Ausdruck von Ohnmacht, als sie zugleich glaubhaft den Verzicht auf Gewalt dartut, selbst noch als Verzicht auf jene subtile Form, die gezielt Schuldgefühle beim mächtigen Gegenüber zu erzeugen versucht.

Das bedeutet keineswegs, dass die Klage nur als apathische glaubwürdig wirkt. Sie soll auch nicht ihre aggressiven Impulse verleugnen, die Leid und Ohnmacht zumeist hervorrufen: Sie ist gerade nicht Ausdruck wunschlosen Unglücks.

Religiös motivierter Gewaltverzicht speist sich aus dem biblischen Motiv der Feindesliebe (Mt 5,39), zu der Menschen durch den Glauben an die zuvorkommende Vergebung Gottes befreit und ermächtigt werden (G. Fuchs, 2001, 85). Das zu empirischen Unheils- und Ohnmachtserfahrungen kontrafaktische Bekenntnis zu einer Wirklichkeit, die das Böse überwindet, äußert sich als Verzicht auf Gewalt.

Der christliche Glaube, »verstanden als nicht selbstverständliche Anteilhabe am Gottesverhältnis Jesu« (ebd., 85), hat Menschen immer wieder extreme Situationen von Ohnmacht und Verzweiflung in der Identifikation mit dem leidenden Gottesknecht und in der Nachfolge des leidenden Christus aushalten oder als *Compassion* mit unschuldigen Opfern an deren Situation Anteil nehmen lassen (vgl. ebd., 85).

In solchen Situationen und auf solche Weise von religiösem Glauben getragen, kann die Klage erlebte Ohnmacht zur unwahrscheinlichen und psychologisch paradoxen Attitüde transformieren, dem Bösen nicht zu widerstehen (Mt 5,39).

Zugleich wird in Zeiten eskalierender Gewalt und offenkundig auswegloser Angriff-Vergeltungs-Spiralen, wie derzeit wieder im Nahostkonflikt, die Notwendigkeit immer dringlicher, Möglichkeiten der Deeskalation von Gewalt auch »diesseits« religiöser Motive theologisch zu begründen, z.B. im Kampf um eine weltweite Durchsetzung der Menschenrechte. Im gemeinsamen Ringen religiöser und humaner Kräfte um deren argumentative Begründung scheint sich ein Konsens über einen gemeinsamen Nenner anzubahnen: die Verwundbarkeit und Bedürftigkeit der Schwächsten (Wetz, 1998, 155f).

In der Linie dieser Argumentation kann die ohnmächtig-gewaltlose Klage auch als Ausdruck des Vertrauens in die Solidargemeinschaft gedeutet werden: dass es immer Menschen geben wird, die sich von der Geste der Ohnmacht anrühren lassen.

4.3 »Klage als Gebet«

In der Linie der beiden letzteren Annäherungen kommt die eigentliche theologische Bedeutung der »Klage als Ausdruck von Ohnmacht« in den Blick: Als humane Geste appelliert sie, vertrauend auf deren Verlässlichkeit, an die Solidarität der Mitmenschen; als religiöse, vom Glauben getragene, ist sie vom Gebot der Feindesliebe motiviert, die ihrerseits ihre christliche »Theo-Logik ... in der Gestalt des leidenden Gottesknechtes aus Nazareth« (G. Fuchs, 2001, 85) identifiziert.

Dabei verändert sich indessen der Bedeutungsakzent der theologisch vertrauten Rede von der »Klage als Gebet«: Nicht mehr die Behauptung, Klage sei eine (der Anbetung gleich-rangige) Form des Gebets, sondern: Klage, insofern und zumal als Ausdruck von Ohnmacht, ist dies eben in dem Maße, wie ihr die Qualität »Gebet« eignet. Als solche und solches wird sie zum »Ringen um die Gerechtigkeit Gottes« (Steins, 2000, 11), und als solche findet die Klage »nicht außerhalb der Gottesbeziehung, auf neutralem Boden sozusagen, statt, sondern in der dramatischen Auseinandersetzung mit Gott« (ebd., 11).

So verstanden qualifiziert die Klage damit Ohnmacht als eine mögliche (auch) religiöse Erfahrung (unserer Endlichkeit, Geschöpflichkeit, Gottergebenheit usw.), in letzter Konsequenz als Ort der Gottesbegegnung. In der Situation des Ohnmächtigen kann sie mir – wie die geheimnisvolle Pointe der Samariter-Erzählung andeutet – in der unverhofften Zuwendung eines Mitmenschen widerfahren, so wie sie im selben Akt und Augenblick diesem verheißen ist.

Der in der gleichen biblischen Erzählung enthaltene Hinweis, dass gerade diese Form der Gottesbegegnung nicht an die Mitgliedschaft im auserwählten Volk – d.h. an Zugehörigkeit zu einer Religionsgemeinschaft – gebunden ist, eröffnet die entscheidende theologische Perspektive auf die tiefste humane Bedeutung der »ohnmächtigen Klage«: als intensive Erfahrung unserer Verwiesenheit auf die Solidargemeinschaft, die anderen, als mögliche (Grenz-)Erfahrung unserer *conditio humana*. Wenn man schon die Tränen in der Gesichtern der Klagenden von Gorleben nicht – jedenfalls nicht gegen ihren Willen – als Gebet deuten darf, so doch als Ausdruck des »Menschenmöglichen«.

Der so bestimmte theologische Zusammenhang von Ohnmacht und Klage nötigt auch insofern Christen und Theologen, sich auf einen Aspekt des Geheimnisses der Ohnmacht zu besinnen, wie sie unübertroffen im Philipperhymnus (Phil 2,5–11) anklingt: die – das Aushalten der Ohnmacht motivierende – christliche Feindesliebe nicht als »Privat-Besitz« zu beanspruchen, sondern – wie Christus in der Knechtsgestalt »den Menschen gleich« – als Geschenk, das der ganzen Menschheit zugesagt ist, das wir Christen allenfalls treuhänderisch verwalten dürfen.

Literatur

Beirer, G., Die heilende Kraft der Klage, in: *Steins, G.* (Hg.), Schweigen wäre gotteslästerlich, Würzburg 2000, 16–41.

Büttner, Ch., Gewalt in der Familie, in: *Heitmeyer, W., u.a.* (Hg.), Jugend – Staat – Gewalt, Weinheim/München 1989, 113–132.

– *Nicklas, H., u.a.* (Hg.), Wenn Liebe zuschlägt. Gewalt in der Familie, München 1988.

Comblin, J., Lateinamerika in der Globalisierung (Manuskript), Münster 2000.

Eichert, J., Abhängigkeit. Alkohol, Medikamente und andere Drogen, in: Lebendige Seelsorge 34 (1983), H. 2/3, 138–142.

Fuchs, G., Angesichts des Leids an Gott glauben? Zur Theologie der Klage, Frankfurt a.M. 1996.

– »Widerstehe dem Bösen nicht«. Gottes Vergebung und die Erfahrung des Bösen, in: Diakonia 32 (2001), H. 2, 84–88.

Fuchs, O., Die Klage als Gebet, München 1982.

Gröning, K., Qualität in der Pflege als Problem der Organisationskulturen, in: Wege zum Menschen 52 (2000), H. 8, 437–448.

Herhaus, E., Gebete in die Gottesferne, München/Wien 1979.

Marx, R., Rechtsradikale Jugendgewalt. Psychoanalytische Frageperspektiven, in: *H.-U. Otto / R. Merten* (Hg.) Rechtsradikale Gewalt im vereinigten Deutschland, Opladen 1993, 166–175.

Richter, H.E., Der Gotteskomplex, Reinbek 1979.

Sander, H.-J., Macht in der Ohnmacht. Eine Theologie der Menschenrechte (QD 178), Freiburg/Basel/Wien 1999.

Schmidbauer, W., Die hilflosen Helfer. Über die seelische Problematik der helfenden Berufe, Reinbek 1977.

– Die Ohnmacht des Helden. Unser alltäglicher Narzißmus, Reinbek 1981.

Sölle, D., Leiden, Stuttgart 1973.

Steinkamp, H., Die sanfte Macht der Hirten, Mainz 1999.

Steins, G. (Hg.), Schweigen wäre gotteslästerlich. Die heilende Kraft der Klage, Würzburg 2000.

– Klagen ist Gold?, in: ebd., 9–15.

Vogel, H., Folter und Krieg. Konfrontation mit dem Abgrund des Bösen, in: Diakonia 32 (2001), H. 2, 106–112.

Weckel, L., Um des Lebens willen. Zu einer Theologie des Martyriums aus befreiungstheologischer Sicht, Mainz 1998.

Wetz, F.-J., Die Würde des Menschen ist antastbar, Stuttgart 1998.

Ottmar Fuchs

Unerhörte Klage über den Tod hinaus!

Überlegungen zur Eschatologie der Klage

1. Hinführung

Seit mehr als 20 Jahren beschäftigt mich die Sorge, dass die biblische Spiritualität[1] des Klagegebets endlich wieder in die geistliche und geistige Identität von christlicher und kirchlicher Existenz hinein Eingang findet.[2] Damit verbindet sich seit etlicher Zeit auch das Grundanliegen: Die klagende Frage bezüglich des Bösen und des Leidens wird nur dann mit ihrer ganzen eschatologischen Wucht ausgehalten, wenn der Schöpfer im letzten Gericht selbst ihr gegenüber auskunfts- und rechenschaftspflichtig sein wird und sein muss.[3]

Klagen, die aus intensiven Leiderfahrungen herausbrechen, beinhalten die Kraft eines unermesslichen Frageüberschusses, der nie-

---

1 Dass es sich hier tatsächlich nicht nur um eine alttestamentliche, sondern auch um eine neutestamentliche und damit insgesamt biblische Dimension der Gottesbeziehung handelt, hat *Martin Ebner* in diesem Band deutlich gemacht.
2 Vgl. dazu *O. Fuchs*, Die Klage als Gebet. Eine theologische Besinnung am Beispiel des Psalms 22, München 1982; *ders.*, Die Freude in der Klage! Zur Pointe des alttestamentlichen Klagegebets und Gottvertrauens, in: Katechetische Blätter 109 (1984) 2, 90–99; *ders.*, Klage. Eine vergessene Gebetsform, in: *H. Becker / B. Einig / P.O. Ullrich* (Hg.), Im Angesicht des Todes. Liturgie als Sterbe- und Trauerhilfe. Ein interdisziplinäres Kolloquium, St. Ottilien 1987, 939–1024; *ders.*, Klage I (AT) und II (NT), in: Neues Bibel-Lexikon, hg. von *M. Görg / B. Lang*, Zürich 1992, 489–492 (Lieferung 8) und 493 (Lieferung 9); *ders.*, Fluch und Klage als biblische Herausforderung. Zur spirituellen und sozialen Praxis der Christen, in: Bibel und Kirche 50 (1995) 1/2, 64–75; *ders.*, Artikel Beten, in: *H. Haslinger u.a.* (Hg.), Handbuch Praktische Theologie, Bd. 2: Durchführungen, Mainz 2000, 218–235; *ders.*, Wer darf die jüdischen Klagpsalmen beten?, in: *S. Chapman / Ch. Helmer / Ch. Landmesser* (Hg.), Biblischer Text und theologische Theoriebildung (Biblisch-Theologhische Studien 44), Neukirchen-Vluyn 2001, 135–161.
3 Vgl. *O. Fuchs*, Dass Gott zur Rechenschaft gezogen werde – weil er sich weder gerecht noch barmherzig zeigt?, in: *R. Scoralick* (Hg.), Das Drama der Barmherzigkeit Gottes, Stuttgart 2000, 11–32. Den vorliegenden Beitrag verstehe ich als eine Erweiterung und Vertiefung der dort angestellten Überlegungen.

348

mals die Antwort in sich enthält und sich auch mit keiner Antwort
zufrieden geben kann.[4] Die meisten Klagen sind – am Ende –
nicht erhört worden. Dies setzt die Frage nach ihrer eschatologischen Zukunft frei. Reichen die Klagen über den Tod hinaus in
die letzte und erste Gottesbegegnung hinein?
Implizite eschatologische Qualität hat jede Gottesklage, wenn sie
noch darauf wartet, ob und wie sich Gott zeigt; wenn die Klage
über den Tod der Opfer hinausführt und geführt wird, nicht nur
für sie, sondern *mit ihnen* als Subjekt. Das kann die Klage aber
nicht, wenn die Betroffenen nicht mehr leben und vor Gott die
Klage führen können. Aus dieser Perspektive erweist sich die Auferstehung der Toten überhaupt als die Bedingung dafür, dass sich
der letzte (Todes-)Schrei der alten Welt und zugleich erste (Ge-
burts-)Schrei in die neue Welt hinein ereignen kann. So ist A. Roy
Eckardt beizupflichten, wenn er die Auferstehung als »apodikti-
sches und moralisches Gebot« des Menschen gegenüber Gott re-
klamiert.[5] Die Auferstehung der Toten kann demnach nicht ein
Auslöschunternehmen über die Köpfe der Opfer hinweg sein.
Vielmehr muss der Tatbestand ihres ausgelöschten Lebens »nochmals« umfassend gehört werden: und zwar mit den Betroffenen als
zur entsprechenden Rede befähigten und ermächtigten.
Wenn die Klage in das Eschaton hineinreicht, erreicht sie Gott als
Beklagten und Angeklagten. Die Menschen werden ihn für die
Plage verantwortlich machen dürfen, die er geschaffen bzw. zugelassen hat (wobei das letztere nicht tröstet, weil der Effekt der gleiche ist). Blieb bis dahin das Leiden ein Geheimnis der klagenden
Frage, so wird sich Gott in diesem Gericht der Menschen über ihn
aus seinem eigenen Geheimnis heraus glaubwürdig verantworten
und rechtfertigen müssen. Er wird sich dann nicht damit begnü-

4   Hier möchte ich gerne der Kritik von Franz Weber (in diesem Band) an meiner
1982 allzu flotten Vermutung, dass der Volksfrömmigkeit das Element des Fragens und des Kämpferischen weitgehend fehle, völlig Recht geben. Nicht zuletzt
verdanke ich es der persönlichen und wissenschaftlichen Zusammenarbeit mit
Franz Weber selbst, dass ich das vielschichtige Phänomen der Volksfrömmigkeit
auch in ihren interkulturellen Verwandtschaften und Differenzierungen sehr viel
angemessener wahrgenommen habe. Zu sehr stand ich selbst allzu lange in einer
theologischen Aufklärungstradition, die der Volksfrömmigkeit nicht allzu viel
zutraute (obgleich in den biographischen Wurzeln aus ihr hervorkommend). Weber hat mir diesbezüglich nach seiner Rückkehr aus seiner zehnjährigen pastoralen Tätigkeit in Brasilien sehr die Augen geöffnet. Vgl. *F. Weber*, Gewagte Inkulturation. Basisgemeinden in Brasilien: Eine pastoralgeschichtliche Zwischenbilanz, Mainz 1996.
5   Vgl. *A.R. Eckardt*, Das Weinen Gottes: Eine göttliche Komödie, in: *R.
Boschki / D. Mensink* (Hg.), Kultur allein ist nicht genug, Münster 1998, 262–
272, hier 270.

gen, das Leid wegzuantworten und wegzurationalisieren. An seiner Rechtfertigung werden die Menschen erleben, dass Leid nur mit dem »aufgewogen« werden kann, was es selbst ist, nämlich mit einem responsorischen »Gegenleiden«, mit dem geoffenbarten Leiden Gottes in der Geschichte, mit der endgültigen nachgeschichtlichen Offenbarung seiner mitgeschichtlichen Barmherzigkeit, die nicht erst am Ende der Geschichte eintritt, sondern die es am Ende der Geschichte von Gott her gar nicht geben kann, wenn er nicht bereits in der Geschichte seine Barmherzigkeit mit den leidenden Menschen als Leiden und Klagen an seiner Seite erlebt hat.[6]
Wie wird der eschatologisch angeklagte Gott handeln? Für seine »Antwort« finden wir eine Menge von Spuren in der jüdisch-christlichen Spiritualität (im Alten sowie im Neuen Testament), nämlich dass Gott den Menschen ihre Klagen nicht als Blasphemie anrechnet, sondern dass er sich auf der Basis ihrer Klage in eine Beziehung mit ihnen hineinbringt, in der den Menschen immer mehr klar wird: Gott ist uns in einer wirksamen heilenden und rettenden Weise nahe.[7] Denn ist Gott erst einmal wieder für die Menschen gerettet, dann ist er frei, die Menschen zu retten. Dafür finden wir beeindruckende Zeugnisse in entsprechenden Texten der Bibel, insbesondere in den Klagepsalmen, bei Hiob und nicht zuletzt im Sterben des Gekreuzigten mit dem Beginn des Ps 22 auf den Lippen. Die Klage ist ein eschatologisches Ereignis, weil jede vorschnelle diesseitige Antwort unter dem Niveau des Grauens und der diesbezüglichen Verantwortung Gottes liegt. Was uns bleibt, ist das Vertrauen und die Hoffnung auf die Selbstrechtfertigung Gottes. Insbesondere die Opfer werden Subjekt ihrer Einklage sein.

2. Verweigerung eines »Sinnes«

Dass die Menschen Adressaten der Klage der Opfer und der Anklage des göttlichen Richters sind, sei hiermit nicht geschmälert.[8]

---

6 Vgl. dazu auch *J. Kreiml*, Gott und das Leid. Eine Auseinandersetzung mit Armin Kreiners Theodizee-Entwurf, in: Klerusblatt 80 (2000) 6, 129–134, hier 132.

7 Zu den Reaktionen Gottes auf die Klage der Menschen vgl. *A.R. Eckardt*, Weinen 267–271, der dort Gottes Weinen, seine Selbstbesinnung auf seine Barmherzigkeit, seinen unbedingten Lebenswunsch und seine Liebe nennt.

8 Auch das wird geschehen: die Anklage der Täter durch die Opfer und durch Gott selbst. Doch davon sei hier nicht die Rede, sondern verwiesen auf *O. Fuchs*, Gerechtigkeit im Gericht – Ein Versuch. Zum 90. Geburtsjahr von Hans Urs von Balthasar, in: Anzeiger für die Seelsorge 104 (1995) 11, 554–561; *ders.*, Deus

Doch ist der »erste« Adressat menschlicher Klage und Anklage
Gott selbst, wie er uns auch in seiner von den Toten erweckenden
Macht als »Erster« begegnen wird. Die Klage ist die eschatologisch
verlängerte Weigerung, dem unschuldigen Leiden einen Sinn zu
verschaffen, auch keinen Sinn am Ende der Tage, sozusagen als
grosse alles klärende Antwort von oben. Leid kann nicht mit Sinn
verrechnet werden.[9] Der Überschuss an Leiderfahrung, der keinen
Sinn sehen kann, jeden Sinn verweigern muss und deshalb in der
Klage am eschatologischen Tag Ausdruck findet, wird auch nur
mit einem Überschuss an Sinn, also mit etwas, was über die Sinnantwort weit hinausgeht, zu »beantworten« sein.

Es sei denn, man versteht den Begriff des Sinnes bereits in dieser
Form ganzheitlich, dass in der eschatologischen Begegnung Gottes
mit den Menschen offenbar wird: Die Sinnantwort beruft sich
nicht nur auf ihre rationale Kraft, mit der vor allem die Opfer
nicht zu überzeugen wären, wenn nicht gleichzeitig ein Doppeltes
geschieht: einmal die Offenbarung der Con-Passio Gottes mit ihnen in der Geschichte,[10] zum anderen die vollzogene Rettung der
Opfer in jeder Hinsicht und für alle Zukunft (einschließlich der
durch das Gericht der Täter eröffneten Gerechtigkeit).[11]

semper maior: auch im Gericht, in: Theologisch-praktische Quartalschrift 144
(1996) 2, 131–144.
9   Vgl. *A.L. Eckardt*, Leiden: Herausforderung des Glaubens – Herausforderung
Gottes, in: *Boschki/Mensink* (Hg.), Kultur 245–261, hier 260.
10   Vgl. *J.-H. Tück*, Christologie und Theodizee bei Johann Baptist Metz. Ambivalenz der Neuzeit im Licht der Gottesfrage, Paderborn [2]2001, 296: »Die eschatologische ›Selbstrechtfertigung‹ Gottes, die von Metz und anderen eingeklagt
wird, bliebe letztlich ein äußeres, über die menschlichen Leidensgeschichten
hinweg gesprochenes Dekret, wenn nicht zugleich seine empathische Solidarität
mit den Geschlagenen in der Leidensgeschichte Jesu Christi deutlich würde«; vgl.
auch 301.
11   Die in diesem Beitrag beanspruchte Opfer-Täter-Kategorie hat nicht Rollen
zuweisende, sondern erkenntnistheoretische Funktion. Es handelt sich um die
immer wieder neu anzusetzende Wahrnehmungsdifferenzierung, wer in einer bestimmten Situation der Sieger und wer der Unterlegene ist, wer den Vorteil hat und
wer den Nachteil bekommt, wer von einer Situation profitiert und wer darin gedemütigt wird, und zwar nicht nur in den großen und dramatischen Katastrophen,
sondern bis in die entsprechenden Widersprüche des Alltags und der Strukturen
hinein. Für die meisten Menschen geht es um die Wahrnehmung entsprechender
Anteile in ihrem eigenen Leben, wo sie einmal Täter, einmal Opfer sind. Aber es
ist sicher nicht abzustreiten, dass es Menschen gibt, die sich ganz dominant auf
der Täter- oder Opferseite befinden. Vgl. dazu *O. Fuchs*, Doppelte Subjektorien-
tierung in der Memoria Passionis. Elemente einer Pastoraltheologie nach Auschwitz, in: *ders. / R. Boschki / B. Frede-Wenger* (Hg.), Zugänge zur Erinnerung,
Münster 2001, 309–345, hier 327ff. In dieser Unterscheidungsanalyse zwischen
Opfer und Tätern, zwischen Opfer- und Täteranteilen darf es gerade um der Opfer
willen keine vorschnellen Verwischungen und Verharmlosungen geben. *Walbert*

Umgekehrt kann diese Offenbarung der Selbstbeteiligung und damit letztlich Selbstrechtfertigung Gottes nicht von vornherein die Klage und auch nicht die eschatologische Klage verhindern oder überflüssig machen. Was Thomas Pröpper als Widerspruch anmeldet, möchte ich gerade in dieser Wider-Sprüchlichkeit zusammengehalten wissen. Auch Pröpper geht davon aus, dass Gott, damit Liebe sein könne, das Risiko auf sich genommen hat, den Menschen die Freiheit zu schenken *und* dass er in Jesus selbst dieses Risiko mitgetragen hat und den Preis der Freiheit bezahlt hat. Deswegen gibt es nach Pröpper eigentlich keinen Grund, Gott anzuklagen. »Wer aber Gott deshalb anklagen möchte, widerruft nicht nur seine eigene Freiheit, sondern kann so vielleicht auch nur reden, weil er von dem Gott, der die bitteren Konsequenzen dieses Risikos mitträgt und den Preis der Freiheit bezahlt hat, schon wegblickt: von Jesus, der zu ihm gehört und den sie umgebracht haben.«[12] Gegen diese etwas glatte Schlussfolgerung zu Ungunsten der Klage und Anklage möchte ich festhalten: Die Gott selbst existentiell betreffende Antwort auf die Klage der Menschen angesichts ihres skandalösen Leidens ersetzt die Klage nicht, sondern setzt sie voraus. Der soteriologische Zusammenhang, den Pröpper aus christlicher Perspektive völlig zutreffend beschreibt, ist das Ziel der eschatologischen Begegnung, und zwar umso mehr, als die soteriologische Dynamik tatsächlich und intensiv an der in den eschatologischen Tag hineingebrachten Erfahrungen der Menschen und auf ihre eigenen Reaktionen darauf anknüpft. Wenn davon auszugehen ist, dass die Geschichte im eschatologischen Tag präsent wird, dass alles dort aufgesammelt wird, was geschehen ist, dann geschieht dies ja nicht sachhaft, sondern immer in Bezug auf die Subjekte, die erlebt, gelitten und geklagt haben und die durch die Auferweckung der Toten in die Lage versetzt werden, all dies im Jetzt des Gerichtes gegenwärtig zu setzen.

Bühlmann kommt in diese Gefahr, wenn er fragt: »Kann man die Menschen einfach einteilen in Gute und Böse? Können nicht Böse sich bekehren und Gute zeitweise Böses tun? Steckt nicht in jedem Menschen sowohl Gutes wie Böses? Darf man einen Menschen, gar eine Menschengruppe, völlig mit dem Bösen identifizieren?« (Die eigenartige Spannung zwischen Froh- und Drohbotschaft, in: Anzeiger für die Seelsorge [1999] 10, 484–486, hier 485). Zumindest liegt es in der Kompetenz der *Opfer*, derartige elementare Widersprüche beim Namen zu nennen. Stelle ich diese Sätze allerdings in den Horizont der eschatologischen Unsicherheit und Nichtplanbarkeit ihres Ausgangs, dürfen sie einigen Wahrheitswert für sich beanspruchen, der die sogenannten Guten davon abhält, sich vorschnell mit den Opfern und nicht auch mit den Tätern und in diesem Zusammenhang vorschnell andere mit dem Bösen zu identifizieren (siehe unten Abschnitt 6).
12 *Th. Pröpper*, Erlösungsglaube und Freiheitsgeschichte, München ³1991, 179.

Und dann ist es ja auch noch ein eigenes, vom wiedergekommenen Christus in unverhüllter Offenbarung zu sehen, wie er im Leiden dieser Welt vorhanden war, und damit etwas zu sehen, was vorher »nur« geglaubt werden konnte und was in diesem Glauben immer »wie in einem Spiegel« verzerrt und angefochten war. Auch für Christen und Christinnen ist dieses »Noch nicht« des Sehens dieses Erlösungswerkes Christi nicht schon als ein »Wegblicken« zu deklarieren, sondern als ein noch Ausstehen der Offenbarung in ihrer tatsächlichen Fülle. Diese Fülle wird sich am eschatologischen Tag um so intensiver und erlebbarer ausdrücken und vermitteln können, je dichter sie an den Erfahrungen der »Nichtfülle«, der Defizite und Zerstörungen in der Geschichte Anschluss findet. Auf die Ausdrücklichkeit dieses Anschlusses kann meines Erachtens nicht verzichtet werden: Nicht nur in der Anklage der Opfer bezüglich der Täter, sondern eben auch bezüglich Gottes selbst, dessen Empathieantwort bis dahin noch nicht in dieser Fülle erfahren werden konnte. *Dann*[13] aber wird umso richtiger, was Pröpper im Anschluss an das obige Zitat weiter schreibt: »Vor ihm aber werden *wir* die Gefragten ...«[14] So kann ich auf die Repräsentanz des Gott-Vermissens im Gericht gerade angesichts der Offenbarung des Gottesgeheimnisses bezüglich unserer Geschichte nicht verzichten, weil sonst eine wirkliche Begegnung zwischen Vergangenheit und Zukunft in diesem eschatologischen Augenblick nicht geschieht.

13   Mit diesem »Dann« ist weniger ein zeitlicher denn ein kommunikativer und inhaltlicher Zusammenhang angesprochen. Jedenfalls geht es nicht um additive Vorgänge, sondern um Begegnungsprozesse, die, ohne ihre Unterschiedlichkeit zu verlieren, insgesamt das Geschehen des Gerichtes qualifizieren und sich darin gegenseitig ermöglichen und tragen: »Sie wären dann nicht als verschiedene Akte zu verstehen, die aufeinander folgten, sondern stünden von vornherein in einem einzigen Sachzusammenhang«, so *Oswald Bayer* bezüglich der verschiedenen Momente des eschatologischen Geschehens (Gott als Autor, Tübingen 1999, 172; vgl. auch 183–184). Es handelt sich also um Einzelakte, die den großen Akt insgesamt charakterisieren, sich darin aber nicht auflösen.
14   *Pröpper*, Erlösungsglaube 179. Genau in dieser Selbstrechtfertigung Gottes also »kippt« das eschatologische Gericht unmittelbar in das Recht des Menschensohnes, sich nunmehr als Richter auf die Seite der Opfer zu stellen und von ihnen her und mit ihnen die Anklage gegen jene zu erheben, die Menschen zerstört haben. Übrigens: Wenn ich mich in diesem Beitrag hauptsächlich auf die eschatologische Klage der Menschen gegenüber Gott konzentriere, so hängt das mit der thematischen Konzentration dieses Beitrags zusammen. Den »anderen Teil« des eschatologischen Tages, nämlich des Gerichtes über die Menschen und der darin sich ereignenden Prozesse unvorstellbarer Sühne und Versöhnung, also den nicht aufgebbaren Zusammenhang von Klage der Menschen, Selbstrechtfertigung Gottes und Soteriologie, möchte ich durch diese thematische Konzentration nicht verkleinert wissen; vgl. *O. Fuchs*, Neue Wege einer eschatologischen Pastoral, in: Theologische Quartalschrift 179 (1999) 4, 260–288, hier 279ff.

Eine Sinnantwort darf es wohl geben, aber niemals ohne diesen doppelten solidarischen Praxisanteil Gottes sowohl in der Vergangenheit wie auch in der Zukunft des eschatologischen Tages. Ansonsten müsste man an der kommunikativen Glaubwürdigkeit Gottes zweifeln, sofern man das eschatologische Geschehen als Begegnungsgeschehen ernst nehmen will.[15] Magnus Striet formuliert diesen Zusammenhang folgendermaßen: »Dass Gott aber eine Antwort geben wird, darf deshalb erhofft werden, weil er *alle* Menschen gewinnen will. Dies beinhaltet das Versprechen der Unbedingtheit seiner Liebe. Und Menschen dürfen und können schon jetzt darauf setzen, weil Gott sich als einer geoffenbart hat, der dem menschlichen Leiden nicht apathisch gegenüber steht, sondern sich von diesem hat bestimmen lassen: Gott hat sich selbst in endgültiger Weise in der Geschichte Jesu als derjenige ausgelegt und erwiesen, der bedingungslos liebt und das freie Ja des Menschen zu ihm will.«[16] Wenn Gott tatsächlich die Freiheit der Menschen Ernst nimmt, dann wird sich der eschatologische Tag als der Höhepunkt der menschlichen Freiheitsgeschichte, als ihr Ziel erweisen: Insofern die Anklage Gottes die protestierende Freiheit des Menschen angesichts Gottes realisiert.

Erst von einer solchen »Antwort« her beruhigen sich die Klage und die Anklage, eschatologisch ansatzhaft auch schon jetzt, je mehr sie sich in die »Rückfrage nach Gott angesichts des radikalen Selbsteinsatzes Gottes« transformieren.[17] Dieses Rückfragen hat ethische Konsequenzen für die entsprechende Gestaltung des eigenen Selbsteinsatzes für Barmherzigkeit und für die Gerechtigkeit, für jene Compassion, die uns in Christus geoffenbart ist und die er uns im Gericht endgültig und rundum erfahrbar sein lassen

---

15 Gerade wenn man das Christusereignis eschatologisch Ernst nimmt, kann man es, wie *Oswald Bayer* formuliert, nicht »der unbestimmten Idee einer Sinntotalität unterordnen« (Gott als Autor 177). Man kann auch nicht sagen, dass Christus der Sinn sei, allenfalls, dass der Sinn Christus ist, was zugleich bedeutet, dass man auch »das Christusbekenntnis nicht weisheitlich verallgemeinern« darf (ebd. 177). Dann nämlich wird der Sinnbegriff vom Christusereignis selbst vor allem da durchbrochen, wo der mitleidende Christus seinerseits die Klage der leidenden Menschheit in Gott gegen Gott hinträgt, was das Geheimnis Gottes gerade in diesem Konflikt nochmals vertieft und nicht etwa »sinnvoller« macht. Es handelt hier also nicht um irgendein undramatisches Klagen und Anklagen im Horizont der kritischen Vernunft, sondern um die vitale Klage der Betroffenen im Horizont erlittenen Leidens. Vgl. *G. Fuchs*, »Wir sind sein Kreuz«. Mystik und Theodizee, in: *ders.* (Hg.), Angesichts des Leids an Gott glauben? Zur Theologie der Klage, Frankfurt a.M. 1996, 148–183, hier 172ff.

16 *M. Striet*, Versuch über die Auflehnung. Philosophisch-theologische Überlegungen zur Theodizeefrage, in: *H. Wagner* (Hg.), Mit Gott streiten. Neue Zugänge zum Theodizee-Problem, Freiburg i.Br. ²1998, 48–89, hier 78.

17 Ebd. 78.

wird. Der Sprechakt, der hier wie dort diesen radikalen Selbsteinsatz und diese Treue Gottes angesichts des Leidens einholt, ist die entsprechende Einklage, die sich nicht irritieren und sich nur von einer solchen substantiellen Antwort beeindrucken lässt. So ist die Klage der Menschen im Gericht der inchohative Vorgang und darin die Bedingung der Möglichkeit dessen, dass »eine Theodizee durch Gott selbst gelingen kann.«[18]

Der Antwortbegriff darf hier nicht suggerieren, als wäre damit schon verstanden, warum Gott diese Schöpfung und ihre Geschichte so und nicht anders gewollt bzw. zugelassen hat. Es ist vielmehr die Antwort seiner unbedingten Treue in dieser Geschichte und seiner am Ende rettenden Treue zu ihr. Die kritische Vernunft wird also nicht befriedigt, wohl aber die Sehnsucht nach der Solidarität Gottes und damit nach einem noch tieferen Hineingenommenwerden in jenes göttliche Geheimnis, das sich mit dem Hineingenommenwerden nicht um sein Geheimnis bringen lässt. Da dieses Geheimnis unendlich ist, wird es eine Ewigkeit dauern, bis wir »verstehen«.

In der eschatologischen Beziehung mit dem unendlichen Geheimnis Gottes weicht der Verstehenshorizont jedenfalls ewig immer wieder zurück. Ob der Mensch sich in diese ewige Dynamik vom Nichtverstehen zum Verstehen Gottes überhaupt hineinbegibt, hängt wohl zuerst gerade nicht vom Verstehen Gottes (bzw. seiner »Pläne«) ab, sondern von seiner Glaubwürdigkeit dahingehend, dass er das, was an ihm zu verstehen ist, existentiell einlöst. Ich spreche damit nicht gegen das Verstehenwollen durch Theodizee-Anläufe, wenn sie ihrerseits nicht Rationalisierungen des Leidens sind und dadurch die Leidenden letztlich nicht Ernst nehmen, sondern für Sinnziele verzwecklichen.

Einen möglichen Übergang von dieser in die neue Welt gibt es nicht im Sinn einer sinngebenden göttlichen Ordnungsmacht von oben, in der sich alles Bisherige in Wohlgefallen auflöst, sondern allenfalls in der eschatologischen Macht Gottes: in der unvorstellbaren Dynamik des endzeitlichen langen Tages mit der radikalsten Auseinandersetzung, in der gegensätzlichste Beziehungen mit explosiver Energie aufbrechen und in tiefster Intensität der Liebe Gottes, so hoffen wir, zu ihrer Versöhnung gelangen.

3.   Klage im Horizont universaler Soteriologie

Noch »bevor« Gott die Menschen anklagt, werden die Menschen ihn anklagen und derart das Tribunal der Widersprüche eröffnen:

---

18   Ebd. 75.

die Opfer, weil ihr Leben zerstört wurde, aber auch die Täter, einmal bezüglich ihrer eigenen Leiderfahrungen, zum anderen weil in ihnen mehr aufgebrochen ist als das, was durch Erziehung, Kontext und böse Triebe allein zu erklären wäre: Warum Gott nicht verhindert hat, dass sie so waren und wurden, warum das Böse so mächtig über sie war, warum sie so abgrundtief böse sein konnten. Wie die Betroffenen sich schon diesseits nicht damit begnügen konnten und können, dass die Täter für das Schlimme verantwortlich sind, sondern darüber hinaus Gott für diese brutale Welt von Natur- bis zu den Menschenkatastrophen zur Verantwortung ziehen, so kann auch der letzte Tag, wenn er denn der erste Tag einer neuen Welt sein soll, nur dann bestehen, wenn er diese Klage in sich selbst aufnimmt.[19] Die Menschheit und insbesondere die Täterschaft »bleibt unmittelbar schuld am Bösen, aber nicht in letztgültiger Hinsicht. Die letztendliche Schuld liegt ... beim Schatten Gottes, das heisst bei Gott selbst.«[20]

Damit schließe ich mich der Meinung von Jan-Heiner Tück an, wenn er die Rettungskapazität des Gerichts nicht nur den Opfern zuspricht, sondern auch, wenn auch in völlig anderer Form, den Tätern.[21] Gerade wenn es um das Anliegen einer je größeren Leidempfindlichkeit geht, ist für mich nicht nachvollziehbar, dass es im Angesicht der Katastrophe von Auschwitz für die christliche Theologie »nicht primär um die Frage nach der Schuld und Vergebung der Täter, sondern um die Frage nach der Rettung der Opfer« geht.[22]

Einmal klingt der Satz so, als würden wir alle hier, die diesen Satz schreiben und lesen, darin gar nicht vorkommen, vor allem nicht die jeweils eigenen Täteranteile. Zum anderen taucht im Schatten dieses Satzes eine hintergründige, fast regulierende Sündenempfindlichkeit auf, die Johann Baptist Metz ansonsten attackiert, nämlich insofern die unbestritten monumentale Sündhaftigkeit der Täter größer zu sein scheint als die Frage nach dem göttlichen Erbarmen. Es schimmert so etwas wie eine Gleichgültigkeit gegenüber dem durch, was mit *ihnen* geschieht. Jedenfalls verausgabt sich an ihnen keine Leidempfindlichkeit, weder was das Diesseits, noch was das Jenseits anbelangt.

---

19 Zur nicht totalen Verantwortung der Täter für das Böse vgl. *A.L. Eckardt*, Leiden 259. Vgl. auch *A.R. Eckardt*, Weinen Gottes; der Autor beginnt seinen Beitrag mit dem Zitat von Albert Camus: »Es ist nicht ausschließlich der Mensch anzuklagen; er war es nicht, der mit der Geschichte begann« (262).
20 Ebd. 265.
21 Vgl. *Tück*, Christologie 294.
22 *J.B. Metz*, Unterwegs zu einer Christologie nach Auschwitz, in: Stimmen der Zeit 218 (2000) 755–760, hier 758.

Das Wortspiel zwischen primär und sekundär schmälert nicht meine hier massiv aussetzende Verblüffungsfestigkeit. Denn es handelt sich bei den Dimensionen der Rettung der Opfer sowie der Versöhnung der Täter im Horizont göttlicher Gerechtigkeit wohl um ein gegenseitig reziprokes Verhältnis, weil es letztlich ohne die Vergebung der Täter auch keine Versöhnung der Opfer gibt.[23] Natürlich muss offen bleiben, ob die Täter im Vollzug ihrer Freiheit die angebotene Vergebung auf sich beziehen wollen. Doch dürfen wir wohl hoffen, gerade angesichts der Karsamstagschristologie, allerdings im Sinne von Hans Urs von Balthasar, dass ihre Offenheit dafür angesichts der unendlichen Liebe Gottes, die sich in Christus noch unterhalb des letzten Sünders in die Hölle begibt, von dieser Erfahrung Gottes her wohl ein Vollzug ihrer Freiheit selbst sein wird.

Mich fasziniert durchaus die neue Karfreitagchristologie von Metz, in der eindrücklich die Solidarität Jesu mit dem Leiden der anderen rekonstruiert wird,[24] doch darf darüber nicht aus dem Blick kommen, dass ein Aspekt der »Anderen« auch darin liegt, dass Christus zu den zu ihm ganz anderen hinabsteigt, nämlich zu den verdammten Tätern und Täterinnen, die sich dort in einem Zustand intensivsten, nämlich von Gott abgespalteten und damit sinnlosen Leidens befinden. Dass er sie heraufholt in den Versöhnungsraum eines von daher ermöglichten Beziehungsleidens der Reue- und des Sühneschmerzes, der eben darin auch eine neue Beziehung zu den Opfern ermöglicht, dies wäre das umfassende Verständnis einer an den Leiden der anderen orientierten Karsamstagschristologie.[25] »Es gibt nicht nur eine Solidarität, die sich dem ungerecht Leidenden zuwendet, sondern auch eine, die dem potentiell Verlorenen nachgeht.«[26]

---

23   Vgl. *Striet*, Versuch 75.
24   Vgl. dazu *T.R. Peters*, Johann Baptist Metz. Theologie des vermissten Gottes, Mainz 1998, 146ff.
25   Vom traditionellen Verständnis des Karsamstags, der sich auf die Begegnung Jesu mit den Inferos in seinem Tod bezieht, also auf die Rettung aller Verstorbenen in die Auferstehung und damit in den Prozess des Gerichtes hinein, her dürfte sich tatsächlich nahe legen, dass es im Karsamstag um das Heraufholen aller Verstorbenen, der Täter und der Opfer in die Auferstehung und in das Gericht hinein geht. So bezieht sich das Inferos gegensätzlich auf beide, auf die vernichteten Opfer und auf die verdammten Täter und bezieht sich so tatsächlich in einem umfassenden Sinn auf die Leiden der auch zueinander »Anderen«. Eben dieses Handeln des gekreuzigten Christus entspricht zugleich der Grundstruktur des Handelns in den Evangelien erzählten Jesus, nämlich in der bizentralen Konzentration seiner Rettungs- bzw. Umkehrbotschaft (und damit Umkehrermöglichung) leidender bzw. sündiger Menschen.
26   *Tück*, Christologie 294.

Es geht ja auch nicht nur um die unschuldigen bzw. ungerechten Leiden, sondern um das Leid überhaupt, auch um das »gerechte« Leid der gequälten und gehenkten Täter. Dieser leidvolle Klageanteil vieler Täter darf nicht vergessen werden. Gott will auch das Leid der Sünder nicht, auch nicht das Leid, das nicht die Sünde anderer, sondern die eigene Sünde verursacht. Wenn nun den Tätern gegenüber die Schuldempfindlichkeit jede Leidempfindlichkeit verdrängt, dann erweist sich dieses Defizit vielleicht als allzu menschliche Vergeltungssehnsucht, sie in irgendeiner Form ihrem Schicksal zu überlassen. Die eschatologische Theodizee stoppt gewissermaßen ihren eigenen Prozess auf halbem Weg, wenn sie diesen Aspekt nicht einbezieht. Die eschatologische Selbstrechtfertigung Gottes bliebe dann vor den Pforten der Hölle stehen. Und dies widerspräche der Karfreitagschristologie, und zwar absolut.

Wenn also nicht die universale Soteriologie als der letzte Horizont des Jüngsten Tages gehofft wird, wird für viele Menschen die Theodizee Gottes zur elitären Ausgliederung der Opfer und zur endgültigen Katastrophe für alle anderen. Und niemand von uns kann selbstrühmerisch behaupten, nicht zum letzteren Teil zu gehören. Von Metz habe ich die am Leiden der Menschen orientierte scharfe erkenntnistheoretische Einsicht gewonnen, scharf zwischen Opfern und Tätern zu unterscheiden und aus dieser Perspektive Wirklichkeit und auch die Theologie in ihren Inhalten und Auswirkungen wahrzunehmen und zu gestalten. Von Hans Urs von Balthasar habe ich gelernt, dass von der Karfreitagschristologie her der auch für mich nicht immer nachvollziehbarer Glaube an einen Gott im Horizont steht, der nicht etwa diesen Gegensatz verkleinert, sondern ihn im Gericht in seiner unendlichen geschichtlichen Bedeutung nochmals verschärft, der aber am tiefsten Grund dieser buchstäblichen Auseinandersetzung in der Begegnung mit sich und mit seiner Art und Weise, wie er sich in unserer Geschichte und darüber hinaus dazu verhält, eine Dynamik in Gang bringt, die die Orientierung an den Opfern so universal ernst nimmt, dass am Ende, ganz am Ende tatsächlich, so hoffen wir, eine Welt aufscheint, in der alles, aber auch alles Leid, auch der Reueschmerz der Täter, nicht vergessen, aber Vergangenheit ist.

4.   Klage als Repräsentanz der Vergangenheit im Gericht

In diesem neuralgischen Bereich unserer christlichen Hoffnung über den Tod hinaus, ist zwar alles Versuch und Hoffnung, was aber zugleich absolut nicht davon dispensiert, gerade in diese Hoffnung hinein präzis und differenziert zu denken und sich nicht in vorschnelle Entweder-oder-Dynamiken zu begeben. Die von mir angedeutete universale Soteriologie ist für mich absolut kein Grund, die negative Theologie der Klage, und damit meine ich auch die eschatologische Klage, zu schmälern oder gar außer Kraft zu setzen. Mit der Auferstehung der Toten aus Welt und Unterwelt, aus Geschichte und Hölle, ist noch kein diesbezügliches Problem gelöst. Vielmehr sind alle Betroffenen ins Leben versetzt, um mit ihrer Geschichte nun in den Prozess der universalen Begegnung miteinander und mit Gott einzutreten.

Sie kommen hier an mit dem, was sie hinter sich haben, und damit mit dem auf den Lippen, was sich von daher in ihnen zum Ausdruck drängt, für die Opfer mit der intensivsten Klage, für viele Menschen mit beidem, mit Klage und Dank, und für diejenigen, die ein sehr gutes Leben hatten, wohl mit dem Dank, in dem auch die sündige Schattenseite dieses Lebens, nämlich auf wessen Kosten es so sein konnte, zum Vorschein kommt, wohl als Entsetzensschrei, und dann die Täter, mit ihrem Schrei nach Vergebung, mit ihrer unvorstellbaren Angst, den Opfern zu begegnen und mit dem beginnenden Reueschmerz in ihnen, in denen sie die Negativität ihres Lebens in jener Intensität erfahren, wie sie sie zugefügt haben.[27] Derartig gewinnt die Klage der Opfer in ihnen eine alles andere als unterbestimmte Resonanz und erscheint auch in dieser Form nochmals als verdoppelte Klage. Und dazu kommt noch die Klage der Sünder und Sünderinnen über die von ihnen selbst erfahrenen Demütigungen, Ungerechtigkeiten und Leiden. Nur im Raum eines allmächtigen, barmherzigen und zugleich gerechten Gottes kann sich dieses Drama ereignen.

Gerade wenn man die Memoria passionis nicht von der Memoria resurrectionis abkoppelt, sondern sie beide verbindet, ist die letztere die Bedingung der Möglichkeit, dass sich die Memoria passionis als erfahrene und jetzt unmittelbar erlebte Negativität der Vergangenheit im Gericht als Klage ereignet. Die Klage repräsentiert, evoziert und provoziert die Tiefe dessen, was geschehen ist. Ohne diese Klage der betroffenen Subjekte wären sie im Gericht nicht in ihrer mitgebrachten Biografie gefragt, so dass es sich dann über ihre Köpfe hinweg ereignen würde. Mit ihnen ist auch der Gekreuzigte im Gericht der Klagende (wie darin zugleich der Erhöhte auch der Richter sein wird), doch nicht im Ersatz der Klage der Betroffenen, sondern in ihrer in die Unendlichkeit reichenden Berechtigung, Universalisierung und Intensivierung. Wie der Auferstandene mit seinen Wundmalen und damit in der Solidarität mit den Leidenden der Schöpfung in der Trinität gegenwärtig ist, so

---

27 Vgl. *Fuchs*, Neue Wege 279ff; *Tück*, Christologie 302.

wird er auch im Gericht als der derart Auferstandene die Klage seines Kreuzes mit allen anderen wiederholen: »Mein Gott, mein Gott, warum hattest du uns verlassen?« Erst auf dem Hintergrund dieser im Gericht präsent werdenden Wirklichkeit der Vergangenheit wird dann auch die in die Geschichte zurückreichende Solidarität Gottes mit den Menschen in Jesus Christus zutiefst erfahrbar. Denn er wird den Klagenden dann unmittelbar erlebbar machen, dass er immer schon bei ihnen war, weshalb er auch jetzt im Gericht ihre Klage führt. So ratifiziert er im Gericht jene mitseufzende Solidarität, die im Glauben versprochen war.

Der soteriologische Horizont macht also den Verlassenheits- und Widerrufsschrei Jesu zusammen mit allen Klagenden im Gericht nicht obsolet. Dabei handelt es sich nicht um eine Doxologieverweigerung, sondern um die Bedingung dafür, dass sich die Doxologie ohne Missachtung dieser Vergangenheit ereignet.[28] Damit reduziere ich die Theologie nicht auf Theodizee und negative Theologie, auch nicht das Gebet auf den Aspekt der Klage, sondern rette eben diese Dimensionen deswegen für den Vollzug des Gerichtes, weil und damit es auch mit der Wirklichkeit zu tun hat, die geschichtlich hinter uns liegt, und damit der im gesamten eschatologischen Prozess angestoßene Vorgang von der Klage zum Lob, von der Negativität zur Versöhnung auch nicht im Geringsten über das hinweg schaut und hinweg geht, was geschehen ist. So dass offenbar wird, wie sich die Liebe Gottes in alle Geschehnisse der Vergangenheit hinein verausgabt hat und im eschatologischen Prozess verausgabt.[29] Auch für den eschatologischen Bereich gilt wohl, was Thomas Pröpper für den geschichtlichen Bereich formuliert: »Auch die äußerste Menschenzuwendung Gottes, wie sie die Christen in Jesu Wirken, Tod und Auferweckung erkennen,

---

28   Ich beziehe mich mit diesen Ausführungen auf folgende Bemerkung von *Tück*, ebd. 294: »Eine negative Theologie der Klage, welche die *memoria passionis* von der *memoria resurrectionis* abkoppeln und den Verlassenheitsschrei Jesu als Akt des Widerrufs und der Doxologieverweigerung interpretieren würde, stilisierte Jesus letztlich zu einem gescheiterten Messiasprätendenten ...« Leise korrigierend möchte ich hier also sagen, dass der Akt des Widerrufs noch keine Doxologieverweigerung, sondern eine Doxologieeröffnung angesichts der Negativität der Vergangenheit ist und dass die Präsenz des gescheiterten Messias in der angesprochenen Solidarität mit den betreffenden Menschen die Bedingung dafür ist, dass der richtende Messias in absoluter Glaubwürdigkeit und damit in entsprechender »Selbstrechtfertigung« Gottes die Menschen richten wird. Der Menschensohn ist nicht vom Gottessohn zu trennen, auch eschatologisch nicht.
29   Hier beziehe ich mich auf *M. Delgado*, »Jüdisches Kollektiv« – Das Christentum von Johann Baptist Metz, in: *ders.* (Hg.), Das Christentum der Theologen im 20. Jahrhundert. Vom »Wesen des Christentum« zu den »Kurzformeln des Glaubens«, Stuttgart 2000, 246–258, hier 250; vgl. *Tück*, Christologie 295.

löst die Theodizeefrage nicht, sondern treibt sie verschärfend hervor.«[30] Auch für das eschatologische Gericht gilt also, dass im Horizont der Wesensbestimmung »Gott ist Liebe« zu sagen ist, dass
sie »die Leidenswahrnehmung *verschärft* und die Klage zu Gott
ermutigt und trägt, nicht suspendiert ...«[31]
So ist der Protest ein Zeichen des Glaubens selbst. Gott selbst hat
den Menschen in der Totenerweckung diese Macht sich selbst gegenüber gegeben. Im eschatologischen Drama kann der leidende
Mensch seine Kommunikationsproblematik oder auch Kommuni-
kationsverweigerung mit Gott nur dadurch in einen Beziehungs-
prozess hinein öffnen, dass er Gott seinen Zorn ins Gesicht schreit
und Gott angesichts des in seiner Klage gerechtfertigten Menschen
in Rechtfertigungsnot bringt. Denn der eschatologische Tag ist ein
Beweis dafür, dass er die Macht gehabt hätte, das Leid zu beseiti-
gen. Warum hat er es nicht von vorneherein beseitigt?[32] Jede Ge-
rechtsprechung Gottes von seiten des Menschen entpuppt sich auf
einmal als Blasphemie dem *allmächtigen* Gott gegenüber. Die
Klage hat von daher eine eschatologische Qualität, indem sie ein
bestimmtes Warten ausdrückt, nämlich das einklagende Warten darauf, dass Gott sein Mitgelitten-Haben endgültig erfahrbar offenbart und dass er im Gericht als eine Beziehungsmacht wirkt, die
Gerechtigkeit durchsetzt und Versöhnung ermöglicht: im Sinne
eines *ganzheitlichen* von Leid und Bösem erlösenden Handelns.
Aber diese zukunftsorientierte Hoffnung wird angesichts des Ver-

30 *Th. Pröpper*, Wegmarken zu einer Christologie nach Auschwitz, in: *J. Manemann / J.B. Metz* (Hg.), Christologie nach Auschwitz, Münster 1998, 136.
Übrigens ist diese Bemerkung Pröppers ein von ihm selbst gegebenes Argument
gegen seine oben referierte Ansicht, dass diese Zuwendung den akuten Ausdruck
des Theodizeeproblems, nämlich die Klage, außer Kraft setze. Wenn die erlebte
äußerste Menschenzuwendung Gottes (in Christus) im Gericht offenbar wird,
dann, so darf man wohl analogisieren, treibt auch sie die Klage über das Vergangene verschärfend hervor, weil ja diese Empathie Christi die Klage auf der Seite
der Menschen gegenüber Gott zunächst verschärft, bevor sie von seiner Seite her
als Solidarisierung mit den Menschen erlebt werden kann.
31 *Th. Pröpper / M. Striet*, Art. Theodizee, in: Lexikon für Theologie und Kirche 9 (2000) 1396ff.
32 Denn über das Freiheitskonzept, wie es Pröpper darstellt, hinaus (und damit meine ich nicht: ihm entgegen!), wonach Gott um der Liebe willen das Risiko
auf sich nahm, dass sich die Menschen in Freiheit verweigern können, über die
Schlüssigkeit dieses Gedankenrahmens hinaus also kann ja immer noch die klagende Frage an Gott gestellt werden: Warum konnte er, der Allmächtige und All-
weise (um es so anthropologisch zu formulieren, aber wie auch sonst?) nicht ein
Schöpfungskonzept entwickeln, in dem die aus Freiheit geschenkte Liebe der Geschöpfe auch ohne Leid und das Böse möglich gewesen wären? Wollte er nicht
oder konnte er nicht? Diese Anfrage umhüllt auch noch einmal die Freiheitsapo-
logie Gottes.

gangenen nicht genügen, die den eschatologischen Tag eröffnende Klage zu verhindern.

5. Der klagende Christus, der alles mitgelitten hat

Festzuhalten ist, dass das Mitleiden Gottes im prä- und postexistenten Christus (vgl. Röm 8,26) in seiner Schöpfung und explizit geworden in Jesus keine Antwort auf die Theodizee-Frage ist, dass dieses vielmehr, da es ja gerade für die Schöpfung selbst »nichts bringt«, Anteil an der Sinnlosigkeit des menschlichen Leidens hat.[33] Es klärt nichts, sondern fügt dem schrecklichen Geheimnis des Leidens ein weiteres hinzu.[34] Das Mitleiden Gottes befindet sich selbst auf der Seite der Klage und drängt in ihr zum Ausdruck, auch Gott gegenüber. Der mit den Wundmalen in Gott hinein auferstandene Christus repräsentiert darin die leidende und klagende Schöpfung und trägt den entsprechenden Widerstreit in Gott selbst hinein.[35] Selbstverständlich darf dann jenes Mitleiden Gottes mit den Leidenden nicht als Widerspruch zu seiner Allmacht verstanden werden. Gerade das Gegenteil ist der Fall, wenn man die zwischenmenschliche Erfahrung diesbezüglich als hermeneutische Spur anerkennt. Denn wo Mitleiden nicht apotropäisch das Leiden der anderen abwehrt und wo es nicht symbiotisch im anderen aufgeht, da braucht es »unendliche« Kraft, um mit den anderen ihr Schicksal mitzutragen und durchzuhalten.[36] Angesichts des wohl nicht an Zeit, aber an Intensität unendlichen Leidens in der Geschichte kann es wohl nur ein allmächtiger Gott sein, der ein derart allumfassendes Mitleiden aufzubringen vermag. Von daher *kann* seine Allmacht gar nicht als exklusiver Gegensatz zu seinem Mitleiden aufgefasst werden.

---

33 Vgl. dazu auch *Tück*, Christologie 295.

34 Natürlich berührt diese Aussage nur die uns erschienene Seite Gottes und lässt keine linearen Rückschlüsse darüber zu, was denn diesbezüglich im Geheimnis Gottes selbst geschieht.

35 Ich vertrete hier also keinen Patripassianismus, wohl aber einen Filiipassianismus im trinitarischen Geschehen, insofern man tatsächlich glaubt, dass Jesus Gottes Sohn ist und in der gottmenschlichen Konstitution seiner selbst Welt und Gott verbindet, derart, dass er sowohl ganz in der Menschheit wie auch ganz in Gott präsent ist. Trinitarisch gesehen zwingt das Leiden »nur« den Sohn unter sich. Dies ermöglicht die Auferweckung des Sohnes durch den Vater, weil dieser nicht unter das geschichtliche Leid gezwungen ist (welche nicht nach innergeschichtlichen Vokabeln des Leidens benennbare Liebesbeziehung der Vater zum leidenden Sohn einnimmt, sei hier offen gelassen).

36 Vgl. *O. Fuchs*, Denn für Gott ist kein Ding unmöglich. Erkundungen im Glauben, Würzburg 1998, 53–58.

Man kann es Gott nicht ersparen, dass möglicherweise ein Moment seiner Selbstrechtfertigung im Gericht darin bestehen wird, dass er uns sein diesbezügliches Mit- und Sühneleiden in der Geschichte offenbart. Dass es ihm leid getan haben wird, gilt dann als Ausdruck seiner von Anfang an wirksamen Barmherzigkeit mit den Menschen.[37] Wie ich es den Tätern nicht einfachhin zugestehen möchte, dass sie ohne Sühneleiden sich überhaupt in den endzeitlichen Rechtfertigungsprozess hineinbegeben können und dafür offen sind, kann ich auch nicht darauf verzichten, von Gott nicht nur ein endzeitliches Selbstrechtfertigungsdekret ausgesprochen zu bekommen, sondern dabei gleichzeitig mitzuerfahren, mit welchen ihn selber authentisch betreffenden Konsequenzen seiner Barmherzigkeit er dahinter stand und dahinter steht. Ein solches Mitleiden Gottes vertritt nicht den »schwachen« Gott in der Geschichte, sondern wäre eine Funktion seiner unendlichen Macht.[38]

Dies formuliere ich nicht primär im Sprechakt systematischer Behauptung, sondern radikaler Klage und Anklage, die sich nicht unter dem Niveau der beklagten Vorgänge beruhigen lassen. Und ich habe für das, was an unvorstellbaren Leiden in der Geschichte geschieht, keinen anderen Begriff als diesen selbst, um diese angesprochene responsorische Tiefe Gottes auszusprechen, auch wenn der Leidensbegriff hier absolut nicht mehr gleichsinnig verwendet wird und zu einer Chiffre für das wird, was ich anzudeuten beabsichtige. Es geht mir um die Grundeinsicht, dass Leid (auch von Gott) nicht wegerklärt, sondern nur mit dem aufgewogen werden kann, was es selbst ist, insofern man in der Beziehung zwischen Gott und Menschen tatsächlich von einem Beteiligungsgeschehen ausgeht, nämlich dass es Gott nicht kaltgelassen hat und nicht kaltlässt, dass Menschen leiden und gelitten haben.[39]

Die Frage nach dem Leiden und nach dem Bösen kann nicht in der Rede *über* Gott gelöst werden, sondern nur in der Auseinandersetzung *mit* ihm, bereits jetzt, dann aber im eschatologischen

---

37 Das Jesusgeschehen erweist sich aus dieser Perspektive als geschichtliche Offenbarung der eschatologischen Hoffnung darauf, dass im Gericht offenbar wird, dass Gott unsere Geschichte in jeder Jetzt-Zeit bereits am Herzen liegt. Die Offenbarung des in der Geschichte der Menschen wirkenden und leidenden Gottessohns ergibt sich als Inhaltsangabe für die eschatologische Hoffnung darauf, dass Gott uns einmal sagen kann und wird, dass ihm bereits unsere Leidensgeschichte zum Zeitpunkt dieser Geschichte selbst substantiell »betraf«.

38 Vgl. *Tück*, Christologie 301.

39 Eine Radikalisierung dieser Kälte Gottes bringt *Georg Büchner* in »Dantons Tod«, wo er Camille sagen lässt: »Ist denn der Äther mit seinen Goldaugen eine Schüssel mit Goldkarpfen, die am Tisch der seligen Götter steht, und die seligen Götter lachen ewig, und die Fische sterben ewig, und die Götter erfreuen sich ewig am Farbenspiel des Todeskampfes?«

Drama in der radikalsten Form. Darin behauptet und gewinnt der leidende Mensch in der Begegnung mit Gott seine eigene Würde, die ihm Gott im Verlauf dieser Begegnung nicht verweigert. Darin wird aber auch die Würde Gottes als Schöpfer anerkannt. Die endzeitliche Klage ist ein Vollzug der eschatologischen Doxologie. So liegt das Gericht des Menschen über Gott selbst wieder im Interesse eines eschatologischen Beziehungsgeschehens, in dem nichts von der Unabgegoltenheit der Geschichte verdrängt oder ausgeklammert wird. Dies ist eine Funktion menschlicher Freiheit. Wäre das Gericht dagegen ein entfremdendes Unterwerfungsgeschehen, dann gäbe es von der Freiheit, die elementar in das Geschehen des Gerichtes hineinzudenken ist, keine Spur mehr.[40]

So beginnt der eschatologische Tag mit der Frage, nicht mit der Antwort.[41] Der Begriff des Gerichts formuliert einen Prozess, in dem die gegensätzlichen Fragen und Anklagen zwischen Gott und Mensch und zwischen den Menschen in eine Beziehungsdynamik geraten, an deren Ende für alle Beteiligten neue Lebensmöglichkeiten stehen, also gewissermaßen eine lebendige Antwort da sein wird, aber absolut keine billige, die ohne den vorhergehenden Prozess erhältlich wäre. Eine verordnete Sinngebung des Leidens muss um der Würde des Menschen willen ausgeschlossen werden. Die letzten Worte des Gekreuzigten mit der klagenden Warum-Frage aus Ps 22 (vgl. Mk 15,34) deuten in diese Richtung. Denn hier vollzieht sich das Kreuz als Gericht des Gottessohnes über Gott selbst, als Anklage des Messias gegen Gott. Gott allein weiss um das Geheimnis dieser Notwendigkeit, der er sich in seinem eigenen Sohn unterwirft.

Jesus selbst führt die Klage gegen Gott an:[42] im Sinne einer »anamnetischen Christologie«, die auch eschatologisch nicht aufhört, sondern in dem »rückfragenden Schrei des Sohnes an den Vater« zukünftig gegenwärtig bleibt, »der in aller Erhebung zu Gott ... mitgehört werden muss.«[43] Heilsökonomisch-trinitarisch vollzieht sich am Kreuz ein spannungsintensives Szenario. Indem Gottes Sohn gegen den Vater, den Schöpfer, klagt, ist das Kreuz Gericht gegen Gott. Indem aber im Menschensohn Gottes Sohn selbst der Gewalt der Menschen anheim fällt, ist es das Gericht Gottes gegen die Menschen zugunsten aller Opfer. Indem der Gekreuzigte die

---

40 Vgl. *Striet*, Versuch 75ff, hier 78ff, u.ö.
41 Dennoch oder besser deswegen wird das Jüngste Gericht am Ende in jenen Zustand einmünden, in dem auf Grund des Gesamtgeschehens dann nichts mehr zu fragen ist (vgl. Joh 16,23); vgl. *Bayer*, Gott als Autor 184.
42 Vgl. *J. Reikerstorfer*, Leiddurchkreuzt – zum Logos christlicher Gemeinde, in: *J.B. Metz / J. Werbick* (Hg.), Gottesrede, Münster 1996, 21-57, hier 44.54.
43 Ebd. 54.

Warum-Frage stellt, eröffnet er den Klageprozess, der durchaus
eine offene Geschichte haben kann, mit der Gefahr, dass er scheitert, dass die Verbindung zwischen Gott und Welt zerfällt. Die
Auferweckung Jesu allerdings signalisiert ein endgültiges gegenseitiges Aneinander-Festhalten von Mensch und Gott in Jesus
Christus. Es kommt nicht zu einer endgültigen Trennung, sondern
zu einer endgültigen Verbindung, in der kosmischen Versöhnung
eines neuen Himmels und einer neuen Erde in dem Christus,
durch den alles geschaffen, gerettet und versöhnt ist. Als solcher
war er schon immer in der Schöpfung der mit ihr Mitklagende
und derjenige, der in ihr auf die Erhörung wartet.
So ist auf jede Art von Himmel zu verzichten, der durch Amnestie
und Amnesie erkauft ist.[44] Die Klage ist es, die die für Gott »gefährliche« Erinnerung in den eschatologischen Tag hineintranspor-
tiert: als »Kontinuum« des radikal Diskontinuierlichen. Die Anamnese darf niemals aufhören, wenn auch dort in einer anderen, »verklärten«[45] Form, doch nie endgültig verabschiedet. Wenn der Himmel der Ort ist, wo das »Eingedenken«[46] niemals aussetzt, dann wird
er auch am Ende die Opfer vor der Siegerkategorie bewahren, indem
sie über das ewige Leiden der Täter triumphieren könnten, während
sie ein zeitlich begrenztes Leid hinter sich haben. Sonst würde der
Himmel nochmals zu dem Ort, wo die Seligen »ihr Glück nur noch
auf das mitleidlose Vergessen der Opfer bauen könnten.«[47]
Das »Wachhalten der Sehnsucht nach Aufklärung des Dunkels
und Abwerfen der Last«, das abgrundtiefe Entsetzen und Unverständnis gegenüber dem und gerade darin das »Wissen um das Geheimnis des Bösen, ein dunkles, lastendes Geheimnis«, das zugleich

---

44 Vgl. *Striet*, Versuch 75: »... wenn aus ethischen Gründen die ewige Harmonie nicht um den Preis verwirklicht werden darf, dass dem Unterschied zwischen
Opfern und Tätern, den Ermordeten von Auschwitz und ihren Henkern, keine Bedeutung mehr zukommt, dann wird in der Idee Gottes eine Freiheit postuliert, die
die Freiheit von Opfern und Tätern uneingeschränkt achtet, und doch durch die
Macht ihrer Liebe die Täter dazu in Freiheit ermächtigt, um Verzeihung zu bitten,
und es den Opfern trotz des erlittenen Leides ermöglicht, die Verzeihung zu gewähren.«
45 Analog zum Auferstandenen, der in seinem verklärten Leid die Wundmale der
Geschichte aufweist, so wird es wohl auch mit der Auferstehung der Menschen
insgesamt sein. Auch sie werden, nun aber in einer erlösten Weise, nichtsdesto-
weniger am eigenen Auferstehungsleib die in die Versöhnung Gottes hineingebrachten Wunden der Geschichte behalten, bei den Opfern die Wunder dessen, was
ihnen angetan wurde; bei den Tätern die Wunden ihres Reueschmerzes darüber,
was sie in der Geschichte den Menschen angetan haben.
46 Vgl. *Reikerstorfer*, Leiddurchkreuzt 33.
47 Ebd. 40. Es wäre wohl die letzte Verhöhnung der geschichtlichen Opfer,
wenn den Tätern aufgrund ihres außerhimmlischen Leidens dann doch noch der
Würdetitel des Opfers zukäme; vgl. *Fuchs*, Gerechtigkeit 558.

das schlimme Geheimnis der eigenen Anfälligkeit dafür enthält,[48] diese Sehnsucht wird angesichts des neugewonnenen Lebens in der Auferstehung und angesichts einer unvorstellbar »direkten« Begegnung mit dem abgrundtiefen Geheimnis Gottes Ausdruck und darin zugleich Offenheit für die entsprechende »Antwort« Gottes finden: in der diese »erste« Begegnung qualifizierenden Klage gegenüber Gott und auch in seiner Anklage.

Auf ein anderes Argument für die Klage am eschatologischen Tag möchte ich hier nur hinweisen: Wenn es im Gericht nicht um eine »annihilatio mundi« geht, sondern wenn darin die Schöpfung dadurch zur Vollendung geführt wird, dass das Böse und der Tod aus ihr ausgeschmolzen werden, dass die Verkehrtheit der Welt vernichtet wird,[49] wird zwar die Allmacht des Richters jene elementare Unterscheidung durchführen: Aber wohl nicht über die Köpfe derer hinweg, die Opfer dieses geschöpflichen Widerspruches geworden sind. So werden, mit der Macht des diesbezüglich anklagenden und richtenden Christus im Rücken, die Opfer selbst mit ihrem eigenen Wort von ihren Erfahrungen her diese destruktive Differenz zum Vorschein bringen. In diesem Sinn werden ihre Klagen und Anklagen buchstäblich gebraucht. Ohne ihre explizite Klage im Gericht würde der Richter ihre Klage nicht ermöglichen, sondern ersetzen. Ein solches Verhalten des Gottessohnes widerspräche aber dem Menschensohn Jesus von Nazareth, der den Menschen, vor allem den Bedrängten, Gehör verschafft hat. Den tiefen Gedanken, den Bayer im Anschluss an Luthers Psaltervorrede formuliert, möchte ich demnach aus meiner Perspektive als jenen Durchgang verstehen, der in Auferstehung und Gericht mit dem ankommt, was er mit sich bringt: »... indem uns das Wort der Klage, der Bitte und Hoffnung hindurchträgt durch die Enge und Angst des Todes in den weiten Raum ewigen Lebens.«[50] Und dort auch damit ankommt.

6. Bis zur universalen Versöhnung hört die Klage nie auf

Wenn alle Ungerechtigkeit im Gericht vor die letzte Instanz Gottes geraten wird, dann wird, unbeschadet der allerersten Wichtigkeit

---

48 Vgl. *R. Ammicht-Quinn*, Von Lissabon bis Auschwitz. Zum Paradigmawechsel in der Theodizeefrage, Freiburg (Schweiz) 1992, 292.
49 *Bayer*, Gott als Autor 175–176.
50 Ebd. 183. Übrigens würde die individuelle Klage der Betroffenen auch den Aspekt der Individualität nicht nur des je eigenen Todes, sondern auch des je eigenen Lebens und Leidens, wie es durch den Tod hindurch getragen wird und in der Auferstehung ankommt, sehr Ernst nehmen (vgl. ebd. 183).

der Klage der Opfer, auch eine andere Klage aufkommen, nämlich
die Klage über die Ungerechtigkeit der Ausgangssituationen und
der Lebenskontexte, in denen die Menschen mehr zum Guten
bzw. mehr zum Bösen gelangen konnten, worin sie jedenfalls unterschiedliche bis gegensätzliche Bereitschaften entwickeln konnten oder mussten. Ohne die menschliche Freiheit vom sozialen
Kontext her determinieren zu wollen, gibt es doch leichtere und
schwierigere Ausgangssituationen, in denen Menschen gut sein
können bzw. in denen sie leichter versucht sind, empfangene Ungerechtigkeiten und Demütigungen an andere entsprechend wei-
terzugeben. Diese Einsicht schmälert nicht den durch nichts oder
wenig entschuldbaren Tatbestand jener Täter, die sich aus guten
Verhältnissen kommend, aus blanker Faszination des Bösen bzw.
zur rücksichtslosen Erweiterung ihrer Herrschaft und Besitzver-
hältnisse zur Zerstörung anderer entscheiden. Der hier angesprochene Aspekt im situativen bzw. strukturellen Gerechtigkeitsgefäl-
le im »sozialen Umfeld« korrespondiert nicht zuletzt auch mit der
je größeren Gottesvorstellung. »Versteht« man Gott als die Summe
aller denkbaren und nicht denkbaren Möglichkeiten, nicht nur alles in allem Wirklichen, sondern alles in allem Möglichen,[51] dann
lässt sich diese Annahme auf der Seite der Menschen folgendermaßen rekonstruieren:

Wenn Gott in dieser Weise im Gericht auf uns zukommt, erfüllt
sich die Gerechtigkeit nochmals in einer anderen, zusätzlichen Weise: nämlich nicht nur mit dem Gericht über die wirklichen Taten,
sondern mit der Entwirklichung des gewordenen »Zufalls«, insofern
auch etwas anderes hätte wirklich werden können:[52] durch andere

---

51   Vgl. dazu *M. Welker*, Universalität Gottes und Relativität der Welt, Neukirchen-Vluyn 1981; *R. Bucher*, Nietzsches Mensch und Nietzsches Gott. Das Spätwerk als philosophisch-theologisches Programm, Frankfurt a.M. [2]1993, 268ff.
52   Diese Entwirklichung trifft nicht die Tat. Denn was getan wurde, wurde getan, und was nicht getan wurde, wurde nicht getan. Sie bezieht sich vielmehr
strikt auf den diesbezüglich irrealen Konjunktiv von Menschen, die möglicherweise anders gehandelt hätten, wenn sie aus anderen Kontexten gekommen wären
(was aber definitiv nicht der Fall war). Im Eschaton hat dieser Konjunktiv allerdings eine eigene Wirklichkeitsmacht, nämlich die des Einbezugs aller Faktoren,
die einen Täter zum Täter haben werden lassen bzw. einen anderen davor bewahrt
haben. Übrigens: Auch Opfer sind prinzipiell von dieser Potentialität nicht aus-
genommen, als wäre es ihre moralische Leistung, Opfer geworden zu sein. Wer
das Opfersein an die Unschuldsunterstellung knüpft, ist immer in der Gefahr,
nicht unschuldige Menschen dem Opferstatus auszusetzen. Vielmehr bestehen die
Überlebenden der Opfer vehement darauf, dass sie weder vorher noch nachher unschuldig waren bzw. sind. Auch das Leid hat sie in der Regel nicht besser gemacht. Es müsste ja sonst als Besserungsanstalt dienen dürfen. Unschuldig sind
sie indes in Bezug auf das Leid, das ihnen zugefügt wurde. Das haben sie in keiner
Kategorie verdient.

Kontexte, Erfahrungen usw. Es gab und gibt gläubige Menschen, auch offizielle Heilige, die sich nicht nur mit den Leidenden identifizieren, sondern auch mit den Tätern, insofern sie, sensibel genug, von sich selbst sagen: Sie hätten, unter anderen mit denen der Täter vergleichbaren Umständen, möglicherweise ebenfalls Schlimmes bis Schlimmstes getan. Jedenfalls erschreckt sie die Vorstellung, dass sie nicht ganz sicher sein können, nicht entsprechend anfällig gewesen zu sein. So steht den Menschen ein Erschrecken vor den eigenen dunklen Möglichkeiten an, deren Realisierung ihnen aus bestimmten Gründen »erspart« blieb: Weil es keine kontextuellen Zwänge oder Versuchungen gegeben hat, die die Realisierung aktiviert hätten.

Charles Péguy unternimmt in seinem eindrucksvollen Aufsatz »Das Elend« einen intensiven Einblick in das, was für Menschen die Erfahrung von Elend ist, als der Hölle vergleichbare Hoffnungslosigkeit auf Erden, als die »allgemeine Durchdringung des Lebens mit Vernichtung, die Durchsetzung des ganzen Lebens mit dem Geschmack des Todes«, und er erinnert in eben diesem Kontext an den damals aktuellen Fall Karl Schulze, der in einem solchen Elend »zum äußersten getrieben, eines Tages sich samt Frau und Kindern umbringt« und so zum Täter wird, dessen letzter Tag »auch sein bitterster Tag, sein *Dies irae*« sein wird.[53] Indem Péguy diesen »Täter« im Zusammenhang einer tiefen Elendsbeschreibung nahe bringt, realisiert er eben darin eine intensive Identifikationskraft: »... wenn ein Mensch wie Karl Schulze tief im Elend ist, in der Hölle des Elends, so kann der letzte Vorfall oder Umstand, der ihm den Rest gibt, ein äußerlich unbedeutendes Begebnis sein, ein Begebnis, über das ein anderer, der nicht elend ist, leicht hinwegkäme; aber für den, der es im Elend erlebt, für den also, um den es sich handelt, ist dieses scheinbar unbedeutende Begebnis ein wichtiges Begebnis, ein Begebnis von unendlicher Bedeutung.«[54]

Daraus zieht Péguy insgesamt zwei Konsequenzen: Einmal die diesseitig bezogene Konsequenz der Solidarität und Barmherzigkeit: »Wir können nicht bei den Gefühlen der Solidarität Halt machen, um vom Elende in Ruhe gelassen zu werden; wir müssen weitergehen, bis zu den Gefühlen der Barmherzigkeit; aber schon das Gefühl der Solidarität genügt, dass das Elend uns packe«[55], was zu der Sorge führt, sich hier dafür einzusetzen, »die Elenden

---

53 *Ch. Péguy*, Das Elend, in: *F. Pfemfert* (Hg.), Aktionsbücher der Aeternisten (Nrn. 6–10. 1918–1921), (dt. 1918) Reprint Nendeln/Liechtenstein 1973, 6–35, hier 17–18.
54 Ebd. 19.
55 Ebd. 21.

dem Elend zu entreißen«.[56] Analog dazu ist dem gläubigen Katholiken Charles Péguy aber auch das Andere wichtig: dass solche Menschen im Gericht auch der ewigen Verdammnis entrissen werden. In jedem Fall dürfen sich weder die jetzt Lebenden noch die Heiligen mit der Beibehaltung des Elends, der diesseitigen und der jenseitigen Hölle, abfinden.

Den zweiten Aspekt, der im Elendsaufsatz nur anklingt,[57] entwickelt Péguy insbesondere in seinen »Cahiers«, und zwar in jener Folge, die unter dem Titel »Die Vorhalle zum Mysterium der zweiten Tugend« 1911 erschienen und in der deutschen Übertragung unter dem Titel »Mysterium der Hoffnung« (denn bei der zweiten theologischen Tugend handelt es sich um die Hoffnung) publiziert wurde.[58] Hier finden zwei inhaltliche Dimensionen zueinander, eine gottbezogene und eine menschenbezogene. Einmal wird von Gott aus gesagt: »Von dem Sünder befürchtet Gott etwas, da er für ihn fürchtet. Wenn man für jemand fürchtet, befürchtet man etwas von diesem jemand.«[59]

Von menschlicher Seite kommt auf diese Liebesfurcht Gottes, die Menschen auf Grund der Gerechtigkeit verdammen zu müssen, der Aufstand der Heiligen im Himmel dazu: »Denn alle zusammen verbringen sie all ihre Zeit, ihren ganzen heiligen Tag, um sich gegen Gott zu verschwören. / Vor Gott. / Damit Zoll um Zoll die Gerechtigkeit / Schritt für Schritt weiche vor der Barmherzigkeit. / Sie tun Gott Gewalt an. Wie gute Soldaten kämpfen sie um jeden Fußbreit / (Gegen die Gerechtigkeit führen sie Krieg. / Sie tun es notgedrungen.) / Für das Heil der gefährdeten Seelen. / Sie schlagen sich gut. Ganz bewegt, ganz beseelt von der Hoffnung ,/ kühn gegen Gott. / ... Für das Heil der gefährdeten Seelen. / Fetzen um Fetzen entreißen sie / Dem Reich der Verdammnis / Eine Seele, die in Gefahr ist / ... Damit Zoll um Zoll die Gerechtigkeit weiche / Vor der Barmherzigkeit. / Und die Barmherzigkeit vorrücke. / Und die Barmherzigkeit siege. / Denn wäre nur die Gerechtigkeit und mischte sich die Barmherzigkeit nicht mit hinein, / Wer könnte gerettet werden.«[60]

---

56 Ebd. 24.
57 Vgl. ebd. 22f.
58 *Ch. Péguy*, Das Mysterium der Hoffnung, (Paris 1929) Wien ³1983. Übrigens: Charles Péguy starb 1914 zu Beginn des 1. Weltkrieges in der Schlacht vor Paris.
59 Ebd. 96. In anderem Sprachspiel formuliert *Striet* (Versuch 75): »Eine Freiheit, die sich auf ihr eigenes Wesen verpflichtet, wird sich nicht endgültig rechtfertigen und vollenden lassen können, solange auch nur ein Rest an unversöhnter Negativität da ist« (und hier konvergieren philosophische Erwägungen mit den poetischen Erwägungen eines gläubigen Menschen; vgl. ebd. 76ff).
60 *Péguy*, Hoffnung 102–104.

Was Oswald Bayer also für diesen Äon formuliert, transferiert Péguy in die neue Welt hinein, bis alle gerettet sind: Nämlich dass die Heiligen stellvertretend für die Elenden schreien und klagen.[61] Derart kämpfen die Menschen hier und die Heiligen dort in einem andauernden Klageprozess dafür, dass die Menschen dem diesseitigen und dem jenseitigen Elend, der Hölle entrissen werden.[62] Verbunden mit der Furcht Gottes wird diese Verschwörung gegen das doppelte Elend wohl die Hoffnung auf ihrer Seite haben. Interessanterweise spricht Péguy auch von einem doppelten Aufgebot der Heiligen, die im Himmel sind: »Die einen entstammen, gehen hervor aus den Gerechten. / Und die anderen gehen hervor aus den Sündern. / Die einen haben nie ernstliche Sorgen bereitet / Und die anderen haben Sorgen bereitet, / Tödliche Sorge.«[63] Und alle verbinden sich zu der eben beschriebenen Verschwörung.

Diese beeindruckenden Gedanken des französischen Dichters und Zeitkritikers an der Wende zum letzten Jahrhundert, die nicht zuletzt Hans Urs von Balthasar und Johannes XXIII. tief beeindruckt haben, lassen ahnen, was es heißt, sich mit den Sündern und Sünderinnen zu identifizieren, ohne ihre Taten zu verkleinern (ganz im Gegenteil!), und von daher um der Leidenden und der Verdammten willen hier und dort dem Elend entgegen zu wirken, damit es hier wie dort keine Opfer des Elends mehr gibt. Ausgangspunkt dieses großen theodramatischen Szenarios ist die auch im Himmel nicht dispensierte Klage, bis alle gerettet sind. Erlebnismäßig geschieht dies durch die »Identifikation« mit jenen Tätern, die aus dem Elend heraus (oder was sie als Elend ansehen) zu Tätern werden, und jenen Tätern, die aus dem Bösen heraus zu Tätern werden und von den Heiligen in Schutz genommen werden, nicht weil sie sich potentiell mit ihren Taten, wohl aber weil sie sich mit ihren damit verbundenen Konsequenzen und Leiden identifizieren. Dass sie selbst nicht auf der Seite der Täter standen, das wissen sie genau, verdanken sie nicht sich, sondern der Gnade Gottes.[64]

Andere Menschen haben es dagegen leicht, nämlich von ihrer behüteten Situation und von guten und unkomplizierten Mitmenschen her, gut zu sein. Dieser Tatbestand muss als Integral in die ethische Beurteilung einfließen. Allerdings ohne die Tatebene zu

---

61   Vgl. *Bayer*, Gott als Autor 197.
62   Es werden auch die Opfer sein, die in entsprechender Weise, aufgehoben in der Rettung Gottes, nunmehr für die Rettung der Täter kämpfen: »Und auch die Ermordeten von Auschwitz bleiben unversöhnt, solange sie ihren Mördern nicht verzeihen könnten« (*Striet*, Versuch 75).
63   *Péguy*, Hoffnung 101.102.
64   Vgl. ebd. 103ff die Auslegung von Péguy hinsichtlich der lukanischen Erzählung vom sogenannten verlorenen Sohn.

relativieren. Denn der Schmerz der Opfer wird nicht leichter dadurch, dass die Täter böse werden »mussten«. Dennoch muss die angesprochene Potentialität um der Gerechtigkeit willen in den Blick kommen. Denn es ist eine Frage der Gerechtigkeit, dass die Guten nicht über die Täter triumphieren. Dazwischen steht der erschreckende Konjunktiv, der den Indikativ wackeln lässt, ihn um seinen Selbstruhm bringt. Siegerbewusstsein der Guten ist nicht am Platz. Als potentielle Täter werden sie wohl für die Rettung der faktischen Täter eintreten: dass es bei ihnen Gnade ante factum war und dass die Täter jetzt diese Gnade post factum nicht vorenthalten bekommen.

So gibt es gerade bei den Heiligen immer wieder die Einstellung: Lieber selbst als Unschuldige verdammt sein, als dass Täter verdammt sein müssen. So weit geht dann im Eschaton die Sym-Pathie, das Mitgefühl mit den Tätern, nicht um sie zu verharmlosen und sie zu therapeutisieren, sondern um jetzt in der eigenen Existenz die abgrundtiefe Macht des Bösen zu erspüren. Ein solcher Vorgang besitzt wohl auch eine christologische Tiefe, nämlich in dem karsamstäglichen Abstieg in die Hölle der Täter, der Verlorensten. »Denn er hat den, der von keiner Sünde wusste, für uns zur Sünde gemacht ...« (2Kor 5,21). Derart ist er, selbst zwar ohne Sünde, dennoch wie der letzte Sünder, an die Seite der letzten Sünder in die dunkelste Tiefe abgestiegen, um ihnen erfahrbar zu machen, dass auch der Verlorenste noch von Christi Solidarität überholt wird.[65]

An dieser Identifikation Christi mit den sündigsten Menschen wird zudem deutlich, dass sie sich in keiner Weise um eine Angleichung, sondern um eine Solidarisierung handelt, jedoch in den existentiellen Konsequenzen so verwechselbar, wie es der zweite Korintherbrief (5,21) formuliert, so dass er so weit in die Hölle absteigt, wie der letzte Sünder absteigen musste, ja als wäre er noch ein darüber hinausgehend schlimmerer Sünder, weil er auch diesen letzten nochmals nach unten zu überholt. Was hier nur eine äußere Verwechselbarkeit bei gleichzeitiger innerer Sündenfreiheit ist, konterkariert der »unschuldige« Mensch zu einer (angeblichen) äußeren Sündenfreiheit bei gleichzeitiger innerer Sündenfähigkeit und Sündenpotentialität. Als wirkliche und potentielle SünderInnen identifizieren sich dagegen die Gläubigen mit den schlimmsten Tätern, weil sie letztlich nicht wissen, ob sie diese nicht in anderen Situationen noch überholt hätten, und weil sie auch deshalb nicht haben wollen, dass diese verdammt sein sollen. Auch darin

---

65 Vgl. dazu *H.U. von Balthasar*, Theologische Besinnung auf das Mysterium des Höllenabstiegs, in: *ders.* (Hg.), Hinabgestiegen in das Reich des Todes, Freiburg i.Br. 1982, 84–98, hier 96.

folgen sie Christus. Denn er ist es, der zu Tode Betroffene, der bei Lukas die Täter in Schutz nimmt, wenn er bittet: »Vater, vergib ihnen! Denn sie wissen nicht, was sie tun« (Lk 23,34); obgleich *er* der Versuchung (dreifach) nicht erlag (vgl. Mt 4,1–11). Die letztliche Verantwortlichkeit der Täter ist damit nicht zu verkleinern, aber sie sind nicht allein in dieser Verantwortung. Langston Hughes hat diesen Tatbestand eindringlich in folgender Geschichte zum Ausdruck gebracht: »Ein Farbiger verlässt mit einem Schiff New York, wo er am gleichen Morgen eine weiße Frau getötet hat. Er tötete sie weder aus Eifersucht noch aus Not. Sie ›hatte ihm im Grunde nichts getan. *Diese* Frau nicht. Warum also tötete er gerade sie?‹ Er begreift sich selbst nicht. Aber alle Ressentiments, bei seinen Begegnungen mit weißen Frauen aufgestaut, hatten seine Hände gelenkt, als er die Frau erwürgte. Er erinnert sich an die weißen Frauen, die ihn als Farbigen verachteten, an die Tanzmädchen, die ihm alles abgenommen und ihn dann fortgeschickt, beschimpft, verprügelt und ins Gefängnis gebracht hatten. Sie alle hatten den Mord an dieser Frau verursacht. ›Sie verkörperte für ihn in diesem Augenblick alle weißen Frauen.‹«[66] Viele waren also, viele sind immer jeweils mitbeteiligt: Wie viel Liebesentzug, wie viel Erfahrung, dass Menschen einem nicht gerecht geworden sind, wie viel selektive Solidarisierung und wie viel Diskriminierung haben sich angesammelt, damit es in einem Menschen zu entsprechenden Taten kommt? Da wir niemals allen Menschen gerecht werden, kommt dieses Niemals bei vielen Menschen als Missachtung und Verachtung an. So *wissen wir letztlich nicht*, wo wir durch Versäumungs- bzw. Unterlassungssünde objektiv schuldig geworden sind. Erst im Gericht wird dies offenbar werden. Für das Jetzt gilt von daher: Das quantitative Nichtkönnen im Wissensbereich schlägt im eschatologisch geschärften Gewissen in den qualitativen Sprung der sündigen Potentialität um.

So gibt es keinen Selbstruhm selbstbewusster Gutheit, der immer mit dem Vergessen des wirklichen oder potentiellen Unguten verbunden ist und die angesprochene Selektivität verdrängt, und zwar in das Nichtgewusste strukturell hinein verdrängt, auch hinein gesogen in die Schuld, die in der realen Schädigung der anderen gewusst wird. So ist die potentielle Schuld aufzudecken, weil sie vielen tatsächlich real geschadet hat.[67] Jeder Mensch zieht durch

---

66   *L. Hughes*, Weißgepuderte Gesichter, München 1965. Die Zusammenfassung dieser Geschichte ist entnommen aus *S. Berg*, Kurze literarische Texte für den Religionsunterricht Band 1, Stuttgart/München ²1972, 50.
67   Dieser gesamte Aspekt der realen wie auch potentiellen Verflochtenheit der Menschen untereinander zeigt erneut die Notwendigkeit, Individual- und Universaleschatologie zwar zu unterscheiden, aber zugleich in einem gemeinsamen Pro-

die Geschichte eine dunkle Spur, lässt Schatten auf Geschichte und Geschichten fallen, wird am Ende eingeholt und in dieser negativen Wirklichkeit geoffenbart. Auch gegenüber dem sogenannten guten Gewissen ist also Skepsis angebracht: »Weil mit ihm die, solange wir unterwegs sind, unaufhebbare Differenz zwischen unserer Gewissenserfahrung und dem letzten Urteil als dem Gericht der Werke leicht überspielt wird – jene Differenz, von der Paulus so eindrucksvoll redet: ›Ich bin mir nichts bewusst (ich habe ein gutes Gewissen). Doch darin bin ich nicht gerechtfertigt; der Herr aber ist's, der mich richtet. Darum richtet nicht vor der Zeit, bis der Herr kommt‹.« (1Kor 4,4f)[68]

7. Die Klage zwischen Glauben und Unglauben

Am Schluss möchte ich nach alledem mit Oswald Bayer, mit dem mich schon seit Jahren ein ebenso intensives wie freundschaftliches Gespräch in diesem Kontext verbindet, in einen weiteren freundlichen Disput einsteigen. Letztlich, allerletztlich hoffen wir in Christus, dass sich am Ende all dieser »Prozesse« herausstellt, dass die Klage der Menschen auf allen Ebenen immer schon eine erhörte Klage war und ist.[69] Am Ende wird der »längste Tag« des Gerichts frag- und klaglos enden. Am Ende wird es jenen Himmel geben, in dem zwar keine Erinnerung gelöscht sein wird, in der aber nichts mehr da sein wird, was »aufzuarbeiten« ist.
Die Grundfrage, die Bayer aufwirft, ist die nach dem Verhältnis von Klage und Glaube. Gehört es zur theologisch-legitimen Klage, dass sie sich im Horizont dieser Hoffnung abspielt? Wie steht es dann um die theologische Qualität jener Klagen, die diese Hoffnung nicht mehr aufzubringen vermögen, die sich also in Verzweiflung und im, theologisch formuliert, Unglauben ereignen? Handelt es sich dann um Gotteslästerungen, weil sie Gott weder den guten Willen noch die Macht noch die Existenz zutrauen, überhaupt noch etwas zu verändern? Oder stehen solche Klagen völlig außerhalb des theologischen Raumes, weil sie ja nicht einmal Gotteslästerungen sind, wenn sie nur noch in die Nacht des Nichts hineinklagen? Nochmals anders formuliert: Dürfen wir Christen

---

zess zu sehen: »Dabei liegen beide Momente schon deshalb unauflöslich ineinander, weil mein eigenes Handeln – in der einzelnen Tat wie im Zusammenhang aller Handlungen meiner Lebensgeschichte – hineinverflochten ist in das Leben anderer. Ich bin von ihnen abhängig, sie von mir« (*Bayer*, Gott als Autor 182).
68   Ebd. 179.
69   Vgl. zum Folgenden den Beitrag von *Oswald Bayer*, Zur Theologie der Klage, in diesem Band oben S. 289–301.

von allen Klagen sagen, auch von den *intentional* unerhörten, dass sie letztlich vom universalen Gott erhört sein werden? Ganz zu schweigen von jenen Klagen, die zwischen Hoffnung und Verzweiflung, zwischen Glaube und Zweifel hin und her pendeln und, zumindest im Vollzug, nicht genau zuzuordnen sind? Muss man annehmen, dass die vor dem Tode jedes Menschen fallende Entscheidung zwischen Glauben und Unglauben in Ewigkeit nicht aufgehoben wird?[70] Und welche Kriterien gibt es dann zur Abgrenzung dieses Unglaubens?

Mit aller Vorsicht möchte ich in dieser entscheidenden Frage zu bedenken geben: Abgesehen von der hier aufbrechenden Grund-

---

70 Vgl. *Bayer*, ebd. 293. Selbst wenn man diesen Satz rechtfertigungstheologisch von der hiesigen Geschichte her denkt, so dass die Gläubigen anders gerichtet werden als die Nichtglaubenden, insofern letztere nach ihren Werken gerichtet werden, wäre nach der eschatologischen Qualität der Rechtfertigung zu fragen: Nämlich ob sich nicht für die in der Geschichte nicht Glaubenden in der Begegnung mit dem Gottessohn im Gericht ein eigenes Beziehungsverhältnis aufbaut, das diesem Richter und seiner Gerechtigkeit vertraut und von daher im Gericht selbst auch auf deren Seite den Glauben ermöglicht, Gott die unbedingte Annahme ihrer selbst zuzutrauen, und von daher der eschatologischen Rechtfertigung teilhaftig zu werden, also die universale Rechtfertigung Gottes, die allen Gottlosen gilt, auch auf sich zu beziehen und anzunehmen (vgl. ebd. 292 Anm. 8). Bei ihnen gibt es die Erhörungsgewissheit erst im Eschaton, dann aber schon sicher im Horizont der bevorstehenden Erlösungsgewissheit. Auch wenn ich die Unterscheidung Ernst nehme, dass die vor ihrem Tod aus Glauben Gerechtfertigten dem Gericht der Werke ausgesetzt werden, wodurch die Rechtfertigung der Gläubigen selbst nicht unterbrochen oder ausgesetzt wird, und dass die nicht Glaubenden nach ihren Werken gerichtet werden, kann ich mich dennoch nicht der Konsequenz anschließen, dass letztere dadurch verloren sein müssten (vgl. *Bayer*, Gott als Autor 179, bes. Anm. 76). Erstens sind sie ja nicht nur auf ihre schlimmen Werke festgelegt, sondern auch auf das Gute, das sie getan haben. Und zweitens kommen insbesondere die Leidenden, erfahren sie die Auferstehung, mit einer Hoffnungserwartung ins Gericht, die ich als, wenn auch eschatologisches, Glaubensäquivalent einstufen möchte. Deswegen ist ja gerade für sie die Klagemöglichkeit im Gericht so elementar notwendig, damit sie in der darin erfolgenden Begegnung mit Christus die unbedingte Anerkennung ihrer Existenz, also Rechtfertigung ihrer Existenz aus ihrer Geschichte heraus erfahren können, und damit gewissermaßen »nachholen«, was dem Glaubenden bereits vor dem Tod in der Offenbarung verheißen ist. Dabei handelt es sich nicht um eine »zweite Rechtfertigung«, sondern um ein und denselben Rechtfertigungsprozess in seiner eschatologischen Qualität, in seinem »doch schon«, aber auch in seinem »dann endlich«, das sich auf das »noch nicht« bezieht. *Bayer* deutet diese eschatologische Rechtfertigung bezüglich der Leidenden selbst an: »... so stellt sich in der Eschatologie der wahre Sinn der Hoffnung auf die Auferweckung der Toten heraus, wenn darunter eine Rechtfertigung verstanden wird, in der nicht zuletzt der zu seinem Recht kommt, dem es in der Weltgeschichte versagt und verweigert wurde« (Gott als Autor 184). Dies wird wohl auch für (vor ihrem Tod) nicht glaubende Opfer der Geschichte gelten, so dass erst mit ihrer Rettung die eschatologische Rechtfertigung ihre Vollständigkeit erfährt.

frage nach dem Verhältnis von christlichem Glauben und univer-
saler göttlicher Rechtfertigungsgnade[71] sehe ich den christlichen
Glauben als jenen expliziten Raum an, in dem inhaltlich an die unendliche Barmherzigkeit und Gerechtigkeit Gottes geglaubt werden darf und in dem den Menschen eine Offenbarung geschenkt
wird, die ihnen dieses Vertrauen ermöglicht. Wenn sie im Horizont
der *erhörten* Klage ihrem Schmerz Ausdruck geben dürfen, dann
ist dies reines Geschenk jener Gnade Gottes, die sich dem Christusgeschehen von Kreuz und Auferstehung verdankt. In diesem Geschehen ist uns der Glaube geschenkt, dass der auferstandene
Christus in der Beibehaltung der Wundmale seiner irdischen Existenz[72] in der ganzen Schöpfung mitseufzt und damit wohl auch
mitklagt (vgl. Röm 8,22.26). Nach Paulus geht es auch uns Christen und Christinnen angesichts des Leidens der Schöpfung nicht
anders als den anderen,[73] insofern auch wir seufzen und, und dies
ist nun entscheidend, insofern auch wir nicht wissen, worum wir in

---

7 1 Vgl. dazu *O. Fuchs*, In der Sünde auf dem Weg der Gnade, in: Jahrbuch für
Biblische Theologie 9 (Sünde und Gericht), Neukirchen-Vluyn 1994, 235-260;
ders., Gnadenjahr ist jedes Jahr, in: *ders.* (Hg.), Pastoraltheologische Interventionen im Quintett. Zukunft des Evangeliums in Kirche und Gesellschaft, Münster
2001, 97–152, hier 106–109. Wenn *Bayer* schreibt, dass »die gesamte Eschatologie auch terminologisch als Rechtfertigungsgnade begriffen und dargestellt
werden« könnte (Gott als Autor 172), dann wäre dies aus meiner Perspektive etwa
folgendermaßen weiterzudenken: Wenn die Menschen als Sünder und Sünderinnen
gerechtfertigt sind, wenn darin zum Ausdruck kommt, dass sie damit von Gott in
das Recht gesetzt sind, von ihm geliebt und erlöst zu werden, und wenn dies ohne
menschliches Zutun, also aus Gnade geschieht, dann befindet sich diese Rechtfertigung beim jüngsten Gericht im eschatologischen Ernstfall ihrer Gültigkeit und
ihrer Wirksamkeit. Denn die aus dem Leiden heraus klagenden Menschen haben
durchaus etwas »zugetan«. Den Nichtglaubenden fehlt zwar der Glaube als Ermög-
lichungshorizont für den Empfang der Rechtfertigungsgnade, doch kommen sie
mit der Klage ihres Leidens ins Gericht, von dem gerade christlicher Glaube zu behaupten wagt, dass es nicht umsonst war. Damit verbinde ich die Hoffnung, dass
das in das Gericht eingebrachte Leiden eine analoge Empfangsbereitschaft der
eschatologischen Rechtfertigung einbringt wie der Glaube. Zumal die Opfer im
Gericht erfahren, wer der Gott in Bezug auf ihre eigene Existenz war und ist, den
sie nicht gekannt haben bzw. an den sie nicht glauben konnten. Angesichts seiner durch unendliche Solidarität definierten Rechtfertigungsgnade werden sich die
Opfer für jene Beziehung öffnen können, die der Glaube verheißt. Genau in dieser
letzten Konsequenz möchte ich Oswald Bayers Satz verstehen: »Gott setzt schöpferisch ins Recht« (ebd. 173). Übrigens wird auch die eschatologische Rechtfertigung die Klage wohl nicht verhindern, sondern um so mehr aus sich herausset-
zen: Denn wie Christus, der *ohne Sünde* war, angesichts seines eigenen Leidens
und des Leidens der Menschen vor und in Gott klagt, wird wohl auch den im Gericht *gerechtfertigten Sündern* und Sünderinnen bzw. Gottlosen die entsprechende
Klage nicht verweigert werden.
7 2 Vgl. ebd. 174.
7 3 Vgl. ebd. 187.191.197.

rechter Weise beten sollen ...« (Röm 8,26). Von daher dürfte es
Christus selbst sein, der nicht nur für die Gläubigen vor Gott eintritt und nicht nur mit *ihnen* seufzt, sondern zugleich in der kosmischen Existenzform dessen, was er am Kreuz von Golgata historisch erfahren hat, die Klage *aller* Menschen führt und trägt, auch
und gerade insofern, als auch sie nicht wissen, wie man »richtig«
beten kann.

Denn lese ich diesen Text zusammen mit Kol 1,16 (wonach in
Christus alles geschaffen wurde), kann man, systematisch gesehen,
Schöpfungs- und Heilsordnung nicht mehr getrennt, sondern muss
sie als durch Christus selbst überbrückt betrachten. Und man kann
sich nicht vorstellen, dass es in Christus eine Spaltung geben könne
zwischen dem in der Schöpfung und Geschichte sich befindlichen
kosmischen Christus und jenem Christus, der in Jesu Kreuz und
Auferstehung zur historischen Wirklichkeit geworden ist. Auch diejenigen, die außerhalb des christlichen Hoffnungshorizontes klagen
und damit nicht wissen, »worum wir in rechter Weise beten sollten«,
sind hineingenommen ist die Klagesolidarität Christi.

Ernst Käsemann schreibt im Zusammenhang mit dieser Stelle, »dass
die Gläubigen noch in den Chor der Tiefe einstimmen müssen, wie
die unerlöste Schöpfung ihn hören lässt.« Denn selbst als Bittende
und zu Gott Schreiende »durchschauen wir unsere eigene Lage
noch nicht, wie es nötig und angebracht ist. Nicht einmal die Christen tun es. Deshalb muss der Geist uns zur Hilfe kommen, nicht
um uns aus dem Irdischen zu befreien, sondern um stellvertretend
für uns unsere Not Gott mit unaussprechlichen Seufzern entge-
genzuschreien.«[74] Diese bleibende Grundsolidarität der Christen
mit der Not aller Menschen verhindert, dass sie allzu glatt beten
(und genau dieses Beten entlarvt Paulus nach Käsemann hier als
falsches Beten), was vielleicht auch beinhalten mag, dass sie pha-
senweise selbst kaum aus der Verzweiflung herauszuschauen vermögen. »Aber er (Paulus) lässt die Söhne der Freiheit die Sterbenden sein und als die nach Erlösung Schreienden mit der unerlösten Schöpfung solidarisch werden.«[75] Käsemann sieht ebenfalls
diese Verbindung zum kosmischen Christus, wenn er zwar die Interzession des Geistes auf die Gläubigen bezieht, zugleich aber ihren Gottesdienst, »wenn es recht um ihn bestellt ist«, die »Interzession der Christen für die Welt« sein lässt.

Oswald Bayer reflektiert diese Interzession sogar in der Kategorie
der Stellvertretung: Die Kinder Gottes »erfahren die alte Welt erst

---

74 *E. Käsemann*, Paulinische Perspektiven, Tübingen 1969, 231.230.
75 Ebd. 232. Nach Käsemann greift Paulus nicht die Bekümmerten und Ratlosen an, sondern die glossolalischen Könner (vgl. ebd. 236).

recht, weil sie gerade angesichts der zugesagten Rettung und Erlösung den Widerspruch der leidenden und seufzenden Kreatur in aller Schärfe spüren, durch ihre Zugehörigkeit zur neuen Zeit und Welt gegen das Leiden der alten gerade nicht abstumpfen, sondern zutiefst daran teilnehmen und, selbst noch mit ihrem Leid, zu dieser alten Welt gehörend, stellvertretend für sie schreien und klagen: ›Ich elender Mensch! Wer wird mich erlösen von diesem todverfallenen Leibe?‹ (Röm 7,24).«[76] In dieser stellvertretenden Klage realisieren sie ihrerseits den Geist des Auferstandenen, oder besser: Sie werden zum Sprachrohr des universalen Mitseufzens und Mitklagens Christi in allen Leidenden.

Die universale Interzession der ChristInnen kann gar nicht außerhalb der universalen Interzession Christi für die ganze Welt geschehen, sondern ist von ihr getragen und drückt sie aus, wenn sie denn sich im Geist Christi ereignet. »Anders wäre dieser (der Gottesdienst) die Versammlung des Kultherrn Christus und nicht die des heimlichen Kosmokrators, der diese unsere Welt in den Raum seiner Herrschaft wandeln will ... Anders würde das Werk des Geistes nur als Freiheit von der Welt und nicht zugleich als Freiheit für sie begriffen, was notwendig die Gemeinde zum Konventikel statt zum Anbruch der neuen Welt macht.«[77]

Auf diesem Hintergrund darf vielleicht gesagt werden: Alle Klage, auch die intentional »unerhörte«, bezieht sich objektiv auf Gott, auch wenn sie subjektiv gerade nicht in dieser Gottbezogenheit zum Gebet wird. Denn der in der Schöpfung insgesamt mitleidende kosmische Christus wie auch in seinem Geist die Christen und Christinnen in ihren Gottesdiensten machen sich solidarisch mit dieser Klage der Welt und vertreten sie (die Christen in der Nachfolge dieses solidarischen Christus) und komplettieren sie in gewissem Sinn vor Gott. Alle »gottlosen« Klagen erreichen nichts desto weniger Gott, und zwar ex negativo, weil sie die Unfähigkeit

---

76 *Bayer*, Gott als Autor 197.
77 *Käsemann*, Perspektiven 235. Über diese Stellvertretung für die nicht glaubenden leidenden und klagenden Menschen hinaus geht es selbstverständlich auch darum, in einer richtig verstandenen missionarischen Verkündigung diesen immer wieder die Frohe Botschaft zu sagen, dass es diesen Gott und diese Rettung gibt, um bereits jetzt schon, in diesem Leben, von dieser Hoffnung leben und widerstehen zu können. Die Entscheidung zwischen Glauben und Unglauben hängt in der Tat mit Heil und Unheil zusammen (vgl. *Bayer*, Gott als Autor 176–177), doch tun sie dies in jener auch über den Tod hinausgehenden unabgeschlossenen Weise, insofern erst im Gericht das verweigerte Gottvertrauen endgültiges Unheil konstituieren würde. Doch ist es gerade für nicht gläubige Leidende, insofern ihr Leiden im Gericht eine Wertigkeit haben wird, schlechterdings nicht vorstellbar, dass sie einem solchen Gott, der immer auf ihrer Seite stand und sie jetzt rettet, ihr Vertrauen entziehen werden.

seiner Schöpfung erfahren müssen, ihn »natürlich« zu offenbaren.[78]
Von diesen Überlegungen her wage ich die These: Die Grenze zwischen Glauben und Unglauben kann in der Tat nicht von außen her aufgehoben werden, aber sehr wohl vom Glauben selbst her, insofern er inhaltlich auf die universale Solidarität Christi verpflichtet und dafür einsteht. Die Grenze zwischen Glauben und Unglauben wird auf diesem christologischen Hintergrund noch einmal überboten durch die entgrenzende Kraft des Glaubens selbst und der darin erhofften universalen Barmherzigkeit Gottes in Jesus Christus. Diese solidarisiert sich mit dem Leid der Menschen auf jedem »Niveau« ihrer Klageform und schenkt ihr so, mag sie noch so gottesferne sein, dennoch theologische, und zwar näherhin implizite christologische Qualität. In diesem Sinn ist jede Klage »anonym« christlich, wobei es hier um keine Vereinnahmung geht, sondern um die Benennung der theologischen Würde menschlicher Klage aus christlicher Perspektive. Und sie hat diese Dignität in einem doppelten Sinn. Einmal darin, dass die ChristInnen selbst in die Stellvertreung für die Klage aller Menschen vor Gott eingebunden sind, zum anderen, dass darin zugleich die universale Mitklage des Geistes Christi zum Vorschein kommt.
Damit qualifiziert sich die Klage nicht erst im Kontext der explizit in den Blick genommenen göttlichen Lebenszusage, sondern drängt sich umso mehr in einer Situation auf, wo diese gar nicht mehr erfahren und geglaubt werden kann. Die Klage außerhalb des Erhörungszusammenhangs ist ebenfalls theologisch relevante Klage: auch als isolierter und hoffnungsloser Schrei ohne Adresse, wo die Klage des Geschöpfes zwar nicht den Schöpfer explizit trifft, aber derart um so realer in ihrer Hoffnungslosigkeit das Erbarmen Gottes herausfordert und an sich zieht. Jedenfalls müsste man an der Universalität der Barmherzigkeit Gottes zweifeln und damit die eigene Klage selbst in die Gefahrenzone des Unglaubens bringen, wollte man annehmen, der solidarische Geist des verwundeten Auferstandenen würde sich gerade hier heraushalten. Zumal er selbst am Kreuz die Verlassenheit *Gottes* hinausgeschrien hat, sie als solche erfahren musste. Denn auch dann, wenn Ps 22 weitergeht, darf man nicht Momente, die später kommen, erlebnismäßig schon an den Anfang bringen und damit denselben in seiner augenblicklichen abgrundtiefen Gottesfinsternis abmildern.

---

78 Vgl. *H. Paulsen*, Überlieferung und Auslegung in Römer 8, Neukirchen-Vluyn 1974, 111–132; zur relativen Singularität der Aussage von der Unmöglichkeit menschlichen Betens innerhalb des Urchristentums und damit zur diesbezüglichen Originalität paulinischer Theologie vgl. ebd. 123ff.

So gibt es nach meinem Dafürhalten in der Tat eine doppelte Form von Klage, aber es gibt sie nicht nur aufgeteilt zwischen christlichem Glauben und diesbezüglich nicht glaubenden Menschen, sondern wohl auch immer im Wechsel, insofern auch bei Christen und Christinnen in tiefster Not und im heftigsten Schmerz nicht bei jeder Klage Gottes Hören und Erhören erlebnismäßig vorausgesetzt und mitgedacht werden können; und insofern auch bei Gläubigen in anderen Religionen und auch bei nichtglaubenden Menschen durchaus ein Ausstrecken auf eine Transzendenz angesprochen werden kann, selbst noch in negativer Form, insofern die Erhörung dieser Klage noch vermisst wird und man sich an dieser »Transzendenz« abarbeitet. Es gibt wohl Situationen in jedem menschlichen Leben, wo die akute Unerhörtheit fast keinen Raum lässt für künftige Erhörungshoffnungen, wo die Tränen so ersticken, dass Gott nicht mehr gelobt werden kann. Die christliche Glaubenshoffnung hält gerade darin fest: dass Gott diese fehlende Doxologie nicht zum Vorwurf macht, sondern dass er am eschatologischen Tag genau diesen Betroffenen den Raum eröffnet, mit ihrer Klage zu kommen und unter Tränen zu entdecken, dass es tatsächlich diesen Gott gibt, der sie rettet, der ihnen Gerechtigkeit schafft und den sie loben können.

Die Auferstehung der Toten ist die Bedingung dieser Möglichkeit, dass die unerhörte und unerlöste Klage, dass der hoffnungslose Schrei in die Weite der neuen Welt hineinstößt und, für viele dieser Klagenden vielleicht ganz überraschend, unendliche Erhörung findet. So ist die Auferstehung der Toten nicht nur die Bedingung der Möglichkeit, dass die intentional erhörte Klage gegen Gott endgültig geführt und als real erhörte erlebt wird, sondern auch der Möglichkeit, dass die gottlose Klage Gott findet. Denn man kann sich schlechterdings nicht vorstellen, dass sich Gottes Barmherzigkeit, die sich in Christus am Karsamstag in die tiefste Hölle hinein begeben hat, nicht auch im Geist des Auferstandenen in die durch Verzweiflung potenzierte Klage von Menschen begibt, die keine Erhörungsgewissheit (mehr) kennen. Es gibt wohl Momente entsetzter Klage, die mehr Protest aussprechen als jede Erhörungsgewissheit in noch so scharfem Kontrast zu ihrem noch Ausstehen weiß.

So unterscheide ich schon auch zwischen einer diesbezüglich »natürlichen« Klage im Sinne der intentional unerhörten Klage von Menschen und jener Klage der Gläubigen, die aus dem Schmerz zwischen Rettungsausstand und künftiger Erlösung durchaus ebenfalls gerade in diesem Widerspruch sehr scharf sein kann. Doch fällt die erstere nicht aus der theologischen Dimensionierung heraus, sondern wird von der letzteren mitgetragen und miterfasst. Vielleicht ist es selbst noch zu sehr ein schlüssiges natürliches Denken, wenn die theologische Klage nur in den begrenzten Spannungszusammenhang von aktueller Unerhörtheit und geglaubter Erhörung angesiedelt wird. Wie die schärfste Klage auch das logische Denken durchbricht, wird sich auch diese Systematik noch einmal von ihrem »Gegenstand« selbst durchbrechen und für einen weiteren theologischen Horizont öffnen lassen. Theologische Schlüssigkeit wird dadurch nicht obsolet, aber sie gelangt dort an ihre Grenzen, wo unendliches Leid, auch in der schmerzhaften Verzweiflung über die eigene Schuld, alle Menschen in jenen Abgrund zutiefst unerlöster Schöpfung bringt, wo alles durchbrochen wird. Im Tod geschieht diese Durchbrechung absolut und endgültig. Und es gäbe keinen Gott und keine Rettung, wenn es nicht eine Auferstehung der Toten gäbe, in der die einen die Begegnung mit Gott als Erfüllung ihrer Hoffnung erfahren und die anderen als unerwartete Überraschung gegen ihre Hoffnungslosigkeit; wo die Klage nochmals, abschließend, umfassend und endgültig in all ihrer Wucht und ohne Abstriche zum Ausdruck kommt. Und nur ein Gott, der uns dann erfahrungsgetränkt sagen kann, dass er bei den Klagen der einen genauso wie bei den Klagen der anderen zutiefst vorhanden war, wird diesen Klagen Stand halten können und mit einer Allmacht der Gerechtigkeit gegenüber den Klagenden kommen, die ihm dann auch restlos abgenommen werden kann.

Die Tiefe dieses Zusammenhangs wird sich offenbaren vor allem im Christusgeschehen, nämlich darin, dass der gekreuzigte Gottessohn selbst auf der Seite der klagenden Menschen steht und ihre Klagen gegen jenen Gott führt, der dann auf diesen mitleidenden und mitklagenden Christus deuten und sagen wird: Ich war alle Tage und vor allem in diesen Tagen in Christus mitten unter euch. Erst nach diesem endgültigen und nicht mehr überholbaren Glaubwürdigkeitsbeweis der Liebe und der Barmherzigkeit Gottes den Menschen gegenüber wird derselbe Gottessohn von Seiten der Gerechtigkeit her die Auferstandenen zur Rechenschaft ziehen. Aber dies wird geschehen auf dem Hintergrund dieser erfahrenen unendlichen Liebe Gottes, so dass sich ein Versöhnungsraum eröffnet, in dem alles möglich sein wird, auch das Unvorstellbarste, nämlich die Versöhnung zwischen Opfern und Tätern. Doch dies wäre dann der andere »Teil« des eschatologischen Tages.

VI
Bericht und Literatur

Kathrin Ehlers

Wege aus der Vergessenheit

Zu einem neuen Sammelband zum Thema »Klage«[1]

»Klage – eine vergessene Gebetsform«, »eine verschwundene Gebetsgattung«, »eine verdrängte Gebetsweise« – so lauten Titel bedeutender Aufsätze, die zu Recht die über Jahrzehnte bis in die
Gegenwart hinein fortdauernde Verdrängung der Klage als Gebetsform kritisieren[2]. Diese Kritik betrifft vor allem die kirchliche
Gebetspraxis und die persönliche christliche Gebetskultur wie
auch die theologischen Disziplinen, insbesondere die Praktische
Theologie. Auf letzterem Gebiet haben die Veröffentlichungen
von O. Fuchs einen wesentlichen Anstoß zur Neuentdeckung der
Klage als Gebetsform gegeben[3], dennoch hat sich an Forschungs-
lage und kirchlicher Praxis wenig geändert[4].
Die Forschungssituation in der Exegese ist – so bemerkt schon O.
Fuchs – demgegenüber anders zu bewerten:»Für die alttestament-
liche Exegese trifft nämlich die Klage über die Vernachlässigung

1 *G. Steins* (Hg.), Schweigen wäre gotteslästerlich. Die heilende Kraft der Klage, Würzburg 2000.
2 Vgl. *O. Fuchs*, Klage – Eine vergessene Gebetsform, in: *H. Becker* (Hg.), Im
Angesicht des Todes. Ein interdisziplinäres Kompendium, Bd. 2 (Pietas Liturgica
3/4), St. Ottilien 1987, 939–1024; *M. Limbeck*, Die Klage – eine verschwundene Gebetsgattung, ThQ 15 (1977), 3–16; *G. Vanoni*, Hadern mit Gott als geschöpflicher Dialog. Die Anklage gegen Gott – eine verdrängte Gebetsweise,
Diakonia 23 (1992), 88–96; s. auch *W. Brueggemann*, The Costly Loss of Lament, JSOT 36 (1986), 57–71.
3 Hier ist besonders seine Habilitationsschrift: Die Klage als Gebet. Eine theologische Besinnung am Beispiel des Psalms 22, München 1982 zu nennen, aber
auch zahlreiche weitere Aufsätze, die sich diesem Thema widmen: Die Freude in
der Klage. Zur Pointe des alttestamentlichen Klagegebets und Gottvertrauens,
KatBl 109 (1984), 90–99; Klage – Eine vergessene Gebetsform (s. Anm. 2);
Fluch und Klage als biblische Herausforderung. Zur spirituellen und sozialen Praxis der Christen, BiKi 50 (1995), 64–75. Für die Systematische Theologie vgl.
das Plädoyer von *O. Bayer*, Erhörte Klage, NZSTh 25 (1983), 259–272.
4 S. die Übersicht bei *Fuchs*, Klage – Eine vergessene Gebetsform (s. Anm. 2),
942–959. Vgl. auch den Beitrag von *St.A. Nitsche* im vorliegenden Sammelband
(133–153), der auf die mangelnde Rezeption der Klage im Evangelischen Gesangbuch (im folgenden: EG) hinweist.

von Klagegebeten gerade nicht zu: sie hat vielmehr bislang zahlreiche und auch umfangreiche Arbeiten zu alttestamentlichen Kla-
geprozessen und Gebeten (etwa bei Hiob, bei Jeremia und in den
Psalmen) vorgelegt«[5].

Was die Psalmen angeht, so konzentrierte sich die exegetische Forschung zur Klage lange Zeit auf form- und gattungsgeschichtli-
che Fragestellungen. Wegweisend waren hier im Anschluß an H.
Gunkel[6] die Arbeiten von C. Westermann zu Struktur und Geschichte der Klage[7]; daneben spielte die Frage nach dem »Sitz
im Leben« der Klagelieder eine wichtige Rolle[8]. Andere Aspekte
der Klagepsalmen traten hinter diesen Forschungsschwerpunkten
zurück.

Trotz der – gegenüber praktisch-theologischer Forschung – intensiveren Diskussionslage und Aussagen wie die von Westermann,
daß die Klage ein »legitimer und notwendiger Bestandteil des Redens zu Gott«[9] sei, lassen sich dennoch Äußerungen zum Thema
Klage finden, die ansatzweise deren Verdrängung auch in der exegetischen Literatur widerspiegeln; so z.B. die Ablehnung der Bezeichnung »Klagelieder des einzelnen« bei H.-J. Kraus[10] oder L.

---

5 *Fuchs*, Klage – Eine vergessene Gebetsform (s. Anm. 2), 941.

6 *H. Gunkel / J. Begrich*, Einleitung in die Psalmen. Die Gattung der religiösen
Lyrik Israels, Göttingen (1933) [4]1984.

7 *C. Westermann*, Struktur und Geschichte der Klage im Alten Testament
(1954), in: *ders.*, Lob und Klage in den Psalmen, Göttingen [5]1977, 125–164;
ders., Anthropologische und theologische Aspekte des Gebets in den Psalmen,
LJ 23 (1973), 83–96; *ders.*, Die Rolle der Klage in der Theologie des Alten Testaments, in: *ders.*, Forschung am Alten Testament. Gesammelte Studien 2 (TB 55),
München 1974, 250–268; *ders.*, Ruf aus der Tiefe, Conc 12 (1976), 575–581 und
ders., Lob und Klage in den Psalmen, Göttingen [5]1977 [5., erw. Aufl. von: Das
Loben Gottes in den Psalmen]; vgl. auch *E. Gerstenberger*, Der klagende Mensch.
Anmerkungen zu den Klagegattungen in Israel, in: *H.W. Wolff* (Hg.), Probleme
biblischer Theologie (FS G. v. Rad), München 1971, 64–72.

8 S. dazu *E. Gerstenberger*, Der bittende Mensch. Bittritual und Klagelied des
einzelnen im Alten Testament (WMANT 51), Neukirchen-Vluyn 1980; s. auch
ders., Welche Öffentlichkeit meinen das Klage- und Danklied? (JBTh 11), Neukirchen-Vluyn 1996, 69–89.

9 *Westermann*, Ruf aus der Tiefe (s. Anm. 7), 576.

10 *H.-J. Kraus*, Psalmen I: Psalm 1–59 (BK XV/1), Neukirchen-Vluyn [6]1989,
39: »Ist die Bezeichnung ›Klagelied‹ angemessen? Auf keinen Fall entspricht sie
der Intention der meisten der unter dieser Bezeichnung zusammengefaßten Psalmen. Es wird nicht *lamentiert*.« (Hervorhebung K.E.). Schon der Begriff »lamentieren« als Bezeichnung für die alttestamentlichen Klageäußerungen spiegelt die
abwertende Haltung. Zu einer sinnvollen und überzeugenden Abgrenzung des Klagens vom »Lamentieren« und »Jammern« vgl. den Aufsatz von *G. Beirer* im vorliegenden Sammelband, 16–41, hier 17f. Abwertende Äußerungen zur Klage in
der Forschung zum Buch der Klagelieder stellt *C. Westermann*, Die Klagelieder.
Forschungsgeschichte und Auslegung, 78ff zusammen.

Ruppert[11], der die Alternative »Klage oder Bitte?« eindeutig zugunsten der Bitte entscheidet.

Die neuere exegetische Forschung widmet sich dem Thema Klage wieder in zunehmendem Maße. Neben den bisherigen form- und gattungsgeschichtlichen Fragen treten – unter anderem angeregt durch neue Tendenzen in der jüngsten Psalmenforschung sowie durch neuere Arbeiten und Textausgaben zur altorientalischen Klageliteratur[12] – weitere Themenkreise in den Vordergrund. So entstanden in den letzten Jahren Studien zu ausgewählten Klageliedern des einzelnen[13], zu speziellen Themen wie Feindthematik und Fluchpsalmen[14] sowie Monographien zu den »Klageliedern des Volkes«, einer lange vernachlässigten Gattung[15].

11 *L. Ruppert*, Klage oder Bitte? Zu einer neuen Sicht der individuellen Klagelieder, BZ 33 (1989), 252–255, hier: 254.

12 Vgl. *M.E. Cohen*, »*balag*-Compositions«. Sumerian Lamentation Liturgies of the Second and First Millenium b.c. (SANE I/2), Malibu 1974; *ders.*, The Canonical Lamentations of Ancient Mesopotamia, 2 Bde, Potomac, Maryland 1988; *St. Maul*, Herzberuhigungsklagen – Die sumerisch-akkadischen Eršaḫunga-Gebete, Wiesbaden 1988; *P. Michalowski*, The Lamentation over the Destruction of Sumer and Ur (Mesopotamian Civilizations 1), Winona Lake 1989; *K. Volk*, Die Balag-Komposition ÚRU ÀM-MA-IR-RA-BI (FAOS 18), Stuttgart 1989 und *Th. Römer*, Hymnen und Klagelieder in sumerischer Sprache (AOAT 276), Münster 2001. Zur Rezeption der altorientalischen Stadtklage in der Prophetenforschung s. jetzt *M. Wischnowsky*, Tochter Zion. Aufnahme und Überwindung der Stadtklage in den Prophetenschriften des Alten Testaments (WMANT 89), Neukirchen-Vluyn 2001; vgl. auch *F.W. Dobbs-Allsopp*, Weep, O Daughter of Zion: A Study of the City-Lament Genre in the Hebrew Bible (BibOr 44), Rom 1993.

13 Vgl. z.B. *Chr. Brüning*, Mitten im Leben vom Tod umfangen. Ps 102 als Vergänglichkeitsklage und Vertrauenslied (BBB 84), Frankfurt a.M. 1992; *N. Tillmann*, »Das Wasser bis zum Hals!« Gestalt, Geschichte und Theologie des 69. Psalms, Altenberge 1993; *G. Brunert*, Psalm 102 im Kontext des Vierten Psalmenbuches (SBB 30), Stuttgart 1996 und *U. Bail*, Gegen das Schweigen klagen. Eine intertextuelle Studie zu den Klagepsalmen Ps 6 und Ps 55 und der Erzählung von der Vergewaltigung Tamars, Gütersloh 1998.

14 Vgl. *O. Keel*, Feinde und Gottesleugner. Studien zum Image der Widersacher in den Individualpsalmen (SBM 7), Stuttgart 1969; *E. Zenger*, Ein Gott der Rache? Feindpsalmen verstehen, Freiburg/Basel/Wien 1994; *B. Janowski*, Dem Löwen gleich, gierig nach Raub. Zum Feindbild in den Psalmen (1995), in: *ders.*, Die rettende Gerechtigkeit. Beiträge zur Theologie des Alten Testaments 2, Neukirchen-Vluyn 1993, 49–77; *H. Jauss*, Fluchpsalmen beten? Zum Problem der Feind- und Fluchpsalmen, BiKi 51 (1996), 107–115; *F. van der Velden*, Psalm 109 und die Aussagen zur Feindschädigung in den Psalmen (SBB 109), Stuttgart 1997 und *P. Riede*, Im Netz des Jägers. Studien zur Feindmetaphorik der Individualpsalmen (WMANT 85), Neukirchen-Vluyn 2000.

15 Vgl. *M. Emmendörffer*, Der ferne Gott. Eine Untersuchung der alttestamentlichen Volksklagelieder vor dem Hintergrund der mesopotamischen Literatur (FAT 21), Tübingen 1998; *Th. Hieke*, Psalm 80 – Praxis eines Methodenprogramms. Eine literaturwissenschaftliche Untersuchung mit einem gattungskritischen Beitrag zum Klagelied des Volkes (ATS.AT 55), St. Ottilien 1997 und *P.W.*

Insgesamt läßt sich, wie dieser kurze Überblick zeigt, sowohl in exegetischer wie in praktisch-theologischer Forschung eine Tendenz zu einer intensiveren Beschäftigung mit dem Thema Klage beobachten[16], wenngleich auch wesentliche Forschungsdesiderate bestehen bleiben[17].

Diese forschungsgeschichtlichen Vorüberlegungen stellen in knapper Form den Horizont dar, in dem der zu rezensierende Sammelband steht. Er bietet eine um einige Aufsätze ergänzte und überarbeitete Fassung der Ausgabe 4/1998 der Zeitschrift »Bibel und Liturgie« und macht damit die Zeitschriften-Beiträge einer breiteren Öffentlichkeit zugänglich. In der vorliegenden Form versammelt er Aufsätze katholischer und evangelischer Wissenschaftler und Wissenschaftlerinnen. Vorab sei die Gliederung des Bandes kurz vorgestellt: An die Einführung »Introduktion und Thema« (mit Aufsätzen von *G. Steins* und *G. Beirer*) schließen sich zwei Hauptteile an: »Durchführung I: Biblische Anstöße« umfaßt Beiträge von *Th. Hieke, I. Müllner, G. Steins, U. Berges* und *Chr. Dohmen*, wobei der biblische Schwerpunkt eindeutig auf dem Alten Testament, besonders dem Buch Hiob, liegt. Klage im Neuen Testament hingegen wird mit dem Hinweis auf die Klage Jesu mit Ps 22 nur kurz angesprochen. »Durchführung II: Gegenwärtige Sprechversuche« stellt vor allem praktisch-theologische Aspekte des Themas zusammen: Worte zum ICE-Unglück in Eschede von *J. Homeyer*; ein Beitrag zur Psalmenrezeption im EG von *St.A. Nitsche* sowie Überlegungen zu Klagegebeten in der Liturgie von *B. Jeggle-Merz. G. Fuchs* schließt den Band ab mit einem literaturwissenschaftlichen Blick auf die Klage in Gedichten von Nelly Sachs.
Der Sammelband wird eingeleitet durch den Beitrag »Klagen ist Gold!« (S. 9–15) des Herausgebers *G. Steins*, der eine knappe Einführung in das Thema Klage bietet und bereits auf einige Aspekte hinweist, die z.T. in den übrigen Aufsätzen wiederkehren: die Bedeutung der Klage für die Gottesbeziehung, Klage und Theodizee-Frage, Klage im Buch Hiob.

Ferris, The Genre of Communal Lament in the Bible and the Ancient Near East (SBL.DS 127), Atlanta (GA) 1992.
16   Vgl. auch die Verbindung der Klagethematik mit der Theodizee-Frage und der Frage nach den »dunklen Seiten« Gottes in neueren Veröffentlichungen: *G. Fuchs* (Hg.), Angesichts des Leids an Gott glauben? Zur Theologie der Klage, Frankfurt a.M. 1996; *W. Groß / K.-J. Kuschel*, »Ich schaffe Finsternis und Unheil!« Ist Gott verantwortlich für das Übel?, Mainz ²1995 und *W. Dietrich / Chr. Link*, Die dunklen Seiten Gottes, Bd. 1: Willkür und Gewalt; Bd. 2: Allmacht und Ohnmacht, Neukirchen-Vluyn 1995/2000.
17   Wie z.B. die Untersuchung der Klage- und Todesmetaphorik in den Klagepsalmen.

Unter dem Titel »Die heilende Kraft der Klage« gibt der Aufsatz von *G. Beirer* eine vertiefte Einführung in die Klagethematik (S. 16–41). Der Autor nimmt zunächst in seinen einleitenden Kapiteln (1–3) in sinnvoller Weise eine Abgrenzung des Klagens vom »Jammern« vor und skizziert die »kommunikative Vielfalt« der Klage von der Bitte bis zum Schrei des Protestes und der Anklage. In den Mittelpunkt seiner Ausführungen stellt er jedoch die Beschreibung der heilenden Bedeutung der Klage (Kap. 4): In den Unterabschnitten »Klage als heilende Enttäuschung«, »Klage als befreiende Erinnerung«, »Klage als kathartischer Weg der Heilung«, »Klage als Arbeit am/mit Leid«, »Klage als heilende Annahme« beschreibt Beirer die verschiedenen Aspekte der verändernden und heilenden Kraft der Klage »im psychologisch-therapeutischen und spirituell-mystischen Kontext« (S. 16) und entfaltet so den Titel des Sammelbandes. Die anschließenden Kapitel nehmen die Haltung der Mitmenschen gegenüber Klagenden (Mitsein und Mitklagen) sowie das Klagegebet als »Ringen um und mit Gott« (S. 35) in den Blick. Der Autor schließt mit einem »Plädoyer für eine neue Kultur der Klage« und eine Seelsorgepraxis, die die Klage als »heilende Form des Umgangs mit Leid und Scheitern fördert und ihre Antwortlosigkeit im schlichten Mitgehen und Dabeisein aushält« (S. 38f).

Der Aufsatz von *Th. Hieke*, »Schweigen wäre gotteslästerlich. Klagegebete – Auswege aus dem verzweifelten Verstummen« bietet zu Beginn des biblischen Teils des Sammelbandes einen guten Überblick über biblische Klage(psalmen) (S. 45–68). Themen sind der »Sitz im Leben«, die Aufbauelemente der Gattung »Klagelied« sowie die Frage nach dem sog. »Stimmungsumschwung« von der Klage zum Lob. Hier wäre – unter Aufnahme neuerer Forschungspositionen – eine deutlichere Abgrenzung von der traditionellen These eines »priesterlichen Heilsorakels« wünschenswert gewesen[18]. Während dieser erste Teil sich auf die traditionelle Gattungsforschung stützt[19], bezieht der Autor, ein Schüler H. Irsiglers, im fol-

---

18 Hieke verweist lediglich auf den klassischen Aufsatz von *J. Begrich*, Das priesterliche Heilsorakel, in: *ders.*, Gesammelte Studien zum Alten Testament (TB 21), München 1964, 217–231 sowie auf *Gunkel/Begrich*, Einleitung (s. Anm. 6), nennt aber keine neuere Literatur. Zur kritischen Auseinandersetzung mit der These vom sog. »Stimmungsumschwung« s. jedoch *R. Kilian*, Ps 22 und das priesterliche Heilsorakel, BZ 12 (1968), 172–185; *Fuchs*, Klage als Gebet (s. Anm. 3); *A.R. Müller*, Stimmungsumschwung im Klagepsalm. Zu O. Fuchs, Die Klage als Gebet, ALW 28 (1986), 416–426 und *R. Kessler*, Der antwortende Gott, WuD 21 (1991), 43–57.

19 Die Herausarbeitung der verschiedenen Elemente der Gattung »Klagelied« ist in besonderer Weise das Verdienst von *Westermann*, Struktur (s. Anm. 7).

genden Abschnitt »Klage: Handeln durch Sprechen« die Sprechakttheorie ein und arbeitet die dominanten Sprechhandlungen im
Klagelied heraus (anreden, beklagen, anklagen, bitten). Im Rahmen des vorliegenden Sammelbandes, der sich um Allgemeinver-
ständlichkeit bemüht, wird dieses Thema jedoch nur kurz angesprochen; für eine intensivere sprechakttheoretische Analyse der
Klagepsalmen sei verwiesen auf Hiekes Dissertation »Psalm 80 –
Praxis eines Methodenprogramms«[20].

Mit dieser Monographie legt Hieke in den Kapiteln Textkonstitution, Kritik des
Einzeltextes (Textindividualität), Kritik der Texttypik, Kritik der Textveranke-
rung, Kritik der Textgeschichte eine umfassende literaturwissenschaftliche Unter-
suchung zu Psalm 80 vor. Methodischer Ausgangspunkt seiner Arbeit ist neben
W. Richter, Exegese als Literaturwissenschaft vor allem das Methodenprogramm
von H. Irsigler[21]. Über die Einzelanalyse von Ps 80 hinaus liegt ein wesentlicher
Schwerpunkt der Monographie auf der Gattungskritik (Typik der literarischen
Textstruktur) mit einem ausführlichen Textvergleich der Klagelieder des Volkes
(Ps 55; 60; 74; 79; 80; 83; 85; Thr 5) (S. 229–333). Mit Hilfe der mehrfach als
Methode herangezogenen Sprechakttheorie zeigt Hieke, daß Klage mehr ist als
eine literarische Gattung; sie muß immer auch unter dem »Aspekt des *Handelns*«
betrachtet werden (S. 327f). Überlegungen zur Klage des Volkes heute, zur Theo-
dizee-Frage und zur Gebetsform der Klage (S. 450–461) schließen die umfangrei-
che und detaillierte Analyse in gelungener Weise ab.
Gegenüber der sprach- und literaturwissenschaftlichen Methode von Hieke vertritt die zweite wichtige neuere Veröffentlichung zu den Klageliedern des Volkes
von M. Emmendörffer[22] einen form- und traditionsgeschichtlichen Ansatz. Die
Monographie gliedert sich in vier Abschnitte (I. Einleitung; II. Mesopotamien:
Sumerische Klageliteratur; III. Altes Testament: Die Klagelieder des Volkes; IV.
Zusammenfassung), wobei der Schwerpunkt auf Kap. III, der Analyse der alttesta-
mentlichen Klagelieder des Volkes, liegt. Emmendörffer arbeitet Aufbau und
Struktur der einzelnen Klagelieder heraus, stellt eine relative Chronologie der
Texte auf (Thr 2; 5; Ps 74; 44; 80; 79; 60/108; 83; 137; 89; 85; Jes 63f) und un-
tersucht mögliche Abhängigkeitsverhältnisse. Ob allerdings und in welcher
Form »zwischen den sumerischen und den alttestamentlichen Klagekompositio-
nen in der Bewältigung des Themas ›Zorn Gottes‹ und in Einzelformulierungen
ein zu vermutendes Abhängigkeitsverhältnis besteht« (S. 293), sollte sehr zu-
rückhaltend bewertet werden und bedarf einer vertieften Überprüfung[23].

20 Hieke, Psalm 80 (s. Anm. 15). Zur ausführlichen sprechakttheoretischen
Analyse von Ps 80 s. ebd., 172ff und die Untersuchung der Gattung »Klagelied
des Volkes« unter Einbeziehung der Sprechakttheorie ebd., 272ff. Vgl. auch die
sprechakttheoretische Analyse des klassischen Klageliedes Ps 13 von *H. Irsigler*, Psalm-Rede als Handlungs-, Wirk- und Aussageprozeß. Sprechaktanalyse und
Psalmeninterpretation am Beispiel von Psalm 13, in: *K. Seybold / E. Zenger*
(Hg.), Neue Wege der Psalmenforschung (FS W. Beyerlin) (HBS 1), Freiburg/Ba-
sel/Wien 1994, 63–104.
21 S. dazu bes. *H. Irsigler*, Psalm 73 – Monolog eines Weisen. Text, Programm, Struktur (ATS.AT 20), St. Ottilien 1984.
22 *Emmendörffer*, Der ferne Gott (s. Anm. 15).

Der dritte Teil des Aufsatzes fragt nach der theologischen Einordnung der Klage. In Auseinandersetzung mit der Bezeichnung der Klage als ein »Sich-Auflehnen« gegen Gott im katholischen Gebet- und Gesangbuch »Gotteslob« hebt Hieke zu Recht die Legitimität der Klage als »Konflikt- und Krisengespräch« mit Gott hervor[24], von dem für die Klagenden eine befreiende Wirkung ausgehen kann. Der Autor schließt mit Überlegungen zur »Klage – heute?«. Seinem Plädoyer für die »Wiederbelebung der Gebetsform der Klage« auch in heutiger Situation stellt er – unter Aufnahme von Überlegungen von O. Fuchs – den berechtigten Hinweis auf die Gefahr einer »Veralltäglichung« der Klage in regelmäßigem Gebet an die Seite: Es gehe nicht um »Klage um jeden Preis«, sondern die Verwendung von Klagegebeten müsse auf extreme Notsituationen beschränkt bleiben. Heutiges Klagegebet könne sowohl in der wörtlichen Wiederverwendung der Psalmtexte als auch in der Füllung des Klagetexten zugrundeliegenden »Musters« mit neuen Worten und Themen erfolgen[25]. Über diese Möglichkeiten der Aktualisierung hinaus ist m.E. auch die Frage zu berücksichtigen, was wir von der Intensität alttestamentlicher Klagemetaphorik für unsere – häufig im begrifflichen Denken verharrende – Gebetssprache und Klage lernen können.

I. Müllner lenkt in ihrem Aufsatz »Klagend laut werden. Frauenstimmen im Alten Testament« (S. 69–86) den Blick auf einen Aspekt, der bisher in der exegetischen Literatur zum Thema Klage kaum beachtet worden ist, von der feministisch-theologischen Forschung jedoch in zunehmendem Maße entdeckt wird[26]. Die Autorin stellt zunächst drei individuelle Beispiele klagender Frauen vor:

2 3 S. dazu auch die Kritik von *W. Groß*, Zorn Gottes – ein biblisches Theologumenon, in: *ders.*, Studien zur Priesterschrift und zu alttestamentlichen Gottesbildern (SBAB 30), Stuttgart 1999, 199–238, hier: 211 mit Anm. 34.
2 4 Hiekes scharfe Abgrenzung der Klage als »existentiell-persönliche Auseinandersetzung mit Gott im Gespräch bzw. Gebet« vom »mythisch-magischen Weg, der sich Gottes durch Kult und Ritus oder abergläubische Handlungen bemächtigen will« (S. 57) schafft allerdings eine Frontstellung, die in dieser Weise nicht dem alttestamentlichen und altorientalischen Denken entspricht und Kult und Ritus abzuwerten droht. Zum Verhältnis von Gebet und Kult s. *R. Albertz*, Art. Gebet II., TRE XII (1984), 34–42, hier: 35 und *H. Graf Reventlow*, Das Gebet im Alten Testament, Stuttgart/Berlin/Köln/Mainz 1986, 298–301.
2 5 Zum Beten in Analogie zu den biblischen Klagepsalmen s. auch Hieke, Psalm 80 (s. Anm. 15), 454.
2 6 Vgl. z.B. die Beiträge von *U. Bail*, »Vernimm, Gott, mein Gebet«. Ps 55 und die Gewalt gegen Frauen, in: *H. Jahnow* u.a. (Hg.), Feministische Hermeneutik und Erstes Testament. Analysen und Interpretationen, Stuttgart/Berlin/Köln 1994, 67–85; *dies.*, Die Klage einer Frau. Zu sprechen gegen das Schweigen. Sozialgeschichtliche Auslegung von Ps 55, JK 3 (1996), 154–157 (= BiKi 3 [1996], 116–118) und *dies.*, Schweigen (s. Anm. 13).

Hanna (1Sam 1), Tamar (2Sam 13) und Jiftachs Tochter (Jdc 11) und widmet sich im folgenden der Frage nach Frauenstimmen in biblischen Klagetexten: Im Anschluß an das Konzept der »gendering texts« von A. Brenner und F. van Dijk geht es Müllner hier nicht um die Suche nach (historischen) Autorinnen, sondern um das Aufdecken von Frauenstimmen und -traditionen; diese seien besonders im Buch der Klagelieder zu finden (so spreche in Thr 1 die klagende Stadt Jerusalem mit der Stimme und aus der Sicht einer Frau). Abschließend fragt die Autorin – ausgehend von einer einer leser- und leserinnenorientierten Hermeneutik – nach der Möglichkeit, Klagepsalmen als Rede von Frauen zu verstehen. Exemplarisch setzt sie Ps 6 in Beziehung zur Erzählung von der Vergewaltigung Tamars, die mit dem Schweigegebot Absaloms endet (2Sam 13): »Der wortlose Schrei Tamars kann mit Texten der Klagepsalmen gefüllt werden« (S. 81). Müllner nimmt hier Bezug auf die intertextuelle Studie von U. Bail[27].

In ihrer Bochumer Dissertation fragt U. Bail, »ob und wie die biblischen Texte über Vergewaltigung mit den Texten der Klage verknüpft werden, und ob die Sprachstruktur der Klagepsalmen der Einzelnen der Erfahrung von Vergewaltigung Raum und Stimme geben kann« (S. 113) und sucht damit nach Wegen einer feministischen Interpretation der Klagepsalmen. Methodisch geht die Autorin von dem hermeneutischen Konzept der Intertextualität aus, das sich beim Aufsuchen intertextueller Bezüge nicht am Kriterium historischer Textproduktion orientiere, sondern »an einer Leseposition, die den Fokus ›sexuelle Gewalt gegen Frauen‹ und ›Klage‹ auf die Texte des Ersten Testaments richtet« (S. 113) (Kap. C. Verknüpfungen I: Frauen und Klage [S. 76–113]; voran geht ein Kapitel über Sprach- und Gewaltmacht in den Klagepsalmen der Einzelnen [S. 31–75]). Der Schwerpunkt der Untersuchung liegt auf der Analyse der intertextuellen Verknüpfungen von 2Sam 13 mit Ps 6 und 55 (Kap. D. Verknüpfungen II: Ein Psalm der Tochter Davids [Ps 6]; Kap. E. Verknüpfungen III: Überleben im Bild der Taube [Ps 55]). Intertextuelle Anknüpfungspunkte zwischen 2Sam 13 und Ps 6 sieht die Verf. in der »Topographie des Raumes« sowie in den Synonymen für »Schande«, חֶרְפָּה, (2Sam 13,13) und בֹּשֶׁת bzw. בּוֹשׁ (Ps 6,11). Zu fragen bleibt m.E. allerdings, ob angesichts des Konkordanzbefundes in den Psalmen[28] die Wahl von Ps 6 als Bezugstext nicht noch deutlicher hätte begründet werden können.
Mit ihrem intertextuellen Konzept vertritt die Autorin einen Ansatz, der sich vor allem praktisch-theologisch fruchtbar machen läßt[29].

Dem wichtigen Thema der »dunklen Züge« im Gottesbild – von Kirche und Theologie lange Zeit verdrängt, in neuerer Forschung

---

27 *Bail*, Schweigen (s. Anm. 13).
28 Beide Begriffe sind in den Psalmen recht häufig belegt: חֶרְפָּה, 10mal; בּוֹשׁ 31mal bzw. בֹּשֶׁת 2mal.
29 Ihre Forschungsergebnisse werden auf Seiten der Praktischen Theologie aufgenommen von *A. Bieler*, Psalmengottesdienste als Klageräume für Überlebende sexueller Gewalt. Poimenische und liturgische Überlegungen, EvTh 60 (2000), 117–130.

aber zunehmend thematisiert und kontrovers diskutiert[30] – widmet sich der Beitrag von *G. Steins* (S. 87–102). Unter dem Titel »›Ich verwunde, ich selbst werde heilen‹. Das Drama des Bundes« – frei formuliert nach Dtn 32,39 – fragt der Autor nach Entstehung und Verständnis solcher ambivalenter und befremdlicher Gottesaussagen sowie nach der Rolle der Klage in diesem Zusammenhang. In einer hermeneutischen Vorüberlegung weist er mit Recht darauf hin, daß derartige Gottesaussagen falsch verstanden werden, betrachtet man sie als erfahrungsunabhängige und objektive Äußerungen (er spricht in diesem Zusammenhang von »Entdramatisierung der Gottesbeziehung«); sie sind vielmehr nur im Horizont des »Dramas des Bundes« (S. 90), der Beziehung zu Gott, zu lesen und zu deuten, wie Steins exemplarisch am Beispiel von Dtn 32 zeigt. Die drängende Frage, wie es zu solchen ambivalenten Äußerungen über Gott kommt, klärt Steins mit dem Hinweis auf die »Tiefe der Gotteserfahrung Israels« (S. 91): »Die Souveränitätsformel in Dtn 32,39 mit ihren ambivalenten Aussagen verdankt sich nicht einem wie in einem mathematischen Beweisgang zu Ende gedachten Monotheismus ... Die ambivalenten Aussagen sind vielmehr die Konsequenz einer Konzeptualisierung der religiösen Erfahrung Israels im Horizont seines Beziehungsdramas ...; Israels Widerfahrnisse in der Geschichte lassen sich in diesem Horizont des ›Bundesdramas‹ deuten, und zwar unter Aufnahme aller Aspekte der Lebenswirklichkeit, d.h. sowohl die Begegnungen mit der Lebens- wie die Erfahrungen der Todesmacht« (S. 94f). Die Impulse der Monotheismusentwicklung für die Ausformulierung ambivalenter Gottesaussagen werden hier m.E. jedoch zu schnell ausgeklammert[31]. Vom Konzept des vorliegenden Sammelbandes her sicher nicht möglich, aber wünschenswert wäre eine tiefergehende Untersuchung der Frage nach Entstehung und Bedeutung der Aussagen, die Leid und Tod auf Gott selbst zurückführen. In diesem Zusammenhang wäre eine stärkere Einbeziehung weiterer Parallelbelege (1Sam 2,6; Hi 5,18; Jes 45,6f; Hos 6,1 u.a.) aufschlußreich. Wie kommt es dazu, daß Gott, der in weiten Teilen des Alten Testaments strikt vom Bereich des Todes getrennt wird[32], die Macht zu

---

30 S. dazu *W. Groß*, »Trifft ein Unglück die Stadt, und der Herr war nicht am Werk?«, in: *Fuchs*, Angesichts des Leids (s. Anm. 16), 83–100; *Groß/Kuschel*, Finsternis (s. Anm. 16) und *Dietrich/Link*, Die dunklen Seiten Gottes (s. Anm. 16).

31 Vgl. dazu auch *W. Groß*, Das Negative in Schöpfung und Geschichte: YHWH hat auch Finsternis und Unheil erschaffen (Jes 45,7), in: *Groß/Kuschel*, Finsternis (s. Anm. 16), 43ff.

32 Vgl. Jes 38,18; Ps 6,6; 30,10; 88,11–13; 115,17 sowie die Aussagen über den Tod als unreinen Bereich in Bereich in Lev.

töten und lebendig zu machen zugesprochen wird? Abschließend zeigt Steins am Beispiel Hiobs die Bedeutung und Notwendigkeit der Klage angesichts von Leid und Unglück: Sie »hält den Riss in der Schöpfung offen«, hat ihre Berechtigung angesichts »eine(r) Lücke – zwischen dem gerechten und unverbrüchlich treuen Fels und dem andauernden Übel ... in der Schöpfung«; sie befreit von theologischen Denkfiguren und einer Weltsicht, die negative Erfahrungen nicht berücksichtigen. Die »dunklen Züge« in der Gottesvorstellung – so Steins im Anschluß an J.B. Metz – sind nicht wegzuinterpretieren, ihnen kann man jedoch in der Klage »standhalten« (S. 99).

Der Beitrag von *U. Berges*, »Ijob. Klage und Anklage als Weg der Befreiung« (S. 103–112) setzt sich mit der Hiob-Auslegung aus lateinamerikanischer Sicht auseinander[33]. War die bisherige Forschungssituation durch eine – im Unterschied zum Buch Exodus, den Propheten und Evangelien – zurückhaltende Rezeption des Hiobbuches gekennzeichnet, so markiert der Kommentar von G. Gutiérrez einen wichtigen Einschnitt[34]. An ihn richtet Berges einige kritische Anfragen, besonders im Hinblick auf die Haltung zur Klage: »Klage ist bei ihm [Gutiérrez] eine noch nicht gereinigte Haltung, die die unverdiente Liebe Gottes [noch] nicht anzuerkennen vermag« (S. 108). Demgegenüber hebt Berges die »positive Sichtweise der Klagehaltung Ijobs« (S. 108) hervor; auch nach den beiden Gottesreden halte Hiob an seiner Unschuld und seiner anklagenden Haltung fest (Hi 42,6 versteht Berges nicht im Sinne eines in Staub und Asche Bereuenden[35], sondern schlägt die Übersetzung »Nun denn, ich vergehe und tröste mich – [sitzend] auf Staub und Asche« vor [S. 110]). Im Buch Hiob – so das Fazit des Autors – sei »das Recht auf Klage und Anklage für die ungerecht Leidenden biblisch verbrieft« (S. 110). Er kritisiert von diesem Standpunkt aus den aktuellen Klageverzicht in Lateinamerika und spricht sich für Klagefeiern aus, in denen »die realen Leiderfah-

---

33   Mit dem Thema Hiob im lateinamerikanischen Kontext beschäftigt sich *U. Berges* ausführlicher in seinem Aufsatz: Hiob in Lateinamerika. Der leidende Mensch und der aussätzige Gott, in: *W.A.M. Beuken* (ed.), The Book of Job (BEThL 114), Leuven 1994, 297–317. In diesem Beitrag kommt Berges vor allem auf das Theodizee-Problem sowie das Gottesverständnis angesichts des Leids zu sprechen; zur Klage Hiobs s. bes. S. 308ff.

34   *G. Gutiérrez*, Von Gott sprechen in Unrecht und Leid – Ijob, München 1988 (span.: Hablar de Dios desde el sufrimento del inocente. Una reflexión sobre el libro de Job, Lima 1986).

35   Zur Kritik an dieser gängigen Übersetzung von Hi 42,6f vgl. im vorliegenden Sammelband auch den Beitrag von *Chr. Dohmen*, »Wozu, Gott ...« (s. den folgenden Absatz), 118.

rungen *coram Deo et hominibus* zur Sprache gebracht werden können« (S. 112).
Bereits der Titel des Aufsatzes von *Chr. Dohmen*, »Wozu, Gott? Biblische Klage gegen die Warum-Frage im Leid« (S. 113–125) formuliert die zentrale These: Biblische Klagegebete stellten im Leiden gerade nicht die Warum-Frage, sondern zielten auf deren Überwindung, indem der Leidende nach dem »Wozu« des Leidens frage. Im Mittelpunkt der Untersuchung steht der Dialogteil des Hiobbuches (2,11 – 42,9.10b): Hiob setze der Warum-Frage der Freunde seine Klage entgegen; in der Gottesbegegnung werde seine Haltung bekräftigt und den Warum-Fragen ein Ende bereitet. In umsichtiger Weise zeigt Dohmen am Beispiel von Hi 42,6 und 42,7ff, wie die gängigen deutschen Übersetzungen den Klagen »ausweichen und das dort Gemeinte verschleiern oder gar entstellen« (S. 123). Unter Aufnahme der von D. Michel herausgearbeiteten semantischen Differenzierung der Fragepronomina *lammā* und *maddūaʿ* (»*maddūaʿ* fragt nach einer vorfindlichen objektiven Begründung für ein Geschehen, *lammā* fragt nach dem bei einem Geschehen intendierten oder immanenten Sinn. *maddūaʿ* fragt in die Vergangenheit, *lammā* fragt in die Zukunft«[36]) versteht Dohmen Hiobs Klage als indirekte Frage nach dem Wozu, nach dem Sinn des Leidens, und hebt in diesem Zusammenhang die wichtige Rolle der häufig abgewerteten Elihu-Reden hervor: Auch Elihu stelle die Wozu-Frage, beantworte sie aber im Unterschied zu Hiob mit dem Hinweis auf die pädagogische Abzweckung des Leids; doch die Wozu-Frage könne – so wendet Dohmen ein – kein Dritter, sondern immer nur der Leidende selbst in seiner Rede *zu* Gott klären. Abschließend verweist der Autor auf die Bedeutung der eröffnenden Frage von Ps 22 als Zitat in Mk 15,34 und Mt 27,46: Sie sei – entgegen einem weitverbreiteten Verständnis – nicht »Gebet gewordene Warum-Frage im Leid«, sondern in Vertrauen und Hoffnung auf Gott Frage nach Sinn und Ziel: »Jesus wird mithin nicht in die Reihe der Verzweifelten eingereiht, die angesichts der Gottverlassenheit ihr Warum herausschreien, vielmehr lenkt der Gebetsruf des sterbenden Jesus den Blick des Lesers des Evangeliums auf den ganzen Ps 22 und die in ihm steckende Hoffnung« (S. 123).

---

36 *D. Michel*, »Warum« und »wozu«? Eine bisher übersehene Eigentümlichkeit des Hebräischen und ihre Konsequenz für das alttestamentliche Geschichtsverständnis (1988), in: *ders.*, Studien zur Überlieferungsgeschichte alttestamentlicher Texte (TB 93), Gütersloh 1997, 13–34, hier: 21; s. auch *B. Janowski*, Verstehst du auch, was du liest?, in: *W. Härle / M. Heesch / R. Preul* (Hg.), Befreiende Wahrheit (FS E. Herms) (MThSt 60), Marburg 2000, 1–21, hier: 9ff.

Der Beitrag von *St.A. Nitsche*, »Vor der Antwort käme die Frage. Die Psalmenrezeption im Evangelischen Gesangbuch« (S. 133–153) diskutiert das Konzept des neuen Gesangbuchs, für das die bayerische Landeskirche mit dem Slogan »Antwort finden« wirbt. Diesem Konzept stellt Nitsche in überzeugender Weise sein Plädoyer für die Wahrnehmung der Psalmen als »Schule der klagenden Fragen«, als »Sprachschule des Schreiens« entgegen und weist damit auf einen Aspekt hin, der in der Psalmenrezeption des EG weitgehend ausgeblendet wurde: die Klage. An einigen ausgewählten Psalmen (Ps 34; 102; 130 u.a.) zeigt der Autor exemplarisch Tendenzen der Psalmenrezeption im EG: Reduktion des Klageteils (»Prinzip der Auswahl«)[37], Zuspitzung der Notschilderung auf die Situation des sündigen Menschen unter Ausblendung der »Vernetzung von gestörter Gottesbeziehung und gestörten zwischenmenschlichen Beziehungen« (S. 143). Mit Westermanns grundlegender Terminologie ließe sich diese Beobachtung Nitsches m.E. dahingehend zuspitzen, daß die charakteristische Dreigliedrigkeit der Klagelieder (Ich-Klage, Gott-Klage, Feind-Klage) nicht in allen Aspekten wahrgenommen wird. Vor aller Antwort solle – so die grundlegende These Nitsches – mit Psalmentexten Frage und Klage ermöglicht werden (als Beispiel nennt er das Lied von F. Gottschick zu Ps 22 [EG 381]), denn die befreiende Wirkung liege nicht allein in der Antwort, sondern zunächst in der klagenden Frage. Psalmentexte stellen dafür eine »stellvertretende Sprachgestalt« bereit; »als glaubwürdige Sprache für die sprachlos Gewordenen« (S. 152) können sie »die Sprachlähmung aufbrechen, aus dem Verstummen in die gestaltende Verarbeitung der Trauer und Not führen« (S. 151). Offen bleibt die Frage nach dem Ort der Klage im öffentlichen Gottesdienst- und persönlichen Gebrauch des EG.

B. Jeggle-Merz kritisiert in ihrem Beitrag »Mit Tränen und Geschrei. Klagend beten« (S. 154–167) die Vernachlässigung der Klage im Gottesdienst und weitet damit Nitsches Kritik am EG auf die Liturgie aus. Klage im Gottesdienst habe eine »psychohygienische Funktion«: »Wo es erlaubt ist, Gefühle – auch solche, die mit dem Adjektiv ›negativ‹ verbunden werden – zu äußern, kann der Mensch gereinigt für andere Gefühle frei werden« (S. 166); sie sei »nicht peinlich oder ungehörig, sondern Schritt im Prozeß eines wachsenden Vertrauens« (S. 162). Die Autorin ergänzt ihren Aufsatz um Beispiele moderner christlicher Psalmengebete (ohne daß

---

37   Dieses »Prinzip der Auswahl« betrifft in gleicher Weise den Umgang mit Fluch- und Feindpsalmen in der liturgischen Praxis; s. dazu *Zenger*, Feindpsalmen (s. Anm. 14), 43ff und *Jauss*, Fluchpsalmen (s. Anm. 14), 107.

sie näher auf die Frage der Neuformulierung von Klagegebeten eingeht[38]); diese bleiben jedoch z.T. erheblich hinter der Ausdrucksstärke und Metaphorik alttestamentlicher Klagegebete zurück (vgl. das Beispiel S. 155f) und sind nicht immer ganz passend in den Text integriert (das gilt besonders für das »Gebet im Dunkel des Wartens« von J. Morley [S. 165], das an die Beschreibung des Klageliedaufbaus mit der Abfolge Klage – Bitte – Lob anschließt, jedoch eindeutig als Lobgedicht zu charakterisieren ist, in dem die Klage weit hinter das Lob zurücktritt und das Element der Bitte gänzlich fehlt). Dem Plädoyer der Liturgiewissenschaftlerin für eine stärkere Einbeziehung der Klage in den Gottesdienst fehlen Überlegungen zum liturgischen Ort der Klagegebete[39].

Der Aufsatz von *G. Fuchs,* »Im ›Durchschmerzen‹ des Leidens. Klage und Trost in den Jakob-Gedichten von Nelly Sachs« (S. 168–174) schließt den Band ab mit einem kurzen Ausblick auf das Thema Klage in der Lyrik nach Auschwitz[40]. Anhand der zwei Gedichte »Jakob« und »Aus der dunklen Glut« zeigt er auf, wie die Dichterin die »Jakob-Erfahrung«, den Kampf mit dem Leiden, sprachlich zu bewältigen versucht. Nicht auf dem Weg der Verdrängung, sondern nur im »Durchschmerzen«, im »Durch-Machen« des Leidens öffnen sich neue Wege und neue Hoffnung, wie Nelly Sachs an der Figur des Jakob, einer der biblischen Archetypen des »Durchschmerzens« zeigt: Dieser wird durch das Leiden hindurch neu gesegnet. In der Erinnerung und Anrufung Jakobs könne die eigene menschliche Leidensgeschichte zur Segensgeschichte werden: »Was nur fürchterliches Grauen war, Verrat und Tod, wird im Symbol des Jakobkampfes zum Ort der Verwandlung und Wiedergeburt, zum Hinübergang vom Tod zum Leben« (S. 171). So sind die Gedichte »Klage- und Trostlieder zugleich« (S. 172).

Insgesamt bietet der vorliegende Sammelband eine gelungene Zusammenstellung verschiedener exegetischer wie praktisch-theologischer Aspekte der Klage, auch wenn im exegetischen Teil die Psalmen als Klagegebete etwas zu sehr hinter der Beschäftigung

---

38 S. dazu aber im vorliegenden Sammelband die Überlegungen von *Hieke*, »Schweigen ...«, 65f.

39 S. dazu die Hinweise von *Bayer*, Erhörte Klage (s. Anm. 3), 270f; *Zenger*, Feindpsalmen (s. Anm. 14), 165ff und *Fuchs*, Klage – Eine vergessene Gebetsform (s. Anm. 2), 1007–1018.

40 Zur Klage in der Literatur des 20. Jh.s vgl. die gelungenen Textzusammenstellungen von *P.K. Kurz* (Hg.), Psalmen vom Expressionismus bis zur Gegenwart, Freiburg/Basel/Wien 1978; *ders.*, Höre, Gott! Psalmen unseres Jahrhunderts, Zürich/Düsseldorf 1997 und *R. Görner* (Hg.), Unerhörte Klagen. Deutsche Elegien des 20. Jahrhunderts, Frankfurt a.M. / Leipzig 2000.

mit der Klage im Buch Hiob zurücktreten. Angesichts der großen Zahl und Bedeutung der Klagepsalmen innerhalb des Psalters hätte hier – über den Aufsatz von Th. Hieke hinaus – ein Beitrag aus der aktuellen Psalmenforschung ergänzt werden können[41]. Die Beiträge selbst zeichnen sich durch eine allgemeinverständliche Darstellung aus (knapper Anmerkungsapparat, Verzicht auf komplizierte exegetische Fachdiskussionen; die wenigen hebräischen Begriffe werden in Transkription geboten) und richten sich vor allem an ein breiteres Publikum über die exegetische Fachwelt hinaus. Für ein vertieftes Weiterlesen bieten einzelne Aufsätze ausgewählte Literaturangaben.

Indem sich der Sammelband einer lange Zeit verdrängten Gebetsweise widmet, fördert und unterstützt er mit seinem – sich durch alle Aufsätze ziehenden – Plädoyer für die Wiederentdeckung der Klage als legitime und berechtigte, als heilende, ja für den Menschen und seine Gottesbeziehung unabdingbare Gebetsform den Weg der Klage aus ihrer Verdrängung und Vergessenheit.

---

41   Zur Psalmenforschung in allgemeinverständlicher Form s. jetzt auch Heft 1: »Psalmen« der Zeitschrift BiKi 56 (2001); darin zur Klagethematik der Beitrag von *F.-L. Hossfeld*, Von der Klage zum Lob – die Dynamik des Gebets in den Psalmen, 16–20.

Gregor Etzelmüller

Als ich den Herrn suchte, antwortete er mir

Zu Patrick Millers Monographie über Form und Theologie des biblischen Gebetes[1]

Das Gebet ist das Herzstück einer jeden Religion. Wer Form und Theologie des Gebetes beschreibt, dem erschließt sich zugleich die Theologie einer Religion, oder genauer: dem erschließen sich die Eigenschaften des Gottes, dem die Gebete gelten. Gebet und Theologie existieren in einem Wechselverhältnis: Beide sind aufeinander bezogen, korrigieren sich gegenseitig und lernen voneinander.
Wer Patrick Millers Monographie »They cried to the Lord« zur Hand nimmt, wird deshalb nicht nur viel über die Form und Theologie biblischen Gebetes lernen, sondern zugleich über jenen Gott, den die biblischen Überlieferungen bezeugen. Dabei verspricht der Einstieg beim Gebet zur Mitte biblischer Theologie vorzustoßen: Denn das Gebet durchzieht wie ein roter Faden die ganze biblische Geschichte. Immer wieder rufen in ihr Menschen in ihrer Not zu Gott und erfahren Gottes Antwort. Die biblische Geschichte beginnt mit dem Schrei des Blutes eines erschlagenen Bruders (Gen 4,10) und endet mit der Verheißung, dass ein solches Geschrei nicht mehr sein (Offb 21,1–4), sondern die Welt vom Lob Gottes erfüllt werden wird (Offb 19). In der Mitte dieser Bewegung von der Klage zum Lob steht Gottes Antwort, durch die das Gebet zu einem dialogischen Geschehen wird. Diese Trias Klage – Antwort – Lob prägt auch die alttestamentliche Befreiungsgeschichte des Exodus (»Ich habe das Elend meines Volkes in Ägypten gesehen und ihr Geschrei über ihre Bedränger gehört« [Ex 3,7]) und das biblische Gebetbuch der Psalmen. Die biblische Geschichte durchzieht also ein permanentes Gespräch der Menschen mit ihrem Gott und Gottes mit den Menschen. Wer diesem Gespräch lauscht, darf erwarten, Gott selbst kennen zu lernen.
Jenem Weg, der von der menschlichen Klage über Gottes Antwort zum Lob führt, denkt Miller im Hauptteil seiner Arbeit nach (55–232). Er geht dabei von den sog. Klageliedern aus, wendet sich

1 *Patrick D. Miller*, They cried to the Lord. The Form and Theology of Biblical Prayer, Minneapolis: Fortress Press 1994.

dann den Formen und dem Inhalt der göttlichen Antwort zu und betrachtet anschließend die Dank- und Loblieder. Dabei konzentriert er sich nicht auf die poetischen Gebete der Psalmen, sondern betrachtet diese stets im Zusammenhang mit den Gebeten der alttestamentlichen Prosa- und Prophetenliteratur. Unter der Überschrift »Prayers for Help« wendet sich Miller den sog. Klageliedern zu. Schon die Überschrift macht deutlich, dass Miller diese Gebete nicht als Klagen, sondern als Bittgebete verstehen will (vgl. 55f.68f.86f.104). Mit der Bezeichnung als »prayers for help« verschafft er Gunkels Einsicht, dass die Bitte das »Herzstück der Gattung« sei[2], sprachlichen Ausdruck. Zentral ist dabei in den meisten Fällen die Bitte um Hilfe, Befreiung, Errettung und Erlösung (103f). Zwar können auch Krankheit und persönliches Leiden diese Hilfeschreie provozieren, doch folgt man dem expliziten Zeugnis der Psalmen, so ist es in den meisten Fällen eine Bedrohung von außen, die die Beter zu Gott schreien lässt. Miller versteht diese Psalmen deshalb als »the cry of the innocent and the poor, the weak and the helpless, in a world where the strong, the rich, and the powerful use those characteristics as weapons against others« (105). So begegnet in diesen Psalmen oft der Schrei nach Hilfe gegenüber feindseligen Mächten, Verfolgern und Unterdrückern.

Zum Verständnis der Feindklagen bewährt sich Millers Zusammenschau von den poetischen Gedichten des Psalters mit den Gebeten der alttestamentlichen Prosa- und Prophetenliteratur. Da wir bei den Psalmen nur selten den Kontext der Gebete kennen, bleibt bei ihnen offen, wer mit den Feinden gemeint ist und ob die Bedrohung durch sie real war. Anders verhält sich dies bei den Gebeten, die in Erzählkontexten überliefert worden sind: So verdeutlicht z.B. der Kontext bei Jeremia, dass seine Klage, man wolle »ihn aus dem Lande der Lebendigen ausrotten« (Jer 11,19), wirklich eine reale Gefahr spiegelt (84). Man wird deshalb auch die Feindklagen im Psalter trotz ihrer stereotypen und imaginativen Sprache nur vor dem Hintergrund der realen Präsenz von solch feindlichen Kräften verstehen (105).

Schon die alttestamentliche Glaubensgemeinschaft hat die Erzählungen des Alten Testamentes als Kontext der Gebete des Psalters verstanden, wie die Psalmüberschriften verdeutlichen, die bestimmte Psalmen mit Situationen aus dem Leben Davids verbinden (vgl. 83–86). Wenn die Psalmen 52 und 54 mit den Versuchen Davids assoziiert werden, sich vor Saul, der ihn umbringen will, zu verbergen, zeigt dies einmal mehr, wie real auch die spätere Glaubensge-

---

2   *H. Gunkel / J. Begrich*, Einleitung in die Psalmen. Die Gattungen der religiösen Lyrik Israels, Göttingen ⁴1985, 218.

meinschaft die Bedrohungen, von denen die Psalmen reden, empfunden hat. Jene Psalmüberschriften versteht Miller als hermeneutische Anregung, nun auch selbst Psalmen und Situationen aus alttestamentlichen Erzählungen zusammenzudenken. Damit ergibt sich unter anderem auch die Möglichkeit, Psalmen als Gebete von Frauen zu entdecken. Könnte man sich nicht z.B. Ps 6 als ein Gebet Hannas oder die Psalmen 14,39 und 74 als solche, die Tamar gebetet hat, vorstellen? »One may imagine without much fear of contradiction that such prayers for help as one finds in these psalms were on the lips of Tamar in the midst of her suffering« (85).

Vor diesem Hintergrund wird verständlich, dass die Feindklagen z.T. die Form von Verfluchungen annehmen können. Diese werden nicht um ihrer selbst willen erbeten, sondern sind Teil und Form des Hilfeschreis der Unterdrückten. »The destruction of the enemies is the way of delivering the persecuted one who prays« (107). Von Gottes Gericht erwarten sich die Beter dieser Psalmen ihre Befreiung aus der Hand ihrer Verfolger. Anstatt Gottes Gericht zu fürchten, beten sie: »Richte mich, Herr, nach meiner Gerechtigkeit und Unschuld!« (Ps 7,9).

Diese Gebete stellen zwei Grundüberzeugungen unserer westlich-neuzeitlichen Theologie infrage. Zum einen die Grundüberzeugung, dass, weil alle gesündigt haben, alle in der gleichen Weise vor Gott zu stehen kommen (109). Und zum anderen – wie ich über Miller hinaus festhalten möchte – jene neuzeitliche Weltanschauung, dass letztlich alles und damit auch jede Beziehung reparabel sei. Demgegenüber halten diese Psalmen fest, dass es Beziehungen gibt, die nur geheilt werden können, wenn sie geschieden werden. Nicht jede Verletzung einer Person ist letztlich doch in das Leben des Opfers zu integrieren.

Neben den Gebeten um Errettung stehen Bitten um Heilung und Vergebung (vgl. 102f.108). Die Psalmen betrachten den Menschen in seiner Einheit von Leib und Seele, so dass die Bitte um Heilung durchlässig wird für die Bitte um Vergebung. »God's help in such instances is both therapy and absolution« (108; vgl. 251.260). Versteht man dieses Nebeneinander der Bitten des Unschuldigen um Gottes gerechtes Gericht und die Bitte des Kranken um Heilung und Vergebung theologisch, so lernt man mit dem Psalter zu verstehen, dass der, der »alle deine Sünde vergibt und heilet alle deine Gebrechen«, auch derjenige ist, »der Gerechtigkeit und Recht schafft allen, die Unrecht leiden« (Ps 103,3.6). Wer dem Psalter in seiner Vielfalt folgt, wird so des vielfältigen Handelns Gottes ansichtig.

Die entscheidende Frage ist nun freilich, wie Miller am Anfang seines vierten Kapitels (The Response of God) ausführt, ob Gott

Gebete beantwortet. Kommt die Hilfe, die die Beter erbeten haben? Verändert sich die Situation, in der sie stehen? Mit diesen Fragen steht auf dem Spiel, ob das Gebet wirklich dialogischen Charakter trägt oder nur ein unbeachteter Monolog bleibt (135).

Seinem Ansatz entsprechend, den biblischen Überlieferungen zu folgen, hält Miller zunächst fest, dass es in der Bibel viele Hinweise gibt, dass Gott Gebete erhört und beantwortet (136.140): »Als ich den Herrn suchte, antwortete er mir und errettete mich aus aller meiner Furcht« (Ps 34,5). Diese Gewissheit drückt sich nicht nur in den Dankliedern aus, sondern prägt auch die Bittgebete selbst, wie die Vertrauensäußerungen in den Bittgebeten zeigen (vgl. 127–130): »Whatever despair and anguish may be present in the lament, even in the complaints against God, the expressions of confidence underline what is implicit in the petition: God may be the problem, but God is, even more, the only way out, the one possible help in a situation of helplessness, the solid rock when everything teeters on the verge of destruction or oblivion« (130)[3].

Von den biblischen Überlieferungen her stellt sich also weniger die Frage, ob Gott Gebete beantwortet, sondern eher die Frage, wie er dies tut. Nach Miller ereignet sich diese Antwort primär in dem Zuspruch: »Fürchte dich nicht, ich bin mit dir« (Jes 41,10a), der den Betern in einem Heilsorakel zugesprochen wurde (153; vgl. 147.170–173.184). Angesichts seiner bedrohlichen Situation wird der Beter auf die Wirklichkeit von Gottes Gegenwart und Gottes Macht verwiesen. Durch die Zusage von Gottes Mit-Sein wird die Furcht des Beters aufgehoben (vgl. 173f).

Nun ist die These, dass auf die sog. Klagelieder in Form eines Heilsorakels geantwortet worden ist, in den letzten Jahren problematisiert worden[4]. Belegt ist diese Praxis eigentlich nur für die Volksklagen (vgl. Ps 85; Ps 108,8) und für die altorientalische

---

3 Diese Ambiguität des Gottesverhältnisses spiegelt sich auch in den Gebeten Hagars und Hannas, die Miller in einem eigenen Kapitel bespricht, in dem es um Frauengebete im Alten Testament geht (233–243). Auf Gottes ausdrücklichen Befehl hin schickt der zunächst zögernde Abraham Hagar in die Wüste (Gen 21,11–14). Und von Hanna heißt es, dass der Herr ihren Leib verschlossen hat (1Sam 1, 5f). Ihre Gebete sind »also prayers of women whose only recourse and help in their suffering is – like that of others, male and female – the God who is part of their problem« (239). Und in Gottes Antwort auf ihre Gebete erkennen wir einen Gott, der von den Leiden erlöst, die er selbst verhängt hat (236).

4 Vgl. *R. Kessler*, Der antwortende Gott, WuD 21 (1991), 43–57; *F.-L. Hossfeld / E. Zenger*, Die Psalmen I (NEB.AT 29), Würzburg 1993, 98; *M. Millard*, Die Komposition des Psalters. Ein formgeschichtlicher Ansatz (FAT 9), Tübingen 1994, 55f; *B. Janowski*, JHWH der Richter – ein rettender Gott. Psalm 7 und das Motiv des Gottesgerichts, in: *ders.*, Die rettende Gerechtigkeit. Beiträge zur Theologie des Alten Testamentes 2, Neukirchen-Vluyn 1999, 113f.

Umwelt (vgl. dazu 147–153). Da uns für die Psalmen weitestgehend Hinweise auf deren liturgischen Kontext fehlen, wendet sich Miller wieder zunächst den alttestamentlichen Erzählzusammenhängen zu, in denen seines Erachtens Gebet und Orakel eng aufeinander bezogen sind (Gen 15,1f; 21,16f; Ex 14,10–14; Ri 6,7–10; 1Sam 1,15–17; 2Kön 19,3–7.14–34; 20,2–6; 2Chr 20,1–17; Jer 15,15–21; 42,1–17; 45,3–5; Joel 2,17–27). In Gen 15 kann man den Zusammenhang von Heilsorakel und Gebet freilich nur erkennen, wenn man mit Miller V. 1 als Antizipation des Gebetes (V. 2f) versteht (154). Auf das Gebet der Hagar antwortet nicht Gott selbst, sondern ein Engel, dessen Antwort gerade nicht im Stil einer Gottesrede gestaltet ist. Ex 14; Ri 1; 2Chr 20 und Joel 2 sind wiederum Beispiele für Volksklagen. Auch die Gottesworte in 2Kön 19 sind keine persönlichen Heilszusagen, sondern verkünden das Unheil des Assyrerkönigs und damit die Rettung Jerusalems. In 1Sam 1 antwortet Eli nicht auf das Gebet der Hanna, sondern auf ihren Bericht ihm gegenüber. Das Wort des Jeremia in Jer 42 ist kein Heilsorakel, sondern legt dem Volk zwei Möglichkeiten vor; doch nur auf einer von beiden liegt Gottes Segen. Höchstens das Gotteswort, das Jesaja dem kranken Hiskia zuspricht – obwohl auch hier Krankheit des Königs und Schicksal der Stadt eng miteinander verwoben sind (vgl. 2Kön 20,6) –, und die sehr spezifischen Zusagen an Jeremia (Jer 15,19–21) und Baruch (Jer 45,4f) ließen sich also als Heilsorakel verstehen.

Relativieren sich so die Hinweise auf ein mögliches Heilsorakel, die Miller außerhalb des Psalters im Alten Testament zu erkennen vermag, so erscheinen auch die (spärlichen) Hinweise im Psalter selbst, dass die Gebete mit einem Heilsorakel beantwortet worden sind, in einem anderen Licht (Ps 12,6; 35,3; 60,8; 91,14–16; Klgl 3,57). So ist Ps 12 m.E. nicht als Klage eines Einzelnen zu verstehen. Wenn man hinter Ps 12 überhaupt eine Liturgie zu erkennen können meint, dann wohl am ehesten eine prophetische Klageliturgie[5], die außerhalb des offiziellen Kultes ihren Ort in Klagefeiern der Gruppe der Armen hatte[6]. Im Falle von Ps 35,3 scheint es fraglich, ob man tatsächlich nur die erste Vershälfte metaphorisch, die zweite aber nicht-metaphorisch verstehen sollte. Und während

---

5 Vgl. *J. Jeremias*, Kultprophetie und Gerichtsverkündigung in der späten Königszeit Israels (WMANT 35), Neukirchen-Vluyn 1970, 114; *E. Zenger*, Mit meinem Gott überspringe ich Mauern. Einführung in das Psalmenbuch, Freiburg u.a. ²1988, 178. *Jeremias*, Kultprophetie, 112–115 betont in seinen Ausführungen zu Ps 12, dass V. 6 aufgrund seiner Sprachgestalt »deutlich vom ›priesterlichen Heilsorakel‹ unterschieden« sei (113).

6 Vgl. *R. Albertz*, Religionsgeschichte Israels in alttestamentlicher Zeit. Teil 2: Vom Exil bis zu den Makkabäern (GAT 8/2), Göttingen 1992, 573.

Ps 60 die Praxis eines Heilsorakels wiederum nur für die Volksklagen belegt, lässt sich hinter Ps 91 keine Klageliturgie erkennen. Nimmt man aufgrund dieser kritischen Beleuchtung Abschied von der These, dass die Beter der Psalmen Gottes Antwort im Heilsorakel ersehnt und erwartet haben, stellen sich freilich zwei Fragen. Zum einen: Wie antwortet Gott auf Gebete, wenn nicht in Form eines Heilsorakels? Zum anderen: Wie erklärt sich der Stimmungsumschwung, der einige sog. Klagepsalmen offensichtlich prägt? Millers Monographie bietet m.E. Ansatzpunkte, diese Fragen zu beantworten. Es ist eine Stärke dieser Monographie, dass man von ihr auch dann noch lernen kann, wenn man eine ihrer zentralen Thesen, nämlich dass auf die Klagegebete des Einzelnen mittels eines Heilsorakels geantwortet wurde, nicht mehr vertreten zu können meint.

Zunächst weist Miller darauf hin, dass die rettenden und erlösenden Taten Gottes vielfältig sind: Da bekommen Frauen Kinder, die damit nicht mehr gerechnet haben (Sara; Hanna), und jene, die in Todesfurcht zum Herrn riefen, bleiben am Leben (Gideon, Baruch). Samson wird Kraft geschenkt und Salomo Weisheit. Neben wunderbare Ereignisse, wie dass Feuer vom Himmel auf einen Altar fällt, treten gewöhnliche Ereignisse, wie die Geburt eines Kindes, die Stillung von Naturgewalten und Siege über die Feinde, die sich erst dem Glauben als Wunder erschließen (162–166). Die biblischen Überlieferungen legen m.E. nahe, dass Gott gerade durch diese jeweils spezifisch auf die Not der Beter abgestimmten Taten deren Gebete beantwortet. Jene Antwort, nach der die Beter sich sehnen, ist die ihre Not wendende Tat Gottes.

So erklärt sich auch, dass Hanna auf den Zuspruch Elis zunächst nur sehr verhalten reagiert: »Lass deine Magd Gnade finden vor deinen Augen« (1Sam 1,18). Erst die Geburt ihres Sohnes Samuels lässt sie dann ihren Lobgesang singen. Die Geburt des Sohnes war die Antwort Gottes auf Hannas Gebet – und erst auf diese Tat Gottes hin antwortet sie wiederum mit ihrem Gebet.

Wie erklärt sich aber dann der Stimmungswechsel in einigen der sog. Klagepsalmen? Zur Beantwortung dieser Frage sind Millers Ausführungen zu den Begriffen hilfreich, die im Alten Testament für Gebet stehen können (32–48). Anhand dieser Ausführungen lässt sich die Transformation der israelitischen Religion auf dem Weg zum Kanon verdeutlichen: In vorstaatlicher Zeit begegnet man in Israel noch der klassischen Orakelfrage, die mit dem Verb שאל bezeichnet wird (35). An deren Stelle tritt in staatlicher Zeit die Befragung Gottes durch einen Propheten, die mit dem Verb דרש bezeichnet wird (vgl. z.B. 1Kön 22,5). Doch schon in vorexilischer Zeit löst sich die Suche nach Gottes Willen mehr und mehr von den kultischen Institutionen, an die sie ursprünglich gebunden war (vgl. Am 5,4f.14f). Als mit dem Ende des Königtums diese Form selbst zu ihrem Ende kommt, setzt sich in Israel die Einsicht durch, dass sich Gottes Wille durch das Studium der Schrift erschließe. »In the later period, increasingly we find Israel's inquiry of the Lord related to their paying close attention to the Lord's torah, God's law or instruction« (37). Wer Gottes Wille sucht, hat sich nicht mehr an Priester und Kultpropheten zu wenden, sondern an seine Tora: »Suchet nun in dem Buch des Herrn und lest!« (Jes 34,16). So reflektiert der Bedeutungswandel des Begriffes דרש jene Transformation der religiösen Kommunikation, die für das biblische Israel charakteristisch ist: An die Stelle von durch kultischen Institutionen vermittelten Antworten tritt die Auslegung der Schrift (vgl. 48).

Wie sich diese Entwicklung auch auf die Gebete des Einzelnen ausgewirkt hat, zeigt Miller am Beispiel von Ps 119. Dieser Psalm ist nicht nur ein weisheitliches Lehrgedicht, sondern auch das Bittgebet eines Einzelnen (113; vgl. Ps 119,42.61.78.82–86.95). Inmitten seiner Ängste und Schwierigkeiten findet der Beter seine Zuflucht und sein Vertrauen in Gottes Tora: »Angst und Not haben mich getroffen, ich habe aber Freude an deinen Geboten« (Ps 119,143).

Was Miller anhand von Ps 119 zeigt, hilft m.E. nun auch zu erklären, wie es in anderen sog. Klagepsalmen zum Stimmungsumschwung kommt. Wie neben Ps 119 auch die Psalmüberschriften zeigen, sind die Beter der alttestamentlichen Psalmen in ihrer Schrift beheimatet. Inmitten ihrer Klagen können sie sich deshalb an Gottes Zusagen erinnern. Dabei müssen keineswegs bestimmte biblische Worte vom Beter in Erinnerung gerufen werden. Ps 12 zeigt, dass Gruppen sich auch Gottesworte wie Ps 12,6 in Erinnerung rufen konnten, die als solche zwar nicht überliefert sind, wohl aber eine »sachgemäße Verdichtung wesentlicher theologischer Vorstellungen des Pentateuchs (z.B. Ex 3,7f) und der Prophetie (z.B. Jes 33,9f)« darstellen[7].

Auch in Psalmen, in denen eine solche Zusage überhaupt nicht explizit wird, kann man davon ausgehen, dass der schriftkundige Beter sie stets mithört. Wenn der Beter von Ps 13 fragt: »Wie lange noch willst du dein Antlitz vor mir verbergen?«, dann dürfte er aufgrund der Stichwortbezüge tatsächlich jenen Text aus dem Jesajabuch mithören, in dem es heißt: »Ich habe mein Antlitz im Augenblick des Zorns ein wenig vor dir verborgen, aber mit ewiger Gnade will ich mich deiner erbarmen« (Jes 54,8). Im Gebetsvoll-

---

7 Vgl. *M. Oeming*, Das Buch der Psalmen. Psalm 1–41 (NSK.AT 13/1), Stuttgart 2000, 103.

zug versichert sich der Beter dieser ihm durch die Schrift bezeugten
Gnade neu, so dass er am Ende wieder auf sie vertrauen kann (V.
6). »Der ›Stimmungsumschwung‹ gehört zur Dynamik des Psalms
als Gebetsgeschehen«[8], aber er kann sich nur ereignen aufgrund
der »interaction of prayer and listening to Scripture« (37).

Im fünften Kapitel seiner Monographie erläutert Miller, wie die
Beter auf Gottes rettende Tat nun wiederum mit Dankliedern und
Hymnen geantwortet haben. Indem Miller der Gebetslogik, die
von der Bitte zum Lobpreis führt, folgt, stößt er hier zur Mitte biblischer Theologie vor.

Die Dankgebete sind oft eng verbunden mit jenen Bittgebeten, die
ihnen vorausgegangen sind (vgl. 187–190). Sie sind deshalb nicht
als generalisierte Dankgebete zu verstehen, sondern als konkreter
Dank für konkrete Hilfe (189). Aus der Vielfalt der Dankgebete,
d.h. aus den vielfältigen Erfahrungen von Gottes Handeln, setzt
sich die Erkenntnis von Gottes Freundlichkeit und Güte zusammen. Die partikularen Erfahrungen verweisen alle in dieselbe
Richtung, so dass die Vielzahl der Dankgebete zwar nicht auf den
Rahmenvers von Ps 118 reduziert, aber doch in diesem zusammengefasst werden kann: »Danket dem Herrn, denn er ist freundlich, und seine Güte währet ewiglich« (Ps 118,1.29). Es dürfte deshalb kein Zufall sein, dass das erste Dankgebet der Bibel – jenes
Eliësers aus Gen 24,27 – Gott gerade für seine Güte und Treue
dankt (vgl. 194f).

In dieser Theologie der Freundlichkeit und Güte Gottes, die sich
aus den vielfältigen Erfahrungen der Beter zusammensetzt, werden
wir des biblischen Modells einer sog. »bottom-up-theology« ansichtig. Sie hat nicht die Funktion, von oben herab ängstlich die
Grenzen einer Gruppe von Gläubigen zu bestimmen, sie bleibt
vielmehr ihrem ursprünglichen Sitz im Leben treu, indem sie wie
die Dankgebete darauf zielt, eine größere Gruppe von Menschen
in ihre eigene Freude an Gott einzubeziehen (vgl. 202f). Sie zielt
also auf das Gotteslob der Vielen. Die Einsicht in Gottes Freundlichkeit und Güte liegt folglich wie den Bittgebeten, die genau mit
dieser Freundlichkeit Gottes rechnen (vgl. 127–130), auch den
Hymnen zugrunde (207). In diesen Aussagen lässt sich deshalb
die Mitte biblischer Theologie vermuten, die sich freilich nicht aus
einem bestimmten Prinzip ableiten, sondern nur aus der Betrachtung der vielfältigen Formen biblischen Gebetes und der vielfältigen Erfahrungen von Gottes Hilfe erschließen lässt.

Diese Ausführungen Millers, die dem Weg vom Bittgebet zum
Lobpreis folgen, bilden das Herzstück seiner Monographie, sind

---

8   *Hossfeld/Zenger*, Die Psalmen I, 98.

aber eingebettet in eine Betrachtung, die von der altorientalischen Umwelt ausgehend (Kap. 1) durch das Alte Testament hindurch zum Neuen Testament führt (Kap. 10). Auch in den dazwischenliegenden Kapiteln wird zum Verständnis der alttestamentlichen Texte stets ihr altorientalischer Kontext berücksichtigt und ihr Horizont, der durch die Einheit beider Testamente konstituiert wird, mitbedacht.

Diese Weite der Darstellung bringt fruchtbare Einsichten, wie sich an dem das ganze Buch durchziehenden Thema der Fürbitte zeigen läßt. Im Alten Orient betet nicht selten ein Mensch zu seinem persönlichen Gott, damit dieser für ihn Fürsprache bei den höheren Göttern einlegt. Umgekehrt kann das Leiden freilich auch als Hinweis verstanden werden, dass sich der persönliche Gott vom Beter abgewandt hat. In solchen Fällen wendet sich der Beter an eine höhere Gottheit, damit diese das Verhältnis zwischen dem Beter und seinem Gott wieder restituiert (vgl. 22f.29f).

Auch im Alten Testament ist die Fürbitte eine weitverbreitete Form des Gebetes (vgl. dazu 262–280). Im monotheistischen Kontext treten freilich Menschen mit ihrem Gebet füreinander ein. Insbesondere ist es Aufgabe der Propheten, nicht nur Gottes Wort zu verkündigen, sondern auch die Not des Volkes vor Gott zu bringen (263). So heißt es vom Gottesknecht in Jes 53,12, dass er für die Übertreter gebetet habe.

Diese Altes und Neues Testament miteinander verbindende Stelle stellt Miller durch seine Betrachtung der alttestamentlichen Fürbittengebete in einen größeren Kontext. Schon in der mathematischen Logik von Gen 18,22–32, mit der Abraham in seiner Bitte für Sodom arbeitet, erkennt Miller jene Logik von Röm 5 vorbereitet, nach der ein einziger Gerechter reicht, um die Vielen zu retten (267–270). Und bereits Mose bietet zur Vergebung der Sünden des Volkes sein eigenes Leben: »Vergib ihnen doch ihre Sünde; wenn nicht, dann tilge mich aus deinem Buch, das du geschrieben hast« (Ex 32,32). Zwar wird die Bitte des Mose abgewiesen, doch »his intercessory role anticipates that of the suffering servant in opening the possibility that such intercession, such standing before the Lord in behalf of the people, may involve more than prayer« (273).

Wenn die Fürbitte auch nicht immer zur Vergebung führt, so wird es in der Bibel doch nirgendwo ersichtlicher als bei den Fürbitten, dass das Gebetsgeschehen ein wirklicher Dialog ist und reale Veränderungen schafft (280). Die Erzählungen des Alten Testamentes, wie Menschen für das Volk vor Gott mit Erfolg eingetreten sind, weisen daraufhin, dass Gottes Providenz offen ist für die Gebete derer, die ihn suchen.

Deshalb macht es einen realen Unterschied, dass wir bei Gott einen
Fürsprecher haben, wie das Neue Testament bezeugt (Joh 17; Apg
7,56; Röm 8; Hebr 4,14–16), der unsere Nöte und Gebete kennt,
der in den Tagen seines irdischen Lebens selbst »Bitten und Flehen mit lautem Schreien und mit Tränen« Gott dargebracht hat
(Hebr 5,7). Weil Christus ihr Fürsprecher ist, deshalb beten Christen durch ihn zu Gott, ihrem Vater. Die fürbittende Tätigkeit Christi und das Gebet durch Christus sind nach Miller nur zwei Seiten
derselben Wirklichkeit: »The prayer for mercy and grace is ›carried‹
by Christ« (316). Wer der neutestamentlichen Gebetspraxis nach-
denkt, wird so die Ansatzpunkte einer Trinitätslehre entdecken können, auf die die neutestamentlichen Überlieferungen selbst hinweisen.

Damit bewährt sich bis zum Schluss der Ansatz von Millers Monographie: Sie »seeks to demonstrate the inextricable connections
between faith and prayer, exploring the character of prayer in
Scripture and in so doing uncovering the structure and shape of
biblical faith« (1f). Weil ihr das gelingt, ist Millers Monographie
nicht nur eine Darstellung der Form und Theologie biblischen Gebetes, sondern zugleich eine Einführung in die biblische Theologie selbst. Wer sich mit Hilfe dieses Buches den Reichtum verschiedener biblischer Überlieferungen vom Gebet erarbeitet, der
wird tatsächlich etwas vom Charakter des Gottes erkunden, dem
diese Gebete gelten. Diese Erfahrung zu machen, ist möglichst vielen Lesern – auch im deutschen Sprachraum – zu gönnen.

Register

Autor/innen (Auswahl)

Bibelstellen (Auswahl)

Namen und Sachen (Auswahl)

Betreuende Herausgeber / Autor/innen

Betreuende Herausgeber:

Ottmar Fuchs, Dr. theol., geb. 1945, ist Professor für Praktische Theologie an der Katholisch-Theologischen Fakultät der Universität Tübingen.

Bernd Janowski, Dr. theol., geb. 1943, ist Professor für Altes Testament an der Evangeisch-Theologischen Fakultät der Universität Tübingen.

Autor/innen:

Johannes Anderegg, Dr. phil., Dr. theol. h.c., geb. 1938, ist Professor für Deutsche Sprache und Literatur an der Universität St. Gallen.

Oswald Bayer, Dr. theol., geb. 1939, ist Professor für Systematische Theologie an der Evangelisch-Theologischen Fakultät der Universität Tübingen.

Reinhold Boschki, Dr. theol., geb. 1961, ist wissenschaftlicher Assistent an der Abteilung für Religionspädagogik an der Katholisch-Theologischen Fakultät der Universität Tübingen.

Ernst Dassmann, Dr. theol., geb. 1931, ist emeritierter Professor für Alte Kirchengeschichte, Patrologie und Christliche Archäologie an der Katholisch-Theologischen Fakultät der Universität Bonn.

Martin Ebner, Dr. theol., geb. 1956, ist Professor für Exegese des Neuen Testaments an der Katholisch-Theologischen Fakultät der Universität Münster.

Beate Ego, Dr. theol., geb. 1958, ist Professorin für Altes Testament und Antikes Judnetum am Fachbereich für Erziehungs- und Kulturwissenschaften der Universität Osnabrück.

Katrin Ehlers, geb. 1971, ist Assistentin für Altes Testament an der Evangelisch-Theologischen Fakultät der Universität Tübingen und arbeitet zur Zeit an einer Dissertation über Psalm 16.

Gregor Etzelmüller, Dr. theol., geb. 1971, ist zur Zeit Lehrvikar in Ladenburg.

Andreas Holzem, Dr. theol., geb. 1961, ist Professor für Mittlere und Neuere Kirchengeschichte an der Katholisch-Theologischen Fakultät der Universität Tübingen.

Karl-Josef Kuschel, Dr. theol., Dr. h.c., geb. 1948, ist Professor für Theologie der Kultur und des interreligiösen Dialogs an der Katholisch-Theologischen Fakultät der Universität Tübingen.

Karin Lorenz-Lindemann, Dr. phil., ist freie Autorin und seit 1977 Lehrbeauftragte für Neuere Deutsche Literaturwissenschaft an der Universität Saarbrücken.

Johann Reikerstorfer, Dr. theol., Dr. phil., geb. 1945, ist Professor für Fundamentaltheologie an der Katholisch-Theologischen Fakultät der Universität Wien.

Werner H. Schmidt, Dr. theol., geb. 1935, ist emeritierter Professor für Altes Testament an der Evangelisch-Theologischen Fakultät der Universität Bonn.

Hermann Steinkamp, Dr. theol., Dr. phil., geb. 1938, ist Professor für Pastoralsoziologie und Religionspädagogik an der Katholisch-Theologischen Fakultät der Universität Münster.

Peter Stuhlmacher, Dr. theol., geb. 1932, ist emeritierter Professor für Neues Testament an der Evangelisch-Theologischen Fakultät der Universität Tübingen.

Franz Weber, Dr. theol., geb. 1945, ist Professor für Interkulturelle Pastoraltheologie und Missionswissenschaft an der Katholisch-Theologischen Fakultät der Universität Innsbruck.

JBTh 1 (1986) – 17 (2002)

JBTh 1 (1986)

Einheit und Vielfalt Biblischer Theologie

252 Seiten, 3. Auflage 1991, Paperback
€ [D] 14,90
ISBN 3–7887–1229–5

JBTh 2 (1987)

Der eine Gott der beiden Testamente

267 Seiten, Paperback
€ [D] 14,90
ISBN 3–7887–1266–X

JBTh 3 (1988)

Zum Problem des biblischen Kanons

294 Seiten, Paperback
€ [D] 14,90
ISBN 3–7887–1288–0

JBTh 4 (1989)

»Gesetz« als Thema Biblischer Theologie

360 Seiten, Paperback
€ [D] 14,90
ISBN 3–7887–1321–6

JBTh 5 (1990)

Schöpfung und Neuschöpfung

297 Seiten, Paperback
€ [D] 14,90
ISBN 3–7887–1363–1

JBTh 6 (1991)

Altes Testament und christlicher Glaube

382 Seiten, Paperback
€ [D] 14,90
ISBN 3–7887–1385–2

JBTh 7 (1992)

Volk Gottes, Gemeinde und Gesellschaft

446 Seiten, Paperback
€ [D] 14,90
ISBN 3–7887–1433–6

JBTh 8 (1993)

Der Messias

396 Seiten, Paperback
€ [D] 39,90
ISBN 3–7887–1465–4

JBTh 9 (1994)

Sünde und Gericht

396 Seiten, Paperback
€ [D] 39,90
ISBN 3–7887–1500–6

JBTh 10 (1995)

Religionsgeschichte Israels oder Theologie des Alten Testaments

272 Seiten, 2. Auflage 2001, Paperback
€ [D] 34,–
ISBN 3–7887–1544–8

JBTh 11 (1996)

Glaube und Öffentlichkeit

272 Seiten, Paperback
€ [D] 34,–
ISBN 3–7887–1605–3

JBTh 12 (1997)

Biblische Hermeneutik

432 Seiten, Paperback
€ [D] 39,90
ISBN 3–7887–1642–8

JBTh 13 (1998)

Die Macht der Bilder

349 Seiten, Paperback
€ [D] 39,90
ISBN 3-7887-1685-1

JBTh 14 (1999)

Prophetie und Charisma

303 Seiten, Paperback
€ [D] 34,–
ISBN 3-7887-1749-1

JBTh 15 (2000)

Menschenwürde

397 Seiten, Paperback
€ [D] 39,90
ISBN 3 7887 1800-5

Als nächster Band erscheint:

JBTh 17 (2002)

Gottes Kind

320 Seiten, Paperback
€ [D] 34,–
ISBN 3-7887-1911-7

Die Subskription des Jahrbuchs bewirkt eine Vergünstigung der Einzelpreise um 10%.
Es ist zudem jederzeit möglich, von jetzt an in die Subskription einzusteigen.